O PROCESSO DO TRABALHO E A REFORMA TRABALHISTA

1ª edição — Agosto, 2017
1ª edição — 2ª tiragem — Setembro, 2017
2ª edição — Agosto, 2018
3ª edição — Dezembro, 2020

MANOEL ANTONIO TEIXEIRA FILHO

O PROCESSO DO TRABALHO E A REFORMA TRABALHISTA

ATUALIZADO CONFORME INSTRUÇÃO NORMATIVA N. 41/2018, DO TST

3ª EDIÇÃO

LTr

LTr Editora Ltda.

© Todos os direitos reservados

Rua Jaguaribe, 571
CEP 01224-003
São Paulo, SP — Brasil
Fone (11) 2167-1101
www.ltr.com.br
Dezembro, 2020

Produção Gráfica e Editoração Eletrônica: RLUX
Projeto de capa: DANILO REBELLO
Impressão: GRAFNORTE

Versão impressa — LTr 6318.9 — ISBN 978-65-5883-009-2
Versão digital   — LTr 9760.9 — ISBN 978-65-5883-008-5

Dados Internacionais de Catalogação na Publicação (CIP)
(Câmara Brasileira do Livro, SP, Brasil)

Teixeira Filho, Manoel Antonio
   O processo do trabalho e a reforma trabalhista : atualizado conforme instrução normativa n. 41/2018 do TST / Manoel Antonio Teixeira Filho. — 3. ed. — São Paulo : LTr, 2020.

   Bibliografia.
   ISBN 978-65-5883-009-2

   1. Direito do trabalho — Brasil 2. Direito processual do trabalho 3. Reforma constitucional — Brasil 4. Trabalho — Leis e legislação — Brasil I. Título.

20-48941   CDU-347.9:331(81)

Índice para catálogo sistemático:

1. Brasil : Processo do trabalho : Direito do trabalho 347.9:331(81)

Maria Alice Ferreira — bibliotecária — CRB-8/7964

ÍNDICE DAS MATÉRIAS

Preâmbulo	11
Preâmbulo à Segunda Edição	13
Preâmbulo à Terceira Edição	15
Capítulo I — Introdução	19
Capítulo II — A Lei n. 13.467/2017	23
Capítulo III — Grupo econômico. Responsabilidade solidária	28
Capítulo IV — Dano extrapatrimonial	34
Capítulo V — Responsabilidade do sócio retirante	48
Capítulo VI — Prescrição	51
— Considerações introdutórias	51
— Súmulas e Orientações Jurisprudenciais sobre prescrição	59
a) Súmulas do Tribunal Superior do Trabalho	59
b) Orientações Jurisprudenciais da SBDI-I do TST	61
c) Súmula do Supremo Tribunal Federal	63
d) Súmulas do Superior Tribunal de Justiça	63
Capítulo VII — Prescrição intercorrente	64
Capítulo VIII — Sucessão de empregadores. Responsabilidade solidária	71
Capítulo IX — Arbitragem	74
Capítulo X — Litisconsórcio	81
— Considerações introdutórias	81
— Conceito	81
— Litisconsórcio e prazo em dobro	86
— Classificação	88
— Imbricações das modalidades litisconsorciais	97
— Litisconsórcio e assistência litisconsorcial	98
— O art. 661-A, § 5º, da CLT	100
Capítulo XI — Competência	105
Capítulo XII — Prazos	113
Capítulo XIII — Custas	124
— Súmulas e Orientações Jurisprudenciais sobre custas	125
a) Súmulas do TST	125

b) Orientações Jurisprudenciais da SBDI-I do TST 126

c) Orientação Jurisprudencial da SBDI-II do TST 126

d) Súmula do STF 126

Capítulo XIV — Gratuidade da justiça 127

Capítulo XV — Honorários periciais 133

— Considerações introdutórias 133

— O art. 790-B da CLT 136

Capítulo XVI — Honorários advocatícios 142

Capítulo XVII — Honorários advocatícios na reconvenção 174

— Reconvenção 174

  a) Petição inicial 175

  b) Resposta 178

  c) Instrução 178

  d) Razões finais e segunda proposta de conciliação 179

  e) Desistência 180

  f) Sentença 181

  g) Recurso 184

Capítulo XVIII — Litigância de má-fé 186

— Considerações introdutórias 186

— O art. 793-A da CLT 191

Capítulo XIX — Multa à testemunha 197

Capítulo XX — Exceção de incompetência territorial 203

Capítulo XXI — Ônus da prova 208

— Introdução 208

— A moderna concepção doutrinária 210

— Ônus e obrigação 212

— Ônus e dever 212

— Ônus objetivo e ônus subjetivo 213

— O ônus da prova no processo do trabalho 214

Capítulo XXII — Petição inicial e pedido 225

— Pedido certo 225

— Certeza 226

— Pedido determinado 227

— Valor dos pedidos 238

— Valor da causa 246

Capítulo XXIII — Desistência da ação 253

Capítulo XXIV — O preposto 256

— Considerações introdutórias 256

   a) A União 256

   b) Estados e Distrito Federal 257

   c) Municípios 257

   d) Autarquia e a fundação de direito público 258

   e) Massa falida 258

   f) Herança jacente ou vacante 258

   g) Espólio 259

   h) Pessoas jurídicas 260

   i) Sociedade e as associações irregulares e outros entes organizados sem personalidade jurídica 260

   j) Pessoa jurídica estrangeira 260

   k) Condomínio edifício 260

   l) Ausentes 261

   m) Liquidação extrajudicial 261

   n) Paróquias e outras instituições religiosas 261

   o) Incapazes 262

   p) Réu preso 263

   q) Réu citado por edital 264

   r) Embaixadas e consulados 264

— O art. 843, § 3º, da CLT. O preposto 266

Capítulo XXV — Audiência e revelia 269

— Não comparecimento do autor à audiência una 275

— Não comparecimento do réu à audiência una 277

— Não comparecimento das partes à audiência una 281

— Não comparecimento do autor à audiência inicial 282

— Não comparecimento do réu à audiência inicial 284

— Não comparecimento do advogado à audiência inicial 288

— Não comparecimento de uma das partes à audiência em que deveria depor 289

— Não comparecimento de ambas as partes à audiência em que deveriam depor .. 291

— Não comparecimento do advogado à audiência de instrução 292

Capítulo XXVI — Revelia	297
— Escorço histórico	297
— Conceito	298
— Revelia e alteração do pedido	306
Capítulo XXVII — Defesa no processo eletrônico	316
— Revelia no processo eletrônico	317
Capítulo XXVIII — Incidente de desconsideração da personalidade jurídica	321
— Considerações introdutórias	321
— O *amicus curiae*	328
— O *amicus curiae* no direito brasileiro	329
— O *amicus curiae* no texto atual do CPC	330
— *Amicus curiae* e assistência	332
— O *amicus curiae* e o processo do trabalho	333
— À guisa de registro histórico	335
Capítulo XXIX — Do processo de jurisdição voluntária para homologação de acordo extrajudicial	339
Capítulo XXX — Execução das contribuições sociais	361
Capítulo XXXI — Execução *ex officio*	363
Capítulo XXXII — Liquidação	365
— Conceito	365
— Finalidade	367
— Modalidades	369
— A decisão sobre liquidação	370
— O art. 879, § 2º, da CLT	370
Capítulo XXXIII — Execução. Garantia do juízo	373
— Nulidade da penhora	380
— Ineficácia da penhora	381
— Nomeação de bens na execução provisória	381
— Bens situados fora da comarca	382
— Execução mediante carta	382
— Execução no foro de situação dos bens ou do domicílio do devedor	385
Capítulo XXXIV — Execução. Protesto da decisão	386
Capítulo XXXV — Penhora	392

Capítulo XXXVI — Recurso de revista 393

— O prequestionamento 393

— O art. 896, 1º-A, IV, da CLT 397

— Incidente de uniformização da jurisprudência: a revogação dos §§ 3º a 6º, do art. 896, da CLT, e suas consequências 399

Capítulo XXXVII — Recurso de revista. Transcendência 404

Capítulo XXXVIII — Depósito recursal 422

Capítulo XXXIX — Dispositivos processuais revogados 433

1) §§ 1º, 3º e 7º do art. 477 (letra "j") 433

2) Art. 792 (letra "m") 433

3) Parágrafo único do art. 878 (letra "n") 433

4) §§ 3º a 6º do art. 896 (letra "o") 433

5) § 5º do art. 899 (letra "p") 434

6) Art. 2º da Medida Provisória n. 2.226, de 4.9.2001 (inciso III) 434

Capítulo XL — Vigência 435

Capítulo XLI — Direito intertemporal e recurso 436

— A Instrução Normativa n. 41/2018, do TST 437

Capítulo XLII — Enunciados aprovados na 2ª Jornada de Direito Material e Processual do Trabalho, promovido pela ANAMATRA, sobre a Reforma Trabalhista 440

Bibliografia 505

PREÂMBULO

1. Não esteve em nossa intenção produzir um livro de grande calado, assim entendido o dedicado ao aprofundamento e à exaustão dos temas examinados.

Convencidos de que ao processo do trabalho convém, na exposição dos seus temas, menos filosofismo e mais pragmatismo, preferimos elaborar um texto pragmático, mediante uma análise objetiva dos diversos artigos da CLT que foram objeto da Lei n. 13.467, de 13.7.2017. Com *objeto* estamos a significar as normas: a) alteradas; b) introduzidas; e c) revogadas.

Como consequência dessa análise, elaboramos uma classificação crítica das disposições *processuais* da Lei n. 13.467/2017, distribuindo-as em quatro categorias: a) tímidas; b) prejudiciais; c) tumultuantes; e d) razoáveis. Sopesando umas e outras, cremos que, sob o critério do impacto na realidade, as prejudiciais superam as demais. As razões da classificação que empreendemos se encontram expostas na Introdução do livro.

De modo geral, esperávamos mais do legislador, em termos de processo do trabalho; por isso, consideramos, muitas vezes, tímidas as alterações por ele introduzidas. Houve muito pastiche do processo civil, e pouco avanço — e nenhuma criatividade evolutiva — no terreno do processo do trabalho, cuja autonomia ideológica se torna, cada vez mais, rarefeita, diluída, como se a realidade dos direitos materiais subjacentes e correspondentes a cada um desses sistemas processuais fosse idêntica. Em que pese ao fato de não termos vocação para vaticínios, atrevemo-nos a afirmar que se o processo do trabalho continuar a distanciar-se do direito material a que corresponde — e ao qual se destina a servir —, perderá a razão de sua existência.

2. Somente um Código próprio será capaz de assegurar a sobrevivência do processo do trabalho. Já tarda o momento de despertarmos para essa realidade. Se nada fizermos nesse sentido, correremos o risco de assistir ao processo do trabalho ser engolfado pela sedutora resplandecência do processo civil.

Mais tarde, então, quando nossos filhos, nossos netos, nossos alunos, nossos amigos nos perguntarem por que deixamos o processo do trabalho desaparecer, teremos que dar a eles uma resposta: a resposta que nos envergonhará para sempre.

3. Para que o leitor possa, em muitos casos, compreender as razões pelas quais o legislador editou a norma, transcrevemos trechos da Justificativa do Projeto de Lei n. 6.787/2016, elaborada pelo Relator, Deputado Rogério Marinho. Justificativa dessa natureza não acompanhou o Projeto n. 38/2017, do Senado, que se converteu na Lei n. 13.467/2017.

4. Em determinados casos, antes de nos dedicarmos ao Comentário do artigo da CLT, objeto da Lei n. 13.467/2017, formulamos considerações introdutórias, visando a tornar mais ampla a compreensão do assunto.

5. Com o objetivo de facilitar ao nosso ledor a localização de cada artigo comentado, os colocamos em molduras.

Curitiba, agosto de 2017.

O Autor

PREÂMBULO À SEGUNDA EDIÇÃO

Posteriormente à primeira edição deste livro:

a) foi editada a Medida Provisória n. 808/2017, que introduziu modificações nas disposições da CLT pertinentes ao direito material. As normas de direito processual não foram objeto dessa Medida Provisória, por força do estatuído no art. 62, § 1º, letra "b", da Constituição Federal. Essa Medida Provisória, todavia, não foi convertida em lei, perdendo, portanto, a sua eficácia, nos termos do art. 62, § 3º, da Constituição Federal;

b) o TST, por meio da Resolução n. 221, de 21 de junho de 2018, aprovou a Instrução Normativa n. 41, contendo disposições "sobre as normas da CLT, com as alterações da Lei n. 13.467/2017 e sua aplicação ao processo do trabalho".

Considerando que a maior parte das disposições dessa Instrução Normativa versa sobre direito intertemporal, decidimos transcrevê-la no Capítulo XLI, que trata do binômio: direito intertemporal/recursos, comentando algumas dessas disposições.

Particularmente, entendemos que a edição de Instruções, com eficácia normativa, pelos Tribunais em geral, e pelo TST em particular, implica violação ao art. 22, inciso I, da Constituição Federal, que declara ser da competência exclusiva da União legislar sobre direito processual. Há competência *concorrente*, apenas, para legislar sobre *procedimentos em matéria processual*. Os conceitos de processo e de procedimento, entretanto, não se confundem: aquele é o método, a técnica, o instrumento de que se utiliza o Estado para a solução de conflitos de interesses; este traduz o modo, a maneira de estar-se em juízo, ou seja, o rito.

A propósito, a ADI n. 5516/2016, ajuizada pela ANAMATRA, tem como objeto a Instrução Normativa n. 39, do TST, e seu fundamento é, exatamente, a violação, entre outros, do art. 22, inciso I, da Constituição Federal. Até o momento em que preparávamos esta segunda edição, a referida ADI não havia sido julgada.

Nesta segunda edição inserimos também os Enunciados aprovados na 2ª Jornada de Direito Material e Processual do Trabalho, promovido pela ANAMATRA, sobre a Reforma Trabalhista.

Curitiba, agosto de 2018.

O Autor

PREÂMBULO À TERCEIRA EDIÇÃO

Nas edições anteriores deste livro, manifestamos nosso entendimento, entre outros assuntos, sobre:

a) a exigência de que a petição inicial indique o valor dos pedidos (CLT, art. 840, § 1º);

b) a adoção do princípio da sucumbência em tema de honorários advocatícios (CLT, art. 791-A).

a) *Indicação de valores líquidos, na inicial.* Com o objetivo de abrandar as extremas dificuldades que os autores de ações trabalhistas teriam para atender à absurda exigência contida no § 1º do art. 840, da CLT, chegamos a sugerir as possibilidades de admitir-se: a.a.) a formulação de *pedidos genéricos*, com fundamento no art. 324, III, do CPC; a.b.) a fixação dos valores dos pedidos ser *diferida* para a fase pós-contestação. Cogitamos, ainda, da indicação dos valores por *estimativa*.

Pois bem. Decorridos dois anos de vigência da Lei n. 13.467/2017, convencemo-nos de que a forma menos penosa para os autores atenderem à exigência estampada na sobredita norma da CLT seria mediante a formulação de pedidos por *estimativa*, significa dizer, com indicação de valores *aproximados* aos reais. O TST consagrou, implicitamente, esse entendimento, conforme revela o art. 12, § 2º, da Instrução Normativa n. 41/2008, ao dispor que *o valor da causa será estimado*. Se os valores constantes da inicial devessem ser, rigorosamente, líquidos, não faria sentido o TST aludir ao *valor estimado da causa*, sabendo que esse valor é produto da *soma dos pedidos*.

Considerando tratar-se de pedidos formulados por *estimativa*, não incidirá a regra do art. 492, do CPC, que torna defeso ao juiz condenar o réu em quantidade superior à contida na inicial. Dizendo-se por outras palavras: a indicação do valor dos pedidos por *estimativa* — segundo sua natureza — não vincula a prestação jurisdicional para os efeitos do disposto no art. 492, do estatuto processual civil. Traduz manifesto equívoco jurídico pensar-se em sentido oposto.

b) *Honorários advocatícios.* Em um primeiro lançar de olhos, entendemos que a expressão *procedência parcial*, contida no § 3º do art. 791-A, da CLT, estava a referir-se a cada *pedido*, de tal modo que se, por exemplo, o autor formulasse um pedido de R$ 10.000,00, mas a sentença lhe concedesse somente R$ 4.000,00, ele teria sucumbido em R$ 6.0000,00 e, em consequência, responderia pelos honorários advocatícios no tocante ao valor que lhe foi recusado. Essa foi, a propósito, a interpretação que prevaleceu nos primeiros tempos de vigência da Lei n. 13.467/2017 — interpretação, aliás, responsável pelo fato de o trabalhador passar a ter justificado receio de exercer o seu direito constitucional de ação no âmbito da Justiça do Trabalho.

Refletindo, todavia, com maior profundidade sobre o assunto, chegamos à conclusão de que a aludida expressão: *procedência parcial* diz respeito não a cada pedido, e sim, *à causa*; esta é o continente, do qual os pedidos são o conteúdo.

O efeito prático desse nosso novo entendimento pode ser aferido neste exemplo: o autor formula os pedidos A e B. Ambos são acolhidos, em parte. Aqui, houve procedência parcial apenas *dos pedidos*, e não, *da causa*. Logo, o autor não poderá ser condenado ao pagamento de honorários advocatícios. Para que se possa cogitar de procedência parcial *da causa* seria necessário que, no exemplo mencionado, o pedido A tivesse sido totalmente rejeitado, e o B fosse acolhido por inteiro ou em parte, hipótese em que os honorários de advogado, quanto: a) ao autor da ação, incidiriam em relação ao pedido A; b) ao réu incidiriam em B. Teríamos, assim, *sucumbência recíproca* — para utilizarmos a linguagem do § 3º do art. 840, da CLT..

Nossa interpretação não possui conteúdo ou objetivo ideológico; ela decorre da sensibilidade — que nos faltou nos primeiros momentos — no exame da própria expressão literal do preceptivo da CLT, supracitado.

Curitiba, janeiro de 2020.

O Autor

AS ALTERAÇÕES INTRODUZIDAS NO PROCESSO DO TRABALHO PELA LEI N. 13.467/2017

Capítulo I
INTRODUÇÃO

1. A Lei n. 13.467, de 13 de julho de 2017 (DOU do dia 14 do mesmo mês e ano), conforme consta do seu preâmbulo, *"Altera a Consolidação das Leis do Trabalho (CLT), aprovada pelo Decreto-lei n. 5.452, de 1º de maio de 1943, e as Lei ns. 6.019, de 3 de janeiro de 1974, 8.036, de 11 de maio de 1990, e 8.212, de 24 de julho de 1991; a fim de adequar a legislação às novas relações de trabalho"*.

Do ponto de vista orgânico, essa Lei alterou normas:

a) de direito material do trabalho;

b) de direito sindical;

c) de direito processual do trabalho;

d) de direito previdenciário.

Neste livro, comentamos apenas as normas de direito *processual* do trabalho, assim como aquelas que, embora pertençam ao direito material, possuem íntima relação com o direito processual.

2. Sob o aspecto técnico, a elaboração do livro obedeceu ao seguinte método sequencial:

a) transcrição, em negrito, dos dispositivos da CLT, modificados ou inseridos pela Lei n. 13.467/2017;

b) reprodução literal, passo a passo, de excertos do Relatório Projeto de Lei n. 6.787/2016, elaborado pelo Deputado Rogério Marinho, justificando as alterações introduzidas na matéria;

c) análise individualizada das disposições da Lei n. 13.467/2017, oriundas do Projeto de Lei n. 38/2017, do Senado;

d) transcrição de normas do CPC que possuam pertinência com o dispositivos comentados.

3. Em traços gerais, foram estas as principais alterações introduzidas no sistema do processo do trabalho pela Lei n. 13.467/2017:

3.1. insere, na competência das Varas do Trabalho, a homologação de acordo extrajudicial (art. 652, *"f"*);

3.2. prevê a contagem dos prazos em dias úteis (art. 775, *caput*);

3.3. altera os critérios para a concessão de gratuidade da justiça (art. 790, §§ 3º e 4º);

3.4. dispõe sobre o pagamento de honorários periciais (art. 790-B);

3.5. dispõe sobre o pagamento de honorários de advogado oriundos da sucumbência (art. 791-A);

3.6. dispõe sobre a responsabilidade por dano processual (art. 793-A) e litigância de má-fé (arts. 793-B a 793-D);

3.7. detalha o procedimento referente à exceção de incompetência territorial (art. 800);

3.8. altera a regra sobre o ônus da prova (art. 818);

3.9. dispõe sobre os requisitos da petição inicial (art. 840);

3.10. dispõe sobre a desistência da ação (art. 841, §3º);

3.11. declara que o preposto não necessita ser empregado do preponente (art. 843, § 3º);

3.12. dispõe sobre o adiamento da audiência, o pagamento de custas e a revelia (art. 844, §§ 1º a 5º);

3.13. permite a apresentação de defesa escrita pelo processo judicial eletrônico até a audiência (art. 847, parágrafo único);

3.14. disciplina o procedimento do incidente de desconsideração da personalidade jurídica (art. 855-A);

3.15. institui o "processo de jurisdição voluntária para homologação de acordo extrajudicial" (art. 855-B a 855-E);

3.16. dispõe sobre a execução de ofício das contribuições sociais (art. 876, parágrafo único);

3.17. indica a situação em que a execução poderá ser promovida pelo juiz, *ex officio* (art. 878);

3.18. altera disposições sobre os cálculos e sua atualização (art. 879, §§ 2º e 7º);

3.19. dispõe sobre a garantia do juízo, para efeito de embargos à execução (art. 882);

3.20. autoriza o protesto de decisão judicial transitada em julgado (art. 883-A);

3.21. dispensa as entidades filantrópicas da garantia do juízo (art. 884, § 6º);

3.22. modifica disposições sobre o recurso de revista (art. 896, § 1º-A, IV, e § 14);

3.23. regula o requisito da transcendência, em sede de recurso de revista (art. 896-A, §§ 1º a 6º);

3.24. altera disposições pertinentes ao depósito para recurso (art. 899, §§ 4º, 5º, 9º a 11);

3.25. revoga os seguintes dispositivos da CLT: §§ 1º, 3º e 7º, do art. 477; art. 792; parágrafo único do art. 878; §§ 3º a 6º do art. 896; e § 5º do art. 899.

4. Em uma análise perfunctória, podemos dizer que as alterações introduzidas no sistema do *processo do trabalho* pela Lei n. 13.467/2017 se revelam: a) na maioria, *tímidas*; b) algumas, *prejudiciais* aos princípios de que se nutre esse processo; c) outras, *tumultuantes*; d) umas poucas, *razoáveis*.

a) *Tímidas*, porque o legislador deveria ter avançado um pouco mais, pela oportunidade que teve diante de si. Malbaratou-a, por assim dizer. Não se esperava, dele, uma revolução, mas um passo mais largo, em direção ao futuro. Por que não ter, por exemplo, concedido, de maneira objetiva, ao magistrado, um poder geral de cautela dotado de eficácia para eliminar ameaça de lesão a direito, dispensando-se, com isso, a adoção supletiva da complexa sistematização das tutelas provisórias, efetuada pelos arts. 294 a 311 do CPC? Por que não se eliminar a apresentação da defesa em audiência, marcando-se, inicialmente, uma audiência destinada à conciliação e, não havendo êxito, fixando-se prazo para a apresentação da defesa na secretaria, vindo a designar-se audiência de instrução só se houvesse necessidade? O quadro atual é de absoluta insegurança jurídica, pois as audiências, ora, são unas, ora, fragmentadas em três sessões, para não ignorarmos o fato de que algumas unas, muitas vezes, também acabarem sendo fracionadas, fazendo com que tenha sido inútil (e, sobretudo, dispendioso) o comparecimento das testemunhas? Por que não ter valorizado as sentenças, de tal forma que somente pudessem ser reformadas, em grau de recurso ordinário, por unanimidade de votos? Por que não se reduzir a possibilidade de interposição de recursos, nomeadamente para o TST e no âmbito deste?

b) *Prejudiciais*, porque, entre outras modificações, como enumeramos no item anterior: b.a) substituíram a redação original do art. 818 da CLT, pela constante do art. 373 do CPC, deitando por terra, com essa transubstanciação insensata, uma das mais talentosas redações de que se tinha conhecimento, no texto da CLT, mercê de sua maleabilidade interpretativa; b.b) dispensaram a exigência de o preposto ser empregado do preponente, rendendo ensejo, desse modo, ao ressurgimento da antiga figura do "preposto profissional", cuja atividade era exercida, designadamente, pelos contadores ou contabilistas, na defesa das relações profissionais mantidas com os seus clientes, e dos interesses recíprocos, daí derivantes; b.c) consagraram, com pequenas nuanças, o procedimento traçado pelo CPC para o incidente de desconsideração da personalidade jurídica, contrariando o procedimento — mais eficaz — que havia sido consagrado pelo processo trabalhista da praxe; b.d) restringiram a possibilidade de o juiz dar início, *ex officio*, à execução fundada em título judicial , quando a parte possuir advogado constituído nos autos, conspirando, desse maneira, contra o próprio princípio da celeridade processual; e b.e) acabaram disciplinando a figura da transcendência em recurso de revista, medida que nem o próprio TST, por seu Regimento Interno, abalançou-se a adotar.

c) *Tumultuantes*, porque, por exemplo, ao revogar (expressamente): c.a) os §§ 1º, 3º e 7º, do art. 477, da CLT, que previam a assistência do sindicato, do Ministério do Trabalho, do Ministério Público, do Defensor Público ou do Juiz de Paz, na rescisão do contrato do empregado com mais de um ano de serviço, substituindo esse ato pelo *"processo de jurisdição voluntária para homologação de acordo extrajudicial"*, o legislador não esclareceu as consequências — tanto jurídicas quanto de ordem prática — no caso de o trabalhador recusar-se a realizar o acordo ou o juiz recusar-se a homologá-lo; e c.b) os §§ 3º a 6º, do art. 896, da CLT, que versavam sobre o incidente de uniformização da jurisprudência regional, deitou por terra todos os argumentos que haviam justificado, em data não muito remota, a instituição desse incidente, pela Lei n. 13.015, de 21 de julho de 2014, e deixou os Tribunais Regionais do Trabalho no meio do caminho;

d) Razoáveis. Reputamos merecedoras dessa adjetivação algumas alterações, como a que: d.a) determina a contagem dos prazos em dias úteis; d.b) adota o princípio da sucumbência, para efeito dos honorários de advogado; d.c) permite a apresentação da defesa, no processo eletrônico, até a audiência; d.d) autoriza o protesto da decisão transitada em julgado, no prazo de quarenta e cinco dias, se não houver garantia do juízo; d.e) permite a substituição do depósito recursal em pecúnia por fiança bancária ou seguro garantia judicial; e d.f) permite ao advogado presente à audiência em que se verificou a revelia do seu cliente juntar a contestação e os documentos que portar.

Capítulo II
A LEI N. 13.467/2017

A popular e midiaticamente denominada *Reforma Trabalhista* se iniciou com o Projeto de Lei da Câmara n. 6.787/2016 (CF, art. 64, *caput*), de iniciativa do Poder Executivo (CF, art. 61, *caput*).

Posteriormente, ao chegar ao Senado da República, o Projeto (PLC) recebeu o Substitutivo n. 38/2017, que, sancionado pelo Presidente da República (CF, art. 66, *caput*), sem vetos (CF, art. 84, IV), veio a se converter na Lei n. 13.467, de 13 de julho de 2017.

Segundo constou da Justificativa do Projeto n. 6.787/2016, o objetivo da reforma da legislação trabalhista teve por escopo *"aprimorar as relações do trabalho no Brasil, por meio da valorização da negociação coletiva entre trabalhadores e empregadores, atualizar os mecanismos de combate à informalidade da mão-de-obra no país, regulamentar o art. 11 da Constituição Federal, que assegura a eleição de representante dos trabalhadores na empresa, para promover-lhes o entendimento direto com os empregadores, e atualizar a Lei n. 6.019, de 1974, que trata do trabalho temporário"*.

Em verdade, esse objetivo diz respeito às normas de direito *material* do trabalho. Todavia, a preocupação do legislador alcançou, também, as normas de direito *processual*, conforme pudemos demonstrar na Introdução a este livro (item 3, subitens 3.1. a 3.25), oportunidade em que classificamos as alterações por ele introduzidas em: a) *tímidas*; b) *prejudiciais*; c) *tumultuantes*; e d) *razoáveis* (item 4).

Conforme esclarecemos em página anterior deste livro, nos dedicamos, essencialmente, ao exame dos dispositivos *processuais* que foram objeto da Lei n. 13.467/2017, embora também tenhamos comentado algumas normas de direito *material*, que apresentam repercussão no plano processual, como foram os casos dos artigos:

- 2º, § 2º (grupo econômico);
- 10-A (responsabilidade do sócio retirante);
- 11 (prescrição);
- 223-A a 223-G (dano extrapatrimonial);
- 448-A (sucessão empresarial); e
- 611-A, § 5º (sindicatos como litisconsortes necessários em ações anulatórias de cláusula de acordo ou de convenção coletiva de trabalho, que subscreverem).

Tempos depois, o TST, pela Resolução n. 221, de 21 de junho de 2018, editou a Instrução Normativa n. 41/2018, dispondo "sobre a aplicação das normas processuais da Consolidação das Leis do Trabalho alteradas pela Lei n. 13.467, de 13 de julho de 2017".

Transcrevemos, a seguir, o teor dessa Instrução Normativa:

"O EGRÉGIO PLENO DO TRIBUNAL SUPERIOR DO TRABALHO, em Sessão Extraordinária hoje realizada, sob a Presidência do Excelentíssimo Senhor Ministro João Batista Brito Pereira, Presidente do Tribunal, presentes os Excelentíssimos Senhores Ministros Renato de Lacerda Paiva, Vice-Presidente do Tribunal, Lelio Bentes Corrêa, Corregedor-Geral da Justiça do Trabalho, Ives Gandra da Silva Martins Filho, Maria Cristina Irigoyen Peduzzi, Emmanoel Pereira, Aloysio Silva Corrêa da Veiga, Luiz Philippe Vieira de Mello Filho, Alberto Luiz Bresciani de Fontan Pereira, Maria de Assis Calsing, Dora Maria da Costa, Guilherme Augusto Caputo Bastos, Walmir Oliveira da Costa, Maurício Godinho Delgado, Augusto César Leite de Carvalho, José Roberto Freire Pimenta, Delaíde Alves Miranda Arantes, Hugo Carlos Scheuermann, Alexandre de Souza Agra Belmonte, Cláudio Mascarenhas Brandão, Douglas Alencar Rodrigues, Maria Helena Mallmann, Breno Medeiros e Alexandre Luiz Ramos e o Excelentíssimo Ronaldo Curado Fleury, Procurador-Geral do Trabalho,

considerando a vigência da Lei n. 13.467, de 13 de julho de 2017, a partir de 11 de novembro de 2017,

considerando a imperativa necessidade de o Tribunal Superior do Trabalho posicionar-se, ainda que de forma não exaustiva, sobre a aplicação das normas processuais contidas na Consolidação das Leis Trabalhistas alteradas ou acrescentadas pela Lei n. 13.467/2017,

considerando a necessidade de dar ao jurisdicionado a segurança jurídica indispensável a possibilitar estabilidade das relações processuais,

considerando que pende de apreciação pelo Tribunal Pleno do TST a arguição de inconstitucionalidade do art. 702, I, "f", da CLT,

considerando que a arguição de inconstitucionalidade dos arts. 790- B e 791-A da CLT pende de apreciação pelo Supremo Tribunal Federal na ADI n. 5766,

considerando que foram revogados pela Lei n. 13.467/2017 os §§ 3º e 5º do art. 899 da CLT,

considerando que se trata de Instrução Normativa no sentido de aplicação de normas processuais da CLT, tem pertinência a decisão contida no Processo TST Cons — 17652-49.2016.5.00.0000, publicado no DEJT em 01/09/2016,

RESOLVE

Aprovar a Instrução Normativa n. 41, nos seguintes termos:

INSTRUÇÃO NORMATIVA N 41/2018.

Dispõe sobre a aplicação das normas processuais da Consolidação das Leis do Trabalho alteradas pela Lei n. 13.467, de 13 de julho de 2017.

Art. 1º A aplicação das normas processuais previstas na Consolidação das Leis do Trabalho, alteradas pela Lei n. 13.467, de 13 de julho de 2017, com eficácia a partir de 11 de novembro de 2017, é imediata, sem atingir, no entanto, situações pretéritas iniciadas ou consolidadas sob a égide da lei revogada.

Art. 2º O fluxo da prescrição intercorrente conta-se a partir do descumprimento da determinação judicial a que alude o § 1º do art. 11-A da CLT, desde que feita após 11 de novembro de 2017 (Lei n. 13.467/2017).

Art. 3º A obrigação de formar o litisconsórcio necessário a que se refere o art. 611-A, § 5º, da CLT dar-se-á nos processos iniciados a partir de 11 de novembro de 2017 (Lei n. 13.467/2017).

Art. 4º O art. 789, *caput*, da CLT aplica-se nas decisões que fixem custas, proferidas a partir da entrada em vigor da Lei n. 13.467/2017.

Art. 5º O art. 790-B, *caput* e §§ 1º a 4º, da CLT, não se aplica aos processos iniciados antes de 11 de novembro de 2017 (Lei n. 13.467/2017).

Art. 6º Na Justiça do Trabalho, a condenação em honorários advocatícios sucumbenciais, prevista no art. 791-A, e parágrafos, da CLT, será aplicável apenas às ações propostas após 11 de novembro de 2017 (Lei n. 13.467/2017). Nas ações propostas anteriormente, subsistem as diretrizes do art. 14 da Lei n. 5.584/1970 e das Súmulas ns. 219 e 329 do TST.

Art. 7º Os arts. 793-A, 793-B e 793-C, § 1º, da CLT têm aplicação autônoma e imediata.

Art. 8º A condenação de que trata o art. 793-C, *caput*, da CLT, aplica-se apenas às ações ajuizadas a partir de 11 de novembro de 2017 (Lei n. 13.467/2017).

Art. 9º O art. 793-C, §§ 2º e 3º, da CLT tem aplicação apenas nas ações ajuizadas a partir de 11 de novembro de 2017 (Lei n. 13.467/2017).

Art. 10. O disposto no *caput* do art. 793-D será aplicável às ações ajuizadas a partir de 11 de novembro de 2017 (Lei n. 13.467/2017).

Parágrafo único. Após a colheita da prova oral, a aplicação de multa à testemunha dar-se-á na sentença e será precedida de instauração de incidente mediante o qual o juiz indicará o ponto ou os pontos controvertidos no depoimento, assegurados o contraditório, a defesa, com os meios a ela inerentes, além de possibilitar a retratação.

Art. 11. A exceção de incompetência territorial, disciplinada no art. 800 da CLT, é imediatamente aplicável aos processos trabalhistas em curso, desde que o recebimento da notificação seja posterior a 11 de novembro de 2017 (Lei n. 13.467/2017).

Art. 12. Os arts. 840 e 844, §§ 2º, 3º e 5º, da CLT, com as redações dadas pela Lei n. 13.467, de 13 de julho de 2017, não retroagirão, aplicando-se, exclusivamente, às ações ajuizadas a partir de 11 de novembro de 2017.

§ 1º Aplica-se o disposto no art. 843, § 3º, da CLT somente às audiências trabalhistas realizadas após 11 de novembro de 2017.

§ 2º Para fim do que dispõe o art. 840, §§ 1º e 2º, da CLT, o valor da causa será estimado, observando-se, no que couber, o disposto nos arts. 291 a 293 do Código de Processo Civil.

§ 3º Nos termos do art. 843, § 3º, e do art. 844, § 5º, da CLT, não se admite a cumulação das condições de advogado e preposto.

Art. 13. A partir da vigência da Lei n. 13.467/2017, a iniciativa do juiz na execução de que trata o art. 878 da CLT e no incidente de desconsideração da personalidade jurídica a que alude o art. 855-A da CLT ficará limitada aos casos em que as partes não estiverem representadas por advogado.

Art. 14. A regra inscrita no art. 879, § 2º, da CLT, quanto ao dever de o juiz conceder prazo comum de oito dias para impugnação fundamentada da conta de liquidação, não se aplica à liquidação de julgado iniciada antes de 11 de novembro de 2017.

Art. 15. O prazo previsto no art. 883-A da CLT, para as medidas de execução indireta nele especificadas, aplica-se somente às execuções iniciadas a partir de 11 de novembro de 2017.

Art. 16. O art. 884, § 6º, da CLT aplica-se às entidades filantrópicas e seus diretores, em processos com execuções iniciadas após 11 de novembro de 2017.

Art. 17. O incidente de desconsideração da personalidade jurídica, regulado pelo CPC (arts. 133 a 137), aplica-se ao processo do trabalho, com as inovações trazidas pela Lei n. 13.467/2017.

Art. 18. O dever de os Tribunais Regionais do Trabalho uniformizarem a sua jurisprudência faz incidir, subsidiariamente ao processo do trabalho, o art. 926 do CPC, por meio do qual os Tribunais deverão manter sua jurisprudência íntegra, estável e coerente.

§ 1º Os incidentes de uniformização de jurisprudência suscitados ou iniciados antes da vigência da Lei n. 13.467/2017, no âmbito dos Tribunais Regionais do Trabalho ou por iniciativa de decisão do Tribunal Superior do Trabalho, deverão observar e serão concluídos sob a égide da legislação vigente ao tempo da interposição do recurso, segundo o disposto nos respectivos Regimentos Internos.

§ 2º Aos recursos de revista e de agravo de instrumento no âmbito do Tribunal Superior do Trabalho, conclusos aos relatores e ainda não julgados até a edição da Lei n. 13.467/17, não se aplicam as disposições contidas nos §§ 3º a 6º do art. 896 da Consolidação das Leis do Trabalho.

§ 3º As teses jurídicas prevalecentes e os enunciados de Súmulas decorrentes do julgamento dos incidentes de uniformização de jurisprudência suscitados ou iniciados anteriormente à edição da Lei n. 13.467/2017, no âmbito dos Tribunais Regionais do Trabalho, conservam sua natureza vinculante à luz dos arts. 926, §§ 1º e 2º, e 927, III e V, do CPC.

Art. 19. O exame da transcendência seguirá a regra estabelecida no art. 246 do Regimento Interno do Tribunal Superior do Trabalho, incidindo apenas sobre os acórdãos proferidos pelos Tribunais Regionais do Trabalho publicados a partir de 11 de novembro de 2017, excluídas as decisões em embargos de declaração.

Art. 20. As disposições contidas nos §§ 4º, 9º, 10 e 11 do art. 899 da CLT, com a redação dada pela Lei n. 13.467/2017, serão observadas para os recursos interpostos contra as decisões proferidas a partir de 11 de novembro de 2017.

Art. 21. Esta Instrução Normativa entrará em vigor na data da sua publicação. Ficam revogados os art. 2º, VIII, e 6º da Instrução Normativa n. 39/2016 do TST.

JOÃO BATISTA BRITO PEREIRA
Ministro Presidente do Tribunal Superior do Trabalho".

Esta é a Exposição de Motivos da Instrução Normativa n. 41/2018:

"EXPOSIÇÃO DE MOTIVOS

A Lei n. 11467, de 13 de julho de 2017, traz alteração legislativa que impacta de forma sensível os dispositivos que regulam a realidade das relações de trabalho no Brasil.

É natural que mudanças nos dispositivos reguladores das relações trabalhistas gerem dúvidas e incertezas na aplicação da lei, daí a necessidade de se fixar, com exercício superlativo de prudência hermenêutica, balizas que orientem tanto o jurisdicionado quanto o aplicador da lei, a fim de que a segurança jurídica, pilar do Estado Democrático de Direito, seja assegurada.

A necessidade de balizas quanto aos limites de incidência dos novos aspectos da mudança legislativa fez surgir o compromisso institucional deste Tribunal Superior do Trabalho, no sentido de oferecer diretrizes alinhadas com os pilares de incidência do direito intertemporal, a fim de preservar o ato jurídico perfeito, o direito adquirido e a coisa julgada, nos moldes do art. 5º, XXXVI, da Constituição da República.

A legítima aplicação das regras de direito intertemporal demanda que haja, por parte dos aplicadores do Direito, a uniformização na recepção das questões que envolvem a incidência das normas no cotidiano das relações trabalhistas, o que torna premente a fixação do marco inicial regulatório, daí a proposta de elaboração da presente Instrução Normativa.

Diante dessas considerações, a Comissão pautou-se, precipuamente, pela metodologia de elucidar apenas o marco temporal inicial para a aplicação da alteração ou inovação preconizada pela Lei n. 11467/2017, com amparo nos arts. 10, 15, 1.046, §§ 1º e 5º, 1.047, 1.054, 1.056 e 1.057 do CPC, e 912 da CLT, nada dispondo, portanto, quanto à interpretação do conteúdo da norma de direito.

E assim o fez, a fim de assegurar o direito adquirido processual, o ato jurídico processual perfeito e a coisa julgada.

Quanto ao direito material, a Comissão entendeu que se trata de disposição que comporta o enfrentamento jurisdicional, para que, operando-se a construção jurisprudencial, seja definida a aplicação da lei nova aos casos concretos.

Esperando ter contribuído para a consolidação da segurança jurídica no trato das questões trabalhistas do cotidiano desta Justiça do Trabalho, esta Comissão, composta pelos Senhores Ministros Aloysio Corrêa da Veiga, Maria Cristina Irigoyen Peduzzi, Luiz Philippe Vieira de Mello Filho, Alberto Luiz Bresciani de Fontan Pereira, Walmir Oliveira da Costa, Maurício Godinho Delgado, Augusto César Leite de Carvalho, Alexandre de Souza Agra Belmonte e Douglas Alencar Rodrigues, apresenta como conclusão de seus trabalhos a proposta de Instrução Normativa a ser editada pelo Tribunal Pleno da Corte.

Brasília, 16 de maio de 2018.

Ministro ALOYSIO CORRÊA DA VEIGA

Presidente da Comissão de Ministros"Em que pese ao fato de o TST vir editando, há muitos anos, Instruções com efeito *normativo*, entendemos que isso implica violação ao art. 22, I, da Constituição Federal, que atribui *à União* a competência *exclusiva* para legislar sobre *direito processual*. **Há competência** *concorrente*, apenas, para legislar sobre procedimentos em matéria processual (art. 24, XI), que é coisa diversa. *Processo* é método, técnica ou instrumento de que se utiliza o Estado para solucionar conflitos intersubjetivos de interesses tendo como objeto bens ou utilidades da vida; *procedimento* é o modo de conduzir-se em juízo, é o rito.

Capítulo III
GRUPO ECONÔMICO. RESPONSABILIDADE SOLIDÁRIA

O Congresso Nacional decreta:

Art. 1º A Consolidação das Leis do Trabalho, aprovada pelo Decreto-lei n. 5.452, de 1º de maio de 1943, passa a vigorar com as seguintes alterações:

Art. 2º (...)

§ 1º (...)

§ 2º Sempre que uma ou mais empresas, tendo, embora, cada uma delas, personalidade jurídica própria, estiverem sob a direção, controle ou administração de outra, ou ainda quando, mesmo guardando cada uma sua autonomia, integrem grupo econômico, serão responsáveis solidariamente pelas obrigações decorrentes da relação de emprego.

Esta era a redação da norma, no PL n. 6.787/2016, da Câmara:

§ 2º Sempre que uma ou mais empresas, tendo cada uma personalidade jurídica própria, possuírem direção, controle e administração centralizada em uma delas, exercendo o efetivo controle sobre as demais, em típica relação hierárquica, constituindo grupo industrial, comercial ou de qualquer outra atividade econômica, serão, para os efeitos da relação de emprego, solidariamente responsáveis a empresa principal, que detém o efetivo controle das demais, e cada uma das outras empresas subordinadas.

• Justificativa do Projeto de Lei n. 6.787/2016 da Câmara:

A alteração do art. 2º busca não deixar margem a dúvida sobre a caracterização do grupo econômico, impedindo-se o empréstimo da lei do trabalho rural para ampliação do conceito, como tem sido feito a partir do entendimento sumulado pelo TST. Com isso, evitam-se injustiças no momento da execução, com a inclusão no rol dos devedores de sócios ou empresas que dele não deveriam constar. Nesse sentido, foi acatada a Emenda n. **489**, do Deputado Daniel Vilela (PMDB/GO).

• **Comentário**

A redação do art. 2º, § 2º, da CLT, no Projeto n. 6.787, se destinava a impedir "*o empréstimo da lei do trabalho rural para ampliação do conceito*" de grupo econômico, "*como tem sido feito a partir do entendimento sumulado pelo TST*".

Todavia, o texto que se converteu na Lei n. 13.467/2017 frustrou esse escopo do sobredito Projeto, ao incorporar ambas as doutrinas a respeito do assunto, quais sejam: de um lado a que, fiel ao texto do § 2º, do art. 2º, da CLT (mesmo antes do advento da Lei n. 13.467/2017), só admitia a caracterização do grupo econômico se houvesse direção, controle ou administração de algumas empresas, em relação a outra; de outro, a que, baseada na redação do art. 3º, § 2º, da Lei n. 5.889, de 8 de junho de 1973 (reguladora do trabalho rural), sustentava a possibilidade de configuração dessa espécie de grupo mesmo que as empresas estivessem, umas em relação a outras, em um plano horizontal, ou seja, inexistisse, entre elas, qualquer tipo de direção, controle ou administração.

Sob esse aspecto, não se pode negar que a configuração do grupo econômico foi ampliada, uma vez que nem sempre será necessária a existência do elemento hierárquico entre elas: será bastante que entre elas haja *interesse integrado, efetiva comunhão de interesses e atuação conjunta* (CLT, art. 2º, § 3º).

Não devemos pensar que o art. 2º, § 2º, da CLT, ao aludir à direção, ao controle e à administração de uma empresa em relação às demais, esteja a referir-se, *necessariamente*, à empresa *holding*, segundo a acepção desse vocábulo no âmbito do Direito Societário. Devemos esclarecer que o verbo *to hold* significa *segurar, conter, manter, sustentar, possuir*. A empresa *holding*, de modo geral, não pratica operações comerciais, porquanto é criada, exatamente, para exercer o *controle* ou a *participação* em outras empresas. É a denominada, em doutrina, de *"holding" pura*. Quando, em situações excepcionais, ela se dedica a alguma atividade comercial, recebe a designação de *"holding" mista*.

A Lei n. 6.404, de 15 de dezembro de 1976, que versa sobre as sociedades anônimas, por exemplo, no art. 2º, § 3º, estabelece que *"A companhia pode ter por objeto participar de outras sociedades; ainda que não prevista no estatuto, a participação é facultada como meio de realizar o objeto social, ou para beneficiar-se de incentivos fiscais"*. Na mesma norma legal, vamos encontrar o art. 243, em cujo § 2º se lê: *"§ 2º Considera-se controlada a sociedade na qual a controladora, diretamente ou através de outras controladas, é titular de direitos de sócio que lhe assegurem, de modo permanente, preponderância nas deliberações sociais e o poder de eleger a maioria dos administradores."*

Não interessa ao escopo deste livro demonstrar as razões pelas quais tem sido conveniente a criação de empresas *holding*, seja sob o aspecto societário, seja sob o tributário — ou outros. O que devemos ter em conta é a preocupação de que a regra do art. 2º, §§ 2º e 3º, da CLT, não seja vinculada ao conceito técnico-legal de empresa *holding*, sob pena de rarearem, na prática, os casos que autorizam a configuração de grupo econômico, para os efeitos da legislação do trabalho. Com vistas a essa caracterização, é bastante que determinada sociedade esteja sob a direção, controle ou administração de outra, a fim de fazer com que a diretora, a controladora ou a administradora seja solidariamente responsabilizada pelo adimplemento das obrigações (trabalhistas e previdenciárias) afetas à subordinada.

A razão pela qual leis conceberam a figura do *grupo econômico* decorreu da política de assegurar a satisfação dos direitos de quem seja o titular, mediante a atribuição de responsabilidade patrimonial *solidária* a todas as empresas integrantes do referido grupo.

Convém rememorar que, em se tratando de responsabilidade *solidária*, *"O credor tem direito a exigir e receber de um ou de alguns dos devedores, parcial ou totalmente, a dívida comum (...)"*, conforme dispõe o art. 275, *caput*, do Código Civil.

De quem será o ônus da prova quanto à caracterização do grupo econômico?

Em princípio, será do autor, máxime com a nova redação imposta ao art. 818 da CLT, que pastichou o art. 373, *caput*, do CPC de 2015. A redação do art. 818 da CLT passou a ser a seguinte: "O ônus da prova incumbe: I — ao reclamante, quanto ao fato constitutivo de seu direito; II — ao reclamado, quanto à existência de fato impeditivo, modificativo ou extintivo do direito do reclamante. Sobre o ônus da prova no processo do trabalho, nos pronunciaremos na oportunidade do Comentário ao art. 818 da CLT.

É bem verdade que o § 1º dessa norma procurou abrandar o pastiche que o *caput* fez do art. 373, *caput*, do CPC, ao dispor: *"Nos casos previstos em lei ou diante de peculiaridades da causa relacionadas à impossibilidade ou à excessiva dificuldade de cumprir o encargo nos termos deste artigo ou à maior facilidade de obtenção da prova do fato contrário, poderá o juízo atribuir o ônus da prova de modo diverso, desde que o faça por decisão fundamentada, caso em que deverá dar à parte a oportunidade de se desincumbir do ônus que lhe foi atribuído."*

Aliás, o precitado § 1º reproduziu, praticamente literal, do 1º do art. 373, do CPC, assim expresso: *"Nos casos previstos em lei ou diante de peculiaridades da causa relacionadas à impossibilidade ou à excessiva dificuldade de cumprir o encargo nos termos do caput ou à maior facilidade de obtenção da prova do fato contrário, poderá o juiz atribuir o ônus da prova de modo diverso, desde que o faça por decisão fundamentada, caso em que deverá dar à parte a oportunidade de se desincumbir do ônus que lhe foi atribuído."*

A propósito, o juiz do trabalho, mesmo antes do advento da Lei n. 13.467/2017, podia invocar, em determinadas situações, o art. 6º, inciso VIII, da Lei n. 8.078/1990 (Código de Defesa do Consumidor), que autoriza a inversão do encargo da prova quando a alegação o autor for verossímil, ou este, hipossuficiente, "segundo as regras ordinárias de experiências". O art. 375 do CPC de 2015 também alude às "regras de experiência comum, subministradas pela observação do que comumente acontece", reproduzindo, com pequenas alterações, o disposto no art. 335 do CPC de 1973. São as denominadas máximas de experiência, oriundas da doutrina alemã (*Algemeine Erfharugssatze*), especialmente, de Stein, para quem esse máximas consistiam "em condições ou juízos hipotéticos de conteúdo geral, independentes do caso concreto que se tem de julgar e de seus elementos particulares, e que são adquiridos pela experiência, mas que são autônomas em face dos casos particulares, de cuja observação se deduzem e que pretendem ter valor em relação aos novos casos" (La Scienza Privata del Giudice, apud SANTOS, Moacyr Amaral. *Comentários ao Código de Processo Civil*. Rio de Janeiro: Forense, 1977. p. 51/52).

É razoável presumir que a preocupação manifestada pelo Relator do Projeto de Lei n. 6.787/2016 (que transcrevemos há pouco), quanto ao fato de o *"entendimento sumulado pelo TST"* gerar a inclusão *"no rol dos devedores de sócios ou empresas que dele não deveriam constar"*, tenha tido: a) como alvo, o *cancelamento* da Súmula n. 205, do TST, ocorrido em 2003. Essa Súmula exigia que a pessoa, para ser responsabilizada, solidariamente, no caso de grupo econômico, houvesse participado do processo na qualidade de ré e, em razão disso, figurado no título executivo judicial; caso contrário, não poderia ser responsabilizada. Para maior compreensão do assunto, reproduziremos o enunciado da precitada Súmula: *"GRUPO ECONÔMICO. EXECUÇÃO. SOLIDARIEDADE (cancelada) — Res. 121/2003, DJ 19, 20 e 21.11.2003 O responsável solidário, integrante do grupo econômico, que não participou da relação processual como reclamado e que, portanto, não consta no título executivo judicial como devedor, não pode ser sujeito passivo na execução"*; b) como fundamento, o art. 779, do CPC, conforme o qual "A execução pode ser promovida contra: I — o devedor, *reconhecido com tal no título executivo"* (destacamos).

Permanece inalterada a orientação jurisprudencial compendiada na OJ n. 411, da SBDI-1, do TST: *"SUCESSÃO TRABALHISTA. AQUISIÇÃO DE EMPRESA PERTENCENTE A GRUPO ECONÔMICO. RESPONSABILIDADE SOLIDÁRIA DO SUCESSOR POR DÉBITOS TRABALHISTAS DE EMPRESA NÃO ADQUIRIDA. INEXISTÊNCIA. (DEJT divulgado em 22, 25 e 26.10.2010) O sucessor não responde solidariamente por débitos trabalhistas de empresa não adquirida, integrante do mesmo grupo econômico da empresa sucedida, quando, à época, a empresa devedora direta era solvente ou idônea economicamente, ressalvada a hipótese de má-fé ou fraude na sucessão."*

Conforme se percebe, a OJ procurou estabelecer um critério compósito: a) *cronológico* ("à época"); e b) *econômico* ("solvente ou idônea economicamente") para definir se haverá, no caso de que trata, responsabilidade solidária do sucessor, ou não. O único elemento capaz de anular esse critério objetivo será a ocorrência de má-fé ou fraude na sucessão.

Não podemos deixar de observar, todavia, a impropriedade terminológica do § 2º do art. 2º da CLT aludir às obrigações decorrentes da *relação de emprego*, expressão somente justificável ao tempo em que a competência da Justiça do Trabalho estava restrita à solução dos conflitos de interesses entre *empregados e empregadores*. Com o advento da Constituição Federal de 1988, essa competência passou a ser para dirimir os conflitos oriundos da *relação de trabalho* (CF, art. 114, I), cujo conceito é mais amplo do que o de relação de emprego. A mesma Lei n. 13.467/2017 se refere, em outros momentos, de maneira correta, à relação de trabalho, como se deu, por exemplo, na redação dos arts. 11 e 223-A, da CLT.

Se, na leitura do § 2º do art. 2º, da CLT, o intérprete concluísse que se trataria, efetivamente, de *relação de emprego*, estaria negando a possibilidade de haver a caracterização de *grupo econômico* nos casos de *relação de trabalho* — entendida, neste caso, como oposta à *relação de emprego*.

§ 3º Não caracteriza grupo econômico a mera identidade de sócios, sendo necessárias, para a configuração do grupo, a demonstração do interesse integrado, a efetiva comunhão de interesses e a atuação conjunta das empresas dele integrantes.

• **Comentário**

Esta era a redação anterior do Projeto:

§ 3º Não caracteriza grupo econômico a mera identidade de sócios, ainda que administradores ou detentores da maioria do capital social, se não comprovado o efetivo controle de uma empresa sobre as demais.

O fato de haver identidade de sócios em determinadas empresas não é suficiente para caracterizar a presença de grupo econômico (mesmo que sejam administradores ou detentores da maioria do capital social de uma ou de todas): para isso, é necessária a concorrência de três requisitos: a) a comprovação de interesse integrado; b) a efetiva comunhão de interesses; e c) a atuação conjunta das empresas.

Conjugando-se o disposto nos §§ 2º e 3º, do art. 2º, da CLT, chegamos à conclusão de que, para a caracterização do *grupo econômico*, será necessária a presença dos seguintes requisitos cumulativos:

a) estar, uma empresa, sujeita à direção, controle ou administração de outra;

b) haver, entre essas empresas, interesse integrado, efetiva comunhão de interesses e atuação conjunta;

c) em determinados casos, mesmo não havendo subordinação de uma empresa às demais (letra "a", retro), ou seja, em que as empresas mantêm, cada uma, a sua autonomia, pode haver configuração de grupo econômico, contanto que presentes o interesse integrado, a efetiva comunhão de interesses e a atuação conjunta.

Mais uma vez, a jurisprudência será convocada para dar ao art. 2º, §§ 2º e 3º, da CLT, uma interpretação que impeça a frustração da satisfação dos direitos do trabalhador, máxime quando reconhecidos em sentença tornada indiscutível e imutável por força da autoridade que se irradia da coisa julgada material (CPC, art. 502) — *res iudicata* que figura, aliás, como uma das garantias constitucionais (CF, art. 5º, XXXVI).

Nos casos em que não for possível caracterizar ou comprovar a existência de grupo econômico, a parte interessada em preservar os seus direitos talvez encontre condições — factuais e jurídicas — para suscitar o incidente de desconsideração da personalidade jurídica, previsto no art. 855-A da CLT, e, supletivamente, nos arts. 133 a 137 do CPC.

À guisa de nótula histórica, devemos lembrar que o Projeto oriundo da Câmara inseria o § 4º, no art. 2º, da CLT, com esta redação: "*Não se aplica ao empregador urbano o disposto no § 2º do art. 3º da Lei n. 5.889, de 29 de junho de 1973.*" A referida norma legal estatui normas sobre o trabalho rural. Consta do seu art. 3º, § 2º: "*§ 2º Sempre que uma ou mais empresas, embora tendo cada uma delas personalidade jurídica própria, estiverem sob direção, controle ou administração de outra, ou ainda quando, mesmo guardando cada uma sua autonomia, integrem grupo econômico ou financeiro rural, serão responsáveis solidariamente nas obrigações decorrentes da relação de emprego.*"

O referido § 4º, porém, não constou da Lei n. 13.467/2017.

No mais, segue inalterada a Súmula n. 129, do TST: "*CONTRATO DE TRABALHO. GRUPO ECONÔMICO (mantida) — Res. 121/2003, DJ 19, 20 e 21.11.2003. A prestação de serviços a mais de uma empresa do mesmo grupo econômico, durante a mesma jornada de trabalho, não caracteriza a coexistência de mais de um contrato de trabalho, salvo ajuste em contrário.*" Costuma-se dizer, em doutrina, que, neste caso, o grupo econômico figura como empregador único. Há que se ter cuidado com essa frase, por não ser de todo correta. Embora o trabalhador possa prestar serviços às diversas empresas do grupo (dentro da mesma jornada), em rigor, a empregadora (com vistas à anotação do contrato na CTPS, de recolhimento de contribuições devidas ao INSS, de depósitos do

FGTS, de concessão de férias e o mais) é uma só; as demais serão apenas solidariamente responsáveis pelo adimplemento das obrigações trabalhistas afetas à empregadora. Em sentido oposto, se a prestação de serviços se der em jornadas de trabalho diversas, vale dizer, não superpostas, estará aberta a possibilidade da configuração de relação de emprego com as demais empresas do grupo, desde que presentes os correspondentes pressupostos constitutivos (pessoalidade, não eventualidade, onerosidade, subordinação jurídica, etc.).

Merece ser registrado o interessante entendimento que se encontra expresso no Enunciado n. 4, da Comissão 1, integrante da 2ª Jornada de Direito Material e Processual do Trabalho, promovido pela ANAMATRA, tendo como foco a Reforma Trabalhista: "SUBORDINAÇÃO ESTRUTURAL. GRUPO ECONÔMICO. RESPONSABILIDADE SOLIDÁRIA DAS EMPRESAS QUE ATUAM EM CADEIA PRODUTIVA NACIONAL OU GLOBAL, POR INTERPRETAÇÃO DOS §§ 2º E 3º DO ART. 2º DA CLT, ACRESCENTADOS PELA LEI N. 13.467/2017."

Capítulo IV
DANO EXTRAPATRIMONIAL

O dano extrapatrimonial constitui objeto do Título II-A da CLT.

Dano extrapatrimonial é uma expressão mais ampla do que dano *moral*[1] porque não só compreende este último, mas, também, quanto: a) à *pessoa física*, os danos à honra, à imagem, à intimidade, à liberdade de ação, à autoestima, à sexualidade, à saúde, à intimidade ao lazer e à integridade física; b) à *pessoa jurídica, à imagem, à marca, ao nome, ao segredo empresarial e ao sigilo da correspondência* (CLT, arts. 223-C e 223-D).

Conceitualmente, os denominados danos *extrapatrimoniais* se contrapõem aos danos *materiais*. Não nos parece, entretanto, correta a adjetivação de *extrapatrimoniais* conferida aos primeiros. Ora, se temos, de um lado, os danos *materiais*, o seu contraposto lógico são os *imateriais*. Para além disso, o prefixo latino *extra* significa *fora, à margem, além de*; logo, *extrapatrimonial* estaria a indicar que o dano *está fora ou além do patrimônio* da pessoa. Em verdade, o patrimônio jurídico das pessoas compreende tanto os bens materiais quanto os imateriais. No elenco destes últimos, podemos mencionar, além dos indicados nos arts. 223-C e 223-D da CLT, a dignidade da pessoa humana (CF, art. 1º, III) e a inviolabilidade da intimidade, da vida privada, da honra, da imagem (CF, art. 5º, X).

Contudo, para que não nos acoimem de amantes da heterodoxia, poremos de lado, circunstancialmente, a nossa ressalva e passaremos a aludir, para efeito de comunicação com os leitores, a danos *extrapatrimoniais*.

Como diria o personagem de Graciliano Ramos, em *Vidas Secas*: "*Embora sofresse com a tradição, não se atrevia a modificá-la.*"

Temos para conosco que o legislador trabalhista de 2017, ao fazer uso da expressão: *dano extrapatrimonial*, pretendeu referir o dano que não possui expressão econômica, significa dizer, que não gera reflexo no patrimônio econômico da pessoa, embora seja suscetível de reparação. Conforme afirmamos há pouco, esses danos compreendem: a) quanto à pessoa física, os cometidos à honra, à imagem, à intimidade, à liberdade de ação, à autoestima, à sexualidade, à saúde, à intimidade ao lazer e à integridade física (CLT, art. 223-C); b) quanto à *pessoa jurídica, os praticados à imagem, à marca, ao nome, ao segredo empresarial e ao sigilo da correspondência* (CLT, art. 223-D).

Os danos extrapatrimoniais podem ser cumulados com os materiais, para efeito de postulação em juízo, desde que atendidos os respectivos pressupostos legais, especialmente, o que diz da presença de ato lesivo em comum (CLT, art. 223-F).

Uma das mais recentes indenizações que têm sido objeto de pretensão deduzida no âmbito da Justiça do Trabalho, a título de danos extrapatrimoniais, diz respeito ao *dano existencial*. O fato de o texto dos arts. 223-C e 223-D da CLT não fazer referência a

---

[1] Sobre *dano moral*: conceito, causas, efeitos, valoração e prevenção, consulte-se *O Assédio Moral no Trabalho*, de João Luís Vieira Teixeira. 3. ed. São Paulo: LTr, 2016.

essa espécie de *dano* (mencionada na Justificativa do Projeto de Lei n. 6.787/2016) não obsta a que ela possa ser objeto de reparação em juízo.

De modo geral, tem-se como dano existencial aquele que afeta o denominado "projeto de vida" da pessoa e, também, as suas relações sociais ou profissionais, suas possibilidades de opção diante dos fatos da vida, seus sentimentos e aspirações. É o dano que coloca em destaque a pessoa sob o ponto de vista *ontológico*. Sob essa perspectiva, a jurisprudência trabalhista tem considerado como caracterizador de dano existencial o ato, entre outros, de o empregador exigir que o empregado trabalhe, de modo habitual, em horas extras, acima do limite estabelecido em lei, com eventuais prejuízos à sua saúde ou, ao seu lazer. Valham, como corolário, estas ementas de acórdãos do TST:

INDENIZAÇÃO POR DANO EXISTENCIAL. JORNADA DE TRABALHO EXTENUANTE. O dano existencial consiste em espécie de dano extrapatrimonial cuja principal característica é a frustração do projeto de vida pessoal do trabalhador, impedindo a sua efetiva integração à sociedade, limitando a vida do trabalhador fora do ambiente de trabalho e o seu pleno desenvolvimento como ser humano, em decorrência da conduta ilícita do empregador. O Regional afirmou, com base nas provas coligidas aos autos, que a reclamante laborava em jornada de trabalho extenuante, chegando a trabalhar 14 dias consecutivos sem folga compensatória, laborando por diversos domingos. Indubitável que um ser humano que trabalha por um longo período sem usufruir do descanso que lhe é assegurado, constitucionalmente, tem sua vida pessoal limitada, sendo despicienda a produção de prova para atestar que a conduta da empregadora, em exigir uma jornada de trabalho deveras extenuante, viola o princípio fundamental da dignidade da pessoa humana, representando um aviltamento do trabalhador. O entendimento que tem prevalecido nesta Corte é de que o trabalho em sobrejornada, por si só, não configura dano **existencial**. Todavia, no caso, não se trata da prática de sobrelabor dentro dos limites da tolerância e nem se trata de uma conduta isolada da empregadora, mas, como afirmado pelo Regional, de conduta reiterada em que restou comprovado que a reclamante trabalhou em diversos domingos sem a devida folga compensatória, chegando a trabalhar por 14 dias sem folga, afrontando assim os direitos fundamentais do trabalhador. Precedentes. Recurso de revista conhecido e desprovido. (RR 10347420145150002, Relator Ministro José Roberto Freire Pimenta, 2ª Turma, publicado em 13.11.2015.)

RECURSO DE REVISTA. DANO MORAL. DANO EXISTENCIAL. SUBMISSÃO A JORNADA EXTENUANTE. PREJUÍZO NÃO COMPROVADO. O dano existencial é espécie de dano imaterial. No caso das relações de trabalho, o dano existencial ocorre quando o trabalhador sofre dano/limitações em relação à sua vida fora do ambiente de trabalho em razão de condutas ilícitas praticadas pelo empregador, impossibilitando-o de estabelecer a prática de um conjunto de atividades culturais, sociais, recreativas, esportivas, afetivas, familiares, etc., ou de desenvolver seus projetos de vida nos âmbitos profissional, social e pessoal. Não é qualquer conduta isolada e de curta duração, por parte do empregador, que pode ser considerada como dano existencial. Para isso, a conduta deve perdurar no tempo, sendo capaz de alterar o objetivo de vida do trabalhador, trazendo-lhe um prejuízo no âmbito de suas relações sociais. Na hipótese dos autos, embora conste que o Autor se submetia frequentemente a uma jornada de mais de 15 horas diárias, não ficou demonstrado que o Autor tenha deixado de realizar atividades em seu meio social ou tenha sido afastado do seu convívio familiar para estar à disposição do Empregador, de modo a caracterizar a ofensa aos seus direitos fundamentais. Diferentemente do entendimento do Regional, a ofensa não pode ser presumida, pois o dano existencial, ao contrário do dano moral, não é "in re ipsa", de forma a se dispensar o Autor do ônus probatório da ofensa sofrida. Não houve demonstração cabal do prejuízo, logo o Regional não observou o disposto no art. 818 da CLT, na medida em que o Reclamante não comprovou o fato constitutivo do seu direito. Recurso de Revista conhecido e provido. (TST — Recurso de Revista RR 14439420125150010, Relatora Ministra Maria de Assis Calsing, 4ª Turma, DEJT 17.4.2015.)

RECURSO DE REVISTA. DANO EXISTENCIAL. PRESSUPOSTOS. SUJEIÇÃO DO EMPREGADO A JORNADA DE TRABALHO EXTENUANTE. JORNADAS ALTERNADAS 1. A doutrina, ainda em construção, tende a conceituar o dano existencial como o dano à realização do projeto de vida em prejuízo à vida de relações. O dano existencial, pois, não se identifica com o dano moral. 2. O Direito brasileiro comporta uma visão mais ampla do dano existencial, na perspectiva do art. 186 do Código Civil, segundo o qual "aquele que por ação ou omissão voluntária, negligência ou imprudência, violar direito e causar dano a outrem, ainda que exclusivamente moral, comete ato ilícito". A norma em apreço, além do dano moral, comporta reparabilidade de qualquer outro dano imaterial causado a outrem, inclusive o dano existencial, que pode ser causado pelo empregador ao empregado, na esfera do Direito do Trabalho, em caso de lesão de direito de que derive prejuízo demonstrado à vida de relações. 3. A sobrejornada habitual e excessiva, exigida pelo empregador, em tese, tipifica dano existencial, desde que em situações extremas em que haja demonstração inequívoca do comprometimento da vida de relação. 4. A condenação ao pagamento de indenização por dano existencial não subsiste, no entanto, se a jornada de labor exigida não era sistematicamente de 15 horas de trabalho diárias, mas, sim, alternada com jornada de seis horas diárias. Robustece tal convicção, no caso, a circunstância de resultar incontroverso que o contrato de trabalho mantido entre as partes perdurou por apenas nove meses. Não se afigura razoável, assim, que nesse curto período a conduta patronal comprometeu, de forma irreparável, a realização de um suposto projeto de vida em prejuízo à vida de relações do empregado. 5. Igualmente não se reconhece dano existencial se não há demonstração de que a jornada de trabalho exigida, de alguma forma, comprometeu irremediavelmente a vida de relações do empregado, aspecto sobremodo importante para tipificar e não banalizar, em casos de jornada excessiva, pois virtualmente pode consultar aos interesses do próprio empregado a dilatação habitual da jornada. Nem sempre é a empresa que exige o trabalho extraordinário. Em situações extremas, há trabalhadores compulsivos, ou seja, viciados em trabalho (*workaholic*), quer motivados pela alta competitividade, vaidade, ganância, necessidade de sobrevivência, quer motivados por alguma necessidade pessoal de provar algo a alguém ou a si mesmo. Indivíduos assim geralmente não conseguem desvincular-se do trabalho e, muitas vezes por iniciativa própria, deixam de lado filhos, pais, amigos e família em prol do labor. Daí a exigência de o empregado comprovar que o empregador exigiu-lhe labor excessivo e de modo a afetar-lhe a vida de relações. 6. Recurso de revista conhecido e provido. (TST — Recurso de Revista RR 1548020135040016, Relator Ministro João Oreste Dalazen, 4ª Turma, Publicação DEJT 31.3.2015.)

Art. 223-A. Aplicam-se à reparação de danos de natureza extrapatrimonial decorrentes da relação de trabalho apenas os dispositivos deste Título.

• Justificativa do Projeto de Lei n. 6.787/2016:

Vivemos hoje, no Judiciário brasileiro, um fenômeno que cresce dia após dia, que é o ajuizamento de ações visando à indenização por danos morais. E, além do dano moral, temos, ainda, uma nova figura que tem sido pleiteada — e concedida — com razoável constância pelo juízo trabalhista que é o dano existencial.

Reconhecemos a importância do tema, mesmo porque o pagamento de indenização quando verificado o dano está previsto na Constituição Federal, nos termos do inciso X do art. 5º. Com o que não podemos concordar, todavia, é a total falta de critério na sua fixação.

Na Justiça do Trabalho, segundo dados do próprio TST, em torno de 1% a 2% das ações ajuizadas no ano de 2016 tratavam, exclusivamente, de indenização por dano moral ou existencial. Entretanto esses dados não levam em consideração o fato de que quase todas as ações trabalhistas trazem um pedido acessório de indenização por danos morais, fundada, muitas vezes, em mero descumprimento da legislação trabalhista.

Como há um vácuo nas leis do trabalho quanto ao tratamento da matéria, os pedidos são formulados com base na legislação civil, a qual também não oferece critérios objetivos para lidar com o tema.

A ausência de critérios objetivos e o alto nível de discricionariedade conferidos ao magistrado na fixação judicial dessas indenizações trazem insegurança jurídica, lesando a isonomia de tratamento que deve ser dada a todos os cidadãos. Não é raro que se fixem indenizações díspares para lesões similares em vítimas diferentes. Do mesmo modo, são comuns indenizações que desconsideram a capacidade econômica do ofensor, seja ele o empregado ou o empregador, situação que se mostra agravada no caso dos empregadores, porquanto ações de prepostos podem gerar valores que dificultem, ou mesmo inviabilizem, a continuidade do empreendimento.

Diante desses fatos, estamos propondo a inclusão de um novo Título à CLT para tratar do dano extrapatrimonial, o que contempla o dano moral, o dano existencial e qualquer outro tipo de dano que vier a ser nominado. A inserção desses dispositivos na CLT evitará que tenhamos decisões díspares para situações assemelhadas, como temos visto com alguma frequência em nosso Judiciário. Acreditamos que essa medida facilitará a atuação dos magistrados do trabalho, que terão critérios objetivos para definir o valor da indenização, sem que tenham a sua autonomia decisória ferida.

Nesse contexto de necessidade de fixar limites para as indenizações por danos morais, foram acatadas, ao menos parcialmente, as Emendas: **622**, do Deputado Paulo Abi-Ackel (PSDB/MG); **399**, do Deputado João Gualberto (PSDB/BA) e **430**, do Deputado Vitor Lippi (PSDB/SP).

- **Comentário**

    A leitura do texto legal em exame suscita, para logo, duas dúvidas:

    a) o advérbio *apenas*, utilizado na expressão legal: *"Aplicam-se (...) apenas os dispositivos deste Título"* estaria a norma a vedar a incidência dos arts. 186 e 942 a 954, entre outros, do Código Civil, frequentemente invocados como fundamento de pedidos formulados em juízo para a condenação do réu ao pagamento de indenização por danos derivantes de atos ilícitos (CLT, art. 8º, § 1º)?

    b) as disposições do mencionado Título seriam aplicáveis, somente, aos danos extrapatrimoniais derivantes da *relação de trabalho*, e não, da *relação de emprego* — realidades dessemelhantes no plano dos conceitos —, ou a primeira expressão estaria a compreender também a segunda?

    Vejamos.

    a) Nada impede a incidência de normas do Código Civil, naquilo que não contravierem as disposições dos arts. 223-A a 223-F da CLT (CLT, art. 8º, § 1º). É nesse sentido que se deve entender o uso do advérbio apenas, na declaração estampada no art. 223-A desta. O fundamento legal para a imposição de sentença condenatória ao pagamento de danos em geral, provenientes de atos ilícitos, é o art. 186 do Código Civil, que possui esta redação: *"Aquele que, por ação ou omissão voluntária, negligência ou imprudência, violar direito e causar dano a outrem, ainda que exclusivamente moral, comete ato ilícito."* O art. 942, caput, do mesmo Código, por seu turno, estabelece: *"Os bens do responsável pela ofensa ou violação do direito de outrem ficam sujeitos à reparação do dano causado; e, se a ofensa tiver mais de um autor, todos responderão solidariamente pela reparação."* Não menos importante é a regra consubstanciada no art. 950 do Código Civil, segundo a qual se a lesão ou a ofensa acarretar defeito pelo qual o ofendido se torne incapacitado de exercer o seu ofício, atividade ou profissão, a indenização compreenderá, além das despesas de tratamento e os lucros cessantes até o final do período de convalescença, *"pensão correspondente à importância do trabalho para que se inabilitou, ou da depreciação que ele sofreu"*. O prejudicado terá a faculdade de exigir que a indenização seja arbitrada, e paga de uma só vez (*ibidem*, parágrafo único).

b) Se não desejarmos dar as costas aos ditames do bom-senso, deveremos reconhecer que só há uma resposta defensável à pergunta que formulamos: a expressão *relação de trabalho* foi utilizada pelo legislador em sua acepção genérica, de tal sorte que compreende a *relação de emprego*, como espécie. Não foi outra, aliás, a atitude do constituinte, ao redigir o inciso I, do art. 114, da Constituição Federal, segundo o qual a Justiça do Trabalho possui competência para processar e julgar as ações oriundas da *relação de trabalho*. Seria, mais do que um desassossego, um disparate imaginar-se que a Justiça do Trabalho não seria dotada de competência para solucionar os conflitos de interesses decorrentes da *relação de emprego*, em sentido estrito.

Em sínte, a dicção do art. 223-A, da CLT, a nosso ver: a) compreende os danos acarretados tanto nas relações de trabalho quanto nas relações de emprego; b) significa que ficam fora da previsão do artigo sob comentário, unicamente, os danos decorrentes, por exemplo, de acidente de trabalho e de doença ocupacional, assim como os danos emergentes, os lucros cessantes, as pensões, etc.

Art. 223-B. Causa dano de natureza extrapatrimonial a ação ou omissão que ofenda a esfera moral ou existencial da pessoa física ou jurídica, as quais são as titulares exclusivas do direito à reparação.

• **Comentário**

Este artigo contém uma definição e uma declaração. A definição se refere ao dano extrapatrimonial: ação ou omissão que ofenda a esfera moral ou existencial da pessoa física ou jurídica, que são as titulares exclusivas do direito à correspondente reparação. Trata-se, em rigor, de definição de *ato ilícito* (CC, art. 186). Aplica-se ao dano extrapatrimonial, igualmente, a regra inscrita no art. 187 do CC: *"Também comete ato ilícito o titular de um direito que, ao exercê-lo, excede manifestamente os limites impostos pelo seu fim econômico ou social, pela boa-fé ou pelos bons costumes."*

A *declaração* é de que a pessoa que tiver ofendida a sua esfera moral ou existencial detém a titularidade exclusiva do direito à correspondente reparação. Poder-se-ia deduzir dessa declaração legal, por exemplo, que se a pessoa vier a falecer em decorrência do dano sofrido, o seu espólio não terá legitimidade para postular em juízo a reparação. Não pensamos assim. Não cremos que o legislador trabalhista tenha tido a intenção de evitar a incidência do art. 943 do Código Civil, conforme o qual *"O direito de exigir reparação e a obrigação de prestá-la transmitem-se com a herança"*. Ora, se o próprio Código Civil legitima o espólio para exigir a reparação do direito do falecido, não vemos razão — jurídica, social ou política — para recusar-se essa legitimidade ao espólio do trabalhador.

Parece-nos que a expressão legal *"titulares exclusivas do direito à reparação"* esteja a significar apenas que esse direito não possa ser transferido por ato *inter vivos*.

Cuida-se de mais um dos temas trazidos pela Lei n. 13.467/2017 que se encontram abertos ao debate.

Dano existencial

Falamos, há pouco, em ato ilícito; devemos, agora, dizer que não se classificam como tal:

a) os praticados em legítima defesa ou no exercício regular de um direito reconhecido;

b) a deterioração ou destruição da coisa alheia, ou a lesão a pessoa, com a finalidade de remover perigo iminente (CC, art. 188, I e II, respectivamente).

Torna-se oportuno esclarecer que, no caso da letra "b", retro, somente haverá legitimidade do ato se as circunstâncias o tornarem absolutamente necessário, e desde que o ato não ultrapasse os limites do indispensável para o afastamento do perigo (CC, art. 188, parágrafo único).

As pessoas *jurídicas*, conforme evidencia o art. 223-B da CLT, também podem ser vítimas de danos extrapatrimoniais.

De resto, a norma legal em exame deixa claro que somente as pessoas — físicas ou jurídicas — que sofreram dano de natureza extrapatrimonial detêm a titularidade do direito à correspondente reparação.

Art. 223-C. A honra, a imagem, a intimidade, a liberdade de ação, a autoestima, a sexualidade, a saúde, o lazer e a integridade física são os bens juridicamente tutelados inerentes à pessoa física.

• **Comentário**

A Medida Provisória n. 808/2017 dera nova redação art. 223-C, da CLT, que era a seguinte: "Art. 223-C. A etnia, a idade, a nacionalidade, a honra, a imagem, a intimidade, a liberdade de ação, autoestima, o gênero, a orientação sexual, a saúde, o lazer e a integridade física são os bens juridicamente tutelados inerentes à pessoa física".

Cotejando-se ambos os textos, verificamos que a referida Medida Provisória acrescentara os seguintes bens tuteláveis: etnia, idade, nacionalidade, gênero, além de substituir a expressão "sexualidade" por "orientação sexual".

Na primeira edição deste livro escrevemos:

> A norma declara que os bens ou valores inerentes à pessoa física, suscetíveis de tutela jurídica, são: a honra, a imagem, a intimidade, a liberdade de ação, a autoestima, a sexualidade, a saúde, o lazer e a integridade física. Talvez tenha havido, aí, um *minus dixit quam voluit* do legislador, pois outros bens vinculados à pessoa física também merecem a proteção jurídica, como a estabilidade psicoemocional e o bem-estar social *(social welfare)*.

O rol dos bens juridicamente tutelados (ou tuteláveis), enfim, previsto no dispositivo legal em análise, não nos parece ser taxativo (ou exaustivo), mas, meramente exemplificativo. Basta lembrar o direito constitucional à livre manifestação do pensamento (art. 5º, IV), à inviolabilidade da liberdade de consciência e de crença (*ibidem*, V), à liberdade de expressão da atividade artística, científica e de comunicação (*ibidem*, IX), à liberdade de locomoção (*ibidem*, XV) e de associação (*ibidem*, XVII), entre outros.

A Constituição Federal também alude à dignidade da pessoa humana (CF, art. 1º, III), à inviolabilidade da intimidade, da vida privada, da honra e da imagem (art. 5º, X).

A Medida Provisória n. 808/2017 demonstrou que estávamos certos ao afirmarmos que a relação dos bens tuteláveis, inerentes à natureza humana, eram mais numerosos do que os indicados na redação anterior do art. 223-C da CLT.

Em que pese ao fato de a precitada Medida Provisória ter perdido a eficácia, em 23 de abril de 2018, por não haver sido convertida em lei pelo Congresso Nacional, pensamos que o nosso entendimento de que o rol dos bens juridicamente tuteláveis, estampado no mencionado preceptivo da CLT, não traduza *numerus clausus*, tendo, ao contrário, caráter meramente exemplificativo.

Art. 223-D. A imagem, a marca, o nome, o segredo empresarial e o sigilo da correspondência são bens juridicamente tutelados inerentes à pessoa jurídica.

• Comentário

Ao comentarmos o art. 223-B afirmamos que a pessoa jurídica também pode ser vítima de dano extrapatrimonial. Agora, o art. 223-D indica quais são os bens inerentes a essa pessoa, que devem ser juridicamente tutelados: a imagem, a marca, o nome, o segredo empresarial e o sigilo da correspondência. Ver-se-á, com o decorrer do tempo, que outros bens deverão ser incorporados a esse rol.

Não nos parece constitucionalmente correto reduzir-se o sigilo da correspondência à categoria de bem exclusivo da *pessoa jurídica*, considerando-se que o art. 5º, XII, da Constituição Federal, não faz essa restrição, corresponde a dizer, o reconhece tanto em benefício da pessoa *física* quanto da *jurídica*.

Art. 223-E. São responsáveis pelo dano extrapatrimonial todos os que tenham colaborado para a ofensa ao bem jurídico tutelado, na proporção da ação ou da omissão.

• Comentário

O preceito *sub examen* enfeixa duas declarações: a) todos aqueles que tenham contribuído, direta ou indiretamente, para a ofensa do bem jurídico tutelado são responsáveis pela reparação; e b) essa responsabilidade será fixada, em concreto, segundo tenha sido a proporção da ação ou da omissão lesiva.

O texto legal não esclarece, entretanto, se a responsabilidade passiva, no caso, é *solidária* ou *subsidiária*. Devemos concluir que seja a solidária, pois esta tem a seu favor a presunção da lei (CC, art. 275). Para que fosse *subsidiária*, deveria ser expressamente prevista. Interpretação conforme os princípios de Direito.

Não é só. O empregador ficará excluído do dever de indenizar quando o ato não tiver sido por ele prarticado? De maneira alguma. Lembremos que no conceito de empregador, inscrito no *caput* do art. 2º, da CLT, há a advertência de que este *assume os riscos da atividade econômica*, não podendo, portanto, eximir-se das respoinsabilidades inerentes a esse risco. Além disso, a Súmula n. 341, do STF, com inegável sensibilidade jurídica, afirma: "É presumida a culpa do patrão ou comitente pelo ato culposo do empregado ou preposto".

É oportuno rememorar, ainda, o disposto no art. 942, do CC: "Os bens do responsável pela ofensa ou violação do direito de outrem ficam sujeitos à reparação do dano causado; e, se a ofensa tiver mais de um autor, todos responderão solidariamente pela reparação. Parágrafo único. São solidariamente responsáveis com os autores os coautores e as pessoas designadas no art. 932". Dentre as pessoas mencionadas no art. 932, responsáveis pela reparação dos danos, estão: "o empregador ou comitente, por seus empregados serviçais e prepostos, no exercício do trabalho que lhes competir, ou em razão dele" (inciso III). O art. 933, do mesmo Código, elucida: "As pessoas indicadas nos incisos I a IV, do artigo antecedente, ainda que não haja culpa de sua parte, responderão pelos atos praticados pelos terceiros ali referidos".

Art. 223-F. A reparação por danos extrapatrimoniais pode ser pedida cumulativamente com a indenização por danos materiais decorrentes do mesmo ato lesivo.

• Comentário

De igual modo, asseveramos, em linhas anteriores, que a reparação por dano extrapatrimonial pode ser cumulada com a de dano material, desde que o evento danoso tenha sido acarretado pelo mesmo ato lesivo.

O STJ já vinha admitindo essa cumulação, conforme revela a sua Súmula n. 37: "*São cumuláveis as indenizações por dano material e dano moral oriundos do mesmo fato.*" Coerente com essa linha de entendimento, aliás, o mesmo Tribunal adotou a Súmula n. 387, assim enunciada: "*É lícita a cumulação das indenizações de dano estético e dano moral.*"

Observe-se a terminologia utilizada na redação do art. 223-F da CLT: *reparação*, para danos extrapatrimoniais; *indenização*, para danos materiais. Embora a *reparação* tenha o sentido de "retornar à aparência anterior", ela se confunde com a *indenização*, que se traduz, de modo geral, em uma *reparação pecuniária* de um dano causado a outrem. Note-se que o art. 927 do Código Civil, conquanto pertença ao Capítulo "Da Obrigação de Indenizar", alude à *reparação*.

Em suma, para os efeitos do art. 223-F da CLT, os vocábulos *reparação* e *indenização* são sinônimos do ponto de vista de sua finalidade, embora possam a ter fundamento legal distinto.

§ 1º Se houver cumulação de pedidos, o juízo, ao proferir a decisão, discriminará os valores das indenizações a título de danos patrimoniais e das reparações por danos de natureza extrapatrimonial.

• **Comentário**

A norma exige que a sentença condenatória ao pagamento indenização por danos extrapatrimoniais e danos materiais discrimine os valores referentes a uma e a outra. Não se permite, pois, que a sentença fixe um só valor, englobando ambas as indenizações.

Essa imposição legal é de ordem prática, porquanto permitirá ao autor e ao réu conhecer o valor de cada indenização e, diante disso, se for o caso, recorrerem da sentença com a finalidade de ampliar ou de reduzir um desses valores ou ambos.

Inexistindo essa individualização dos valores, ter-se-á que a sentença se *omitiu* no atendimento à determinação legal, ensejando, com isso, que a parte interessada faça uso dos embargos declaratórios para suprir a lacuna jurisdicional. Cuida-se de um dos tantos casos, que soem ocorrer na prática, de manejo peculiar dos embargos de declaração.

§ 2º A composição das perdas e danos, assim compreendidos os lucros cessantes e os danos emergentes, não interfere na avaliação dos danos extrapatrimoniais.

• **Comentário**

O texto é claro: a composição das perdas e danos não interfere na fixação do valor a título da indenização por dano extrapatrimonial

Sobre as perdas e danos e os lucros cessantes, estabelece o art. 402 do Código Civil: "*Salvo exceções expressamente previstas em lei, as perdas e danos devidas ao credor abrangem, além do que ele efetivamente perdeu, o que razoavelmente deixou de lucrar.*" A expressão "*o que razoavelmente deixou de lucrar*" se refere aos lucros cessantes. O art. 403 do mesmo Código esclarece: "*Ainda que a inexecução resulte de dolo do devedor, as perdas e danos só incluem os prejuízos efetivos e os lucros cessantes por efeito dela direto e imediato, sem prejuízo do disposto na lei processual.*"

Outras disposições do CC também podem ser adotadas pelo Direito do Trabalho, como as dos arts. 949 e 950. Consta do primeiro: "*No caso de lesão ou outra ofensa à saúde, o ofensor indenizará o ofendido das despesas do tratamento e dos lucros cessantes até ao fim da convalescença, além de algum outro prejuízo que o ofendido prove haver sofrido*"; e, do segundo: "*Se da ofensa resultar defeito pelo qual o ofendido não possa exercer o seu ofício ou profissão, ou se lhe diminua a capacidade de trabalho, a indenização, além das despesas do tratamento e lucros cessantes até ao fim da convalescença, incluirá pensão correspondente à importância do trabalho para que se inabilitou, ou da depreciação que ele sofreu.*"

Art. 223-G. Ao apreciar o pedido, o juízo considerará:

I — a natureza do bem jurídico tutelado;

II — a intensidade do sofrimento ou da humilhação;

III — a possibilidade de superação física ou psicológica;

IV — os reflexos pessoais e sociais da ação ou da omissão;

V — a extensão e a duração dos efeitos da ofensa;

VI — as condições em que ocorreu a ofensa ou o prejuízo moral;

VII — o grau de dolo ou culpa;

VIII — a ocorrência de retratação espontânea;

IX — o esforço efetivo para minimizar a ofensa;

X — o perdão, tácito ou expresso;

XI — a situação social e econômica das partes envolvidas;

XII — o grau de publicidade da ofensa.

• **Comentário**

A norma indica os doze critérios que o juiz deverá observar "ao apreciar o pedido". Melhor teria sido se dissesse: *ao proferir a sentença*.

Não temos vocação à controvérsia, nem poderes paranormais, mas queremos crer que, na prática, serão algo raras as situações em que o juiz do trabalho levará, efetivamente, em conta *a totalidade d*esses critérios, para efeito de calcular o valor da indenização devida. É provável que se limite a fazer alusão genérica a eles, sem demonstrar que atendeu, um por um, à exaustão. Por suposto, haverá acentuada carga de subjetivismo judicial no acatamento a esses critérios de excessiva minudência. Seja como for, o cenário se mostra propício ao largo uso de embargos declaratórios, fundados em omissão.

§ 1º Se julgar procedente o pedido, o juízo fixará a indenização a ser paga, a cada um dos ofendidos, em um dos seguintes parâmetros, vedada a acumulação:

I — para ofensa de natureza leve, até três vezes o valor do último salário contratual do ofendido;

II — para ofensa de natureza média, até cinco vezes o valor último salário contratual do ofendido;

III — para ofensa de natureza grave, até vinte vezes o valor do último salário contratual do ofendido; ou

IV — para ofensa de natureza gravíssima, até cinquenta vezes o valor do último salário contratual do ofendido.

• **Comentário**

Por força da Medida Provisória n. 808, de 14 de novembro de 2017, o cálculo da indenização passaria a ser com base no "limite máximo dos benefícios do Regime Geral da Previdência Social". Essa Medida Provisória, no entanto, perdeu eficácia em 23 de abril de 2018 por ter não ter sido convertida em lei, pelo Congresso Nacional, no prazo estabelecido pelo art. 62, § 3º, da Constituição Federal.

A base de cálculo voltou a ser, portanto, a do "valor do último salário contratual do ofendido". É o que consta do § 1º, do art. 223-G, da CLT.

O *caput* do art. 223-G da CLT menciona os elementos que o juiz deverá considerar com vistas a definir a *natureza* (grau) da ofensa. O § 1º do mesmo preceptivo legal, por sua vez, aponta um critério objetivo para a fixação do *quantum* devido, segundo a ofensa tenha sido de natureza: a) leve; b) média; c) grave; e d) gravíssima. O critério é objetivo, por ser estabelecido com base no valor do último salário contratual do ofendido; e, acima de tudo, se destina a impedir excessiva discricionariedade judicial na fixação do *quantum* devido a título de indenização por danos extrapatrimoniais.

Passa-se, contudo, que esse critério, a nosso ver, apresenta laivos de inconstitucionalidade. Assim afirmamos, porque a Constituição Federal, no art. 5º, X, assegura o pagamento de indenização em decorrência de dano moral sofrido pela pessoa. Isto significa que a indenização deve ser calculada com base *no dano em si* e em sua repercussão da esfera subjetiva do ofendido, e não, com base *no salário* que este recebe ou recebia. Ademais, o critério adotado pelo legislador trabalhista é injusto, pois certamente ocorrerá, por exemplo, de um empregado que recebe salário elevadíssimo vir a sofrer um dano extrapatrimonial de natureza *leve* e receber indenização muito superior à de um empregado que sofreu dano de natureza *gravíssima*, mas percebe o salário mínimo oficial.[2]

Sob esse aspecto, § 1º, do art. 223-G, da CLT, releva outro traço de inconstitucionalidade, pois traduz um desrespeito ao princípio da *igualdade de todos perante a lei*, consubstanciado no *caput* do art. 5º da Constituição Federal. E não será despropositado se dissermos que esse antagonismo da norma da CLT com a Constituição da República também beira os limites da *discriminação social*, como se a honra do abastado valesse mais do que a honra do desvalido. Como diria o indignado príncipe Hamlet, shakespeariano, na esplanada do castelo de Elsinor: *"Há algo de podre no reino da Dinamarca."*

Devemos lembrar que a 2ª Turma do STF, no julgamento do RE 447.584/RJ, em 16.3.2007, sendo Relator o Ministro Cezar Peluso, assentou:

> "Toda limitação, prévia e abstrata, ao valor de indenização por dano moral, objeto de juízo de equidade, é incompatível com o alcance da indenizabilidade irrestrita assegurada pela atual Constituição da República. Por isso, já não vige o disposto no art. 52 da Lei de Imprensa, o qual não foi recebido pelo ordenamento jurídico vigente".

Pondo de lado a nossa percepção quanto à inconstitucionalidade do critério estampado no § 1º, do art. 223-G, da CLT, prossigamos no Comentário à essa norma.

---

(2) Recordo-me que, há alguns anos, quando fui pesquisar a origem da expressão idiomática "São outros quinhentos", encontrei algo que se relaciona, de algum modo, com o atual tema do dano extrapatrimonial e com o critério do cálculo da correspondente indenização. Sucede que havia, há alguns séculos, uma tradição jurídica, iniciada na Península Ibérica, consistente em estabelecer em *quinhentos soldos* (moeda da época) a indenização devida por alguém que praticasse um ato de injúria contra outrem. Esse valor era devido apenas às pessoas na nobreza; para quem não fosse nobre, a indenização era apenas de trezentos soldos. No relato de Câmara Cascudo (*"Locuções Tradicionais do Brasil"*), se houvesse uma nova injúria a um nobre, nova indenização seria devida, ou seja, "Seriam outros quinhentos" (soldos).

O dispositivo legal em exame se refere a *salário* (contratual), e não, à *remuneração*. Esta é o gênero, do qual aquele constitui espécie (CLT, art. 457, *caput*). Devemos esclarecer que se compreendem no salário não somente a quantia fixa estipulada, como: as gratificações legais e as comissões pagas pelo empregador (CLT, art. 457, § 1º). Em contrapartida, não se incluem no salário, ainda que pagos habitualmente: a ajuda de custo, o auxílio-alimentação (vedado o seu pagamento em dinheiro), as diárias para viagem, os prêmios e abonos. Essas verbas, aliás, também não se incorporaram ao contrato de trabalho nem constituem base de incidência de qualquer encargo trabalhista ou previdenciário (CLT, art. 457, § 2º).

Não se pode negar, contudo, o direito de o trabalhador comprovar que o valor do seu salário era superior ao anotado na carteira de trabalho. É o caso do vulgarmente denominado "pagamento por fora", *a latere*, tão encontradiço na prática de alguns empregadores.

O art. 944 do Código Civil declara: *"A indenização mede-se pela extensão do dano."* No caso do § 1º, do art. 223-G, da CLT, essa *medição* não fica a critério do magistrado, pois se apresenta legalmente tabelada ou pré-tarifada.

Em suma, estes são os limites máximos dos valores a serem observados pelo juiz do trabalho, conforme tenha sido a natureza (melhor: intensidade) da ofensa:

a) ofensa de natureza *leve*: até três vezes o valor do último salário contratual do ofendido;

b) ofensa de natureza *média*: até cinco vezes o valor do último salário contratual do ofendido;

c) ofensa de natureza *grave*: até vinte vezes o valor do último salário contratual do ofendido;

d) ofensa de natureza *gravíssima*: até cinquenta vezes o valor do último salário contratual do ofendido.

Em juízo, caberá, em princípio, ao autor o encargo de demonstrar a ofensa sofrida (CLT, art. 818) e postular o pagamento da indenização correspondente, segundo a natureza ou a intensidade da ofensa. Caso entenda ser devida a indenização, o juiz poderá alterar — para menos — a graduação indicada pelo autor. Em muitos casos, um exame pericial será imprescindível para definir a natureza ou a intensidade da ofensa sofrida.

Dissemos que, *em princípio*, o ônus da prova será do autor, porque o juiz poderá fazer uso da faculdade que lhe atribui o § 1º, do art. 818, da CLT: *"Nos casos previstos em lei ou diante de peculiaridades da causa relacionadas à impossibilidade ou à excessiva dificuldade de cumprir o encargo nos termos deste artigo ou à maior facilidade de obtenção da prova do fato contrário, poderá o juízo atribuir o ônus da prova de modo diverso, desde que o faça por decisão fundamentada, caso em que deverá dar à parte a oportunidade de se desincumbir do ônus que lhe foi atribuído."*

Lembremos, uma vez mais, o que se lançou do Relatório do Projeto de Lei n. 6.787/2016:

> A ausência de critérios objetivos e o alto nível de discricionariedade conferidos ao magistrado na fixação judicial dessas indenizações trazem insegurança jurídica, lesando a isonomia

de tratamento que deve ser dada a todos os cidadãos. Não é raro que se fixem indenizações díspares para lesões similares em vítimas diferentes. Do mesmo modo, são comuns indenizações que desconsideram a capacidade econômica do ofensor, seja ele o empregado ou o empregador, situação que se mostra agravada no caso dos empregadores, porquanto ações de prepostos podem gerar valores que dificultem, ou mesmo inviabilizem, a continuidade do empreendimento.

Diante desses fatos, estamos propondo a inclusão de um novo Título à CLT para tratar do dano extrapatrimonial, o que contempla o dano moral, o dano existencial e qualquer outro tipo de dano que vier a ser nominado. A inserção desses dispositivos na CLT evitará que tenhamos decisões díspares para situações assemelhadas, como temos visto com alguma frequência em nosso Judiciário. Acreditamos que essa medida facilitará a atuação dos magistrados do trabalho, que terão critérios objetivos para definir o valor da indenização, sem que tenham a sua autonomia decisória ferida.

Não se aplica, portanto, a Súmula n. 490 do STF, segundo a qual, em tema de responsabilidade civil, o cálculo da indenização deve ser efetuado com base no *salário mínimo*. Diz a Súmula: *"A pensão correspondente à indenização oriunda de responsabilidade civil deve ser calculada com base no salário mínimo vigente ao tempo da sentença e ajustar-se-á às variações ulteriores."*

Aplica-se, porém, por analogia, a Súmula n. 562 do mesmo Tribunal: *"Na indenização de danos materiais decorrentes de ato ilícito cabe a atualização de seu valor, utilizando-se, para esse fim, dentre outros critérios, dos índices de correção monetária."*

No mais, impõe-se uma correção vocabular ao § 1º, do art. 223-G, da CLT: pedidos não "procedem": são *acolhidos* (ou *rejeitados*: CPC, art. 490). Bem teria agido, portanto, o legislador trabalhista se tivesse ficado atento à advertência do jovem e indignado Hamlet: *"É um desses hábitos, cuja quebra honra mais do que a observância."*

§ 2º Se o ofendido for pessoa jurídica, a indenização será fixada com observância dos mesmos parâmetros estabelecidos no § 1º deste artigo, mas em relação ao salário contratual do ofensor.

• **Comentário**

Caso a ofensa seja praticada contra pessoa jurídica, a indenização também observará os critérios de cálculos previstos no § 1º, do art. 223-G, da CLT. A diferença, neste caso, é que a indenização não será calculada com fulcro no valor do último salário contratual do *ofendido*, e sim, no salário do *ofensor*.

É oportuno rememorar que, nos termos do art. 223-D da CLT, constituem bens juridicamente tutelados, inerentes à pessoa jurídica, a imagem, a marca, o nome, o segredo empresarial e o sigilo da correspondência.

§ 3º Na reincidência entre partes idênticas, o juízo poderá elevar ao dobro o valor da indenização.

• **Comentário**

A norma é aplicável ao ofensor, seja ele pessoa física ou pessoa jurídica. No caso de reincidência, e sendo as mesmas partes, a lei faculta ao magistrado duplicar do valor da indenização devida pelo ofensor.

A Medida Provisória n. 808/2017 fazia alusão à "reincidência de quaisquer das partes".

A mesma Medida havia inserido os §§ 4º e 5º, no art. 223-G. Dispunha o § 4º: "Para fins do disposto no § 3º, a reincidência ocorrerá se ofensa idêntica ocorrer no prazo de até dois anos, contado do trânsito em julgado da decisão condenatória"; e o § 5º: "Os parâmetros estabelecidos no § 1º não se aplicam aos danos extrapatrimoniais decorrentes de morte". Este último parágrafo significava que o juiz poderia fixar a indenização devida com fundamento, por exemplo, nas disposições do Código Civil (CLT, art. 8º), em especial, nos arts. 402, 944 e 948 a seguir reproduzidos:

> Art. 402. Salvo as exceções expressamente previstas em lei, as perdas e danos devidas ao credor abrangem, além do que ele efetivamente perdeu, o que razoavelmente deixou de lucrar.
>
> Art. 944. A indenização mede-se pela extensão do dano.
>
> Art. 948. No caso de homicídio, a indenização consiste, sem excluir outras reparações:
>
> I — no pagamento das despesas com o tratamento da vítima, seu funeral e o luto da família;
>
> II — na prestação de alimentos às pessoas a quem o morto os devia, levando-se em conta a duração provável da vida da vítima.

Capítulo V
RESPONSABILIDADE DO SÓCIO RETIRANTE

Art. 10-A. O sócio retirante responde subsidiariamente pelas obrigações trabalhistas da sociedade, relativas ao período em que figurou como sócio, somente em ações ajuizadas até dois anos depois de averbada a modificação do contrato, observada a seguinte ordem de preferência:

I — a empresa devedora;

II — os sócios atuais; e

III — os sócios retirantes.

- **Justificativa do Projeto de Lei n. 6.787/2016:**

É natural da dinâmica empresarial a alteração do quadro societário. Por ausência de regras, atualmente é grande a insegurança jurídica sobre a responsabilidade que afeta a empresa, os sócios atuais e o sócio que se retira. A lei é silente na atualidade sobre quem responde pelas obrigações trabalhistas, por quanto tempo, sobre qual período, de que forma, gerando decisões diferentes, conflitantes e sem parâmetros legais.

Partindo da premissa de que o empregador é a empresa e que ela possui, em tese, patrimônio e faturamento, esta por primeiro deve responder pelas obrigações trabalhistas.

Por segundo, os sócios atuais da empresa, que respondem pela sucessão, nos termos do art. 448 da CLT. E, por último, aquele que saiu, ou seja, o retirante, que a lei também pode alcançar, esgotados os meios de execução em face dos outros devedores.

A nova redação a todos alcança, conferindo alto grau de garantias ao trabalhador, disciplinando a ordem de execução e delimitando no tempo a responsabilidade por fatos pretéritos que alcançam o período do sócio retirante.

O período em que o retirante pode ser alcançado — 2 anos — teve prazo extraído da legislação civil, comercial e empresarial em vigor no País, além do fato de que o prazo prescricional de 2 anos, previsto na Constituição Federal, também é expresso para o protocolo de causas trabalhistas.

Finalmente, esta nova redação está em conformidade com a interpretação sistemática do projeto, que tem previsão semelhante em face das empresas no art. 448 da CLT, bem como encontra respaldo nos requisitos do procedimento para alcançar o sócio de uma empresa, a despersonalização da pessoa jurídica, que existe tanto no Código de Processo Civil, como na nova redação que estamos propondo no Substitutivo.

Sobre este tema, acatamos, em parte, a Emenda **789**, da Deputada Laura Carneiro (PMDB/RJ).

- **Comentário**

Embora a prescrição constitua tema de direito material (ou substancial, como queiram), decidimos lançar Comentários aos arts. 11 e 11-A da CLT, em virtude da íntima vinculação que há entre a prescrição e o direito processual.

O art. 11 dispõe sobre a responsabilidade, em relação aos débitos trabalhistas, do sócio que se retira da sociedade.

É relevante observar o seguinte:

a) não se trata de responsabilidade de sócio que ainda se encontra integrado à sociedade, e sim, de sócio *retirante*. A esse respeito estabelece o art. 1.003, parágrafo único, do Código Civil: *"Até 2 (dois) anos depois de averbada a modificação do contrato, responde o cedente solidariamente com o cessionário, perante a sociedade e terceiros, pelas obrigações que tinha como sócio"*;

b) a responsabilidade não é solidária, mas, *subsidiária*. Enquanto, nos termos do parágrafo único do art. 1.003 do Código Civil, a responsabilidade é *solidária*, no caso do art. 10-A da CLT, ela é *subsidiária*. Tratando-se de responsabilidade solidária (passiva): *"O credor tem direito a exigir e a receber de um ou de algum dos devedores, parcial ou totalmente, a dívida comum (...)"*, segundo declara o art. 275 do Código Civil. No caso de responsabilidade subsidiária, o credor deve atender a uma ordem de nomeação dos responsáveis dessa natureza, tal como se dá no precitado *caput* do art. 10-A da CLT: *"I — empresa devedora; II — os sócios atuais; III — os sócios retirantes"*;

c) a responsabilidade fica limitada ao período em que a pessoa figurou como sócia. Isto significa dizer, por exemplo, que se o empregado prestou serviços à pessoa jurídica ao tempo que que o sócio já não integrava a sociedade, não se aplica o art. 10-A da CLT, ou seja, o referido sócio não poderá ser responsabilizado pelas dívidas trabalhistas da sociedade. Essa dicção legal contraria a jurisprudência predominante no foro da Justiça do Trabalho;

d) a ação trabalhista deve ser ajuizada até dois anos depois da averbação da modificação do contrato (saída do sócio), devendo ser observada, para esse efeito, a seguinte ordem quanto à responsabilidade subsidiária: d.a) a empresa devedora; d.b) os sócios atuais; d.c) o sócio retirante. Conclui-se que se não houver essa averbação, o sócio retirante poderá ser responsabilizado (subsidiariamente) por todo o período em que vigorou o contrato de trabalho do autor da ação.

Pode ocorrer de o sócio que se retirou da sociedade A (há menos de dois anos da averbação da modificação contratual) haver transferido todos os seus bens pessoais para a sociedade B (que não possui nenhum vínculo com a A), com a finalidade de esquivar-se da incidência do art. 10-A da CLT. Nesta hipótese, caberá ao trabalhador:

1) suscitar o incidente de desconsideração *inversa* da personalidade jurídica (sociedade B), com o objetivo de penhorar os bens que o sócio retirante havia transferido a esta (CPC, art. 133, § 2º) — caso tenha tomado conhecimento dessa transferência no curso da ação trabalhista ajuizada;

2) se teve conhecimento da transferência antes de ingressar com a ação, requererá, já na petição inicial, a desconsideração inversa da personalidade jurídica da sociedade B. Neste caso, não se tratará de incidente, mas, sim, de capítulo específico da própria petição inicial (CPC, art. 134, § 2º).

Se o sócio retirante vier, nos termos do art. 10-A da CLT, a responder subsidiariamente pelas dívidas da sociedade de que se retirou, efetuando os pagamentos devidos ao trabalhador, o referido sócio sub-rogar-se-á nessas quantias e poderá ingressar com ação regressiva, da justiça comum, com o objetivo de reembolsar-se do que pagou em nome da sociedade (CC, arts. 349 e 350).

> Parágrafo único. O sócio retirante responderá solidariamente com os demais quando ficar comprovada fraude na alteração societária decorrente da modificação do contrato.

• **Comentário**

Este parágrafo constitui exceção à regra constante do *caput* da norma. Enquanto, a teor do *caput*, a responsabilidade do sócio retirante: a) é *subsidiária* e b) fica limitada ao período em que ele se encontrava integrado à sociedade, na situação prevista no parágrafo único, como teria ocorrido *fraude* na alteração societária, a responsabilidade: a) passa a ser *solidária*, em relação aos demais sócios; b) podendo compreender todo o tempo em que esteve a viger o contrato de trabalho do autor da ação — e não apenas aquele em que o sócio integrava a sociedade.

Esteve correto o legislador ao atribuir ao sócio retirante, na situação em exame, a responsabilidade *solidária*, em relação aos demais, como uma espécie de "punição" pelo fato de ter havido fraude na alteração da sociedade, em virtude da alteração do contrato.

Será do autor o encargo de provar a ocorrência dessa fraude (CLT, art. 818, *caput*). Seria ilógico e inconcebível, neste caso, inverter-se o ônus da prova, de que trata o § 1º, do art. 818, da CLT. Por outro lado, o princípio legal da *boa-fé* nos negócios jurídicos (CC, art. 164) repele a possibilidade de presunção de má-fé ou de fraude na alteração do contrato social.

Para efeito de aplicação do disposto no art. 10-A da CLT, não há necessidade de adotar o formalismo dos procedimentos previstos no processo civil, bastando ao juiz do trabalho determinar a citação sócio e, refutadas as eventuais reações jurídicas deste (mandado de segurança, embargos de terceiro, etc.), fazer com que os atos executivos incidam sobre o seu patrimônio econômico. Os embargos à execução somente serão admissíveis mediante a prévia garantia do juízo (CLT, art. 884).

Capítulo VI
PRESCRIÇÃO

Art. 11. A pretensão quanto a créditos resultantes das relações de trabalho prescreve em cinco anos para os trabalhadores urbanos e rurais, até o limite de dois anos após a extinção do contrato de trabalho.

I — (Revogado);

II — (Revogado).

Considerações introdutórias

• Justificativa do Projeto de Lei n. 6.787/2016:

As alterações promovidas no art. 11 são para alçar ao nível de lei ordinária as ideias contidas nas Súmulas n. 268 e n. 294 do TST, para que, desse modo, seja dada efetividade ao inciso XXIX do art. 7º da Constituição Federal, permitindo-se que o prazo prescricional de cinco anos se dê ainda na vigência do contrato.

Nesse sentido, foram acatadas a Emenda **648**, do Deputado José Carlos Aleluia (DEM/BA), e a Emenda **625**, do Deputado Paulo Abi-Ackel (PSDB/MG).

O ordenamento jurídico brasileiro conhece duas modalidades de prescrição (do latim *praescriptio*, de *praescribere* = prescrever, escrever antes):

a) a *aquisitiva*, que constitui um dos meios de aquisição da propriedade, na medida em que, fazendo extinguir o direito de outrem, o transfere à pessoa que mantém a posse da coisa, sem interrupção, nem oposição (usucapião, CC, arts. 1.238 a 1.244); e

b) a *extintiva*, que implica a perda do direito de ação em virtude da inércia do seu titular; dela também se diz, por isso mesmo, *liberatória*.

Para que se configure a prescrição extintiva — única que interessa ao processo do trabalho —, há necessidade de que concorram três pressupostos:

a) a prefixação, por lei, de prazo para o exercício do direito de ação;

b) o decurso desse prazo; e

c) a inércia do titular do direito.

Conforme estabelece o art. 197 do CC, a prescrição não flui:

I — entre cônjuges, na constância do casamento;

II — entre ascendentes e descendentes, durante o poder familiar;

III — entre tutelados e curatelados e seus tutores ou curadores, durante a tutela ou a curatela.

Considerando a possibilidade jurídica de haver relação de emprego entre cônjuges, entre ascendentes e descendentes, entre tutores e tutelados e entre curadores e curatelados, entendemos que são aplicáveis ao direito do trabalho as disposições estampadas nos incisos I, II e III do art. 197 do CC, mediante a faculdade inscrita no art. 8º da CLT.

A prescrição também não ocorre contra:

a) incapazes (CC, art. 198, I; CLT, art. 440);

b) ausentes do Brasil, em serviço público da União, dos Estados ou dos Municípios (CC, art. 198, II);

c) os que se acharem servindo nas Forças Armadas nacionais, em tempo de guerra (CC, art. 198, III); e ainda no caso de:

d) estar pendendo condição suspensiva (art. 199), pois, não tendo ainda nascido a ação (*actio nata*), não pode ela, evidentemente, prescrever (*actione non nata non praescribitur*);

e) não estar vencido o prazo (CC, art. 199, II);

f) pender ação de evicção (CC, art. 199, III) — sendo que esta última hipótese é inadmissível no processo do trabalho.

Cabe, aqui, um escólio quanto ao binômio: inexistência de prescrição/incapazes.

O art. 3º, do CC, em sua redação original, declarava serem absolutamente incapazes de exercer pessoalmente os atos da vida civil:

1) os menores de dezesseis anos (I);

2) os que, por enfermidade ou deficiência mental, não tiverem o necessário discernimento para a prática desses atos (II);

3) os que, mesmo por causa transitória, não puderem exprimir sua vontade.

Entretanto, a Lei n. 13.146, de 6 de julho de 2015, revogou, de maneira expressa, os incisos I, II e III, do art. 3º, do CC, passando o *caput* desse artigo a referir apenas os *menores de dezesseis anos* como absolutamente incapazes.

Essa alteração legislativa repercutiu, também, no art. 198, do mesmo Código, que enumera as pessoas em relação às quais *não ocorre a prescrição* (inciso I). Antes, eram alcançadas por essa disposição legal, além dos menores de dezesseis anos: a) os que, por enfermidade ou deficiência mental, não tivessem o necessário discernimento para a prática desses atos; b) os que, mesmo por causa transitória, não pudessem exprimir sua vontade. As pessoas mencionadas nas alíneas "a" e "b", consequentemente, passaram a ficar à margem dessa cautela legal, o que é inadmissível. Basta argumentarmos, por exemplo, com uma pessoa, maior de idade, que seja portadora de enfermidade que não lhe permita ter discernimento. Devemos lembrar o brocardo latino: *contra non valentem agere non currit praescriptio* (a prescrição não corre quem não pode agir).

Caberá à jurisprudência trabalhista a tarefa de abrandar as consequências da alteração imposta pela Lei n. 13.146/2015 ao art. 3º, do CC, por forma a não permitir que determinados trabalhadores venham a ser excluídos a incidência do art. 198 do mesmo

Código, designadamente, daqueles que, por algum motivo alheio à sua vontade, não possa, ainda que temporariamente, invocar a tutela jurisdicional.

Há, por outro lado, determinadas causas, legalmente previstas, que *interrompem* a prescrição, como:

a) o despacho que ordenar a citação do réu, ainda que exarado por juiz incompetente (CC, art. 202, I; CPC, art. 240 e § 1º);

b) o protesto judicial (CC, art. 202, II);

c) o protesto cambial (CC, art. 202, III);

d) a apresentação do título de crédito em juízo de inventário ou em concurso de credores (CC, art. 202, IV);

e) qualquer ato judicial que constitua o devedor em mora (*ibidem*, V);

f) qualquer ato inequívoco, mesmo que extrajudicial, que importe reconhecimento do direito pelo devedor (*ibidem*, VI).

Excluída a hipótese de que tratam os incisos III e IV do art. 202 do CC, pensamos que as demais podem ser acolhidas pelo processo do trabalho, desde que efetuadas as necessárias adaptações; desse modo, *v. g.*, a prescrição, aqui, será interrompida não pelo despacho que determinar a citação do réu, mas pela simples entrega da petição em juízo — na secretaria da Vara ou no serviço de distribuição, segundo seja o caso. Essa adequação da regra contida no art. 202, I, do CC, se justifica diante do fato de que o juiz do trabalho não ordena, usualmente, a citação do réu, porquanto esse ato é providenciado, de maneira automática, pelo diretor da secretaria ou pelo escrivão, por via postal (CLT, art. 841, *caput* e § 1º).

Como a Justificativa do Projeto de Lei n. 6.787/2016 fez referência às Súmulas ns. 268 e 294, do TST, torna-se conveniente transcrevermos o enunciado delas. Súmula n. 268: *PRESCRIÇÃO. INTERRUPÇÃO. AÇÃO TRABALHISTA ARQUIVADA (nova redação) — Res. 121/2003, DJ 19, 20 e 21.11.2003. A ação trabalhista, ainda que arquivada, interrompe a prescrição somente em relação aos pedidos idênticos*; Súmula n. 294: *PRESCRIÇÃO. ALTERAÇÃO CONTRATUAL. TRABALHADOR URBANO (mantida) — Res. 121/2003, DJ 19, 20 e 21.11.2003. Tratando-se de ação que envolva pedido de prestações sucessivas decorrente de alteração do pactuado, a prescrição é total, exceto quando o direito à parcela esteja também assegurado por preceito de lei.*

Por outro lado, a nova redação do art. 11 da CLT reproduz a regra do art. 7º, inciso XXIX, da Constituição Federal, que declara constituir direito dos trabalhadores, entre outros: "*ação, quanto aos créditos resultantes das relações de trabalho, com prazo prescricional de 5 (cinco) anos para os trabalhadores urbanos e rurais, até o limite de 2 (dois) anos após a extinção do contrato de trabalho.*"

Tanto a norma constitucional supracitada quanto o art. 11 da CLT apresentam redação algo nebulosa; o que se pretendeu dizer, em ambos os casos, é que a ação trabalhista deverá ser exercida dentro de dois anos da data da ruptura do contrato, assegurando-se ao trabalhador o direito de exigir o adimplemento das obrigações pertinentes aos cinco últimos anos, contados da data da mencionada ruptura.

A propósito da prescrição, devemos lançar um comentário adicional. O § 5º, do art. 219, do CPC de 1973, continha declaração expressa de que o juiz deveria pronunciar, de ofício, a prescrição. Diante disso, formou-se intensa controvérsia nos domínios da doutrina e da jurisprudência trabalhistas sobre se essa disposição do CPC seria aplicável, ou não, ao processo do trabalho. Pela nossa parte, respondemos de maneira afirmativa, considerando que a prescrição havia sido alteada à categoria de matéria de ordem pública, situando-se, assim, no mesmo plano da decadência. Pois bem. Conquanto o CPC de 2015 não contenha declaração expressa, semelhante à que constava do § 5º, do art. 219, do CPC de 1973, percebe-se que manteve a possibilidade de o juiz pronunciar, *ex officio*, a prescrição. Valham, como corolário, os arts. 332, § 1º ("o juiz também poderá julgar liminarmente improcedente o pedido se verificar, desde logo, a ocorrência de decadência ou de *prescrição*"; destacamos) e 487, II ("decidir, de ofício ou a requerimento, sobre a ocorrência de decadência ou *prescrição*", destacamos).

O estatuto de processo civil elevou a prescrição extintiva à categoria de norma de ordem pública, equiparando-a, sob a perspectiva axiológica, à decadência — que sempre pôde ser pronunciada *ex officio*.

Quanto à incidência dessas normas do CPC no processo do trabalho, parece-nos já não haver espaço para a antiga controvérsia a respeito do assunto, porquanto o § 2º, do art. 11-A, da própria CLT, estabelece: "*A declaração da prescrição intercorrente pode ser requerida ou declarada de ofício em qualquer grau de jurisdição*" (destacamos). Não há razão para dar-se tratamento diverso à prescrição consumada anteriormente ao ingresso em juízo, vale dizer, que não seja intercorrente.

No mais, a revogação dos incisos I e II, do art. 11, da CLT, decorreu do fato de as disposições desses incisos terem sido incorporadas ao *caput*.

§ 2º Tratando-se de pretensão que envolva pedido de prestações sucessivas decorrente de alteração ou descumprimento do pactuado, a prescrição é total, exceto quando o direito à parcela esteja também assegurado por preceito de lei.

• Comentário

A norma reproduz, em essência, a Súmula n. 294 do TST, assim redigida:

PRESCRIÇÃO. ALTERAÇÃO CONTRATUAL. TRABALHADOR URBANO (mantida) — Res. 121/2003, DJ 19, 20 e 21.11.2003. Tratando-se de ação que envolva pedido de prestações sucessivas decorrente de alteração do pactuado, a prescrição é total, exceto quando o direito à parcela esteja também assegurado por preceito de lei.

Temos, para conosco, que a prescrição *total*, a que se refere o § 2º, do art. 11, da CLT, assim como a Súmula n. 294 do TST, estejam colidindo com o inciso XXIX, do art. 7º, da Constituição Federal, que prevê a *praescriptio* somente em relação aos últimos *cinco anos* (contados da data do ingresso em juízo).

Prestações sucessivas. Em geral, a obrigação, a cargo do devedor, é satisfeita mediante uma única prestação; em determinadas situações, porém, a obrigação se desdobra em prestações *sucessivas*, que devem ser realizadas periodicamente. Daí vem a razão de essas prestações serem também denominadas de *periódicas*.

A CLT se ocupa das prestações dessa espécie nos arts. 890 a 892, separando-as em duas classes: a) por prazo determinado; e b) por prazo indeterminado. No primeiro caso, o inadimplemento de uma prestação permitirá a exigibilidade imediata (execução) das que lhe sucederem (art. 891); no segundo, a execução abrangerá, a princípio, as prestações devidas até a data do início da execução (art. 892). Conquanto as expressões "contrato por prazo determinado" e "contrato por prazo indeterminado" estejam consagradas pela legislação, pela doutrina e pela jurisprudência, pensamos que seria melhor falar-se em "contrato com prazo" e "contrato sem prazo".

A regra contida nos arts. 890 a 892 da CLT é, sem dúvida, de grande utilidade prática, a par de colocar-se em harmonia com os princípios da simplicidade e da celeridade que informam o procedimento trabalhista, na medida em que dispensa o credor do embaraço de promover uma execução, relativamente a cada prestação não efetuada.

As prestações por tempo determinado são muito frequentes nas transações feitas em juízo, em que o réu se obriga a pagar ao autor determinada quantia, fracionada em diversas parcelas (prestações), nas datas, horários e locais preestabelecidos. É de praxe instituir-se, nesses negócios jurídicos bilaterais, cláusula penal (Código Civil, arts. 408 a 416) para o caso de a obrigação não ser cumprida nas condições fixadas. O vencimento das prestações subsequentes é automático, como declara o art. 891 da CLT.

São também encontradiças no processo do trabalho as prestações sucessivas por prazo indeterminado (ou melhor, sem prazo), como acontece, por exemplo, quando a sentença exequenda haja determinado o pagamento de diferenças salariais, estando ainda a viger o contrato de trabalho. A execução, aqui, abarcará, como vimos, as prestações vencidas até o início daquela (CLT, art. 892). A expressão legal "até a data do início da execução" é, a nosso ver, carecente de melhor técnica, devendo, assim, ser entendida como até o momento em que a execução é promovida. Dessa forma, no exemplo que apontamos, seriam objeto de execução todas as prestações (diferenças salariais) vencidas até o instante em que a execução tivesse início, ainda que ulteriores à prolação da sentença exequenda, salvo, é certo, se, depois desta, o devedor tenha passado a pagar, corretamente, os salários.

Dissentimos, por isso, de Russomano, quando afirma que "Se as prestações forem por tempo indeterminado, por não se conhecer, previamente, seu valor total, como no caso de pagamento de diferenças salariais, não se aplica a regra do art. 892" (MOZART, Victor. *Comentários à CLT*. 9. ed. Rio de Janeiro: Forense, 1982. p. 970); daí por que, conforme o festejado jurista, "A execução atinge apenas as prestações vencidas. Encerrada esta, far-se-á nova execução para cobrança das prestações que venham a vencer" (*idem, ibidem*). *Data venia*, a locução legal "devidas até a data do ingresso na execução" — com o reparo técnico que inserimos — permite-nos concluir (para não dizer que deixa evidenciado) que estarão compreendidas na execução também as parcelas que se vencerem no ínterim que vai do proferimento da sentença condenatória ao momento em que a execução é promovida, contanto que, reiteremos: a) o contrato de trabalho ainda esteja em vigor; e b) subsista a causa determinante da obrigação.

O CPC possui disposição análoga, de conformidade com a qual "*Na ação que tiver por objeto cumprimento de obrigação em prestações sucessivas, essas serão consideradas incluídas no pedido, independentemente de declaração expressa do autor; e serão incluídas na condenação, enquanto durar a obrigação, se o devedor, no curso do processo, deixar de pagá--las ou de consigná-las"* (art. 323). A referência a "enquanto durar a obrigação" parece ter sido trasladada do processo civil português. De acordo com o art. 323, do estatuto processual civil de nosso País, portanto, a sentença compreenderá não só as prestações exigíveis antes de sua prolação, como aquelas que se vencerem posteriormente a isso, sendo fundamental, para que essa abrangência ocorra, que subsista o negócio jurídico originador da obrigação.

Ao versar sobre a ação de consignação em pagamento, a propósito, o legislador, para não desfigurar o traço característico das prestações sucessivas, inscreveu no art. 541 do CPC o preceito de que *"Tratando-se de prestações sucessivas, consignada uma delas, pode o devedor continuar a consignar, no mesmo processo e sem mais formalidades, as que se forem vencendo, desde que os depósitos sejam efetuados até 5 (cinco) dias contados da data do respectivo vencimento"*.

Dessa maneira, se o próprio processo civil consagra o princípio (altamente saudável) de que as prestações sucessivas, vincendas, são devidas enquanto perdurar a obrigação de que decorrem, e, em função disso, podem ser introduzidas na execução, contanto que subsistente o negócio ou o ato jurídico, por mais forte razão assim se deve entender no plano do processo do trabalho, até porque, como procuramos demonstrar, esta é a verdadeira inteligência do art. 892 da CLT.

José Alberto dos Reis, com muita perspicácia, afirma que a possibilidade de serem executadas as prestações sucessivas, num mesmo processo, reúne duas vantagens fundamentais, a saber: a) poupar o credor das despesas, incômodos e trabalhos, que, inevitavelmente, teria, se lhe fosse exigido promover nova execução para ver realizadas as prestações que se vencerem posteriormente à sentença exequenda; e b) dotá-lo de uma sentença com trato sucessivo, isto é, de um título executivo que poderá ser exigido se o devedor deixar de efetuar, no futuro, quaisquer das prestações nele previstas (*Comentários ao Código de Processo Civil*. Coimbra, 1953. v. III, p. 188/189).

Pires Chaves, com os olhos postos no art. 153, § 2º, do CPC de 1939, embora admitisse a possibilidade de a condenação abranger as prestações vencidas e vincendas, enquanto perdurasse a obrigação de que provinham, pensava que as vincendas deviam estar "expressamente pedidas na inicial" (*Da execução trabalhista*. 2. ed. Rio de Janeiro: Forense, 1964. p. 39). Hoje, entretanto, não cabe nenhuma discussão a respeito do assunto, diante da redação translúcida do art. 323 do CPC.

Opinando sobre a execução por prestações sucessivas, o douto Arnaldo Süssekind imaginou que essa modalidade de execução *"só pode ser aceita quando o executado estiver em condições de poder cumprir desde logo o julgado ou o acordo"* (*Manual da justiça do trabalho*, apud Russomano, Mozart Victor, obra citada, p. 969/970), parecendo a este jurista que a intenção do legislador, ao instituir essa espécie de execução, *"foi a de proteger apenas o empregador economicamente fraco, para o qual o pagamento imediato de grandes quantias poderá acarretar a falência"* (idem, ibidem), arrematando: *"assim sendo, cabe ao juiz, ou presidente do tribunal, verificar, em cada caso concreto, se se justifica a execução por prestações sucessivas"* (idem, ibidem).

Não concordamos, *concessa venia*, com o parecer desse notável jurista. E de questionar-se, antes de mais nada, se a amplitude de poderes que a lei (CLT, art. 765) atribui ao juiz do trabalho chegaria ao extremo de, afrontando a própria autoridade da coisa julgada material, fragmentar, em diversas parcelas, a obrigação pecuniária imposta pela sentença ao devedor, em nome de uma — presuntiva ou comprovada, pouco importa — dificuldade financeira deste, no que respeita a solver a obrigação, mediante uma só prestação. Até onde sabemos, esse parcelamento só será legítimo se com ele concordar, expressamente, o credor, sendo, por isso, defeso ao juiz substituí-lo nesse ato de manifestação da vontade, a que pretexto seja.

Qualquer decisão do juiz, por sua exclusiva iniciativa, de decompor, em diversas prestações, a obrigação contida, unitariamente, no título executivo, ensejará a que o credor a impugne por meio de agravo de petição (CLT, art. 897, "a"). É certo que o art. 916, *caput*, do CPC, permite que o devedor, se reconhecer o crédito do exequente, o pague da seguinte forma: 30% (acrescidos de custas e honorários de advogado) no ato e até seis parcelas mensais, acrescidas de correção monetária e juros da mora de um por cento ao mês. Essa norma, entretanto, não é de incidência obrigatória no processo do trabalho, pois, embora a CLT seja omissa quanto ao tema, o § 6º, do art. 9º, da Lei n. 6.830/1980 (CLT, art. 889), estabelece que o executado *"poderá pagar parcela da dívida, que julgar incontroversa, e garantir a execução do saldo devedor"*. Não há, aqui, portanto, previsão para o pagamento parcelado do débito.

É conveniente lembrar, ainda, que a execução se processa no interesse do exequente (CPC, art. 797), ficando o devedor, em razão disso, em um ontológico estado de sujeição do comando que se esplende da sentença exequenda.

§ 3º A interrupção da prescrição somente ocorrerá pelo ajuizamento de reclamação trabalhista, mesmo que em juízo incompetente, ainda que venha a ser extinta sem resolução do mérito, produzindo efeitos apenas em relação aos pedidos idênticos. (NR)

• Comentário

Segundo a Súmula n. 268 do TST, *"A ação trabalhista, ainda que arquivada, interrompe a prescrição somente em relação aos pedidos idênticos"*.

No sistema do CPC de 2015, a interrupção da *praescriptio* se dá com o *despacho* que ordena a citação, ainda que seja proferido por juiz destituído de competência (art. 240, § 1º). Regra semelhante se encontra inscrita no art. 202, I, do Código Civil. Não era diferente o que se passava na vigência do CPC de 1973, cujo art. 219, *caput*, dizia que a prescrição seria interrompida com a citação válida.

A prescrição interrompida recomeça a fluir da data da causa em que fez deter-se, ou do último processo que a interrompeu (CC, art. 202, parágrafo único). A providência interruptiva pode ser intentada por qualquer interessado (CC, art. 203), dentre os quais:

a) o próprio titular do direito que está precípite de prescrever;

b) o seu representante legal;

c) o terceiro, que demonstre possuir interesse jurídico (*ibidem*).

A norma civil dispõe, com minúcia, sobre os diversos prazos de prescrição extintiva (art. 206); na CLT, como sabemos, o prazo se encontrava uniformizado: dois anos (art. 11), embora tenha sido elevado para cinco anos, pela atual Constituição (art. 7º, XXIX, *a*).

Segundo a orientação jurisprudencial cristalizada na Súmula n. 268 do TST, a prescrição será interrompida (em relação aos pedidos idênticos), mesmo que a citação tenha sido realizada em processo que foi extinto sem julgamento do mérito; com isso, permitiu que o efeito sobrevivesse à causa.

Mesmo antes do advento da Lei n. 13.467/2017, sustentávamos o entendimento de que, no processo do trabalho, a interrupção da prescrição deveria ocorrer com o protocolo, em juízo, da petição inicial. Realmente, se o substrato onto-teleológico da prescrição extintiva é a inércia do titular do direito, no que toca ao seu exercício em juízo, é evidente que se deveria considerar, para efeito interruptivo da prescrição, o simples protocolo da petição inicial no órgão jurisdicional, porquanto esse ato seria suficiente para demonstrar que o autor se revelou diligente quanto à defesa do seu direito, em juízo. Sendo assim, vincular-se o efeito interruptivo da prescrição, por exemplo, à citação válida soaria a algo ilógico, pois a prescrição, dizendo respeito exclusivo ao titular do direito submetido à apreciação judicial, nada tem a ver com a *ciência* do réu, quanto ao ajuizamento da inicial. A norma trabalhista, tal como se encontra redigida, está a merecer encômios, de nossa parte, designadamente, porque considera interrompida a prescrição mesmo que a inicial venha a ser protocolada em juízo incompetente. A propósito, qual seria essa incompetência: tanto a relativa quanto a absoluta? Em princípio, há de ser considerada apenas a *relativa*, que diz respeito ao território (*ratione loci*). Deste modo, se a inicial for protocolada em Vara do Trabalho de Curitiba, quando deveria ter sido em Vara da cidade de São Paulo, a prescrição extintiva estará interrompida. Quanto à incompetência *absoluta*, pensamos que somente em situações verdadeiramente excepcionais se deverá reputar interrompida a prescrição. De ordinário, fica difícil admitir a possibilidade desse efeito interruptivo quando a petição inicial trabalhista for protocolada, digamos, em Vara Criminal.

É certo que o efeito interruptivo da *praescriptio*:

a) ocorrerá mesmo que o processo venha ser extinto sem resolução do mérito;

O art. 485 do CPC declara que o juiz não resolverá o mérito quando:

I — indeferir a petição inicial;

II — o processo ficar parado durante mais de 1 (um) ano por negligência das partes;

III — por não promover os atos e as diligências que lhe incumbir, o autor abandonar a causa por mais de 30 (trinta) dias;

IV — verificar a ausência de pressupostos de constituição e de desenvolvimento válido e regular do processo;

V — reconhecer a existência de perempção, de litispendência ou de coisa julgada;

VI — verificar ausência de legitimidade ou de interesse processual;

VII — acolher a alegação de existência de convenção de arbitragem ou quando o juízo arbitral reconhecer sua competência;

VIII — homologar a desistência da ação;

IX — em caso de morte da parte, a ação for considerada intransmissível por disposição legal; e

X — nos demais casos prescritos neste Código.

b) somente se verificará em relação aos pedidos que constam da inicial protocolada em juízo. É nesse sentido que deve ser interpretada a expressão: *pedidos idênticos*, que o legislador tomou por empréstimo à Súmula n. 268 do TST.

Revela bom-senso a norma legal ao afirmar que somente os pedidos formulados na petição inicial protocolada em juízo terão o prazo prescricional interrompido. O que pode ocorrer é de o autor realizar o *aditamento* de pedidos (CPC, art. 329), fato que fará com que passem a existir dois termos iniciais para a contagem da interrupção da prescrição: a) a data do ajuizamento da petição inicial; b) a data em que o aditamento foi efetuado.

Súmulas e Orientações Jurisprudenciais sobre prescrição

a) Súmulas do Tribunal Superior do Trabalho

Súmula n. 153

PRESCRIÇÃO (mantida) — Res. 121/2003, DJ 19, 20 e 21.11.2003

Não se conhece de prescrição não argüida na instância ordinária (ex-Prejulgado n. 27).

Súmula n. 156

PRESCRIÇÃO. PRAZO (mantida) — Res. 121/2003, DJ 19, 20 e 21.11.2003

Da extinção do último contrato começa a fluir o prazo prescricional do direito de ação em que se objetiva a soma de períodos descontínuos de trabalho (ex-Prejulgado n. 31).

Súmula n. 199

BANCÁRIO. PRÉ-CONTRATAÇÃO DE HORAS EXTRAS (incorporadas as Orientações Jurisprudenciais ns. 48 e 63 da SBDI-1) — Res. 129/2005, DJ 20, 22 e 25.4.2005

I — A contratação do serviço suplementar, quando da admissão do trabalhador bancário, é nula. Os valores assim ajustados apenas remuneram a jornada normal, sendo devidas as horas extras com o adicional de, no mínimo, 50% (cinquenta por cento), as quais não configuram pré-contratação, se pactuadas após a admissão do bancário. (ex-Súmula n. 199 — alterada pela Res. 41/1995, DJ 21.2.1995 — e ex-OJ n. 48 da SBDI-1 — inserida em 25.11.1996)

II — Em se tratando de horas extras pré-contratadas, opera-se a prescrição total se a ação não for ajuizada no prazo de cinco anos, a partir da data em que foram suprimidas. (ex-OJ n. 63 da SBDI-1 — inserida em 14.03.1994)

Súmula n. 206 do TST

FGTS. INCIDÊNCIA SOBRE PARCELAS PRESCRITAS (nova redação) — Res. 121/2003, DJ 19, 20 e 21.11.2003

A prescrição da pretensão relativa às parcelas remuneratórias alcança o respectivo recolhimento da contribuição para o FGTS.

Súmula n. 268

PRESCRIÇÃO. INTERRUPÇÃO. AÇÃO TRABALHISTA ARQUIVADA (nova redação) — Res. 121/2003, DJ 19, 20 e 21.11.2003

A ação trabalhista, ainda que arquivada, interrompe a prescrição somente em relação aos pedidos idênticos.

Súmula n. 275

PRESCRIÇÃO. DESVIO DE FUNÇÃO E REENQUADRAMENTO (incorporada a Orientação Jurisprudencial n. 144 da SBDI-1) — Res. 129/2005, DJ 20, 22 e 25.4.2005

I — Na ação que objetive corrigir desvio funcional, a prescrição só alcança as diferenças salariais vencidas no período de 5 (cinco) anos que precedeu o ajuizamento. (ex-Súmula n. 275 — alterada pela Res. 121/2003, DJ 21.11.2003)

II — Em se tratando de pedido de reenquadramento, a prescrição é total, contada da data do enquadramento do empregado. (ex-OJ n. 144 da SBDI-1 — inserida em 27.11.1998)

Súmula n. 294

PRESCRIÇÃO. ALTERAÇÃO CONTRATUAL. TRABALHADOR URBANO (mantida) — Res. 121/2003, DJ 19, 20 e 21.11.2003

Tratando-se de ação que envolva pedido de prestações sucessivas decorrente de alteração do pactuado, a prescrição é total, exceto quando o direito à parcela esteja também assegurado por preceito de lei.

Súmula n. 308

PRESCRIÇÃO QÜINQÜENAL (incorporada a Orientação Jurisprudencial n. 204 da SBDI-1) — Res. 129/2005, DJ 20, 22 e 25.04.2005

I — Respeitado o biênio subseqüente à cessação contratual, a prescrição da ação trabalhista concerne às pretensões imediatamente anteriores a cinco anos, contados da data do ajuizamento da reclamação e, não, às anteriores ao qüinqüênio da data da extinção do contrato. (ex-OJ n. 204 da SBDI-1 — inserida em 8.11.2000)

II — A norma constitucional que ampliou o prazo de prescrição da ação trabalhista para 5 (cinco) anos é de aplicação imediata e não atinge pretensões já alcançadas pela prescrição bienal quando da promulgação da CF/1988. (ex-Súmula n. 308 — Res. 6/1992, DJ 5.11.1992)

Súmula n. 326 do TST

COMPLEMENTAÇÃO DE APOSENTADORIA. PRESCRIÇÃO TOTAL (nova redação) — Res. 174/2011, DEJT divulgado em 27, 30 e 31.05.2011

A pretensão à complementação de aposentadoria jamais recebida prescreve em 2 (dois) anos contados da cessação do contrato de trabalho.

Súmula n. 327 do TST

COMPLEMENTAÇÃO DE APOSENTADORIA. DIFERENÇAS. PRESCRIÇÃO PARCIAL (nova redação) — Res. 174/2011, DEJT divulgado em 27, 30 e 31.05.2011

A pretensão a diferenças de complementação de aposentadoria sujeita-se à prescrição parcial e quinquenal, salvo se o pretenso direito decorrer de verbas não recebidas no curso da relação de emprego e já alcançadas pela prescrição, à época da propositura da ação.

Súmula n. 350

PRESCRIÇÃO. TERMO INICIAL. AÇÃO DE CUMPRIMENTO. SENTENÇA NORMATIVA (mantida) — Res. 121/2003, DJ 19, 20 e 21.11.2003

O prazo de prescrição com relação à ação de cumprimento de decisão normativa flui apenas da data de seu trânsito em julgado.

Súmula n. 362

FGTS. PRESCRIÇÃO (nova redação) — Res. 198/2015, republicada em razão de erro material — DEJT divulgado em 12, 15 e 16.6.2015

I — Para os casos em que a ciência da lesão ocorreu a partir de 13.11.2014, é quinquenal a prescrição do direito de reclamar contra o não-recolhimento de contribuição para o FGTS, observado o prazo de dois anos após o término do contrato;

II — Para os casos em que o prazo prescricional já estava em curso em 13.11.2014, aplica-se o prazo prescricional que se consumar primeiro: trinta anos, contados do termo inicial, ou cinco anos, a partir de 13.11.2014 (STF-ARE-709212/DF).

Súmula n. 373 do TST

GRATIFICAÇÃO SEMESTRAL. CONGELAMENTO. PRESCRIÇÃO PARCIAL (conversão da Orientação Jurisprudencial n. 46 da SBDI-1) — Res. 129/2005, DJ 20, 22 e 25.4.2005

Tratando-se de pedido de diferença de gratificação semestral que teve seu valor congelado, a prescrição aplicável é a parcial. (ex-OJ n. 46 da SBDI-1 — inserida em 29.3.1996)

Súmula n. 382

MUDANÇA DE REGIME CELETISTA PARA ESTATUTÁRIO. EXTINÇÃO DO CONTRATO. PRESCRIÇÃO BIENAL (conversão da Orientação Jurisprudencial n. 128 da SBDI-1) — Res. 129/2005, DJ 20, 22 e 25.4.2005

A transferência do regime jurídico de celetista para estatutário implica extinção do contrato de trabalho, fluindo o prazo da prescrição bienal a partir da mudança de regime. (ex-OJ n. 128 da SBDI-1 — inserida em 20.04.1998)

Súmula n. 452

DIFERENÇAS SALARIAIS. PLANO DE CARGOS E SALÁRIOS. DESCUMPRIMENTO. CRITÉRIOS DE PROMOÇÃO NÃO OBSERVADOS. PRESCRIÇÃO PARCIAL. (conversão da Orientação Jurisprudencial n. 404 da SBDI-1) — Res. 194/2014, DEJT divulgado em 21, 22 e 23.05.2014

Tratando-se de pedido de pagamento de diferenças salariais decorrentes da inobservância dos critérios de promoção estabelecidos em Plano de Cargos e Salários criado pela empresa, a prescrição aplicável é a parcial, pois a lesão é sucessiva e se renova mês a mês.

b) Orientações Jurisprudenciais da SBDI-I do TST

76. SUBSTITUIÇÃO DOS AVANÇOS TRIENAIS POR QÜINQÜÊNIOS. ALTERAÇÃO DO CONTRATO DE TRABALHO. PRESCRIÇÃO TOTAL. CEEE (inserido dispositivo) — DJ 20.4.2005

A alteração contratual consubstanciada na substituição dos avanços trienais por qüinqüênios decorre de ato único do empregador, momento em que começa a fluir o prazo fatal de prescrição.

129. PRESCRIÇÃO. COMPLEMENTAÇÃO DA PENSÃO E AUXÍLIO FUNERAL (inserida em 20.4.1998)

A prescrição extintiva para pleitear judicialmente o pagamento da complementação de pensão e do auxílio-funeral é de 2 anos, contados a partir do óbito do empregado.

130. PRESCRIÇÃO. MINISTÉRIO PÚBLICO. ARGUIÇÃO. "CUSTOS LEGIS". ILEGITIMIDADE (atualizada em decorrência do CPC de 2015) — Res. 209/2016, DEJT divulgado em 1º, 2 e 3.6.2016

Ao exarar o parecer na remessa de ofício, na qualidade de "custos legis", o Ministério Público não tem legitimidade para arguir a prescrição em favor de entidade de direito público, em matéria de direito patrimonial

175. COMISSÕES. ALTERAÇÃO OU SUPRESSÃO. PRESCRIÇÃO TOTAL (nova redação em decorrência da incorporação da Orientação Jurisprudencial n. 248 da SBDI-1) — DJ 22.11.2005

A supressão das comissões, ou a alteração quanto à forma ou ao percentual, em prejuízo do empregado, é suscetível de operar a prescrição total da ação, nos termos da Súmula n. 294 do TST, em virtude de cuidar-se de parcela não assegurada por preceito de lei.

242. PRESCRIÇÃO TOTAL. HORAS EXTRAS. ADICIONAL. INCORPORAÇÃO (inserida em 20.06.2001).

Embora haja previsão legal para o direito à hora extra, inexiste previsão para a incorporação ao salário do respectivo adicional, razão pela qual deve incidir a prescrição total.

243. PRESCRIÇÃO TOTAL. PLANOS ECONÔMICOS (inserida em 20.06.2001) Aplicável a prescrição total sobre o direito de reclamar diferenças salariais resultantes de planos econômicos.

271 — RURÍCOLA. PRESCRIÇÃO. CONTRATO DE EMPREGO EXTINTO. EMENDA CONSTITUCIONAL N. 28/2000. INAPLICABILIDADE (alterada) — DJ 22.11.2005
O prazo prescricional da pretensão do rurícola, cujo contrato de emprego já se extinguira ao sobrevir a Emenda Constitucional n. 28, de 26.5.2000, tenha sido ou não ajuizada a ação trabalhista, prossegue regido pela lei vigente ao tempo da extinção do contrato de emprego.

359. SUBSTITUIÇÃO PROCESSUAL. SINDICATO. LEGITIMIDADE. PRESCRIÇÃO. INTERRUPÇÃO (DJ 14.03.2008).

A ação movida por sindicato, na qualidade de substituto processual, interrompe a prescrição, ainda que tenha sido considerado parte ilegítima "ad causam".

370. FGTS. MULTA DE 40%. DIFERENÇAS DOS EXPURGOS INFLACIONÁRIOS. PRESCRIÇÃO. INTERRUPÇÃO DECORRENTE DE PROTESTOS JUDICIAIS. (DEJT divulgado em 3, 4 e 5.12.2008).

O ajuizamento de protesto judicial dentro do biênio posterior à Lei Complementar n. 110, de 29.6.2001, interrompe a prescrição, sendo irrelevante o transcurso de mais de dois anos da propositura de outra medida acautelatória, com o mesmo objetivo, ocorrida antes da vigência da referida lei, pois ainda não iniciado o prazo prescricional, conforme disposto na Orientação Jurisprudencial n. 344 da SBDI-1.

375. AUXÍLIO-DOENÇA. APOSENTADORIA POR INVALIDEZ. SUSPENSÃO DO CONTRATO DE TRABALHO. PRESCRIÇÃO. CONTAGEM. (DEJT divulgado em 19, 20 e 22.4.2010)

A suspensão do contrato de trabalho, em virtude da percepção do auxílio-doença ou da aposentadoria por invalidez, não impede a fluência da prescrição quinquenal, ressalvada a hipótese de absoluta impossibilidade de acesso ao Judiciário.

392. PRESCRIÇÃO. INTERRUPÇÃO. AJUIZAMENTO DE PROTESTO JUDICIAL. MARCO INICIAL. (republicada em razão de erro material) — Res. 209/2016, DEJT divulgado em 1º, 2 e 3.6.2016

O protesto judicial é medida aplicável no processo do trabalho, por força do art. 769 da CLT e do art. 15 do CPC de 2015. O ajuizamento da ação, por si só, interrompe o prazo prescricional, em razão da inaplicabilidade do § 2º do art. 240 do CPC de 2015 (§ 2º do art. 219 do CPC de 1973), incompatível com o disposto no art. 841 da CLT.

401. PRESCRIÇÃO. MARCO INICIAL. AÇÃO CONDENATÓRIA. TRÂNSITO EM JULGADO DA AÇÃO DECLARATÓRIA COM MESMA CAUSA DE PEDIR REMOTA AJUIZADA ANTES DA EXTINÇÃO DO CONTRATO DE TRABALHO. (DEJT divulgado em 2, 3 e 4.8.2010)

O marco inicial da contagem do prazo prescricional para o ajuizamento de ação condenatória, quando advém a dispensa do empregado no curso de ação declaratória que possua a mesma causa de pedir remota, é o trânsito em julgado da decisão proferida na ação declaratória e não a data da extinção do contrato de trabalho.

417. PRESCRIÇÃO. RURÍCOLA. EMENDA CONSTITUCIONAL N. 28, DE 26.5.2000. CONTRATO DE TRABALHO EM CURSO. (DEJT divulgado em 14, 15 e 16.2.2012)

Não há prescrição total ou parcial da pretensão do trabalhador rural que reclama direitos relativos a contrato de trabalho que se encontrava em curso à época da promulgação da Emenda Constitucional n. 28, de 26.5.2000, desde que ajuizada a demanda no prazo de cinco anos de sua publicação, observada a prescrição bienal.

c) Súmula do Supremo Tribunal Federal

Súmula n. 349

A prescrição atinge somente as prestações de mais de dois anos, reclamadas com fundamento em decisão normativa da Justiça do Trabalho, ou em convenção coletiva de trabalho, quando não estiver em causa a própria validade de tais atos.

d) Súmulas do Superior Tribunal de Justiça

Súmula n. 210

A AÇÃO DE COBRANÇA DAS CONTRIBUIÇÕES PARA O FGTS PRESCREVE EM TRINTA (30) ANOS.

Súmula n. 278

O termo inicial do prazo prescricional, na ação de indenização, é a data em que o segurado teve ciência inequívoca da incapacidade laboral.

Súmula n. 398

A prescrição da ação para pleitear os juros progressivos sobre os saldos de conta vinculada do FGTS não atinge o fundo de direito, limitando-se às parcelas vencidas.

Súmula n. 409

Em execução fiscal, a prescrição ocorrida antes da propositura da ação pode ser decretada de ofício (art. 219, § 5º, do CPC).

Capítulo VII
PRESCRIÇÃO INTERCORRENTE

Art. 11-A. Ocorre a prescrição intercorrente no processo do trabalho no prazo de dois anos.

- Justificativa do Projeto de Lei n. 6.787/2016:

A prescrição não é a perda do direito, mas a perda da ação correspondente ao implemento do direito pretendido, pela passagem do tempo, e inércia do titular do direito em buscá-lo.

A prescrição existe em todo o mundo, em qualquer ordenamento jurídico e, para se ter ideia, até o crime de homicídio prescreve.

Mas, no Brasil, o crédito trabalhista não prescreve, segundo Súmula do TST, que contraria frontalmente Súmula sobre tema idêntico do STF.

A redação do Substitutivo é criteriosa, a ponto de prever que a **prescrição intercorrente** — que ocorre na fase de execução do processo somente ocorrerá após 2 anos. E o marco inicial deste prazo ocorre somente quando o próprio exequente deixar de cumprir alguma determinação do juízo para prosseguir com o processo.

Até mesmo os créditos da Fazenda Pública podem prescrever de forma intercorrente, na forma da lei federal regente. O prazo de dois anos foi estabelecido a partir da norma constitucional, que prevê o prazo prescricional de dois anos para propositura de ação na área trabalhista.

Acatamos, nesse ponto, a Emenda **43**, da Deputada Gorete Pereira (PR/CE).

- **Comentário**

Prescrição intercorrente é a que se forma depois do ajuizamento da ação (trabalhista, no caso). O adjetivo *intercorrente* significa aquilo que sobrevém no curso de algum acontecimento.

Em nosso livro *Execução no Processo do Trabalho* (12. ed. São Paulo: LTr, 2017, em fase de publicação), observamos que durante longo período se discutiu, na doutrina e na jurisprudência, sobre a admissibilidade, ou não, dessa espécie de prescrição no processo do trabalho.

Sustentava-se, de um ponto, que, acarretando a prescrição a perda do direito de ação, não se poderia aceitar que viesse a consumar-se depois do ajuizamento desta; a este argumento se acrescentava o de que, no processo trabalhista, o juiz pode tomar a iniciativa de praticar os atos do procedimento (CLT, art. 765), máxime na execução (CLT, art. 878, *caput*), não sendo possível pensar-se, aqui, pois, em prescrição intercorrente. De outro, porém, se afirmava que o art. 8º da CLT autoriza a aplicação supletória de normas do direito civil — atendidos os pressupostos de omissão e de compatibilidade —, motivo por que seria perfeitamente possível a adoção do art. 202, parágrafo único, do CC, a teor do qual a prescrição *recomeça* a fluir a contar do ato que a interrompera.

Pronunciando-se sobre o tema, o Excelso Pretório entendeu — por meio da Súmula n. 327 — que *"o Direito Trabalhista admite a prescrição intercorrente"*; mais tarde, o antigo Tribunal Federal de Recursos, ao dispor, pela Súmula n. 78, que, *"proposta a ação no prazo fixado para o seu exercício, a demora na citação, por motivos inerentes ao mecanismo da Justiça, não justifica o acolhimento da arguição de prescrição"*, deixou implícito haver perfilhado o entendimento consagrado pela Súmula n. 327 do STF.

Indefinida que se encontrava essa controvérsia, o Tribunal Superior do Trabalho dá a lume a Súmula n. 114, para, em boa hora — mas em acerto discutível —, estatuir que *"é inaplicável na Justiça do Trabalho a prescrição intercorrente"*. Colocamos em dúvida o acerto da orientação adotada pelo TST por, no mínimo, duas razões. Em primeiro lugar, estamos convencidos de que a possibilidade de ser alegada a prescrição intercorrente no processo do trabalho está insculpida, de forma nítida, no art. 884, § 1º, da CLT; com efeito, ao dizer que o devedor poderá, em seus embargos, arguir — dentre outras coisas — a "prescrição da dívida", a norma legal citada está, a toda evidência, a referir-se à prescrição *intercorrente*, pois a prescrição ordinária deveria ter sido alegada no processo de conhecimento. A entender-se de maneira diversa, estar-se-ia perpetrando o brutal equívoco de imaginar que o devedor poderia, no momento dos embargos, afrontar a autoridade da coisa julgada material, pois a sentença exequenda poderia, até mesmo, ter rechaçado a arguição de prescrição, suscitada no processo cognitivo. Enfim — indagamos —, se não é a *intercorrente*, então de que prescrição se trata a que o § 1º do art. 884 da CLT permite o devedor alegar no ensejo dos embargos que vier a oferecer à execução? Em segundo, porque o sentido generalizante, que o enunciado da Súmula n. 114 do TST contém, comete a imprudência de desprezar a existência de casos particulares, onde a incidência da prescrição liberatória se torna até mesmo *imprescindível*. Ninguém desconhece, por suposto, que em determinadas situações o Juiz do Trabalho fica tolhido de realizar *ex officio* certo ato do procedimento, pois este somente pode ser praticado pela parte, razão por que a incúria desta reclama a sua sujeição aos efeitos da prescrição (intercorrente), sob pena de os autos permanecerem em um infindável trânsito entre a secretaria e o gabinete do Juiz, numa sucessão irritante e infrutífera de certificações e despachos. Exemplifiquemos com os *artigos de liquidação*. Negligenciando o credor no atendimento ao despacho judicial que lhe ordenou a apresentação desses artigos, consistiria despautério indisfarçável imaginar que, diante disso, caberia ao próprio juiz deduzir os artigos de liquidação, substituindo, dessa maneira, o credor na prática do ato; não menos desarrazoada seria a opinião de que, na espécie, deveria o juiz transferir ao próprio devedor o *encargo* de realizar o ato. Que o devedor *pode* apresentar artigos de liquidação, disso não se duvida; daí a *compeli-lo* a tanto vai uma ousada agressão à lei. A solução, portanto, seria aguardar--se o decurso, em branco, do prazo de dois anos, contado da data em que o credor foi intimado a oferecer os artigos de liquidação, para, em seguida — e desde que haja alegação do devedor nesse sentido —, pronunciar-se a prescrição intercorrente e, em virtude disso, extinguir-se o processo de execução com exame do mérito.

Partindo dessa assertiva, aliás, construímos a regra doutrinária segundo a qual o processo do trabalho deve admitir a prescrição intercorrente sempre que a prática do ato estiver, exclusivamente, a cargo do credor; com o emprego do advérbio *exclusivamente*, queremos deixar sublinhado que o juiz não poderá (por motivos lógicos e jurídicos) fazer as vezes do credor, no que respeita à realização do ato; fazê-lo seria, acima de tudo, tornar-se *parcial*, pois estaria, em verdade, formulando uma *pretensão* que constitui faculdade apenas da parte (credor). Ainda que, na execução, o credor tenha posição de preeminência, e o devedor estado de sujeição, isto não significa que o juiz deva declinar do seu ontológico dever de neutralidade para colocar-se, surpreendentemente, ao lado do primeiro. É curial que, se em determinada hipótese (que não a dos artigos de liquidação) o juiz puder praticar o ato (que atende aos interesses do credor ou do devedor), sem quebra do seu dever de imparcialidade, não se haverá de cogitar de prescrição intercorrente, visto que a incidência desta ficará afastada pela *possibilidade* da incoação judicial. É a outra face da regra, que acabamos de enunciar quanto à prescrição intercorrente no processo do trabalho.

Um argumento adicional: por força do disposto no art. 899, da CLT, são aplicáveis à execução trabalhista — naquilo em que não contravierem os preceitos do Título X, da CLT — "os preceitos que regem o processo dos executivos fiscais para a cobrança judicial da dívida ativa da Fazenda Pública". Em termos atuais, portanto, a referência deve ser entendida em relação à Lei n. 6.830, de 22.9.1980. Dispõe essa norma legal:

> "Art. 40. O Juiz suspenderá o curso da execução, enquanto não for localizado o devedor ou encontrados bens sobre os quais possa recair a penhora, e, nesses casos, não correrá o prazo de prescrição.
>
> § 1º Suspenso o curso da execução, será aberta vista dos autos ao representante judicial da Fazenda Pública.
>
> § 2º Decorrido o prazo máximo de 1 (um) ano, sem que seja localizado o devedor ou encontrados bens penhoráveis, o Juiz ordenará o arquivamento dos autos.
>
> § 3º Encontrados que sejam, a qualquer tempo, o devedor ou os bens, serão desarquivados os autos para prosseguimento da execução.
>
> § 4º Se da decisão que ordenar o arquivamento tiver decorrido o *prazo prescricional*, o juiz, depois de ouvida a Fazenda Pública, poderá, de ofício, reconhecer a *prescrição intercorrente* e decretá-la de imediato" (destacamos).

Conquanto o § 4º da Lei n. 6.830/80 aluda à *prescrição intercorrente*, muitos setores da doutrina e da jurisprudência trabalhistas entendiam que esse dispositivo legal era inconciliável com o processo do trabalho, razão pela qual repeliam a sua aplicação neste processo.

Com o advento da Lei n. 13.467/2017, que inseriu o art. 11-A, na CLT, ficou afastada qualquer dúvida razoável sobre a incidência da prescrição intercorrente no processo do trabalho — embora, particularmente, conforme procuramos demonstrar, essa modalidade de prescrição esteja implícita no art. 884, § 1º, da CLT.

Uma ponderação.

O juiz deve tomar o cuidado de não atribuir a uma das partes a prática de ato que incumbia, particularmente, à outra, máxime quando a norma processual contiver solução para o caso. Digamos, p. ex., que o devedor tenha abandonado o endereço constante dos autos e o juiz ordene, por despacho, que o credor forneça o endereço atual daquele. Não se pode negar que essa providência se justifica até o ponto em que há certo interesse do credor em fornecer ao juízo elementos que possibilitem a localização do devedor (para ser citado, intimado da penhora, entregar os bens que guardava como depositário, etc.). Ocorrendo, todavia, de o credor deixar de atender ao despacho judicial, não será lícito ao juiz resolver o impasse contra o direito ou os interesses legítimos do credor, sob pena de acabar premiando a quem, em última análise, deu causa a tudo: o devedor. Devemos observar que no exemplo em pauta o juiz deverá considerar como realizado o ato (citação, intimação e o mais), pois constitui *dever* da parte comunicar ao escrivão (diretor da secretaria) qualquer mudança de endereço, sob pena de serem consideradas *"Válidas as intimações enviadas por carta registrada ou meio eletrônico ao endereço constante dos autos"* (CPC, art. 106, § 2º). Essa norma é perfeitamente aplicável no processo do trabalho — sendo aplicável às partes, em geral —, pois representa eficaz instrumento de desobstrução do procedimento, circunstância que se liga, com intimidade, ao princípio (ou mero anseio?) da celeridade.

Entendemos, apenas, que não há necessidade de a intimação ser *obrigatoriamente* encaminhada (ao endereço existente nos autos) via *carta registrada*, como está no art. 106, § 2º, do CPC. Nada impede que — notadamente no caso de mera intimação — a comunicação à parte seja feita por instrumento postal não registrado. De qualquer forma, aplicada a regra do processo civil, ficará a critério do Juiz do Trabalho adotar o modo que lhe parecer mais conveniente ou recomendável para efeito de cientificação, caso a caso, dos atos processuais à parte que mudou de endereço sem fazer a necessária comunicação do novo ao diretor da secretaria.

Precisamente por revelar-se respeitosa do princípio de que não se deve impor gravame ao credor, por ato a que não deu causa, é que consideramos aplicável ao processo do trabalho a disposição encartada no art. 40 da Lei n. 6.830/1980, segundo a qual o juiz suspenderá o curso da execução: a) enquanto não for localizado o devedor; ou b) não forem encontrados bens sobre os quais possa recair a penhora (*caput*); decorrido o prazo de um ano, sem que o devedor tenha sido localizado ou os bens encontrados, determinará o arquivamento dos autos (§ 2º); contudo, "encontrados que sejam, *a qualquer tempo*, o devedor ou os bens, *serão desarquivados os autos para prosseguimento da execução"* (§ 3º — sublinhamos).

Se o devedor não for localizado, mas houver bens penhoráveis e suficientes para responder à execução, esta não será suspensa, devendo o devedor ser citado por edital, depois de restarem frustradas as diligências a que se refere o § 3º do art. 880 da CLT; se o caso fosse de intimação, haveria de ser igualmente feita por edital, observado o preceito do § 1º do art. 841 do mesmo texto trabalhista.

Embora o processo do trabalho não preveja a citação por hora certa, estamos seguros em sustentar que, *de lege ferenda*, ele deva incorporar essa modalidade de comunicação de ato processual, prevista no atual CPC (arts. 252 a 254), abandonando, assim, a onerosa citação editalícia (CLT, art. 880, § 3º). Enquanto isso não ocorrer, apliquem-se ao processo do trabalho as referidas normas do CPC.

Já não há espaço, enfim, para a polêmica sobre se o processo do trabalho admite a prescrição intercorrente, ou não: o art. 11-A da CLT a admite, de maneira expressa e inequívoca.

A Súmula n. 114 do TST deverá ser cancelada diante da nova orientação imposta pelo art. 11-A, *caput*, da CLT.

O prazo legal para a consumação da prescrição intercorrente é de dois anos, contados da data em que a parte foi intimada para a prática de determinado ato processual, conforme veremos a seguir.

§ 1º A fluência do prazo prescricional intercorrente inicia-se quando o exequente deixa de cumprir determinação judicial no curso da execução.

• Comentário

Para que o prazo prescricional se inicie, é necessário que a parte seja regularmente intimada para praticar o ato que lhe cabe. Há situações, entretanto, em que o ato pode ser praticado pelo juiz, *ex officio* (CLT, art. 765), como a intimação de testemunhas que deixaram de comparecer à audiência em que deveriam depor (CLT, art. 825, parágrafo único).

Mesmo nos casos em que a norma legal autoriza o juiz a agir de ofício, será indispensável a intimação da parte para que a prescrição intercorrente se constitua. Essa prévia intimação, que figura como requisito ou pressuposto da *praescriptio*, se destina a atribuir segurança jurídica à parte, uma vez que terá ciência de que deve praticar determinado ato, no prazo previsto em lei ou assinado pelo juiz, sob pena de o seu direito de estar em juízo ser fulminado pelo termo prescricional.

Permitam-nos narrar um fato concreto, que nos levou a reforçar a admissibilidade da prescrição intercorrente no processo do trabalho, muitos anos antes do advento da Lei n. 13.467/2017. Na década de 1980, atuávamos, como magistrado, na 3ª Junta de Conciliação e Julgamento de Curitiba (essa era a denominação do órgão de primeiro grau, na época). Em determinado momento, recebemos conclusos os autos de uma execução. Feita a leitura de suas peças, o que verificamos foi o seguinte: trabalhador e empregador atuavam, pessoalmente, no processo, no exercício do *ius postulandi* que lhes concedia o art. 791, *caput*, da CLT. Transitando em julgado a sentença condenatória deste último, o magistrado que nos antecedeu proferiu despacho, dirigido ao autor (credor), para que apresentasse artigos de liquidação no prazo de dez dias. Nem o Correio nem o oficial de justiça conseguiram localizar o paradeiro atual do destinatário (soube-se, mais tarde, que se mudara para outro endereço, sem dar ciência ao juízo da execução), fato que levou o magistrado a suspender a execução e a determinar que os autos aguardassem no arquivo. Pois bem. É de pasmar-se: decorridos *dez anos anos* (e não, *dez dias*), o autor, agora por intermédio de advogado, apresenta (enfim!) os seus artigos de liquidação. Devemos lembrar que, na altura, a taxa da inflação superava a *mil por cento ao ano!* Os valores referentes aos artigos de liquidação eram, portanto, estratosféricos. O magistrado homologou os cálculos, sem conceder vista ao executado, pois a primitiva redação do § 2º, do art. 879, da CLT, o autoriza a agir desse modo. Garantido o juízo, o devedor ofereceu embargos à execução, alegando, em preliminar, a *prescrição intercorrente*, uma vez que, como dissemos, havia transcorrido dez anos da data em que a intimação fora expedida ao autor, para oferecer artigos de liquidação. Corroído pela dúvida sobre se essa modalidade de prescrição era admissível, ou não, no processo do trabalho (rememoremos que a Súmula n. 114 do TST não admitia e a Súmula n. 327 do STF, sim), o magistrado deixou os autos "hibernando" e, tempos depois, se aposentou, sem resolver os embargos à execução. Assumimos, então, essa Junta (Vara, atualmente), e o diretor da Secretaria apressou-se em nos fazer conclusos os autos da referida execução. Não hesitamos em acolher a preliminar de prescrição intercorrente e, em consequência, declarar extinta a execução, com fundamento no art. 884, § 1º, da CLT. Afinal, conforme indagamos, de que prescrição se trataria a prevista nessa norma legal, senão da *intercorrente*? O autor (credor) interpôs agravo de petição ao Tribunal, que negou provimento ao recurso. Pareceu-nos que o credor havia interpretado o despacho do juiz (para oferecer artigos de liquidação) como concessivo do prazo de *dez anos*, e não, de dez dias. Ironia à parte, é elementar que somente ao credor cabia oferecer tais artigos. Seria surrealista eventual entendimento de que o magistrado, com fulcro nos art. 765 e 878 da CLT, poderia substituí-lo na prática nesse ato. Se fosse o caso de cálculos ou de arbitramento, o juiz estaria autorizado a tomar a iniciativa, seja dirigindo-se ao contador (cálculos), seja nomeando perito (arbitramento).

Conquanto o devedor pudesse oferecer artigos de liquidação: a) não estava obrigado a isso; b) nem o despacho judicial havia sido dirigido a ele.

Já se disse que a vida do Direito é a realidade, não a teoria. *È vero...*

§ 2º A declaração da prescrição intercorrente pode ser requerida ou declarada de ofício em qualquer grau de jurisdição.

• **Comentário**

Bem ou mal, a norma dá fim a uma controvérsia que se instalara, desde muito tempo, nos sítios da doutrina e da jurisprudência trabalhistas.

Sucede que o CPC de 1973, em sua redação original, não previa a possibilidade de o juiz pronunciar, *ex officio*, a prescrição. Posteriormente, a Lei n. 11.280/2006 insere o § 5º no art. 219, daquele Código, para dispor: *"O juiz pronunciará, de ofício, a prescrição."*

A contar daí, conforme já dissemos em linhas anteriores, formou-se, no âmbito da Justiça do Trabalho, a controvérsia a que nos referimos há pouco, que decorreu da dúvida sobre a incidência, ou não, neste processo, do § 5º, do art. 219, do CPC de 1973, tendo em conta a regra de subsidiariedade contida no art. 769 da CLT.

Com o decorrer do tempo, a jurisprudência trabalhista majoritária manifestou-se contrária a essa incidência supletiva.

Pela nossa parte, entendíamos que a regra do CPC seria aplicável, considerando que o legislador passara a dispensar à prescrição o mesmo tratamento que, desde sempre, deferira à decadência.

Justificávamos o nosso entendimento com estes argumentos:

> Um registro final: tratando-se de direitos patrimoniais (como é o caso, em regra, dos direitos do trabalhador), o juiz não poderia conhecer da prescrição, por sua iniciativa, como advertia o art. 219, § 5º, do CPC. Permitia-se-lhe, todavia, declarar, *ex officio*, a decadência. Entretanto, por

força da Lei n. 11.280/2006, que deu nova redação ao referido dispositivo, o juiz passou a ter o dever de pronunciar, de ofício, a prescrição. No CPC de 2015, essa possibilidade de o juiz pronunciar, por sua iniciativa, a prescrição está presente no art. 487, I, onde se lê que o processo será extinto mediante resolução do mérito quando o juiz "II — *decidir, de ofício* ou a requerimento, *sobre a ocorrência de decadência ou prescrição*" (destacamos). É certo que, antes disso, o juiz deverá conceder oportunidade para que as partes se manifestem (*ibidem*, parágrafo único). Seria aplicável ao processo do trabalho a norma do art. 487, II, do CPC, que transcrevemos? Pela nossa parte, entendemos que sim. Ocorre que o legislador equiparou, no plano axiológico-normativo, a prescrição à decadência; cuida-se, pois, de matéria de ordem pública, que, em razão disso, deverá ser conhecida *ex officio* pelo juiz. Não ignoramos que a prescrição extintiva seja algo até mesmo incompatível com o processo do trabalho, se pusermos à frente o fato de que este deve ministrar ao trabalhador a mesma proteção jurídica que lhe propicia o direito material correspondente (a prescrição, aliás, é tema de direito material). Também não ignoramos o fato de o empregado, quase sempre, na vigência do contrato de trabalho, deixar de postular em juízo a reparação de direitos violados pelo empregador pelo receio de perder o emprego. Entrementes, não só o legislador infraconstitucional (CLT, art. 11) como a própria Constituição da República (art. 7º, XXIX), que bem poderiam ter declarado essa incompatibilidade ideológica, trataram de prever a prescrição extintiva. Sob esta perspectiva normativo-institucional, não podemos deixar de concluir quanto à incidência no processo do trabalho da regra inscrita no art. 487, II, do CPC. (*A Sentença no Processo do Trabalho.* 5. ed. São Paulo: LTr, 2017. p. 345/346).

O CPC de 2015 admite a declaração, *ex officio*, da prescrição, conforme evidencia a redação do inciso II do art. 487: *"Haverá resolução do mérito quanto o juiz: I — (...); II — decidir,* **de ofício** *ou a requerimento, sobre a ocorrência de decadência ou de* **prescrição**.*"* (destacamos)

O § 2º, do art. 11-A, do CLT, afirma que o juiz poderá pronunciar, por sua iniciativa, a prescrição *intercorrente*. O art. 11 do mesmo texto legal, que versa sobre a prescrição *não intercorrente*, nada estabelece a esse respeito. Diante disso, duas situações podem aflorar, nos terrenos fecundos da doutrina e da jurisprudência trabalhistas: a) entender-se que a declaração judicial, *ex officio*, da prescrição está restrita à *intercorrente*; e b) admitir-se que a regra do precitado art. 11-A, § 2º, da CLT, seja aplicável a toda e qualquer espécie de prescrição. Esta última corrente teria como reforço de argumento o art. 487, II, do CPC.

Pelo que nos cabe opinar, entendemos que a prescrição — mesmo a não intercorrente — deve ser pronunciada pelo juiz, de ofício, seja por um princípio de harmonização das normas integrantes do sistema do processo do trabalho, seja em virtude da adoção supletiva da regra contida no inciso II, do art. 487, do CPC.

Capítulo VIII
SUCESSÃO DE EMPREGADORES. RESPONSABILIDADE SOLIDÁRIA

Art. 448-A. Caracterizada a sucessão empresarial ou de empregadores prevista nos arts. 10 e 448 desta Consolidação, as obrigações trabalhistas, inclusive as contraídas à época em que os empregados trabalhavam para a empresa sucedida, são de responsabilidade do sucessor.

Parágrafo único. A empresa sucedida responderá solidariamente com a sucessora quando ficar comprovada fraude na transferência.

• **Comentário**

A doutrina e a jurisprudência tradicionais costumavam referir-se à figura da *sucessão de empresas*. Divergíamos dessa expressão por entendermos que a correta seria *sucessão de empregadores*. O legislador atual preferiu aludir à *"sucessão empresarial ou de empregadores"*. A inserção do adjetivo *empresarial* talvez tenha decorrido da ampliação da competência constitucional da Justiça do Trabalho, para dirimir conflitos de interesses derivantes não só de relação *de emprego*, mas, por igual, de relação *de trabalho, lato sensu*. Sob este aspecto, torna-se aceitável a expressão legal *sucessão empresarial ou de empregadores*.

Em que pese ao fato de essa sucessão constituir tema de direito material, inserimos o art. 448-A da CLT, neste livro, em virtude da íntima relação que o tema possui com o direito processual.

A precitada norma da CLT faz referência aos arts. 10 e 448, da mesma Consolidação. Rememoremos o teor desses preceptivos legais: *"Art. 10. Qualquer alteração na estrutura jurídica da empresa não afetará os direitos adquiridos por seus empregados"*; e *"Art. 448. A mudança na propriedade ou na estrutura jurídica da empresa não afetará os contratos de trabalho dos respectivos empregados"*.

Não ingressaremos, a fundo, no exame dos elementos factuais e jurídicos que soem caracterizar a sucessão de empregadores, pois isso nos obrigaria a descer às minúcias, considerando a multiplicidade de situações. Limitar-nos-emos a dizer que, de modo geral, essa sucessão se configura pelo fato de o estabelecimento empresarial ser transferido a outrem, a qualquer título, que passa a realizar, ou não, as mesmas atividades econômicas do antigo proprietário, no mesmo endereço, ou não.

O objetivo da sucessão empresarial ou de empregadores é assegurar a satisfação dos direitos dos trabalhadores que lhes prestam ou prestaram serviços. Por esse motivo, o art. 448-A da CLT formula duas declarações fundamentais:

a) as obrigações trabalhistas, *inclusive as contraídas ao tempo em que os empregados trabalhavam para a empresa sucedida*, são de responsabilidade *do sucessor*. O vocábulo *empregados*, utilizado na redação do *caput* do texto legal, traz um sentido restritivo de conceito, que não se amolda ao escopo da própria norma. Como dissemos, a norma é aplicável à *relação de trabalho*, em sentido amplo. Pondo-se de lado essa questão terminológica, devemos dizer que esse preceptivo legal deita por terra o argumento, muito a gosto de alguns sucessores, de que não poderiam ser responsabilizados por atos praticados pelos sucedidos. Era comum, inclusive, a inserção, no contrato pelo qual o estabelecimento era cedido a outrem, de cláusula específica, segundo a qual o sucessor não responderia pelas dívidas trabalhistas do sucedido. Esse tipo de contrato nunca foi aceito pela jurisprudência. O efeito jurídico que tal contrato poderia produzir seria apenas o de propiciar ao sucessor, que pagou dívidas do sucedido, a possibilidade de ingressar na justiça comum, com ação repressiva, para tentar reembolsar-se do que pagou em nome daquele. Nada mais do que isso;

b) a empresa *sucedida* responderá solidariamente com a sucessora quando ficar comprovada fraude na transferência. Neste último caso, a norma legal afastou-se da jurisprudência predominante, que atribuía responsabilidade solidária à sucedida, mesmo quando não houvesse fraude na transferência da empresa ou do estabelecimento. A responsabilidade era, por assim dizer, objetiva, sendo definida, unicamente, pelo elemento cronológico. Agora, exige-se a presença do elemento subjetivo (fraude). O art. 1.146 do Código Civil prevê a responsabilidade do adquirente do estabelecimento, no tocante aos débitos anteriores à transferência, desde que regularmente contabilizados, continuando o devedor primitivo solidariamente obrigado, pelo prazo de um ano. Esse prazo será contado: 1) quanto aos créditos vencidos — a partir da publicação; e 2) quanto aos demais créditos — da data dos respectivos vencimentos (*ibidem*). Essa norma do CC dificilmente poderá ser aplicada ao direito do trabalho, pois a CLT não é omissa quanto ao tema, conforme revela o parágrafo único do art. 448-A. O parágrafo único, do art. 8º, da CLT, *parece* dispensar o requisito da *omissão*, para efeito de ser adotada, pelo direito do trabalho, norma do "direito comum". Ocorre que esse parágrafo único não pode ser dissociado do *caput* do art. 8º, a que se vincula, que faz referência à "falta de disposições legais" como requisito para a adoção de norma do "direito comum".

Ainda hoje, vemos contratos estabelecidos entre a sucedida e o sucessor, referentes à transferência da empresa, no qual se insere cláusula expressa, desobrigando o sucessor de responder pelas dívidas trabalhistas contraídas anteriormente à sucessão. Para os efeitos da legislação do trabalho (CLT, art. 448-A), todavia, pouco importa se houve boa-fé ou má-fé na inserção dessa cláusula: a responsabilidade solidária do sucessor é inafastável. Na prática, se este vier a ser condenado a adimplir obrigações contraídas à época em que os empregados trabalhavam para o sucedido, poderá (o sucessor) ajuizar regressiva em face do sucedido, na Justiça Comum, para tentar reaver o que teria (comprovadamente) pago por força de sentença proferida pela Justiça do Trabalho.

Outrora, colhiam-se também pronunciamentos jurisdicionais que atribuíam responsabilidade *sucessiva* ao sucessor.

De qualquer forma, a responsabilidade — fosse solidária, fosse subsidiária — era sempre cometida ao sucessor. Sirva, como corolário, a OJ n. 261, da SBDI-1, do TST, embora seja específica em relação aos bancos: "*261. BANCOS. SUCESSÃO TRABALHISTA (inserida em 27.9.2002) As obrigações trabalhistas, inclusive as contraídas à época em que os empregados trabalhavam para o banco sucedido, são de responsabilidade do sucessor, uma vez que a este foram transferidos os ativos, as agências, os direitos e deveres contratuais, caracterizando típica sucessão trabalhista."*

Mencionemos outras OJs da SBDI-1 do TST, que dispõem sobre sucessão de empregadores:

343. PENHORA. SUCESSÃO. ART. 100 DA CF/1988. EXECUÇÃO (DJ 22.6.2004) É válida a penhora em bens de pessoa jurídica de direito privado, realizada anteriormente à sucessão pela União ou por Estado-membro, não podendo a execução prosseguir mediante precatório. A decisão que a mantém não viola o art. 100 da CF/1988.

408. JUROS DE MORA. EMPRESA EM LIQUIDAÇÃO EXTRAJUDICIAL. SUCESSÃO TRABALHISTA. (DEJT divulgado em 22, 25 e 26.10.2010) É devida a incidência de juros de mora em relação aos débitos trabalhistas de empresa em liquidação extrajudicial sucedida nos moldes dos arts. 10 e 448 da CLT. O sucessor responde pela obrigação do sucedido, não se beneficiando de qualquer privilégio a este destinado.

411. SUCESSÃO TRABALHISTA. AQUISIÇÃO DE EMPRESA PERTENCENTE A GRUPO ECONÔMICO. RESPONSABILIDADE SOLIDÁRIA DO SUCESSOR POR DÉBITOS TRABALHISTAS DE EMPRESA NÃO ADQUIRIDA. INEXISTÊNCIA. (DEJT divulgado em 22, 25 e 26.10.2010) O sucessor não responde solidariamente por débitos trabalhistas de empresa não adquirida, integrante do mesmo grupo econômico da empresa sucedida, quando, à época, a empresa devedora direta era solvente ou idônea economicamente, ressalvada a hipótese de má-fé ou fraude na sucessão.

Merece ser reproduzida, igualmente, a Súmula n. 554 do STJ:

Na hipótese de sucessão empresarial, a responsabilidade da sucessora abrange não apenas os tributos devidos pela sucedida, mas também as multas moratórias ou punitivas referentes a fatos geradores ocorridos até a data da sucessão.

Capítulo IX
ARBITRAGEM

Art. 507-A. Nos contratos individuais de trabalho cuja remuneração seja superior a duas vezes o limite máximo estabelecido para os benefícios do *Regime Geral de Previdência Social*, poderá ser pactuada cláusula compromissória de arbitragem, desde que por iniciativa do empregado ou mediante a sua concordância expressa, nos termos previstos na Lei n. 9.307, de 23 de setembro de 1996.

• **Comentário**

A arbitragem constitui uma das modalidades de solução dos conflitos de interesses.

No plano dos conflitos *coletivos*, a arbitragem é prevista no art. 114, § 2º, da Constituição Federal: *"Recusando-se qualquer das partes à negociação coletiva ou à arbitragem, é facultado às mesmas, de comum acordo, ajuizar dissídio coletivo de natureza econômica, podendo a Justiça do Trabalho decidir o conflito, respeitadas as disposições mínimas legais de proteção ao trabalho, bem como as convencionadas anteriormente."*

Na órbita individual, a arbitragem é regulada pela Lei n. 9.307, de 23 de setembro de 1996 — expressamente invocada, aliás, pelo art. 507-A da CLT.

Os requisitos essenciais para que as pessoas possam valer-se da arbitragem são:

1) possuírem capacidade para contratar; e

2) os litígios se referirem a direitos disponíveis (Lei n. 9.307/1996, art. 1º, *caput*).

Esses requisitos, a propósito, são os mesmos exigidos para a *transação*.

A arbitragem contém quase todos os elementos que compõem o conceito de jurisdição, a saber:

a) *nocio (cognição);*

b) *vocacio* (chamamento);

c) *coercio* (coerção);

d) *iudicium* (julgamento*);*

e) *executio* (execução).

A sentença arbitral, contudo, não pode ser executada perante o árbitro que a emitiu, se não que no âmbito do Poder Judiciário, pois essa sentença figura no elenco dos títulos executivos *judiciais* (CPC, art. 515, VII).

Há situações em que, embora instituído o juízo arbitral, as partes serão remetidas ao Poder Judiciário, como quando:

a) reconhecida a incompetência do árbitro, bem como a nulidade, a invalidade ou a ineficácia da convenção de arbitragem (Lei n. 9.3017/1996, art. 20, § 1º);

b) a testemunha recusar-se a comparecer à audiência, para ser inquirida, caso em que poderá ser conduzida por oficial de justiça (*ibidem*, art. 22, § 2º);

c) houver necessidade de adoção de medidas coercitivas ou cautelares (*ibidem*, art. 22, § 4º);

d) surgir controvérsia, no curso da arbitragem, sobre direitos indisponíveis (*ibidem*, art. 25);

e) as partes pretenderem obter a declaração de nulidade da sentença arbitral (*ibidem*, art. 33, *caput*).

Outras disposições da Lei n. 9.307/1996 devem ser referidas:

a) a arbitragem se destina a solucionar conflitos de interesses que digam respeito a direitos patrimoniais *disponíveis* (art. 1º). Como tais, devem ser entendidos aqueles, de caráter particular, que podem ser objeto de transação (CC, art. 840), a que a CLT denomina, indistintamente, de conciliação (arts. 764, 831, 846, 850 e 852-E) ou de acordo (arts. 835 e 847). Transação, conciliação e acordo são vocábulos de traduzem um *negócio jurídico bilateral*, por força do qual, mediante concessões recíprocas, as partes solucionam o conflito de interesses em que se encontram envolvidas. Mesmo que realizado em juízo, esse negócio jurídico não configura resolução jurisdicional do conflito, senão que solução privada, consensual. A sentença, que os juízes do trabalho costumam lançar em tais casos, só se justifica pela necessidade de, inadimplido o acordo ou a conciliação, o credor ficar munido de um título executivo judicial;

b) a arbitragem poderá ser de direito ou de equidade (art. 2º);

c) a convenção de arbitragem compreende a cláusula compromissória e o compromisso arbitral (art. 3º, *caput*). *O compromisso arbitral* se refere à arbitragem *concreta* (quando as partes definem, desde logo, o objeto do litígio e os árbitros que o solucionarão); a *cláusula compromissória* diz respeito à arbitragem *abstrata* (as partes se comprometem a submeter à arbitragem qualquer conflito de interesses que vier a ocorrer, derivante do contrato entre elas firmado);

d) a cláusula compromissória é o acordo escrito pelo qual as partes se comprometem a submeter à arbitragem os conflitos de interesses que vierem a ocorrer entre elas (art. 4º, *caput*). Pode estar inserida no próprio contrato (de trabalho), ou constar de instrumento apartado, desde que se refira ao contrato (*ibidem*, § 1º);

e) a cláusula compromissória é autônoma em relação ao contrato em que estiver inserida; assim, a nulidade do contrato não acarreta a nulidade da cláusula (art. 8º);

f) o compromisso arbitral é a convenção por meio da qual submetem o litígio à arbitragem, podendo ser judicial ou extrajudicial (art. 9º);

g) poderá atuar como árbitro qualquer pessoa que tenha a confiança das partes (art. 13), facultando-se às partes a nomeação de um ou mais árbitros, sempre em número ímpar (*ibidem*, § 1º);

h) tem-se como instituída a arbitragem quando aceita a nomeação pelo árbitro ou pelos árbitros (art. 19, *caput*);

i) o árbitro poderá tomar os depoimentos das partes, ouvir testemunhas e determinar a realização de perícia ou outras provas que considerar necessárias, seja de ofício, seja a requerimento da parte (art. 22, *caput*);

j) a sentença arbitral será proferida no prazo estabelecido pelas partes (art. 23, *caput*); não havendo fixação de prazo pelas partes, será de seis meses, contados da instituição da arbitragem ou da substituição do árbitro (*ibidem*);

k) a decisão do árbitro será por escrito (art. 24);

l) a sentença arbitral deverá conter: 1) relatório; 2) fundamentos da decisão; 3) dispositivo; 4) data e lugar em que foi proferida (art. 26);

m) a sentença arbitral produz, entre as partes e seus sucessores, os mesmos efeitos da sentença proferida pelo Poder Judiciário. Sendo condenatória, terá eficácia de título executivo (art. 31). O art. 515, VII, do CPC, insere a sentença arbitral no elenco dos títulos executivos judiciais. É com vistas a isso que se deve interpretar o art. 876, *caput*, da CLT;

n) será nula a sentença arbitral, se: 1) for nula a convenção de arbitragem; 2) for emitida por quem não podia ser árbitro; 3) não contiver os requisitos do art. 26; 4) for proferida fora dos limites da convenção de arbitragem; 5) ficar comprovado que foi produto de prevaricação, concussão ou corrupção passiva; 6) proferida além do prazo, observado o art. 12, III; 7) houver desrespeito aos princípios mencionados no art. 21, § 2º, da Lei.

Embora o compromisso arbitral possa ser também judicial (Lei n. 9.307/1996, art. 9º), a realidade é que o trabalhador brasileiro sempre se manifestou avesso a esse compromisso. Conforme escrevemos em outros livros, a despeito de esses trabalhadores, vez e outra, lançarem críticas à Justiça do Trabalho, por sua demora na solução dos conflitos de interesses que lhe são submetidos à apreciação, o fato concreto é que confiam nessa Justiça, à qual comparecem — aliás, com frequência — não via convenção de arbitragem, e sim, mediante o exercício do direito constitucional de ação. Cuida-se, pois, em nosso meio, de uma inveterada e arraigada tradição cultural, dificilmente alterável pela artificialidade da norma legal.

Provavelmente, com o objetivo de romper essa tradição de *judicialização dos conflitos*, o Conselho Superior da Justiça do Trabalho editou a Resolução n. 174, de 30.9.2016, dispondo "*sobre a política judiciária nacional de tratamento adequado das disputas de interesses no âmbito do Poder Judiciário Trabalhista (...)*", estimulando, em nome da "pacificação social", a *conciliação* e a *mediação*, ambas a serem realizadas por magistrado ou por servidor público. A Resolução não se ocupa, portanto, da *arbitragem*.

Nos termos do art. 507-A da CLT, a *cláusula compromissória* de arbitragem:

a) só cabe nos contratos individuais de trabalho;

b) pode ser instituída por iniciativa do empregado ou mediante sua expressa concordância — a saber: adesão;

c) a remuneração do trabalhador deve ser superior a duas vezes o limite máximo previsto para os benefícios do Regime Geral da Previdência Social. Esta particularidade vem motivando a doutrina a classificar esses trabalhadores como *hipersuficientes*, neologismo que se opõe ao tradicional *hipossuficiente*. O correto seria: *autossuficiente*, adjetivo que se encontra dicionarizado.

É necessário esclarecer que a convenção de arbitragem tem o efeito de vincular as partes, no tocante à resolução de conflitos de interesses que estão a ocorrer — ou que poderão ocorrer — entre elas. Dizendo-se de modo mais realista: essa convenção significa *renúncia à jurisdição, à tutela estatal, renúncia, em última análise, ao direito de ação*.

No passado, muito se discutiu se a Lei de Arbitragem (n. 9.307/1996) não seria inconstitucional, porquanto a cláusula compromissória estaria impedindo o exercício do direito de ação, previsto no art. 5º, XXXV, da Constituição Federal. O tema chegou ao STF, que acabou por entender que o que consta da regra constitucional por nós mencionada é somente um *direito*, não uma *obrigação*, de a parte invocar a tutela jurisdicional do Estado. Em consequência, não viu um contraste da Lei da Arbitragem com a Constituição da República (Supremo Tribunal Federal. SE 5.206-AgRg. Rel. Min. Sepúlveda Pertence, julgamento em 12.12.2001, Plenário, DJ de 30.4.2004).

Pela importância histórica a desse julgamento, transcrevemos, a seguir, os votos dos Ministros Carlos Velloso e Sepúlveda Pertence, divergentes entre si:

Ministro Carlos Velloso:

Sr. Presidente, dou pela constitucionalidade dos preceitos impugnados na Lei n. 9.307/96. Com efeito, a Constituição estabelece o princípio da inafastabilidade do controle judicial de lesão ou ameaça a direito (art. 5º, inciso XXXV). Dirige-se o ordenamento constitucional ao legislador. É dizer: este não pode excluir da apreciação do Poder Judiciário lesão ou ameaça a direito. Entretanto, a Constituição não estabelece que as pessoas não poderão excluir os seus litígios da apreciação do Judiciário. Ora, se a parte pode transacionar em torno de seus direitos substanciais, podendo, inclusive, desistir da ação que está promovendo, não me parece razoável, data vênia, a afirmativa de ser atentatório à Constituição art. 5º, XXXV, desistir a pessoa, física ou jurídica, do direito instrumental, mediante cláusula compromissória, tratando-se de direitos patrimoniais disponíveis. Posta assim a questão, parece-me correta a afirmativa, contida no parecer do Procurador-Geral da República, no sentido de que 'direito de ação' não quer dizer 'dever de ação judicial'. Nada impede exercer a pessoa, física ou jurídica o direito de transigir a respeito de direitos disponíveis. Não trata mal o princípio da inafastabilidade do controle judicial a pessoa que, capaz de contratar, submete à arbitragem os litígios seus, ainda mais se, ocorrendo causa de nulidade, pode ela pedir a tutela jurisdicional. O art. 33 assegura aos interessados o acesso ao Judiciário, no caso de alegação de nulidade da sentença arbitral e também prevê a possibilidade de ser arguida a nulidade em embargos do devedor (art. 33, § 3º, da Lei n. 9.307/96, c/c o art. 741 do Código de Processo Civil), conforme registra, aliás, o Ministro Sálvio de Figueiredo Teixeira, em trabalho de doutrina, "A Arbitragem no Sistema Jurídico Brasileiro". Em suma, Sr. Presidente, a lei não institui a arbitragem em termos obrigatórios, caso em que ocorreria ofensa ao inciso XXXV do art. 5º da Constituição Federal, mas, simplesmente, faculta às partes prevenirem ou terminarem o litígio mediante a arbitragem. Com essas breves considerações, peço vênia ao eminente Ministro Relator, e aos que o seguiram, para acompanhar o voto do eminente Ministro Nelson Jobim, que inaugurou a divergência.

Ministro Sepúlveda Pertence:

A constitucionalidade do juízo arbitral — perdoe-se a insistência — deriva da renunciabilidade, no caso, do exercício do direito de ação — que é o reflexo subjetivo da garantia da prestação jurisdicional, insculpida hoje no art. 5º, XXXV da Lei Fundamental — relativamente a uma pretensão material disponível. Mas, a renunciabilidade da ação porque direito de caráter instrumental — não existe **in abstracto**: só se pode aferi-la em concreto, pois tem por pressuposto e é coextensiva, em cada caso, da disponibilidade do direito questionado, ou melhor, das pretensões materiais contrapostas, que substantivam a lide confiada pelas partes à decisão arbitral. Segue-se que a manifestação de vontade da qual decorra a instituição do juízo arbitral — onde exista a garantia constitucional da universalidade da jurisdição judicial e, pois, do direito de ação não pode anteceder a efetiva atualidade da controvérsia a cujo deslinde pelo Poder Judiciário o acordo implica renunciar. Vale dizer, que não prescinde da concreta determinação de um litígio atual. A esse pressuposto de constitucionalidade do juízo arbitral, atende o compromisso, mas não a cláusula arbitral (...) Na cláusula compromissória, entretanto, o objeto dessa opção, posto que consensual, não são lides já determinadas e concretizadas, como se dá no compromisso: serão lides futuras e eventuais, de contornos indefinidos; quando muito, na expressão de Carnelutti (...), lides determináveis pela referência ao contrato de cuja execução possam vir a surgir. A renúncia, com força de definitiva, que aí se divisasse à via judicial já não se legitimaria por derivação da disponibilidade do objeto do litígio, que pressupõe a sua determinação, mas, ao contrário, consubstanciaria renúncia genérica, de objeto indefinido, à garantia constitucional de acesso à jurisdição, cuja validade os princípios repelem. Sendo a vontade da parte, manifestada na cláusula compromissória, insuficiente — dada a indeterminação de seu objeto — e, pois, diversa da necessária a compor o consenso exigido à formação do compromisso, permitir o suprimento judicial seria admitir a instituição de um juízo arbitral com dispensa da vontade bilateral dos litigantes, que, só ela, lhe pode emprestar legitimidade constitucional: entendo nesse sentido a lição de Pontes (...) de que fere o princípio constitucional invocado, hoje art. 5º XXXV, da Constituição — atribuir, ao compromisso, que assim se formasse por provimento judicial substitutivo do assentimento de uma das partes, "eficácia fora do que é a vontade dos figurantes em se submeterem". Não posso fugir, desse modo, à declaração da inconstitucionalidade do parágrafo único do art. 6º e do art. 7º da Lei da Arbitragem, e em consequência dos outros dispositivos que delas derivam (...).

Particularmente, entendemos que o art. 507-A da CLT (assim como o art. 4º da Lei n. 9.307/1996) é inconstitucional. Dispõe o referido § 4º: "A cláusula compromissória é a convenção através da qual as partes em um contrato *comprometem-se* a submeter à arbitragem os litígios que possam vir a surgir, relativamente a tal contrato." (destaquei). O direito de ação está assegurado pelo art. 5º, XXXV, da Constituição Federal, e figura como uma das mais importantes conquistas dos Estados Democráticos de Direito. Dir-se-á, talvez, que o preceptivo constitucional mencionado está dirigido apenas *ao legislador*, não *à parte*, de tal modo que, embora a Lei não possa excluir da apreciação do Poder Judiciário qualquer ameaça ou lesão a direito, *a parte* pode renunciar ao direito de ação, significa dizer, afastar a atuação jurisdicional do Estado. Se assim se disser, devemos argumentar, em caráter proléptico, que a leitura democrática a ser feita do art. 5º, XXXV, da Constituição Federal, é que que *nem mesmo a Lei* pode impedir o exercício do direito de ação; logo, esse direito se revela não somente intocável, como irrenunciável.

Ademais — ideologias políticas ao largo — não podemos deixar de esclarecer que a arbitragem de que cuida o art. 507-A da CLT é do tipo *extrajudicial*, de tal modo que a cláusula compromissória, na realidade das relações do trabalho, acabará sendo *imposta* pelo empregador como *condição* para contratar o empregado; ou, se este já estiver contratado, como condição para que o contrato continue a vigorar. Não é desarrazoado supor que, além disso, o empregador alegará que foi do empregado a iniciativa da inserção da cláusula compromissória. Destarte, parece-nos ter sido temerária a introdução, na legislação trabalhista, de cláusula dessa natureza, a ser aceita por aquele que, por ser trabalhador: a) necessita do emprego; b) e, ao tornar-se empregado, se submete a um inerente estado de subordinação jurídica e de dependência econômica, em relação ao empregador.

O fato de o empregado receber salário superior a duas vezes o limite máximo estabelecido para os benefícios do Regime Geral de Previdência Social não significa, necessariamente, que ele possua descortino suficiente para prever as consequências da aceitação da cláusula compromissória.

Há outros problemas:

a) nos termos da Lei n. 9.307/1996, a arbitragem também pode ser por *equidade*, a critério das partes (art. 2º, *caput*). Sabendo-se que o julgamento por equidade significa que o árbitro poderá solucionar o conflito não mediante a aplicação da lei ao caso concreto, mas de acordo com a sua consciência e sua experiência, há o risco de a sentença ser dotada de intenso subjetivismo. Em verdade, o juízo de equidade autoriza o árbitro, até mesmo, a decidir em desconformidade com a lei (*contra legem*). Pois bem: seria admissível o julgamento por equidade, sendo uma das partes, um empregado (ou um trabalhador, em sentido amplo)?

b) a arbitragem não é gratuita; sendo assim, a sentença arbitral poderá impor ao empregado o pagamento das despesas com o procedimento e dos honorários do árbitro (Lei n. 9.307/1996, arts. 11, V e VI, e 31), sabendo-se que os custos do procedimento arbitral são muito superiores ao do processo do trabalho;

c) como a cláusula compromissória é, por certo, do interesse da empresa (empregadora), é muito provável que esta escolha o árbitro de sua confiança (ou seja, de sua conveniência), cabendo ao empregado apenas acatar essa escolha, em verdadeiro *contrato de adesão* (que, aliás, é previsto pelo art. 4º, § 2º, da Lei de Arbitragem). Seria ingênuo pensar que a escolha do árbitro refletisse, verdadeiramente, a livre manifestação da vontade do empregado (Lei n. 9.307/1996, art. 13);

d) a Lei n. 9.307/1996 dispõe que o procedimento da arbitragem será estabelecido pelas partes (art. 21). Na prática, dificilmente a vontade do empregado possuirá alguma eficácia em relação a isso. O procedimento tenderá a ser estabelecido pelo empregador;

e) como meio de solução privada de conflito de interesses, a arbitragem não está vinculada à imposição constitucional da publicidade dos atos (CF, art. 93, IX), dificultando, assim, o controle da regularidade dos atos praticados pelo árbitro;

f) nem sempre a sentença arbitral será proferida em menor tempo do que a judicial, porquanto, embora o art. 11, III, da Lei n. 9.307/1996, afirme que as partes podem fixar prazo para a apresentação da sentença arbitral, o art. 23 da mesma norma legal estabelece o prazo máximo de seis meses, para isso;

g) lembrar-se de que: 1) expirado o prazo previsto no art. 11, III, da Lei n. 9.307/1996, a parte interessada deverá notificar o árbitro, a fim de emitir a sentença no prazo de (mais) dez dias; 2) não sendo respeitado esse novo prazo, a sentença será nula (*ibidem*, art. 32, VII), prejudicando, desse modo, as partes.

Se o legislador desejasse instituir uma arbitragem — com a cláusula compromissória — condizente com a realidade das relações trabalhistas, deveria, quando menos: a) ter estabelecido regras mínimas sobre o procedimento; b) haver concedido oportunidade para o empregado, *quando da ruptura do seu contrato de trabalho* (independentemente da causa), ratificar, por escrito, a cláusula (ou não a ratificar), no prazo que a norma legal fixasse. Não ratificada, a cláusula estaria, automaticamente, revogada. Essa medida seria mais justa, porquanto permitiria ao empregado poder manifestar a sua vontade sem estar sob o estado de subordinação e de dependência inerentes ao contrato de trabalho.

Seja como for, o fato é que *legem habemus*. Caberá à doutrina e à jurisprudência trabalhistas a irrecusável tarefa de harmonizarem as disposições da Lei n. 9.307/1996 com os princípios e particularidades do processo do trabalho, à luz do art. 765 da CLT.

Nunca fomos bafejados pelo dom do vaticínio ou da presciência, mas, mesmo assim, estamos convencidos de que, no âmbito dos conflitos individuais do trabalho, a arbitragem — com a cláusula compromissória — não terá amplo espectro de incidência, considerando-se o fato de que a grande maioria dos trabalhadores brasileiros recebe salário inferior a duas vezes o limite máximo previsto para os benefícios do Regime Geral da Previdência Social.

Quanto aos empregados que recebem salário superior ao limite máximo supracitado, cremos que a tendência será a empresa fazer inserir, como regra, no contrato de trabalho a cláusula compromissória de arbitragem.

Várias outras questões haverão de surgir, na prática, a respeito da cláusula compromissória. Uma delas se refere ao fato de uma pessoa, que teria trabalhado, digamos, como autônoma para a empresa e, rompido o contrato de autônomo, ingressar na Justiça do Trabalho para postular a obtenção de sentença declaratória da existência de relação de emprego com o réu. Nesta hipótese, mesmo que no contrato de trabalhador autônomo haja a cláusula compromissória, prevista na Lei n. 9.307/1996, entendemos que esta não será impeditiva do ingresso da pessoa na Justiça do Trabalho, para ver-se declarada como empregada, independentemente do fato de haver recebido, como autônoma, comissões mensais superiores ao dobro do limite máximo dos benefícios da Previdência Social. Seria absurdo imaginar-se que, por força dessa cláusula, a pessoa deveria invocar, inicialmente, a tutela da Justiça Comum, para, não havendo acordo, ou vindo a obter declaração de que não era autônoma, ficar liberada da cláusula para poder demandar na Justiça do Trabalho.

Para estudo mais aprofundado da matéria, indicamos o livro *Arbitragem*, da coleção *Cadernos de Processo Civil*, de nossa autoria (São Paulo: LTr, 2000, v. 37).

Capítulo X
LITISCONSÓRCIO

Art. 611-A. (...)

§ 5º Os sindicatos subscritores de convenção coletiva ou de acordo coletivo de trabalho deverão participar, como litisconsortes necessários, em ação individual ou coletiva, que tenha como objeto a anulação de cláusulas desses instrumentos.

• **Comentário**

Considerações introdutórias

Para que possamos conhecer e compreender os regimes litisconsorciais, em suas diversas modalidades, será interessante reproduzirmos as normas do CPC sobre o assunto, comentando-as, a seguir.

Dispõe o CPC:

Art. 113. Duas ou mais pessoas podem litigar, no mesmo processo, em conjunto, ativa ou passivamente, quando:

I — entre elas houver comunhão de direitos ou de obrigações relativamente à lide;

II — entre as causas houver conexão pelo pedido ou pela causa de pedir;

III — ocorrer afinidade de questões por ponto comum de fato ou de direito.

§ 1º O juiz poderá limitar o litisconsórcio facultativo quanto ao número de litigantes na fase de conhecimento, na liquidação de sentença ou na execução, quando este comprometer a rápida solução do litígio ou dificultar a defesa ou o cumprimento da sentença.

§ 2º O requerimento de limitação interrompe o prazo para manifestação ou resposta, que recomeçará da intimação da decisão que o solucionar.

Conceito

Pela nossa parte, definimos o litisconsórcio como: 1) a aglutinação; 2) originária ou superveniente; 3) voluntária ou coacta; 4) de pessoas, em um ou em ambos os polos da mesma relação processual; e 5) nos casos autorizados por lei.

Dissemos:

1) *a aglutinação*, porque há, no litisconsórcio, uma reunião, um agrupamento de pessoas (físicas ou jurídicas), em um ou em ambos os polos da relação jurídica processual. Preferimos não utilizar substantivos como coligação, associação, agregação, por sugerirem uma inevitável comunhão de interesses entre os litisconsortes. Embora essa comunhão possa estar presente na maioria dos litisconsórcios, em determinadas situações, o que se verifica é exatamente o oposto: os litisconsortes mais preocupados em digladiar entre si, do que com o adversário comum. Esse eventual antagonismo

de interesses entre os litisconsortes, a propósito, fez com que o legislador do passado, depois de declarar que o recurso interposto por um dos litisconsortes a todos aproveitava, estabelecesse a ressalva de que "salvo de distintos ou opostos os seus interesses" (CPC, de 1973, art. 509, *caput*). No CPC atual, a ressalva é expressa no art. 1.005;

2) *originária ou superveniente*, pois o regime litisconsorcial pode ser constituído anteriormente ao ingresso em juízo, ou no curso do processo, conforme demonstraremos mais adiante;

3) *voluntária ou coacta*, porquanto a formação do litisconsórcio pode emanar da vontade exclusiva das partes (facultativo) ou de determinação legal (necessário);

4) *de pessoas, em um ou em ambos os polos da mesma relação processual*, uma vez que essa aglutinação pode ser apenas de autores (litisconsórcio ativo); apenas de réus (litisconsórcio passivo); ou de autores e de réus (litisconsórcio misto);

5) *nos casos autorizados por lei*, sabendo-se que a formação de um regime litisconsorcial, mesmo sendo do tipo facultativo, está subordinada ao atendimento a certos requisitos legais, que serão apreciados a seu tempo.

Na ordem processual, são admitidas duas espécies de cumulação: a) a objetiva; e b) a subjetiva

a) Cumulação objetiva. Está regulada pelo art. 327 do CPC, que assim dispõe: "É lícita a cumulação, num único processo, contra (*sic*) o mesmo réu, de vários pedidos, ainda que entre eles não haja conexão."

São requisitos de admissibilidade da cumulação (§ 1º):

1. que os pedidos sejam compatíveis entre si;

2. que seja competente para conhecer deles o mesmo juízo;

3. que seja adequado para todos os pedidos o tipo de procedimento (*ibidem*, § 1º). Se, porém, para cada pedido corresponder um tipo diverso de procedimento, a cumulação será aceita se o autor fizer uso do procedimento ordinário (*ibidem*, § 2º).

b) Cumulação subjetiva. Diz respeito à pluralidade de partes, e de sujeitos, no mesmo processo. A expressão compreende, por isso, não apenas os regimes litisconsorciais como toda e qualquer situação em que haja essa multiplicidade subjetiva: assistência, chamamento ao processo — embora se possa colocar em dúvida a admissão dessa última modalidade de intervenção de terceiros no processo do trabalho.

São inconfundíveis entre si, no entanto: 1) a cumulação subjetiva; 2) o concurso subjetivo de ações; e 3) o concurso subjetivo de demandas.

1) *Cumulação subjetiva*. Já dissemos tratar-se da multiplicidade de partes e de sujeitos no mesmo processo;

2) *Concurso subjetivo de ações*. Ocorre quando duas ou mais pessoas se acham legalmente legitimadas para invocar a prestação da tutela jurisdicional. Materializa-se no litisconsórcio unitário simples: vários empregados possuem legitimidade para

postular em juízo a declaração de nulidade de regulamento interno do empregador. O litisconsórcio, neste caso, seria unitário, porquanto se a sentença pronunciasse a nulidade do referido regulamento, essa dicção jurisdicional aproveitaria, de maneira uniforme, a todos os litisconsortes. Estamos a pressupor, obviamente, uma ação declaratória, da qual o reconhecimento jurisdicional da nulidade do regulamento interno constitua o seu único objeto;

3) *Concurso subjetivo de demandas*. Caracteriza-se quando a relação jurídica material dos autores (para cogitarmos unicamente destes) com o réu comum não for una. Desta maneira, a sentença irá manifestar-se sobre um feixe de relações jurídicas substanciais, tipificando, com isso, o litisconsórcio *simples*. Como existe aqui uma multiplicidade de demandas, é elementar que cada comparte só poderá pleitear o que corresponder à sua participação (fração) no todo. O procedimento será um só, embora sejam diversas as relações jurídicas materiais e as demandas que delas decorrem. Convém lembrar que o vocábulo *demanda* significa, na terminologia processual, o ato pelo qual o *provimento* jurisdicional é solicitado; a ação, por sua vez, traduz o direito público subjetivo de invocar a prestação da *tutela* jurisdicional. Destarte, enquanto a demanda é *atuação*, a ação é *poder* (ou direito).

Inciso I. Repete o inciso I do art. 46 do CPC revogado.

Comunhão de direitos ou obrigações pertinentes à lide. Ocorre, por exemplo, quando há solidariedade entre os litisconsortes, seja a ativa (CC, art. 267), seja a passiva (CC, art. 275).

Essa comunhão provém, via de regra, da relação jurídica *material* que vincula, entre si, as partes envolvidas no conflito de interesses. Para que essa comunhão de direitos ou obrigações permita a formação do litisconsórcio *facultativo*, é indispensável que a lide não deva ser composta de modo uniforme para todos os litisconsortes; caso contrário, o regime litisconsorcial será *necessário/unitário*.

No processo do trabalho, como reflexo do direito material correspondente, a comunhão de direitos, no geral, é pertinente aos trabalhadores; de obrigações, aos empregadores. Neste último caso, existe entre os coobrigados um vínculo de solidariedade ou de sucessividade. Solidariedade haverá quando for o caso de grupo econômico (CLT, art. 2º, § 2º); sucessividade, quando se tratar de empreiteiro principal (CLT, art. 455), embora alguns vejam, aqui, um caso típico de solidariedade.

Inciso II. Repete o inciso III do art. 46 do CPC revogado.

Conexão entre as causas. O CPC revogado conceituava a conexão como a existência de duas ou mais ações quando lhes fosse comum o objeto ou a causa de pedir. O Código atual, de modo correto, substituiu o vocábulo *objeto* por *pedido*, embora tenha perpetrado o mesmo deslize técnico do anterior ao colocar o pedido antes da causa de pedir, quando se sabe que, em uma ordem lógica, esta antecede àquele.

A *causa petendi* é constituída pelos fundamentos de fato e de direito da pretensão deduzida pelo autor.

É dessa comunhão entre a *causa petendi* ou entre os pedidos que cogita, por meio de linguagem inadequada ("identidade de matéria"), o art. 842 da CLT.

A identidade entre a causa de pedir e os pedidos deve ser, o quanto possível, plena, sob pena de acarretar profundos transtornos ao procedimento e, em especial, à instrução oral e à sentença. Bem fará, portanto, o juiz, se, diante de uma identidade mínima, ordenar o "desmembramento" das causas, ou, até mesmo, a extinção do processo, como um todo, por falta de pressuposto indispensável à constituição do regime litisconsorcial (CPC, art. 485, IV). Como exemplo de identidade mínima, citamos o caso em que dezenas de empregados ingressam em juízo, litisconsorciados, pedindo, todos, horas extras, sendo que alguns deles também pleiteiam, ora equiparação salarial, ora adicional de insalubridade, ora adicional noturno. Em suma, embora a causa de pedir e o pedido referentes às horas extras sejam comuns a todos, os pedidos de equiparação salarial, adicional de insalubridade ou noturno são formulados por uns e outros. Situações como esta implicam graves transtornos à instrução processual, porquanto os fatos a serem objeto de investigação são, subjetivamente, variados, múltiplos, do mesmo modo como acarretam dificuldade na entrega da prestação jurisdicional, pois a sentença deverá particularizar os diversos litisconsortes, para efeito de saber que verbas caberão a uns e a outros. Não se pode tolerar que, em nome do princípio da simplicidade dos procedimentos trabalhistas, se permita a instauração de tumultos processuais

Inciso III. Repete o inciso IV do art. 46 do CPC revogado.

Afinidade de questões por ponto comum de fato ou de direito. Em sede processual, o vocábulo *questões* sugere a existência de determinado ponto controvertido em relação a fato ou a direito; envolve, enfim, certos aspectos ou elementos da causa, que deverão ser considerados para efeito de proferimento da sentença. A lei faz alusão à *afinidade*, não à *identidade*. Tem-se, assim, que será bastante para a regular formação do regime litisconsorcial facultativo a mera similitude das questões, no tocante a determinado ponto de fato ou de direito.

É de remota ocorrência, no plano do processo do trabalho, essa hipótese, até porque, em princípio, a preeminência para a constituição do litisconsórcio, neste processo, é a *identidade* de causas de pedir ou de pedidos (CLT, art. 842).

O CPC atual não reproduziu um outro pressuposto para a constituição do regime litisconsorcial, mencionado no inciso II do art. 46, vale dizer, quando: "os direitos ou as obrigações derivarem do mesmo fundamento de fato ou de direito."

A norma legal não cogitava de os direitos ou as obrigações decorrerem de fatos iguais, e sim do *mesmo* fato.

§ 1º *Espécie de litisconsórcio*. Devemos dizer, para já, que estamos a cuidar de denominado litisconsórcio "multitudinário", que se caracteriza pela presença de um excessivo número de compartes. O adjetivo *multitudinário* não se encontra dicionarizado, sendo, portanto, um neologismo concebido pela doutrina.

Cumpre-nos também esclarecer que a limitação do número de litisconsortes só se justifica nos regimes litisconsorciais do tipo *facultativo*, cuja formação, como sabemos, depende apenas da vontade das partes. Seria desarrazoado supor que essa redução quantitativa pudesse ser realizada nos sítios do litisconsórcio *necessário*, pois aqui é indispensável que todas as pessoas ligadas à relação jurídica material controvertida participem, pela citação, da relação processual.

Esta nossa observação é feita somente em caráter reforçativo, pois o art. 113, § 1º, do CPC, é extremamente claro ao afirmar que a redução do número de pessoas só será possível no litisconsórcio *facultativo*.

Causas para a limitação. Em duas situações, a lei autoriza o juiz a limitar o número de litisconsortes: b.a) quando esse número comprometer a rápida solução do litígio; b.b) quando dificultar a defesa ou o cumprimento da sentença.

b.a.) *Comprometer a solução da lide.* Em muitos casos, o número elevado de litisconsortes pode prejudicar não apenas a instrução processual, mas a própria entrega da prestação jurisdicional. Neste caso, o juiz poderá, por sua iniciativa (*ex officio*), realizar essa redução numérica. O seu ato traduzirá decisão interlocutória (art. 203, § 2º), e, como tal, deverá ser fundamentado, sob pena de nulidade (Constituição Federal, art. 93, IX). Sendo interlocutória, a decisão não poderá ser objeto de recurso, por força da regra estampada no art. 893, § 1º, da CLT.

O réu não terá interesse processual para requerer a limitação do número de litisconsortes ativo, quando fundada na dificuldade da solução do litígio, porquanto cumprirá ao juiz, exclusivamente, a iniciativa de examinar se haverá, ou não, esse embaraço.

Aliás, não há razão para recusar-se a possibilidade de o juiz, em casos especiais, reduzir o próprio número de *réus* (litisconsórcio *passivo*), desde que possa demonstrar que o elevado número destes provocará sérios transtornos, seja com vistas à instrução processual, seja em relação à própria solução do litígio. É evidente que também nesta hipótese essa limitação só será possível no âmbito do regime litisconsorcial *facultativo*.

Embora a norma legal não o diga, é razoável presumir que a limitação do número de *autores*, em princípio, deverá ser efetuada *antes* da contestação, conquanto essa redução não se vincule, teleologicamente, a este ato do réu. O certo é que se deve fixar um momento máximo, no curso do procedimento, para que a limitação do número de litisconsortes seja realizada. O momento ideal, a propósito, é antes da citação.

b.b.) *Dificultar a defesa ou o cumprimento da sentença.* Não raro, o elevado número de litisconsortes (ativos) vinha acarretando, nos domínios do processo civil, graves dificuldades para os réus promoverem a sua defesa. Esse número excessivo criava, por assim dizer, um desequilíbrio na lide, nomeadamente quando figurasse como ré a Fazenda Pública, em decorrência das notórias dificuldades, por exemplo, de ela coligir documentos, obter informações perante os diversos órgãos ou departamentos, acerca da situação funcional de cada litisconsorte, e o mais.

A jurisprudência do período registra inúmeros casos em que o elevado número de litisconsortes ativos criava graves entraves à defesa, fosse ré a Fazenda Pública, ou não, havendo situações em que o número de autores era superior a mil!

Por isso, muito antes da alteração introduzida por meio do parágrafo único do art. 46 do CPC revogado, já se ouviam apelos de determinados réus, dirigidos ao juiz da causa, para que fosse diminuída a quantidade de autores, nos litisconsórcios facultativos. Embora alguns desses requerimentos fossem atendidos, o juiz não deixava de sentir uma ponta de dificuldade para acolhê-los, pois inexistia norma legal prevendo essa possibilidade de redução.

A alteração legislativa a que nos referimos veio, assim, atender aos justificados clamores da realidade — fato que, em tese, sempre merecerá encômios gerais.

Entretanto, assim como o réu não pode solicitar a redução do número de litisconsortes, alegando dificuldade na entrega da prestação jurisdicional, o juiz está impedido de efetuar essa redução ao argumento de que o número elevado de litisconsortes dificultará a defesa do réu. Se o juiz agir *ex officio* neste caso, estará praticando ato arbitrário e declinando de seu ontológico dever de neutralidade. Afinal, quem possui interesse em dizer se o número de litisconsortes acarretará embaraços à elaboração da resposta é o réu, não o juiz.

Poderá ocorrer, isto sim, de as duas situações se conjugarem, de tal modo que a redução do número de litisconsortes, com fundamento tanto a dificuldade na entrega da prestação jurisdicional (ato do juiz) quanto a dificuldade na realização da defesa (ato do réu), circunstância que autorizará, ainda mais, a limitação.

A norma contida no § 1º, do art. 113, do CPC, incide, em caráter supletivo, no processo do trabalho, pois ausente o obstáculo legal da incompatibilidade (CLT, art. 769).

Uma nota essencial: embora o mencionado § 1º aluda à dificuldade na elaboração da *defesa*, no § 2º, faz referência à interrupção do prazo para a *resposta*, cujo conceito é mais amplo, por abranger as exceções, a contestação e a reconvenção. Entenda-se, portanto, que a redução do número de litisconsortes está ligada à dificuldade na formulação da resposta, *lato sensu*.

A redução do número de litisconsortes também poderá ser deferida pelo juiz quando a quantidade deles, sendo expressiva, puder dificultar o cumprimento da sentença. É curiosa essa inovação legal, pois se o número de litisconsortes não dificultou a elaboração da defesa, na fase de conhecimento, por que motivo iria dificultar o cumprimento da correspondente sentença?

Havendo desmembramento do regime litisconsorcial multitudinário, a interrupção da prescrição retroagirá à data da propositura da ação original, nos termos do § 1º do art. 240.

Litisconsórcio e prazo em dobro

Dispõe o art. 229 do CPC que se os litisconsortes possuírem diferentes procuradores, de escritórios de advocacia distintos, ser-lhes-ão contados em dobro os prazos para falar nos autos.

O benefício legal do prazo dúplex está subordinado a dois requisitos: a) partes estarem representadas por advogados diferentes; e b) que esses advogados integrem escritórios diversos. Logo, não se aplica a regra do prazo em dobro quando as partes estiverem representadas por advogados diversos, mas de um mesmo escritório.

Cabe, aqui, uma indagação: a norma do art. 229 do CPC é aplicável ao processo do trabalho? A SBDI-I, do TST, por sua OJ n. 310, entende que não, ao argumento de sua "incompatibilidade com o princípio da celeridade inerente ao processo trabalhista". Divergimos desse entendimento. Em primeiro lugar, porque a existência de prazo simples, especialmente no litisconsórcio passivo numeroso, pode acarretar grave ofensa à garantia constitucional da ampla defesa (Constituição Federal, art. 5º, LV). Basta imaginar um regime litisconsorcial formado por seis ou sete réus, cada qual com advogado próprio: dificilmente cada um deles poderia, no prazo simples (que é comum) retirar os autos em carga para contestar, recorrer, embargar, impugnar etc. Pensar-se na divisão dos prazos entre eles é algo fantasioso em situação como a aventada. Não se ignore o fato de o litisconsórcio passivo haver sido constituído em decorrência da vontade do autor (facultativo); logo, também há um aspecto ético a justificar a duplicação do prazo para os corréus. Em segundo lugar, o argumento de que o art. 229 (art. 191 do CPC revogado) é inconciliável com o princípio da celeridade do procedimento trabalhista peca pelo excesso, pois, certamente, não reside nisso a causa, ainda que remota, da notória demora na solução dos conflitos de interesses submetidos à apreciação da Justiça do Trabalho. O que representa, afinal, uma duplicação de prazos, num processo que, não raro, tramita por cinco, seis ou mais anos?

Se bem refletirmos, veremos que a questão atinente à incidência, ou não, do art. 229 do CPC no processo do trabalho deve ser examinada não à luz da compatibilidade ou incompatibilidade daquela norma com este processo, mas, sim, da garantia constitucional da ampla defesa, há pouco mencionada. O que está em causa, pois, não é o art. 769, da CLT, mas o art. 5º, inciso LV, da Suprema Carta Política do País, à qual se submete toda a legislação infraconstitucional.

Justamente por estarmos convencidos da aplicação do art. 229 do CPC ao processo do trabalho é que faremos, a seguir, outras observações, desta feita, de caráter objetivo. Ei-las:

a) havendo diferentes advogados, de escritórios de advocacia diversos, o prazo será em dobro, mesmo que esses procuradores se pronunciem em conjunto, vale dizer, na mesma peça processual. O art. 229 não faz nenhuma exceção quanto a esse fato;

b) se, inicialmente, os litisconsortes possuíam apenas um advogado, e, mais tarde, passaram a ter distintos procuradores judiciais, de escritórios de advocacia diversos, farão jus ao prazo em dobro, a partir do momento em que ocorreu a presença de mais de um advogado na causa;

c) se, ao contrário, os litisconsortes possuíam advogados diversos, e, depois, passaram a ter um só advogado, cessará para eles o prazo em dobro a contar do momento em que o advogado passou a ser único;

d) desfeito, no curso do procedimento, o regime litisconsorcial (facultativo, portanto) a parte remanescente não terá, em seu benefício, a contar desse momento, o prazo em dobro;

e) caso apenas um dos litisconsortes haja recorrido (litisconsórcio facultativo), o seu prazo será em dobro, contanto que os demais compartes, que não recorreram, estivessem representados por outro advogado, de outro escritório;

f) caracterizada a revelia de um dos réus litisconsorciados, o outro não terá o benefício do prazo em dobro, a partir daí, pois, na hipótese, somente este terá advogado constituído nos autos;

g) havendo substabelecimento da procuração, mediante cláusula de reserva de poderes, e persistindo um advogado comum aos litisconsortes, estes não terão direito ao prazo em dobro, ainda que até certa fase do procedimento tenham sido representados por diferentes advogados de escritórios diversos;

h) a regra do art. 229 se aplica não apenas aos prazos previstos em lei, senão que aos fixados pelo juiz;

i) cuidando-se de razões finais, no caso de litisconsórcio, o prazo, que formará com o da prorrogação um só todo, será dividido entre os do mesmo grupo, se não convencionarem de modo diverso (art. 364, § 1º).

Classificação

Classificam-se os regimes litisconsorciais:

1. Quanto ao momento da constituição:

    1.1. originário;

    1.2. superveniente.

2. Quanto à obrigatoriedade, ou não, da formação:

    2.1. necessário;

    2.2. facultativo.

3. Quanto à posição das partes no plano do direito material:

    3.1. simples;

    3.2. unitário.

4. Quanto à posição das partes na relação processual:

    4.1. ativo;

    4.2. passivo;

    4.3. misto.

§ 2º Em que momento o réu deve requerer essa limitação? Respondendo de maneira objetiva: tão logo seja citado e dentro do prazo para a resposta, conforme se trate de procedimento ordinário ou sumariíssimo. Para tanto, ele deverá formular petição ao juiz da causa, requerendo a redução do número de litisconsortes ativos, e indicando as necessárias razões por que o faz (motivação). Esse requerimento *interrompe* o prazo para a defesa (CPC, art. 113, § 2º), que só começará a fluir a contar da intimação do réu a respeito da decisão que apreciou o requerimento.

Algumas anotações complementares devem ser efetuadas:

1) Como a lei faz referência à *interrupção* do prazo para a defesa, isto significa que, apresentado o requerimento destinado à redução do número de litisconsortes, o prazo anterior, que eventualmente havia se iniciado, apaga-se por inteiro. Desta forma, ao ser intimado da decisão do juiz acerca do seu requerimento, fundado

no § 2º art. 113 do CPC, o réu terá o prazo integral para elaborar a sua resposta. Se o efeito fosse o da *suspensão*, o prazo que se havia iniciado seria computado, de tal modo que, ao ser intimado da mencionada decisão, o réu disporia, apenas, do saldo do prazo para a sua defesa. Essa interrupção, no processo do trabalho, pode apresentar algumas dificuldades de ordem prática, considerando-se que, de modo geral, a resposta não é apresentada em prazo fixo, uniforme, legalmente preestabelecido e na secretaria da Vara, senão que em audiência. Mesmo assim, o requerimento de redução do número de litisconsortes terá efeito interruptivo do prazo, de tal maneira que, enquanto não for apreciado pelo juiz, a audiência não se realizará.

2) No sistema do processo civil, o requerimento do réu deve ser apreciado no prazo máximo de dez dias (art. 226, II), pois, como dissemos, esse ato judicial constitui decisão interlocutória, e não mero despacho de expediente. Nesse prazo, o juiz deverá apreciar o requerimento, seja qual for a decisão que venha a adotar. Esse prazo máximo, por princípio, também deverá ser observado no processo do trabalho. O que não se pode conceber é, mesmo dentro do prazo, o juiz lance na petição do requerente despacho como: "Aguarde-se a audiência", pois essa sua atitude, no caso, soará a escárnio; afinal, o que o réu deseja saber, exatamente, é se na audiência designada deverá apresentar defesa com relação a *todos* os autores litisconsorciados, ou a *alguns* deles. Portanto, diante de despacho dessa índole, seria aconselhável ao réu dirigir-se, novamente, ao juiz, o quanto antes, para, desta feita, fazê-lo apreciar o requerimento no prazo legal. Eventual insistência do magistrado em não apreciar esse requerimento ensejará reclamação correcional, ou, até mesmo, em situações mais graves ou dramáticas, a impetração de mandado de segurança.

A propósito, se ocorrer de o regime litisconsorcial, além de numeroso, ser constituído de maneira irregular, vale dizer, sem atendimento aos requisitos legais, o réu poderá formular ao juiz, na mesma peça processual, *dois* requerimentos, em ordem sucessiva: o primeiro, para que o processo seja extinto sem exame do mérito, exatamente em decorrência de o litisconsórcio ser irregular (CPC, art. 485, IV); o segundo — no caso de o juiz rejeitar o primeiro requerimento —, para que seja reduzido o número de litisconsortes, a fim de não ter prejudicada a garantia constitucional da ampla defesa (CPC, art. 113, § 2º; Constituição Federal, art. 5º, LV).

Caso o juiz acolhesse o primeiro requerimento, não só ficaria prejudicado o segundo, como a decisão poderia ser impugnada mediante recurso ordinário, por tratar-se de sentença, segundo o conceito que vem do art. 203, § 1º, do CPC. Caso fosse acolhido o segundo requerimento, cumpriria ao juiz verificar o critério pela qual imporia a redução do número de litisconsortes ativos. Desse assunto, nos ocuparemos no item subsequente.

c) Critério para a limitação. Questão, sem dúvida, delicada é a pertinente ao critério a ser utilizado pelo juiz, para efeito de limitar o número de litisconsortes. Se, de um lado, é certo que esse critério não pode ser de natureza eminentemente *subjetiva* — pelos inconvenientes de ordem prática que sói acarretar —, não menos exato é afirmar que não se pode estabelecer, *a priori*, um critério *objetivo* que seja infalível na generalidade dos casos.

Poder-se-ia imaginar que um desses critérios objetivos residiria na *causa petendi*, de modo que esta seria determinante do fracionamento do litisconsórcio em tantos grupos quantas fossem as similitudes das *causas de pedir*. Um tal raciocínio, contudo, estaria comprometido por um indisfarçável paralogismo, pois a formação de um regime litisconsorcial *facultativo* (o único a que se refere o art. 113, § 1º, do CPC) requer comunhão de interesses, com relação à lide; ou que os direitos e obrigações derivem do mesmo contrato; ou que haja conexão, entre as demandas, pelo objeto ou causa de pedir; ou ocorra afinidade de questões por um ponto comum de fato ou de direito (I a IV). Deste modo, se nenhum desses requisitos legais estiver presente (mormente o relativo à conexão entre a causa de pedir e o pedido), o juiz não deverá limitar o número de litisconsortes, mas extinguir o processo sem resolução do mérito, por ausência de pressuposto legal necessário à constituição do regime litisconsorcial (arts. 113 e 485, IV).

Essa extinção poderá ser realizada *ex officio* (e, nesta hipótese, até mesmo sem que o réu tenha sido ainda citado) ou a requerimento do interessado (réu). A propósito, se o réu, ao ser citado, verificar que a formação do regime litisconsorcial não atendeu às exigências legais, e, além disso, o número de litisconsortes é extremamente elevado, poderá, como dissemos, adotar duas providências, nessa ordem: a) requerer ao juiz a extinção do processo, por falta de pressuposto legal indispensável à regular constituição do litisconsórcio; e b) em caráter sucessivo (ou em nome do princípio da eventualidade, de que se ocupa o art. 336 do CPC), solicitar a redução do número de litisconsortes.

Na situação que acabamos de referir, fica evidente que o réu estaria alegando uma *preliminar* (extinção do processo) fora da contestação e antes desta; entretanto, seria ilógico pensar-se que o réu deveria requerer (antes da contestação, à evidência), apenas, a limitação do número de litisconsortes, e aguardar a fase de contestação para, só aí, alegar a preliminar de irregularidade na formação do regime litisconsorcial. Portanto, essa aparente quebra do *iter* do procedimento, que sugerimos, se destina a evitar dois pronunciamentos jurisdicionais (um, concernente à limitação subjetiva do litisconsórcio; outro, à extinção do processo), fato que, além de implicar ocasional malbaratamento de atividade jurisdicional, consagraria o ilogismo de dar-se preeminência cronológica ao *menos* (limitação), em detrimento do *mais* (extinção).

Não é só. Se o juiz determinar a redução do número de litisconsortes, estará em causa também um outro critério, qual seja, o de quantos litisconsortes permanecerão no processo e quantos passarão a integrar o processo desmembrado. Digamos que o regime litisconsorcial esteja constituído por cinquenta autores e o juiz entenda necessária a redução desse número. Qual o critério que adotará para manter no processo um número considerado razoável, seja para os efeitos da resposta do réu, ou da entrega da prestação jurisdicional? Essa definição dependerá de cada caso concreto, levando-se em conta as pretensões formuladas pelos autores. Pois bem. Admitamos que permaneçam no processo vinte litisconsortes: o que será feito dos outros trinta? O processo, quanto a estes, será extinto sem exame do mérito? Certamente que não, pois isso implicaria manifesta injustiça. A solução seria distribuir esses litisconsortes, por exemplo, em dois grupos de quinze. De qualquer modo, se a redução do número original se deu sob o fundamento de que era prejudicial à elaboração da defesa, seria irônico se se designasse para a mesma data a audiência destinada a receber as respostas do réu, referentes aos três grupos de litisconsortes; um, de trinta deles, que permaneceram no processo; dois, de quinze, referentes aos excluídos do processo original. Melhor teria sido, nessa hipótese, que não houvesse redução do número de litisconsortes. Menor não seria a ironia se, fracionados os litisconsortes nos três grupos (ou processos) mencionados, estes viessem a requerer, posteriormente, a reunião dos respectivos autos, em virtude de serem conexas as matérias deles constantes...'

Art. 114. O litisconsórcio será necessário por disposição de lei ou quando, pela natureza da relação jurídica controvertida, a eficácia da sentença depender da citação de todos que devam ser litisconsortes.

• **Comentário**

O art. 47 do CPC de 1973 estabelecia que haveria litisconsórcio *necessário* quando, por disposição de lei ou da natureza da relação jurídica, o juiz tivesse de decidir a lide de maneira uniforme para todas as partes. Sempre criticamos essa definição legal, que confundia o litisconsórcio *necessário* com o *unitário*. Toda vez que a decisão deva ser uniforme para os compartes, estaremos diante de regime litisconsorcial do tipo *unitário*; será *necessário* quando todas as pessoas vinculadas à mesma relação jurídica material devam ser citadas para integrar a relação processual.

O texto atual afirma ser *necessário* o litisconsórcio: a) por disposição de lei; ou b) quando, pela natureza da relação jurídica controvertida, a eficácia da sentença depender da citação de todos que devam ser litisconsortes.

Continua atual o que escrevemos em outro livro: "Será necessário o litisconsórcio que não puder ser dispensado, mesmo que todos os interessados concordem com a dispensa. É, portanto, irrecusável. Assim se dá porque se torna absolutamente imprescindível que todas as pessoas vinculadas à relação jurídica material submetida à apreciação jurisdicional sejam citadas, a fim de integrarem a relação processual. Se tais pessoas comparecerão a juízo, ou não, é algo que não tornará nulo o processo, pois, como se afirmou, o que se exige é que sejam citadas." (*Curso de direito processual do trabalho* — processo de conhecimento. São Paulo: LTr, 2009. v. I, p. 264.)

O legislador não esgotou a configuração dos casos de litisconsórcio necessário, permitindo a caracterização desse regime litisconsorcial em outras situações previstas em lei.

Art. 115. A sentença de mérito, quando proferida sem a integração do contraditório, será:

I — nula, se a decisão deveria ser uniforme em relação a todos que deveriam ter integrado o processo;

II — ineficaz, nos outros casos, apenas para os que não foram citados.

Parágrafo único. Nos casos de litisconsórcio passivo necessário, o juiz determinará ao autor que requeira a citação de todos que devam ser litisconsortes, dentro do prazo que assinar, sob pena de extinção do processo.

• **Comentário**

Caput. Regra semelhante constava do parágrafo único do art. 47 do CPC revogado.

Inciso I — A sentença será nula se não forem citados todos os litisconsortes necessários.

Conforme dissemos há pouco, quando o litisconsórcio for do tipo necessário, deverão ser citadas todas as pessoas vinculadas à mesma relação jurídica material. Sendo assim, se o juiz verificar que algumas dessas pessoas não foram cientificadas da existência da ação fixará prazo para que o autor lhes promova a citação. Não sendo atendido o despacho, o processo será extinto sem resolução do mérito.

Inciso II — A sentença será ineficaz em relação aos litisconsortes necessários que não foram citados, nos outros casos.

Parágrafo único. No regime litisconsorcial passivo necessário, o juiz deverá determinar ao autor que requeira a citação de todas as pessoas que devam figurar no processo como litisconsortes, dentro do prazo que fixar, sob pena de extinção do processo. Se o juiz determinasse, desde logo, a citação dessas pessoas, estaria suprindo uma incúria do autor.

A propósito dessa norma legal, uma situação *sui generis* deve ser referida. Digamos que o Ministério Público do Trabalho haja ajuizado ação civil pública em face de A e de B, pretendendo que a Justiça declare que os empregados de A, que prestam serviços para B, são, em verdade, empregados deste. A sentença acolhe o pedido. O vínculo de emprego daqueles trabalhadores se transfere de A para B. Tempos depois, A ingressa com ação rescisória diante do Ministério Público do Trabalho. O juiz entende ser aplicável ao caso o art. 115, parágrafo único, do CPC, e ordena que A proceda à citação de B, para integrar o polo passivo da relação processual, como litisconsorte necessário. O caráter peculiar dessa situação fica por conta do fato de que embora B tenha sido, juntamente com A, réu na ação civil pública exercida pelo *Parquet*, figurará ao lado deste, na ação rescisória promovida por A, na qualidade de litisconsorte necessário passivo. Em rigor, o interesse processual de B coincide com o de A, e não com o do Ministério Público. B, todavia, não pôde figurar como litisconsorte ativo, ao lado de A, pois a sentença somente havia transitado em julgado para A, ao passo que ainda pendia de julgamento o recurso dela interposto por B.

Art. 116. O litisconsórcio será unitário quando, pela natureza da relação jurídica, o juiz tiver de decidir o mérito de modo uniforme para todos os litisconsortes.

• **Comentário**

O tema era tratado na primeira parte do art. 47 do CPC revogado. Em verdade, este Código incidiu no equívoco de conceituar o litisconsórcio *unitário* como sendo o *necessário*.

Um litisconsórcio é *unitário* quando mérito tiver de ser decidido de maneira uniforme para todos os compartes.

Mutatis mutandis, é o que consta do texto atual *sub examen:* será unitário quando a situação jurídica submetida à apreciação judicial tiver de receber solução jurisdicional uniforme.

Art. 117. Os litisconsortes serão considerados, em suas relações com a parte adversa, como litigantes distintos, exceto no litisconsórcio unitário, caso em que os atos e as omissões de um não prejudicarão os outros, mas os poderão beneficiar.

• **Comentário**

O princípio inscrito na norma legal em exame consagra a autonomia da manifestação da vontade dos litisconsortes entre si, em face do adversário comum. Isso significa que cada litisconsorte poderá praticar, por si, os atos processuais que interessem à defesa do direito de todos, ou deixar de praticar tais atos, sem que isso acarrete prejuízos ou benefícios aos demais.

O art. 48 do CPC revogado afirmava que os atos e as omissões de um litisconsorte não prejudicariam nem beneficiariam os demais. Sempre discordamos dessa disposição legal por entendermos que os *atos* praticados por um deles poderiam beneficiar os outros.

Mesmo na vigência do CPC anterior, observávamos que o princípio inscrito no art. 48 do CPC só incidia nos regimes litisconsorciais do tipo *simples*, em que a lide pode ser solucionada de maneira diversa para os litisconsortes, porquanto nesse regime há uma aglutinação de demandas que podem ser submetidas à apreciação judicial de maneira individualizada, motivo por que, em tal hipótese, cada uma pode receber solução diversa da que foi dada às outras. Lembremos que o contraposto do litisconsórcio *simples* é o *unitário*, no qual a decisão uniforme é um imperativo legal (CPC, art. 116), sob pena de ineficácia da sentença. Desta maneira, supor-se que a autonomia dos litisconsortes, enunciada no art. 48 do CPC revogado, seria aplicável também ao litisconsórcio *unitário*, equivaleria a negar a uniformidade da decisão, que, como dissemos, caracteriza essa modalidade de regime litisconsorcial. Por isso, no litisconsórcio *unitário*, os atos de um litisconsorte, ao contrário do que preceituava o art. 48 do CPC revogado, embora não possam prejudicar os demais, poderiam, sem dúvida, beneficiá-los.

Atento a esta advertência doutrinal, o legislador da atualidade cuidou de esclarecer que: a) as disposições do art. 117 do CPC não se aplicam ao litisconsórcio unitário; e b) nessa espécie de regime litisconsorcial, os atos de um litisconsorte podem beneficiar os demais.

Certos setores da doutrina, no entanto, vêm manifestando algum desagrado pelos critérios de *benefício* ou de *prejuízo* derivante de ato ou de omissão de um dos litisconsortes (regime simples, insista-se). São dois, basicamente, os argumentos em que se apoia essa corrente de opinião: a) não há fundamento juridicamente razoável para que a parte omissa seja agraciada por ato de um seu comparte; e b) antes de encerrado o processo, é até mesmo impossível aferir-se qual teria sido a atitude mais "desfavorável". Em consequência dessas objeções, tem-se sugerido o binômio: *comportamentos alternativos* e *comportamentos determinantes* para fixar-se a extensão daqueles a todos os litisconsortes, e de negar-se a eficácia destes, quando não unânimes ou quando não forem dirigidos ao universo dos litisconsortes (MOREIRA, José Carlos Barbosa. *Litisconsórcio unitário*. Rio de Janeiro: Forense, 1972. p. 146).

Prestigiando essa nova nomenclatura (ou novo critério), podemos dizer que no litisconsórcio *unitário* os comportamentos *determinantes* só geram os efeitos que lhe são próprios quando tenham sido adotados pela integralidade dos compartes, ou tenham sido manifestados pelo adversário. Assim sendo, ausente essa imprescindível unanimidade, tais comportamentos não liberam efeitos nem mesmo quanto àqueles que os adotarem. De outro lado, os comportamentos ditos *alternativos* produzem eficácia com relação a todos os litisconsortes, ainda que externados apenas por um deles. Justificam-se essas soluções em virtude de, no litisconsórcio *unitário*, a resolução do mérito ser uniforme para todos os que se encontram aglutinados num dos polos da relação jurídica processual.

Feitas essas considerações, apreciemos, a seguir, à luz do art. 117 do CPC, algumas situações aludidas em outras disposições do mesmo Código.

a) *Contestação*. Dispõe o art. 844, parágrafo único, da CLT, que a falta de contestação induz revelia, além de confissão quanto à matéria de fato. O processo civil possui regra semelhante, materializada no art. 344 do CPC. O art. 345, I, do estatuto processual civil, contém a ressalva de que o efeito da revelia não ocorrerá se, entre outras coisas, havendo *pluralidade* de réus, algum deles contestar a ação. Esse dispositivo é aplicável ao processo do trabalho.

Referida norma, no entanto, só incide nos regimes litisconsorciais (passivos) *unitários*, pois nesses, como tantas vezes assinalamos, a solução da lide deve ser uniforme para todos os litisconsortes. Logo, será irrelevante o fato de alguns litisconsortes deixarem de oferecer contestação: serão revéis, mas, apesar disso, não se dará o efeito da revelia, que é a presunção de veracidade dos fatos narrados na inicial. *A contrario sensu*, se o litisconsórcio for do tipo *simples*, poderão ser presumidos verdadeiros os fatos não contestados pelos litisconsortes revéis — justamente porque nesta espécie de regime a lide pode ser solucionada de maneira desigual para os compartes, exceto se as defesas desses litisconsortes se basearem nos mesmos fundamentos de fato e de direito em que se fundaram as demais contestações.

b) *Reconvenção* (CPC, art. 343). Em princípio, inexistem obstáculos legais à formulação da reconvenção em sede de litisconsórcio. O que se deve examinar é se esses pedidos apresentam conexidade com a ação principal ou com o fundamento da defesa.

Os pedidos deduzidos na resposta reconvencional, todavia, não se subordinam, necessariamente, ao regime litisconsorcial em que forem manifestados. Assim, mesmo que o litisconsórcio seja *unitário*, o julgamento dos mencionados pedidos não exigirá uniformidade no que tange aos diversos litisconsortes, em decorrência da autonomia (ontológica e teleológica) desses pedidos. De outra parte, no litisconsórcio simples o réu pode apresentar reconvenção em relação a todos os litisconsortes ou a alguns deles, porquanto o que tipifica esse regime é a independência das demandas e, como consectário lógico, o caráter fragmentário e heterogêneo do pronunciamento jurisdicional acerca do mérito pertinente a cada uma.

c) *Confissão*. Há confissão quando a parte admite como verdadeiro um fato contrário aos seus interesses manifestados na causa e favorável ao adversário (CPC, art. 389). Esclarece, porém, o *caput*, do art. 391, do mesmo Código: "A confissão judicial faz prova contra o confitente, não prejudicando, todavia, os litisconsortes."

Não há a menor dúvida de que essa norma legal incide no litisconsórcio *simples*, em razão da possibilidade de a lide ser solucionada de forma não uniforme para todos os litisconsortes. Incidiria, contudo, no litisconsórcio *unitário*? Seguramente que não. É bem verdade que se poderia supor o contrário, alegando-se que a confissão de um litisconsorte prejudicaria os demais, em virtude da necessidade de a lide ser solucionada de maneira uniforme para todos. Semelhante raciocínio, porém, estaria comprometido por intransponível paralogismo. Ora, se a relação jurídica material, nessa espécie de regime litisconsorcial, deve receber solução jurisdicional uniforme, é óbvio que a confissão efetuada por um dos litisconsortes é absolutamente ineficaz, não apenas quanto aos demais, mas com relação ao próprio confitente, sob pena de, a não se entender desse modo, estar-se permitindo, com visível incoerência, que a lide seja dirimida de maneira desigual, o que contrariaria a própria razão de ser do litisconsórcio *unitário*. Se bem refletirmos, veremos que a confissão, na hipótese, não passará de uma impressão pessoal da parte, acerca dos fatos alegados pelo adversário.

Art. 118. Cada litisconsorte tem o direito de promover o andamento do processo, e todos devem ser intimados dos respectivos atos.

• Comentário

Reprodução literal do art. 49 do CPC revogado.

A norma em foco trata do *impulso processual* por parte dos litisconsortes.

Essa regra legal atua, com amplitude, no litisconsórcio *simples*, constituído que é por diversas demandas. A particularidade de tais demandas manterem a sua individualidade gera não apenas a possibilidade de solução jurisdicional diversificada para cada uma, mas, antes, a liberdade dos litisconsortes no que atine à prática de atos processuais.

Embora a nossa assertiva possa acarretar alguns sobressaltos no espírito alheio, o fato é que entendemos ser aplicável também ao litisconsórcio *unitário* o texto legal em estudo. A singularidade de, neste regime, a solução do mérito dever ser homogênea não subtrai, de cada litisconsorte, a faculdade de promover a realização de atos processuais indispensáveis à defesa dos direitos e interesses manifestados na causa.

O que devemos inteligir, em síntese, da redação do dispositivo legal mencionado, é que, tanto no litisconsórcio *simples* quanto no *unitário*, não há necessidade de todos os litisconsortes praticarem o (mesmo) ato, para este atinja a finalidade desejada, sendo bastante para isso que o ato seja realizado ou requerido por um dos compartes. É essencial não perdermos de vista o fato de estarmos a falar de *impulso processual*, que, por isso, pode ser realizado por um dos litisconsortes. Aliás, a *intimação*, a que se refere o art. 118 do CPC deve ser feita não apenas à parte contrária, senão que aos demais litisconsortes, pois estes devem ser cientificados dos atos praticados no processo por um deles ou por alguns deles, em nome de todos.

Desistência da ação. Tanto pode ocorrer no litisconsórcio *simples* quanto no *unitário*. Para esse fim, dois preceitos legais devem ser observados: a) oferecida a contestação, a desistência só será possível com a concordância do réu (art. 485, § 4º); e b) o ato de desistir da ação apenas produzirá efeitos depois de homologado por sentença (art. 200, parágrafo único).

Vejamos a repercussão dessa desistência nos litisconsórcios: 1) ativo; e 2) passivo.

1. *Litisconsórcio ativo*: 1.1. um dos autores desiste da ação: esta prossegue quanto aos demais; 1.2. todos os litisconsortes desistem da ação: extingue-se o processo sem julgamento do mérito (art. 485, VIII); 1.3. havendo apenas dois litisconsortes, um deles desiste da ação: extingue-se o litisconsórcio e o processo prossegue com o autor remanescente; 1.4. um ou mais autores desistem de um ou mais pedidos: o regime litisconsorcial se mantém, ainda que reduzida quantitativamente a cumulação objetiva.

2. *Litisconsórcio passivo*: 2.1. o autor desiste da ação em face de um dos litisconsortes, havendo três ou mais destes: o processo prossegue quanto aos demais réus; 2.2. o autor desiste da ação quanto a um dos litisconsortes, havendo apenas dois destes: desfaz-se o regime litisconsorcial e o processo prossegue com o réu remanescente; 2.3. o autor desiste da ação, relativamente a todos os réus: o processo se extingue sem exame do mérito (art. 485, VIIII).

Seria, contudo, admissível a desistência no litisconsórcio *necessário*? É evidente que não. Afinal de contas, o que caracteriza essa modalidade de regime litisconsorcial, como vimos, é a necessidade de serem citadas todas as pessoas vinculadas à relação de direito material controvertida (art. 114). Nem mesmo o juiz poderá excluir da relação processual litisconsorte *necessário*.

Recurso. Estabelece o art. 1.005, *caput*: "O recurso interposto por um dos litisconsortes a todos aproveita, salvo se distintos ou opostos os seus interesses."

Essa regra legal, em princípio, só faz sentido quanto ao litisconsórcio *unitário*. Assim dizemos porque se a sorte (*sors*) dos litisconsortes, no campo do direito material, deve ser igual para todos, eventual entendimento de que o recurso interposto por um deles *não* aproveitaria aos demais haveria de conduzir à ousada negação do princípio de decisão uniforme para todos.

No litisconsórcio *simples*, ao contrário, a solução da lide não precisa ser idêntica para todos. Aqui, como tantas vezes dissemos, predomina a autonomia da vontade dos litisconsortes, a que alude o art. 48 do CPC. Desta maneira, o recurso interposto por um dos litisconsortes não beneficiará os demais, que não recorrerem. Consequentemente, em relação aos demais, formar-se-á a coisa julgada material. Uma exceção: no caso de litisconsórcio simples e *passivo*, o recurso interposto por um dos litisconsortes aproveitará os demais se, nos termos do art. 1.005, parágrafo único, *as defesas oferecidas ao credor lhes forem comuns*. Defesas comuns, para esse efeito, não devem ser consideradas as que forem elaboradas em um uma só peça, mas as que apresentarem idênticos fundamentos de fato e de direito.

Imbricações das modalidades litisconsorciais

Por este título, queremos designar as principais combinações possíveis entre as diversas espécies de regimes litisconsorciais. Vejamos:

a) *Litisconsórcio facultativo e simples*. Revela-se como o de maior incidência no processo do trabalho. É a ele que se refere o art. 842 da CLT. A despeito de essa norma legal só se haver preocupado com a forma *ativa* do litisconsórcio em foco, nada obsta que a cumulação de partes se dê, de igual modo, no polo passivo da relação processual. Sob este ângulo, o regime litisconsorcial poderia ser: 1) apenas ativo (autores); 2) apenas passivo (réus); ou 3) misto (autores e réus).

A *facultatividade* provém do fato de a formação do litisconsórcio depender, unicamente, da vontade da pessoa. Dois ou mais empregados, p. ex., poderiam litigar isoladamente com o empregador comum; no entanto, se entre as respectivas causas de pedir ou pedidos houver conexão, poderiam demandar de maneira conjunta, vale dizer, litisconsorciados. A *simplicidade* está em que a solução do conflito de interesses não precisa ser uniforme para os litisconsortes. Essa possibilidade de o resultado da prestação jurisdicional ser diversa para os compartes nada mais é do que reflexo da autonomia das respectivas demandas, que foram agrupadas, apenas, por uma conveniência dos titulares das pretensões.

b) *Litisconsórcio facultativo e unitário*. Embora a fonte dessa modalidade litisconsorcial seja a manifestação volitiva da pessoa, o seu traço particular, em cotejo com o litisconsórcio facultativo e simples, objeto de exame na letra anterior, reside no fato de que a lide, aqui, deve ser solvida de modo uniforme para os litisconsortes. Nem mesmo o juiz pode colocar obstáculos à constituição do regime litisconsorcial do tipo unitário. O que define se o regime a ser adotado, com vistas à cumulação subjetiva (de partes), é unitário ou simples é a cindibilidade, ou não, do direito material subjacente: se a cisão for admissível, será *simples*; se não for, será *unitário*. Se, por exemplo, o empregador institui um regulamento interno, que os trabalhadores reputam ser lesivo aos seus direitos ou interesses, estes podem (logo, há facultatividade) consorciar-se para ingressar em juízo, hipótese em que o pronunciamento jurisdicional deverá ser uniforme para todos eles: *só* declara que o regimento interno causou as lesões alegadas pelos trabalhadores (e, neste caso, será nulo, nos termos dos art. 9º e 468 da CLT), ou *só* diz inexistirem essas lesões (e, consequentemente, a norma interna será válida). Não seria admissível, lógica e juridicamente, que a sentença declarasse ser o regimento interno válido para alguns trabalhadores e inválido para outros, se todos se encontrassem na mesma situação de fato e de direito — identidade, aliás, que justificou a formação do litisconsórcio.

c) *Litisconsórcio necessário e unitário*. Será necessário o litisconsórcio toda vez que for exigida a presença, no mesmo processo, do conjunto das pessoas legalmente legitimadas pela relação jurídica de direito material que deu origem ao conflito intersubjetivo de interesses. Sem a citação de todas essas pessoas, a sentença será nula ou ineficaz (arts. 114 e 115, I e II). Esclareça-se que o que faz a sentença destituída de eficácia, na espécie, não é a falta de comparecimento de um ou mais dos litisconsortes, e sim a ausência de sua citação. Os textos modernos, rompendo com antigas tradições, não exigem a presença da parte em juízo para que a relação processual se estabeleça e se desenvolva com regularidade. Corolário disso é a figura da revelia.

A unitariedade do litisconsórcio em exame radica em que (ao contrário do simples) o mérito deve ser apreciado de maneira uniforme para todos aqueles que se encontram agrupados em um ou em ambos os polos da relação processual.

O que desassemelha, portanto, o litisconsórcio *necessário* e unitário do *facultativo* e unitário é, apenas, o ato determinante da constituição de um e de outro, pois o primeiro é produto do comando legal; o segundo, da vontade da parte.

d) *Litisconsórcio necessário e simples.* Em regra, o litisconsórcio que for necessário será unitário, pois a unitariedade parece advir da necessidade que assinala a constituição dessa espécie litisconsorcial. Em situações bem menos frequentes, todavia, o litisconsórcio pode ser necessário e simples, como aconteceria, *e. g.*, no processo civil, se a sentença declarasse o usucapião, embora excluísse parte da área, em decorrência de contestação apresentada por um dos confinantes.

Às modalidades litisconsorciais que examinamos poderiam, ainda, ser adjungidas outras, que implicariam, p. ex., litisconsórcio facultativo alternativo simples; facultativo alternativo unitário; facultativo eventual simples; facultativo eventual necessário, que se apresentariam nas formas ativa ou passiva, originária ou superveniente. Essa viabilidade de múltiplas combinações entre as diversas modalidades de litisconsórcio demonstra, de um lado, a riqueza do universo de que fazem parte; de outro, a complexidade prática e doutrinária a que tais imbricações soem conduzir.

Litisconsórcio e assistência litisconsorcial

O art. 124 do CPC, considera *"litisconsorte da parte principal o assistente sempre que a sentença influir na relação jurídica entre ele e o adversário do assistido".*

Originária do direito italiano medieval, a assistência *litisconsorcial* tornou-se conhecida do direito germânico no século XVIII, onde foi denominada de *interventio mixta* (intervenção *ad infringendum iura unius competitoris*).

Uma crítica: o art. 124 do CPC se refere ao "litisconsorte da parte principal". Ora, o assistente, mesmo sendo litisconsorcial, não se torna parte, ao intervir no processo, pois lhe faltam poderes para formular *pedidos*, ou seja, deduzir *pretensões* vinculadas ao direito material. O que esse assistente recebe da lei são certos poderes de *propulsão do processo* bem mais amplos do que aqueles que são cometidos ao *assistente simples*. Por ser titular de relação jurídica material com o réu, o assistente litisconsorcial pode praticar os mesmos atos processuais do assistido (este, sim, é parte), como: arguir impedimentos e suspeições; discutir matéria de fato ou de direito; produzir provas; participar das audiências; apresentar memoriais etc.

Mais do que isso, pode, até mesmo, agir de maneira eventualmente contrária aos interesses do assistido, como interpor recurso quando este não o fizer, ou prosseguir no processo em defesa do seu direito, quando o assistido desistir da ação ou reconhecer a "procedência" do pedido. Nestes aspectos, a dessemelhança da assistência *litisconsorcial* com a *simples* é profunda.

A regra contida no art. 122 do CPC, de que a assistência não obsta a que a "parte principal"(*sic*) reconheça a procedência do pedido, desista da ação e o mais, só é aplicável, em princípio, à assistência do tipo *simples*, não à *litisconsorcial*.

O que se deve entender, de uma vez para sempre, é que o assistente litisconsorcial, por ser titular de relação jurídica material com o réu, tem um interesse de agir no processo muito mais intenso que o do assistente meramente simples (*ad adiuvandum*), e, não raro, do que o do próprio assistido. Sensível a esta particularidade, a lei lhe atribuiu o *status* processual de litisconsorte (ainda que, como isso, não se torne parte), cumulando-o de um vasto elenco de poderes necessários à defesa do direito próprio, que poderá ser virtualmente atingido pela sentença. Atingido de forma direta, esclareça-se, ao contrário, portanto, do que se passa na assistência simples, em que a repercussão da sentença no círculo jurídico do assistente ocorre de modo indireto ou reflexo.

Sob esse ângulo, parece-nos haver antinomia entre os arts. 124, *caput*, e 506, ambos do CPC. Assim dizemos porque, enquanto o primeiro considera o assistente como litisconsorte da parte principal — sempre que a sentença houver de influir na relação jurídica entre ele e o adversário do assistido, de tal modo que o assistente será afetado pela eficácia da coisa julgada material —, o segundo assevera que a sentença só produzirá coisa julgada às *partes* entre as quais é dada, *não prejudicando terceiros* (e o assistente o é). Ora, se, para encontrarmos sentido na dicção do art. 506 do CPC, concluirmos que o assistente litisconsorcial, por ser terceiro, não será atingido pela *res iudicata*, tornaremos letra morta o art. 124 do mesmo Código, que sustenta o oposto. Sendo assim, cremos que a melhor solução jurídica para superar essa aguda aporia está em reconhecer que ele será, efetivamente, alcançado pela eficácia da coisa julgada material que se vier a formar no processo em que interveio. Em resumo: a preeminência deve ser do art. 124 do CPC, derrogando-se, com essa interpretação, o art. 506, sob pena de admitir-se a possibilidade de o assistente litisconsorcial *não* ser afetado pela *res iudicata*.

Em duas situações, basicamente, ocorrerá a assistência litisconsorcial:

1) quando o direito sobre o qual as partes (autor e réu) controvertem pertencer também ao assistente, que, em virtude disso, poderia defendê-lo de modo individual, em ação própria. Note-se que na assistência simples (CPC, art. 119) o direito litigioso tem como titular exclusivo o assistido, possuindo, o assistente mero interesse jurídico em que o pronunciamento jurisdicional seja favorável àquele;

2) quando o direito disputado pertencer, apenas, ao assistente, mas estiver sendo vindicado por um seu substituto processual, como se dá, por exemplo, na ação civil pública (Lei n. 7.347, de 24.7.1985, art. 19), ou quando o sindicato está postulando, em nome próprio, direito pertencente à correspondente categoria.

Vejamos, a seguir, alguns dos pontos de contato que há entre a assistência *litisconsorcial* e a *simples*:

a) a suspeição e o impedimento do juiz podem ser arguidos tanto pelo assistente simples quanto pelo litisconsorcial;

b) estes também podem alegar a falta de pressuposto essencial para a formação e o desenvolvimento regulares da relação jurídica processual;

c) nenhum deles pode transigir quanto ao direito, na parte que pertence ao assistido; de igual modo, não lhes será lícito reconhecer a procedência do pedido ou renunciar a essa parcela do direito do assistido;

d) ambos não podem, igualmente, promover ação declaratória incidental, capaz de provocar repercussões prejudiciais na esfera jurídica do assistido com o seu adversário;

e) vencido o assistido, tanto o assistente simples quanto o litisconsorcial serão condenados solidariamente nas custas processuais. Não incide no processo do trabalho a regra do art. 94 do CPC, segundo a qual "Se o assistido for vencido, o assistente será condenado ao pagamento das custas em proporção à atividade que houver exercido no processo".

A propósito, estabelece o art. 790, § 1º, da CLT, que se o trabalhador não houver obtido o benefício da justiça gratuita, ou isenção de custas, *"o sindicato que houver intervindo no processo responderá solidariamente pelo pagamento das custas devidas"*. Certo setor da jurisprudência, malferindo a letra e o espírito da norma citada, sustenta que o sindicato deve responder, de modo solidário, pelo pagamento das custas processuais quando houver prestado assistência judiciária gratuita (Lei n. 5.584/1970, art. 14) ao trabalhador. Nada mais equivocado. O verbo *intervir*, constante do § 1º, do art. 790, da CLT, foi utilizado pelo legislador em seu significado próprio, nos domínios processuais, qual seja, meter-se, alguém, de permeio, em processo de outrem, como assistente. A precitada corrente jurisprudencial, desatenta a isso, acabou por confundir os conceitos díspares de *assistência judiciária* e *assistência processual*. Da primeira trata o art. 14 da Lei n. 5.584/70; da segunda, os arts. 121 a 124 do CPC. Quando o sindicato ministra assistência judiciária gratuita ao trabalhador ele o faz por imperativo legal e não por um mero ato de vontade. Exerce, por assim dizer, um *munus* público. As custas, portanto, deverão ser suportadas, exclusivamente, pelo trabalhador, judiciariamente assistido, caso a sentença lhe seja desfavorável por inteiro e não tenha obtido a dispensa do pagamento (justiça gratuita).

O CPC anterior determinava que se aplicasse ao assistente litisconsorcial, no que respeitasse ao pedido de intervenção, sua impugnação e o julgamento do incidente, o disposto no art. 51, que versava sobre a assistência simples (art. 54, parágrafo único). Embora o CPC atual não tenha reproduzido a regra, isso não significa que não a tenha recepcionado de maneira implícita.

O art. 661-A, § 5º, da CLT

Ao discorrermos sobre a classificação dos regimes litisconsorciais, demonstramos que podem ser, quanto à obrigatoriedade, ou não, de sua constituição: a) necessários; ou b) facultativos.

Vimos, também, que que o litisconsórcio será *necessário* quando, seja por força de lei, seja pela natureza da relação jurídica controversa, a eficácia da sentença depender da citação de todas as pessoas que devam figurar como litisconsortes (CPC, art. 114).

O art. 611-A, § 5º, da CLT, determina que nas ações — individuais ou coletivas — destinadas a obter a anulação de cláusula de acordo coletivo ou de convenção coletiva, deverão participar, na qualidade de litisconsortes necessários, os sindicatos que tenham subscrito esses instrumentos normativos privados.

Em primeiro lugar, devemos verificar quem possui *legitimidade* para o exercício dessa ação anulatória. Para já, surge como legitimado o Ministério Público do Trabalho, em decorrência do disposto no art. 83, III, da Lei Complementar n. 75, de 20.5.1993, *verbis:* "*Art. 83. Compete ao Ministério Público do Trabalho o exercício das seguintes atribuições junto aos órgãos da Justiça do Trabalho: I — (...); IV — propor as ações cabíveis para declaração de nulidade de cláusula de contrato, acordo coletivo ou convenção coletiva que viole as liberdades individuais ou coletivas ou os direitos individuais indisponíveis dos trabalhadores.*" Note-se, entretanto, que a legitimidade do *Parquet,* para ajuizar a ação anulatória referida no texto legal reproduzido, não é ampla, estando, ao contrário, restrita aos casos em que a cláusula viole: a) liberdades individuais ou coletivas; ou b) direitos individuais indisponíveis dos trabalhadores.

Quaisquer das entidades sindicais subscritoras do acordo ou da convenção coletiva de trabalho possuiriam legitimidade para ajuizar ação anulatória de cláusula desses instrumentos? Separemos as situações.

No caso de *convenção coletiva* de trabalho, que se traduz em um ajuste *intersindical* (CLT, art. 611, *caput*), não vemos como se possa reconhecer legitimidade às entidades sindicais subscritoras para obter a anulação de cláusulas desse instrumento; afinal, a convenção coletiva de trabalho foi produto da manifestação volitiva de ambas as entidades sindicais: da representativa da categoria profissional e da representante da econômica. Estariam, portanto, os criadores a se voltar contra a própria criação. A legitimidade, no caso, seria do Ministério Público do Trabalho, desde que a cláusula seja violadora de liberdades individuais ou coletivas ou de direitos individuais indisponíveis dos trabalhadores.

A solução deve ser a mesma para o *acordo coletivo*. O fato de este não constituir ajuste intersindical, senão que entre a entidade representativa dos trabalhadores e a empresa para a qual eles prestam serviços (CLT, art. 611, § 1º), não altera os argumentos que utilizamos no tocante à convenção coletiva de trabalho. Também aqui, o acordo é produto de manifestação da vontade de quem o subscreveu. Legitimidade também não possuiria o sindicato representativo da categoria econômica, pois a empresa é livre para negociar o acordo coletivo de trabalho e somente ela responde pelos efeitos obrigacionais derivantes desse ajuste. Eventual ação anulatória de cláusula do acordo haveria de ser exercida pelo Ministério Público do Trabalho, nos casos expressamente previstos em lei.

Uma empresa estaria legitimada para ajuizar ação anulatória de cláusula de convenção *coletiva de trabalho*, subscrita pela entidade representativa de sua categoria, alegando que, por ocasião da assembleia patronal, teria discordado da inserção da cláusula na convenção, embora tenha ficado vencida quanto a isso?

Há manifestações doutrinárias favoráveis a essa possibilidade:

> Com referência às partes convenentes, é preciso destacar que uma determinada empresa pode também propor a ação anulatória, ainda que a convenção ou acordo coletivo de trabalho tenha sido firmado por sindicatos, desde que a ela se aplique a cláusula impugnada (...). (GONÇALVES JÚNIOR, Mário. Ação Anulatória de Cláusulas Convencionais. *Revista Trabalho & Doutrina*, n. 13, São Paulo: Saraiva, p. 20, 1997.)

Somos levados a divergir de opiniões como essa. No caso, poder-se-ia até admitir que a empresa possua *interesse processual*, mas falta-lhe, antes, a *legitimidade*. As decisões coletivas (no caso, dos integrantes da categoria econômica) são tomadas por maioria de votos e obrigam os vencidos a acatar o que foi deliberado pelo sufrágio majoritário. O que a empresa poderia alegar é a nulidade da reunião ou da assembleia patronal que autorizou a inserção da cláusula na convenção coletiva de trabalho. Nulidade, porque a reunião ou a assembleia teriam sido realizados em desacordo com a lei.

O TST assim tem decidido em relação à matéria:

> AÇÃO ANULATÓRIA. CLÁUSULA DE CONVENÇÃO COLETIVA. LEGITIMIDADE ATIVA *AD CAUSAM*. MEMBRO DA CATEGORIA NÃO-SIGNATÁRIO. 1. O membro da categoria econômica ou profissional não ostenta legitimidade ativa *ad causam* para propor ação anulatória de cláusula de acordo coletivo ou de convenção coletiva de trabalho da qual não é signatário, independentemente ou não de vícios na formação do instrumento. Ressalva de posição em contrário do Relator. 2. Recurso ordinário a que se nega provimento. (ROAA-20354/2005-000-02-00, DF de 26.10.2007, Rel. Min. João Oreste Dalazen.)

> RECURSO ORDINÁRIO. AÇÃO ANULATÓRIA AJUIZADA POR MEMBRO DA CATEGORIA ECONÔMICA VISANDO A DECLARAÇÃO DA NULIDADE DA CONVENÇÃO COLETIVA DE TRABALHO FIRMADA ENTRE OS SINDICATOS REPRESENTANTES DAS CATEGORIAS PROFISSIONAL E ECONÔMICA. ILEGITIMIDADE ATIVA *AD CAUSAM*. A jurisprudência prevalecente nesta Seção Normativa é firme ao estabelecer que a legitimidade para propor a ação anulatória de cláusulas constantes de instrumentos normativos restringe-se ao Ministério Público do Trabalho, conforme expressamente previsto no art. 85, IV, da Lei Complementar n. 75, de 20.5.1993, e, excepcionalmente, aos sindicatos representantes das categorias econômica e profissional e às empresas signatárias desses instrumentos, quando demonstrado vício de vontade. Portanto, membro de uma categoria, profissional ou econômica, não tem legitimidade para postular, em ação anulatória, a declaração de nulidade, formal ou material, total ou parcial, de normas constantes de acordos ou convenções coletivos de trabalho. Recurso ordinário a que não se dá provimento. (Processo n. TST-RO-5441-34.2013.5.09.0000, Relatora Ministra Kátia Magalhães Noronha, de 11.5.2015 — DJ de 28 do mesmo mês e ano.)

Em segundo lugar, ajuizada ação anulatória de cláusula de acordo ou de convenção coletiva de trabalho — no geral, pelo Ministério Público do Trabalho —, ao juiz caberá determinar que o autor requeira a citação de todos aqueles que devam integrar a lide na qualidade de litisconsortes passivos necessários, dentro do prazo que assinar. Não sendo requerida a citação, nesse prazo, o juiz declarará extinto o processo (CPC, art. 115, parágrafo único). Note-se que a norma legal mencionada não ordena que o juiz promova, *ex officio*, a citação dos demais litisconsortes, mas, sim, que o autor requeira (e providencie) a citação. Questiona-se: no processo do trabalho, o juiz não poderia determinar, por sua iniciativa, a citação com fundamento no art. 765 da CLT? Conquanto estejamos tentados a responder de maneira afirmativa a essa indagação, devemos refletir sobre as razões pelas quais o CPC exige que o autor requeira essa citação. Sucede que se o ato citatório pudesse ser determinado, de ofício, pelo juiz, isso faria com que o autor se visse constrangido a demandar em face de quem não deseja. Daí, a necessidade de a citação ser *requerida* por ele, de forma a refletir a sua *intenção* de fazer com que outras pessoas passem a integrar o polo passivo da relação processual. Não solicitada a citação no prazo fixado pelo juiz, o processo, conforme asseveramos, será extinto sem resolução do mérito. Temos, portanto, o seguinte cenário processual: a) ou o autor requer a citação das demais pessoas para comporem a lide na qualidade de litisconsortes necessários — e, neste caso, a relação processual se aperfeiçoa; b) ou não requer a citação e, em consequência, o processo será extinto, pois não será possível prosseguir sem a citação dos demais litisconsortes. É oportuno ressaltar que o art. 115, parágrafo único, do CPC, não exige que os demais litisconsortes compareçam a juízo: o que ela impõe é que se dê a eles ciência da ação, para, *querendo*, virem a juízo com a manifestação que, acaso, pretenderem formular.

Indaga-se, todavia, se, na ação anulatória de cláusula de convenção coletiva de trabalho (para cogitarmos apenas deste instrumento normativo privado), os sindicatos representativos das categorias profissional e econômica devem figurar como réu, ou seja, como *partes*, em que situação se aplicaria o disposto no § 5º, do art. 611-A, da CLT, segundo o qual esses sindicatos devem ser citados na qualidade de *litisconsortes necessários*? Uma dessa situações ocorrerá no caso de o Ministério Público do Trabalho ajuizar a ação somente em face de uma dessas entidades sindicais (alegando, por exemplo, vício por parte somente de uma das entidades sindicais). Como a cláusula não poderia ser declarada nula unicamente no tocante ao sindicato em face do qual a ação foi ajuizada, é evidente que o outro deverá ser citado para integrar a relação processual na qualidade de litisconsorte necessário. Dificilmente se justificaria a constituição de um regime litisconsorcial passivo necessário no caso de a ação visar à nulidade de cláusula de acordo coletivo de trabalho. Como esse acordo é firmado entre o sindicato representativo da categoria profissional e uma ou mais empresas, tanto aquele quanto estas deverão figurar como réus no processo. O sindicato patronal, como não participou da celebração do acordo, não precisa ser citado para integrar a relação processual como litisconsorte necessário. O que ao precitado sindicato seria facultado seria intervir na qualidade de *assistente*, simples ou litisconsorcial, conforme fosse o caso.

Em rigor, o regime litisconsorcial de que cuida o art. 114 do CPC será, no mais das vezes, não apenas *necessário*, mas, *unitário* porque a declaração de nulidade da cláusula de acordo ou de convenção coletiva será eficaz em relação a todos os litisconsortes. Seria desarrazoado imaginar que a sentença considerasse nula a cláusula, digamos, de convenção coletiva de trabalho apenas em relação ao sindicato dos trabalhadores. Ora, é da essência do litisconsórcio do tipo *unitário* que a decisão de seja uniforme para todos os litisconsortes (CPC, art. 116). Ou a cláusula convencional é nula para ambos os sindicatos (profissional e empresarial) ou não é para nenhum deles.

A lei (CPC, art. 117) considera os litisconsortes — sob a perspectiva de suas relações com a parte contrária — como litigantes distintos, de tal arte que os atos e omissões de um não prejudicarão os outros, embora os possam beneficiar. Essa regra, entrementes, não se aplica ao litisconsórcio *unitário*, em decorrência da imperatividade de o mérito ser decidido de modo *uniforme* para todos os compartes.

O litisconsorte passivo *necessário*, que tenha sido regularmente citado, pode ser revel? É evidente que sim. Se esse litisconsorte for réu e não oferecer contestação no prazo legal, estarão plenamente configurados os pressupostos legais da revelia (CPC, art. 344). O que pode ocorrer é de o litisconsorte ser também *unitário* — o que é algo comum —, caso em que: a) a omissão do réu revel não prejudicará os demais; b) a contestação apresentada pelos demais réus poderá beneficiar o revel (CPC, art. 117). É em situações como essa que incide a regra do art. 844, § 4º, I, da CLT (cópia do art. 345 do CPC), segundo a qual a revelia não produzirá o efeito que lhe é característico (presunção de veracidade dos fatos narrados na petição inicial) se, "*havendo pluralidade de reclamados* (sic), *algum deles contestar a ação*".

De qualquer modo, assegura-se ao litisconsorte revel o direito de intervir no processo, em qualquer fase, recebendo-o no estado em que se encontrar (CPC, art. 346, parágrafo único).

Capítulo XI
COMPETÊNCIA

Art. 652. Compete às Varas do Trabalho:

(...)

f) decidir quanto à homologação de acordo extrajudicial em matéria de competência da Justiça do Trabalho.

- Justificativa do Projeto de Lei n. 6.787/2016:

Como já mencionado, uma de nossas preocupações é a de reduzir a litigiosidade das relações trabalhistas, e a forma pela qual estamos buscando implementar esse intento é o estímulo à **conciliação extrajudicial**. Se houver uma composição prévia entre as partes, reduz-se sensivelmente o ingresso de ações na Justiça do Trabalho.

Essa iniciativa, todavia, não pode se contrapor ao princípio constitucional do livre acesso à Justiça. Em outras palavras, não há como restringir o acesso ao Judiciário mediante acordos individuais celebrados extrajudicialmente no momento da rescisão contratual.

Tentou-se, em determinado momento, condicionar o ingresso à ação judicial à tentativa prévia de conciliação entre as partes, por intermédio das Comissões de Conciliação Prévia (CCP). Mesmo diante da tentativa de caracterizar a tentativa prévia de conciliação na CCP como um requisito processual, o STF entendeu que essa exigência era inconstitucional por contrariar o princípio da liberdade de acesso ao Judiciário.

Do mesmo modo, sofre grande resistência a ideia de se conceder eficácia liberatória ao termo de rescisão homologado pelas partes, em relação às parcelas homologadas e discriminadas no recibo.

Assim, estamos, por intermédio da nova redação sugerida à alínea "f" do art. 652 da CLT, conferindo competência ao Juiz do Trabalho para decidir quanto à homologação de acordo extrajudicial em matéria de competência da Justiça do Trabalho. Em complemento, estamos incorporando um Título III-A ao Capítulo X da CLT para disciplinar o processo de jurisdição voluntária para homologação de acordo extrajudicial

Esse ato dependerá de iniciativa conjunta dos interessados, com assistência obrigatória de advogado. Ouvido o Juiz, se a transação não visar a objetivo proibido por lei, o Juiz homologará a rescisão. A petição suspende o prazo prescricional, que voltará a correr no dia útil seguinte ao trânsito em julgado da decisão denegatória do acordo.

Esperamos que, ao trazer expressamente para a lei a previsão de uma sistemática para homologar judicialmente as rescisões trabalhistas, conseguiremos a almejada segurança jurídica para esses instrumentos rescisórios, reduzindo, consequentemente, o número de ações trabalhistas e o custo judicial

Sobre este tema, foram acatadas as Emendas **56**, do Deputado Laércio Oliveira (SD/SE), e **545**, do Deputado Ronaldo Carletto (PP/BA).

- **Comentário**

Há, aqui, um erro de natureza técnica, pois o art. 652 da CLT contém as letras "a", "b", "c" e "d"; logo, a próxima letra, na sequência, seria a "e", e não, a "f". Para que se justificasse a inserção da letra "f", seria necessário transformar o parágrafo único — posposto à letra "d" — na letra "e".

Seja como for, a norma em exame deve ser examinada em conjunto com os arts. 855-B a 855-E, que tratam daquilo que o legislador denominou de "Processo de Jurisdição Voluntária para Homologação de Acordo Extrajudicial" (Capítulo III-A).

Para já, é necessário denunciar a impropriedade da expressão *jurisdição voluntária*. Embora consagrada pela legislação (CPC, arts. 88, 215, I, entre outros), pela doutrina e pela jurisprudência, essa expressão é equívoca, porquanto não há, aqui, em rigor, *jurisdição* (mas administração pública de interesses privados), *processo* (mas mero procedimento), ou *partes* (mas simples interessados). Nem há voluntariedade, pois o procedimento deve ser iniciado mediante *provocação* do interessado, do Ministério Público ou da Defensoria Pública (CPC, art. 720; CLT, art. 652, letra "f").

Ademais, nos procedimentos de *jurisdição voluntária* (sic) "*O juiz não é obrigado a observar critério de legalidade estrita, podendo adotar em cada caso a solução que considerar mais conveniente ou oportuna*" (CPC, art. 723, parágrafo único).

Pois seja. Colocando ao largo essas nótulas de ordem técnica, devemos dizer que a competência agora atribuída às Varas do Trabalho para "*decidir quanto à homologação de acordo extrajudicial em matéria de competência da Justiça do Trabalho*" foi motivada pela preocupação de estimular a *conciliação extrajudicial*, que, por sua vez, teria, em tese, como escopo *a latere* reduzir o montante das ações que, cotidianamente, são submetidas à apreciação da Justiça do Trabalho. Temos fundadas dúvidas sobre o atingimento desse objetivo legal, uma vez que, não havendo obrigatoriedade: a) de "homologação" da dissolução do contrato de trabalho, pela entidade sindical, pela Delegacia Regional do Trabalho, pelo Ministério Público ou pelo Juiz de Paz, em decorrência da revogação dos arts. 1º, 3º e 7º, do art. 477, da CLT; b) de o empregado realizar o acordo de que fala o art. 855-B da CLT, a tendência será fazer com que o trabalhador invoque a tutela da Justiça do Trabalho, com o objetivo de receber aquilo a que julga fazer jus, e que não lhe foi pago no instrumento de dissolução contratual.

Iremos nos manifestar, com maior profundidade, sobre o assunto ao comentarmos, mais adiante, os arts. 855-B a 855-E da CLT. Para já, entretanto, queremos chamar a atenção ao fato de que caberá ao juiz decidir (mediante decisão juridicamente fundamentada) sobre se homologa, ou não, o acordo: é o que expressa o art. 652, "f", da CLT.

Art. 702. (...)

- Justificativa do Projeto de Lei n. 6.787/2016:

As mudanças sugeridas em relação ao art. 702 baseiam-se no já mencionado **ativismo judicial** frequentemente praticado pelos tribunais trabalhistas.

São inúmeras as decisões contidas em enunciados de jurisprudência do TST que interpretam **além do que prevê a lei, ou até mesmo contra a lei, em muitos casos,** das quais podemos suscitar como exemplos o pagamento integral do intervalo intrajornada gozado apenas parcialmente (Súmula n. 437), a já citada ultratividade das normas coletivas (Súmula n. 277), a estabilidade provisória de empregada gestante em contrato de trabalho por tempo determinado (Súmula n. 244), pagamento em dobro das férias fracionadas irregularmente e cumulação dos adicionais de insalubridade e de periculosidade (Precedentes do TST), entre tantos outros.

Assim, com a redação dada ao art. 702 da CLT, pretendemos limitar as interpretações ampliativas, e em alguns casos criativas, por parte do TST. As sugestões pretendem implementar requisitos mínimos para a edição de súmulas e outros enunciados de jurisprudência, tomando por base procedimentos já previstos no Código de Processo Civil e para o STF (destacamos).

Essa é mais uma medida que visa a garantir maior segurança jurídica nas relações de trabalho, pois reduzirão as incertezas dos empregadores quanto a possíveis interpretações indevidas das normas trabalhistas.

• Comentário

O art. 702 da CLT dispunha sobre a competência do Pleno do TST. Esse artigo, no entanto, acabou sendo revogado, tacitamente (LINDB, art. 2º, § 1º), em sua integralidade, pela Lei n. 7.701, de 21 de dezembro de 1988, que dispôs sobre a especialização de Turmas dos Tribunais do Trabalho em processos coletivos e individuais e deu outras providências.

Agora, a Lei n. 13.467/2017, de maneira *sui generis*, restabelece o art. 702 da CLT, somente para nele inserir: a) o inciso I, sem conteúdo; e b) a letra "f", sem que haja letras precedentes, em uma obra, verdadeiramente, surrealista.

f) estabelecer ou alterar súmulas e outros enunciados de jurisprudência uniforme, pelo voto de pelo menos dois terços de seus membros, caso a mesma matéria já tenha sido decidida de forma idêntica por unanimidade em, no mínimo, dois terços das turmas em pelo menos dez sessões diferentes em cada uma delas, podendo, ainda, por maioria de dois terços de seus membros, restringir os efeitos daquela declaração ou decidir que ela só tenha eficácia a partir de sua publicação no Diário Oficial;

• Comentário

Vimos, no item anterior, que o art. 702 da CLT havia sido inteiramente revogado, pela via tácita, pela Lei n. 7.701/1988, e que a Lei n. 13.467/2017 restabeleceu parte do art. 702 da CLT, inserindo, por exemplo, a letra "f", sem que houvesse alíneas precedentes.

Ora, o art. 4º da Lei n. 7.701/1988, que dispõe sobre a *competência do Pleno do TST*, contém as letras "b" (*"aprovar os enunciados da Súmula da jurisprudência predominante em dissídios individuais"*) e "d" (*"aprovar os precedentes da jurisprudência predominante em dissídios coletivos"*), bem como a letra "f", assim redigida: *"elaborar o Regimento Interno do Tribunal e exercer as atribuições administrativas previstas em lei ou na Constituição Federal."*

Sendo assim, devemos concluir que a alínea "f", do restabelecido art. 702 da CLT, substitui a letra "b" do art. 4º da Lei n. 7.701/1988?

Como deveremos, enfim, conjugar as disposições do art. 4º da Lei n. 7.701/1988 com as da Lei n. 13.467/2017, no que diz respeito à sistematização de ambas?

Mais uma vez, somos levados a invocar o apelo da Princesa *Turandot*, na ópera de Giacomo Puccini: *"Nessun dorma! Nessun dorma!"* (*Que ninguém durma! Que ninguém durma!*) — até que se encontre a solução do problema.

De qualquer sorte, dedicando-nos ao exame do conteúdo da alínea "f", do art. 702, da CLT, verificamos que ela atribui competência ao Pleno do TST para estabelecer ou alterar súmulas e outros enunciados de jurisprudência uniforme, estabelecendo critério para isso, que são os seguintes:

a) a adoção ou alteração mencionadas somente serão possíveis pelo voto de, pelo menos, dois terços dos membros do órgão fracionário;

b) ainda assim, desde que a matéria já tenha sido decidida, de maneira idêntica e por unanimidade, em, no mínimo, dois terços das turmas, em pelo menos dez sessões diferentes em cada uma delas;

c) também pela maioria de dois terços dos seus membros, o aludido órgão poderá: c.a.) restringir os efeitos da adoção ou da alteração da Súmula ou de enunciado de jurisprudência uniforme; ou c.b.) decidir que uma e outra somente terão eficácia a contar da publicação no Diário Oficial. Atribui-se, portanto, ao Tribunal a faculdade de estabelecer uma *modulação* dos efeitos de sua decisão, em ambos os casos.

Conforme se verifica, a letra "f", do inciso I, do art. 702, da CLT, visou a dificultar a adoção de Súmulas, pelo TST, impedindo-o, por exemplo, de fazê-lo sem que haja precedentes. É oportuno recordar que: a) a Súmula n. 277, dispondo sobre a ultratividade das cláusulas dos acordos coletivos e das convenções coletivas, foi adotada sem precedentes; b) outrora, o TST podia, na forma do art. 902 da CLT, adotar *prejulgados* (com força de lei, aliás), sem que houvesse precedentes. O referido dispositivo legal acabou sendo, posteriormente, revogado pela Lei n. 7.033, de 5.10.1982.

Cumpre destacar, por outro lado, a regra do § 2º, do art. 8º, das CLT, conforme a qual "Súmulas e outros enunciados de jurisprudência editados pelo Tribunal Superior do Trabalho e pelos Tribunais Regionais do Trabalho não poderão restringir direitos legalmente previstos nem criar obrigações que não estejam previstas em lei". Devemos esclarecer que, tanto no caso dos direitos que não poderão ser restringidos quanto nas obrigações que não poderão ser impostas por Súmulas ou enunciados, dizem respeito ao trabalhador e ao empregador ou tomador dos seus serviços.

A redação dada ao § 2º, do art. 8º, da CLT, revela a preocupação do legislador em obstar o que se tem denominado de *ativismo judicial*, fazendo com que os Tribunais do Trabalho se ajustem à moldura legal — fato que, em princípio, é justificável, se considerarmos que vivemos sob o império de um Estado de Direito (CF, art. 1º, *caput*). A vedação estampada nesse dispositivo da CLT não pode, todavia, chegar ao extremo de impedir que os Tribunais interpretem as normas legais, com o objetivo de desvendar-lhes o sentido, o raio de incidência, de ajustá-las à dinâmica das relações sociais e trabalhistas e às mutações que aí ocorrem, etc. Afinal, a lei não deve ser vista como um monólito, se não que um organismo vivo, que deva acompanhar as transformações da realidade em que lhe cumpre incidir.

§ 3º As sessões de julgamento sobre estabelecimento ou alteração de súmulas e outros enunciados de jurisprudência deverão ser públicas, divulgadas com, no mínimo, trinta dias de antecedência, e deverão possibilitar a sustentação oral pelo Procurador-Geral do Trabalho, pelo Conselho Federal da Ordem dos Advogados do Brasil, pelo Advogado-Geral da União e por confederações sindicais ou entidades de classe de âmbito nacional.

• Comentário

A declaração legal de que as sessões destinadas à adoção ou alteração de Súmulas ou de enunciados de jurisprudência uniforme deverão ser públicas poderia ser dispensada, em face do disposto no art. 93, IX, da Constituição Federal, *ex vi* do qual *"todos os julgamentos dos órgãos do Poder Judiciário serão públicos, e fundamentadas todas as decisões, sob pena de nulidade"*. Ademais, a própria CLT contém regra geral, e imperativa, conforme a qual *"os atos processuais serão públicos"* (art. 770, *caput*).

Além de ordenar a publicidade das sessões, a norma legal em foco impõe outras formalidades essenciais, tais como:

a) as sessões deverão ser divulgadas com a antecedência mínima de trinta dias;

b) deverá ser permitida a sustentação oral pelo Procurador-Geral do Trabalho, pelo Conselho Federal da Ordem dos Advogados do Brasil, pelo Advogado-Geral da União e por confederações sindicais ou entidades de classe de âmbito nacional.

O texto legal não esclarece como deverá ser efetuada a intimação prévia a que se refere. Uma das formas mais práticas, admissíveis, seria por meio do Diário Eletrônico da Justiça do Trabalho (TST, Reg. Int., art. 177, I; CPC, art. 270, *caput*).

Embora o art. 702, § 3º, da CLT, haja especificado as pessoas e entidades que poderão realizar sustentação oral quando da sessão destinada ao estabelecimento ou à alteração de Súmulas *"e outros enunciados de jurisprudência"*, essa possiblidade deve ser estendida ao *amicus curiae*, desde que atendidos os pressupostos legais: a) da relevância da matéria; b) da especificidade do tema objeto da demanda; e c) da repercussão geral da controvérsia, previstos no art. 138, *caput*, do CPC.

§ 4º O estabelecimento ou a alteração de súmulas e outros enunciados de jurisprudência pelos Tribunais Regionais do Trabalho deverão observar o disposto na alínea "f" do inciso I e o § 3º deste artigo, com rol equivalente de legitimados para sustentação oral, observada a abrangência de sua circunscrição judiciária. (NR)

• Comentário

Este preceptivo legal prevê a adoção ou alteração de Súmula ou de outros enunciados de jurisprudência (uniforme, por suposto) pelos Tribunais Regionais do Trabalho.

Com vistas a isso — diz a norma —, deverá:

a) ser observado o disposto na alínea "f", sobre a qual já nos manifestamos, e no § 3º do mesmo artigo;

b) ser apresentado o rol "equivalente" de pessoas legitimadas para proceder à sustentação oral;

c) ser observada a circunscrição judiciária de cada Tribunal Regional do Trabalho.

Todo o procedimento traçado pelo art. 702 da CLT se destina a reduzir aquilo que o Relatório do Projeto de Lei n. 6.787/2016 denominou de *ativismo judicial* do TST. O sobredito Relatório menciona, aliás, como produtos desse ativismo as Súmulas ns. 244, 277 e 437, do precitado Tribunal, a seguir reproduzidas:

Súmula n. 244

GESTANTE. ESTABILIDADE PROVISÓRIA (redação do item III alterada na sessão do Tribunal Pleno realizada em 14.09.2012) — Res. 185/2012, DEJT divulgado em 25, 26 e 27.9.2012

I — O desconhecimento do estado gravídico pelo empregador não afasta o direito ao pagamento da indenização decorrente da estabilidade (art. 10, II, "b" do ADCT).

II — A garantia de emprego à gestante só autoriza a reintegração se esta se der durante o período de estabilidade. Do contrário, a garantia restringe-se aos salários e demais direitos correspondentes ao período de estabilidade.

III — A empregada gestante tem direito à estabilidade provisória prevista no art. 10, inciso II, alínea "b", do Ato das Disposições Constitucionais Transitórias, mesmo na hipótese de admissão mediante contrato por tempo determinado.

Súmula n. 277

CONVENÇÃO COLETIVA DE TRABALHO OU ACORDO COLETIVO DE TRABALHO. EFICÁCIA. ULTRATIVIDADE (redação alterada na sessão do Tribunal Pleno realizada em 14.9.2012) — Res. 185/2012, DEJT divulgado em 25, 26 e 27.9.2012. As cláusulas normativas dos acordos coletivos ou convenções coletivas integram os contratos individuais de trabalho e somente poderão ser modificadas ou suprimidas mediante negociação coletiva de trabalho.

Súmula n. 437

INTERVALO INTRAJORNADA PARA REPOUSO E ALIMENTAÇÃO. APLICAÇÃO DO ART. 71 DA CLT (conversão das Orientações Jurisprudenciais ns. 307, 342, 354, 380 e 381 da SBDI-1) — Res. 185/2012, DEJT divulgado em 25, 26 e 27.9.2012

I — Após a edição da Lei n. 8.923/94, a não-concessão ou a concessão parcial do intervalo intrajornada mínimo, para repouso e alimentação, a empregados urbanos e rurais, implica o pagamento total do período correspondente, e não apenas daquele suprimido, com acréscimo de, no mínimo, 50% sobre o valor da remuneração da hora normal de trabalho (art. 71 da CLT), sem prejuízo do cômputo da efetiva jornada de labor para efeito de remuneração.

II — É inválida cláusula de acordo ou convenção coletiva de trabalho contemplando a supressão ou redução do intervalo intrajornada porque este constitui medida de higiene, saúde e segurança do trabalho, garantido por norma de ordem pública (art. 71 da CLT e art. 7º, XXII, da CF/1988), infenso à negociação coletiva.

III — Possui natureza salarial a parcela prevista no art. 71, § 4º, da CLT, com redação introduzida pela Lei n. 8.923, de 27 de julho de 1994, quando não concedido ou reduzido pelo empregador o intervalo mínimo intrajornada para repouso e alimentação, repercutindo, assim, no cálculo de outras parcelas salariais.

IV — Ultrapassada habitualmente a jornada de seis horas de trabalho, é devido o gozo do intervalo intrajornada mínimo de uma hora, obrigando o empregador a remunerar o período para descanso e alimentação não usufruído como extra, acrescido do respectivo adicional, na forma prevista no art. 71, *caput* e § 4º da CLT.

O item I, da Súmula n. 437 tornou-se incompatível com o art. 71, § 4º, da CLT ("*A não concessão ou a concessão parcial do intervalo intrajornada mínimo, para repouso e alimentação, a empregados urbanos e rurais, implica o pagamento, de natureza indenizatória, apenas do período suprimido, com acréscimo de 50% (cinquenta por cento) sobre o valor da remuneração da hora normal de trabalho*"). O item II da mesma Súmula também revela incompatibilidade com o art. 611-A da CLT, que diz da prevalência do negociado (via acordo ou convenção coletiva) sobre o legislado, em tema, por exemplo, de "*intervalo intrajornada, respeitado o limite mínimo de trinta minutos para jornadas superiores a seis horas*" (inciso III).

A correntia expressão *ativismo judicial*, em verdade, é um tanto vaga, razão pela qual o seu conceito, que tem sido enunciado pela doutrina, não apresenta uniformidade. Ora, se considera que o *ativismo judicial* seja sinônimo de *judicialização da política*, ora, se afirma que se trata de conceitos totalmente distintos, etc. A propósito, a expressão correta seria *ativismo jurisdicional*, porquanto está jungida à magistratura. Ativismo *judicial*, em rigor, é algo que compreende todos aqueles que atuam em juízo: advogados, magistrados, membros do Ministério Público e outros.

Cremos que o ativismo em questão traz como traço identificador o fato de os juízes conferirem interpretação às leis que, às vezes, fogem ao senso literal da norma (interpretação proativa). Parece-nos ter sido esse o sentido dado pelo Relatório do Projeto de Lei n. 6.787/2016, pois — convém rememorar — aí se disse: "*Assim, com a redação dada ao art. 702 da CLT, pretendemos limitar as interpretações ampliativas, e em alguns casos criativas, por parte do TST. As sugestões pretendem implementar requisitos mínimos para a edição de súmulas e outros enunciados de jurisprudência, tomando por base procedimentos já previstos no Código de Processo Civil e para o STF.*"

Detenhamo-nos por aqui, pois não está em nosso propósito exaurir o tema alusivo ao ativismo judicial, se não que deixar claro que esse ativismo foi a razão pela qual o legislador atribuiu a atual redação ao art. 702 da CLT. Nada existe sem causa.

O CPC também possui norma a respeito da edição de Súmulas. Dispõe o seu art. 926: "Os tribunais devem uniformizar sua jurisprudência e mantê-la estável, íntegra e coerente. § 1º Na forma estabelecida e segundo os pressupostos fixados no regimento interno, os tribunais editarão enunciados de súmula correspondentes a sua jurisprudência dominante. § 2º Ao editar enunciados de súmula, os tribunais devem ater-se às circunstâncias factuais dos precedentes que motivaram sua criação".

A ideia de *estabilidade* da jurisprudência dos tribunais, embora seja elogiável por propiciar certa segurança jurídica aos jurisdicionados, encontra barreiras no terreno da realidade, pois o fenômeno da idiossincrasia é algo inerente ao espírito humano, vale dizer, no espírito dos julgadores. Convém recordarmos que o substantivo *estável* significa aquilo que não varia, inalterável, duradouro. Destarte, deve-se entender que a norma em exame esteja a preconizar que a jurisprudência seja estável *o quanto possível*; logo, sem caráter absoluto, sob pena, como dissemos, de confrontar-se com a realidade e com a dinâmica das relações sociais e jurídicas.

A respeito da conveniência de manter-se a estabilidade da jurisprudência, disse Alfredo Buzaid: "*Na verdade, não repugna aos juristas que os tribunais, num louvável es-*

forço de adaptação, sujeitem a mesma regra a entendimento diverso, desde que se alterem as condições econômicas, políticas e sociais; mas repugna-lhe que sobre a mesma regra jurídica deem os tribunais interpretação diversa e até contraditória, quando as condições em que ela foi editada continuam as mesmas. O dissídio resultante de tal exegese debilita a autoridade do Poder Judiciário, ao mesmo passo que causa profunda decepção às partes que postularam perante os tribunais". (Uniformização de Jurisprudência, *Revista da Associação dos Juízes do Rio Grande do Sul*, 34/139, julho de 1885)

O art. 926 do CPC veio, por assim dizer, para ocupar o espaço que até então era preenchido pelo incidente de uniformização de jurisprudência, previsto nos arts. 476 a 479 do CPC de 1973.

Capítulo XII
PRAZOS

Art. 775. Os prazos estabelecidos neste Título serão contados em dias úteis, com exclusão do dia do começo e inclusão do dia do vencimento.

• Justificativa do Projeto de Lei n. 6.787/2016:

A alteração promovida pelo art. 775 visa a acompanhar a diretriz que já é adotada pelo CPC de considerar os **dias úteis** na contagem dos prazos, ao contrário da regra vigente na CLT, que ainda os estabelecem como contínuos. De fato, não vemos motivo razoável para não se aplicar essa regra na Justiça do Trabalho.

Contudo é dispensável a manutenção do § 1º do projeto de lei, que repete dispositivo vigente na CLT, pois, como os prazos serão contados por dias úteis, não mais se encerrarão no sábado, domingo ou feriado.

(...)

Acrescentamos, ainda, um § 2º dando liberdade ao juízo para ampliar os prazos processuais e alterar a ordem de produção dos meios de prova. Esse dispositivo permite que o juiz tenha maior segurança ao proferir sua decisão em determinadas situações fáticas, tais como, o surgimento de novos fatos na primeira audiência ou no caso de inversão do ônus da prova, questão que será tratada mais adiante.

Quanto a este tema, foram acolhidas algumas propostas trazidas pelas Emendas: **545**, do Deputado Ronaldo Carletto (PP/BA); **617**, do Deputado Celso Maldaner (PMDB/SC), e **647**, do Deputado José Carlos Aleluia (DEM/BA).

• **Comentário**

Uma das inovações do CPC de 2015 consistiu na adoção do critério de contagem dos prazos somente em dias *úteis*. Lê-se, com efeito, no *caput* do art. 219, desse estatuto processual civil: "*Na contagem do prazo em dias, estabelecido por lei ou pelo juiz, computar-se-ão somente os dias úteis.*" O parágrafo único esclarece que esse critério deve ser aplicado apenas "*aos prazos processuais*". Essa ressalva feita pela norma legal mencionada é justificável, pois, conforme observa Cândido Rangel Dinamarco: "[...] *Há também leis que em um só corpo trazem disposições substanciais e processuais, como a Lei do Divórcio, a Lei de Locação de Imóveis Urbanos, o Código de Defesa do Consumidor etc.; isso assim acontece, com plena legitimidade sistemática, devido à integração do processo e direito material em um só contexto global de tutela, sendo às vezes de toda conveniência disciplinar em um só corpo algum instituto de direito substancial e os modos como há de ser tratado quando posto em litígio perante o Poder Judiciário.*" (*Instituições de Direito Processual Civil*. 7. ed., rev. São Paulo: Malheiros, 2013, v. I.)

Sempre sustentamos a opinião de que o art. 219 do CPC seria aplicável ao processo do trabalho. Sobre esse assunto, assim nos pronunciamos em livro:

Entendemos que a norma seja compatível com o processo do trabalho, não sendo razoável contra-argumentar-se que ela conspiraria contra o princípio da celeridade processual (como fez a OJ n. 310, da SBDI-I, do TST, em relação à duplicação do prazo no litisconsórcio), pois essa celeridade vem sendo mais gravemente desrespeitada por outros atos, da própria Justiça do Trabalho, como a demora na emissão das sentenças, no julgamento dos recursos, etc.

(...)

Tratando-se de um Código de Processo, é evidente que as disposições, dele constantes, somente são aplicáveis aos prazos processuais, e não aos de direito material. O que o legislador, provavelmente, pretendeu dizer é que as disposições do art. 219 se aplicam somente aos prazos oficiais (como tais entendidos os previstos em lei ou fixados pelo juiz), não alcançando os convencionais (produto da vontade das partes, quando isso for possível). (*Comentários ao Novo Código de Processo Civil sob a Perspectiva do Processo do Trabalho*, p. 255.)

Repitamos: o argumento de que a contagem dos prazos somente em dias *úteis* conspiraria contra o princípio da celeridade do processo do trabalho e contra a natureza alimentar dos valores postulados pelo trabalhador sempre nos soou como hipocrisia, porquanto a realidade nos demonstrou, sucessivas vezes — e ainda está a demonstrar —, que os órgãos da Justiça do Trabalho, em seus diversos graus, soíam desrespeitar, amplamente, os prazos fixados em lei para a prática dos atos processuais que lhes competiam, nomeadamente, os de natureza decisória (decisões interlocutórias, sentenças, acórdãos). E poucas vozes se levantaram, diante desse quadro, para alegar desrespeito ao princípio da celeridade do processo do trabalho e à natureza alimentar das verbas postuladas pelos trabalhadores.

Considerando que os órgãos da Justiça do Trabalho — mercê do volume descomunal de feitos que lhes são distribuídos — continuarão a exceder os prazos legalmente fixados para a prática de atos jurisdicionais, não serão dois ou três dias a mais, decorrentes da contagem dos prazos em dias úteis, que irão agravar essa situação. São, por assim dizer, uma gota no oceano.

Se advier o dia em que todos os prazos processuais passarão a ser, rigorosamente, cumpridos, pelas Varas e pelos Tribunais do Trabalho, nos sentiremos à vontade para modificar o nosso entendimento de que a contagem dos prazos processuais em dias úteis não é incompatível com o processo do trabalho.

Agora, *legem habemus* a respeito do assunto. Lei própria, ressalte-se. A partir da vigência da Lei n. 13.467/2017, portanto, os prazos no processo do trabalho serão contados com exclusão dos dias que não forem úteis, significa dizer, *desúteis*, preservada a regra contida no *caput* do art. 775 da CLT, que diz da exclusão do dia do começo e da inclusão do dia do vencimento, podendo ser prorrogados nos casos previstos no § 1º do mesmo artigo.

Uma nótula elucidativa: o parágrafo único do art. 219 do CPC, como vimos, esclarece que a contagem em dias úteis somente é aplicável aos prazos *processuais*.

O art. 775 da CLT dispõe que serão contados em dias úteis "Os prazos estabelecidos *neste Título*" (destacamos). O Título é o X, que versa sobre o "Processo Judiciário do Trabalho", compreendendo os arts. 763 a 910. Todos os prazos, aqui previstos, se submetem à contagem em *dias úteis*, mesmo que, em rigor, alguns deles possam não ser *processuais*. Sob este aspecto, pode-se dizer que o alcance do art. 775 da CLT é mais amplo do que o do parágrafo único do art. 219 do CPC.

Podem ser adotados pelo processo do trabalho, ainda, estes casos de suspensão dos prazos, de que cuida o CPC:

> Art. 220. Suspende-se o curso do prazo processual nos dias compreendidos entre 20 de dezembro e 20 de janeiro, inclusive.
>
> Art. 221. Suspende-se o curso do prazo por obstáculo criado em detrimento da parte ou ocorrendo qualquer das hipóteses do art. 313, devendo o prazo ser restituído por tempo igual ao que faltava para sua complementação.
>
> Parágrafo único. Suspendem-se os prazos durante a execução de programa instituído pelo Poder Judiciário para promover a autocomposição, incumbindo aos tribunais especificar, com antecedência, a duração dos trabalhos.
>
> Art. 224. (...)
>
> § 1º Os dias do começo e do vencimento do prazo serão protraídos para o primeiro dia útil seguinte, se coincidirem com dia em que o expediente forense for encerrado antes ou iniciado depois da hora normal ou houver indisponibilidade da comunicação eletrônica.

A recordar-se que, na Justiça do Trabalho, os atos processuais serão realizados, nos dias úteis, das 6 horas às 20 horas (CLT, art. 770, *caput*). As audiências, contudo, devem ser realizadas entre as 8 horas e as 18 horas (CLT, art. 813, *caput*). As penhoras poderão ocorrer em domingos ou feriados, desde que haja autorização prévia e expressa do juiz competente (CLT, art. 770, parágrafo único).

A regra do art. 775, *caput*, da CLT, com a redação dada pela Lei n. 13.467/2017, será aplicada — assim que essa norma legal entrar a viger — aos processos em curso — como é, aliás, da tradição de nosso direito processual (CPC, art. 1.046, *caput*).

> § 1º Os prazos podem ser prorrogados, pelo tempo estritamente necessário, nas seguintes hipóteses:
>
> I — quando o juízo entender necessário;
>
> II — em virtude de força maior, devidamente comprovada.

• **Comentário**

O art. 775, *caput*, da CLT, em sua redação anterior, já previa a possibilidade de os prazos processuais serem "*prorrogados pelo tempo estritamente necessário pelo juiz ou Tribunal, ou em virtude de força maior, devidamente comprovada*".

A nova redação atribuída ao § 1º, inciso I, do mesmo artigo, amplia a possibilidade de prorrogação do prazo processual, ao permitir que o juiz a conceda ou determine quando "entender necessário", vale dizer, segundo o seu prudente arbítrio. Essa possibilidade, de certo modo, está implícita no art. 765 da CLT, que comete ao juiz do trabalho ampla liberdade na direção do processo. Seja como for, o fato é que a Lei n. 13.467/2017 veio explicitar essa faculdade judicial e, desse modo, deitar por terra algumas controvérsias que vinham se formando acerca do assunto.

É necessário advertir, contudo, que a regra do art. 773, § 1º, inciso I, da CLT, não pode ser dissociada do princípio da neutralidade do magistrado (CPC, art. 139, I). Com isso, estamos a asseverar que o juiz, ao determinar a prorrogação do prazo, quando reputar necessário, deverá assegurar uma igualdade de tratamento às partes, ou seja, se, em determinado momento, ele prorrogar o prazo em benefício do réu, em outro, não poderá se recusar a prorrogá-lo em prol do autor, desde que, em ambos os casos, esteja presente o requisito legal da *necessidade*. Eventual quebra, por parte do magistrado, do seu *dever de neutralidade*, poderá conduzir à nulidade do processo (CPC, art. 794).

A prorrogação também poderá ocorrer em virtude de *força maior*, desde que devidamente comprovada (inciso II). A força maior, a que se refere a norma em exame, corresponde à *justa causa*, conceituada pelo CPC como *"o evento alheio à vontade da parte e que a impediu de praticar o ato por si ou por mandatário"* (art. 223, § 1º). O art. 501, *caput*, da CLT, define a força maior (material) como *"todo acontecimento inevitável, em relação à vontade do empregador, e para a realização do qual este não concorreu, direta ou indiretamente"*. Está claro, portanto, que a *imprevidência* da parte exclui tanto a força maior trabalhista quanto a justa causa civilista.

Pensamos que a prorrogação dos prazos processuais tanto possa decorrer *ex officio* (CLT, art. 765) quanto de requerimento do interessado. Em qualquer caso, a prorrogação deverá ocorrer pelo tempo estritamente necessário à prática do ato processual, em obediência ao princípio da *utilidade* do prazo.

Com vistas à aplicação do disposto no preceito legal em exame, aliás, é oportuno recordarmos alguns princípios concernentes aos prazos processuais.

1) Princípio da utilidade dos prazos

Significa que os prazos fixados por lei ou assinados pelo juiz devem ser úteis, isto é, hábeis à satisfação dos objetivos processuais para os quais foram instituídos. Há, assim, uma profunda relação entre o prazo e a finalidade a que se destina, de acordo com os critérios adotados pelo legislador para a consequente fixação.

Daí, a existência de prazos com maior ou menor duração.

Um efeito prático extrai-se dessa regra: é que se a parte, por motivos que não lhe possam ser irrogados, não pôde valer-se do prazo útil, total ou parcialmente, que lhe era assegurado, a solução será restituir-lhe, por igual, o faltante. Esse é o preceito do art. 221 do CPC, de aplicação supletiva no processo do trabalho.

Levando-se em conta o fato de que a duração do prazo está vinculada ao tempo necessário à prática do ato, os juízes devem ser cautelosos quanto à assinação de prazo, às partes. Assim dizemos, porque se ele fixar prazo excessivamente longo, estará contribuindo para o dilargamento do tempo de duração do processo e, em razão disso, contravindo a regra do inciso LXXVIII, do art. 5º, da Constituição Federal; se, ao contrário, o prazo por ele estabelecido for exíguo, poderá configurar violação ao direito de ampla defesa, previsto no art. 5º, inciso LV, do texto constitucional, de forma a gerar a nulidade do processo, a partir deste momento. É com a atenção concentrada nesses limites constitucionais que o juiz deverá fixar prazo para a prática de atos processuais, seja pelas partes, seja por terceiros.

O princípio da utilidade, porém, não é absoluto, pois são computados na fluência do prazo os dias em que, ordinária ou extraordinariamente, não houver expediente no foro.

O art. 184 do CPC de 1973 considerava prorrogado o prazo até o primeiro dia útil se o vencimento caísse em feriado ou em dia que: a) fosse determinado o fechamento do fórum; b) o expediente forense fosse encerrado antes da hora normal (incisos I e II, respectivamente). O CPC de 2015 não reproduziu essa regra, provavelmente, e em boa parte, em razão do disposto no seu art. 219, *caput*, de que na contagem dos prazos em dias, estabelecidos por lei ou pelo juiz, serão computados somente os dias *úteis*. Essa mesma regra acabou sendo adotada pelo processo do trabalho, conforme demonstra o art. 775, *caput*, da CLT.

A Lei n. 5.010/1966 instituiu o recesso do Judiciário Federal, no período de 20 de dezembro a 6 de janeiro; estávamos convencidos de que esse recesso não deveria ser causa de suspensão, nem de interrupção de prazo. No plano do processo do trabalho, ele deveria ser equiparado a feriado, e não a férias. Sendo assim, provocaria, apenas, a *prorrogação* do prazo. Deste modo, se, por exemplo, a parte fosse intimada da sentença em 18 de dezembro, quinta-feira, o prazo se iniciaria no dia 19, sexta, prosseguindo por todo o recesso. Como o prazo não vence em dia que não seja útil (CLT, art. 775, parágrafo único), o último dia do prazo para a interposição de recurso ordinário seria o primeiro dia útil depois do aludido recesso judiciário. A Súmula n. 262 do TST, aliás, declara que o recesso forense e as férias coletivas dos Ministros do Tribunal Superior do Trabalho suspendem os prazos recursais (item II).

Fizemos referência, há pouco, à Lei n. 5.010/1966, que instituiu o recesso da Justiça Federal; pode-se colocar em dúvida, contudo, a sobrevivência dessa norma legal depois da inserção do inciso XII ao art. 93 da Constituição Federal, pela Emenda n. 45/2004, por força do qual *"a atividade jurisdicional será ininterrupta, sendo vedado férias coletivas nos Juízos e Tribunais de Segundo Grau (...)"*. O art. 220, *caput*, do CPC, estabelece que será suspenso o curso dos prazos processuais no período de 20 de dezembro a 20 de janeiro, inclusive. Não se pode inquirir, entrementes, de inconstitucional esse preceptivo, pois o seu § 1º dispõe que, ressalvadas as férias individuais e os feriados instituídos por lei, os juízes, os membros do Ministério Público, da Defensoria Pública e da Advocacia Pública, assim como os auxiliares da Justiça, *"exercerão as suas atribuições durante o período previsto no caput"* (destacamos).

Nos casos de processo eletrônico, instituiu-se a *disponibilização* da decisão no sistema, conquanto, de modo geral, a *intimação* ocorra no dia seguinte. Deste modo, se a sentença foi *disponibilizada* em uma segunda-feira, considera-se realizada a *intimação* na terça-feira, passando o prazo a fluir da quarta-feira subsequente.

Sempre que uma das partes houver criado algum obstáculo, o prazo ficará suspenso para a outra. Seria o caso, *e. g.*, de um dos litigantes retirar os autos da Secretaria, para efeito de interposição de recurso, quando o prazo fosse comum; nessa hipótese, o prazo deveria ser restituído ao *ex adverso* por tempo igual ao que faltava para a sua complementação (CPC, art. 221).

O vencimento dos prazos deverá ser sempre certificado nos autos, pelo escrivão ou pelo diretor da Secretaria do órgão (CLT, art. 776). Embora essa certificação não tenha eficácia para subordinar o juízo de admissibilidade *a quo*, ou mesmo o *ad quem*, é certo que a sua existência nos autos, além de obrigatória, permite melhor verificação formal, e de maneira mais rápida, quanto à tempestividade, ou não, do apelo interposto.

2) Princípio da continuidade

Esse princípio é algo fronteiriço com o da utilidade, com o qual, em certos aspectos, entrelaça-se.

Por ele, afirma-se que os prazos são contínuos, cuja suspensão, como fato excepcional, está rigidamente disciplinada por lei. O princípio da continuidade identifica-se, portanto, com a afirmação de que os prazos, uma vez iniciados, devem ter livre curso até o seu final.

Suspensão e interrupção, contudo, não se confundem. Enquanto na primeira o prazo que havia fluído é aproveitado, na segunda, esse aproveitamento não ocorre. Importa dizer: lá, a contagem do prazo prossegue a partir do momento em que se verificou a suspensão; aqui, tudo se apaga, iniciando-se nova contagem. Na vigência do CPC de 1939, os embargos de declaração suspendiam o prazo para a interposição de recurso; na do CPC de 1973 e do CPC de 2015, interrompem-no (arts. 538, *caput*, e 1.026, *caput*).

3) Princípio da inalterabilidade

Iterando o que disséramos na oportunidade do exame do princípio da utilidade, a duração do prazo guarda estreita conexão com a necessidade de tempo que o ato processual requer para ser praticado. Sob esse prisma, tanto a redução quanto a ampliação dos prazos ferem esse equilíbrio, essa ordem harmoniosa que há entre o lapso de tempo (prazo) e a finalidade a que se visa (prática de determinado ato). Pode-se mesmo asseverar que o princípio da inalterabilidade é consequência direta do da utilidade, ao qual, aliás, Moacyr Amaral Santos reconhece base científica (*Primeiras Linhas de Direito Processual Civil*. São Paulo: Saraiva, 1978. p. 253).

Como demonstramos, a proibição de alterar os prazos processuais é dirigida ao juiz e às partes. A estas torna-se defeso reduzir ou dilatar os prazos peremptórios, ainda que mediante comunhão de vontades. Faculta-se-lhes, contudo, que o façam em relação aos prazos dilatórios, desde que o requerimento seja formulado antes do vencimento do prazo e o pedido fundamente-se em motivo legítimo. É no tocante aos prazos dilatórios que se deve interpretar a regra do art. 775, § 2º, da CLT.

4) Princípio da peremptoriedade

Dizem-se peremptórios aqueles prazos que são fixados sem qualquer possibilidade de serem alterados; disso decorre que terminam, inexoravelmente, no dia do seu vencimento (*dies ad quem*). São fatais.

Os prazos para interposição de recursos, *v. g.*, caracterizam-se pela peremptoriedade.

O decurso *in albis* do prazo recursal implica a extinção automática, ou seja, independentemente de declaração judicial (CPC, art. 233, *caput*), do direito de exercer a pretensão (preclusão temporal), possibilitando-se à parte, entretanto, comprovar que deixou de praticar o ato em virtude de força maior (CLT, art. 775, *caput*) — a que o processo civil denomina justa causa (CPC, art. 223, *caput*).

5) Princípio da preclusão

A preclusão, em sentido amplo, configura-se pela perda de uma faculdade ou de um direito processual, que, por não haver sido exercido no momento ou no tempo oportuno, fica extinto.

É bem verdade que esse conceito mais se aproxima da preclusão *temporal*, que, todavia, não é a única espécie. Além dela, há a *lógica*, que diz da incompatibilidade entre o ato que se deseja praticar e o anteriormente realizado, e a *consumativa*, que indica a impossibilidade de colocar-se em prática o ato em virtude de já haver sido realizado.

No caso específico dos recursos, a preclusão que mais incide é a temporal, a despeito de não ser impossível a ocorrência das demais modalidades. Com efeito, haverá preclusão *lógica, e. g.*, quando a parte aceitar a sentença, de maneira tácita ou expressa, e, apesar disso, vier a recorrer dela (CPC, art. 1.000). Ter-se-á a preclusão *consumativa* quando a parte que recorreu vier a recorrer da mesma decisão.

A preclusão não se confunde com a sanção. Esta é a consequência prevista em lei para o descumprimento de determinada norma processual, pressupondo, desse modo, o inadimplemento de uma *obrigação* afeta à parte. Na preclusão, ao contrário, inexiste qualquer vínculo obrigacional que tenha sido desrespeitado pelo litigante. Quem deixa fluir em branco o prazo de recurso não está, nem de longe, inadimplindo uma obrigação, mas, apenas, deixando, espontânea ou involuntariamente, de valer-se de uma *faculdade* processual. E o efeito preclusivo desse ato omisso, nem mesmo por antonomásia, pode ser comparado a uma sanção.

Por isso, está correto o magistério de Arruda Alvim de que a preclusão não concerne à existência de um direito, dizendo respeito, isso sim, às faculdades processuais (obra cit., p. 283).

Nenhuma exposição sobre os prazos processuais pode prescindir do estudo acerca dos critérios estabelecidos para a correspondente *contagem*. E a obediência a esse conselho coloca-nos diante, especialmente, das Súmulas ns. 1 e 197 do TST, motivando-nos a comentá-las.

Dispõe a Súmula n. 1 que *"Quando a intimação tiver lugar na sexta-feira, ou a publicação com efeito de intimação for feita nesse dia, o prazo judicial será contado da segunda-feira imediata, salvo se não houver expediente, caso que fluirá do dia útil que se seguir"*.

A Súmula, como se vê, apenas explicita a regra legal (CLT, art. 775) de que os prazos não se iniciam (nem se vencem) em dias não úteis. Para que a fluência do prazo tenha início é imprescindível que as partes sejam *intimadas* (CPC, art. 269). Não se confunda, entretanto, o dia em que a intimação foi feita (*dies a quo*) com o dia em que se inicia a contagem do prazo; somente aquele é excluído, pois *dies a quo non computatur*.

Se a intimação ocorreu em uma sexta-feira, o prazo apenas terá início na segunda-feira subsequente, salvo se nesse dia, por qualquer motivo, não houver expediente no foro, hipótese em que a fluência iniciar-se-á na terça-feira e, ainda assim, se esse dia for útil.

No caso de o jornal oficial contendo "a publicação com efeito de intimação" apenas circular na parte da tarde, firmou-se a jurisprudência em acrescentar um dia à contagem, cujo procedimento, segundo Coqueijo Costa (*Direito Judiciário do Trabalho*, Rio de Janeiro: Forense, 1978. p. 194), está cônsono com a Lei n. 1.408/1951. O STF, porém, já na vigência do CPC de 1973 entendeu revogada a referida Lei, razão por que o prazo começa a fluir do dia imediato ao da intimação, mesmo quando esta se deu mediante publicação no órgão oficial que tenha circulado apenas na parte da tarde, ressalvados apenas os casos especiais previstos no mesmo Código" (RE n. 83.874, Rel. Min. Cunha Peixoto, DJU de 9.4.1976, p. 2387).

Quando a intimação for feita pela publicação do ato no jornal oficial, será necessário que dela constem os nomes das partes e de seus advogados, com o respectivo número de inscrição na OAB, ou, se assim requerido, da sociedade de advogados (CPC, art. 272, § 2º). A regra importante a ser observada é se, da maneira como foi gravado o nome, o advogado tinha condições de saber se se tratava dele. De qualquer maneira, só haverá nulidade se a publicação incorreta no nome da parte ou do advogado acarretar manifesto prejuízo àquela ou a este, pois, em situações que tais, deve ser posto à frente o princípio da *transcendência*, inscrito no art. 794 da CLT.

Havendo erro ou omissão na publicação, uma nova deverá ser feita, fluindo a partir da última o prazo. Na hipótese, contudo, de o tribunal entender que a republicação era desnecessária, o prazo será contado da primeira publicação, cuja consequência virtual será a inadmissibilidade do recurso, por intempestivo. Que se acautelem as partes e seus procuradores quanto a essa particularidade.

Regra específica norteia a contagem dos prazos fixados por hora ou por minuto; aqui, a contagem deveria ser feita, em rigor, minuto a minuto ou hora a hora; a praxe forense, com o beneplácito da jurisprudência, contudo, não tem levado à risca essa regra, notadamente em relação ao prazo/hora.

§ 2º Ao juízo incumbe dilatar os prazos processuais e alterar a ordem de produção dos meios de prova, adequando-os às necessidades do conflito de modo a conferir maior efetividade à tutela do direito. (NR)

- **Comentário**

Este preceito legal concede ao juiz do trabalho duas faculdades, quais sejam:

a) dilatar os prazos processuais; e

b) alterar a ordem de produção dos meios de prova, para adequá-los às necessidades do conflito e de modo a conferir maior efetividade à tutela do direito.

Em ambos os casos, mais do que nunca, deverá haver bom-senso na aplicação da norma. Vejamos.

a) Dilatação dos prazos processuais. No processo, há prazos peremptórios e não peremptórios. Os primeiros derivam de norma cogente e não podem sofrer alteração, seja por vontade das partes, seja por determinação judicial, como é o caso, dentre outros, dos prazos para contestar, embargar de declaração, recorrer, embargar a execução.

Desta forma, a regra inserta no § 2º, do art. 775, da CLT, só pode ser entendida como concernente aos prazos *não peremptórios*, também ditos *dilatórios*. A propósito, o art. 222, § 1º, do CPC, ao declarar ser vedado ao juiz *reduzir* prazos peremptórios sem o consentimento das partes não está a insinuar, segundo se possa supor, que a *ampliação* dos prazos dessa natureza possa ser ordenada sem a anuência dos litigantes. Nada mais equivocado do que imaginar que isso seria possível.

Um dos casos em que o juiz poderá ampliar prazo dilatório é o mencionado pelo art. 437, § 2º, do CPC: "*Poderá o juiz, a requerimento da parte, dilatar o prazo para a manifestação sobre a prova documental produzida, levando em consideração a quantidade e a complexidade da documentação.*"

Tenha-se, pois, como inquebrantável a regra de que o juiz não pode alterar, para mais ou para menos, os prazos *peremptórios*, exceto, é certo, quando expressamente autorizado por lei, como nas situações de *força maior*, devidamente comprovada (CLT, art. 775, § 1º, II). O conceito de força maior processual pode ser tomado por empréstimo, *mutatis mutandis*, ao art. 501, *caput*, da própria CLT, que define a força maior substancial como "*todo acontecimento inevitável, em relação à vontade do empregador, e para a realização do qual este não concorreu, direta ou indiretamente*". O CPC utiliza a expressão *justa causa*, conceituando-a como "*o evento alheio à vontade da parte e que a impediu de praticar o ato por si ou por mandatário*" (art. 223, § 1º). Nesta hipótese, o juiz autorizará a parte a praticar o ato no prazo que lhe assinar (*ibidem*, § 2º).

b) Alteração na ordem dos meios de produção de provas. Não se cuida, aqui, como possa parecer num primeiro lançar de olhos, de inversão do ônus da prova (CLT, art. 818, I e II), nem de inversão na ordem dos depoimentos das partes e das testemunhas (CPC, art. 456, parágrafo único). A norma em análise, como evidencia a sua expressão literal, se ocupa da inversão na ordem dos *meios* de produção de prova. Os denominados *meios de prova* são, tradicionalmente, estes: documentais, testemunhais e periciais. Segue-se, que o texto legal *sub examen* está a autorizar o juiz, por exemplo, a permitir a produção da prova pericial antes da testemunhal, ou da testemunhal antes da documental (o que não é nada desejável). Se ele, acaso, pretendeu dizer coisa diversa, a sua intenção não se refletiu na expressão literal.

Os meios de prova, contudo, devem ser *moralmente legítimos*, como declara o art. 369 do CPC de 2015: "*As partes têm o direito de empregar todos os meios legais, bem como os moralmente legítimos, ainda que não especificados neste Código, para provar a verdade dos fatos em que se funda o pedido ou a defesa e influir eficazmente na convicção do juiz.*"

O problema referente aos meios de prova moralmente legítimos, contudo, é muito mais complexo do que se possa conceber, a partir do fato de inexistirem critérios objetivos para se determinar a moralidade ou a imoralidade do meio ou instrumento de que se valeu a parte para demonstrar a veracidade dos fatos por ela alegados em juízo.

Parece-nos, todavia, que podem ser considerados imorais os meios que atentem contra os *direitos da personalidade*, particularmente quanto à *liberdade de pensamento* e à *privacidade*, que foram alcandorados à categoria dos direitos constitucionais (art. 5º, IV, X, XI, XII).

Cabe enfatizar, neste aspecto, a inviolabilidade do sigilo da correspondência e das comunicações telegráficas e telefônicas, que conduz à inaceitabilidade da produção sub-reptícia de provas, como as gravações de conversações telefônicas, telegráficas, etc., porque obtidas mediante violação desses direitos. O STF, entretanto, tem admitido a prova mediante gravação de conversação telefônica, desde que a gravação tenha sido feita por uma das partes. Sirva, como corolário, esta ementa:

> "PROCESSUAL CIVIL. SEGUNDO AGRAVO REGIMENTAL NO AGRAVO DE INSTRUMENTO. COMPROVAÇÃO TARDIA DE TEMPESTIVIDADE. POSSIBILIDADE. MATÉRIA DECIDIDA PELO TRIBUNAL PLENO NO RE 626.358 AGR, MIN. CEZAR PELUSO, DJE DE 23.8.2012. INTERPOSIÇÃO DE RECURSO CONTRA DECISÃO QUE DÁ PROVIMENTO A AGRAVO DE INSTRUMENTO. POSSIBILIDADE. AGRAVO REGIMENTAL QUE DISCUTE O PRÓPRIO CONHECIMENTO DO RECURSO. GRAVAÇÃO TELEFÔNICA REALIZADA POR UM DOS INTERLOCUTORES. LICITUDE. POSSIBILIDADE DE UTILIZAÇÃO COMO PROVA EM PROCESSO JUDICIAL. PRECEDENTES. 1. É pacífico na jurisprudência do STF o entendimento de que não há ilicitude em gravação telefônica realizada por um dos interlocutores sem o conhecimento do outro, podendo ela ser utilizada como prova em processo judicial. 2. O STF, em caso análogo, decidiu que é admissível o uso, como meio de prova, de gravação ambiental realizada por um dos interlocutores sem o conhecimento do outro (RE 583937 QO--RG, Relator (a): Min. Cezar Peluso, DJe de 18.12.2009). 3. Agravo regimental a que se nega provimento Data de publicação: 21.8.2013."

Têm-se incluído, também, as provas obtidas mediante tortura, narcoanálise e outros meios clandestinos.

Na prática, a questão se torna tormentosa para o juiz, a quem incumbirá declarar se o meio utilizado é imoral ou não, sendo inevitável que tenha, para tanto, de recorrer ao direito material e à própria Constituição, pois se sabe que "não fica às leis dizer, a seu arbítrio, o que se há de entender por sigilo da correspondência e das comunicações telegráficas e telefônicas" — lembra Pontes de Miranda (*Comentários...*, p. 344), que conclui: "Aliás, produzir prova, sem ser em segredo, em juízo, equivale a publicar."

O art. 361 do CPC estabelece a seguinte ordem preferencial de produção de provas *em audiência*: a) esclarecimentos do perito e dos assistentes técnicos (I); b) depoimento do autor (II); c) depoimento do réu (II); d) inquirição das testemunhas do autor; e) inquirição das testemunhas do réu. O parágrafo único, do art. 456, do mesmo Código, por sua vez, permite ao juiz ouvir, por primeiro, as testemunhas do réu, e, depois, as do autor, "*se as partes concordarem*", nessa inversão.

Tal seja. Independentemente de qual tenha sido a efetiva vontade (elemento subjetivo) do legislador ao redigir o § 2º, do art. 775, da CLT, devemos observar que, há muitos anos, firmou-se, no processo do trabalho, a praxe de tomar-se o depoimento, em primeiro lugar, do réu, e, depois, do autor, assim como inquirir-se as testemunhas do réu antes das do autor sempre que o ônus da prova incumbir ao réu.

Não há razão para abandonar esse procedimento, que tanto tem contribuído para *"conferir maior efetividade à tutela do direito"*, se nos permitem para fazer alusão simbiótica ao § 2º, do art. 775, da CLT.

Capítulo XIII
CUSTAS

Art. 789. Nos dissídios individuais e nos dissídios coletivos do trabalho, nas ações e procedimentos de competência da Justiça do Trabalho, bem como nas demandas propostas perante a Justiça Estadual, no exercício da jurisdição trabalhista, as custas relativas ao processo de conhecimento incidirão à base de 2% (dois por cento), observado o mínimo de R$ 10,64 (dez reais e sessenta e quatro centavos) e o máximo de quatro vezes o limite máximo dos benefícios do Regime Geral de Previdência Social, e serão calculadas:

(...)."(NR)

- **Comentário**

A alteração introduzida pela Lei n. 13.467/2017 no art. 789, *caput*, da CLT, consistiu, unicamente, em estabelecer um teto para o valor das custas. Esse teto corresponde a quatro vezes o limite máximo dos benefícios do Regime Geral da Previdência Social. As bases de cálculo são as constantes dos incisos I a IV do art. 789. Seguem inalterados os §§ 1º a 4º deste dispositivo legal, assim como os arts. 789-A e 789-B.

Sempre defendemos a fixação de um teto para as custas, a fim de estabelecer uma necessária simetria com o depósito para recurso, exigido pela art. 899, § 1º, da CLT.

Com efeito, visando a desestimular a interposição de recursos — nomeadamente, os dotados de caráter protelatório, — o legislador impôs ao empregador a realização de um depósito prévio, em pecúnia; todavia, para não cercear a possibilidade de o empregador ter o direito de submeter a matéria, na qual ficou vencido, a reexame, pelo tribunal, o mesmo legislador estabeleceu um limite para o valor do depósito a ser realizado. Ele construiu, portanto, um sistema equilibrado: de um lado, a imposição do depósito; de outro, a limitação do correspondente valor.

Pois bem. Foi o mesmo equilíbrio que, desde sempre, propusemos às custas processuais. Não fazia sentido, diante de uma condenação, digamos, de R$ 10.000.000,00, o réu depositar algo em torno de R$ 11.000,00, a título de depósito para recorrer, mas ter de pagar R$ 200.000,00 de custas, para a mesma finalidade (recorrer).

Temos, agora, portanto, um equilíbrio entre os sistemas do depósito para recurso e o das custas processuais.

No mais, as custas serão calculadas, nos termos do art. 789, *caput*, da CLT:

I — quando houver acordo ou condenação, sobre o respectivo valor; *(Redação dada pela Lei n. 10.537, de 27.8.2002)*

II — quando houver extinção do processo, sem julgamento do mérito, ou julgado totalmente improcedente o pedido, sobre o valor da causa; *(Redação dada pela Lei n. 10.537, de 27.8.2002)*

III — no caso de procedência do pedido formulado em ação declaratória e em ação constitutiva, sobre o valor da causa; *(Redação dada pela Lei n. 10.537, de 27.8.2002)*

IV — quando o valor for indeterminado, sobre o que o juiz fixar. *(Redação dada pela Lei n. 10.537, de 27.8.2002)*

§ 1º As custas serão pagas pelo vencido, após o trânsito em julgado da decisão. No caso de recurso, as custas serão pagas e comprovado o recolhimento dentro do prazo recursal. *(Redação dada pela Lei n. 10.537, de 27.8.2002)*

§ 2º Não sendo líquida a condenação, o juízo arbitrar-lhe-á o valor e fixará o montante das custas processuais. *(Redação dada pela Lei n. 10.537, de 27.8.2002)*

§ 3º Sempre que houver acordo, se de outra forma não for convencionado, o pagamento das custas caberá em partes iguais aos litigantes. *(Redação dada pela Lei n. 10.537, de 27.8.2002)*

§ 4º Nos dissídios coletivos, as partes vencidas responderão solidariamente pelo pagamento das custas, calculadas sobre o valor arbitrado na decisão, ou pelo Presidente do Tribunal. *(Redação dada pela Lei n. 10.537, de 27.8.2002)*

Súmulas e Orientações Jurisprudenciais sobre custas:

a) Súmulas do TST:

Súmula n. 25

CUSTAS PROCESSUAIS. INVERSÃO DO ÔNUS DA SUCUMBÊNCIA. (alterada a Súmula e incorporadas as Orientações Jurisprudenciais ns. 104 e 186 da SBDI-1) — Res. 197/2015 — DEJT divulgado em 14, 15 e 18.5.2015

I — A parte vencedora na primeira instância, se vencida na segunda, está obrigada, independentemente de intimação, a pagar as custas fixadas na sentença originária, das quais ficara isenta a parte então vencida;

II — No caso de inversão do ônus da sucumbência em segundo grau, sem acréscimo ou atualização do valor das custas e se estas já foram devidamente recolhidas, descabe um novo pagamento pela parte vencida, ao recorrer. Deverá ao final, se sucumbente, reembolsar a quantia; *(ex-OJ n. 186 da SBDI-1)*

III — Não caracteriza deserção a hipótese em que, acrescido o valor da condenação, não houve fixação ou cálculo do valor devido a título de custas e tampouco intimação da parte para o preparo do recurso, devendo ser as custas pagas ao final; *(ex-OJ n. 104 da SBDI-1)*

IV — O reembolso das custas à parte vencedora faz-se necessário mesmo na hipótese em que a parte vencida for pessoa isenta do seu pagamento, nos termos do art. 790-A, parágrafo único, da CLT.

Súmula n. 36

CUSTAS (mantida) — Res. 121/2003, DJ 19, 20 e 21.11.2003

Nas ações plúrimas, as custas incidem sobre o respectivo valor global.

Súmula n. 53

CUSTAS (mantida) — Res. 121/2003, DJ 19, 20 e 21.11.2003

O prazo para pagamento das custas, no caso de recurso, é contado da intimação do cálculo.

Súmula n. 86

DESERÇÃO. MASSA FALIDA. EMPRESA EM LIQUIDAÇÃO EXTRAJUDICIAL (incorporada a Orientação Jurisprudencial n. 31 da SBDI-1) — Res. 129/2005, DJ 20, 22 e 25.4.2005

Não ocorre deserção de recurso da massa falida por falta de pagamento de custas ou de depósito do valor da condenação. Esse privilégio, todavia, não se aplica à empresa em liquidação extrajudicial. (primeira parte — ex-Súmula n. 86 — RA 69/78, DJ 26.09.1978; segunda parte — ex-OJ n. 31 da SBDI-1 — inserida em 14.3.1994)

b) Orientações Jurisprudenciais da SBDI-I do TST:

33. DESERÇÃO. CUSTAS. CARIMBO DO BANCO. VALIDADE (inserida em 25.11.1996)
O carimbo do banco recebedor na guia de comprovação do recolhimento das custas supre a ausência de autenticação mecânica.

158. CUSTAS. COMPROVAÇÃO DE RECOLHIMENTO. DARF ELETRÔNICO. VALIDADE (inserida em 26.3.1999)

O denominado "DARF ELETRÔNICO" é válido para comprovar o recolhimento de custas por entidades da administração pública federal, emitido conforme a IN-SRF 162, de 4.11.1988.

c) Orientação Jurisprudencial da SBDI-II do TST:

148. CUSTAS. MANDADO DE SEGURANÇA. RECURSO ORDINÁRIO. EXIGÊNCIA DO PAGAMENTO (conversão da Orientação Jurisprudencial n. 29 da SBDI-1) — Res. 129/2005, DJ 20.4.2005

É responsabilidade da parte, para interpor recurso ordinário em mandado de segurança, a comprovação do recolhimento das custas processuais no prazo recursal, sob pena de deserção. *(ex-OJ n. 29 — inserida em 20.9.00)*

d) Súmula do STF:

Súmula n. 223

Concedida isenção de custas ao empregado, por elas não responde o sindicato que o representa em juízo.

Capítulo XIV
GRATUIDADE DA JUSTIÇA

Art. 790. (...)

§ 3º É facultado aos juízes, órgãos julgadores e presidentes dos tribunais do trabalho de qualquer instância conceder, a requerimento ou de ofício, o benefício da justiça gratuita, inclusive quanto a traslados e instrumentos, àqueles que perceberem salário igual ou inferior a 40% (quarenta por cento) do limite máximo dos benefícios do Regime Geral de Previdência Social.

- Justificativa do Projeto de Lei n. 6.787/2016:

Um dos problemas relacionados ao excesso de demandas na Justiça do Trabalho é a falta de onerosidade para se ingressar com uma ação, com a ausência da sucumbência e o grande número de pedidos de justiça gratuita. Essa litigância sem risco acaba por estimular o ajuizamento de ação trabalhista.

A assistência jurídica integral e gratuita é um direito assegurado constitucionalmente, porém o texto da Constituição Federal garante essa assistência *"aos que comprovarem insuficiência de recursos"* (art. 5º, LXXIV).

A redação sugerida aos §§ 3º e 4º do art. 790 da CLT visa justamente a dar efetividade ao princípio da gratuidade, transcrevendo os termos da Constituição no § 4º, enquanto o § 3º exclui a presunção de insuficiência de recursos, admitida na parte final da redação atual.

Ressalte-se que o objetivo não é dificultar o acesso à Justiça, mas, pelo contrário, torná-la efetiva, evitando-se as ações em que se solicita, e muitas vezes é concedida, a justiça gratuita para pessoas que dela não poderiam usufruir, mediante mero atestado de pobreza. Com essa medida, afastam-se as pessoas que não se enquadram nos requisitos de "pobreza" e se garante que o instituto seja utilizado por aqueles que realmente necessitam.

Nesse sentido, foram acolhidas propostas apresentadas nas Emendas: **71**, do Deputado Celso Maldaner (PMDB/SC); **744**, da Deputada Carmen Zanotto (PPS/SC) e do Deputado Arnaldo Jordy (PPS/PA); **93**, do Deputado Laercio Oliveira (SD/SE); **117**, do Deputado Vanderlei Macris (PSDB/SP); **174**, da Deputada Magda Mofatto (PR/GO); **193**, do Deputado Diego Andrade (PSD/MG); **267**, do Deputado Mauro Lopes (PMDB/MG); **367**, do Deputado Major Olimpio (SD/SP); **422**, do Deputado Ricardo Izar (PP/SP); **458**, do Deputado Renzo Braz (PP/MG); **520**, do Deputado Jerônimo Goergen (PP/RS); **671**, do Deputado Valdir Colatto (PMDB/SC); **815**, do Deputado Rômulo Gouveia (PSD/PB).

- Comentário

Justiça gratuita e *assistência judiciária* são expressões que não se confundem. A primeira significa a isenção de despesas processuais, como: custas, emolumentos, etc., às pessoas que não possuem condições financeiras de as suportar; a segunda traduz o ato pelo qual determinada entidade, pública ou particular, fornece advogado, gratuitamente, para a pessoa que não possui condições de pagar honorários advocatícios, ingressar em juízo.

Na Justiça do Trabalho tem sido admitida a concessão de gratuidade da justiça também aos empregadores, desde que sejam pessoas físicas. Na Justiça Comum, esse benefício compreende tanto as pessoas físicas quanto as jurídicas (CPC, art. 98, *caput*), cuja atitude está, a nosso ver, em harmonia com o art. 5º, LXXIV, da Constituição Federal, embora esta faça confusa alusão à *assistência jurídica*", integral e gratuita , *"aos que comprovarem insuficiência de recursos"*. Recursos financeiros, obviamente. A locução constitucional *aos que* significa que o benefício pode ter como destinatário *qualquer pessoa*, seja física, seja jurídica — desde que comprove não possuir condições financeiras para demandar em juízo. Aliás, a expressão constitucional *assistência jurídica* encambulha, a um só tempo, as figuras díspares da *justiça gratuita* e da *assistência judiciária*.

No sistema do processo civil, a gratuidade da justiça compreende (art, 98, § 1º):

I — as taxas ou as custas judiciais;

II — os selos postais;

III — as despesas com publicação na imprensa oficial, dispensando-se a publicação em outros meios;

IV — a indenização devida à testemunha que, quando empregada, receberá do empregador salário integral, como se em serviço estivesse;

V — as despesas com a realização de exame de código genético — DNA e de outros exames considerados essenciais;

VI — os honorários do advogado e do perito e a remuneração do intérprete ou do tradutor nomeado para apresentação de versão em português de documento redigido em língua estrangeira;

VII — o custo com a elaboração de memória de cálculo, quando exigida para instauração da execução;

VIII — os depósitos previstos em lei para interposição de recurso, para propositura de ação e para a prática de outros atos processuais inerentes ao exercício da ampla defesa e do contraditório;

IX — os emolumentos devidos a notários ou registradores em decorrência da prática de registro, averbação ou qualquer outro ato notarial necessário à efetivação de decisão judicial ou à continuidade de processo judicial no qual o benefício tenha sido concedido.

Algumas das disposições do art. 98 do CPC, a seguir mencionadas, podem ser aplicadas, *mutatis mutandis*, ao processo do trabalho, a saber:

a) a concessão de gratuidade não exime a responsabilidade do beneficiário pelas despesas processuais e pelos honorários advocatícios decorrentes de sua sucumbência (§ 2º);

b) se vencido o beneficiário, as obrigações oriundas de sua sucumbência ficarão sob condição suspensiva de exigibilidade e somente poderão ser executadas se, nos cinco anos subsequentes ao trânsito em julgado da decisão que as certificou, o credor comprovar que deixou de existir a situação de insuficiência de recursos, justificadora da concessão de gratuidade, extinguindo-se, passado esse prazo, tais obrigações do beneficiário (§ 3º).

Em verdade, dispensa-se a incidência desta norma do CPC, pois a CLT possui disposição semelhante: *"Vencido o beneficiário da justiça gratuita, desde que não tenha obtido em juízo, ainda que em outro processo, créditos capazes de suportar a despesa, as obrigações decorrentes de sua sucumbência ficarão sob condição suspensiva de exigibilidade e somente poderão ser executadas se, nos dois anos subsequentes ao trânsito em julgado da decisão que as certificou, o credor demonstrar que deixou de existir a situação de insuficiência de recursos que justificou a concessão de gratuidade, extinguindo-se, passado esse prazo, tais obrigações do beneficiário"* (CLT, art. 791-A, § 4º);

c) a concessão de gratuidade não afasta o dever de o beneficiário pagar, ao final, as multas processuais que lhe sejam impostas (4º);

d) a gratuidade poderá ser concedida em relação a algum ou a todos os atos processuais, ou consistir na redução percentual de despesas processuais que o beneficiário tiver de adiantar no curso do procedimento (5º);

e) conforme o caso, o juiz poderá conceder direito ao parcelamento de despesas processuais que o beneficiário tiver de adiantar no curso do procedimento (6º);

g) no caso do § 1º, inciso IX, havendo dúvida fundada quanto ao preenchimento atual dos pressupostos para a concessão de gratuidade, o notário ou registrador, depois de praticar o ato, poderá requerer, ao juízo competente para decidir questões notariais ou registrais, a revogação total ou parcial do benefício ou a sua substituição pelo parcelamento de que trata o § 6º deste artigo, caso em que o beneficiário será citado para, em 15 (quinze) dias, manifestar-se sobre esse requerimento (8º);

Não se aplica ao processo do trabalho, porém, o disposto no § 7º, do art. 98, do CPC.

Pondo de lado o altiplano constitucional, desçamos ao sopé infraconstitucional.

Esta era a antiga redação do § 3º, do art. 790, da CLT:

> É facultado aos juízes, órgãos julgadores e presidentes dos tribunais do trabalho de qualquer instância conceder, a requerimento ou de ofício, o benefício da justiça gratuita, inclusive quanto a traslados e instrumentos, àqueles que perceberem salário igual ou inferior ao dobro do mínimo legal, ou declararem, sob as penas da lei, que não estão em condições de pagar as custas do processo sem prejuízo do sustento próprio ou de sua família.

Do cotejo entre ambas as redações do mesmo preceptivo legal, nota-se que a atual, para efeito de concessão de gratuidade da justiça:

a) substituiu o limite de dois salários mínimos por um limite máximo de 40% dos benefícios do Regime Geral da Previdência Social;

b) eliminou a possibilidade de o benefício da justiça gratuita ser concedido mediante declaração do próprio interessado de que não se encontra em condições de arcar com as despesas processuais sem detrimento pessoal ou familiar.

§ 4º O benefício da justiça gratuita será concedido à parte que comprovar insuficiência de recursos para o pagamento das custas do processo. (NR)

• **Comentário**

Acabamos de asseverar que a nova redação dada ao art. 790, § 3º, da CLT, eliminou a possibilidade de a gratuidade da justiça ser concedida com base em declaração subscrita pelo próprio interessado de que não dispõe de recursos financeiros para suportar as despesas processuais sem sacrifício pessoal ou familiar. Se dúvida houvesse quanto a isso, ela foi dissipada pelo § 4º, da mesma norma legal, que se refere à *comprovação*, pela parte interessada, de insuficiência de recursos financeiros.

Se, mesmo assim, a dúvida persistir, será aconselhável deitar os olhos no Relatório elaborado pelo Relator do PL n. 6.787/2016, Deputado Rogério Marinho:

> A redação sugerida aos §§ 3º e 4º do art. 790 da CLT visa justamente a dar efetividade ao princípio da gratuidade, transcrevendo os termos da Constituição no § 4º, enquanto o § 3º exclui a presunção de insuficiência de recursos, admitida na parte final da redação atual.
>
> Ressalte-se que o objetivo não é dificultar o acesso à Justiça, mas, pelo contrário, torná-la efetiva, evitando-se as ações em que se solicita, e muitas vezes é concedida, a justiça gratuita para pessoas que dela não poderiam usufruir, mediante mero atestado de pobreza. Com essa medida afastam-se as pessoas que não se enquadram nos requisitos de "pobreza" e se garante que o instituto seja utilizado por aqueles que realmente necessitam.

A norma cria, portanto, um ônus formal — e, conseguintemente, uma dificuldade — para a pessoa que desejar ser beneficiária da justiça gratuita, ao substituir a sua informal declaração de próprio punho pela *comprovação* de insuficiência de recursos financeiros para o pagamento de custas processuais. Cumpre-nos destacar que CPC não exige essa comprovação, admitindo, por força de presunção, ser verdadeira a mera *alegação* feita por pessoa física. Veja-se: "Presume-se verdadeira a alegação de insuficiência deduzida exclusivamente por pessoa natural" (art. 99, § 3º). O § 4º desse dispositivo legal esclarece que "A assistência do requerente por advogado particular não impede a concessão de gratuidade da justiça".

No âmbito da Justiça do Trabalho, era aplicável, em caráter supletivo (CLT, art. 769), a Lei n. 7.115, de 29.8.1983, assim redigida:

> "Art. 1º A declaração destinada a fazer prova de vida, residência, pobreza, dependência econômica, homonímia ou bons antecedentes, quando firmada pelo próprio interessado ou por procurador bastante, e sob as penas da Lei, presume-se verdadeira. Parágrafo único. O dispositivo neste artigo não se aplica para fins de prova em processo penal. Art. 2º Se comprovadamente falsa a declaração, sujeitar-se-á o declarante às sanções civis, administrativas e criminais previstas na legislação aplicável. Art. 3º A declaração mencionará expressamente a responsabilidade do declarante. Art. 4º Esta Lei entra em vigor na data de sua publicação. Art. 5º Revogam-se as disposições em contrário."

Essa norma legal não mais poderá incidir no processo do trabalho, pois a CLT passou a conter norma específica sobre o assunto (art. 790, § 4º). Assim sendo, como deverá ser feita a *prova* de que o autor não possui condições econômico-financeiras ("insuficiência de recursos") para suportar as despesas processuais? Não poderia ser, por certo, mediante o "mero atestado de pobreza" a que se referiu, com desconfiança, o autor da Justificativa ao Projeto n. 6.787/2016, que reproduzimos em linhas anteriores. Mais um enigma legislativo para ser desvendado...

Na edição anterior deste livro afirmamos estar prejudicada, em parte, a Súmula n. 463 do TST assim enunciada:

> "*ASSISTÊNCIA JUDICIÁRIA GRATUITA. COMPROVAÇÃO (conversão da Orientação Jurisprudencial n. 304 da SBDI-I, com alterações decorrentes do CPC de 2015). I — A partir de 26.6.2017, para*

a concessão da assistência judiciária gratuita à pessoa natural, basta a declaração de hipossuficiência econômica firmada pela parte ou por seu advogado, desde que munido de procuração com poderes específicos para esse fim (art. 105 do CPC de 2015); II — No caso de pessoa jurídica, não basta a mera declaração: é necessária a demonstração cabal de impossibilidade de a parte arcar com as despesas do processo."

Estamos revendo essa opinião para dizer que a precitada Súmula não se encontra prejudicada, porquanto trata de tema diverso: *assistência judiciária*, e não, *justiça gratuita*.

No caso de o benefício de gratuidade da justiça ser requerido em fase de recurso, dispõe a OJ n. 269, da SBDI-1, do TST:

"JUSTIÇA GRATUITA. REQUERIMENTO DE ISENÇÃO DE DESPESAS PROCESSUAIS. MOMENTO OPORTUNO (inserida em 27.9.2002). I — O benefício da justiça gratuita pode ser requerido em qualquer tempo ou grau de jurisdição, desde que, na fase recursal, seja o requerimento formulado no prazo alusivo ao recurso. II — Indeferido o requerimento de justiça gratuita formulado na fase recursal, cumpre ao relator fixar prazo para que o recorrente efetue o preparo (art. 99, § 7º, do CPC de 2015)."

Consta, ainda, do art. 100 do mesmo Código:

"Deferido o pedido, a parte contrária poderá oferecer impugnação na contestação, na réplica, nas contrarrazões de recurso ou, nos casos de pedido superveniente ou formulado por terceiro, por meio de petição simples, a ser apresentada no prazo de 15 (quinze) dias, nos autos do próprio processo, sem suspensão de seu curso. Parágrafo único. Revogado o benefício, a parte arcará com as despesas processuais que tiver deixado de adiantar e pagará, em caso de má-fé, até o décuplo de seu valor a título de multa, que será revertida em benefício da Fazenda Pública estadual ou federal e poderá ser inscrita em dívida ativa."

Lembremos que a gratuidade da justiça, no processo do trabalho, somente será concedida "*àqueles que perceberem salário igual ou inferior a 40% (quarenta por cento) do limite máximo dos benefícios do Regime Geral de Previdência Social*". A esse respeito, devemos dizer da aplicação supletiva, ao processo do trabalho, do § 2º, do art. 99, do CPC: "*O juiz somente poderá indeferir o pedido se houver nos autos elementos que evidenciem a falta dos pressupostos legais para a concessão de gratuidade, devendo, antes de indeferir o pedido, determinar à parte a comprovação do preenchimento dos referidos pressupostos.*"

O ato pelo qual o juiz concede ou denega a gratuidade da justiça possui natureza de decisão interlocutória, razão pela qual não pode ser impugnado, de imediato, por meio de recurso (CLT, art. 893, § 1º). A impugnação ficará diferida para o recurso que vier a ser interposto da sentença, venha esta a resolver, ou não, o mérito. Não se aplica ao processo do trabalho, portanto, o disposto no § 3º, do art. 101, *caput*, do CPC, na parte em que prevê a interposição de agravo de instrumento da decisão concessiva ou denegatória desse benefício. Aplica-se, contudo, essa norma do CPC na parte em que admite a interposição de recurso de apelação (ordinário, processo do trabalho) *"quando a questão for resolvida na sentença"*.

Podem ser aplicadas, ainda, supletivamente, ao processo do trabalho, as disposições do CPC, pertinentes à matéria, a seguir transcritas:

Art. 99. O pedido de gratuidade da justiça pode ser formulado na petição inicial, na contestação, na petição para ingresso de terceiro no processo ou em recurso.

§ 1º Se superveniente à primeira manifestação da parte na instância, o pedido poderá ser formulado por petição simples, nos autos do próprio processo, e não suspenderá seu curso.

§ 2º O juiz somente poderá indeferir o pedido se houver nos autos elementos que evidenciem a falta dos pressupostos legais para a concessão de gratuidade, devendo, antes de indeferir o pedido, determinar à parte a comprovação do preenchimento dos referidos pressupostos.

§ 3º (...)

§ 4º A assistência do requerente por advogado particular não impede a concessão de gratuidade da justiça.

§ 5º Na hipótese do § 4º, o recurso que verse exclusivamente sobre valor de honorários de sucumbência fixados em favor do advogado de beneficiário estará sujeito a preparo, salvo se o próprio advogado demonstrar que tem direito à gratuidade.

§ 6º O direito à gratuidade da justiça é pessoal, não se estendendo a litisconsorte ou a sucessor do beneficiário, salvo requerimento e deferimento expressos.

§ 7º Requerida a concessão de gratuidade da justiça em recurso, o recorrente estará dispensado de comprovar o recolhimento do preparo, incumbindo ao relator, neste caso, apreciar o requerimento e, se indeferi-lo, fixar prazo para realização do recolhimento.

Art. 100. Deferido o pedido, a parte contrária poderá oferecer impugnação na contestação, na réplica, nas contrarrazões de recurso ou, nos casos de pedido superveniente ou formulado por terceiro, por meio de petição simples, a ser apresentada no prazo de 15 (quinze) dias, nos autos do próprio processo, sem suspensão de seu curso.

Parágrafo único. Revogado o benefício, a parte arcará com as despesas processuais que tiver deixado de adiantar e pagará, em caso de má-fé, até o décuplo de seu valor a título de multa, que será revertida em benefício da Fazenda Pública estadual ou federal e poderá ser inscrita em dívida ativa.

Art. 101. (...)

§ 1º O recorrente estará dispensado do recolhimento de custas até decisão do relator sobre a questão, preliminarmente ao julgamento do recurso.

§ 2º Confirmada a denegação ou a revogação da gratuidade, o relator ou o órgão colegiado determinará ao recorrente o recolhimento das custas processuais, no prazo de 5 (cinco) dias, sob pena de não conhecimento do recurso.

Art. 102. Sobrevindo o trânsito em julgado de decisão que revoga a gratuidade, a parte deverá efetuar o recolhimento de todas as despesas de cujo adiantamento foi dispensada, inclusive as relativas ao recurso interposto, se houver, no prazo fixado pelo juiz, sem prejuízo de aplicação das sanções previstas em lei.

Parágrafo único. Não efetuado o recolhimento, o processo será extinto sem resolução de mérito, tratando-se do autor, e, nos demais casos, não poderá ser deferida a realização de nenhum ato ou diligência requerida pela parte enquanto não efetuado o depósito.

Não incidem no processo do trabalho, a nosso ver, estas disposições do CPC:

Art. 99, § 3º Presume-se verdadeira a alegação de insuficiência deduzida exclusivamente por pessoa natural.

O art. 790, § 4º, da CLT, conforme vimos, exige que a parte *comprove* a insuficiência de recursos financeiros. *Comprovar* (CLT) não é sinônimo de *alegar* (CPC).

Art. 101. Contra a decisão que indeferir a gratuidade ou a que acolher pedido de sua revogação caberá agravo de instrumento, exceto quando a questão for resolvida na sentença, contra a qual caberá apelação.

O caráter interlocutório da decisão que concede ou denega a gratuidade da justiça impede, no sistema do processo do trabalho, que dela se interponha recurso de imediato (CLT, art. 893, § 1º). O recurso (ordinário) será cabível se a concessão ou denegação do benefício advier da sentença.

Capítulo XV
HONORÁRIOS PERICIAIS

Art. 790-B. A responsabilidade pelo pagamento dos honorários periciais é da parte sucumbente na pretensão objeto da perícia, ainda que beneficiária da justiça gratuita.

- Justificativa do Projeto de Lei n. 6.787/2016:

   A redação vigente do art. 790-B prevê como responsabilidade da parte sucumbente o pagamento dos honorários periciais, *"salvo se beneficiária da justiça gratuita"*.

   Segundo Valentin Carrion, em seus Comentários à CLT, esse dispositivo "coloca o juiz entre dois princípios: não obstaculizar a pretensão do reclamante, de um lado, e, de outro, não sucumbir ao abuso dos que pedem caprichosamente, sem se importar com o prejuízo alheio". De fato, é superlativo o número de ações em que a parte requer a realização de perícia sem fundamento, apenas por que não decorrerá, para ela, quaisquer ônus.

   No entanto o perito que realizou a perícia não fica sem seus honorários, o que implica dizer que alguém a custeará. O fato é que, hoje, a União custeia, a título de honorários periciais, valores entre dez a vinte milhões de reais por ano, para cada um dos vinte e quatro Tribunais Regionais do Trabalho, somente em relação a demandas julgadas improcedentes, ou seja, demandas em que se pleiteou o que não era devido.

   Na medida em que a parte tenha conhecimento de que terá que arcar com os custos da perícia, é de se esperar que a utilização sem critério desse instituto diminua sensivelmente.

   Cabe ressaltar que o objetivo dessa alteração é o de restringir os pedidos de perícia sem fundamentação, uma vez que, quando o pedido formulado é acolhido, é a parte sucumbente que arca com a despesa, normalmente, o empregador. Assim, a modificação sugerida não desamparará o trabalhador cuja reclamação esteja fundamentada.

   Além de contribuir para a diminuição no número de ações trabalhistas, a medida representará uma redução nas despesas do Poder Judiciário, que não mais terá que arcar com os honorários periciais.

   Nesse sentido, foi acolhida a Emenda **623**, do Deputado Paulo Abi-Ackel (PSDB/MG).

- Comentário

   Considerações introdutórias

   Antes de nos lançarmos ao Comentário do art. 790-B da CLT, em sua redação atual, julgamos conveniente expender algumas considerações introdutórias sobre a prova pericial.

   São três as modalidades de prova pericial previstas em lei: exame, vistoria ou avaliação (CPC, art. 464, *caput*).

   No *exame*, a atividade do perito consiste em inspecionar, analisar, investigar *pessoas, coisas móveis e semoventes*. Das espécies de perícia, o exame é das mais frequentes no processo do trabalho. Assim, examinam-se, constantemente, assinaturas, escriturações contábeis, documentos em geral etc. Raramente, o exame tem por objeto pessoas, embora do ponto de vista legal isto seja possível; somente a realidade prática poderá dizer da conveniência ou necessidade desse exame *in personae*. A diferença entre o exame e a *vistoria* está em que, nesta, o perito inspeciona *imóveis* (terrenos, prédios e o mais). A *avaliação*, por sua vez, implica atribuir-se, estimativamente, um valor monetário às coisas (móveis ou imóveis), e aos direitos e obrigações que constituem o objeto da perícia. A avaliação, contudo, não se confunde com o *arbitramento*, pois aqui ocorre a apuração do valor da coisa, do direito ou da obrigação, que é o *objeto do litígio*. Destarte, haverá arbitramento quando, por exemplo, inexistirem na sentença quaisquer elementos capazes de propiciar a sua liquidação, ou quando se tiver de fixar o valor do salário devido ao empregado, e o critério apontado pelo art. 460 da CLT revelar-se insatisfatório etc.

Tendo como ponto de referência a existência ou não de ação em curso, podemos classificar a perícia em: a) judicial; e b) extrajudicial. A primeira é a mais comum. Provém de ação proposta, sendo determinada de ofício ou a requerimento de uma ou de ambas as partes. É a essa espécie que se referem os arts. 464 a 480 do CPC, 195, § 2º, da CLT, e 3º da Lei n. 5.584/1970, entre outros. Embora a perícia *extrajudicial* seja menos frequente, ela se verifica, por exemplo, na hipótese do art. 195, § 1º, da CLT, quando, objetivando caracterizar, classificar ou delimitar as atividades insalubres ou perigosas, poderão as empresas e os sindicatos representativos das categorias profissionais interessadas requerer ao Ministério do Trabalho a realização de perícia em estabelecimento ou setor deste.

A perícia, por essa forma realizada, conterá um forte componente de prova pré-constituída, razão por que poderá a parte contrária requerer, em juízo, que uma outra seja efetuada por perito a ser indicado pelo magistrado.

Produzida *antecipadamente*, contudo (na forma dos arts. 381 a 383 do CPC), a prova pericial será *judicial*, porquanto requerida ao juiz (CPC, art. 382) e por este deferida.

Adotando-se como critério a existência de norma legal impositiva ou não impositiva, teremos a perícia: a) obrigatória; e b) facultativa. Exemplo típico de perícia *obrigatória* é a que concerne à apuração e classificação das atividades insalubres ou perigosas (quanto a esta, em rigor, só haverá apuração, pois o percentual é um só); tanto isto é certo, que estabelece o art. 195, § 2º, da CLT: "Arguida em juízo insalubridade ou periculosidade, seja por empregado, seja por sindicato, em favor de grupo de associados, *o juiz designará perito* habilitado na forma deste artigo..." (sublinhamos) Onde não houver perito habilitado, caberá ao juiz requisitar a perícia ao órgão competente do Ministério do Trabalho (Delegacia Regional do Trabalho). O art. 510 do CPC, aplicável subsidiariamente ao processo do trabalho (pois o art. 879, *caput*, da CLT é insuficiente para disciplinar a matéria), indica um outro caso de perícia obrigatória: o arbitramento, sempre que não for possível a liquidação mediante cálculos ou artigos.

Fora as poucas exceções, de resto, no processo do trabalho, a perícia é *facultativa*: a sua realização dependerá de requerimento do interessado, ou da iniciativa do próprio juiz.

Convém, todavia, lançar mais algumas considerações a propósito da perícia obrigatória. Sucede que, em certos casos, nada obstante a lei determine a sua realização, o bom-senso recomenda que não se descumpra o mandamento legal, mas que se afirme já haver sido atendida a sua vontade. Não nos referimos às hipóteses de indeferimento, mencionadas no parágrafo único e incisos do art. 420 do CPC. Argumentemos com um exemplo concreto. O empregado postula o adicional de insalubridade, digamos, em grau médio. Na convenção coletiva de trabalho, juntada por ele ou pelo empregador, há cláusula assegurando o direito de os empregados, que exerçam funções como a do reclamante, perceberem, a título de adicional de insalubridade, percentual correspondente ao grau médio — exatamente o pleiteado na inicial. Ora, sendo autêntica a convenção juntada e apta para obrigar o empregador, não se justifica a determinação judicial no sentido de proceder-se à perícia. A única prova que, talvez, devesse ser produzida, neste caso, estaria relacionada à função efetivamente exercida pelo autor da ação. Esta prova tanto poderia ser documental quanto testemunhal.

Em outros casos, inclusive, a matéria relativa à perícia se torna exclusivamente de fato, como ocorreria na hipótese de o empregador, reconhecendo que em determinada seção do estabelecimento mencionado na inicial há atividade perigosa, alegar que o reclamante não trabalhava na referida seção. Daí por que, na espécie, a prova se resumirá à matéria de fato, consistente na verificação de ter ou não o reclamante trabalhado naquele local. O meio probante, então, será testemunhal.

Enfim, malgrado a lei exija, em certos casos, a prova pericial, é preciso que o juiz verifique se, em concreto, o objetivo que anima a imposição legal não foi atendido, em virtude de certos fatos, circunstâncias ou peculiaridades que possam ser, legitimamente, invocados. Não podemos nos esquecer de que os exames periciais, em regra, são dispendiosos, sob o aspecto financeiro, além de acarretarem um elastecimento do prazo de duração do processo.

Reitor exclusivo do processo, o juiz necessita de poderes para coibir diligências inúteis ou meramente procrastinatórias, requeridas pelos litigantes; por isso, a lei lhos concedeu (CPC, art. 370, parágrafo único). O exercício desse poder específico, entretanto, constitui faculdade do juiz, que dela se valerá com sensatez e oportunidade.

Em determinados casos, porém, o indeferimento de pedido dessa natureza não decorre do arbítrio do julgador, mas do comando cogente da própria lei, como acontece, por exemplo, em matéria de prova pericial. Tanto isto é verdadeiro, que o art. 464, § 1º, do CPC, dispõe que ele *indeferirá* a produção dessa prova técnica quando:

a) o fato probando independer de conhecimento especial, técnico ou científico;

b) for desnecessária em face de já haver sido produzida outra prova;

c) a verificação for impraticável.

As razões do veto legal são de ordem lógica e pragmática, porquanto:

a) quando a prova do fato controvertido puder ser feita mediante documentos, ou pelo testemunho comum das pessoas, não se justificará a prova pericial, em regra mais demorada e onerosa, como dissemos. Diríamos, inclusive, que essa prova, eminentemente técnica, tem caráter estrito, pois o seu deferimento não se dá com a mesma amplitude que ocorre em relação aos demais meios probantes;

b) se a demonstração da verdade do fato alegado já foi feita, é palmar que, a partir daí, a prova pericial (ou mesmo outra qualquer) será de todo inútil. É necessário verificar, todavia, se a prova fora feita por meio efetivamente idôneo; se não o foi, deverá o juiz deferir a realização da prova pericial. Seria o caso, *e. g.*, de testemunhas haverem afirmado que a atividade exercida no estabelecimento do réu era insalubre: ora, as testemunhas constituem, sabidamente, meio inadequado para a prova desse fato, motivo por que caberá ao juiz determinar (em algumas hipóteses, como esta, até mesmo de ofício) a realização da perícia — único meio idôneo para tanto (CLT, art. 195, § 2º);

c) em certas circunstâncias, embora a prova pericial fosse, por princípio, exigível, não se haverá de deferi-la, por ser impraticável. Isso ocorreria, *v. g.*, no caso de o objeto da perícia já não existir (documentos destruídos, prédios demolidos etc.), de tal sorte que a realização dessa prova seria, acima de tudo, impossível (CPC, art. 464, § 1º, III).

Havendo, todavia, sinais ou vestígios da coisa destruída, ficará ao prudente arbítrio do juiz deliberar quanto à realização da perícia.

Exposição mais aprofundada sobre a prova pericial foi realizada por nós no livro: *A Prova no Processo do Trabalho* (11. ed. São Paulo: LTr, 2017. p. 338/365).

O art. 790-B da CLT

Esta era a redação anterior do artigo:

> A responsabilidade pelo pagamento dos honorários periciais é da parte sucumbente na pretensão objeto da perícia, **salvo se beneficiária de justiça gratuita**. (destacamos)

A antiga redação da norma enfeixava, portanto: a) *um princípio*: os honorários periciais deveriam ser pagos pela parte sucumbente no objeto da perícia — critério, aliás, transladado da Súmula n. 236 do TST, revogada; e b) *uma exceção*: salvo se a parte fosse beneficiária de justiça gratuita.

Estava na Súmula n. 236, do TST: "*HONORÁRIOS PERICIAIS. RESPONSA-BILIDADE (cancelada) — Res. 121/2003, DJ 19, 20 e 21.11.2003. A responsabilidade pelo pagamento dos honorários periciais é da parte sucumbente na pretensão relativa ao objeto da perícia.*"

A atual redação imposta ao art. 790-B da CLT elimina — ainda que em termos — a exceção a que nos referimos há pouco, subsistindo, apenas, o princípio de que o vencido no objeto do exame pericial, mesmo que seja beneficiário de justiça gratuita, deve responder pelo pagamento dos respectivos honorários do *expert*. Dissemos que houve eliminação, em termos, da exceção prevista na antiga redação do art. 790-B da CLT, porque, conforme veremos mais adiante, no Comentário ao § 4º do mesmo dispositivo legal, haverá situação em que o beneficiário de justiça gratuita não pagará os honorários do perito.

A declaração contida no art. 790-B da CLT, de que o sucumbente no objeto da perícia será responsável pelo pagamento dos respectivos honorários devidos ao *expert*, conforme dissemos há pouco, foi uma transposição da Súmula n. 236 da TST.

Devemos lembrar que, anteriormente ao advento dessa Súmula, a jurisprudência trabalhista predominante impunha o pagamento desses honorários ao *vencido*, na causa. Como, de modo geral, o réu ficava vencido em relação a alguns pedidos formulados pelo autor, ele acabava sendo condenado ao pagamento dos honorários periciais, ainda que fosse vencedor quanto ao objeto do exame pericial. Essa inadvertida atitude da jurisprudência do período fez com que muitos autores formulassem pedidos, por exemplo, de adicionais de periculosidade ou de insalubridade, mesmo sabendo que nunca haviam trabalhado em locais perigosos ou insalubres; entrementes, sentiam-se seguros quanto a essa postulação porque sabiam que alguns dos outros pedidos por eles deduzidos na ação seriam acolhidos pela sentença, fato que os eximia do pagamento dos honorários periciais, ainda que a mesma sentença viesse a rejeitar o pedido que motivou a realização da perícia.

A Súmula n. 236 desestimulou esse procedimento dos mencionados autores.

Ao incorporar o teor dessa Súmula, o art. 790-B da CLT isentou do pagamento dos honorários periciais os beneficiários da justiça gratuita, cujo encargo acabou sendo cometido à União, desde que o mencionado beneficiário não tivesse obtido em juízo créditos capazes de permitir-lhe realizar o pagamento dos honorários periciais.

Estaria revogado, diante da nova redação do art. 790-B da CLT, o disposto no art. 2º, da Resolução n. 66, de 10 de junho de 2010, do Conselho Superior da Justiça do Trabalho, que atribui à União o pagamento desses honorários no caso de concessão do benefício de gratuidade da justiça? Certamente que não. Conquanto o art. 790-B da CLT não dispense, em princípio, o beneficiário de justiça gratuita do pagamento dos honorários do perito, quando vencido no objeto do exame, não podemos desconsiderar a hipótese de, em muitos casos, esse beneficiário comprovar não possuir condições financeiras para isso, nem possuir bens penhoráveis. Será em situações como essa que a União deverá ser responsabilizada pelo pagamento, pois não seria justo que o perito ficasse sem receber os honorários que lhe são devidos.

§ 1º Ao fixar o valor dos honorários periciais, o juízo deverá respeitar o limite máximo estabelecido pelo Conselho Superior da Justiça do Trabalho.

• Comentário

A fim de evitar que os juízos se afastem dos princípios da razoabilidade e da proporcionalidade, a norma determina que, na fixação do valor dos honorários devidos ao perito, observem o limite máximo estabelecido pelo Conselho Superior da Justiça do Trabalho.

O comando do preceito legal é impositivo.

O Conselho Superior da Justiça do Trabalho, por meio da Resolução n. 66/2010, regulamentou, no âmbito da Justiça do Trabalho de primeiro e segundo graus, *"a responsabilidade pelo pagamento e antecipação de honorários do perito, do tradutor e do intérprete, no caso de concessão à parte do benefício de justiça gratuita"*. Aí se encontram estabelecidos os limites a serem respeitados pelo juiz, quando da fixação do valor dos honorários, não somente do perito (CPC, arts. 156 a 158), mas, também, do tradutor e do intérprete (*ibidem*, arts. 162 a 164).

> § 2º O juízo poderá deferir parcelamento dos honorários periciais.

- **Comentário**

Desde que — segundo entendemos — a parte comprove não ter condições financeiras de pagar, de uma só vez, os honorários periciais, o juiz poderá deferir-lhe que o faça parceladamente. A lei não esclarece em quantas parcelas será fracionado o pagamento, deixando, pois, a critério do magistrado, em cada caso concreto, a definição a respeito. Será sempre aconselhável que o juiz ouça o perito, no prazo que lhe assinar, pois este é o credor dos referidos honorários.

É razoável concluir que o parcelamento deve ser *requerido* pela parte interessada, não podendo, portanto, ser concedido *ex officio*, a despeito da amplitude de poderes que o art. 765 da CLT concede ao juiz do trabalho.

Nada obsta a que seja instituída cláusula penal para o caso de inadimplemento (inescusável) da obrigação (CC, arts. 408 a 416), lembrando-se que o valor da cominação imposta na cláusula penal não pode ser superior ao da obrigação principal (*ibidem*, art. 412).

> § 3º O juízo não poderá exigir adiantamento de valores para realização de perícias.

- **Comentário**

Escrevemos em livro, ao tempo em que estava a viger o CPC de 1973:

> Na prática, alguns juízes, logo após a nomeação do perito, costumam determinar que uma ou ambas as partes depositem, a título de antecipação parcial dos honorários, quantia para esse fim fixada. Não negamos a utilidade dessa medida porque, de certa forma, constitui um estímulo ao louvado, a par de lhe garantir, ainda que em parte, os honorários, cujo valor final será arbitrado pela sentença. O fundamento legal para os magistrados que adotam esse procedimento parece residir no art. 82 do CPC, segundo o qual: "Salvo as disposições concernentes à Justiça gratuita, cabe às partes prover as despesas dos atos que realizam ou requerem no processo, *antecipando-lhes o pagamento* (...); ou, na execução, até a plena satisfação do direito reconhecido no título" (sublinhamos) — sendo certo que os honorários do perito constituem espécie do gênero despesas processuais. O encargo de efetuar essa antecipação estaria (para os que a exigem) no art. 95 do CPC, que estatui: "*Cada parte adiantará a remuneração do assistente técnico que houver indicado, sendo a do perito adiantada pela parte que houver requerido a perícia ou rateada quando a perícia for determinada de ofício ou requerida por ambas as partes.*"

Conforme dissemos, nada obstante essa antecipação dos honorários vise a motivar o perito, entendemos que qualquer imposição aos litigantes, neste sentido, será arbitrária — para não dizer ilegal, ensejando, com isso, a impetração de mandado de segurança. Assim afirmamos porque, a nosso ver, os arts. 82 e 95, do CPC, são manifestamente incompatíveis com o processo do trabalho, no qual vigora o princípio da gratuidade — embora parcial — do procedimento.

O fato de o empregado estar, em alguns casos, recebendo o benefício da justiça gratuita (que não se confunde com a assistência judiciária a que se referem o art. 14 e segs., da Lei n. 5.584/70), não invalida o nosso argumento; seria de indagar-se: e quando ele não estiver sendo beneficiado dessa justiça gratuita deverá antecipar os honorários periciais, mesmo que parcialmente, sabendo-se que talvez nem tenha condições financeiras para fazê-lo? Não são todos, afinal, que conseguem ser favorecidos pela gratuidade judicial. O cotidiano forense nos tem demonstrado, a mancheias, que a determinação do juiz para que o empregado realize o depósito para tal fim tem causado a este enormes transtornos, fazendo, inclusive, com que o despacho acabe sendo desatendido e, em consequência, a realização da perícia seja retardada em meses; quando não, o empregado chega a desistir da produção dessa prova; ou — o que é mais grave — esta acaba sendo indeferida pelo magistrado.

Exigir-se essa antecipação somente do empregador-réu seria consagrar-se um tratamento de desigualdade que repulsa ao senso comum e fere o art. 139, inciso I, do CPC e, em especial, o *caput* do art. 5º, da CF. É certo que se o trabalhador e o empregador, em certa hipótese, pretenderem atender à determinação judicial, efetuando o depósito, a questão perderá o interesse prático, porquanto anuíram com o ato do juiz, não se podendo reputar, aliás, que neste caso o propósito objetivo, a que essa antecipação visa, foi alcançado. Negando-se a parte a tanto, porém, e insistindo o juiz em seu despacho, cremos que a ela será possível cassar o ato por intermédio de reclamação correcional ou mesmo pelo remédio heroico do mandado de segurança, pois os arts. 82 e 95 do CPC, não incidindo no processo do trabalho, deixam claro o seu direito líquido e certo em não efetuar o depósito relativo à antecipação dos honorários do experto — direito que emana do art. 5º, II da Constituição Federal. Leciona, a respeito, Coqueijo Costa (*Mandado de Segurança e Controle Constitucional*. São Paulo: LTr, 1980. p. 42) que "*toda violação de forma preestabelecida, por parte do Juiz, que importa em cercear qualquer das faculdades conferidas ao demandante ou ao demandado, é constrangimento ilegal, reparável por Mandado de Segurança. Também todo aquele comportamento do Juiz que, não autorizado em lei processual, se traduza em ônus ou obrigação para o demandante ou para o demandado*".

Esclarecemos que a nossa referência acima, quanto à solicitação do juiz para que o depósito seja feito, significa que ela pode ser formulada aos litigantes — devendo, contudo, ser imediatamente revogada se houver recusa no atendimento. (*A Prova no Processo do Trabalho*. 11. ed. São Paulo: LTr, 2017. p. 348.)

Se, outrora, havia dúvida sobre se, no processo do trabalho, o juiz poderia exigir o adiantamento de valores para a realização de exame pericial, agora o que há é certeza quanto a essa impossibilidade. Certeza que possuíamos, antes mesmo do advento da Lei n. 13.467/2017.

Tornou-se incompatível com o § 3º, do art. 790-B, da CLT, portanto, o § 2º, do art. 2º, da Resolução n. 66/2017, do CSJT, na parte em que permite ser antecipado, para atender a "despesas iniciais", o pagamento de determinado valor dos honorários.

Fique claro: o § 3º, do art. 790-B, da CLT, é impositivo: o juiz *não poderá exigir* adiantamento de valores destinados à realização da perícia — seja ela de que natureza for, acrescentamos. Nada obsta, todavia, a que uma das partes (ou ambas), antecipe, *por sua iniciativa*, o adiantamento de valores para a realização da perícia.

> § 4º Somente no caso em que o beneficiário da justiça gratuita não tenha obtido em juízo créditos capazes de suportar a despesa referida no *caput*, ainda que em outro processo, a União responderá pelo encargo.

• **Comentário**

Ao comentarmos o *caput* do art. 790-B da CLT, dissemos que haveria situação em que o beneficiário de justiça gratuita não pagaria os honorários do perito. Chega o momento de justificarmos essa afirmação.

Quando essa pessoa não tiver obtido em juízo — ainda que em outro processo — crédito suficiente para pagar os honorários periciais a responsabilidade passará, *ex vi legis*, à União — algo que, a propósito, já vinha sendo feito anteriormente à inserção do § 4º no art. 790-B da CLT.

A expressão legal "em outro processo" tende a ensejar o surgimento de polêmica na prática, pois poderá ocorrer de o autor ter recebido em outro, mas *antigo*, processo valores de que já não dispõe. Mesmo neste caso incidiria a regra do § 4º, do art. 790-B, da CLT, de forma a fazer com que a União fosse responsabilizada pelo pagamento dos honorários do perito? Se o autor já não dispõe desses valores, parece-nos que a única resposta seja a negativa; todavia, se ele possuir valores depositados em banco ou aplicados em instituição financeira, a resposta, ao contrário, será positiva. Nesta hipótese, caberá ao *expert* promover a execução dos honorários que lhe são devidos e requerer o bloqueio *on-line* ou a penhora do numerário do autor, depositado ou aplicado. Não nos parece ser sensato que, sem essa iniciativa do perito, se deva responsabilizar a União pelo pagamento dos honorários àquele devidos.

Se o beneficiário não possuir, efetivamente, condições de arcar com o pagamento dos honorários, sem detrimento pessoal ou familiar, não seria justo que o perito ficasse sem os receber. Por esse motivo, escrevemos em outro livro, na vigência do CPC de 1973:

> O art. 790-B, a CLT, contudo, não responde a uma indagação inquietante: se a parte vencida no objeto da perícia estiver recebendo o benefício da justiça gratuita, quem será responsável pelo pagamento dos honorários periciais? Considerando que, na hipótese, a norma legal isenta o vencido

do pagamento; que a imposição do pagamento à parte contrária, vencedora no objeto da perícia, se ressente de fundamento legal; que o perito não é obrigado a trabalhar de graça, a única solução jurídica e socialmente viável parece ser a imposição de pagamento ao Estado ou à União, com fulcro no inciso LXXIV, do art. 5º, e no art. 134, ambos da CF. É oportuno lembrar que, nos termos do art. 3º, da Lei n. 1.060, de 5.2.1950, a assistência judiciária compreende, dentre outas isenções, "V — dos honorários de advogado e peritos." (*A Prova*, p. 350.)

A Procuradoria-Geral da República ingressou, porém, com Ação Direta de Inconstitucionalidade (ADI n. 5766/2017), no STF, tendo como objeto os arts. 790-B, *caput*, e § 4º; 791-A, § 4º; e 844, § 2º, da CLT. Segundo o autor da ação, essas normas estariam a violar os arts. 1º, incisos III e IV; 3º, incisos I e III; 5º, *caput*, incisos XXXV e LXXIV e § 2º; e 7º a 9º da Constituição da República. Foi sorteado como relator o Ministro Roberto Barroso.

Capítulo XVI
HONORÁRIOS ADVOCATÍCIOS

Art. 791-A. Ao advogado, ainda que atue em causa própria, serão devidos honorários de sucumbência, fixados entre o mínimo de 5% (cinco por cento) e o máximo de 15% (quinze por cento) sobre o valor que resultar da liquidação da sentença, do proveito econômico obtido ou, não sendo possível mensurá-lo, sobre o valor atualizado da causa.

• Justificativa do Projeto de Lei n. 6.787/2016:

A inclusão do art. 791-A na CLT tem por objeto disciplinar o pagamento dos honorários advocatícios na Justiça do Trabalho.

O entendimento corrente no TST é o de que não são admissíveis os honorários de sucumbência na Justiça do Trabalho, nos termos da Súmula n. 219, em face do *jus postulandi*, ou seja, o direito de as partes ajuizarem reclamação sem a assistência de advogado.

A ausência histórica de um sistema de sucumbência no processo do trabalho estabeleceu um mecanismo de incentivos que resulta na mobilização improdutiva de recursos e na perda de eficiência da Justiça do Trabalho para atuar nas ações realmente necessárias.

A entrega da tutela jurisdicional consiste em dever do Estado, do qual decorre o direito de ação. Todavia trata-se de dever a ser equilibrado contra o impulso da demanda temerária.

Pretende-se com as alterações sugeridas inibir a propositura de demandas baseadas em direitos ou fatos inexistentes. Da redução do abuso do direito de litigar advirá a garantia de maior celeridade nos casos em que efetivamente a intervenção do Judiciário se faz necessária, além da imediata redução de custos vinculados à Justiça do Trabalho.

Além disso, o estabelecimento do sistema de sucumbência coaduna-se com o princípio da boa-fé processual e tira o processo do trabalho da sua ultrapassada posição administrativista, para aproximá-lo dos demais ramos processuais, onde vigora a teoria clássica da causalidade, segundo a qual quem é sucumbente deu causa ao processo indevidamente e deve arcar com os custos de tal conduta.

A respeito deste tema, acatamos propostas trazidas pelas Emendas: **564**, do Deputado Jerônimo Goergen (PP/RS); **609**, do Deputado Celso Maldaner (PMDB/SC); **621**, do Deputado Paulo Abi-Ackel (PSDB/MG); **629**, do Deputado Jerônimo Goergen (PP/RS); **641**, do Deputado José Carlos Aleluia (DEM/BA); e **654**, do Deputado Zé Silva (SD/MG).

• Comentário

Durante muitos anos, a jurisprudência rejeitou a adoção, pelo processo do trabalho, do princípio da *sucumbência*, consagrado, há décadas e décadas, pelo processo civil. Nós mesmos nos filiamos a essa corrente de opinião por entendermos que a incidência desse princípio seria prejudicial ao trabalhador. Lembrávamos, inclusive, que esse princípio era incompatível com a capacidade postulatória, deferida às partes pelo art. 791, *caput*, da CLT. Assim sendo, o princípio deveria ser rechaçado, com fundamento no art. 769 da mesma Consolidação.

Era, enfim, o tempo em que, predominantemente, as partes compareciam a juízo desacompanhadas de advogado.

But, the world changes (o mundo muda).

A contar de determinado momento, a presença do advogado em juízo, como procurador da parte, começou a ocorrer com maior intensidade, de tal arte que, nos dias atuais, rareiam os casos em que a parte vai à Justiça do Trabalho sem a companhia desse profissional. Esse fato nos motivou a rever a nossa opinião a respeito do princípio da sucumbência. Afinal, as disposições do CPC sobre o tema poderiam ser, doravante, perfeitamente entendidas pelos advogados, algo que dificilmente ocorria quando a parte estava no exercício do seu *ius postulandi*.

Usemos de franqueza: sob certo aspecto, a não aplicação do princípio civilista da sucumbência ao processo do trabalho fazia com que certos advogados se sentissem à vontade para formular pedidos a que o autor não fazia jus, pois não havia, nisso, risco de este pagar honorários advocatícios à parte contrária, desde que fosse vencedor no tocante a um ou a outro pedido — que não aqueles formulados de maneira temerária ou infundada. Foi, justamente, esse cenário que levou o relator do Projeto n. 6.787/2016 a afirmar: "*Pretende-se com as alterações sugeridas inibir a propositura de demandas baseadas em direitos ou fatos inexistentes.*"

Há, portanto, com a vigência da Lei n. 13.467/2017, uma nova realidade, a exigir que o autor tenha o cuidado de não formular pedidos temerários e, de modo geral, que se desincumba do ônus da prova quanto aos fatos alegados na inicial, sob pena de vir a ser condenado a pagar honorários de advogado à parte contrária. É razoável supor que essa norma legal fará abrandar a *abusividade postulatória*, que desde muito tempo constitui característica de muitas das iniciais trabalhistas. É necessário haver o que temos denominado *de responsabilidade postulatória*. Não se nega a existência do direito constitucional de invocar a tutela jurisdicional do Estado, a que se denomina de ação; com vistas a isso, entretanto, é necessário que haja bom-senso, comedimento, boa-fé, e não, excessos irresponsáveis.

Tradicionalmente, afirma-se que o princípio da sucumbência parte do pressuposto de que aquele que tem razão jurídica — seja como autor, seja com réu — não pode sofrer um desfalque patrimonial por ter sido obrigado a ingressar em juízo para promover a defesa do seu direito. Essa afirmação, entretanto, já não é sustentável, pois os honorários de sucumbência pertencem ao advogado, e não, à parte.

O art. 22 da Lei n. 8.906, de 4.7.1994 (Estatuto da OAB), prevê três modalidades de honorários advocatícios: a) convencionais; b) arbitrados judicialmente; e c) sucumbenciais.

Honorários convencionais são os firmados entre o cliente e o seu advogado. Constam de contrato, geralmente escrito, no qual são estabelecidas as cláusulas que regerão a relação jurídica dos contratantes, mediante especificação dos seus direitos e obrigações.

Honorários arbitrados judicialmente. Conforme a própria denominação demonstra, são os fixados pelo juiz nas ações de arbitramento de honorários advocatícios, com fundamento no art. 22, § 2º, da Lei n. 8.906/1994.

Honorários sucumbenciais. São os que devem ser pagos pelo vencido na causa, sendo fixados pelo juiz na sentença, de acordo com os critérios legais (CLT, art. 791-A, *caput*, § 2º).

A Súmula n. 219, do TST, reflete o entendimento que passou predominar sobre os honorários advocatícios no processo do trabalho:

> HONORÁRIOS ADVOCATÍCIOS. CABIMENTO (alterada a redação do item I e acrescidos os itens IV a VI em decorrência do CPC de 2015) — Res. 204/2016, DEJT divulgado em 17, 18 e 21.3.2016.
>
> I — Na Justiça do Trabalho, a condenação ao pagamento de honorários advocatícios não decorre pura e simplesmente da sucumbência, devendo a parte, concomitantemente: a) estar assistida por sindicato da categoria profissional; b) comprovar a percepção de salário inferior ao dobro do salário mínimo ou encontrar-se em situação econômica que não lhe permita demandar sem prejuízo do próprio sustento ou da respectiva família (art. 14, § 1º, da Lei n. 5.584/1970). *(ex-OJ n. 305da SBDI-I)*
>
> II — É cabível a condenação ao pagamento de honorários advocatícios em ação rescisória no processo trabalhista.
>
> III — São devidos os honorários advocatícios nas causas em que o ente sindical figure como substituto processual e nas lides que não derivem da relação de emprego.
>
> IV — Na ação rescisória e nas lides que não derivem de relação de emprego, a responsabilidade pelo pagamento dos honorários advocatícios da sucumbência submete-se à disciplina do Código de Processo Civil (arts. 85, 86, 87 e 90).
>
> V — Em caso de assistência judiciária sindical ou de substituição processual sindical, excetuados os processos em que a Fazenda Pública for parte, os honorários advocatícios são devidos entre o mínimo de dez e o máximo de vinte por cento sobre o valor da condenação, do proveito econômico obtido ou, não sendo possível mensurá-lo, sobre o valor atualizado da causa (CPC de 2015, art. 85, § 2º).
>
> VI — Nas causas em que a Fazenda Pública for parte, aplicar-se-ão os percentuais específicos de honorários advocatícios contemplados no Código de Processo Civil.

Antes, o TST, dera um passo — ainda que tímido — em direção ao princípio da sucumbência, ao admiti-lo nas causas que não envolvessem relação de emprego, *stricto sensu*, mas, sim, relação de trabalho, *lato sensu* (Instrução Normativa n. 27, de 16.2.2005, art. 5º).

Extraem-se da dicção do art. 791-A da CLT as seguintes conclusões:

a) o advogado de estiver atuando em causa própria fará jus aos honorários da sucumbência;

b) os honorários serão fixados entre 5% e 15% sobre o valor definido na liquidação da sentença, sobre o proveito econômico obtido ou, não sendo possível mensurá-lo, sobre o valor atualizado da causa;

c) no caso de assistência judiciária, também haverá sucumbência, com vistas aos honorários de advogado.

Os percentuais mínimo e máximo dos honorários devem ser observados não apenas quando o advogado estiver atuando em causa própria, mas em todas as situações em que houver condenação ao pagamento dessa verba.

Deste modo, ficam prejudicados os itens I e V, da Súmula n. 219, do TST, cuja redação convém ser repetida: "I — *Na Justiça do Trabalho, a condenação ao pagamento de honorários advocatícios não decorre pura e simplesmente da sucumbência, devendo a parte, concomitantemente: a) estar assistida por sindicato da categoria profissional; b) comprovar a percepção de salário inferior ao dobro do salário mínimo ou encontrar-se em situação econômica que não lhe permita demandar sem prejuízo do próprio sustento ou da respectiva família (art.14, § 1º, da Lei n. 5.584/1970). (ex-OJ n. 305 da SBDI-1). (...). V — Em caso de assistência judiciária sindical ou de substituição processual sindical, excetuados os processos em que a Fazenda Pública for parte, os honorários advocatícios são devidos entre o mínimo de dez e o máximo de vinte por cento sobre o valor da condenação, do proveito econômico obtido ou, não sendo possível mensurá-lo, sobre o valor atualizado da causa*" (CPC de 2015, art. 85, § 2º).

Em termos práticos, a nova realidade passará a ser a seguinte: a sentença fixará o *percentual* (entre 5% e 15%) devido a título de honorários — na sucumbência simples (CLT, art. 791-A, *caput*, § 3º), cujo montante (expressão monetária) será obtido, *em princípio*, na fase de liquidação (CLT, art. 791-A, *caput*). Não sendo possível obter o valor por esse meio, o juiz considerará o proveito econômico que a parte obteve, como ocorre no caso de algumas ações meramente declaratórias. Se, ainda assim, não se puder definir o montante dos honorários advocatícios, o juiz deverá valer-se do valor atualizado da causa.

Convém esclarecer que o critério legal do *proveito econômico* somente deve ser utilizado pelo juiz nos casos em que não houver condenação em pecúnia, como ocorre nas ações meramente declaratórias e nas obrigações típicas de fazer (*facere*) e de não fazer (*non facere*).

O que não se poderá admitir será a emissão de *sentença condicional*. O art. 492, parágrafo único, do CPC, determina que a decisão seja *certa*, ainda que resolva relação jurídica condicional. Fique claro, portanto: a *relação jurídica* (de direito material) deduzida em juízo pode ser *condicional* — mas não a *sentença* que a resolve. Em um pedido, por exemplo, de diferenças salariais, não poderia a sentença condenar o réu ao pagamento de diferenças dessa natureza, "*caso* sejam apuradas na liquidação", além de impor-lhe o pagamento de honorários advocatícios *se* for constatada a existência de tais diferenças. As conjunções *caso* e *se* são cláusulas condicionais inadmissíveis em uma sentença.

Afirmamos, há pouco, que, *em princípio*, o valor dos honorários de sucumbência deveria ser calculado com base na diferença entre os valores dos pedidos formulados na inicial e o que for apurado na fase de liquidação. Essa fórmula, prevista em lei, pode fazer com que se tenha de considerar *cada pedido*, fato que acarretará extremas dificuldades para o magistrado. Diante disso, poder-se-á adotar fórmula alternativa (também prevista em lei) e simplificadora, segundo a qual o cálculo será feito mediante o cotejo entre o *valor da causa* (que deve corresponder à soma de todos os pedidos líquidos) e o que for apurado na liquidação.

De resto, os critérios para a fixação dos honorários advocatícios derivantes da sucumbência se encontram estabelecidos no § 2º, do art. 791-A, da CLT, sobre os quais nos manifestaremos mais adiante.

É interessante observar que o CPC de 1939 — o primeiro, de caráter unitário, que o nosso País conheceu — não fixava percentuais para os honorários de advogado. O § 1º do art. 64 se limitava a dispor que o juiz os arbitraria "com moderação e motivadamente".

A redação atribuída ao *caput* do art. 791-A da CLT nos autoriza a concluir que os honorários advocatícios passam a integrar a categoria dos denominados *pedidos implícitos* (como a correção monetária, os juros da mora, etc.), razão pela qual podem ser concedidos *ex officio*, vale dizer, mesmo que não tenham sido pleiteados de modo expresso. A mesma interpretação vem sendo dada, de modo pacífico, ao art. 85 do CPC.

Esses honorários são devidos, inclusive, em embargos de terceiro (STJ, Súmula n. 303).

Não são devidos, porém, entre outros casos:

a) nos incidentes processuais em geral. Sob esse aspecto, também não cabe a condenação em honorários advocatícios nas exceções de incompetência, impedimento e suspeição (CLT, art. 799);

b) nos denominados procedimentos de *jurisdição voluntária* (sic; CPC, art. 719);

c) na ação de mandado de segurança (STF, Súmula n. 512);

d) nos dissídios coletivos (CLT, art. 856);

e) na ação civil pública, em relação ao autor (Lei n. 7.347/1985, art. 18, exceto no caso de comprovada má-fé).

De outra parte, precisa ser revista a Súmula n. 633, também do STF, conforme a qual "*É incabível a condenação em verba honorária nos recursos extraordinários interpostos em processo trabalhista, exceto nas hipóteses previstas na Lei n. 5.584/70*".

Há uma relevante questão de direito intertemporal a ser apreciada, a partir da seguinte indagação: o art. 791-A da CLT poderá ser aplicado aos processos iniciados antes da vigência da Lei n. 13.467/2017, embora a sentença venha a ser proferida quando já vigente a precitada norma legal? Nossa resposta é objetiva: não. A razão é elementar. Passemos a demonstrá-la. A exigência de que aos pedidos expressos na inicial se apresentem líquidos (CLT, art. 840, § 1º) está, intimamente, jungido ao princípio da sucumbência, trazido pelo art. 791-A da mesma Consolidação. Sob a perspectiva de uma interpretação sistemática dessas disposições legais, percebe-se que o legislador procurou definir o valor dos honorários sucumbenciais mediante o cotejo entre o valor dos pedidos lançados na inicial e o montante da condenação, a ser apurado em liquidação ou com base no proveito econômico obtido ou no valor da causa. Um exemplo, grosso modo: o valor dos pedidos totalizou R$ 10.000,00, e o apurado, digamos, na liquidação, R$ 8.000,0. Isso significa que o autor responderá por honorários a serem calculados sobre o valor em relação ao qual sucumbiu (R$ 10.000,00 — R$ 8.000,00 = R$ 2.0000). Utilizando-se o mesmo raciocínio quanto ao réu, veremos que este pagará honorários sobre R$ 8.000.00. Pois bem. Se a petição inicial foi protocolada em juízo ao tempo em que a lei não exigia que os pedidos fossem líquidos, o juiz, embora possa verificar o montante da condenação (não, necessariamente dos honorários) na liquidação, não terá o indispensável elemento de confrontação, que é a liquidez dos pedidos expressos na inicial.

Ademais, se o escopo da Lei n. 13.467/2017, neste particular, foi, entre outros, o de "inibir a propositura de demandas baseadas em direitos ou fatos inexistentes", ou, enfim, desestimular a ocorrência de lides temerárias, "punindo" a parte mediante a condenação ao pagamento de honorários advocatícios, seria, no mínimo, injusto impor-se à parte essa condenação se, quando do seu ingresso em juízo, o sistema legal (*due process of law*) não continha dispositivo intimidante, nesse sentido, motivo pelo qual a parte não poderia avaliar o *risco do processo*.

Não é demasiado reiterar que, anteriormente à Lei n. 13.467/2017, o processo do trabalho somente admitia a condenação em honorários de advogado: a) em benefício do trabalhador que estivesse recebendo assistência judiciária por parte do sindicato representativo de sua categoria (Lei n. 5.584/70, arts. 14 e 16; TST, Súmulas n. 219 e 329); b) em benefício da parte vencedora, nas ações versando sobre relação de trabalho (TST, IN n. 27/2005, art. 5º).

§ 1º Os honorários são devidos também nas ações em face da Fazenda Pública e nas ações em que a parte estiver assistida ou substituída pelo Sindicato de sua categoria.

• **Comentário**

Em duas situações, também são devidos os honorários derivantes da sucumbência:

a) nas ações ajuizadas em face da Fazenda Pública; e

b) nos processos em que a parte estiver assistida ou substituída pelo sindicato de sua categoria.

Passemos a examiná-las.

Letra "a" — O item VI, da Súmula n. 219, do TST, estabelece que nas causas em que figurar a Fazenda Públicas serão aplicados *"os percentuais específicos de honorários advocatícios contemplados no Código de Processo Civil"*. Nosso entendimento, todavia, é de que os percentuais devem oscilar entre um mínimo de 5% e um máximo de 15%, por força da regra estampada no *caput* do art. 791-A da CLT.

Letra "b" — Refere-se a duas situações: b.a.) assistência sindical; e b) substituição processual, também pelo sindicato.

Assistência. Não se suponha que a assistência, neste caso, seja aquela, de natureza *material*, a que se referia o § 1º, do art. 477, da CLT, até porque essa parágrafo, entre outros, foi expressamente foi revogado pelo art. 5º da Lei n. 13.467/2017. Nem é o caso da *assistência*, como modalidade de intervenção de terceiro, de que tratam os arts. 119 a 124 do CPC.

Cuida-se, portanto, da *assistência judiciária* prevista no inciso LXXIV, do art. 5º, da Constituição Federal.

Devemos tentar deslindar, agora, uma das mais absurdas trapalhadas legislativas de nossa vida republicana sobre o assunto; com vista a isso, recorramos à cronologia dos fatos.

a) A **Lei n. 1.060, de 5.2.1950**, estabeleceu normas para a concessão de assistência judiciária aos necessitados, a ser prestada pelo Estado ou pela OAB, por suas Seções Estaduais ou Municipais (art. 5º, §§ 1º e 2º). O § 1º do art. 11 estabelecia que os honorários seriam arbitrados pelo juiz até o máximo de 15% sobre o líquido apurado na execução da sentença.

Para efeito de melhor compreensão do assunto, transcrevemos o teor dessa norma legal:

Art. 1º Os poderes públicos federal e estadual, independente da colaboração que possam receber dos municípios e da Ordem dos Advogados do Brasil — OAB, concederão assistência judiciária aos necessitados nos termos da presente Lei. *(Redação dada pela Lei n. 7.510, de 1986)*

Art. 2º Gozarão dos benefícios desta Lei os nacionais ou estrangeiros residentes no país, que necessitarem recorrer à Justiça penal, civil, militar ou do trabalho.

Parágrafo único. Considera-se necessitado, para os fins legais, todo aquele cuja situação econômica não lhe permita pagar as custas do processo e os honorários de advogado, sem prejuízo do sustento próprio ou da família.

Art. 3º A assistência judiciária compreende as seguintes isenções:

I — das taxas judiciárias e dos selos;

II — dos emolumentos e custas devidos aos Juízes, órgãos do Ministério Público e serventuários da justiça;

III — das despesas com as publicações indispensáveis no jornal encarregado da divulgação dos atos oficiais;

IV — das indenizações devidas às testemunhas que, quando empregados, receberão do empregador salário integral, como se em serviço estivessem, ressalvado o direito regressivo contra o poder público federal, no Distrito Federal e nos Territórios; ou contra o poder público estadual, nos Estados;

V — dos honorários de advogado e peritos;

VI — das despesas com a realização do exame de código genético — DNA que for requisitado pela autoridade judiciária nas ações de investigação de paternidade ou maternidade;

VII — dos depósitos previstos em lei para interposição de recurso, ajuizamento de ação e demais atos processuais inerentes ao exercício da ampla defesa e do contraditório. *(Incluído pela Lei Complementar n. 132, de 2009)*

Parágrafo único. A publicação de edital em jornal encarregado da divulgação de atos oficiais, na forma do inciso III, dispensa a publicação em outro jornal. *(Incluído pela Lei n. 7.288, de 1984)*

Art. 4º A parte gozará dos benefícios da assistência judiciária, mediante simples afirmação, na própria petição inicial, de que não está em condições de pagar as custas do processo e os honorários de advogado, sem prejuízo próprio ou de sua família. *(Redação dada pela Lei n. 7.510, de 1986)*

§ 1º A petição será instruída por um atestado de que conste ser o requerente necessitado, não podendo pagar as despesas do processo. Êste documento será expedido, isento de selos e emolumentos, pela autoridade policial ou pelo prefeito municipal.

§ 1º A petição será instruída por um atestado de que conste ser o requerente necessitado, não podendo pagar as despesas do processo. Este documento será expedido, isento de selos e emolumentos, pela autoridade policial ou pelo Prefeito Municipal, sendo dispensado à vista de contrato de trabalho comprobatório de que o mesmo percebe salário igual ou inferior ao dobro do mínimo legal regional. *(Redação dada pela Lei n. 6.707, de 1979)*

§ 1º Presume-se pobre, até prova em contrário, quem afirmar essa condição nos termos desta lei, sob pena de pagamento até o décuplo das custas judiciais. *(Redação dada pela Lei n. 7.510, de 1986)*

§ 2º Nas capitais dos Estados e no Distrito Federal, o atestado da competência do Prefeito poderá ser expedido por autoridade expressamente designada pelo mesmo.

§ 2º A impugnação do direito à assistência judiciária não suspende o curso do processo e será feita em autos apartados. *(Redação dada pela Lei n. 7.510, de 1986)*

§ 3º A apresentação da carteira de trabalho e previdência social, devidamente legalizada, onde o juiz verificará a necessidade da parte, substituirá os atestados exigidos nos §§ 1º e 2º deste artigo. *(Incluído pela Lei n. 6.654, de 1979)*

Art. 5º O juiz, se não tiver fundadas razões para indeferir o pedido, deverá julgá-lo de plano, motivando ou não o deferimento dentro do prazo de setenta e duas horas.

§ 1º Deferido o pedido, o juiz determinará que o serviço de assistência judiciária, organizado e mantido pelo Estado, onde houver, indique, no prazo de dois dias úteis o advogado que patrocinará a causa do necessitado.

§ 2º Se no Estado não houver serviço de assistência judiciária, por ele mantido, caberá a indicação à Ordem dos Advogados, por suas Seções Estaduais, ou Subseções Municipais.

§ 3º Nos municípios em que não existirem subseções da Ordem dos Advogados do Brasil, o próprio juiz fará a nomeação do advogado que patrocinará a causa do necessitado.

§ 4º Será preferido para a defesa da causa o advogado que o interessado indicar e que declare aceitar o encargo.

§ 5º Nos Estados onde a Assistência Judiciária seja organizada e por eles mantida, o Defensor Público, ou quem exerça cargo equivalente, será intimado pessoalmente de todos os atos do processo, em ambas as Instâncias, contando-se-lhes em dobro todos os prazos. *(Incluído pela Lei n. 7.871, de 1989)*

Art. 6º O pedido, quando formulado no curso da ação, não a suspenderá, podendo o juiz, em face das provas, conceder ou denegar de plano o benefício de assistência. A petição, neste caso, será autuada em separado, apensando-se os respectivos autos aos da causa principal, depois de resolvido o incidente.

Art. 7º A parte contrária poderá, em qualquer fase da lide, requerer a revogação dos benefícios de assistência, desde que prove a inexistência ou o desaparecimento dos requisitos essenciais à sua concessão. *(Revogado pela Lei n. 13.105, de 2015)* (Vigência)

Parágrafo único. Tal requerimento não suspenderá o curso da ação e se processará pela forma estabelecida no final do art. 6º desta Lei. *(Revogado pela Lei n. 13.105, de 2015)* (Vigência)

Art. 8º Ocorrendo as circunstâncias mencionadas no artigo anterior, poderá o juiz, *ex officio*, decretar a revogação dos benefícios, ouvida a parte interessada dentro de quarenta e oito horas improrrogáveis.

Art. 9º Os benefícios da assistência judiciária compreendem todos os atos do processo até decisão final do litígio, em todas as instâncias.

Art. 10. São individuais e concedidos em cada caso ocorrente os benefícios de assistência judiciária, que se não transmitem ao cessionário de direito e se extinguem pela morte do beneficiário, podendo, entretanto, ser concedidos aos herdeiros que continuarem a demanda e que necessitarem de tais favores, na forma estabelecida nesta Lei.

Art. 11. Os honorários de advogados e peritos, as custas do processo, as taxas e selos judiciários serão pagos pelo vencido, quando o beneficiário de assistência for vencedor na causa.

§ 1º Os honorários do advogado serão arbitrados pelo juiz até o máximo de 15% (quinze por cento) sobre o líquido apurado na execução da sentença.

§ 2º A parte vencida poderá acionar a vencedora para reaver as despesas do processo, inclusive honorários do advogado, desde que prove ter a última perdido a condição legal de necessitada.

Art. 12. A parte beneficiada pela isenção do pagamento das custas ficará obrigada a pagá-las, desde que possa fazê-lo, sem prejuízo do sustento próprio ou da família, se dentro de cinco anos, a contar da sentença final, o assistido não puder satisfazer tal pagamento, a obrigação ficará prescrita.

Art. 13. Se o assistido puder atender, em parte, as despesas do processo, o Juiz mandará pagar as custas que serão rateadas entre os que tiverem direito ao seu recebimento.

Art. 14. Os profissionais liberais designados para o desempenho do encargo de defensor ou de perito, conforme o caso, salvo justo motivo previsto em lei ou, na sua omissão, a critério da autoridade judiciária competente, são obrigados ao respectivo cumprimento, sob pena de multa de Cr$ 1.000,00 (mil cruzeiros) a Cr$ 10.000,00 (dez mil cruzeiros), sujeita ao reajustamento estabelecido na Lei n. 6.205, de 29 de abril de 1975, sem prejuízo de sanção disciplinar cabível. *(Redação dada pela Lei n. 6.465, de 1977)*

§ 1º Na falta de indicação pela assistência ou pela própria parte, o juiz solicitará a do órgão de classe respectivo. *(Incluído pela Lei n. 6.465, de 1977)*

§ 2º A multa prevista neste artigo reverterá em benefício do profissional que assumir o encargo na causa. *(Renumerado do Parágrafo Único, com nova redação, pela Lei n. 6.465, de 1977)*

Art. 15. São motivos para a recusa do mandato pelo advogado designado ou nomeado:

§ 1º estar impedido de exercer a advocacia.

§ 2º ser procurador constituído pela parte contrária ou ter com ela relações profissionais de interesse atual;

§ 3º ter necessidade de se ausentar da sede do juízo para atender a outro mandato anteriormente outorgado ou para defender interesses próprios inadiáveis;

§ 4º já haver manifestado por escrito sua opinião contrária ao direito que o necessitado pretende pleitear;

§ 5º haver dada à parte contrária parecer escrito sobre a contenda.

Parágrafo único. A recusa será solicitada ao juiz, que, de plano a concederá, temporária ou definitivamente, ou a denegará.

Art. 16. Se o advogado, ao comparecer em juízo, não exibir o instrumento do mandato outorgado pelo assistido, o juiz determinará que se exarem na ata da audiência os termos da referida outorga.

Parágrafo único. O instrumento de mandato não será exigido, quando a parte for representada em juízo por advogado integrante de entidade de direito público incumbido na forma da lei, de prestação de assistência judiciária gratuita, ressalvados: *(Incluído pela Lei n. 6.248, de 1975)*

a) os atos previstos no art. 38 do Código de Processo Civil; *(Incluída pela Lei n. 6.248, de 1975)*

b) o requerimento de abertura de inquérito por crime de ação privada, a proposição de ação penal privada ou o oferecimento de representação por crime de ação pública condicionada. *(Incluída pela Lei n. 6.248, de 1975)*

Art. 17. Caberá recurso de agravo de instrumento das decisões proferidas em consequência de aplicação desta Lei, salvo quando a decisão fôr denegatória da assistência, caso em que o agravo será de petição.

Art. 17. Caberá apelação das decisões proferidas em consequência da aplicação desta lei; a apelação será recebida somente no efeito devolutivo quando a sentença conceder o pedido. *(Redação dada pela Lei n. 6.014, de 1973)*

Art. 18. Os acadêmicos de direito, a partir da 4ª série, poderão ser indicados pela assistência judiciária, ou nomeados pelo juiz para auxiliar o patrocínio das causas dos necessitados, ficando sujeitos às mesmas obrigações impostas por esta Lei aos advogados.

Art. 19. Esta Lei entrará em vigor trinta dias depois da sua publicação no Diário Oficial da União, revogadas as disposições em contrário.

b) A **Constituição Federal de 1967**, com a Emenda n. 1, de 1969, atribuiu aos sindicatos o exercício de *funções delegadas do poder público* (art. 166, *caput*). O § 32, do art. 153, dessa Constituição, por sua vez, declarou que seria prestada assistência jurídica aos necessitados, *na forma da lei*.

c) A **Lei n. 5.584, de 26.6.1970**, em harmonia com o art. 153, § 32, da Constituição de 1967/1969, disciplinou a concessão da assistência judiciária, no âmbito da Justiça do Trabalho (arts. 14 a 19). Essa assistência deveria ser prestada pelos sindicatos, sob pena de os seus diretores ficarem sujeitos à penalidade prevista no art. 553, "a", da CLT (art. 19). Como contrapartida a essa obrigação, a norma legal previu que os honorários advocatícios, pagos pelo vencido, verteriam ao sindicato assistente (art. 16). Embora a Lei n. 5.584/1970 não tenha previsto o percentual dos honorários, este passou a ser de 15%, estando previsto no art. 11, § 1º, da Lei n. 1.060/1950.

Eis o conteúdo da Lei n. 5.584/1970 (atualizado conforme a nova ortografia):

Art. 14. Na Justiça do Trabalho, a assistência judiciária a que se refere a Lei n. 1.060, de 5 de fevereiro de 1950, será prestada pelo Sindicato da categoria profissional a que pertencer o trabalhador.

§ 1º A assistência é devida a todo aquele que perceber salário igual ou inferior ao dobro do mínimo legal, ficando assegurado igual benefício ao trabalhador de maior salário, uma vez provado que sua situação econômica não lhe permite demandar, sem prejuízo do sustento próprio ou da família.

§ 2º A situação econômica do trabalhador será comprovada em atestado fornecido pela autoridade local do Ministério do Trabalho e Previdência Social, mediante diligência sumária, que não poderá exceder de 48 (quarenta e oito) horas.

§ 3º Não havendo no local a autoridade referida no parágrafo anterior, o atestado deverá ser expedido pelo Delegado de Polícia da circunscrição onde resida o empregado.

Art 15. Para auxiliar no patrocínio das causas, observados os arts. 50 e 72 da Lei n. 4.215, de 27 de abril de 1963, poderão ser designados pelas Diretorias dos Sindicatos Acadêmicos, de Direito, a partir da 4º Série, comprovadamente, matriculados em estabelecimento de ensino oficial ou sob fiscalização do Governo Federal.

Art 16. Os honorários do advogado pagos pelo vencido reverterão em favor do Sindicato assistente.

Art 17. Quando, nas respectivas comarcas, não houver Juntas de Conciliação e Julgamento ou não existir Sindicato da categoria profissional do trabalhador, é atribuído aos Promotores Públicos ou Defensores Públicos o encargo de prestar assistência judiciária prevista nesta lei.

Parágrafo único. Na hipótese prevista neste artigo, a importância proveniente da condenação nas despesas processuais será recolhida ao Tesouro do respectivo Estado.

Art 18. A assistência judiciária, nos termos da presente lei, será prestada ao trabalhador ainda que não seja associado do respectivo Sindicato.

Art 19. Os diretores de Sindicatos que, sem comprovado motivo de ordem financeira, deixarem de dar cumprimento às disposições desta lei ficarão sujeitos à penalidade prevista no art. 553, alínea a da Consolidação das Leis do Trabalho.

Art 20. Esta lei entra em vigor na data de sua publicação, revogadas as disposições em contrário.

d) A **Constituição Federal de 1988** deixou de considerar os sindicatos como entidades exercentes de funções delegadas do poder público e dispôs: "*O Estado* prestará assistência jurídica integral e gratuita aos que comprovarem insuficiência de recursos" (art. 5º, LXXIV; destacamos). Em termos concretos, isso significou que a norma constitucional transferiu *para o Estado* uma obrigação que, até então, era imposta às entidades sindicais, **revogando, assim, as disposições da Lei n. 5.584/1970, relativas à assistência judiciária, unicamente naquilo em que se tornaram incompatíveis com o art. 5º, LXXIV, da Constituição Federal.**

Assistência jurídica é uma expressão de amplo espectro, que compreende não somente a *assistência judiciária*, mas também a *consultoria e a orientação jurídica*.

e) A **Lei n. 10.288, de 20.9.2001**, inseriu o § 10 no art. 789 da CLT, com este teor:

> O sindicato da categoria profissional *prestará assistência judiciária gratuita ao trabalhador* desempregado ou que perceber salário inferior a cinco salários mínimos ou que declare, sob responsabilidade, não possuir, em razão dos encargos próprios e familiares, condições econômicas de prover à demanda. (destacamos)

Essa Lei revogou, tacitamente, apenas os §§ 1º, 2º e 3º, do art. 14, da Lei n. 5.584/1970. Permaneceram em vigor, portanto, no que tange à assistência judiciária, os arts. 15 a 19, naquilo em que não haviam sido revogados pelo art. 5º, LXXIV, da Constituição.

Tornemos a reproduzir os §§ 1º, 2º e 3º, do art. 14, da Lei n. 5.584/1970, que foram revogados:

> Art. 14. Na Justiça do Trabalho, a assistência judiciária a que se refere a Lei n. 1.060, de 5 de fevereiro de 1950, será prestada pelo Sindicato da categoria profissional a que pertencer o trabalhador.
>
> § 1º A assistência é devida a todo aquele que perceber salário igual ou inferior ao dobro do mínimo legal, ficando assegurado igual benefício ao trabalhador de maior salário, uma vez provado que sua situação econômica não lhe permite demandar, sem prejuízo do sustento próprio ou da família.
>
> § 2º A situação econômica do trabalhador será comprovada em atestado fornecido pela autoridade local do Ministério do Trabalho e Previdência Social, mediante diligência sumária, que não poderá exceder de 48 (quarenta e oito) horas.
>
> § 3º Não havendo no local a autoridade referida no parágrafo anterior, o atestado deverá ser expedido pelo Delegado de Polícia da circunscrição onde resida o empregado.

A Lei n. 10.288/2001, contudo, era, materialmente, *inconstitucional*, pois, conforme demonstramos, o inciso LXXIV, do art. 5º, da Constituição Federal de 1988, transferiu *ao Estado* a obrigação de prestar assistência judiciária gratuita aos necessitados. A precitada Lei não poderia, evidentemente, na parte em que inseriu o § 10 no art. 789 da CLT, desrespeitar a Constituição. Como a inconstitucionalidade não foi declarada, por não haver sido submetida à apreciação do Poder Judiciário, **permaneceram revogados os §§ 1º, 2º e 3º, do art. 14, da Lei n. 5.584/1970.**

f) **A Lei n. 10.537, de 27.8.2002, revogou, pela via tácita, o § 10, do art. 789, da CLT, que havia sido introduzido pela Lei n. 10.288/2001.** Continuaram revogados, porém, os §§ 1º, 2º e 3º, do art. 14, da Lei n. 5.584/1970, não se podendo cogitar de repristinação desses parágrafos, por força do disposto no art. 2º, § 3º, da LINDB.

g) **O art. 1.072 do CPC de 2015 revogou, expressamente, os arts. 2º, 3º, 4º, 6º, 7º, 11, 12 e 17 da Lei n. 1.060/1950.**

Essa norma legal ficou reduzida aos seguintes artigos:

Art. 1º Os poderes públicos federal e estadual, independente da colaboração que possam receber dos municípios e da Ordem dos Advogados do Brasil — OAB, concederão assistência judiciária aos necessitados nos termos da presente Lei. *(Redação dada pela Lei n. 7.510, de 1986)*

Art. 5º O juiz, se não tiver fundadas razões para indeferir o pedido, deverá julgá-lo de plano, motivando ou não o deferimento dentro do prazo de setenta e duas horas.

§ 1º Deferido o pedido, o juiz determinará que o serviço de assistência judiciária, organizado e mantido pelo Estado, onde houver, indique, no prazo de dois dias úteis o advogado que patrocinará a causa do necessitado.

§ 2º Se no Estado não houver serviço de assistência judiciária, por ele mantido, caberá a indicação à Ordem dos Advogados, por suas Seções Estaduais, ou Subseções Municipais.

§ 3º Nos municípios em que não existirem subseções da Ordem dos Advogados do Brasil. o próprio juiz fará a nomeação do advogado que patrocinará a causa do necessitado.

§ 4º Será preferido para a defesa da causa o advogado que o interessado indicar e que declare aceitar o encargo.

§ 5º Nos Estados onde a Assistência Judiciária seja organizada e por eles mantida, o Defensor Público, ou quem exerça cargo equivalente, será intimado pessoalmente de todos os atos do processo, em ambas as Instâncias, contando-se-lhes em dobro todos os prazos. *(Incluído pela Lei n. 7.871, de 1989)*

Art. 8º Ocorrendo as circunstâncias mencionadas no artigo anterior, poderá o juiz, ex-offício, decretar a revogação dos benefícios, ouvida a parte interessada dentro de quarenta e oito horas improrrogáveis.

Art. 9º Os benefícios da assistência judiciária compreendem todos os atos do processo até decisão final do litígio, em todas as instâncias.

Art. 10. São individuais e concedidos em cada caso ocorrente os benefícios de assistência judiciária, que se não transmitem ao cessionário de direito e se extinguem pela morte do beneficiário, podendo, entretanto, ser concedidos aos herdeiros que continuarem a demanda e que necessitarem de tais favores, na forma estabelecida nesta Lei.

Art. 13. Se o assistido puder atender, em parte, as despesas do processo, o Juiz mandará pagar as custas que serão rateadas entre os que tiverem direito ao seu recebimento.

Art. 14. Os profissionais liberais designados para o desempenho do encargo de defensor ou de perito, conforme o caso, salvo justo motivo previsto em lei ou, na sua omissão, a critério da autoridade judiciária competente, são obrigados ao respectivo cumprimento, sob pena de multa de Cr$ 1.000,00 (mil cruzeiros) a Cr$ 10.000,00 (dez mil cruzeiros), sujeita ao reajustamento estabelecido na Lei n. 6.205, de 29 de abril de 1975, sem prejuízo de sanção disciplinar cabível. *(Redação dada pela Lei n. 6.465, de 1977)*

§ 1º Na falta de indicação pela assistência ou pela própria parte, o juiz solicitará a do órgão de classe respectivo. *(Incluído pela Lei n. 6.465, de 1977)*

§ 2º A multa prevista neste artigo reverterá em benefício do profissional que assumir o encargo na causa. *(Renumerado do Parágrafo Único, com nova redação, pela Lei n. 6.465, de 1977)*

Art. 15. São motivos para a recusa do mandato pelo advogado designado ou nomeado:

§ 1º estar impedido de exercer a advocacia.

§ 2º ser procurador constituído pela parte contrária ou ter com ela relações profissionais de interesse atual;

§ 3º ter necessidade de se ausentar da sede do juízo para atender a outro mandato anteriormente outorgado ou para defender interesses próprios inadiáveis;

§ 4º já haver manifestado por escrito sua opinião contrária ao direito que o necessitado pretende pleitear;

§ 5º haver dada à parte contrária parecer escrito sobre a contenda.

Parágrafo único. A recusa será solicitada ao juiz, que, de plano a concederá, temporária ou definitivamente, ou a denegará.

Art. 16. Se o advogado, ao comparecer em juízo, não exibir o instrumento do mandato outorgado pelo assistido, o juiz determinará que se exarem na ata da audiência os termos da referida outorga.

Parágrafo único. O instrumento de mandato não será exigido, quando a parte for representada em juízo por advogado integrante de entidade de direito público incumbido na forma da lei, de prestação de assistência judiciária gratuita, ressalvados: *(Incluído pela Lei n. 6.248, de 1975)*

a) os atos previstos no art. 38 do Código de Processo Civil; *(Incluída pela Lei n. 6.248, de 1975)*

b) o requerimento de abertura de inquérito por crime de ação privada, a proposição de ação penal privada ou o oferecimento de representação por crime de ação pública condicionada. *(Incluída pela Lei n. 6.248, de 1975)*

Art. 18. Os acadêmicos de direito, a partir da 4ª série, poderão ser indicados pela assistência judiciária, ou nomeados pelo juiz para auxiliar o patrocínio das causas dos necessitados, ficando sujeitos às mesmas obrigações impostas por esta Lei aos advogados.

Art. 19. Esta Lei entrará em vigor trinta dias depois da sua publicação no Diário oficial da União, revogadas as disposições em contrário.

h) A **Lei n. 13.467, de 13.7.2017** ("Reforma Trabalhista"), não tratou da *assistência judiciária*, mas, apenas, da *justiça gratuita* (art. 789, *caput*, e §§ 3º e 4). Essa mesma Lei introduziu na CLT o art. 791-A, para instituir *honorários de sucumbência*, na Justiça do Trabalho. O § 3º do referido artigo declara que "os honorários são devidos também nas ações em face da Fazenda Pública e nas ações em que a parte estiver *assistida* ou substituída pelo Sindicato de sua categoria" (destacamos).

Do conjunto de emaranhado dessas disposições legais, extraímos as seguintes conclusões:

a) a partir da vigência da Constituição Federal de 1988, os sindicatos ficaram desobrigados de ministrar assistência judiciária aos trabalhadores integrantes da categoria, porquanto esse encargo foi transferido, expressamente, *ao Estado* (CF, art. 5º, LXXIV);

b) em razão do exposto na letra "a", retro, ficou evidente a inconstitucionalidade do § 10, do art. 789, da CLT — com a redação dada pela Lei n. 10.288/2001 — segundo o qual, "*O sindicato* da categoria profissional prestará assistência judiciária gratuita ao trabalhador" (destacamos). Esse parágrafo, entretanto, foi revogado, pela via tácita, pela Lei n. 10.537/2002, que deu nova redação ao art. 789 da CLT, sem incluir o § 10;

c) a Lei n. 5.584/1970 — cujo art. 14 e parágrafos estavam revogados pela Lei n. 10.288/2001 — *não revogou* a Lei n. 1.060/1950, mas apenas *afastou a sua aplicação ao processo do trabalho*, exceto quanto ao percentual dos honorários advocatícios. O fato de a Lei n. 10.537/2002 haver revogado o § 10, do art. 789, da CLT, fez que com a Lei n. 1.060/1950 voltasse a ser aplicada ao processo do trabalho, naquilo em que a Lei n. 5.584/1970 fosse omissa, sendo, portanto, equivocado pensar-se em *repristinação* de qualquer dessas normas legais, em virtude do estatuído no art. 2º, § 3º, da LINDB;

d) todavia, o art. 1.072, do CPC de 2015, revogou, expressamente, os arts. 2º, 3º, 4º, 6º, 7º, 11, 12 e 17 da Lei n. 1.060/1950. O art. 14 já havia sido revogado pela Lei n. 10.288/2001;

e) o fato de o sindicato não estar mais *obrigado* a prestar assistência judiciária não significa que não a possa prestar, de maneira *espontânea*. Sendo assim, quando isso ocorrer, poderá haver condenação da parte vencida ao pagamento de honorários advocatícios, nos termos do § 1º, do art. 791-A, da CLT, que faz inequívoca referência ao fato de a parte estar *assistida* pelo sindicato de sua categoria. Essa *assistência* não pode ser confundida com a que constitui modalidade de *intervenção de terceiros* (CPC, arts. 119 a 124);

f) Os honorários devem ser fixados entre 5% e 15%, em conformidade com a regra posta no *caput* do art. 791-A da CLT.

Em síntese, temos que a assistência judiciária, na Justiça do Trabalho:

1) deve ser prestada (como em qualquer outro segmento do Poder Judiciário) *pelo Estado* (art. 5º, LXXIV, da Constituição Federal), e, não mais, pelos sindicatos ou pela OAB;

2) como o art. 14 da Lei n. 5.584/1970 foi revogado pela Lei n. 10.288/2001, podem ser aplicados os arts. 15 a 19, na sobredita norma legal, naquilo em que não se tornaram incompatíveis com o art. 5º, LXXIV, da Constituição Federal de 1988. É possível, ainda, a incidência supletiva dos arts. 1º, 5º, 8º, 9º, 10, 13, 14, 15 e 16 da Lei n. 1.060/1950, pois o art. 1.072 do CPC de 2015 revogou somente os arts. 2º, 3º, 4º, 6º, 7º, 11, 12 e 17, da precitada Lei;

3) não podem ser aplicadas as disposições dos arts. 98 a 102 do CPC de 2015, por não versarem sobre *assistência judiciária*, mas, sim, sobre *justiça gratuita*, que é coisa diversa;

4) o mesmo se afirme em relação aos arts. 389 e 404, do Código Civil;

5) considerando-se que: 5.1) foi revogado o art. 11, da Lei n. 1.060/1950 ("Os honorários de advogados e peritos, as custas do processo, as taxas e selos judiciários serão pagos pelo vencido, quando o beneficiário de assistência for vencedor na causa. § 1º. Os honorários do advogado serão arbitrados pelo juiz até o máximo de 15% (quinze por cento) sobre o líquido apurado na execução da sentença); 5.2) e o art. 16, da Lei n. 5.584/1970, não fixa o percentual dos honorários. Será possível aplicar, para essa finalidade, o art. 791-A da CLT, que estabelece os limites: mínimo, de 5%; e, máximo, de 15% sobre o valor que for apurado em liquidação, sobre o benefício econômico obtido, ou sobre o valor da causa, atualizado monetariamente.

Com estas considerações, que revelam o surrealismo da legislação brasileira sobre a assistência judiciária, estamos minudenciando o entendimento que manifestamos na edição anterior deste livro.

Esperamos que se edite, o quanto antes, Lei que venha a disciplinar, com exclusividade, completude, clareza e sensatez, a assistência judiciária no âmbito da Justiça do Trabalho, dando fim, por essa forma, ao caos que aqui se instaurou a respeito do tema — por obra dos próprios legisladores, aliás.

Substituição. Cinca de considerável monta também se havia estabelecido sobre serem devidos honorários advocatícios nos casos em que o sindicato estava agindo na qualidade de *substituto processual* dos integrantes da categoria profissional. Diante disso, o TST adotou a Súmula n. 219, para declarar: "*III — São devidos os honorários advocatícios nas causas em que o ente sindical figure como substituto processual e nas lides que não derivem da relação de emprego.*" Como as Súmulas do TST não possuem, *de lege lata*, efeito vinculativo (CF, art. 103-A), a controvérsia acerca do tema subsistiu, ainda que em caráter residual.

O § 1º, do art. 791-A, da CLT, lança uma pá de cal sobre o tema, ao dispor *serem devidos* honorários advocatícios quando o sindicato estiver atuando na qualidade de *substituto processual* dos integrantes da sua categoria. Somos levados, portanto, a reconsiderar a nossa opinião, manifestada em livros anteriores, sobre não serem devidos esses honorários. Ocorre que, se antes não tínhamos lei que os concedessem às entidades sindicais, em sua atuação judicial como substitutas processuais, agora temos.

Uma nótula de cunho histórico: a figura da *substituição processual* vem sendo, a nosso ver, maltratada pelo legislador, pela doutrina e pela jurisprudência brasileiros, que, no geral, desconhecem as suas origens históricas e sua finalidade no sistema processual. Mais preocupante tem sido o problema nos domínios do processo do trabalho, onde, até o momento em que escrevíamos este livro, diversas arremetidas legislativas foram realizadas, tendo como núcleo essa legitimidade *sui generis*, sem que nenhuma delas houvesse contribuído, ainda que com um cêntimo, para o necessário acertamento científico da matéria e para a sua adequada regulação prática; ao contrário, só fizeram aumentar a polêmica sobre o tema.

Tais equívocos doutrinais e legislativos começam pela própria denominação dessa figura. Pensamos que, no Brasil, jamais conheceremos a substituição processual típica, genuína, se considerarmos as fontes romanas desta. Assim dizemos porque, no período antigo daquele Direito, especialmente no formulário (clássico), tanto o autor quanto o réu poderiam nomear, na presença do magistrado, determinada pessoa para que os *substituísse* na lide. Eram as chamadas (pelos estudiosos modernos) *ações com transposição de pessoas*, nas quais, para cogitarmos da fórmula que era aí adotada, na *intentio* (pretensão), figurava o nome do titular do direito material, mas, na *condemnatio* (condenação), o do *substituto*, que, exatamente por isso, sofria as consequências do que hoje chamamos de coisa julgada material.

Havia, basicamente, dois tipos de substituto: a) o *cognitor*; e b) o *procurator*, cuja diferença fundamental, entre ambos, residia em que, deste último, se poderia exigir, em certos casos, a prova do mandato. Demais, a sua participação no processo fazia com que a demanda não fosse consumativa, permitindo, assim, que o titular do direito voltasse a ingressar em juízo com a mesma postulação. Já o *cognitor* tornava a ação consumativa, inibindo, dessa forma, a repetição da demanda, pelo titular do direito; e a ele não se impunha a prova do mandato.

A primeira referência à figura do *cognitor* (verdadeiro substituto processual), de que se tem notícia, está na *"Rethorica ad Herennium"*, do século II a. C.

Importa ressaltar que o traço característico das ações com transposição de pessoas, existentes nessa fase do Direito Romano, repousava no fato de que o substituto assumia as consequências do julgamento eventualmente desfavorável ao substituído. Ora, em nosso meio, o sindicato, ao atuar na qualidade de "substituto processual", não assume, jurídica ou economicamente, o resultado do julgamento, seja este favorável ou desfavorável ao substituído. Logo, o que, no Brasil, supomos tratar-se de substituição processual não passa de simples mandato que a norma legal, por motivos de ordem política, jurídica e prática, atribui às entidades sindicais. É, pois, um *mandato ad litem*, no exercício do qual o sindicato não tem o seu círculo jurídico afetado, direta ou indiretamente, em decorrência do julgamento do mérito (salvo, no que toca às despesas processuais, aí incluídos as custas e os honorários do advogado ou do perito).

O máximo que poderíamos admitir, nesse tema, é que possuímos, entre nós, uma "substituição processual à brasileira"; todavia, como não pretendemos ser acoimados de heterodoxos ou de pedantes, faremos uso da expressão *substituição processual*, apenas para efeito de comunicação com os leitores.

§ 2º Ao fixar os honorários, o juízo observará:

I — o grau de zelo do profissional;

II — o lugar de prestação do serviço;

III — a natureza e a importância da causa;

IV — o trabalho realizado pelo advogado e o tempo exigido para o seu serviço.

- **Comentário**

Ao introduzir o princípio da sucumbência no processo do trabalho (CLT, art. 791-A, *caput*), o legislador adotou como critério (objetivo, diga-se) para a fixação dos honorários advocatícios o mesmo que consta do art. 85, § 2º, I a IV, do CPC.

Mais do que isso, deixou implícita a possibilidade de serem adotados, em caráter supletivo, pelo processo do trabalho, diversos outros parágrafos da referida norma do CPC.

Façamos, diante disso, uma breve análise desses parágrafos, e sua incidência, ou não, no processo do trabalho.

§ 1º Adaptando-se este preceptivo ao processo do trabalho, podemos dizer que os honorários de advogados são aqui cabíveis (de modo cumulativo) na ação e na reconvenção. Não incidem, todavia, na execução, nem nos recursos. O § 5º, do art. 791-A, da CLT, aliás, admite, de maneira expressa, honorários de sucumbência na reconvenção. Lembremos que a reconvenção não é contestação, nem recurso, nem são embargos, mas, sim, ação exercida pelo réu em face do autor, no mesmo processo.

§ 2º Anteriormente, tratando-se de assistência judiciária regida pela Lei n. 5.584/1970, os honorários assistenciais eram devidos até o máximo de 15% "sobre o líquido apurado na execução da sentença", por força do disposto no art. 11, § 1º, da Lei n. 1.060, de 5.2.1950, à qual a Lei n. 5.584/70 ainda faz remissão integrativa (art. 14, *caput*). Ocorre que o art. 11 da Lei n. 1.060/1950 foi expressamente revogado pelo art. 1.068, do atual CPC. Logo, no processo do trabalho, seja nos casos de assistência judiciária gratuita, ou não, ou mesmo nas lides que não digam respeito à relação de emprego — mas, por óbvio, entrem na competência da Justiça do Trabalho —, os honorários serão fixados na forma do § 2º, do art. 791-A, da CLT: entre o mínimo de 5% e o máximo de 15%, tendo como base o valor definido na liquidação da sentença, o proveito econômico obtido ou, não sendo possível mensurá-lo, o valor atualizado da causa,

Quando não for possível apurar o montante dos honorários com base no valor da condenação ou no do proveito econômico obtido, o juiz deverá calculá-los com fulcro no valor atualizado da causa, observados os critérios mencionados nos incisos I a IV do art. 85, § 2º, do CPC.

Devemos repetir o esclarecimento efetuado em página anterior de que o critério legal do *proveito econômico* somente deve ser colocado em prática nos casos em que a condenação não for pecuniária, como se dá, por exemplos, nas ações meramente declaratórias e nas típicas obrigações de fazer e de não fazer.

§ 3º O legislador estabeleceu, em cinco incisos, critérios minuciosos para efeito de fixação dos honorários de advogado devidos pela Fazenda Pública. Essa fixação deve observar: a) o grau de zelo do profissional; b) o lugar de prestação do serviço; c) a natureza e a importância da causa; d) o trabalho realizado pelo advogado e o tempo exigido para o seu serviço — tal como previsto nos incisos I a IV do § 2º do mesmo preceptivo legal. O mesmo critério foi perfilhado pelo § 2º, do art. 791-A, da CLT.

§ 4º A norma estabelece critérios complementares para a apuração dos valores devidos a título de honorários de advogado. Suas disposições são claras, não merecendo, por isso, Comentários. A única observação a ser feita é de que será considerado o salário mínimo em vigor na data em que for proferida a sentença líquida; sendo ilíquida, prevalecerá o salário mínimo que estiver a viger na data da emissão da sentença de liquidação.

§ 5º Nas situações aqui previstas, o valor dos honorários obedecerá à faixa inicial do inciso I do § 3º e, no que a exceder, à faixa subsequente e assim por diante.

§ 6º A norma esclarece que os limites e critérios estabelecidos nos §§ 2º e 3º são aplicáveis seja qual for o conteúdo da decisão, mesmo nos casos de rejeição total dos pedidos ou de sentença sem resolução do mérito.

§ 7º O princípio é de que na execução em face da Fazenda Pública não são devidos honorários quando ensejar a expedição de precatório; a exceção reside em que os honorários serão devidos se a emissão do precatório não for impugnada.

§ 8º Nos casos aqui mencionados: a) causas de valor inestimável ou irrisório ou proveito econômico; b) valor da causa muito baixo, o juiz calculará os honorários mediante apreciação equitativa e observância do contido no § 2º, do art. 791-A, da CLT, ou seja: a) o grau de zelo do profissional; b) o lugar de prestação do serviço; c) a natureza e a importância da causa; d) o trabalho realizado pelo advogado e o tempo exigido para o seu serviço — tal como previsto nos incisos I a IV do § 2º do mesmo preceptivo legal. Em tese, o valor dos honorários, em alguns casos, poderá ser superior ao do pedido principal, que foi objeto da condenação.

§ 9º A regra é objetiva: nas ações de indenização por ato ilícito contra pessoa, o percentual dos honorários terá como base de cálculo o montante das prestações vencidas, acrescido de doze prestações vincendas. No caso de danos extrapatrimoniais, a CLT contém regra própria para o cálculo das perdas e danos (lucros cessantes e danos emergentes): art. 223-G.

Dano extrapatrimonial é uma expressão mais ampla do que dano *moral* porque não só compreende este último, mas, também, em relação à pessoa: a) *física*, os danos à honra, à intimidade, à liberdade de ação, a autoestima, a sexualidade, a saúde, o lazer e a integridade física; b) *jurídica*, à imagem, à marca, ao nome, ao segredo empresarial e ao sigilo da correspondência.

§ 10. A expressão "perda de objeto" é pouco técnica; o caso é de perda do *interesse processual*, que constitui uma das condições para o exercício da ação (art. 17).

Por outro lado, a expressão legal *"por quem deu causa ao processo"* há que ser entendida como pertinente ao autor da ação. Essa expressão, entrementes, revela um certo caráter anfibológico, pois, de rigor, também se pode entender que quem *deu causa ao processo* foi o réu, ao lesar direito do autor.

§ 11. A norma, a nosso ver, é inaplicável à Justiça do Trabalho, em que os honorários, quando cabíveis, não são calculados com fulcro em atos ou fases processuais, mas no valor da condenação, na ação ou na reconvenção. Assim, também, entendemos em relação às causas que não decorram de relação de emprego, mas sejam da competência dessa Justiça Especializada.

§ 12. Análise prejudicada, em razão do que expusemos no Comentário ao § 11. Para quem divergir de nossa opinião, o teor do preceito legal se justifica pelo fato de a natureza e a finalidade dos honorários de advogado não se confundirem com as das multas pecuniárias.

§ 13. Análise prejudicada, em razão do que expusemos no Comentário ao § 11.

§ 14. A norma em estudo contém três enunciações básicas, a saber: a) os honorários constituem direito do advogado (motivo por que, entre outras coisas, não podem ser objeto de transação sem que nisso consinta o advogado); b) possuem os mesmos privilégios dos créditos decorrentes da legislação trabalhista; c) não podem ser compensados quando houver sucumbência parcial.

Com relação à letra "b", retro, é oportuno mencionar a Súmula Vinculante n. 47, do STF: "*Os honorários advocatícios incluídos na condenação ou destacados do montante principal devido ao credor consubstanciam verba de natureza alimentar cuja satisfação ocorrerá com a expedição de precatório ou requisição de pequeno valor, observada ordem especial restrita aos créditos dessa natureza.*"

Na vigência do CPC de 1973, muito se questionou se os honorários derivantes da sucumbência seriam devidos à parte vencedora ou ao advogado desta. Os que afirmavam serem esses honorários devidos à parte, argumentavam com base no art. 20 daquele Código, assim redigido: "*A sentença condenará o vencido a pagar ao vencedor as despesas que antecipou e os honorários advocatícios.*" Os que sustentavam ser o advogado o beneficiário desses honorários se apoiavam no art. 22, da Lei n. 8.906/1994 (Estatuto da OAB): "*A prestação de serviço profissional assegura aos inscritos na OAB o direito aos honorários convencionados, aos fixados por arbitramento judicial e aos de sucumbência*". A declaração do art. 22 da Lei n. 8.906/1994, foi reforçada pelo CPC de 2015, cujo art. 85, por seu § 14, afirma, de maneira inequívoca, que os honorários "*constituem direito do advogado*".

§ 15. Se for da conveniência do advogado, este pode solicitar ao juízo que os honorários que lhe são devidos sejam pagos em favor da sociedade de advogados de que seja sócio. Mesmo neste caso, os honorários continuarão protegidos pelo § 14, ou seja, terão caráter alimentar.

§ 16. No regime da CLT, os juros da mora são devidos a contar do momento em que "*for ajuizada a reclamação inicial*" (art. 883, *in fine*). Tratando-se, todavia, de honorários de advogado, os juros incidirão "*a partir da data do trânsito em julgado da decisão*" (§ 16 do art. 85 *sub examen*). A despeito de este parágrafo do art. 85 ser *específico*, no tocante aos honorários de advogado, entendemos ser possível sustentar-se o argumento de que, no processo do trabalho, os juros moratórios alusivos a esses honorários devem submeter-se à *regra única* inserta no art. 883 da CLT. Por outras palavras: como os honorários de advogado, na Justiça do Trabalho, soem incidir sobre o montante dos créditos do trabalhador — cujos juros são calculados conforme o art. 883 da CLT — os juros atinentes aos precitados honorários, automaticamente, submetem-se ao mesmo critério.

Sendo assim, a regra do § 16 do art. 85 somente seria aplicável, no âmbito da Justiça do Trabalho, nas ações decorrentes da relação de trabalho.

§ 17. A particularidade de o advogado estar atuando, judicialmente, em causa própria não lhe prejudica o direito à percepção de honorários, se vencedor na causa. Basta ver que se ficasse vencido teria de pagar honorários à parte vencedora.

§ 18. Lembremos que o *caput* do art. 85 estabelece que "*A sentença condenará o vencido a pagar honorários ao advogado do vencedor*". Se a sentença for omissa, neste ponto, caberá ao advogado: a) oferecer embargos de declaração antes de interpor recurso da sentença; e b) se a sentença já transitou em julgado, ele poderá ingressar com ação autônoma, destinada à fixação e à cobrança dos honorários.

A "ação autônoma" a que se refere a norma legal pode ser exercida no próprio juízo que emitiu a sentença omissa. Nos casos em que estiverem presentes os requisitos legais, a precitada ação poderá ser a monitória (CPC, art. 700).

§ 19. Esta foi a grande conquista dos advogados públicos, no âmbito do atual CPC. O direito a esses honorários deverá ser objeto de legislação própria.

Lancemos Comentários a outros dispositivos do CPC, alusivos aos honorários de sucumbência:

Art. 86. Se cada litigante for, em parte, vencedor e vencido, serão proporcionalmente distribuídas entre eles as despesas.

Parágrafo único. Se um litigante sucumbir em parte mínima do pedido, o outro responderá, por inteiro, pelas despesas e pelos honorários.

Caput. No processo do trabalho, não há condenação ao pagamento *pro rata* de custas processuais (CLT, art. 789). Destarte, em princípio, o dispositivo em exame não se aplica ao referido processo. Não se poderia, contudo, entender compreendidos no vocábulo *despesas* os honorários de advogado, de tal arte que estes também seriam proporcionalmente distribuídos entre os litigantes, na forma do art. 85? Entendemos que sim, embora devamos reconhecer que: 1) o art. 21 do CPC revogado fazia menção a honorários e a despesas; 2) o art. 85 do CPC atual (que cogita da existência de diversos autores ou de diversos réus) também alude, separadamente, às despesas e aos honorários. Seja como for, não faria sentido admitir-se que somente as despesas (aqui não incluídos os honorários de advogado) devessem ser proporcionalmente distribuídas entre os litigantes, mas os mencionados honorários, não, no caso de cada litigante for, em parte, vencedor e vencido.

O § 4º do art. 789 da CLT prevê que nos denominados *dissídios coletivos* as partes vencidas responderão de maneira solidária pelo pagamento das custas processuais. Não se trata aqui, todavia, de custas *pro rata,* mas, sim, de responsabilidade solidária dos vencidos pelo pagamento das custas, que é coisa diversa.

Parágrafo único. Regra inaplicável ao processo do trabalho, pelas razões expostas no *caput*.

Art. 87. Concorrendo diversos autores ou diversos réus, os vencidos respondem proporcionalmente pelas despesas e pelos honorários.

§ 1º A sentença deverá distribuir entre os litisconsortes, de forma expressa, a responsabilidade proporcional pelo pagamento das verbas previstas no *caput*.

§ 2º Se a distribuição de que trata o § 1º não for feita, os vencidos responderão solidariamente pelas despesas e pelos honorários.

Caput. No caso de regime litisconsorcial, seja ativo, passivo ou misto, os litisconsortes vencidos responderão, de maneira proporcional, pelas despesas e pelos honorários de advogado. Novamente, devemos dizer que não há custas *pro rata* no processo do trabalho. Os litisconsortes vencidos serão condenados a pagá-las em caráter solidário: incidência analógica da regra contida no § 4º do art. 789 da CLT. Aquele que pagar a dívida afeta à totalidade dos litisconsortes sub-rogar-se-á no pagamento, podendo, mediante ação regressiva, exigir dos demais litisconsorte a cota-parte de cada um.

§ 1º Caberá à sentença distribuir entre os litisconsortes, de modo expresso, a responsabilidade proporcional pelo pagamento dos valores a que se refere o *caput* deste artigo.

§ 2º Caso a sentença não realize a distribuição proporcional das responsabilidades dos vencidos pelo pagamento das despesas e dos honorários, estes responderão de maneira solidária.

> Art. 88. Nos procedimentos de jurisdição voluntária, as despesas serão adiantadas pelo requerente e rateadas entre os interessados.

A locução "jurisdição voluntária", embora consagrada pela legislação, pela doutrina e pela jurisprudência, é equívoca, porquanto não há, aqui, jurisdição (mas administração pública de interesses privados), processo (mas mero procedimento), ou partes (mas simples interessados); nem há voluntariedade, uma vez que o procedimento deve ser iniciado mediante provocação do interessado, do Ministério Público ou da Defensoria Pública (CPC, art. 720).

A regra é de que, nestes casos, incumbe ao requerente adiantar as despesas, que, depois, serão rateadas entre os interessados.

O preceito não será aplicado se um dos interessados, ou todos eles, estiverem recebendo o benefício da justiça gratuita.

De qualquer modo, entendemos que a regra do art. 88 do CPC é incompatível com o processo do trabalho, ao qual, em princípio, repugna a antecipação do pagamento de despesas. A propósito, a norma legal em exame afirma que "*as despesas serão adiantadas*" pelo interesse; o que se adianta, em verdade, não são as *despesas*, mas, sim, o *pagamento* que a elas se refere.

> Art. 89. Nos juízos divisórios, não havendo litígio, os interessados pagarão as despesas proporcionalmente a seus quinhões.

A Justiça do Trabalho não possui competência para apreciar a matéria.

Os denominados juízos divisórios compreendem quatro modalidades, a saber: a) ação divisória; b) ação demarcatória; c) ação de partilha; e d) ação discriminatória.

> Art. 90. Proferida sentença com fundamento em desistência, em renúncia ou em reconhecimento do pedido, as despesas e os honorários serão pagos pela parte que desistiu, renunciou ou reconheceu.
>
> § 1º Sendo parcial a desistência, a renúncia ou o reconhecimento, a responsabilidade pelas despesas e pelos honorários será proporcional à parcela reconhecida, à qual se renunciou ou da qual se desistiu.
>
> § 2º Havendo transação e nada tendo as partes disposto quanto às despesas, estas serão divididas igualmente.
>
> § 3º Se a transação ocorrer antes da sentença, as partes ficam dispensadas do pagamento das custas processuais remanescentes, se houver.

§ 4º Se o réu reconhecer a procedência do pedido e, simultaneamente, cumprir integralmente a prestação reconhecida, os honorários serão reduzidos pela metade.

Caput. Quem *desiste* da ação é o autor (art. 485, VIII); quem reconhece a "*procedência*" do pedido é o réu (art. 487, III, "a"); neste último caso, o processo se extingue *com* exaustão do mérito. A *renúncia* à pretensão tanto pode ser manifestada pelo autor quanto pelo réu (art. 487, III, "c") e também implica a extinção do processo mediante resolução do mérito.

Em todas essas situações, a parte que desistiu da ação, reconheceu o direito alegado ou renunciou à pretensão pagará as despesas e os honorários de advogado.

Anteriormente à Lei n. 13.467/2017, não admitíamos a aplicação do *caput* do art. 90, do CPC, ao processo do trabalho, pois no tocante aos conflitos emergentes da *relação de emprego* não vigorava aqui o princípio da sucumbência (mas, apenas, os decorrentes da relação de trabalho, nos termos da Instrução Normativa n. 27/2005, art. 5º, do TST). Os honorários somente eram devidos, nos termos do art. 14 da Lei n. 5.584/70, à entidade sindical que estivesse prestando assistência judiciária ao trabalhador. Vigente a Lei n. 13.467/2017, o princípio da sucumbência passou a ser aplicado também ao processo do trabalho. Mudando-se a Lei, muda-se o pensamento; cuida-se de relação entre causa e efeito. Por isso, hoje, admitimos a incidência do *caput* do art. 90 do CPC, no processo do trabalho.

§ 1º Se a desistência, a renúncia ou o reconhecimento for parcial, a responsabilidade pelo pagamento das despesas e dos honorários será proporcional à parcela que foi objeto da desistência, da renúncia ou do reconhecimento.

§ 2º Aplica-se aqui a regra do art. 789, § 3º, da CLT.

§ 3º Também se aplica aqui a regra do art. 789, § 3º, da CLT.

§ 4º A norma diz respeito exclusivo ao réu; se este, ao mesmo tempo, reconhecer o direito alegado pelo autor e cumprir, de modo integral, a prestação reconhecida, os honorários serão reduzidos pela metade.

§ 3º Na hipótese de procedência parcial, o juízo arbitrará honorários de sucumbência recíproca, vedada a compensação entre os honorários.

- **Comentário**

Na primeira edição deste livro, escrevemos:

Aqui reside o grande risco inerente ao princípio da sucumbência: quando os pedidos forem acolhidos em parte ("procedência parcial", diz, mal, a Lei), isso significa que ambos os litigantes sucumbiram do ponto de vista das pretensões por ele deduzidas na causa. A consequência consistirá no dever de o juiz arbitrar os honorários que serão pagos de uma parte a outra, vedada a compensação.

Façamos algumas observações complementares.

a) a norma fala em "procedência (*sic*) parcial". Refere-se aos *pedidos*. Todavia, os pedidos sempre "procedem" porque constam da inicial. O verbo *proceder* sugere a ideia de que *vir*, de *originar-se de algum lugar*. Para que prestemos homenagem à acribologia, devemos esclarecer que os pedidos são *acolhidos* ou *rejeitados*, no todo ou em parte. O art. 487, II, do próprio CPC, a propósito, em linguagem escorreita, alude ao *acolhimento* e à *rejeição* do pedido como causa de extinção do processo mediante resolução do mérito. Diante de expressões como pedido "procedente" e pedido "improcedente" cabe a advertência feita, há mais de quatrocentos anos, pelo indignado *Hamlet*, jovem príncipe da Dinamarca: "*É um desses hábitos cuja quebra honra mais do que a observância*";

Estamos, agora, revendo a nossa opinião.

Ocorre que a expressão legal: "procedência parcial', ao contrário do que havíamos entendido, não se liga ao *pedido*, e sim, à ação. Isso significa dizer que a Lei n. 13.467/2017 adotou apenas a *sucumbência recíproca*, e não, a *sucumbência parcial*. Expliquemo-nos. Na sucumbência *recíproca* tanto podem existir duas ações interligadas, quanto uma só ação. Cogitemos desta última hipótese: uma ação, com os pedidos A e B. A sentença acolhe o pedido A, mas rejeita o pedido B. Teria havido, aqui, *sucumbência recíproca* (o autor sucumbiu quanto ao pedido B, e o réu, ao pedido A). Se a sentença, por exemplo, houvesse acolhido os pedidos A e B, mas em valores inferiores aos postulados pelo autor, estaria caracterizada a *sucumbência parcial*. Nesta hipótese, não haveria condenação do autor ao pagamento de honorários advocatícios, porquanto o art. 791-A, da CLT, consagrou somente a sucumbência recíproca. Basta ver que a precitada norma legal faz expressa menção, no § 3º, a essa espécie de sucumbência. A "procedência parcial", de que trata o mesmo preceptivo legal, diz respeito — reiteremos — não aos *pedidos* (pois, se assim não fosse, estaríamos diante de *sucumbência parcial)*, e sim, à *ação*.

Esse nosso novo entendimento sobre o tema — desde que perfilhado pela jurisprudência — poderá fazer com que o trabalhador deixe de sentir tanto receio de exercer o direito constitucional de ação no âmbito da Justiça do Trabalho.

Por exceção, poder-se-ia admitir a condenação do autor ao pagamento de honorários advocatícios, no caso de sucumbência *parcial*, quando a postulação lançada na inicial, por ter sido descomedida, excessiva, pudesse configurar litigância de má-fé (CPC, arts. 80 e 81). Digamos que o autor tenha pedido a condenação do réu ao pagamento de indenização por danos extrapatrimoniais, de natureza média, no valor de R$ 5.000.000,00, quando, de acordo com o critério estabelecido pelo art. 223-G, § 1º, inciso II, da CLT, o valor não poderia ultrapassar a R$ 60.000,00;

Logo mais adiante, reproduziremos um artigo de nossa autoria, publicado no Suplemento Trabalhista n. 079/2019, que reflete, mais detalhadamente, a interpretação que passamos a extrair do § 3º do art. 897-A, da CLT;

a) falamos em *dever* de o juiz arbitrar os honorários, porquanto a norma é imperativa: "o juiz *arbitrará*"; não se cuida, pois, de mera faculdade a ele atribuída;

b) conquanto a norma proíba a compensação dos honorários devidos pelas partes, entre si, haverá situações — raras, por certo — em que essa compensação, ainda que indireta, será inevitável, como quando os valores forem, rigorosamente, iguais. O que se deve questionar é se o réu poderia compensar os honorários que lhe são devidos com os valores que deve ao autor. Compensar, não; contudo, como a Justiça do

Trabalho é dotada de competência para promover a execução desses honorários, o réu poderá requer a penhora de parte dos valores devidos ao autor e postos à disposição deste. Não se aplica ao processo do trabalho, portanto, a orientação jurisprudencial compendiada na Súmula n. 306 do STJ, assim enunciada: "*Os honorários advocatícios* **devem** *ser compensados quando houver sucumbência recíproca, assegurado o direito autônomo do advogado à execução do saldo sem excluir a legitimidade da própria parte*" (destacamos);

c) a regra do § 3º, *sub examen*, alcança a própria parte que estiver recebendo o benefício da justiça gratuita. Assim entendemos, porque: d.a) mesmo no caso de *perícia*, esse beneficiário responderá pelos honorários do *expert*, conforme evidencia o art. 790-B, *caput*, da CLT. Ele somente estará dispensado do encargo na hipótese prevista pelo § 4º do mesmo artigo; d.b.) o § 4º do art. 791-A, da CLT, a ser a seguir examinado, somente o dispensa do pagamento dos honorários advocatícios quando não tiver obtido, em juízo (mesmo que em outro processo), crédito capaz de suportar a despesa.

Em tema de indenização por *dano extrapatrimonial* (CLT, arts. 223-A a 223-F), todavia, pode-se abrir uma exceção à regra contida na primeira parte do § 3º, do art. 791-A, da CLT, mediante a aplicação subsidiária da Súmula n. 326 do STJ, com este teor: "*Na ação de indenização por dano moral, a condenação em montante inferior ao postulado na inicial não implica sucumbência recíproca.*" De tal arte, se o autor postulou, a título de indenização (ou compensação) por danos extrapatrimoniais, o valor de R$ 50.000,00, e a sentença lhe concedeu apenas R$ 20.000,00, ele não pagará honorários ao réu, quanto aos R$ 30.000,00, em relação aos quais sucumbiu. Somente o réu responderá pelos honorários, em virtude de sua sucumbência no tocante aos R$ 20.000,00. Um esclarecimento: entendemos que os arts. 85, § 6º, e 86 do CPC de 2015, não deitaram por terra a Súmula n. 326 do STJ.

Este é o artigo de nossa autoria, publicado no Suplemento Trabalhista n. 079/2019 que nos referimos há pouco:

"SUCUMBÊNCIA E HONORÁRIOS ADVOCATÍCIOS: POR UMA ADEQUADA INTERPRETAÇÃO DO § 3º DO ART. 791-A, DA CLT

Manoel Antonio Teixeira Filho

I — Considerações introdutórias

1. Há alguns anos, afirmei no preâmbulo de um dos meus livros que havia em nosso País uma perversa tradição, consistente na elaboração de normas legais trabalhistas destinadas não a pacificar situações tumultuadas, mas, ao contrário, a tumultuar situações pacificadas.

A Lei n. 13.467, de 13.7.2017, que introduziu diversas alterações nos direitos material e processual do trabalho -- configurando a denominada *Reforma Trabalhista* --, está a evidenciar que aquela minha afirmação não perdeu a atualidade.

Efetivamente, a precitada norma legal instaurou intenso desassossego no espírito dos jurisdicionados em geral, e no dos trabalhadores, em particular.

Dentre as modificações impostas ao processo do trabalho por essa lei, uma, em especial, acarretou profundo impacto na realidade. Refiro-me ao art. 791-A, da CLT, introdutor do princípio da sucumbência em tema de honorários advocatícios.

Para que possam ser bem compreendidas as razões da opinião que manifestarei, mais adiante, em relação ao assunto, torna-se conveniente empreender um voo, ainda que de pássaro miúdo, em direção ao passado.

2. Quando a CLT foi elaborada, estava e viger o CPC de 1939, o primeiro estatuto processual civil unitário, ou seja, federal, que o nosso País conheceu.[3] Esse Código estampava, no *caput* do art. 64, o princípio da sucumbência, assim enunciado: *"a sentença final(sic) na causa condenará a parte vencida ao pagamento dos honorários do advogado da parte vencedora (...)"*.

3. Ao legislador trabalhista do período teria sido muito cômodo transportar para o texto da CLT o mesmo princípio, pastichando, inclusive, o precitado CPC.

Houve, entretanto, por parte do legislador de 1943 um silêncio acerca do tema. Neste momento, torna-se oportuno e necessário esclarecer que o silêncio dos legisladores pode decorrer de duas atitudes: a primeira é produto de inadvertência: o legislador *deveria* ter-se pronunciado a respeito de um assunto, mas não o fez: o caso, aqui, é de *omissão*; a segunda, entretanto, é consequência de uma *intenção implícita*: nada disse sobre o assunto, porque *não desejou dizer*: aqui, a intenção é sinônimo de rejeição, de veto subentendido. Esta última atitude foi adotada pelo legislador trabalhista de 1943, no tocante ao princípio da sucumbência em matéria de honorários de advogado, disciplinada pelo art. 64 do estatuto processual civil de 1939

4. A jurisprudência trabalhista, tanto dos primeiros momentos quanto a que se alastrou pelos anos subsequentes, sempre rechaçou a possibilidade de haver condenação ao pagamento de honorários advocatícios por entendê-los incompatíveis com o processo do trabalho.

5. A primeira vez que se veio a admitir esses honorários, nos sítios do processo do trabalho legislado, foi por obra da Lei n. 5.584, de 26.6.1970. Essa norma legal, dentre outras disposições, atribuiu aos sindicatos representativos das categorias profissionais o encargo de ministrar assistência judiciária gratuita aos trabalhadores que recebessem salário mensal igual ou inferior ao dobro do mínimo legal (art. 14, § 1º). Como contrapartida pelas despesas financeiras decorrentes dessa imposição, o mencionado preceptivo legal estabeleceu: *"Os honorários do advogado, pagos pelo vencido, reverterão em favor do Sindicato assistente"* (art. 16).

6. Em que pese ao fato de a sobredita norma legal aludir a *honorários do advogado*, a praxe trabalhista, com sua peculiar criatividade, cuidou, em muitos momentos, de substituir essa expressão por *honorários assistenciais*, à consideração de que o titular do direito à mencionada verba não era, em rigor, o advogado, e sim, a entidade sindical que estava a ministrar assistência judiciária gratuita ao trabalhador. Idiossincrasias terminológicas à parte, o fato concreto é que a Lei n. 5.584/70 abriu uma — justificável, por certo — exceção à regra da inaplicabilidade do princípio da sucumbência no sistema do processo do trabalho.

7. Tempos depois, o TST, em consonância com a legislação vigente no período, adotou, pela Resolução n. 14/1985, a Súmula n. 219, de sua jurisprudência uniforme, com este teor:

"Na Justiça do Trabalho, a condenação ao pagamento de honorários advocatícios, nunca superiores a 15% (quinze por cento), não decorre pura e simplesmente da sucumbência, devendo a parte estar assistida por sindicato da categoria profissional e comprovar a percepção de salário inferior ao dobro do salário mínimo ou encontrar-se em situação econômica que não lhe permita demandar sem prejuízo do próprio sustento ou da respectiva família".

Ao longo dos anos, a citada Súmula sofreu alterações, estando assim enunciada nos dias atuais, *ex vi* da Resolução n. 204/2016:

HONORÁRIOS ADVOCATÍCIOS. CABIMENTO (alterada a redação do item I e acrescidos os itens IV a VI em decorrência do CPC de 2015) — Res. 204/2016, DEJT divulgado em 17, 18 e 21.03.2016

---

(3) Anteriormente ao CPC de 1939, vigoraram os Códigos de Processo Civil do *Pará* (1905), do *Rio Grande do Sul* (1906), do *Maranhão* (1911), da *Bahia* (1915), do *Rio de Janeiro* (1919) de *Goiás* (1919), do *Piauí*, (1920), de *Sergipe* (1920), do *Paraná* (1920), do *Ceará* (1921), do *Rio Grande do Norte* (1922), de *Minas Gerais* (1922), de *Pernambuco* (1924), de *Santa Catarina* (1928), da *Paraíba*, (1930), do *Espírito Santo* (1930) e de *São Paulo* (1930). A Constituição Federal de 1934 restabeleceu a unidade processual, que havia sido abandonada pela Carta de 1891, ao dispor ser da privativa da União a competência para legislar, entre outras matérias, sobre *direito processual* (art. 5º, inciso XIX, alínea "a").

I — Na Justiça do Trabalho, a condenação ao pagamento de honorários advocatícios não decorre pura e simplesmente da sucumbência, devendo a parte, concomitantemente: a) estar assistida por sindicato da categoria profissional; b) comprovar a percepção de salário inferior ao dobro do salário mínimo ou encontrar-se em situação econômica que não lhe permita demandar sem prejuízo do próprio sustento ou da respectiva família. (art. 14, § 1º, da Lei n. 5.584/1970). (ex-OJ n. 305da SBDI-I).

II — É cabível a condenação ao pagamento de honorários advocatícios em ação rescisória no processo trabalhista.

III — São devidos os honorários advocatícios nas causas em que o ente sindical figure como substituto processual e nas lides que não derivem da relação de emprego.

IV — Na ação rescisória e nas lides que não derivem de relação de emprego, a responsabilidade pelo pagamento dos honorários advocatícios da sucumbência submete-se à disciplina do Código de Processo Civil (arts. 85, 86, 87 e 90).

V — Em caso de assistência judiciária sindical ou de substituição processual sindical, excetuados os processos em que a Fazenda Pública for parte, os honorários advocatícios são devidos entre o mínimo de dez e o máximo de vinte por cento sobre o valor da condenação, do proveito econômico obtido ou, não sendo possível mensurá-lo, sobre o valor atualizado da causa (CPC de 2015, art. 85, § 2º).

VI — Nas causas em que a Fazenda Pública for parte, aplicar-se-ão os percentuais específicos de honorários advocatícios contemplados no Código de Processo Civil.

8. Verifica-se, pelo conteúdo da Súmula, que a jurisprudência do TST ampliou as exceções à regra da inaplicabilidade do princípio civilista da sucumbência no sistema do processo do trabalho. O mais importante a ser ressaltado, todavia, é que a Súmula *preservou a regra*; não a anatematizou.

9. A Emenda Constitucional n. 45/2004 ampliou a competência da Justiça do Trabalho ao trazer para o âmbito cognitivo-resolutivo desta os conflitos de interesses derivantes da *relação de trabalho, lato sensu*, significa dizer, das relações jurídicas materiais regidas, via de regra, pelo Direito Civil. Em razão disso, o TST, cedendo à argumentação contida nas manifestações doutrinárias da época, editou a Instrução Normativa n. 27/2005, para dispor que, exceto nas lides oriundas da *relação de emprego*, seriam devidos honorários de advogado à parte vencedora "pela mera sucumbência" da vencida (art. 5º). Dizendo-se por outra forma: a aludida Instrução Normativa admitiu a condenação ao pagamento desses honorários, unicamente, no caso dos conflitos de interesses provenientes das relações *de trabalho*. Com isso, criou — mesmo sem pretender – uma censurável discriminação entre a natureza das lides submetidas à cognição da Justiça do Trabalho, sob a perspectiva dos honorários advocatícios.

10. Sobrevém, então, a Lei n. 13.467, de 13.7.2017, que insere na CLT o art. 791-A, com a redação que agora reproduzimos, em parte:

"Art. 791-A. Ao advogado, ainda que atue em causa própria, serão devidos honorários de sucumbência, fixados entre o mínimo de 5% (cinco por cento) e o máximo de 15% (quinze por cento) sobre o valor que resultar da liquidação da sentença, do proveito econômico obtido ou, não sendo possível mensurá-lo, sobre o valor atualizado da causa.

(...)

§ 3º Na hipótese de procedência parcial, o juízo arbitrará honorários de sucumbência recíproca, vedada a compensação entre os honorários".

Estava quebrada, desse modo, a antiga regra da aplicabilidade restrita do princípio da sucumbência no processo do trabalho. Estava deitado por terra o argumento de que inexistia norma legal prevendo a condenação ao pagamento desses honorários fora dos casos previstos na Lei n. 5.584/1970. Estava quebrada, enfim, toda uma tradição de mais de meio século. Tudo isso, num simples gesto inconsequente do legislador.

Tempos novos e difíceis estavam por vir, nomeadamente, para a classe trabalhadora e para os advogados que soíam a defender em juízo. Esses tempos não se demoraram a chegar.

II — A adequada interpretação do § 3º do art. 791-A, da CLT

11. Doutrina e jurisprudência majoritárias, com os olhos postos no § 3º do art. 791-A, da CLT, não hesitaram em concluir que se determinado pedido formulado pelo autor fosse acolhido *em parte* haveria *sucumbência recíproca*, de tal arte que ele e o réu seriam condenados ao pagamento de honorários advocatícios, na proporção em que ficassem vencidos em suas pretensões deduzidas na causa.

12. O que se viu, a partir dessa interpretação, foi algo, deveras, preocupante: o generalizado receio de o trabalhador invocar a prestação da tutela jurisdicional trabalhista, do receio de vir a sofrer as consequências de eventual sucumbência, ainda que *parcial*. O trabalhador, em muitas situações, sentiu-se desestimulado a ter *his day in court*, a submeter à apreciação da Justiça do Trabalho a lesão de um direito ou a ameaça de lesão. O trabalhador passou, em suma, a *temer* a jurisdição trabalhista. As estatísticas oficiais comprovam, de modo dramático e insofismável, a redução do número de ações promovidas nos órgãos de primeiro grau dessa Justiça Especializada.

13. Não temos vocação à heterodoxia — malgrado também não rendamos culto à ortodoxia —, embora estejamos serenamente convencidos de que a interpretação do § 3º do art. 791-A, da CLT, que tem prevalecido na atualidade, máxime nos sítios da jurisprudência, com suas consequências catastróficas para o trabalhador, é responsável por esse pânico do trabalhador. Demonstremos.

14. Dispõe o 3º do art. 791-A, da CLT:

"Na hipótese de procedência(sic) parcial, o juízo arbitrará honorários de sucumbência recíproca, vedada a compensação".

O equívoco em que estão a incorrer a doutrina e a jurisprudência predominantes tem como núcleo a interpretação da expressão legal "procedência parcial". Um e outra têm entendido que a "procedência" é quanto aos *pedidos* – ou, melhor: a *cada* pedido. Assim, se, por exemplo, o autor formulou determinado pedido, no valor de R$ 50.000,00, mas a sentença lhe concedeu somente R$ 20.000,00, a consequência seria esta: o autor teria sucumbido em relação a R$ 30.000,00 (que deixou de ganhar), e o réu, a R$ 20.000,00 (a que foi condenado a pagar). Com base nesses valores, seriam calculados os honorários advocatícios impostos pela sentença, a cada litigante, dentro dos limites legais (sem possibilidade de compensação entre eles, ressalte-se).

Não é essa, *data venia*, a nossa intepretação da referida norma legal.

15. Antes de a revelarmos, há uma pergunta inquietante: os defensores da interpretação de que estamos a discrepar teriam sido, acaso, influenciados pela *Fata Morgana*, das lendas bretãs, que tinha o poder de distorcer as imagens que se formavam na superfície dos lagos, ou tomados por aquele *pensamento desejoso (wishful thinking)*, de que nos falam os povos de língua inglesa, capaz de fazer com que pessoa leia não o que está escrito, e sim, o gostaria que estivesse escrito?

16. A expressão legal "procedência parcial", a nosso ver, diz respeito à causa, à *ação*, e não, aos *pedidos*. Vamos ao didatismo dos exemplos. Se o autor formulou os pedidos **A** e **B**, e a sentença lhe deferiu o pedido **A**, mas lhe negou o **B**, haveria, aqui sim, "procedência parcial", relativamente à ação, e, ao mesmo tempo, *sucumbência recíproca*, sob o aspecto subjetivo, pois ambos os litigantes ficaram vencidos *na causa*. Ressalte-se que o fato de o autor – no exemplo que formulamos — vir a ter, eventualmente, acolhido *em parte* o pedido **A** não configuraria a sucumbência *recíproca*, e sim, a sucumbência *parcial*, que é algo diverso. Entendemos, *per summa ratio*, que a condenação do autor ao pagamento de honorários advocatícios só será possível se houver sucumbência *total*, em relação a cada pedido. Isso significa afirmar, em sentido inverso, que se a sucumbência for *parcial* (insista-se: no tocante a cada postulação) não haverá condenação do autor ao pagamento desses honorários, porquanto ele não terá sido *vencido na causa*, senão que *vencedor*, ainda que em parte.

17. A interpretação que estamos a extrair do § 3º do art. 791-A, da CLT, não é somente técnica, senão que histórico-política e sistemática.

Histórico-política, porque o objetivo que levou o legislador de 2017 a instituir o princípio da sucumbência, no processo do trabalho, está expresso na Justificativa do correspondente Projeto:

"A inclusão do art. 791-A na CLT tem por objeto disciplinar o pagamento dos honorários advocatícios na Justiça do Trabalho.

(...)

*Pretende-se com as alterações sugeridas **inibir a propositura de demandas baseadas em direitos ou fatos inexistentes**. Da redução do abuso do direito de litigar advirá a garantia de maior celeridade nos casos em que efetivamente a intervenção do Judiciário se faz necessária, além da imediata redução de custos vinculados à Justiça do Trabalho".* Destacamos.

18. Salta aos olhos, portanto, que o escopo do legislador foi o de *"inibir a propositura de demandas baseadas em direitos ou fatos inexistentes"*. Ora, sob essa perspectiva, se a sentença não acolhe, por inteiro, determinado pedido formulado pelo autor, isso não significa que a ação se tenha fundado em *direito ou fato inexistente*: um e outro *existiam*, pois foram jurisdicionalmente reconhecidos e acolhidos, embora em dimensão inferior à pretendida na petição inicial (pedido acolhido apenas em parte). Só se pode cogitar de direito ou fato *inexistentes* se a sentença rejeitar, *por inteiro*, o pedido. Aqui, o direito do autor não terá sido reconhecido.

19. A propósito, é momento de efetuarmos uma correção nas expressões *"julgar procedente o pedido"*, *"julgar improcedente o pedido"*, e similares, que caíram, há muitos lustros, no duvidoso gosto da doutrina, da jurisprudência e — como visto — do próprio legislador trabalhista de 2017. *Proceder* significa, lexicamente, *vir de algum lugar*; e o pedido *procede* da peça inicial. Logo, sob o rigor da lógica formal, todo pedido *procede*, pois tem origem em alguma coisa. Adote-se, portanto, em atenção aos preceitos da acribologia, a terminologia mais científica, utilizada na redação do art. 490, do CPC: *"O juiz resolverá o mérito acolhendo ou rejeitando, no todo ou em parte, os pedidos formulados (...)"*. Destacamos. Pedidos são, consequentemente, *acolhidos* ou *rejeitados*; logo, se constarem da inicial, serão sempre "procedentes" — ainda que venham a ser rejeitados...

20. Retornemos à análise do § 3º do art. 791-A, da CLT, para reiterar o nosso entendimento de que a expressão *sucumbência recíproca*, constante dessa norma legal, está a expressar que as partes ficaram *totalmente* vencidas em relação a distintos pedidos formulados *na causa*.

Nossa convicção quanto a isso se funda não apenas na interpretação histórico-política, já exposta, mas na *sistemática*, materializada no art. 789, § 1º, da CLT, segundo o qual as custas serão pagas somente pelo *vencido*. Vencido *na causa*, por certo, e não, quanto a cada pedido. De tal arte, se o autor formulou pedido de R$ 80.000,00, mas a sentença lhe concedeu apenas R$ 30.000,00, somente o réu pagará custas, a serem calculadas sobre os R$ 30.000,00 a que foi condenado. O autor nada pagará a esse título, pois o sistema do processo do trabalho não possui custas pro rata. Esse é o mesmo raciocínio a ser utilizado, sistematicamente, na interpretação do art. 791-A, § 3º, da CLT.

21. Em síntese, a interpretação que estamos a extrair do § 3º do mencionado dispositivo de lei não só é fiel à sua literalidade e à própria *mens legislatoris* como procura fazer com que o autor possa exercer, sem maiores sobressaltos no espírito, o seu inalienável direito constitucional de ação (CF, art. 5º, inciso XXXV), significa dizer, direito de invocar a tutela jurisdicional do Estado, com a finalidade de promover a defesa de um direito ligado a bens ou a utilidades da vida, ameaçado de lesão, ou já lesado.

22. Ainda que a interpretação que estamos a preconizar fosse considerada apenas uma de tantas possíveis, atuaria em favor dela, em caráter adminicular, o vetusto princípio *in dubio pro misero*, contrafeito do *in dubio pro reo*, do direito penal. Conquanto o *in dubio pro misero* **não** incida em tema de apreciação de provas — como na denominada *prova dividida*, pois, neste caso, o juiz tem de verificar qual foi a prova de *melhor qualidade* e decidir em consonância com ela — é aplicável, à larga, em matéria de interpretação de *norma legal*, seja de natureza material, seja de natureza processual. O aludido princípio possui base lógica, pois se a legislação trabalhista — *lato sensu* — se destina, em tese, a proteger o trabalhador, a tutelar os seus interesses, nada mais coerente do que, diante de duas interpretações possíveis de determinado preceito legal, se opte por aquele que se harmonize com o caráter protetivo que essa legislação revela.

23. É razoável presumir que alguém possa vir a interpelar-nos para, entre outras coisas, esclarecermos a razão pela qual não defendemos a revogação, pura e simples, do art. 791-A, da CLT, com vistas a anatematizar do processo do trabalho essa verdadeira Caixa de Pandora introduzida pelo legislador de 2017. Sendo assim, devemos responder, em caráter proléptico, que no atual momento político que o País está a viver não há clima para essa proposta de revogação, pois o Congresso Nacional está ou estará às voltas com as reformas da Previdência, Tributária, Administrativa e outras mais.

24. Em todo o caso, se essa revogação viesse a ocorrer, o sistema do processo do trabalho não ficaria destituído de instrumento necessário à preservação do conteúdo ético que lhe é inerente, uma vez que o art. 793-C, da CLT — também introduzido pela Lei n. 13.467/2017 —, prevê os casos de *litigância de má-fé*, ensejando a condenação do *improbus litigator* ao pagamento não somente de multa (superior a 1% e inferior a 10%) e de indenização, como de *honorários de advogado* à parte contrária.

25. Os males que o art. 791-A, da CLT, vem acarretando, principalmente, à classe trabalhadora brasileira, podem ser abrandados pela interpretação que estamos a alvitrar do § 3º da sobredita norma legal. Sem o predomínio dessa interpretação, os trabalhadores continuarão a ter receio de demandar na Justiça do Trabalho — essa Justiça que, desde as suas origens, constitui modalidade de serviço público colocado à disposição deles.

26. Sob esse aspecto, vem-me à lembrança a lenda de um Imperador despótico, em cujo reino não havia um Poder Judiciário. No decorrer dos anos, entretanto, os ministros que lhe eram mais íntimos passaram a aconselhá-lo a instituir esse Poder, pois os países democráticos, com os quais o reino do déspota mantinha importantes relações comerciais, estavam inquietos diante do fato de ser o próprio Imperador quem realizava o julgamento dos conflitos de interesses ocorrentes entre os seus súditos. Tantas foram as insistências, tantos foram os argumentos dos ministros, que o déspota decidiu criar um Poder Judiciário. Convocou, então, um grupo de assessores, dizendo-lhes que elaborassem o correspondente projeto, mas impôs-lhes uma condição *sine qua non*: que fossem criadas pesadas taxas para quem desejasse ingressar em juízo, para quem pretendesse produzir provas, para quem quisesse recorrer da sentença, e assim por diante.

O Imperador concluiu a sua determinação, dizendo:

— Imponham, enfim, tantas pesadas taxas e tantas pesadas despesas, de tal forma que o povo tenha, verdadeiramente, receio de ingressar nesse Poder Judiciário!

Uma ironia: o que era, simplesmente, uma lenda, parece haver-se tornado cruenta realidade no processo do trabalho de nosso País, mercê da interpretação que determinados segmentos da doutrina e da jurisprudência vêm dando ao § 3º do art. 791-A, da CLT — e da qual ousamos discordar.

27. Gil Vicente é considerado o fundador da dramaturgia em Língua Portuguesa. Por volta de 1517, ele escreveu *O Auto da Barca do Inferno*. Trata-se de uma peça de crítica aos costumes da sociedade lisboeta do período. Na obra, Gil nos fala de duas barcas estacionadas em margens opostas do mesmo rio: uma, capitaneada por um Anjo, conduziria as pessoas falecidas ao Paraíso; outra, comandada pelo Diabo, as conduziria – por óbvio -- ao Inferno. Todas as pessoas finadas pretendiam subir para a barca angelical. O Anjo, todavia, previamente as interrogava a respeito da vida terrena que tiveram, e o resultado é que, praticamente, todas eram mandadas à indesejável Barca do Inferno. Assim ocorreu com um fidalgo, um agiota, um parvo, um sapateiro, um frade, uma alcoviteira, um corregedor, um procurador, entre outros. Conseguiram ingressar na Barca do Anjo apenas quatro cavaleiros da Ordem de Cristo, que haviam combatido nas Cruzadas, além de um parvo e de um padre.

Pergunto ao estimado leitor: se Gil Vicente ainda fosse vivo, para qual Barca ele remeteria os autores da Reforma Trabalhista brasileira?

28. O florentino Dante Alighieri escreveu a celebérrima *A Divina Comédia*. Na verdade, a obra possuía o título somente de *A Comédia*. Quem lhe acrescentou o substantivo *Divina* foi Boccaccio. Pois seja. Dante, em companhia de seu amigo, o poeta Virgílio, visita os nove círculos do Inferno, mas o que o impressiona é a inscrição constante à porta desse local apavorante: *Lasciate ogni speranza voi que entrate* (Abandonai qualquer esperança, vós que entrais).

Confesso que me toma de preocupação o espírito a possibilidade de, no futuro, a permanecer o atual estado de coisas — agravado pela exigência de que os pedidos formulados na inicial indiquem também o correspondente *valor* (CLT, art. 840, § 1º, sob pena de indeferimento dessa peça processual: *ibidem*, § 3º) —, o trabalhador brasileiro vir a ser tragicamente surpreendido ao perceber essa inscrição infernal reproduzida no frontispício dos órgãos da Justiça do Trabalho de nosso País...

Lasciate ogni speranza...

Curitiba, outono de 2019".

§ 4º Vencido o beneficiário da justiça gratuita, desde que não tenha obtido em juízo, ainda que em outro processo, créditos capazes de suportar a despesa, as obrigações decorrentes de sua sucumbência ficarão sob condição suspensiva de exigibilidade e somente poderão ser executadas se, nos dois anos subsequentes ao trânsito em julgado da decisão que as certificou, o credor demonstrar que deixou de existir a situação de insuficiência de recursos que justificou a concessão de gratuidade, extinguindo-se, passado esse prazo, tais obrigações do beneficiário.

• **Comentário**

A norma em apreço enfeixa um princípio e uma exceção: a) o *princípio* é de que se o beneficiário da justiça gratuita ficar vencido (ainda que em parte) na causa, as obrigações oriundas de sua sucumbência ficarão sob condição suspensiva de exigibilidade, somente podendo ser executadas se, dentro de dois anos que se seguirem ao trânsito em julgado da correspondente decisão, o credor demonstrar que o beneficiário da justiça gratuita passou a ter condições financeiras para realizar o pagamento dos honorários advocatícios. Decorrido o prazo de dois anos, sem que o beneficiário da justiça gratuita tenha adquirido condições financeiras para saldar a dívida, ficará extinta a exigibilidade do pagamento; b) a *exceção* é de que a condição suspensiva da exigibilidade da obrigação não ocorrerá se o beneficiário da justiça gratuita houver recebido, em outro processo (no mesmo juízo, ou não), suficiente para satisfazer a obrigação de pagamento dos honorários.

Como a norma em exame faz referência a *créditos*, o juiz deverá proceder da forma indicada pelo art. 855 do CPC. Mais do que isso, cumprir-lhe-á verificar se esse crédito não é derivante de *salários*, caso em que se imporá a observância ao art. 833, IV e § 2º, do CPC.

Algumas situações haverão de ocorrer na prática, que desafiarão o bom-senso e a perspicácia dos juízes quanto à solução a ser adotada. Uma delas se refere ao fato de o beneficiário da justiça gratuita haver recebido, em determinado processo, valor que lhe permitiria pagar os honorários de sucumbência alusivos ao processo atual, mas já não possuir esses valores, por algum motivo que consiga comprovar, ou esses valores estarem indisponíveis por força de penhora. Outra situação diz respeito à circunstância de os valores recebidos em outro processo serem insuficientes para o pagamento integral dos mencionados honorários.

No primeiro caso, caberia ao juiz suspender a execução, nos termos do art. 40 da Lei n. 6.830, de 22 de setembro de 1980, aplicável ao processo do trabalho por força do disposto no art. 889 da CLT. No segundo, a execução poderia ser promovida, mediante penhora do dinheiro recebido em outro processo; como esse valor seria insuficiente para o pagamento integral dos honorários, o processo seria suspenso, depois da execução parcial, na forma do art. 40 da precitada norma legal. Com relação à possibilidade dessa penhora, devemos recordar o disposto no art. 833 do CPC, que diz da impenhorabilidade de salários, vencimentos, remunerações, etc., ressalvado o contido no § 2º dessa mesma norma legal.

A Procuradoria-Geral da República ingressou, porém, com Ação Direta de Inconstitucionalidade (ADI n. 5766/2017), no STF, tendo como objeto os arts. 790-B, *caput*, e § 4º; 791-A, § 4º; e 844, § 2º, da CLT. Segundo o autor da ação, essas normas estariam a violar os arts. 1º, incisos III e IV; 3º, incisos I e III; 5º, *caput*, incisos XXXV e LXXIV e § 2º; e 7º a 9º da Constituição da República. Foi sorteado como relator o Ministro Roberto Barroso.

O art. 791-A da CLT e a ação civil pública

A Lei n. 7.347, de 24.7.1985, "Disciplina a ação civil pública de responsabilidade por danos causados ao meio-ambiente, ao consumidor, a bens e direitos de valor artístico, estético, histórico, turístico e paisagístico *(VETADO)* e dá outras providências".

Entre as entidades legitimadas ao exercício da ação civil pública, se inclui o Ministério Público (art. 5º, I).

Dispõe o art. 18 da referida norma legal: "Nas ações de que trata esta lei, não haverá adiantamento de custas, emolumentos, honorários periciais e quaisquer outras despesas, *nem condenação da associação autora, salvo comprovada má-fé, em honorários de advogado, custas e despesas* processuais." (destacamos)

Em princípio, o Ministério Público não deveria ser condenado ao pagamento de honorários advocatícios, em virtude das relevantes funções institucionais, que lhe atribui a Constituição da República, quais sejam, a defesa da ordem jurídica, do regime democrático e dos interesses sociais e individuais indisponíveis (CF, art. 127, *caput*).

Todavia, a jurisprudência, tanto cível quanto trabalhista, tem entendido, com fundamento no art. 18 da Lei n. 7.347/1985, que o Ministério Público pode ser condenado ao pagamento de honorários advocatícios no caso de ter agido com má-fé:

STJ — RECURSO ESPECIAL REsp 577804 RS 2003/0130778-6 (STJ)

Data de publicação: 14.12.2006

Ementa: PROCESSUAL CIVIL. AÇÃO DE IMPROBIDADE ADMINISTRATIVA. CONDENAÇÃO DO MINISTÉRIO PÚBLICO EM HONORÁRIOS ADVOCATÍCIOS OU CUSTAS. NÃO CABIMENTO, SALVO NA OCORRÊNCIA DE MÁ-FÉ. 1. A ação de improbidade administrativa é ação com assento constitucional (art. 37, § 4º) destinada a tutelar interesses superiores da comunidade e da cidadania. Embora com elas não se confunda, assemelha-se, sob esse aspecto finalístico, à ação popular (CF, art. 5º, LXXIII e Lei n. 4.717/65), à ação civil pública destinada a tutelar o patrimônio público e social (CF , art. 129 , III e Lei n. 7.347/86, art. 1º) e, em face do seu caráter repressivo, à própria ação penal pública. 2. Em nosso sistema normativo, incluída a Constituição, está consagrado o princípio de que, em ações que visam a tutelar os interesses sociais dos cidadãos, os demandantes, salvo em caso de comprovada má-fé, não ficam sujeitos a ônus sucumbenciais. Espelham esse princípio, entre outros dispositivos, o art. 5º, incisos LXXIII e LXXVII da Constituição e o art. 18 da Lei n. 7.347/85. Assim, ainda que não haja regra específica a respeito, justifica-se, em nome do referido princípio, que também em relação à ação de improbidade o Ministério Público fique dispensado de ônus sucumbenciais, a não ser quando comprovada a abusividade de sua atuação. 3. Recurso especial provido. Relator: Teori Albino Javascki, 1ª Turma do STJ.

(...)

STJ — RECURSO ESPECIAL REsp 736118 SP 2005/0048563-6 (STJ)

Data de publicação: 11.5.2006

Ementa: PROCESSUAL CIVIL. AÇÃO CIVIL PÚBLICA. CONDENAÇÃO DO MINISTÉRIO PÚBLICO EM HONORÁRIOS ADVOCATÍCIOS. CABÍVEL APENAS NA OCORRÊNCIA DE MÁ-FÉ. 1. Em sede de ação civil pública, só é possível a condenação do Ministério Público em honorários advocatícios no caso de comprovada má-fé (REsp 250980/SP, 2ª T., Min. João Otávio de Noronha, DJ de 6.3.2006; REsp 678969/PB, 1ª T., Min. Luiz Fux, DJ de 13.2.2006). 2. Recursos especiais providos. Relator: Teori Albino Javascki, 1ª Turma do STJ.

Encontrado em: ANO: 1985 ART: 00018 LEI DE AÇÃO CIVIL PÚBLICA STJ — REsp 250980 -SP, REsp 363949-SP, REsp 439599

(...)

PROCESSO N. TST-RO-123700-69.2003.5.15.0000

Firmado por assinatura digital em 20.11.2013 pelo sistema AssineJus da Justiça do Trabalho, nos termos da Lei n. 11.419/2006, que instituiu a Infra-Estrutura de Chaves Públicas Brasileira.

ACÓRDÃO

SBDI-2

EMP/ds

RECURSO ORDINÁRIO. AÇÃO RESCISÓRIA. PRETENSÃO DESCONSTITUTIVA CALCADA NO ARGUMENTO DE COLUSÃO DAS PARTES. MINISTÉRIO PÚBLICO DO TRABALHO. CONDENAÇÃO EM HONORÁRIOS ADVOCATÍCIOS. Nos termos do art. 127, *caput*, da Constituição Federal, o Ministério Público é instituição permanente, essencial à função jurisdicional do Estado, incumbindo-lhe a defesa da ordem jurídica, do regime democrático e dos interesses individuais indisponíveis. Na hipótese, o Ministério Público do Trabalho ajuizou ação rescisória, com base nos incisos III e IV do art. 485 do CPC, objetivando a desconstituição da sentença em que homologado acordo celebrado pelas partes, nos autos da reclamação trabalhista. Com efeito, infere-se que o Ministério Público do Trabalho, na presente ação, está tutelando a ordem jurídica, interesse público primário, buscando evitar a utilização do processo com intuito fraudulento, devendo os honorários advocatícios estar condicionados à eventual má-fé no ajuizamento da ação rescisória, por aplicação analógica do artigo 18 da Lei n. 7.347/1985, não obstante a atual redação do item II da Súmula n. 219 do TST.

Recurso ordinário conhecido e provido. Relator: Ministro Emmanoel Pereira

(...)

TRT-7 — Agravo de Petição AGVPET 21080089200550700008 CE 0210800-8920055070008 (TRT-7)

Data de publicação: 26.8.2010

Ementa: AGRAVO DE PETIÇÃO. TERMO DE AJUSTAMENTO DE CONDUTA. CONDENAÇÃO DO MINISTÉRIO PÚBLICO EM HONORÁRIOS ADVOCATÍCIOS. IMPOSSIBILIDADE, SALVO SE COMPROVADA MÁ-FÉ. ART. 18 DA LEI N. 7.347/85. É incabível a condenação do Ministério Público ao pagamento de honorários advocatício em sede de Ação Civil Pública, Execução e Embargos a ela correspondentes, salvo na hipótese de comprovada e inequívoca má-fé. Submetê-lo às verbas da condenação seria cercear a sua própria liberdade de atuação e sua relevante e indispensável função institucional.

Encontrado em: 8.2010 0210800-89.2005.5.07.0008: Agravo de Petição. ODECON ENGENHARIA LTDA. MINISTÉRIO PÚBLICO Relatora: Dulcinda de Holanda Palhano, 1ª Turma do TRT da 7ª Região.

Capítulo XVII
HONORÁRIOS ADVOCATÍCIOS NA RECONVENÇÃO

§ 5º São devidos honorários advocatícios na reconvenção.

- **Comentário**

    Reconvenção

    A reconvenção constitui ação do réu em face do autor, no mesmo processo. A resposta reconvencional foi admitida no processo do trabalho por obra da jurisprudência. Agora, o art. 791-A, § 5º, da CLT, a ela se refere, de maneira expressa. Não vai, no entanto, além disso; logo, toda a disciplina da reconvenção deve ser tomada por empréstimo ao processo civil (CLT, art. 769), que a estabelece no art. 343.

    A reconvenção, como ação, apresenta os seguintes pressupostos:

    a) *uma causa pendente*, pois a reconvenção é uma ação exercida pelo réu no mesmo processo, provocando, com isso, uma aglutinação de ações, onde o autor, na primeira, é réu na segunda, e vice-versa;

    b) *o exercício no momento oportuno*, porque a reconvenção deve ser apresentada na fase de defesa. No processo do trabalho, como não há prazo preestabelecido para o oferecimento de resposta, por parte do réu, este deverá apresentar reconvenção na audiência destinada à sua defesa. Sob o aspecto lógico, a reconvenção vem depois da contestação, conquanto se vá examinar, mais adiante, se quem não contestou poderá reconvir. Se o réu perder o prazo para reconvir, só mediante ação específica poderá manifestar as pretensões que poderia ter deduzido em sede reconvencional;

    c) *a identidade de procedimentos*, porquanto a ação e a reconvenção (que também é ação) devem ser julgadas na mesma sentença, e, para isso, é imprescindível que se subordinem ao mesmo procedimento;

    d) *a conexão com a ação principal ou com o fundamento da defesa* (CPC, art. 343), pois, conforme ficou esclarecido, ambas as ações devem estar vinculadas ao mesmo negócio (*in eodem negotio*), que, no processo do trabalho, cumpre ser entendido, na maioria dos casos, como o contrato de trabalho firmado entre partes;

    e) *a competência do juízo*, pois seria inadmissível que a reconvenção fosse apresentada a juízo incompetente para examiná-la, embora este possuísse competência para a ação principal. Esse pressuposto merece especial destaque, com vistas ao processo do trabalho, porquanto o réu (empregador) não poderia reconvir ao autor (empregado), *v. g.*, para tentar receber, deste, o valor de aluguel vencido ou algum título de crédito proveniente de relação meramente civil ou mercantil.

Em traços gerais, é este o procedimento concernente à reconvenção:

a) Petição inicial

Não sendo, a resposta reconvencional, modalidade de contestação, mas ação do réu em face do autor, no mesmo processo, ela deve ser manifestada por meio de petição inicial. Isso corresponde a afirmar que essa petição deverá preencher os requisitos exigidos pelo art. 840, § 1º, da CLT, combinado com alguns do art. 319 do CPC: ou seja: a) nomes e prenomes do reconvinte e do reconvindo; b) referência ao juízo a que é dirigida; c) narração dos fatos e indicação dos fundamentos jurídicos do pedido; d) o pedido, com suas especificações; e) o valor da causa; f) a data e a assinatura do autor ou de seu advogado.

Não haverá necessidade de ser feita alusão ao estado civil, existência de união estável, número de inscrição no CPF ou no CNPJ, profissão, domicílio e residência do reconvinte e do reconvindo porque essas informações já devem constar dos autos. Sob este aspecto, portanto, a reconvenção coincide com a contestação, na qual também é dispensada a indicação desses dados pessoais das partes.

Como as petições iniciais trabalhistas em geral, a de reconvenção também não precisará conter: a) a indicação dos meios de prova de que o reconvinte se valerá; b) o requerimento de intimação do reconvindo, porquanto no sistema do processo do trabalho: 1) a parte pode produzir (no momento oportuno), sem prévia especificação, todas as provas legalmente permitidas; 2) a citação (a "intimação", na reconvenção, tem essa natureza) é realizada *ex officio* (CLT, art. 841).

Na vigência do CPC de 1939, a reconvenção era apresentada junto com a contestação, ou seja, na mesma peça (art. 190). No sistema do CPC de 1973, ela passou a ser exigida em petição apartada, pois constitui modalidade específica de resposta do réu. Desta forma, este, comparecendo a juízo, apresentava (se fosse o caso), em peças distintas, contestação e reconvenção. Ainda que assim devesse ser, não pudemos deixar de reconhecer que eventual formulação de ambas as espécies de resposta numa só peça não implicaria nulidade da reconvenção, nomeadamente, no processo do trabalho, em que o princípio da instrumentalidade, inscrito nos arts. 154 e 244 do CPC de 1973, recebia especial e justificada exaltação. Ocasionais dificuldades de ordem prática, que pudessem acarretar o oferecimento da contestação e da reconvenção em peça única, seriam facilmente contornáveis. Pois bem.

A redação do art. 343 do atual CPC permite concluir que a reconvenção será apresentada na mesma peça da contestação. Neste aspecto, retorna-se ao sistema do CPC de 1939 (art. 190). Tecnicamente, essa manifestação do réu está muito mais próxima de *pedido contraposto*, do que de *reconvenção*. Aliás, no Projeto original do CPC, substituía a reconvenção pelo pedido contraposto. Prevaleceu, todavia, a tradição.

Cumprirá ao juiz determinar, *ex officio*, que o distribuidor proceda à anotação da reconvenção (CPC, art. 286, parágrafo único; CLT, art. 783).

A petição inicial da reconvenção deverá ser instruída com os documentos indispensáveis ao ajuizamento desta (CPC, art. 320; CLT, art. 787), exceto se tais documentos já se encontrarem nos autos ou acompanharem a contestação.

Se o juiz verificar que a petição inicial não atende aos requisitos legais, ou que apresenta defeitos ou irregularidades capazes de dificultar o julgamento do mérito, deverá, mediante despacho, fixar prazo para que o reconvinte a emende ou a complete, no prazo de quinze dias (CPC, art. 321, *caput*). Não cumprida a determinação, a petição será indeferida (*ibidem*, parágrafo único).

Questão interessante diz respeito a saber se o ato que indefere a petição inicial de reconvenção é recorrível no processo do trabalho. Sabemos que, nos demais casos de indeferimento da inicial, a sentença trabalhista, assim como a civil, pode ser impugnada por meio de recurso. No tocante à petição inicial relativa à reconvenção, entretanto, há uma particularidade fundamental, capaz de colocar em dúvida a doutrina quanto à possibilidade de esse ato ser recorrível. Na realidade, o problema tem sido examinado pela doutrina à luz do pressuposto de que o indeferimento da inicial da reconvenção se dá por meio de sentença.

Se entendermos que de sentença se trata e que é irrecorrível, teremos sérias dificuldades para explicar as razões pelas quais todas as outras, que extinguem o processo sem julgamento do mérito, são impugnáveis, ou seja, estaremos criando, de modo arbitrário, uma classe de sentença irrecorrível, quando essa restrição somente pode ser imposta por lei. Logo, quando menos para evitar o cometimento de lesão aos princípios e aos legítimos interesses da parte seria de admitirmos a possibilidade de interposição de recurso ordinário da sentença que indeferisse a petição inicial de reconvenção. Este concluimento, contudo, traria outros embaraços de ordem prática, que devem ser agora enfrentados.

Admitido o recurso, na espécie com a qual estamos a nos ocupar, de duas, uma: ou se atribuiria a ele, por exceção, o efeito suspensivo, ou não se lhe pespegaria esse efeito.

Se lhe fosse conferido efeito suspensivo, se estaria não só desrespeitando a lei (CLT, art. 899, *caput*) como estimulando o réu mal-intencionado a reconvir apenas com intuito protelatório; se não lhe atribuísse tal efeito, se estaria provocando graves transtornos no procedimento, pois devendo a reconvenção ser apreciada com a ação principal, pela mesma sentença, essa regra acabaria sendo desobedecida, porquanto a ação principal poderia vir a ser julgada antes da reconvenção, considerando-se o recurso interposto da sentença que indeferiu esta última.

A solução que, a princípio, poderíamos preconizar, dentre as apreciadas — e que, pelo aspecto *sui generis* da matéria, jamais poderia manter a desejável harmonia com os princípios e com o sistema — seria admitir-se o recurso ordinário, com efeito excepcionalmente suspensivo do trâmite processual. Em socorro a essa opinião, poderíamos acrescentar que, a não se admitir a possibilidade de o reconvinte recorrer, isso poderia significar, em alguns casos, um veto fatal ao seu direito de deduzir uma pretensão (substancial) diante do autor, pois há uma acentuada tendência doutrinária e jurisprudencial de não se reconhecer ao réu (empregador) o exercício de ação autônoma para formular pedidos que impliquem a condenação do autor (trabalhador). Assim, se, p. ex., o réu desejasse receber do autor o aviso-prévio, a que este estivesse obrigado a oferecer, negada a possibilidade de recurso da sentença que indeferisse a petição inicial de reconvenção e vedado o exercício de ação autônoma, para o fim mencionado, ao réu só caberia ver o seu direito espezinhado.

Todavia, optamos por uma outra solução, — esta sim, verdadeiramente heterodoxa, aos olhos do processo civil —, consistente em dar-se à reconvenção, no processo do trabalho, tratamento semelhante ao que é dispensado aos incidentes processuais, de tal sorte que o ato pelo qual se indeferiria a petição de reconvenção assumiria o caráter de decisão interlocutória, cujo efeito prático residiria na impossibilidade de ser impugnada por meio de recurso autônomo. Com isso, caberia ao reconvinte manifestar o seu "protesto" em audiência, ou na primeira vez em que tivesse de falar nos autos (CLT, art. 795, *caput*), a fim de poder, mais tarde, arguir a nulidade do processo, perante o tribunal.

Esta solução, conquanto possa produzir sobressaltos e inquietações no espírito dos estudiosos do processo civil, é a que, a nosso ver, melhor de harmoniza com os princípios e os objetivos do processo do trabalho; além disso, tem o mérito de atenuar as consequências perturbadoras desses princípios e objetivos, acarretadas pela infiltração da reconvenção nesse processo.

Com isso, procuramos, de um lado, desestimular o oferecimento de reconvenção procrastinatória, e, de outro, assegurar o direito de o reconvinte ver apreciado pelo tribunal o merecimento da decisão que indeferiu, *in limine*, a inicial da reconvenção — sem que o exame dessa decisão produza a suspensão do processo, conquanto possa eventualmente anulá-lo.

Nossa opinião de que a reconvenção deva ter, no processo do trabalho, o tratamento que é dado aos incidentes processuais não colide, como se possa imaginar, com a, também nossa, de que a reconvenção deve ser manifestada por petição elaborada com observância dos requisitos legais; o caráter de incidente processual, que procuramos atribuir à reconvenção, visou, tão somente, a encontrar uma solução para o problema da possibilidade de impugnação autônoma, ou não, do ato judicial que indefere a petição inicial.

Se fôssemos considerar a reconvenção como ação do réu, deveríamos cogitar da citação do autor, não de sua intimação. Contudo, o próprio legislador, sem deixar de reconhecer a natureza de ação da resposta reconvencional, preferiu o emprego do vocábulo *intimado* em virtude de as partes já estarem integradas a uma relação jurídica processual, decorrente da ação ajuizada pelo autor-reconvindo (CPC, art. 343, § 1º). O projeto primitivo do CPC fazia referência à citação (art. 320); no Senado, entretanto, recebeu emenda do Relator Geral, que atribuiu ao dispositivo a redação que hoje apresenta, ao fundamento de que *"pela definição legal de citação e mesmo pela natureza desta, ela é o ato pelo qual se chama a juízo o réu; ora, quando o réu reconvém, o reconvindo já está em juízo, já está na relação processual, razão por que é conveniente manter-se a terminologia vigente (art. 193 do CPC) falando-se em intimação e não em citação"*.

Sem discutirmos o acerto ou o desacerto dessa atitude do legislador, o fato é que a intimação nos deixa mais à vontade para sustentar o ponto de vista de que a reconvenção deve ser cuidada, no processo do trabalho, como um incidente, a ser resolvido por decisão de caráter interlocutório, que, por isso, é insuscetível de impugnação autônoma.

Como a reconvenção deve ser apresentada na mesma oportunidade da contestação, e na mesma peça, isso significa que, no processo do trabalho, ambas serão manifestadas em audiência. Antes disso, o juiz formulará a primeira proposta de conciliação (CLT, art. 846, *caput*). Por uma questão de ordem lógica, o juiz fará constar da ata, primeiro, a contestação e, depois, a reconvenção. É sempre recomendável que faça registrar, também, o número de documentos que instruem uma e outra. Em seguida, intimará o autor para se pronunciar, no prazo que assinar, a respeito da contestação. Ato contínuo, o intimará para responder à reconvenção.

b) Resposta

Surge, aqui, a dúvida sobre qual o prazo para essa resposta a ser apresentada pelo reconvindo. No processo civil, é de quinze dias (CPC, art. 343, § 1º); conquanto no processo do trabalho também se venha adotando idêntico prazo, pensamos que estaria em maior equilíbrio com o sistema se fosse assinado o prazo de cinco dias, a que se refere o art. 841, *caput*, parte final, da CLT, pois não deixa de ser ilógico e injusto atribuir-se ao réu o prazo (embora mínimo) de cinco dias para se defender (é nesse sentido que vem sendo interpretada a norma legal mencionada) e de quinze dias para o reconvindo se manifestar.

Seja de cinco ou de quinze dias esse prazo — ressaltando o nosso entendimento de que o primeiro seria o mais correto —, uma outra dúvida surge: a resposta do reconvindo deve ser apresentada em audiência ou na secretaria do juízo? Se nos deixássemos influenciar pelo princípio que informa o processo do trabalho não hesitaríamos em asseverar que a resposta à reconvenção deveria ser apresentada em audiência. Razões de ordem prática, entretanto, sugerem que essa manifestação ocorra na secretaria do juízo, onde será protocolada. A designação de audiência específica para que o reconvindo se pronunciasse sobre a reconvenção causaria enorme transtorno aos juízes, sabendo-se que as pautas das audiências trabalhistas, como é notório, se encontram congestionadas, sendo, portanto, extremamente difícil encontrar-se vaga para inserir a relativa à reconvenção. De outra parte, a designação de audiência para a finalidade que estamos a examinar, segundo a rigorosa ordem cronológica, poderia fazer com que ficasse para muito além do desejável, pois não se pode perder de vista que a ação e a reconvenção pertencem ao mesmo processo.

Nenhuma nulidade haverá se se determinar que a resposta à reconvenção seja protocolada na secretaria do juízo; ao contrário, motivos de ordem prática recomendam que assim o seja. Mais uma vez, a supremacia é do princípio da instrumentalidade (CPC, art. 277), cuja excelência justifica, até mesmo, pôr-se de lado determinados princípios do processo do trabalho, que o tempo acabou colocando em descompasso com a realidade dos fatos da vida cotidiana do foro, exatamente porque já não atendem aos interesses dos trabalhadores.

A resposta à reconvenção deve observar as mesmas regras estabelecidas pelo CPC, quanto à contestação à ação, em especial as concernentes ao princípio da eventualidade ou da concentração (art. 336) e ao ônus da impugnação especificada dos fatos (art. 341), com as exceções contidas nos incisos deste último dispositivo.

c) Instrução

A despeito de a reconvenção ser ação do réu, que, por isso, não se confunde com a do autor, ambas se subordinam ao mesmo procedimento, inclusive, quanto à instrução.

Assim, as partes e as testemunhas, em seus depoimentos, dirão sobre os fatos da ação e da reconvenção, indistintamente, salvo se algum motivo particular justificar que, na ata, sejam identificadas as respostas por elas dadas, conforme se refiram à ação ou à reconvenção.

Merece comentário particular, todavia, a prova documental. Tanto a CLT (art. 787) quanto o CPC (art. 320) exigem que a petição inicial seja instruída com os documentos indispensáveis ao ajuizamento da ação. Por outro lado, o CPC impõe que também a contestação se faça acompanhada dos documentos destinados a provar os fatos aí alegados (art. 434). Esta determinação do CPC é aplicável ao processo do trabalho, em que pese à injustificada resistência daqueles que supõem que o princípio da simplicidade, que orienta este processo, dispense as partes de qualquer disciplina probatória. Simplicidade, *data venia*, não é pretexto para tumultos ou fugas à ordem. Todas as normas legais até aqui indicadas, portanto, devem incidir, por inteiro, na reconvenção e na resposta que a ela se ofereça. Desta forma, a inicial da reconvenção deve trazer os documentos em que se funda (CLT, art. 787), do mesmo modo como a contestação a ela deve ser instruída com os documentos atinentes aos fatos narrados pelo reconvindo (CPC, art. 434). A junção de documentos, para além desses momentos, só se justifica quando destinados a fazer prova de fatos ocorridos depois dos articulados ou para contrapô-los aos que forem afirmados pela parte contrária (CPC, art. 435). Fora disso, será estimular os litigantes à prática de atos tumultuários do procedimento e abrir ensejo para que os que, movidos pela má-fé, procuram converter o processo em instrumento de suas conveniências.

De resto, estando a reconvenção imbricada com a ação principal, a instrução daquela se funde com a desta, inclusivamente, quanto à prova pericial, às cartas precatórias, à inspeção judicial etc.

d) Razões finais e segunda proposta de conciliação

Encerrada a instrução, incumbirá ao juiz conceder a cada parte o prazo de dez minutos, para que aduzam razões finais (CLT, art. 850, *caput*). Deve ser abandonada a praxe, adotada por alguns juízos, de substituir as razões finais por memoriais escritos. No processo do trabalho, as razões finais devem anteceder à segunda proposta de conciliação; a praxe, a que nos referimos, subverte essa ordem ao permitir que ditas razões sejam oferecidas depois da proposta final de conciliação. O que se pode fazer é facultar a apresentação de memoriais, sem prejuízo das razões finais, que devem ser produzidas no momento previsto em lei.

Decorrido o prazo para as razões finais, sejam ou não aduzidas, o juiz formulará a segunda proposta de conciliação. Como já acentuamos, a conciliação, em concreto, assume as características de transação, assim entendido o negócio jurídico bilateral mediante o qual se põe fim ao processo com julgamento do mérito (CPC, art. 487, III, "b"). Esta expressão legal, se bem a analisarmos, fica muito a dever às exigências científicas a respeito do rigor vocabular. Quando as partes transigem, não há dúvida de que esse ato afeta o mérito da causa; dizer-se, contudo, como fez o legislador, que o processo se extinguirá com julgamento do mérito parece-nos ir-se além da medida, porquanto mesmo que se torne imprescindível para a validade jurídica desse negócio jurídico a sentença homologatória, o juízo, ao emiti-la, nada julga, nada acrescenta e nada retira, senão que dá o seu beneplácito a essa manifestação convergente da vontade das partes. Melhor será, pois, que se diga que, por força da transação e da sentença que a homologa, o processo se extingue com *exaustão* do mérito. Talvez atento a críticas como a que formulamos, o legislador alterou a redação do art. 487, *caput*, do CPC, para dispor que "Haverá *resolução* de mérito; (...)".

e) Desistência

Declara o art. 343, § 2º, do CPC, que a desistência da ação, ou a existência de qualquer causa que a extinga, não obsta o prosseguimento da reconvenção.

Essa dicção legal demonstra a autonomia das ações principal e reconvencional e dos processos que lhes correspondem. A unidade é, apenas, com relação ao procedimento.

Quanto à extinção do processo pertinente à ação principal, o tema não requer maiores explicações; a ponderar-se, contudo, a possibilidade de, em alguns casos, essa extinção provocar inevitável ressonância na própria reconvenção — particularidade que parece não haver sido considerada pelo legislador, ao redigir o art. 343, § 2º, do estatuto processual civil. Digamos, *v. g.*, que o processo relativo à ação principal venha a ser extinto em decorrência da ilegitimidade *ad causam* de uma das partes: é óbvio que esse fato irá repercutir na reconvenção, pois essa ilegitimidade dirá respeito, *ipso facto*, ao reconvinte ou ao reconvindo, provocando, com isso, também a extinção do processo alusivo à ação reconvencional.

No que concerne à desistência da ação, havendo reconvenção, entretanto, o assunto requer uma nota explicativa. Como o réu é citado para ação, e posteriormente a isso apresenta contestação e reconvenção, resulta evidente que a possibilidade de o autor desistir da ação principal fica subordinada à concordância do réu-reconvinte. Vindo este a anuir com a desistência, o processo alusivo à ação principal será extinto (CPC, art. 485, VIII), cujo fato não impedirá o prosseguimento da reconvenção, configurando-se, assim, a hipótese de que cogita o art. 343 do CPC. Caso, porém, o réu não concorde com a precitada desistência, o processo terá curso, juntamente com o da reconvenção.

Para que a desistência da ação produza os efeitos legais pretendidos, será indispensável a sua homologação por sentença (CPC, art. 200, parágrafo único). Isso equivale a afirmar que, enquanto não houver homologação, o processo tramitará como se a desistência não tivesse sido manifestada. A não se considerar assim, as palavras da lei cairiam no vazio.

É elementar, por outro lado, que, se não havia decorrido o prazo para a resposta do réu, a desistência da ação independerá do assentimento deste (CPC, art. 485, § 4º), hipótese em que, mormente no processo do trabalho: a) a homologação do ato não poderá ser recusada pelo juízo; b) o réu não poderá oferecer reconvenção.

Acrescente-se que no regime litisconsorcial do tipo facultativo a desistência da ação é possível, atendidas as exigências legais. No litisconsórcio necessário, porém, a desistência de um dos compartes é inadmissível, precisamente porque, aqui, é imprescindível a integração de todos na relação jurídica processual.

f) Sentença

Serão julgadas pela mesma sentença a ação e a reconvenção. O CPC revogado possuía expressa disposição a esse respeito (art. 318), cuja regra foi, por certo, implicitamente recepcionada pelo Código atual. Há algo de vago, a esse respeito, na parte final da letra "a" do inciso III do art. 487 do CPC.

Essa exigência de julgamento pela mesma sentença é perfeitamente compreensível, pois embora haja uma autonomia ontológica entre a ação principal e a reconvenção, ambas se subordinam, como afirmamos, a um só procedimento. Logo, incorrerá em *error in procedendo* o órgão jurisdicional que proferir duas sentenças: uma para a ação, outra para a reconvenção. É bem verdade que se isso ocorrer não haverá nulidade das sentenças, cuidando o juiz, todavia, de reuni-las o quanto antes, a fim de que, se for o caso, possam ser impugnadas por um só recurso e se submetam a uma só execução. Eventual separação das sentenças poderia fazer com que, em virtude do julgamento dos recursos, elas se tornassem antagônicas, criando, com isso, uma antinomia que reclamaria muito engenho e arte para ser desfeita.

Em torno da afirmação de que a sentença deva ser uma só, devem ser feitas algumas observações. Em primeiro lugar, a própria cronologia do ingresso em juízo faz com que ação, em princípio, seja apreciada antes do que a reconvenção; situações excepcionais, contudo, exigirão que se altere essa ordem, como quando a matéria que dá conteúdo à reconvenção possa abarcar ou prejudicar a da ação principal. Em segundo, a reconvenção deve ser expressamente julgada, sendo, por isso, recomendável que se abandone a praxe, estabelecida em certos foros, de considerá-la implicitamente examinada em decorrência do que se decidiu no julgamento da ação principal. Afinal, são duas lides autônomas, que, em razão disso, requerem apreciações distintas, ainda que estas se contenham numa só sentença. Se a sentença julgar, apenas, a ação principal, essa omissão deverá ser sanada por meio de embargos declaratórios. Não sendo oferecidos esses embargos, ou se forem rejeitados, a sentença, transitando em julgado, ensejará o exercício da ação rescisória, pois o juízo, ao deixar de julgar a reconvenção, violou o art. 5º, inciso XXXV, da Constituição Federal, de tal modo que a rescisória estará calcada no inciso V, do art. 966, do CPC.

Na hipótese de o réu, ou mesmo o reconvindo, haver requerido, na contestação que apresentaram, a emissão de sentença declaratória incidental, para que a questão prejudicial, então suscitada, seja alcançada pelo fenômeno da coisa julgada material (CPC, art. 502), caberá ao juízo emitir essa declaração, na mesma sentença que apreciar a ação e a reconvenção.

Pode acontecer, no entanto, de a lide relativa à ação principal estar em condições de ser julgada antecipadamente, mas a da reconvenção, não. Digamos, *v. g.*, que a matéria da ação principal seja exclusivamente de direito, ao passo que a da reconvenção envolva fatos que devam ser provados. Como deverá proceder o juiz, diante disso: julgar, de forma antecipada a ação principal, e, mais tarde, a reconvenção, ou reservar-se para apreciar uma e outra na mesma sentença? Deverão ser julgadas na mesma sentença, sob pena de termos, em verdade, duas sentenças: a da ação e a da reconvenção. Na prática, verificando, o juiz, que na ação principal não haverá necessidade de produzir provas, declarará encerrada a instrução que a ela corresponde, permitindo, contudo, que as partes possam provar os fatos atinentes à reconvenção. Concluída a instrução desta, concederá prazo para as razões finais e formulará a segunda proposta de conciliação, depois do que proferirá sentença onde julgará ambas as ações.

Nada impede, também, que, em outra situação, o julgamento seja convertido em diligência, a fim que se pratique algum ato, relativamente à ação principal ou à reconvenção, situação em que, mesmo assim, o juiz providenciará para que ambas sejam julgadas por sentença única.

Sob o aspecto estritamente formal, a sentença deverá atender aos requisitos previstos nos arts. 832 da CLT e 489, *caput*, do CPC, vale dizer: a) o relatório, no qual o juiz mencionará o nome das partes, o resumo dos pedidos e das respostas e os principais fatos relacionados com a ação principal e com a reconvenção; b) a fundamentação, em que serão apreciados os fatos, à luz das provas e do direito e de outros princípios que possa o juiz invocar; c) o dispositivo, que refletirá o resultado da apreciação feita na motivação, quando o juiz condenará o autor ou o réu, o reconvinte ou o reconvindo, no todo ou em parte.

Quanto aos demais requisitos previstos nos §§ 1º e 2º, do art. 489, do CPC, os consideramos incompatíveis com o processo do trabalho. Será admissível, *mutatis mutandis*, a incidência do disposto no § 3º.

É recomendável que a sentença defina a forma de liquidação (cálculos, artigos, arbitramento), sendo, todavia, imprescindível a indicação do valor das custas devidas (CLT, art. 832, § 2º).

O CPC de 1973 não admitia a reconvenção no procedimento sumário (art. 278, § 1º), embora permitisse ao réu, *na contestação*, formular pedidos, em seu favor, desde que fundados nos mesmos fatos constantes da inicial. Tratava-se aí não de reconvenção (pois os pedidos do réu deveriam ser feitos *na contestação*), mas, sim, de *ação dúplice*. Se, por exemplo, o autor alegasse que o contrato por prazo determinado (CLT, art. 445) fora rescindido pelo réu sem justa causa e, em razão disso, pedisse a condenação deste ao pagamento de indenização, na forma do art. 479, *caput*, da CLT, o réu, embora não pudesse reconvir, poderia formular, na contestação, *pedido contraposto*, com fulcro no art. 480 da CLT, ao argumento de que a ruptura do contrato havia sido de iniciativa do autor, sem justa causa, motivo por que este deveria ser condenado a ressarcir o réu pelos prejuízos que lhe foram acarretados.

Conquanto, sob o rigor técnico, esse pedido contraposto, formulado pelo réu, não configurasse reconvenção, o resultado prático era o mesmo, entre aquele e esta.

Como, no processo do trabalho, a contestação e a reconvenção são apresentadas em audiência, nessa mesma oportunidade, o reconvindo será intimado para responder. Esse prazo, do referido processo, deveria ser de cinco dias, por simetria como art. 841 da CLT; todavia, tem-se adotado o mesmo prazo fixado pelo CPC: quinze dias. O reconvindo será intimado, na audiência, na pessoa do seu advogado, exceto se estiver postulando, pessoalmente, em juízo.

Está em harmonia com o princípio da simplicidade, que informa o processo do trabalho, o Enunciado n. 45, do Fórum Permanente de Processualistas Civis (Salvador, 2013), conforme o qual "*Para que se considere proposta a reconvenção, não há necessidade de uso desse nomen iuris, ou dedução de um capítulo próprio. Contudo, o réu deve manifestar inequivocamente o pedido de tutela jurisdicional qualitativa ou quantitativamente maior que a simples improcedência da demanda inicial (Grupo: Litisconsórcio, Intervenção de Terceiros e Resposta do Réu").*

Eventual desistência da ação, ou ocorrência de alguma causa que impossibilite o exame do mérito, não prejudica a reconvenção, motivo pelo qual o processo prosseguirá quanto a esta (CPC, art. 343, § 2º).

Pode figurar no polo passivo da reconvenção não somente o autor, mas o terceiro (*ibidem*, § 3º). Poderá haver, contudo, um problema de ordem técnica se o terceiro for, por exemplo, um assistente. Realmente, como a reconvenção deve ser apresentada com a contestação, e como ao assistente é permitido intervir no processo enquanto a causa estiver pendente (art. 119, *caput*), pode ocorrer de a intervenção depois do oferecimento da reconvenção — que, por motivo óbvio, não terá sido dirigida a ao terceiro. Nesse caso, caberá ao juiz indagar ao reconvinte se pretende, ou não, ver o assistente integrado à relação processual reconvencional. A consulta do magistrado ao reconvinte é necessária, porque este não é obrigado a direcionar a reconvenção também ao assistente, como demonstra o art. 343, § 3º, do CPC. Havendo resposta afirmativa, por parte do assistente, o juiz deverá intimá-lo para responder à reconvenção em quinze dias. Pensamos, todavia, que a inclusão do assistente na relação processual reconvencional somente será possível se não foi realizada a instrução oral do processo (depoimento das partes, inquirição de testemunhas). A não ser assim, a intervenção do assistente seria, manifestamente, tumultuária do procedimento, pois este poderia querer produzir provas dessa natureza depois de realizada a instrução alusiva à ação.

Assim como o terceiro pode figurar no polo passivo da relação processual reconvencional (idem, *ibidem*), também pode figurar no polo ativo dessa relação. Nada obsta, pois, a que o réu estabeleça um regime litisconsorcial com o assistente, a fim de deduzirem pretensões reconvencionais em face do reconvindo.

Caso o autor seja substituto processual, o reconvinte deverá declarar ser titular de direito (material) perante o substituído, e a reconvenção deve ser exercida em face do autor, também na qualidade de substituto processual. Aparentemente, a disposição legal foi inserida no sistema para resolver o problema criado pela redação do art. 315, parágrafo único, do CPC anterior, que vedava a possibilidade de o réu, em nome próprio, reconvir ao autor quando este demandasse em nome de outrem (substituído). No sistema revogado, portanto, não era admissível a reconvenção quando o autor estivesse atuando como substituto processual. No CPC atual, permite-se a reconvenção, desde que o reconvinte afirme ser titular de direito diante do substituído. O autor terá, pois, dupla qualidade de substituto: na ação e na reconvenção. Não se trata, aqui, de faculdade do reconvinte, mas de exigência da lei, como evidencia o verbo *dever*, utilizado na redação do § 5º, do art. 343, do CPC.

Ao réu será lícito reconvir sem contestar: é o que está no texto legal (CPC, art. 343, § 6º). Coloquemos, entrementes, um necessário grão de sal na questão.

Este tema, por sua complexidade, merece análise detida. Digamos que o empregado tenha ingressado em juízo, alegando haver sido despedido sem justa causa, postulando, em consequência, a condenação do réu ao pagamento do aviso-prévio. O réu, todavia, sem impugnar esses fatos e o pedido correspondente, apresenta reconvenção, na qual alega que o autor se demitiu sem justa causa, motivo por que deseja receber, dele, o aviso-prévio, O que está na base dessa questão *é saber se o réu que não impugnou tais fatos pode reconvir*.

Separemos as situações. Se o réu não contesta, é revel, e, em razão disso, verificado o efeito da revelia, o juiz reputará verdadeiros os fatos narrados pelo autor. Incide, aqui, o art. 344 do CPC. Vejamos agora se a mesma solução deve ser adotada no caso de o réu não impugnar determinado fato alegado pelo autor, embora tenha apresentado defesa (omissa quanto ao referido fato, insistamos). É provável que alguém viesse a argumentar que, nesta hipótese, ele poderia reconvir, pois não é revel. E prosseguiria, por suposto: se, na reconvenção, o réu vier a alegar fatos que se contraponham aos narrados pelo autor, a circunstância de não haver impugnado o fato posto pelo adversário na petição inicial não autorizará o juiz a considerá-los verdadeiros. E concluiria dizendo que o próprio art. 341, III, do CPC, declara que os fatos expostos na inicial não serão reputados verdadeiros (diante da falta de impugnação pelo réu) *"se estiverem em contradição com a defesa, considerada em seu conjunto"* (destacamos). Tal argumento, porém, ainda que sedutor, estaria comprometido por um paralogismo indisfarçável.

Realmente, quando o art. 341, III, do CPC, afirma que não serão presumidos verdadeiros os fatos alegados na inicial sempre que estiverem em antagonismo com a defesa, está, evidentemente, a usar o vocábulo *defesa* como sinônimo de *contestação*. Desta forma, ainda que o réu não haja impugnado de maneira expressa tais fatos, a particularidade de eles estarem em contradição com o conjunto da defesa, formado não somente pelos argumentos ou alegações capazes de afastar as expendidas pelo autor, mas também por documentos que instruam a contestação, faz com que a presunção de veracidade não se estabeleça, permanecendo com o autor, conseguintemente, o ônus de provar a veracidade dos fatos narrados. Reconvenção, todavia, nem mesmo por antonomásia, guarda sinonímia com *defesa*. Segue-se, que se o réu não impugnar os fatos constantes da inicial, estes poderão ser considerados verdadeiros mesmo que ele venha a oferecer reconvenção, na qual alegue fatos que se contraponham aos descritos pelo autor. Ora, no momento em que o réu, devendo impugnar, na contestação, os fatos mencionados pelo autor, não o faz, o seu silêncio gera a "presunção" de que ditos fatos são verdadeiros, ou melhor: faz com que esses fatos se tornem incontroversos, de tal maneira que não só dispensam qualquer atividade probatória (CPC, art. 374, II), como impedem a apreciação dos fatos que o reconvinte vier a contrapor. Persistindo: como a reconvenção é apresentada *posteriormente* à contestação (ainda que na mesma peça) e como, na contestação, o réu *não impugnou* os fatos alegados na petição inicial, a sua tentativa de refutá-los na reconvenção encontra obstáculo na preclusão que fez descer sobre esses fatos a cortina da indiscutibilidade.

Enfim, os honorários advocatícios são devidos também na reconvenção (CLT, art. 791-A, § 5º), devendo, a sua fixação, atender ao critério estabelecido pelo § 2º do mesmo dispositivo legal. A propósito, entendemos ser aplicável à reconvenção, por analogia, a regra contida no § 3º desse artigo, de tal forma que fica vedada a compensação dos honorários advocatícios na reconvenção.

g) Recurso

Em que pese ao fato de a reconvenção configurar uma ação distinta da que está sendo promovida pelo reconvindo, ou seja, de haver duas ações num mesmo processo, a parte deverá interpor um só recurso da sentença. Digamos que a sentença haja rejeitado os pedidos formulados na ação e acolhido os deduzidos na reconvenção: incumbirá ao autor-reconvindo interpor um só recurso ordinário, contendo dois capítulos: o primeiro, alusivo à ação; o segundo, à reconvenção. Traduziria manifesto *error in procedendo* a interposição de dois recursos, pela mesma parte, no exemplo que formulamos. Não menos aberrante dos princípios seria a emissão de duas sentenças: uma, para a ação; outra, para a reconvenção...

No livro *Petição Inicial e Resposta do Réu* (2. ed. São Paulo: LTr, 2017), dedicamos estudo mais aprofundado sobre a reconvenção.

Na prática, poderá haver enorme complexidade na fixação dos honorários sucumbenciais na ação e na reconvenção. Digamos que o autor haja formulado os seguintes pedidos: a) aviso-prévio: R$ 2.400,00; b) 13º salário proporcional: R$ 1.200,00; c) férias proporcionais: R$ 1.600,00; d) horas extras: 10.000,00, totalizando R$ 15.200,00. O réu contesta e reconvém, alegando que o contrato de trabalho era a prazo e que o autor praticou falta grave; pede, em razão disso, indenização de R$ 12.400,00, e nega a realização de horas extras. Com base na prova dos autos, o juiz condena: a) o réu a pagar horas extras, no valor de R$ 6.000,00; b) o autor, a pagar indenização de R$ 3.400,00. Isto significa que o réu terá sucumbido em R$ 15.000,00 (R$ 12.400,00 − R$ 3.400,00 + R$ 6.000,00), e o autor, em R$ 9.200,00 (R$ 2.400,00 + R$ 1.200,00 + 1.600,00 + 4.000,00.). Os honorários advocatícios não poderão ser compensados, *ex vi* do disposto no § 3º, do art. 791-A, da CLT. Caso o juiz imponha às partes honorários de dez por cento, teremos o seguinte cenário: a) o autor será credor de R$ 6.000,00 (valor das horas extras a ele devidas), mais R$ 1.500,00 (10% de R$ 15.000,00), mas devedor de R$ 920,00 (10% sobre R$ 9.200,00); b) o réu será credor de R$ 920,00 (10% de R$ 9.200,00), mas devedor de R$ 7.500,00 (R$ 6.000,00 + R$ 1.500,00 de honorários).

Capítulo XVIII
LITIGÂNCIA DE MÁ-FÉ

Art. 793-A. Responde por perdas e danos aquele que litigar de má-fé como reclamante, reclamado ou interveniente.

Este artigo integra o Título X, Capítulo II, Seção IV-A, da CLT, que trata da responsabilidade por dano processual

- Justificativa do Projeto de Lei n. 6.787/2016:

A legislação trabalhista é omissa quanto ao disciplinamento da litigância de má-fé, o que faz com que a Justiça do Trabalho tenha que se socorrer do CPC na aplicação desse instituto em sua área de abrangência.

Ocorre que essa lacuna das leis do trabalho é prejudicial ao bom andamento do processo, uma vez que alguns juízes se mostram refratários à aplicação da litigância de má-fé.

Nesse contexto, estamos propondo, por intermédio do art. 793- A, a inclusão de dispositivos sobre a litigância de má-fé na própria CLT, utilizando como modelo os dispositivos sobre o tema do CPC.

Essa alteração deve ser examinada em conjunto com outras proposituras deste Substitutivo, em especial, a revogação do *jus postulandi* e o disciplinamento dos honorários de sucumbência, visto que segue na mesma linha de ação de conferir segurança jurídica às relações trabalhistas.

A ideia contida nesses dispositivos é a de impedir as ações temerárias, ou seja, aquelas reclamações ajuizadas ainda que sem fundamentação fática e legal, baseada apenas no fato de que não há ônus para as partes e para os advogados, contribuindo, ainda, para o congestionamento da Justiça do Trabalho.

Temos que ter presente que essas ações prejudicam a coletividade, pois fazem com que a Justiça se utilize dos seus meios desnecessariamente, o que representa perda de tempo e de dinheiro, além de desviar a sua atenção das ações nas quais os trabalhadores precisam efetivamente de amparo.

Nesse sentido, acolhemos as Emendas: **44**, da Deputada Gorete Pereira (PR/CE); **568**, da Deputada Renata Abreu (PTN/SP); **615**, do Deputado Celso Maldaner (PMDB/SC); **642**, do Deputado José Carlos Aleluia (DEM/BA); **797**, da Deputada Laura Carneira (PMDB/RJ).

- **Comentário**

Considerações introdutórias

O art. 80, do CPC — aplicável, em caráter supletivo, ao processo do trabalho: CLT, art. 769) —, considera litigante de má-fé aquele que:

I — deduzir pretensão ou defesa contra texto expresso de lei ou fato incontroverso;

II — alterar a verdade dos fatos;

III — usar do processo para conseguir objetivo ilegal;

IV — opuser resistência injustificada ao andamento do processo;

V — proceder de modo temerário em qualquer incidente ou ato do processo;

VI — provocar incidente manifestamente infundado;

VII — interpuser recurso com intuito manifestamente protelatório.

Passemos ao exame dessas disposições.

Caput. A matéria era regida pelo art. 17 do CPC revogado.

O rol dos casos tipificadores de litigância de má-fé, a nosso ver, é taxativo (*numerus clausus*). Assim concluímos com base no princípio doutrinário de que as normas legais impositivas de penalidades devem ser interpretadas restritivamente.

Inciso I — Há, aqui, uma tipificação bifurcada, a saber: deduzir pretensão ou defesa contra: a) texto expresso de lei ("texto expresso" é expressão redundante); ou b) fato incontroverso. No primeiro caso (a), argumenta-se contra texto ("expresso") de norma legal. Algumas ponderações, todavia, são necessárias: a.a) nem sempre o texto é claro, inequívoco, comportando interpretações divergentes entre si; há sensos literais confusos; a.b) mesmo que o texto seja claro, poder-se-á arguir, inclusive de maneira difusa, a sua inconstitucionalidade — sem que, em ambas as situações, possa considerar-se a parte como litigante de má-fé. No segundo caso (b), formula-se pretensão ou defesa contra fato incontroverso. Um fato pode ter se tornado incontroverso por diversas formas: porque teve a participação de ambos os litigantes, porque o seu reconhecimento fora expressamente reconhecido pela parte que agora o nega, porque é do conhecimento geral da população, como os dias que são feriados nacionais etc. Razões de ordem ética levaram o legislador a caracterizar esta atitude da parte como configuradora de má-fé processual.

Inciso II — De modo geral, a alteração da verdade dos fatos consiste em afirmar a existência de um fato que não existe (ou não existiu), de negar a existência de fato existente (ou que existiu), de modificar a natureza ou a característica do fato, de recusar o reconhecimento da existência de fato efetivamente notório etc.

Um esclarecimento: para que se caracterize a litigância de má-fé, na situação em exame, é necessário que o fato (cuja verdade venha a ser alterada) tenha ligação direta com a causa. Destarte, se o fato, considerado em si mesmo, for inegavelmente relevante, mas não tiver nenhuma pertinência com o caso concreto, o seu falseamento não estará compreendido pelo inciso II do art. 80.

Inciso III — O processo constitui método ou técnica de que se utiliza o Estado para a solução jurisdicional dos conflitos de interesses. Como o processo é dotado de um conteúdo ético, fica evidente que somente poderá ser utilizado para alcançar objetivo previsto em lei. Por esse motivo, sempre que a parte fizer uso do processo para conseguir objetivo ilegal será considerado litigante de má-fé. Seria o caso de alguém formular pedido que a lei repute juridicamente impossível, como se daria, por exemplo, no caso de o autor pretender o reconhecimento judicial da existência de relação de emprego com a União, com o Estado-membro, com o Distrito Federal ou com o Município, na vigência da Constituição Federal de 1988, sem que tenha prestado concurso público e sem que se trate de cargo em comissão, de livre nomeação e exoneração, ou de "contratação por tempo determinado para atender a necessidade temporária de excepcional interesse público" (CF, art. 37, incisos II e IX).

Uma outra situação tipificadora do uso do processo para conseguir objetivo ilegal está prevista no art. 142 do CPC, segundo o qual se o juiz ficar convencido de que autor e réu estão fazendo uso do processo para praticar ato simulado ou atingir fim proibido por lei "proferirá decisão que impeça os objetivos das partes, aplicando, de ofício, as penalidades da litigância de má-fé".

Inciso IV — O vocábulo *processo* (do latim *processus*) sugere a ideia de marcha à frente, de caminhar adiante — em direção à sentença de mérito, que constitui o mais importante acontecimento do universo processual, embora situações anômalas possam fazer com que o processo se extinga sem resolução do mérito. Foi, justamente, em razão desse sentido de caminhar para frente, inerente ao conceito de processo judicial, que o legislador instituiu a figura da *preclusão*, como providência tendente a evitar o *retrocesso*, vale dizer, o retorno a fases já encerradas do processo. Pois bem. Sempre que uma das partes oferecer resistência injustificada ao *andamento* do processo estará praticando ato de má-fé. Essa resistência tanto pode ser expressa quanto tácita; a consequência será a mesma. Habitualmente, é o réu quem se dedica a empreender manobras protelatórias do curso processual, máxime quando presente o insucesso na causa. Apesar disso, o autor também pode oferecer resistência injustificada à tramitação do processo, ainda que isto seja algo infrequente e pareça contrariar o senso lógico.

O art. 774, II, do CPC, considera ato atentatório à dignidade da justiça a oposição maliciosa à execução, mediante o emprego de ardis e de meios artificiosos pelo executado. Por outras palavras, com essa atitude, o executado está oferecendo resistência injustificada ao processo de execução (art. 80, IV), embora a penalidade a que estará sujeito seja muito mais grave do que a prevista no art. 80 do CPC.

Inciso V — Proceder de modo temerário é agir com precipitação, com imprudência, de maneira arriscada, perigosa, audaciosa. É malferir as regras do bom-senso e da prudência. Pouco importa que essa atitude seja posta em prática pelo autor, pelo réu ou por terceiro, em qualquer ato ou incidente do processo.

Inciso VI — Como *incidentes*, podem ser considerados todos os acontecimentos que não fazem parte da regular tramitação do processo. Alguns incidentes são necessários para preservação dos direitos ou interesses de quem os provoca. Tal é o caso, por exemplo, dos incidentes de falsidade documental (CPC, arts. 430 a 433) e de desconsideração da personalidade jurídica (CPC, arts. 133 a 137). Sempre, todavia, que a parte provocar um incidente processual destituído de um mínimo de fundamentação ou de razoabilidade jurídica estará litigando de má-fé. Note-se a dicção legal: incidentes *manifestamente* infundados, significa dizer que saltam aos olhos, que prescindem de qualquer investigação ou reflexão aprofundadas. Usualmente, é o réu quem se lança a estas práticas, nada obstante o autor também a elas possa dedicar-se, em determinadas situações que lhe convenham. Esses incidentes, no processo do trabalho, são resolvidos por meio de decisão interlocutória (CPC, art. 203, § 2º), rememorando-se que aqui vigora o princípio da irrecorribilidade (imediata e autônoma) das decisões dessa natureza como patenteia o § 1º do art. 893 da CLT.

Inciso VII — O direito de recorrer dos pronunciamentos jurisdicionais desfavoráveis está previsto nas leis processuais. Reputa-se litigante de má-fé a parte ou o terceiro que interpõem recurso com objetivo manifestamente protelatório. Na prática, nem sempre será fácil definir, com precisão, quando se está recorrendo com esse escopo e quando o exercício do recurso deriva de uma natural e justificável irresignação da parte ou do terceiro em face da sentença ou do acórdão. No caso dos recursos de natureza extraordinária, — como, no processo do trabalho, os recursos de revista, de embargos e do próprio recurso extraordinário — será menos difícil a configuração da situação mencionada no inciso VII do art. 80, porquanto há diversas Súmulas, tanto do TST quanto do STF, vedando a interposição de recursos nas situações que mencionam. Contrariadas, sem fundamentação jurídica aceitável, essas Súmulas, a parte poderá ser considerada litigante de má-fé, uma vez que o recurso por ela interposto tenderá a ser reputado manifestamente protelatório. A propósito, um recurso extraordinário interposto contra o teor de Súmula Vinculante do STF poderá caracterizar o intuito protelatório do recorrente, sabendo-se que tais Súmulas são de acatamento obrigatório por todos os órgãos do Poder Judiciário e pela administração pública (CF, art. 103-A, *caput*).

> Art. 81. De ofício ou a requerimento, o juiz condenará o litigante de má-fé a pagar multa, que deverá ser superior a um por cento e inferior a dez por cento do valor corrigido da causa, a indenizar a parte contrária pelos prejuízos que esta sofreu e a arcar com os honorários advocatícios e com todas as despesas que efetuou.
>
> § 1º Quando forem 2 (dois) ou mais os litigantes de má-fé, o juiz condenará cada um na proporção de seu respectivo interesse na causa ou solidariamente aqueles que se coligaram para lesar a parte contrária.
>
> § 2º Quando o valor da causa for irrisório ou inestimável, a multa poderá ser fixada em até 10 (dez) vezes o valor do salário-mínimo.
>
> § 3º O valor da indenização será fixado pelo juiz ou, caso não seja possível mensurá-lo, liquidado por arbitramento ou pelo procedimento comum, nos próprios autos.

Caput. O *caput* e os §§ 1º e 2º constituem reprodução, quase literal, do art. 18, §§ 1º e 2º, do CPC revogado.

Valor da multa. No *caput* do art. 18 do CPC anterior, a multa era de *um* por cento sobre o valor da causa. O texto atual dispôs que a multa deverá ser superior a um por cento e inferior a dez por cento do valor da causa, corrigido. Além da multa, o litigante de má-fé será condenado a indenizar a parte contrária pelos prejuízos a esta acarretados; a pagar honorários advocatícios e todas as despesas por esta efetuadas. Despesas decorrentes do ato de má-fé por parte do adversário, elucide-se.

Condenação do improbus litigator. É imposta pelo juiz, por sua iniciativa ou a requerimento do interessado (e legitimado). Essa condenação não traduz faculdade do magistrado, senão que um seu dever, como evidencia o verbo utilizado pelo legislador ("condenará").

Dever de indenizar. O dever de o litigante de má-fé pagar multa e indenizar a parte contrária pelos prejuízos por esta sofridos está vinculado, exclusivamente, à prática de quaisquer dos atos descritos nos incisos I a VII do art. 80, não se subordinando, portanto, ao resultado do julgamento da causa. Deste modo, se, por exemplo, o réu opuser resistência injustificada ao andamento do processo, mas, mesmo assim, vier a ser vitorioso na decisão de mérito, subsistirá a condenação por litigância de má-fé, que, acaso, lhe tenha sido imposta pelo juiz. Uma exceção ao princípio de que a condenação por litigância de má-fé não está jungida ao resultado da decisão de mérito talvez possa estar no inciso III do art. 80, pois se a parte fizer uso do processo para conseguir objetivo ilegal, além de ser condenada por litigância de má-fé, provavelmente, ficará vencida, *ipso facto*, na decisão de fundo, ou seja, o seu pedido será rejeitado por ser contrário à lei.

Honorários advocatícios e demais despesas. Além da condenação ao pagamento de multa e de indenização por perdas e danos, o litigante de má-fé será condenado a pagar honorários advocatícios à parte contrária e a ressarci-la das despesas que tenha efetuado em decorrência do ato praticado pelo *improbus litigator*.

Mesmo que a parte esteja recebendo o benefício constitucional da justiça gratuita (CF, art. 5º, LXXIV), poderá ser condenada por litigância de má-fé, porquanto o sobredito benefício não pode servir de pretexto para a impunidade de quem incide em uma das previsões dos incisos I a VII do art. 80 do CPC. Sob esse aspecto, todos são iguais perante a lei (CF, art. 5º, *caput*).

§ 1º *Condenação proporcional ou solidária.* Regra idêntica constava do § 1º do art. 18 do CPC revogado. Se o ato caracterizador de má-fé for praticado por mais de uma pessoa, o juiz condenará cada uma delas na proporção do seu interesse na causa ou solidariamente. É certo que, na prática, nem sempre será fácil ao magistrado determinar essa proporção, hipótese em que poderá impor condenação solidária. No caso de os litigantes de má-fé terem estabelecido conluio para prejudicar a parte contrária serão condenados de maneira solidária.

§ 2º *Multa. Valor da causa irrisório ou inestimável.* O CPC revogado era omisso a esse respeito. Sendo irrisório ou inestimável o valor da causa, a multa será fixada em até dez vezes o valor do salário mínimo. Não prevalecerá, portanto, o critério estabelecido no *caput* da norma em exame. Controvérsias poderão ocorrer, nos casos concretos, sobre se o valor atribuído à causa é irrisório, ou não.

Conforme argumentamos quando dos comentários ao § 5º do art. 77, a fixação de multa com base em salário mínimo é de duvidosa constitucionalidade. Ocorre que a Constituição Federal, no art. 7º, IV, que integra o capítulo dos "Direitos Sociais", veda a vinculação do salário mínimo "para qualquer fim". É certo que o adjetivo qualquer, utilizado pelo constituinte, não possui sentido e alcance absolutos, de forma a vedar a vinculação do salário mínimo, por exemplo, ao valor da alçada, para efeito de definição do procedimento judicial a ser observado (CLT, art. 852-A). Se nos lembrarmos, todavia, de que a proibição estampada no inciso IV do art. 7º da Constituição Federal teve como finalidade impedir que o salário mínimo fosse utilizado como fator de correção monetária de aluguéis e de multas pecuniárias — com repercussão no fenômeno inflacionário —, veremos que nossa suspeita quanto à constitucionalidade do § 5º do art. 77 do CPC, no que toca a autorizar a fixação da multa com fulcro no salário mínimo, não é de todo infundada.

§ 3º *Valor da indenização.* Norma idêntica estava no § 2º do art. 18 do CPC revogado.

Em princípio, o montante da indenização corresponderá a vinte por cento do valor da causa; não sendo possível a adoção desse critério, o montante será liquidado por arbitramento ou pelo procedimento comum; significa dizer, por meio de artigos.

O art. 793-A da CLT

Perdas e danos. O direito de ação (CF, art. 5º, XXXV), o direito à ampla defesa (CF, art. 5º, LV), assim como, de modo geral, o acesso ao Poder Judiciário não podem constituir pretexto para que a parte ou o terceiro acarretem danos aos litigantes em decorrência de postulações motivadas por má-fé. Em razão disso, a norma legal sob exame impõe ao litigante de má-fé o dever de indenizar por perdas e danos.

Litigante de má-fé. A norma em estudo se aplica não somente às partes, mas aos terceiros em geral, que intervierem na causa.

Má-fé. Deve ser considerada como a intenção manifesta de causar dano a outrem. A má-fé processual possui muitas facetas: ora, revela-se sob a forma de alteração ou de ocultamento dos fatos essenciais ao descobrimento da verdade; ora, de distorção interpretativa de normas legais ou regulamentares; ora de sonegação de informações ao juiz ou de prestação de informações falsas etc. Pouco importa a sua gênese, para os efeitos do art. 793-A. Como consta do Relatório do Projeto de Lei n. 6.787/2016, *"A ideia contida nesses dispositivos é a de impedir as ações temerárias, ou seja, aquelas reclamações ajuizadas ainda que sem fundamentação fática e legal, baseada apenas no fato de que não há ônus para as partes e para os advogados, contribuindo, ainda, para o congestionamento da Justiça do Trabalho"*.

É certo que, na prática, poderão existir aquelas "zonas cinzas", tomadas pela neblina da incerteza, em que o magistrado terá dificuldade em definir se o ato praticado pela parte ou por terceiro foi produto, ou não, de má-fé. Na dúvida, deverá concluir que não, pois a presunção ordinária é de que as partes e terceiros agem com boa-fé (*bona fides*). Essa presunção tanto mais se justifica quando o ato tenha sido praticado pelo autor, vale dizer, por quem provocou o exercício da função jurisdicional.

A propósito, muito mais comedido na aplicação desse dispositivo legal deverá ser o magistrado do trabalho quando a parte estiver atuando em juízo sem advogado, como lhe faculta o art. 791, *caput*, da CLT. Em situações como essa, calha com perfeição a sentença latina *summum ius, summa iniuria* (Cícero, *Dos Deveres*), a significar que o excesso de rigor na aplicação da lei constitui causa de injustiça.

Art. 793-B. Considera-se litigante de má-fé aquele que:

I — deduzir pretensão ou defesa contra texto expresso de lei ou fato incontroverso;

II — alterar a verdade dos fatos;

III — usar do processo para conseguir objetivo ilegal;

IV — opuser resistência injustificada ao andamento do processo;

V — proceder de modo temerário em qualquer incidente ou ato do processo;

VI — provocar incidente manifestamente infundado;

VII — interpuser recurso com intuito manifestamente protelatório.

- **Comentário**

Inciso I — Há, aqui, uma tipificação bifurcada, a saber: deduzir pretensão ou defesa contra: a) texto expresso de lei ("texto expresso" é expressão redundante); ou b) fato incontroverso. No primeiro caso (a), argumenta-se contra texto ("expresso") de norma legal. Algumas ponderações, todavia, são necessárias: a.a) nem sempre o texto é claro, inequívoco, comportando interpretações divergentes entre si; há sensos literais confusos; a.b) mesmo que o texto seja claro, poder-se-á arguir, inclusive de maneira difusa, a sua inconstitucionalidade — sem que, em ambas as situações, possa considerar-se a parte como litigante de má-fé. No segundo caso (b), formula-se pretensão ou defesa contra fato incontroverso. Um fato pode ter se tornado incontroverso por diversas formas: porque teve a participação de ambos os litigantes, porque o seu reconhecimento fora tácita ou expressamente reconhecido pela parte que agora o nega. Razões de ordem ética levaram o legislador a caracterizar esta atitude da parte como configuradora de má-fé processual.

Inciso II — De modo geral, a alteração da verdade dos fatos consiste em afirmar a existência de um fato que não existe (ou não ocorreu), de negar a existência de fato existente (ou que ocorreu), de modificar a natureza ou a característica do fato, de recusar o reconhecimento da existência de fato efetivamente notório, etc.

Um esclarecimento: para que se caracterize a litigância de má-fé, na situação em exame, é necessário que o fato (cuja verdade venha a ser alterada) tenha ligação direta com a causa. Destarte, se o fato, considerado em si mesmo, for inegavelmente relevante, mas não tiver nenhuma pertinência com o caso concreto, o seu falseamento não estará compreendido pelo inciso II do art. 793-B.

Inciso III — O processo constitui método ou técnica de que se utiliza o Estado para a solução jurisdicional dos conflitos de interesses. Como o processo é dotado de um conteúdo ético, fica evidente que somente poderá ser utilizado para alcançar objetivo previsto em lei. Por esse motivo, sempre que a parte fizer uso do processo para conseguir objetivo ilegal ou contrário o substrato ético do processo, será considerada litigante de má-fé. Seria o caso de alguém formular pedido que a lei repute juridicamente impossível, como se daria, por exemplo, no caso de o autor pretender o reconhecimento judicial da existência de relação de emprego com a União, com o Estado-membro, com o Distrito Federal ou com o Município, na vigência da Constituição Federal de 1988, sem que tenha prestado concurso público e sem que se trate de cargo em comissão, de livre nomeação e exoneração, ou de "*contratação por tempo determinado para atender a necessidade temporária de excepcional interesse público*" (CF, art. 37, incisos II e IX).

Uma outra situação tipificadora do uso do processo para conseguir objetivo ilegal está prevista no art. 142, do CPC, segundo o qual se o juiz ficar convencido de que autor e réu estão fazendo uso do processo para praticar ato simulado ou atingir fim proibido por lei "*proferirá decisão que impeça os objetivos das partes, aplicando, de ofício, as penalidades da litigância de má-fé*".

Inciso IV — O vocábulo *processo* (do latim *processus*) sugere a ideia de marcha à frente, de caminhar adiante — em direção à sentença de mérito, que constitui o mais importante acontecimento do universo processual, embora situações anômalas possam fazer com que o processo se extinga sem resolução do mérito. Foi, justamente, em razão desse sentido de caminhar para frente, inerente ao conceito de processo judicial, que o legislador instituiu a figura da *preclusão*, como providência tendente a evitar o *retrocesso*, vale dizer, o retorno a fases já encerradas do processo. Pois bem. Sempre que uma das partes oferecer resistência injustificada ao *andamento* do processo estará praticando ato de má-fé. Essa resistência tanto pode ser expressa quanto tácita; a consequência será a mesma. Habitualmente, é o réu quem se dedica a empreender manobras protelatórias do curso processual, máxime quando pressente o insucesso na causa. Apesar disso, o autor também pode oferecer resistência injustificada à tramitação do processo, ainda que isto seja algo infrequente e pareça contrariar o senso lógico.

O art. 774, II, do CPC, considera ato atentatório à dignidade da justiça a oposição maliciosa à execução, mediante o emprego de ardis e de meios artificiosos pelo executado. Por outras palavras, com essa atitude, o executado está oferecendo resistência injustificada ao processo de execução (art. 80, IV), embora a penalidade a que estará sujeito seja muito mais grave do que a prevista no art. 793-C, da CLT.

Inciso V — Proceder de modo temerário é agir com precipitação, com imprudência, de maneira arriscada, perigosa, audaciosa. É malferir as regras do bom-senso e da prudência. Pouco importa que essa atitude seja posta em prática pelo autor, pelo réu ou por terceiro, em qualquer ato ou incidente do processo.

Inciso VI — Como *incidentes*, podem ser considerados todos os acontecimentos que não fazem parte da regular tramitação do processo. Alguns incidentes são necessários para preservação dos direitos ou interesses de quem os provoca. Tal é o caso, por exemplo, dos incidentes de falsidade documental (CPC, arts. 430 a 433) e de desconsideração da personalidade jurídica (CLT, art. 855-A; CPC, arts. 133 a 137). Sempre, todavia, que a parte provocar um incidente processual destituído de um mínimo de fundamentação ou de razoabilidade jurídica estará litigando de má-fé. Note-se a dicção legal: incidentes *manifestamente* infundados, significa dizer que saltam aos olhos, que prescindem de qualquer investigação ou reflexão aprofundadas. Usualmente, é o réu quem se lança a estas práticas, nada obstante o autor também a elas possa dedicar-se, em determinadas situações que lhe convenham. Esses incidentes, no processo do trabalho, são resolvidos por meio de decisão interlocutória (CPC, art. 203, § 2º), rememorando-se que aqui vigora o princípio da irrecorribilidade (imediata e autônoma) das decisões dessa natureza como patenteia o § 1º do art. 893 da CLT.

Inciso VII — O direito de recorrer dos pronunciamentos jurisdicionais desfavoráveis está previsto nas leis processuais. Reputa-se litigante de má-fé a parte ou o terceiro que interpõem recurso com objetivo manifestamente protelatório. Na prática, nem sempre será fácil definir, com precisão, quando se está recorrendo com esse escopo e quando o exercício do recurso deriva de uma natural e justificável irresignação da parte ou do terceiro em face da sentença ou do acórdão. No caso dos recursos de natureza extraordinária, — como, no processo do trabalho, os recursos de revista, de embargos e do próprio recurso extraordinário — será menos difícil a configuração da situação mencionada no inciso VII do art. 793-B, da CLT, porquanto há diversas Súmulas, tanto do TST quanto do STF, vedando a interposição de recursos nas situações que mencionam. Contrariadas, sem fundamentação jurídica aceitável, essas Súmulas, a parte poderá ser considerada litigante de má-fé, uma vez que o recurso por ela interposto tenderá a ser reputado manifestamente protelatório. A propósito, um recurso extraordinário interposto contra o teor de Súmula Vinculante do STF poderá caracterizar o intuito protelatório do recorrente, sabendo-se que tais Súmulas são de acatamento obrigatório por todos os órgãos do Poder Judiciário e pela administração pública (CF, art. 103-A, *caput*).

Art. 793-C. De ofício ou a requerimento, o juízo condenará o litigante de má-fé a pagar multa, que deverá ser superior a 1% (um por cento) e inferior a 10% (dez por cento) do valor corrigido da causa, a indenizar a parte contrária pelos prejuízos que esta sofreu e a arcar com os honorários advocatícios e com todas as despesas que efetuou.

• **Comentário**

Valor da multa. A multa deverá ser superior a um por cento e inferior a dez por cento do valor da causa, corrigido. Além da multa, o litigante de má-fé será condenado a indenizar a parte contrária pelos prejuízos a esta acarretados; a pagar honorários advocatícios e todas as despesas por esta efetuadas. Despesas decorrentes do ato de má-fé por parte do adversário, elucide-se.

Condenação do improbus litigator. É imposta pelo juiz, por sua iniciativa ou a requerimento do interessado (e legitimado). Essa condenação não traduz faculdade do magistrado, senão que um seu dever, como evidencia o verbo utilizado pelo legislador ("condenará").

Dever de indenizar. O dever de o litigante de má-fé pagar multa e indenizar a parte contrária pelos prejuízos por esta sofridos está vinculado, exclusivamente, à prática de quaisquer dos atos descritos nos incisos I a VII, do art. 793-B, da CLT, não se subordinando, portanto, ao resultado do julgamento da causa. Deste modo, se, por exemplo, o réu opuser resistência injustificada ao andamento do processo, mas, mesmo assim, vier a ser vitorioso na decisão de mérito, subsistirá a condenação por litigância de má-fé, que, acaso, lhe tenha sido imposta pelo juiz. Uma exceção ao princípio de que a condenação por litigância de má-fé não está jungida ao resultado da decisão de mérito talvez possa estar no inciso III do art. 793-B, pois se a parte fizer uso do processo para conseguir objetivo ilegal, além de ser condenada por litigância de má-fé, provavelmente, ficará vencida, *ipso facto*, na decisão de fundo, ou seja, o seu pedido será rejeitado por ser contrário à lei.

Honorários advocatícios e demais despesas. Além da condenação ao pagamento de multa e de indenização por perdas e danos, o litigante de má-fé será condenado a pagar honorários advocatícios à parte contrária e a ressarci-la das despesas que tenha efetuado em decorrência do ato praticado pelo *improbus litigator*.

Mesmo que a parte esteja recebendo o benefício constitucional da justiça gratuita (CF, art. 5º, LXXIV), poderá ser condenada por litigância de má-fé, porquanto o sobredito benefício não pode servir de pretexto para a impunidade de quem incide em uma das previsões dos incisos I a VII, do art. 793-B, da CLT. Sob esse aspecto, mais do que nunca, todos são iguais perante a lei (CF, art. 5º, *caput*).

§ 1º Quando forem dois ou mais os litigantes de má-fé, o juízo condenará cada um na proporção de seu respectivo interesse na causa ou solidariamente aqueles que se coligaram para lesar a parte contrária.

• Comentário

Condenação proporcional ou solidária. Se o ato caracterizador de má-fé for praticado por mais de uma pessoa, o juiz condenará cada uma delas na proporção do seu interesse na causa ou solidariamente. Talvez fosse mais justo utilizar-se como critério não o interesse dos litigantes de má-fé *na causa*, mas a *intensidade da participação de cada um no ato*.

É certo que, na prática, nem sempre será fácil ao magistrado determinar essa proporção (interesse na causa), hipótese em que poderá impor condenação solidária.

No caso de os litigantes de má-fé terem estabelecido conluio (*consilium fraudis*) para prejudicar a parte contrária, serão condenados de maneira solidária.

Em quaisquer dessas situações, o objeto da condenação será o pagamento de *multa*.

§ 2º Quando o valor da causa for irrisório ou inestimável, a multa poderá ser fixada em até duas vezes o limite máximo dos benefícios do Regime Geral de Previdência Social.

• Comentário

Multa. Valor da causa irrisório ou inestimável. Sendo irrisório ou inestimável o valor da causa, a multa será fixada em até duas vezes o limite máximo dos benefícios do Regime Geral da Previdência Social. Não prevalecerá, portanto, o critério estabelecido no *caput* da norma em exame. Controvérsias poderão ocorrer, nos casos concretos, sobre se o valor atribuído à causa é irrisório, ou não.

O art. 81, § 2º, do CPC, determina que a multa seja calculada com base no salário mínimo. Todavia, a fixação de multa com base em salário mínimo é de duvidosa constitucionalidade. Ocorre que a Constituição Federal, no art. 7º, IV, que integra o capítulo dos "Direitos Sociais", veda a vinculação do salário mínimo "para qualquer fim". É certo que o adjetivo *qualquer*, utilizado pelo constituinte, não possui sentido e alcance absolutos, de forma a vedar a vinculação do salário mínimo, por exemplo, ao valor da alçada, para efeito de definição do procedimento judicial a ser observado (CLT, art. 852-A). Se nos lembrarmos, todavia, de que a proibição estampada no inciso IV do art. 7º da Constituição Federal teve como finalidade impedir que o salário mínimo fosse utilizado como fator de correção monetária de aluguéis e de multas pecuniárias — com repercussão no fenômeno inflacionário —, veremos que nossa suspeita quanto à constitucionalidade do § 5º do art. 77, e do § 2º do art. 81, do CPC, no que toca a autorizar a fixação da multa com fulcro no salário mínimo, não é de todo infundada.

Seja como for, o fato é que a CLT, mais cautelosa, ordena que a fixação da multa tenha como base o valor dos benefícios do Regime Geral da Previdência Social.

§ 3º O valor da indenização será fixado pelo juízo ou, caso não seja possível mensurá-lo, liquidado por arbitramento ou pelo procedimento comum, nos próprios autos.

- **Comentário**

Valor da indenização. Em princípio, o montante da indenização deverá ser fixado pelo juiz; caso isso não seja possível, o valor será liquidado, nos mesmos autos, por arbitramento ou pelo procedimento comum.

O art. 509, I, do CPC, afirma que a liquidação por *arbitramento* será adotada "*quando determinado pela sentença, convencionado pelas partes ou exigido pela natureza do objeto da liquidação*". Dessas três hipóteses, somente a terceira possui pertinência com o art. 793-C, § 3º, da CLT, pois: a) se o juiz não fixou valor da indenização; b) não se deve admitir que as partes, mediante convergência de vontades, definam a forma de liquidação.

A liquidação pelo *procedimento comum*, por sua vez, nada mais é do que a que se processa mediante *artigos*. Basta ver que o art. 509, II, do CPC, afirma que a liquidação será realizada pelo *procedimento comum "quando houver necessidade de alegar e provar fato novo"*.

A expressão: *fato novo*, conquanto inveterada, tradicional, é, em rigor, imprecisa, pois, em verdade, se trata de fato já considerado pela sentença, que necessita, apenas, ser *precisado*. Se a sentença condena o réu, digamos, ao pagamento de horas extras, em quantidade a ser definida na fase de liquidação por meio de artigos, o que aqui se fará nada mais é do que do que estabelecer a *quantidade* dessas horas. Se fato novo significasse algo, efetivamente, não previsto pela sentença (título executivo), estar-se-ia desrespeitando a regra estampada no art. 789, § 1º, da CLT, segundo a qual, na liquidação, "*não se poderá modificar, ou inovar, a sentença liquidanda, nem discutir matéria pertinente à causa principal*".

Pode ser aplicado ao processo do trabalho o art. 511 do CPC, conforme o qual na liquidação pelo *procedimento comum* o requerido, na pessoa do seu advogado ou da sociedade de advogados a que estiver vinculado, será intimado para, desejando, oferecer contestação no prazo de quinze dias, "*observando-se a seguir, no que couber, o disposto no Livro I da Parte Especial*" do referido Código. Isso significa, em termos gerais, que dependerá de petição específica (que poderá ser indeferida, se não for atendido o despacho a que se refere o art. 321), que deverá ser concedida oportunidade para a contestação e que poderá haver depoimento pessoal, de produção de provas documentais, testemunhas e periciais e decisão.

Capítulo XIX
MULTA À TESTEMUNHA

Art. 793-D. Aplica-se a multa prevista no art. 793-C desta Consolidação à testemunha que intencionalmente alterar a verdade dos fatos ou omitir fatos essenciais ao julgamento da causa.

• **Comentário**

Dispõe o art. 458 do CPC que ao início da inquirição a testemunha prestará o compromisso de dizer a verdade do que souber e lhe for perguntado, cumprindo ao juiz adverti-la de que incorrerá em sanção penal se fizer afirmação falsa, calar ou ocultar a verdade (*ibidem*, parágrafo único).

Vindo, a testemunha, a alterar a verdade dos fatos ou a omitir fatos essenciais ao julgamento da causa, o juiz do trabalho, de ofício ou a requerimento do interessado, aplicar-lhe-á multa, que deverá ser superior a 1% e inferior a 10% do valor corrigido da causa, em virtude da remissão integrativa que o art. 793-D da CLT faz ao art. 793 do mesmo Texto Consolidado.

Com vistas a isso, dois requisitos legais devem ser observados:

a) o ato da testemunha deve ser *intencional* — particularidade que, na prática, nem sempre será fácil verificar, exceto se a própria testemunha admitir a quebra do compromisso a que se refere o art. 458 do CPC. Fora disso, haverá, em muitos casos, uma acentuada carga de subjetivismo judicial na avaliação do fato, de forma a conduzir, às vezes, a uma conclusão equivocada (logo, injusta). As regras do bom-senso sugerem, por isso, que, na dúvida, o juiz conclua que não houve intenção da testemunha em alterar a verdade dos fatos ou em omitir fatos essenciais ao julgamento da causa;

b) a alteração (intencional) dos fatos da causa ou a omissão destes deve estar vinculada a fatos que se revelem *essenciais* ao julgamento da causa. Do ponto de vista da norma legal em exame, consequentemente, a alteração ou a omissão de fatos irrelevantes, despiciendos, para a solução do conflito de interesses, não autorizam a aplicação da multa. Não foi esta, à evidência, a melhor opção do legislador. O processo, como método estatal de solução de conflitos de interesses, possui, de forma imanente, um conteúdo *ético*, que, quando desrespeitado, autoriza o magistrado a impor sanções ao infrator. Sob esta perspectiva, não se deveria considerar se os fatos alterados ou omitidos, *intencionalmente*, pela testemunha seriam essenciais, ou não, ao julgamento da lide. A multa deveria incidir em toda e qualquer situação em que ficasse comprovado que a testemunha, de modo intencional, alterou a verdade dos fatos ou omitiu qualquer fato integrante da causa. O que se deveria colocar acima de tudo, para efeito de aplicação da multa, é o ato, em si, da testemunha, e não, a repercussão desse ato no processo.

No caso de omissão de "fatos essenciais ao julgamento da causa", a disposição do art. 793-D da CLT não pode ser interpretada com abstração do art. 458, *caput*, do CPC. Expliquemo-nos. Como a norma do CPC afirma que o juiz deverá tomar à testemunha o compromisso de dizer a verdade do que souber e lhe for *perguntado*, fica evidente que a testemunha não pode, no ensejo do seu requerimento, falar o que quiser, se não que responder ao que lhe for *perguntado*. Sendo assim, a disposição do art. 793-D da CLT, que manda aplicar multa à testemunha que omitir fatos essenciais ao julgamento da causa, pressupõe que esses fatos tenham sido objeto de *perguntas*, por parte do magistrado ou dos advogados. Em suma, a testemunha não pode ser multada por não revelar fatos essenciais à causa, dos quais tem conhecimento, mas sobre os quais não foi inquirida (perguntada).

De qualquer forma, o falso testemunho constitui crime contra a administração da Justiça (Código Penal, art. 342), cuja pena é de reclusão, por dois anos. Além da reclusão, o Código Penal prevê multa para o praticante do crime de falso testemunho. Essa multa é aplicada pelo juízo criminal, e não, pelo do trabalho.

No caso do art. 793-D da CLT, mesmo que a testemunha se retrate, a multa deverá ser mantida.

Sobre o problema da inverdade das declarações das testemunhas escrevemos em outro livro:

> Os sistemas processuais, como se sabe, reservaram às testemunhas — notadamente as *in facto*, ou históricas — a incumbência (sob a forma de dever) de relatar em juízo, com fidelidade, os fatos que ficaram retidos em sua memória e que interessam à causa.
>
> Nem sempre, todavia, se verifica a necessária identidade entre os fatos reais e o resultado da manifestação das percepções sensórias da testemunha; de um modo geral, podem ser apontadas como de três ordens as causas desse descompasso, ou seja, da inverdade das declarações prestadas:
>
> a) intenção deliberada de falsear a realidade;
>
> b) firmeza com que os fatos controvertidos são narrados, embora a testemunha não tivesse certeza quanto à verdade dos mesmos; e
>
> c) suposição de que as suas declarações eram, efetivamente, verdadeiras.
>
> Neste último caso, a deflexão da verdade poderá ter origem na denominada "memória falsa", que, para ser mais bem compreendida, requer uma pequena incursão pelos domínios da psicologia individual.
>
> Com efeito, a lembrança, ou o ato de memória, pressupõe cinco condições: 1) a fixação; 2) a conservação; 3) a revocação da lembrança; 4) o reconhecimento; e 5) a localização dos estados de consciência passados. Daí por que os fatos que tenham sido mal fixados, do ponto de vista fisiológico, pela pouca plasticidade dos tecidos nervosos, ou mesmo sob o aspecto psicológico, pelo pouco interesse que despertaram na pessoa, acabam não sendo lembrados; quando não o são de maneira imperfeita, máxime se entre a fixação e a revocação decorreu largo espaço de tempo.

Raphael Cirigliano (ob. cit., p. 270) observa, com apoio em Baudin, que há várias doenças da memória, impeditivas de a pessoa depor como testemunha; dentre essas doenças, temos a **disnésia** (incapacidade de fixação e conservação das lembranças, sendo frequente nos casos de idiotia e de imbecilidade); a **amnésia** (perda das lembranças que haviam sido normalmente registradas, podendo ser total ou parcial); lá, o doente esquece a sua vida pregressa, dando início a uma outra, nova; aqui, a perda atinge apenas um certo grupo de lembranças: temos, então, a **afasia motriz**, que é a perda de lembrança da articulação das palavras; a **agrafia**, consistente na perda das lembranças motrizes do ato de escrever; a **alexia**, que se revela sob a forma de perda do sentido das palavras lidas; a **surdez-verbal**, que é a perda do sentido das palavras ouvidas; a **hipernésia**, ou a exacerbação da faculdade de revocar, com o despertar de lembranças que se encontravam por muito tempo adormecidas no passado; a **paramnésia**, que é a memória falsa, propriamente dita, decorrente das ilusões do reconhecimento.

Conclui Baudin haver memória falsa sempre que a lembrança se altera sem que disto nos apercebamos; o resultado é que atribuímos a ela uma objetividade que não possui: "Esta ilusão de reconhecimento é o perigo perpétuo da introspecção e do ato de testemunhar. É necessária uma análise muito sutil para a discernir; porque o sentido comum é levado a negar até a sua possibilidade e a crer que uma testemunha de boa-fé e inteligente é mesmo uma testemunha irrecusável. Não é certamente nada disto. A lembrança é normalmente exposta a toda sorte de deformações inconscientes e pode ser cumulada de numerosas ilusões."

Esta é uma lição que deveria ser absorvida por todos os magistrados. (*A Prova no Processo do Trabalho*. São Paulo: LTr, 2017. p. 295/296.)

Convém lembrar que a testemunha não é obrigada a depor sobre fatos: I — que lhe acarretem grave dano, bem como ao seu cônjuge ou companheiro e aos seus parentes consanguíneos ou afins, em linha reta ou colateral, até o terceiro grau; II — a cujo respeito, por estado ou profissão, deva guardar sigilo, nos termos do art. 448, *caput*, do CPC.

A testemunha é obrigada a depor, em audiência, a respeito dos fatos controvertidos na ação e dos quais tem conhecimento. Ninguém pode eximir-se de colaborar com o Poder Judiciário para o descobrimento da verdade. Essa é a regra legal (CPC, art. 378). Determinadas pessoas, contudo, não obstante tenham capacidade, e sem que sejam consideradas impedidas ou suspeitas, poderão escusar-se a depor em virtude de certos fatores morais, éticos ou patrimoniais, expressamente previstos em lei.

Note-se que a escusa, no caso, constituirá ato de livre-arbítrio do indivíduo, porquanto o legislador não a obriga a escusar-se. Desta maneira, caberá à *pessoa* escusar-se, ou não, de depor como testemunha, segundo seja a sua manifestação volitiva e cuja eficácia somente será reconhecida se lastreada com quaisquer dos motivos previstos no art. 448 do CPC.

Se se tratasse de incapacidade ou de suspeição, somente o juiz poderia deliberar quanto à audição dessas pessoas, cujo testemunho a lei, por princípio, veda (CPC, art. 447, § 4º).

Quer nos parecer que o legislador, ao elaborar tais motivos de escusa, pôs à frente da obrigação de testemunhar o dever que o Estado tem de proteger certos direitos e interesses legítimos do indivíduo, de seu cônjuge, ou parentes, de natureza imaterial (morais, éticos), ou material (patrimoniais). No que andou certo, sem dúvida.

Graves danos. Os danos não são, apenas, em relação à testemunha, alcançando, por igual, o seu companheiro, o seu cônjuge e parentes consanguíneos ou afins, em linha reta ou na colateral em segundo grau.

A referência legal, como se verifica, é a *danos* em sentido lato: dano moral ou patrimonial; não, porém, simples dano, pois a *gravidade* lhe é pressuposto essencial.

Entre os danos morais, temos de considerar o feito à honra como um dos mais graves, pois a honra igualmente é um *bem* da pessoa e, por isso, merece a tutela estatal (CF, art. 5º, X). Permite-se, destarte, que a testemunha não revele eventual desonra própria, do companheiro, do cônjuge ou familiar, o que não seria possível se tivesse de responder a *todas* as perguntas que lhe fossem formuladas em juízo.

Não é, entretanto, apenas a defesa da *honra* que deverá o indivíduo invocar para escusar-se ao depoimento, se não que qualquer outro interesse *moral* legítimo, como, *v. g.*, o relacionado ao receio de a testemunha (ou o companheiro ou familiares) vir a ser demandada por outrem em decorrência de suas declarações. O CPC de 1939, aliás, se referia ao *perigo da demanda* (art. 241, l).

Há mais. A escusa poderá visar, também, à defesa contra danos ao patrimônio da testemunha e das demais pessoas mencionadas pela lei processual. A exigir-se o contrário seria, nas palavras de Pedro Batista Martins (*Comentários ao Código de Processo Civil*, 1941, p. 98), "colocar a testemunha entre as pontas do dilema: ou o perjúrio ou o sacrifício", ensejando-se, com isto, e em nome do interesse público, uma ofensa à natureza humana.

O grave dano que possa advir ao patrimônio da testemunha, para eximi-la de depor, deve articular-se diretamente com as declarações que expenderia; entenda-se, ademais, que esse dano deve ser imediato, sob pena de indeferimento da escusa.

Pela nossa parte, cremos não se poder exigir que a testemunha diga (quanto menos comprove), em audiência, quais são os fatos cuja revelação lhe importaria em graves danos; referido proceder, porque ilógico, faria com que restasse desatendido o caráter protecionista de seus direitos e deveres, que informa o art. 448 do CPC. Por outro lado, no entanto, a dispensa de qualquer esclarecimento a propósito desses fatos possibilitaria, na prática, que muitas testemunhas, sob o pretexto de que as suas declarações redundariam em danos de intensa gravidade, se esquivassem, comodamente, da obrigação de depor. Somos de opinião, à vista disto, que apresentada a escusa deve o juiz inteirar-se, junto à testemunha, *reservadamente*, sobre os fatos que ela afirma ou supõe não devam ser revelados em audiência. Esse procedimento do juiz do trabalho é necessário pelas razões já expostas.

Manutenção de sigilo. A testemunha, igualmente, não é obrigada a responder acerca de fatos a cujo respeito, por estado ou profissão, deva guardar sigilo. Esse dever de segredo possui, hoje, incidência muito ampla, na medida em que não se circunscreve ao advogado e ao médico, mas abrange a toda pessoa que, pelas razões previstas em lei, tivesse de servir como testemunha, como se dá com os religiosos, as parteiras e outros.

O Código Penal Brasileiro, aliás, por seu art. 154, considera como crime a violação de segredo profissional, consistente em: *"Revelar alguém, sem justa causa, segredo, de que tem ciência em razão de função, ministério, ofício ou profissão e cuja revelação possa produzir dano a outrem."* A pena será de detenção, de três meses a um ano, ou multa, de 2 mil a 20 mil reais.

Pestana de Aguiar (*Comentários ao Código de Processo Civil*. São Paulo: Revista dos Tribunais, 1977. p. 317) cogita de uma gradação quanto ao respeito ao sigilo, segundo a sua infringência tenha caráter criminoso (Código Penal, arts. 154 e 196, § 1º, XII) ou somente importe na aplicação de sanções civis (violação do dever de sigilo com justa causa).

Da mesma forma como sustentamos, relativamente à escusa anterior (grave dano), a testemunha não precisa aqui demonstrar, de maneira detalhada, os fatos que constituem o motivo de haver invocado o dever de sigilo, visto que seria levada, inevitavelmente, a quebrar esse segredo. É suficiente, para tanto, que ela exponha apenas "os motivos de ordem geral, e as suas relações com os fatos ou as partes na causa, de modo a tornar séria a razão da recusa, e não simples escapatória" (SANTOS, Moacyr Amaral. *Comentários ao Código de Processo Civil*. Rio de Janeiro: Forense, 1977. p. 306).

O sigilo bancário, todavia, não pode ser invocado em juízo, com a mesma eficácia, como vem proclamando a jurisprudência. Afinal, ao sigilo individual do banqueiro se sobrepõe, muitas vezes, o interesse coletivo; daí, o Poder Judiciário exigir a informação sempre que entender necessária para o deslinde da controvérsia.

Joseph Hamel (*apud* CIRIGLIANO, Raphael. *Prova Civil*. 2. ed. São Paulo: Revista dos Tribunais, 1981. p. 330) adverte, a propósito, que o segredo profissional do banqueiro não chega ao ponto de tornar-se um direito de recusar-se a testemunhar em juízo, lembrando que Garçon estabeleceu a existência de uma diferença profunda entre a proteção do segredo profissional, que impede a divulgação de certos fatos, e a recusa de testemunhar em juízo, que obstrui a pesquisa da verdade. A recusa de testemunhar em juízo não permitiu senão que certas pessoas a invocassem, em nome de um interesse geral, que se sobrepunha ao interesse particular do processo: *"tal é o segredo do médico, garantindo a saúde pública, ou o segredo do ministro de um culto, assegurando a paz das consciências religiosas. Nenhum interesse geral do mesmo gênero garantiu o segredo detido pelo banqueiro; é um autêntico interesse privado que constitui a causa; ele não saberia, portanto, justificar uma recusa de testemunhar em juízo."*

Formulemos uma regra objetiva a respeito do assunto: a testemunha tem o direito de guardar sigilo, exceto quando o manifesto interesse público impuser que ela o quebre.

Fique claro que se a parte, inadvertida ou voluntariamente, acabar revelando fatos que, por força do dever, deveriam ser mantidos em sigilo, isso em absoluto não retirará a eficácia e a força probante de suas declarações. Repita-se que a testemunha, nas hipóteses do art. 448 do CPC, *poderá* escusar-se a depor, caso queira; desejando, porém, ser ouvida, nada impede que o faça, embora possa vir a arcar com as consequências, civis, penais ou administrativas de seu ato, conforme seja o caso.

Parágrafo único. A execução da multa prevista neste artigo se dará nos mesmos autos.

• **Comentário**

Está claro que a execução da multa ocorrerá nos mesmos autos em que se deu a quebra do compromisso legal, por parte da testemunha.

A norma, entretanto, não nos esclarece quem será o beneficiário dessa penalidade pecuniária. A nosso ver, será devida à parte contrária — não, à União — pois a testemunha é equiparada ao litigante de má-fé, de que se ocupa o art. 793-C da CLT, ao qual o art. 793-D do mesmo texto legal faz remissão. O litigante de má-fé (*improbus litigator*) deve ser condenado a pagar ao adversário não apenas a multa, como a indenizá-la pelos prejuízos que este sofreu, além de honorários advocatícios e outras despesas pertinentes ao fato (CPC, art. 81).

Ressalte-se que a multa a ser imposta à testemunha que *"intencionalmente alterar a verdade dos fatos ou omitir fatos essenciais ao julgamento da causa"* independe do resultado do julgamento da causa; sendo assim, mesmo que a testemunha tenha sido indicada pela parte vencedora no mérito, será condenada a pagar multa à parte perdedora. A propósito, mesmo que o processo venha a ser extinto sem exame do mérito, a testemunha em questão poderá ser condenada ao pagamento da multa pecuniária prevista do art. 793-D da CLT.

Em síntese, a multa deve ser imposta *pela sentença* — tenha resolvido o mérito, ou não. Quem teria legitimidade para recorrer dessa decisão? Depende de certas particularidades. Se não, vejamos.

Em princípio, a legitimidade e o interesse são da própria testemunha, uma vez que foi ela a pessoa condenada ao pagamento da multa. Consequentemente, a posterior execução da multa se fará em face dela. Se a legitimidade fosse da parte que indicou a testemunha, não haveria razão para o legislador preocupar-se em esclarecer que a execução se processará nos mesmos autos em que foi proferida a respectiva decisão.

Não se deverá exigir da testemunha, contudo, para efeito de admissibilidade do recurso, o depósito a que se refere o art. 899, § 1º, da CLT, porquanto ela não é parte no processo. O que dela se exigirá é que constitua advogado para efeito de interpor o recurso, seja porque o advogado da parte que a indicou não possui poderes para agir em nome da testemunhas, seja porque a capacidade postulatória de que trata o art. 791, *caput*, da CLT, é restrita às partes.

Não podemos negar, todavia, a presença de legitimidade e de interesse da parte *beneficiada* com a imposição da multa à testemunha, como quando entender que a condenação, a esse título, correspondente a 2% do valor corrigido da causa, foi irrisório, devendo ser elevado, digamos, para 10% (CLT, art. 793-C).

Capítulo XX
EXCEÇÃO DE INCOMPETÊNCIA TERRITORIAL

Art. 800. Apresentada exceção de incompetência territorial no prazo de cinco dias a contar da notificação, antes da audiência e em peça que sinalize a existência desta exceção, seguir-se-á o procedimento estabelecido neste artigo.

- Justificativa do Projeto de Lei n. 6.787/2016:

Nos moldes previstos no art. 651 da CLT, a competência do juízo trabalhista deveria considerar o local de prestação dos serviços. Ocorre que, muitas vezes, a reclamação é ajuizada em local distinto da prestação de serviços, fazendo com que o reclamado seja obrigado a comparecer a uma audiência em local diverso do fixado pela CLT apenas para informar o juiz sobre a incompetência territorial e requerer a remessa dos autos para o juízo competente. Esse é um ato absolutamente desnecessário, que implica um custo elevado e divergente do momento atual vivenciado pela Justiça do Trabalho, com a implantação do processo judicial eletrônico, uma realidade em todas as Regiões.

Por intermédio desse artigo, buscamos disciplinar o procedimento de arguição de incompetência territorial na Justiça do Trabalho visando conferir maior celeridade processual e uma redução nos custos da demanda, tanto para o Poder Judiciário quanto para as partes.

Quanto a esse artigo, foram acatadas as Emendas **610**, do Deputado Celso Maldaner (PMDB/SC), e **644**, do Deputado José Carlos Aleluia (DEM/BA).

- Comentário

O CPC de 2015 eliminou as *exceções* (de incompetência relativa do juízo, de suspeição e de impedimento do juiz) como modalidades de respostas autônomas do réu. Remanesceram, pois, no sistema daquele Código, a *contestação* (arts. 335 a 342) e a *reconvenção* (art. 343).

A exclusão da *resposta excepcional*, do sistema do CPC, em nada afetou o processo do trabalho, porquanto a CLT não é omissa quanto ao tema, conforme demonstram os arts. 799 a 802.

Desta forma, enquanto a incompetência *territorial* (relativa, portanto), no CPC, passou a constituir matéria a ser suscitada como preliminar da contestação (CPC, art. 337, II), no sistema do processo do trabalho, continua a ser objeto de exceção. Tanto isso é certo, que a Lei n. 23.467/2017 inseriu no art. 800 da CLT alguns parágrafos, que serão por nós comentados, no passo seguinte.

Aliás, essa atitude do legislador deita por terra, em definitivo, a corrente doutrinária — embora minoritária — que se pôs a sustentar a opinião de que os arts. 799 a 802 da CLT teriam sido implicitamente derrogados pelo atual CPC.

Anteriormente à Lei n. 13.46/2017, não havia prazo, em dias, para a parte apresentar exceção de incompetência territorial. A exceção era oferecida na audiência. Era frequente, aliás, a apresentação da exceção e da contestação, no mesmo ato, embora em peças apartadas.

Agora, o prazo para a parte (réu, em geral) apresentar a exceção de incompetência é de cinco dias, contado da data em que for notificado, ou, melhor, em que for citado para responder à ação. Decorrido esse prazo, sem que a parte ingresse com a exceção, a competência se fixará em relação ao juízo no qual a ação foi exercida. Não podemos deixar de reconhecer que esse prazo é, extremamente, exíguo. Muitas vezes, o advogado necessita obter informações e documentos do réu para verificar se o juízo no qual a petição inicial foi protocolada detém, ou não, competência territorial (*ratione loci*) para julgar a causa e, dependendo do réu, de seu porte, de sua localização, etc., esse prazo é, deveras, escasso.

O art. 65, do CPC — seguindo antiga tradição legislativa —, se refere à *prorrogação* da competência. Não nos parece adequado esse verbo. *Prorrogar* significa fazer durar além do tempo preestabelecido. O que se passa, em rigor, na situação que estamos a examinar, é o *deslocamento* da competência para outro juízo, que, em princípio, não a detinha. *Deslocar* é mudar de lugar.

Como o art. 800, *caput*, da CLT, estabelece o prazo de cinco dias (a contar da citação) para o oferecimento da exceção de incompetência territorial, e esclarece que essa apresentação deve ocorrer "antes da audiência", cumprirá ao juiz harmonizar essa disposição com a do art. 841, *caput*, também da CLT, segundo a qual a audiência deve ser "a primeira desimpedida, depois de cinco dias".

Por fim, destaque-se a má técnica utilizada na redação do art. 800, *caput*, da CLT. Com efeito, depois de fazer uso da expressão: "*Apresentada exceção de incompetência territorial*", seria perfeitamente dispensável esta outra: "*em peça que sinalize a existência desta exceção.*"

§ 1º Protocolada a petição, será suspenso o processo e não se realizará a audiência a que se refere o art. 843 desta Consolidação até que se decida a exceção.

- Comentário

O art. 799, *caput*, da CLT, já prevê a suspensão do processo, em decorrência do oferecimento de exceção de incompetência. O § 1º do art. 800 torna imperativa essa suspensão com o protocolo da correspondente petição. A mesma norma alude, como consequência da suspensão do processo, à não realização da audiência de que trata o art. 843 da CLT.

É importante ressaltar que a suspensão é automática, independendo, portanto, de despacho ou de decisão do juízo no qual a petição inicial da exceção for protocolada. Desse modo, quando a petição chegar às mãos do juiz o processo já estará suspenso.

Por outro lado, a conclusão que se extrai do texto legal em estudo é que a petição de exceção de incompetência não será apresentada *em audiência*, mas, sim, *protocolada* na secretaria do órgão jurisdicional em que tramita o processo. Desta forma, mesmo que a audiência tenha sido designada, por exemplo, para o dia 14 de dezembro, o réu, citado em 20 de setembro, terá o prazo de cinco dias para ingressar com a exceção de incompetência, sob pena de preclusão.

No caso — raro, embora — de o prazo para oferecer a exceção coincidir com a data de realização da audiência, a resposta excecional poderá ser apresentada na própria audiência, fato que será registrado na ata e, se for o caso, comunicado ao distribuidor. O problema é que, em princípio, a audiência deverá ser adiada, depois da apresentação da exceção, porquanto o excepto dispõe do prazo de cinco dias para se manifestar sobre ela (CLT, art. 800, § 2º). Somente não ocorrerá o adiamento da audiência se o excepto renunciar, de maneira expressa, ao prazo legalmente estabelecido em seu benefício, preferindo pronunciar-se na própria audiência, pelo tempo que o juiz lhe conceder.

O curso do processo será restabelecido depois de o juiz proferir a decisão resolutiva da exceção.

Essa decisão, por possuir caráter interlocutório (CPC, art. 203, § 2º), é irrecorrível de imediato (CLT, arts. 799, § 2º, primeira parte, e 893, § 1º), salvo se acolher a exceção com remessa dos autos para Tribunal Regional distinto daquele a que se encontra vinculado o juízo excepcionado (TST, Súmula n. 124, letra "c").

§ 2º Os autos serão imediatamente conclusos ao juiz, que intimará o reclamante e, se existentes, os litisconsortes, para manifestação no prazo comum de cinco dias.

• Comentário

Efetuada a distribuição, os autos deverão ser conclusos, de imediato, ao juiz. A ele incumbirá mandar intimar o excepto, para manifestar-se no prazo de cinco dias. No caso de litisconsórcio (ativo), esse prazo será comum. O art. 800, *caput*, da CLT, em sua primitiva redação, concedia ao excepto o exíguo prazo de vinte e quatro horas. O quinquídio traduz, assim, um benefício a este — em que pese ao fato de, conforme dissemos há pouco, apresentar-se como um suplício ao réu (quanto ao prazo para oferecer a exceção de incompetência).

Aplica-se, aqui, o disposto no art. 117 do CPC, de acordo com o qual os litisconsortes serão considerados, em suas relações com a parte contrária, como litigantes distintos — salvo no regime litisconsorcial do tipo unitário (CPC, art. 116), caso em que os atos e as omissões de um não prejudicarão os outros, embora os possam beneficiar.

Não se aplica, entrementes, a regra do art. 229 do mesmo Código, assim redigido: *"Os litisconsortes que tiverem diferentes procuradores, de escritórios de advocacia distintos, terão prazos contados em dobro para todas as suas manifestações, em qualquer juízo ou tribunal, independentemente de requerimento."* A razão da inaplicabilidade está em que o § 2º, do art. 800, da CLT, contém declaração específica de que o prazo será *comum* aos litisconsortes. Poder-se-ia imaginar que essa regra estaria restrita ao tema da exceção de incompetência territorial. Passa-se, contudo, ao que a OJ n. 310, da SBDI-1, do TST, estabelece:

"LITISCONSORTES. PROCURADORES DISTINTOS. PRAZO EM DOBRO. ART. 229, CAPUT E §§ 1º E 2º, DO CPC DE 2015. ART. 191 DO CPC DE 1973. INAPLICÁVEL AO PROCESSO DO TRABALHO (atualizada em decorrência do CPC de 2015) — Res.

208/2016, DEJT divulgado em 22, 25 e 26.4.2016. Inaplicável ao processo do trabalho a norma contida no art. 229, caput e §§ 1º e 2º, do CPC de 2015 (art. 191 do CPC de 1973), em razão de incompatibilidade com a celeridade que lhe é inerente."

Que nos desculpe o TST, mas a OJ supracitada beira à hipocrisia, se tivermos os olhos abertos para o terreno da realidade prática, que nos revela, a todo o momento, despachos, decisões interlocutórias, sentenças e acórdãos sendo proferidos em prazo muito e muito além do previsto em lei, sem que se tenha cogitado, em tais situações, de "incompatibilidade com a celeridade" que é inerente ao processo do trabalho. Não necessitamos ingressar em pormenores para demonstrar a veracidade de nossa afirmação, que pertence à classe dos fatos notórios (CPC, art. 374, I).

Aliás, nesse quadro de tardança generalizada na prática de atos jurisdicionais, o *prazo comum*, estabelecido pelo art. 800, § 2º, da CLT, para que os litisconsortes se manifestem sobre a exceção de incompetência, é injustificável. Deveria ser *sucessivo*. Não seriam cinco dias ou dez dias a mais que constituiriam o fator de maior risco à concretização do anseio de celeridade processual.

§ 3º Se entender necessária a produção de prova oral, o juízo designará audiência, garantindo o direito de o excipiente e de suas testemunhas serem ouvidos, por carta precatória, no juízo que este houver indicado como competente.

• **Comentário**

A redação da norma é equívoca, pois deixa transparecer que caberá, exclusivamente, ao juiz decidir quanto à necessidade, ou não, de produção de prova oral. Em verdade, as partes, sendo o caso, requererão a produção dessa prova, cabendo ao juiz deferir, ou indeferir, o requerimento. Deferindo, serão colhidos os depoimentos do excipiente e do excepto, nessa ordem, em princípio. O excipiente e as testemunhas por ele indicadas poderão ser inquiridos, mediante carta precatória, no juízo em que ele houver apontado como competente, desde que formulem requerimento quanto a isso.

Ficará a critério do excipiente decidir se ele e as suas testemunhas serão inquiridas no juízo pelo qual tramita o processo principal, ou naquele que houverem indicado como competente, *ratione loci*, para julgar a causa. Note-se que a norma legal *sub examen* se refere ao *direito do excipiente*; por isso, cabe a ele tomar a decisão a respeito do assunto. O excipiente poderá, inclusive, manifestar intenção no sentido de que parte das testemunhas seja inquirida em um desses juízos e parte, em outro.

Ao afirmar que as testemunhas poderão ser inquiridas no juízo que o excipiente houver indicado como sendo o competente, o § 3º, do art. 800, do CPC, traz, implícita, a exigência de que esse juízo deva ser indicado na petição inicial da exceção.

A aplicação da norma em estudo aos casos concretos poderá gerar algumas controvérsias, como quando o excipiente, residindo na localidade do juízo em que a exceção foi apresentada, requerer que seja ouvido no juízo por ele indicado como competente e em cuja localidade já não reside. Parece-nos razoável concluir que a razão pela qual a norma legal atribui ao excipiente o direito de ser ouvido por precatória, no juízo por ele indicado, pressuponha o fato de ele estar residindo nesse juízo. Sendo assim, por que motivo ele desejaria ser ouvido no referido juízo se passou a residir — ou a ter domicílio — na localidade em que a exceção foi ajuizada?

É aplicável ao processo do trabalho a regra do art. 64, § 4º, do CPC, segundo a qual *"Salvo decisão em sentido contrário, conservar-se-ão os efeitos de decisão proferida pelo juízo incompetente até que outra seja proferida, se for o caso, pelo juízo competente"*. A esta situação se ajusta, por exemplo, a concessão de tutela provisória, seja de urgência, seja da evidência (CPC, art. 294).

§ 4º Decidida a exceção de incompetência territorial, o processo retomará seu curso, com a designação de audiência, a apresentação de defesa e a instrução processual perante o juízo competente. (NR)

• **Comentário**

Conforme vimos, protocolada a petição de exceção de incompetência territorial, o processo principal será suspenso de maneira automática.

Decidida a exceção, o processo terá o seu trâmite restabelecido, devendo a defesa ser apresentada e a instrução realizada (na audiência de que trata o art. 843 da CLT), no juízo competente, nos termos da decisão proferida.

Pergunta-se, contudo: poderia o juiz decidir não possuir competência, mas determinar a remessa dos autos não para o juízo apontado pelo excipiente, mas, sim, para outro, que reputar ser o competente? Estamos convencidos que sim. Devemos lembrar que competência territorial da Justiça do Trabalho é determinada, em princípio, pela localidade onde o excipiente prestou serviços, ainda que os haja prestado em outra localidade ou no estrangeiro (CLT, art. 651, *caput*). Desta maneira, se o excipiente apontou como competente, digamos, o juízo A, mas a instrução processual demonstrar que o trabalhador prestou serviços, exclusivamente, na localidade B, o juiz deverá ordenar a remessa dos autos ao juízo B, e não ao A.

Embora as partes não possam recorrer, de imediato, dessa decisão interlocutória, poderão impugná-la, preliminarmente, no recurso que vierem a interpor da sentença que solucionar a lide.

Capítulo XXI
ÔNUS DA PROVA

Art. 818. O ônus da prova incumbe:

• **Justificativa do Projeto de Lei n. 6.787/2016:**

A CLT prevê que o ônus da prova cabe à parte que fizer as alegações. Essa regra, no entanto, mostra-se ultrapassada quanto aos princípios relativos, especialmente, à aptidão para produzi-la. Assim, estamos importando parte dos dispositivos vigentes no novo CPC sobre o tema. E aqui cabe ressaltar que o próprio TST já decidiu, por intermédio da Instrução Normativa n. 39, de 2016, que *"aplicam-se ao Processo do Trabalho, em face de omissão e compatibilidade, os preceitos do Código de Processo Civil que regulam os seguintes temas"*, incluindo, expressamente, o art. 373 e seus §§ 1º e 2º.

Essa medida iguala o tratamento que deve ser dado às partes na produção de provas e elimina a omissão da CLT quanto ao tema, tal como referido na Instrução Normativa do TST, além de conferir garantias para que as partes não sejam prejudicadas com essa inversão, prevendo prazo para que a inversão seja feita e impedindo-a quando ficar caracterizada a impossibilidade de produção da prova.

Nesse sentido, foram acatadas as Emendas **611**, do Deputado Celso Maldaner (PMDB/SC), e **632**, do Deputado José Carlos Aleluia (DEM/BA).

• **Comentário**

Introdução

A preocupação doutrinária em estabelecer um critério preciso para a partição do ônus da prova entre os litigantes remonta a épocas priscas. Na antiguidade, Aulus Gellius (*Noctes Atticae*, Livro XIV, Cap. II), inspirando-se em seu mestre, o filósofo Favorinus (apoiado nos ensinamentos de Catão), afirmava que se as provas produzidas não convencessem, dever-se-ia decidir a favor do litigante mais probo; na hipótese de ambos possuírem a mesma reputação, a decisão deveria propender em favor do réu. Tratava-se, como se vê, de um critério de natureza complementar (somente incidiria se a prova não fosse suasória), que se assentava na honorabilidade das partes. O subjetivismo e o caráter discriminatório de que era provido, contudo, revela a falibilidade desse critério.

Foi no Direito Romano que se concebeu a regra *semper onus probandi ei incumbit qui dicit*, ou *semper necessitas probandi incumbit illi qui agit* (o ônus da prova incumbe a quem afirma ou age). Assim se dispôs porque quem por primeiro ingressava em juízo era o autor; consequentemente, como era ele quem afirmava, o *onus probandi* lhe era atribuído (*actori incumbit onus probandi*). Desse modo, o encargo da prova não se transferia ao réu, mesmo que negasse os fatos alegados pelo autor (*ei incumbit probatio qui dicit, non negat*: Paulus, *Digesto*, Livro XXII, Título III, de *probationibus et praesumptionibus*, fragmento n. 2). Não era correta, todavia, essa construção doutrinária porque, em determinados casos, a alegação feita pelo réu envolvia um fato capaz de modificar, impedir ou extinguir o direito do autor. Reconheceu-se, então, que a resposta do réu continha (ou poderia conter) também uma afirmação; daí por que a ele se atribuiu o ônus da prova sempre que isto ocorresse, erigindo-se, em seguida, a regra *reus in excipiendo fit actor*, que Ulpiano (*Digesto*, Livro XLIV, Título 1, *de exceptionibus*, fragmento n. 1) assim enunciou: *reus in exceptione actor est*. Esclareça-se que a *exceptione* (exceção) referida no texto de Ulpiano correspondia à atual defesa.

Posteriormente, os glosadores, manuseando os textos romanos e baseados em Paulus (*Digesto*, Livro XXII, Título III, fragmento n. 2), elaboraram um sistema de distribuição da carga probatória calcado em duas regras fundamentais: *afirmanti non neganti incumbit probatio* ("a quem afirma, não a quem nega, incumbe o ônus da prova") e *negativa non sunt probanda* ("não se provam os fatos negativos"). A partir daí, empenhou-se equivocadamente a doutrina em pôr à frente, na elaboração de critérios voltados à distribuição desse ônus, se a prova era positiva ou negativa, pois se sustentava ser impossível a segunda. Essa atitude constitui a grande característica do Direito medieval, que se infiltrou em parte no Direito português antigo e acabou por repercutir no próprio Código de Processo Civil brasileiro, de 1939, em cujo art. 209, § 1º, se estatuía: *"Se o réu, na contestação, negar o fato alegado pelo autor, a este incumbirá o ônus da prova."*

Esses princípios se fizeram mais rigorosos na Idade Média *debido al procedimiento esencialmente inquisitorial que privo en aquélla, en este sentido, terrible época de la humanidad. Los princípios tradicionales invocados perfeccionados se aplicaban en la obscuridad de la clandestinidad, no en ei debate público y contradictorio y sobre princípios de igualdad, sino en la penumbra, en la obscuridad y en el secreto apenas alumbrado por las lúgubres y terribles velas del Santo Oficio, en donde el poderoso aplastaba al débil* (Porrás López, ob. cit., p. 249)

A propósito dos métodos de inquisição medieval, das pessoas acusadas de heresia, sugerimos a leitura do livro *Manual dos Inquisidores*, de Nicolau Eymerich, escrito em 1376 (2. ed. Brasília: Rosa dos Tempos, 1993).

A afirmação, porém, de que o fato negativo não se prova é inexata, ao menos como regra geral. Há hipóteses em que uma alegação negativa traz, inerente, uma afirmativa, conforme veremos em item específico, mais adiante. Antecipe-se, contudo, que o princípio de que a negativa não se prova só prospera quando se trata de negativa indefinida, exatamente porque aí a impraticabilidade da prova reside não na negatividade, mas sim na indefinição do que a parte alegou. Acertadamente, pois, a doutrina passou a extrair outra interpretação dos textos romanos mais consentânea com a nova tendência concluindo por estabelecer que o ônus da prova incumbia ao autor. Tal regra, todavia, não era absoluta, pois ao réu se deslocava esse encargo toda vez que, a par de negar a situação jurídica narrada pelo autor, a ele opusesse uma outra, visto que *réus in exceptione actore est*, como afirmava Ulpiano. E foi sob essa nova orientação que se edificou a teoria clássica do encargo da prova, segundo a qual *"incumbe o ônus da prova àquela das partes que alega a existência ou inexistência de um fato do qual pretenda induzir uma relação de direito"* (SANTOS, Moacyr Amaral, *Primeiras Linhas*, p. 305).

Entre os autores que contribuíram para a construção dessa teoria se encontram Lessona, Mattirolo, Ricci, Garsonnet et Bru, João Monteiro e outros, conquanto, ao longo dos anos, novas correntes de pensamento se formaram como resultado das interpretações idiossincráticas dos textos romanos, *v. g.*, as lideradas por Bentham, Webber, Bethmann-Hollweg, Fltting, Gianturco, Demogue — apenas para nomear alguns.

Bentham, por exemplo, entendia que a questão relacionada ao *onus probandi* deveria ficar reservada ao exame de cada caso concreto, quer dizer, provaria a parte a quem fosse mais fácil e menos dispendioso o atendimento a esse ônus; Bethmann, por sua vez, asseverava que o encargo incumbiria sempre ao réu, cujo pensamento o ilustre jurista fazia estribar no próprio Direito germânico, de acordo com o qual o autor não litigava em tutela do seu direito, e sim para fazer cessar a injustiça proveniente da parte contrária. Assim também Heinrich Beck (*Die Beweislast apud* MIRANDA, Pontes de, *Comentários ao CPC*, p. 326). Declareuil (*apud* CIRIGLIANO, Raphael, *op. cit.*, p. 38), de maneira algo peculiar, entendia que todas as teorias construídas a respeito do tema eram imaginosas, destituídas de fundamentos históricos e destrutíveis pela lógica; daí por que, em seu ver, o princípio assente de que provar compete sempre ao réu é falso, quer se considere a prova um encargo ou um favor; para o referido jurista, em consequência, a prova incumbe àquele que é fraco. Comumente, o mais fraco é o que é acusado pelo mais forte, embora em alguns casos possa ocorrer o oposto; diante disso, sendo mais forte o acusado, este constrangerá, mesmo sendo réu, o adversário a provar.

Segundo Bar e Laband, o ônus da prova não deveria ser fixado em leis, mas imposto pelo juiz ao litigante que oferecesse melhores argumentos, ou parecesse, à primeira vista, estar com a razão; esse sistema, como se constata, caracterizava-se pelo arbítrio do magistrado, que, em certos casos, tinha mesmo de prejulgar para poder impor o encargo da prova à parte que lhe parecesse estar com a razão. Dentro desse caleidoscópio doutrinário, podemos mencionar, ainda, Unger (*apud* BATALHA, Campos, ob. cit., p. 489), para quem o ônus da prova não deveria ser atribuído, por princípio, a nenhum dos litigantes, porquanto, partindo-se do pressuposto da igualdade entre eles, venceria quem houvesse produzido a melhor prova. João Monteiro (*ibidem*, p. 490) proclamava que esse encargo recaía sobre a parte que alegasse determinados fatos em juízo, para deles deduzir algum direito, embora admitisse as regras estabelecidas por Lessona, no sentido de que: a) o ônus não é determinado com vistas à qualidade do fato probando, mas pela qualidade jurídica que, na ação, possui aquele que o invoca; b) ao autor compete provar o fundamento da ação, assim como, ao réu, o da defesa.

A moderna concepção doutrinária

Podemos dizer que, ressalvadas pequenas dissenções secundárias, a doutrina moderna a propósito da partição do ônus da prova se concentra em Chiovenda, que atribuiu ao autor o encargo de provar os fatos constitutivos do seu direito e ao réu os fatos capazes de modificar, impedir ou extinguir o direito daquele. São do notável jurista as palavras: *"o ônus de afirmar e provar se reparte entre os litigantes, no sentido de que é deixado à iniciativa de cada um deles provar os fatos que deseja sejam considerados pelo Juiz, isto é, os fatos que tenham interesse sejam por este tidos como verdadeiros."* (*apud* SANTOS, Moacyr Amaral. *Primeiras linhas*, p. 306.)

Para Chiovenda, os fatos constitutivos são os que dão vida a uma vontade concreta da lei e à expectativa de um bem por parte de determinada pessoa; os extintivos são, em sentido contrário, os que fazem cessar a vontade concreta da lei e a consequente expectativa de um bem; os impeditivos se relacionam à falta de uma das circunstâncias que devem concorrer com os fatos constitutivos a fim de que estes produzam os efeitos que lhe são inerentes e normais.

Perfilhando o entendimento de Chiovenda, de quem fora discípulo, Enrico Tullio Liebman (apud BATALHA, Campos, ob. cit., p. 493) afirma que *l'attore deve provare i fatti costitutivi, che sono il fondamento della sua domanda; tocca poi ai convenuto provare i provare i fatti impeditivi, extintivi o modificativi che possano giustificare il rigetto della domanda dei attore*, ressalvando ainda que a posição do réu (convenuto) é muito cômoda, visto que *non sorge a suo carico nessun onere, finchè l'attore non abbia provato il fatto costitutive (actore non probante, réus absolvitur); soltanto se il fatto costitutivi sia provato, soergerà per lui la necessita di contrapporgli un'eccezione e di provare i fatti impeditivi, estintivi o modificativi su cui si fonda (reus in excipiendo fit actor)*.

Carnelutti, contudo, classificou os fatos a respeito dos quais se deveriam estabelecer as regras do *onus probandi* em constitutivos, extintivos, convalidativos e invalidativos (impeditivos). Observa Campos Batalha (ob. cit., p. 492) que o ilustre jurista italiano, em seu *Sistema di Diritto Processuale Civile* (Padova: Cedam, 1936), fizera uma diferenciação básica entre fatos principais e fatos secundários, tendo incluído na primeira categoria os fatos constitutivos e os extintivos (que são antitéticos) e, na segunda, os impeditivos e os modificativos. Essa classificação, entretanto, não satisfez a Carnelutti, para quem a solução deveria ser buscada no estudo da relação entre a situação jurídica inicial e a situação jurídica final, dado que entre ambas pode existir uma relação de compatibilidade ou de incompatibilidade; sendo assim, o efeito jurídico do fato está em permitir que a situação jurídica inicial seja mantida, ou impor seja eliminada. Segue-se, portanto, que o fato dito extintivo, em verdade, é um fato constitutivo em relação à nova situação jurídica criada pelo réu, embora a sua eficácia extintiva se refira à situação jurídica inicial, a que deu causa o autor.

Nem sempre a nova situação jurídica exclui a anterior, limitando-se, apenas, a retirar-lhe ou acrescentar-lhe alguma coisa, do mesmo modo como pode ocorrer de as duas situações serem autônomas ou complementares: "*Sob este ponto de vista, o binômio fato constitutivo ou fato extintivo se integra no trinômio fato constitutivo, fato extintivo (ou melhor, fato substitutivo) e fato complementar*" (BATALHA, Campos, idem, ibidem). Daí decorre a razão de Carnelutti ter concluído que o fato impeditivo, também dito invalidativo, constitui a espécie negativa do fato complementar, cuja espécie positiva seria o fato convalidativo.

Segundo Porras López (ob. cit., p. 251), a doutrina moderna concernente ao ônus da prova pode ser resumida nestes princípios: *a) La carga de la prueba es una obligación, un derecho y un deber, en la ciência procesal moderna; b) Debe probar, el que esté en aptitud de hacerlo, independientemente de que sea el actor o el demandado; c) Para la distribución de la carga de la prueba debe atenderse no tanto a la situación de los contendientes, sino a la finalidad del proceso, ya que quien ofrezca mejores pruebas, obtendrá una sentencia favorable; d) Las pruebas se dirigen al juez, a fin de que este resuelva los juicios 'secundum allegata et probata'*.

No plano do direito positivo brasileiro vigente, a investigação a propósito das teorias relacionadas à distribuição do ônus da prova perde o interesse prático, vez que o CPC adotou a que atribui ao autor o encargo de provar os fatos constitutivos do seu direito e, ao réu, os fatos modificativos, impeditivos ou extintivos desse direito (art. 373, I e II).

Essa disposição do CPC, contudo, não incide supletivamente no processo do trabalho, como se tem suposto, e conforme pretenderemos demonstrar, mais adiante, no item "O problema do ônus da prova no processo do trabalho".

Ônus e obrigação

Não há, em rigor, uma *obrigação* legal de provar; tão somente, um *ônus*. Cumpre, então, que se distinga um do outro.

Disse Carnelutti (*Sistema*, p. 94 e 95): *"A diferença entre ônus e obrigação se funda na sanção diversa a quem não cumpre determinado ato; existe obrigação quando a inatividade dá lugar a uma sanção jurídica (execução ou pena); se, ao contrário, a abstenção, em relação ao ato determinado, faz perder somente os efeitos últimos desse mesmo ato, nos encontramos frente à figura do ônus."*

O onus probandi se vincula ao interesse da parte em ver provados os fatos narrados em juízo; daí por que a lei fixou, objetivamente, e com base nesse interesse, os critérios relativos à distribuição desse encargo processual. Tanto é verdadeiro que o ônus da prova não constitui uma obrigação, que, em certos casos, mesmo que a parte dele não tenha se desincumbido poderá ter acolhida a sua pretensão, que tinha como pressuposto o fato que deixou de provar: isso poderia ocorrer, por exemplo, na hipótese de a parte contrária, inadvertidamente, produzir, em benefício da outra, a prova que a esta competia.

Entendemos correta, de outro lado, a distinção que a doutrina tem feito entre ônus perfeito e ônus imperfeito; no primeiro caso, se a parte dele não se desincumbe terá, contra si, consequências jurídicas prejudiciais, como *v. g.*, quando deixa de interpor recurso da sentença que lhe foi desfavorável; no segundo, todavia, nem sempre a incúria ou a inércia da parte, quanto à produção da prova que lhe incumbia, trar-lhe-á resultados danosos. E aqui se encaixa, perfeitamente, o exemplo que mencionamos há pouco, acerca do fato de uma parte acabar por produzir, de maneira desastrada, determinada prova em favor da outra.

Enfim, à ideia de ônus da prova não se adjunge à de sanção processual, como pretende Eduardo Couture (*Fundamentos del derecho procesal*, 1951).

Ônus e dever

Para Pontes de Miranda (*Comentários ao Código de Processo Civil*. 2. ed. Rio de Janeiro: Forense, 1979. v. I, p. 322), a diferença entre dever e ônus está em que "(a) o dever é em relação a alguém, ainda que seja a sociedade; há relação jurídica entre dois sujeitos, um dos quais é o que deve: a satisfação é do interesse do sujeito ativo; ao passo que (b) o ônus é em relação a si mesmo; não há relação entre sujeitos: satisfazer é do interesse do próprio onerado. Não há sujeição do onerado; ele escolhe entre satisfazer, ou não ter a tutela do próprio interesse. Por onde se vê como a teoria do ônus da prova diz respeito, de perto, à pretensão à tutela jurídica."

Inexiste, portanto, também um dever de provar, seja em face da parte contrária, seja perante o próprio juiz. Há, sim, mero *ônus*, em virtude do qual a parte que dele não se desincumbiu corre o risco (*alea iudiciorum*) de não ver acolhida a sua pretensão, que se fundamentava na existência do fato cuja prova deixou de produzir. Esse é, também, o pensamento de Trueba Urbina (*Nuevo derecho procesal del trabajo*. México: Porrua, 1971. p. 374).

A necessidade de provar, pois, não emerge de uma obrigação ou de um dever processual das partes, se não que se vincula, diretamente, ao seu interesse em ver admitidos como verdadeiros, pela sentença, os fatos que constituem o pressuposto da pretensão *in iudicio deducta*.

Sem razão, por isso, Kisch (*apud* MARQUES, José Frederico. *Manual de direito processual civil*. 1. ed., n. 457, v. II, p. 187), que embora tenha afirmado que o *onus probandi* se articula com a necessidade de a parte provar para vencer na causa, conclui ser possível reconhecer-se, aí, uma imposição e uma sanção de ordem processual.

Ônus objetivo e ônus subjetivo

Adotando como critério os sujeitos do processo, Coqueijo Costa (*Direito judiciário do trabalho*. Rio de Janeiro: Forense, 1978. p. 290), provavelmente com apoio em Cintra, Grinover e Dinamarco (ob. cit., p. 318), distingue entre ônus subjetivo e ônus objetivo, consistindo o primeiro na indagação que se deve fazer acerca de qual dos litigantes há de suportar o "risco da prova frustrada", sendo que o segundo se volta para o magistrado, porquanto, para este, quando da elaboração da sentença, importará o demonstrado e não quem o demonstrou. Dissentimos, *data venia*, em alguns aspectos, do entendimento do ilustre jurista. Primeiramente, porque não nos parece ser possível sustentar-se a afirmação de que há um ônus objetivo voltado para o juiz, quando se sabe que, na apreciação da prova, o julgador deverá valer-se de certos critérios de avaliação (e o nosso sistema consagrou o da persuasão racional ou do livre convencimento motivado), sendo, assim, inadmissível supor-se que esses critérios constituam, no caso, um ônus, segundo a acepção que o vocábulo sugere à ciência jurídica processual. Por outra parte, cremos que, se não como regra genérica, ao menos em determinadas hipóteses, deve o juiz levar em consideração *quem* produziu a prova. A nossa divergência, no particular, não é, a rigor, quanto ao pensamento de Coqueijo Costa, mas, em sentido mais amplo, em relação ao próprio princípio da *aquisição processual*, consagrado pela doutrina civilista, e segundo o qual pouco importa para o juiz quem produziu a prova, já que ela pertence ao processo e será apreciada de acordo com o seu valor intrínseco. Imaginemos, por exemplo, que a prova da despedida sem justa causa do empregado tenha sido feita pelas testemunhas apresentadas pelo próprio réu: por certo que, diante disto, o juiz estará muito mais seguro na formação do seu convencimento, quanto ao fato, do que estaria se essa prova houvesse sido feita pelo empregado. Por fim, não nos parece que o ônus, em relação às partes, seja subjetivo; trata-se, a nosso ver, de ônus nitidamente objetivo, pois é oriundo de disposição legal específica; vale dizer, porque fixado pelo direito positivo processual. A objetividade, assim, se relaciona à distribuição da carga da prova, feita por lei, e não à pessoa do juiz; e, em que pese ao fato de essa partição legal do ônus ter como destinatários os litigantes, nem por isso se pode afirmar que ele seja subjetivo.

I — ao reclamante, quanto ao fato constitutivo de seu direito;

II — ao reclamado, quanto à existência de fato impeditivo, modificativo ou extintivo do direito do reclamante.

- **Comentário**

O legislador trabalhista reproduziu a regra contida no art. 373 do CPC, que o ônus da prova incumbe (I) ao autor, quanto ao fato constitutivo do seu direito; (II) ao réu, quanto à existência de fato modificativo, impeditivo ou extintivo daquele direito. O processo civil, por sua vez, adotou, no particular, a teoria de Chiovenda e, em especial, a de Carnelutti, para quem, quando determinada pessoa *"opõe uma pretensão em Juízo, deve provar os fatos que a sustentam; e quem opõe uma exceção deve, por seu lado, provar os fatos de que resultam"* (apud SANTOS, Moacyr Amaral, ob. cit., p. 307).

Nada mais lógico e justo tenha *o processo civil* distribuído, desta forma, o ônus objetivo da prova entre os litigantes, sabendo-se que partiu do pressuposto da igualdade formal que os caracteriza. Deste modo, e porque formalmente colocados em um plano de isonomia jurídica, ao autor incumbirá a prova dos fatos que alegou, como condição necessária à incidência, em seu benefício, da vontade concreta da lei que ampara a sua pretensão deduzida em juízo, do mesmo modo como ao réu se atribui esse encargo processual sempre que opuser um fato capaz de modificar, impedir ou extinguir o direito do autor, pois *reus in excipiendo fit actor*.

Na prática, no entanto, há casos em que ocorre certa dificuldade em distinguir-se, com precisão, entre fatos constitutivos, modificativos, impeditivos e extintivos, quando se busca estabelecer a quem incumbirá *o onus probandi*. Cremos ser conveniente, diante disto, rememorar a lição de Liebman (*Corso di diritto processuale civile*, 1952. p. 153), que poderá, inclusive, ser utilizada como critério doutrinário para separar as espécies de fatos mencionados. Para o festejado jurista, o melhor critério é o que qualifica como constitutivo o fato específico de que decorre o efeito jurídico invocado pela parte, *"despido de todas aquelas circunstâncias concomitantes que, embora sejam imprescindíveis para a produção de consequências jurídicas, não necessitam de prova, pelo seu caráter de normalidade, desde que para o fato específico a prova foi produzida"*. Quer nos parecer que esse critério, assente em uma tétrade de fatos (constitutivos, modificativos, impeditivos e extintivos), não só atende, no geral, às necessidades do processo civil neste aspecto, mas respeita, de perto, um dos seus princípios medulares, esteadeado na igualdade formal das partes — cujo pressuposto igualitário, aliás, é reflexo direto do direito material civil e tem raízes no próprio texto constitucional (CF, art. 5º, *caput*).

Teria sido, porém, acertada a atitude do legislador trabalhista de 2017 ao adotar o critério estabelecido pelo art. 373 do CPC? A resposta a esta indagação constituirá objeto do próximo item.

O ônus da prova no processo do trabalho

Para que a nossa resposta à indagação que acabamos de formular no item anterior seja adequadamente entendida, devemos reproduzir os argumentos que sempre utilizamos ao examinarmos o art. 818 da CLT, em sua redação anterior à Lei n. 13.467/2017.

> Provavelmente em virtude da disposição didática do art. 333 do CPC de 1973, reproduzido pelo art. 373 do CPC de 2015 — que ao intérprete trabalhista desavisado tanto impressionou —, erigiu-se, no âmbito da Justiça do Trabalho, a praxe de adotar-se o mesmo critério estampado naquele dispositivo para resolver o problema relacionado à distribuição da

carga da prova entre os litigantes, fazendo-se, inclusive, sempre que for o caso, expressa invocação da mencionada norma processual civil.

Sem pretendermos ser deselegantes, acreditamos, com sinceridade, que tal atitude do intérprete trabalhista revela um desses hábitos cuja quebra honraria mais do que a observância — nas palavras do imortal Shakespeare (*Hamlet*. Trad. de Carlos Alberto Nunes. São Paulo: Melhoramentos, sem data. p. 42/43). Justifiquemo-nos. A CLT, ao estatuir, no art. 818, que "*A prova das alegações incumbe à parte que as fizer*", demonstra, à evidência plena, que possui dicção expressa e específica sobre a matéria, desautorizando, desta maneira, que o intérprete — a pretexto de que o art. 769 do mesmo texto, o permite — incursione pelos domínios do processo civil com a finalidade de perfilhar, em caráter supletivo, o critério consubstanciado no art. 373 e incisos. Não seria equivocado asseverar-se, portanto, que tais incursões são irrefletidas, pois não se têm dado conta de que lhes falece o requisito essencial da omissão da CLT.

Com efeito, o art. 769, da CLT, longe de constituir permissivo para a invocação subsidiária daquela norma processual civil, se planta como obstáculo intransponível para a admissibilidade desse procedimento ínvio. Nada obstante esse fato nos pareça incontestável, segue grassando, na prática, o costume sobre o qual estamos a lançar censura. Dir-se-á, provavelmente, que o conteúdo do art. 373 do CPC não colide com a expressão do art. 818 da CLT, porquanto, literalidade à parte, em essência um e outro dizem a mesma coisa, consagram idêntico critério. Ainda que se admita, por apego à argumentação, que colisão inexista, não se pode negar que, mesmo assim, subsistirá íntegro o veto legal (CLT, art. 769) à adoção supletória do art. 373, do diploma processual civil, por não ser a CLT omissa quanto à matéria, como expusemos. Ademais, se ambos os textos expressam a mesma coisa, como se tem equivocadamente suposto, seria, por certo, redundante e tautológica a atração para o processo do trabalho da norma processual civil referida — cujo fato tornaria, por isso, no mínimo desaconselhável essa atitude.

A colisão, porém, do dispositivo pertencente ao processo civil com o art. 818 da CLT, é frontal. É o que pretendemos demonstrar nas linhas que se seguirão.

Argumentemos com um exemplo significativo, encontrável a mancheias no cotidiano forense: o pedido de horas extras. Pois bem. Alegando, o autor (empregado) que realizava trabalho em jornada extraordinária (cujo fato, contudo, é contestado pelo réu), mas não produzindo prova quanto a isso, o seu pedido relativo às horas extras, em consequência, será rejeitado pelo órgão judicante, constituindo corolário desta assertiva a manifestação jurisprudencial vogante. Certamente que o julgador, aqui, fez incidir, consciente ou inconscientemente, o critério estabelecido pelo art. 373 do CPC (l), do ponto de vista do qual o fato (trabalho em jornada excedente à normal) era *constitutivo* do direito do autor. Por isso, houve a rejeição do seu pedido.

Diverso, todavia, haveria de ser o resultado da entrega da prestação jurisdicional, caso, na hipótese, se houvesse apreciado a matéria, rigorosamente, sob a óptica sensível do art. 818 da CLT. Realmente, o réu, ao contestar a pretensão do autor (*causa petendi* + pedido), afirmando que ele jamais trabalhou em jornada extraordinária, atraiu para si, automaticamente, o *onus probandi*, visto que expendeu uma alegação relevante e substitutiva da anterior, não se podendo ignorar que, ao teor do art. 818 da CLT, "A prova das alegações incumbe à parte que as fizer" — itere-se. E, se o réu não se desincumbe desse encargo, ter-se-á como verdadeira a jornada de trabalho indicada na peça inicial. Esclareça-se, entretanto, com propósito proléptico, que, no caso: a) não ocorreu a inversão do ônus objetivo da prova contra o réu (cuja inversão, no plano doutrinário, tem buscado apoio apenas em razões de fato e não no direito positivo vigente), mas sim a aplicação do exato sentido da dicção do art. 818 da CLT; b) o réu, ao negar a existência de trabalho em jornada extraordinária, não opôs um fato impeditivo ao direito do autor, como se possa imaginar; se assim se devesse entender, então o ônus da prova passaria a ser do réu, não havendo razão plausível para que a jurisprudência uniforme venha repelindo a pretensão do autor. Fato impeditivo haveria se, por exemplo, o réu, reconhecendo a jornada alegada pelo autor, juntasse aos autos prova de que havia acordo escrito prevendo a prorrogação da jornada, em decorrência da supressão do trabalho aos sábados; e extintivo seria o fato oposto se o réu, admitindo a jornada apontada pela parte contrária, comprovasse que as horas extras correspondentes foram pagas; c) seria errôneo supor-se que, ao se atribuir ao réu a prova de que não houve jornada extraordinária, estar-se-ia exigindo a produção de prova negativa. Nada mais inexato. A prova, na hipótese, seria eminentemente positiva, pois a ele caberia demonstrar que a jornada do autor sempre foi a ordinária, tal como fixada em lei. Por outro lado, conforme exporemos a seu tempo, a moderna concepção doutrinária processual deitou por terra, acertadamente, a complexa construção do Direito Romano antigo quanto à impossibilidade da prova dos fatos negativos, corporificada na máxima *negativa non sunt probanda*. Se o réu não produzisse prova da jornada alegada na defesa, presumir-se-ia verdadeira a declinada na inicial.

Se dúvida ainda possa existir quanto à dessemelhança dos efeitos processuais derivantes da aplicação, a um mesmo caso, das disposições constantes do art. 373 do CPC, e das insertas no art. 818 da CLT, acresça-se um outro exemplo. O empregado alega que foi despedido sem justa causa legal (logo, a princípio, o *onus probandi* é seu); o réu, entrementes, afirma que não o despediu (mas não alega abandono de emprego). Não provando o empregado o despedimento injusto, o seu pedido (indenização, aviso-prévio etc.), à luz do processo civil, seria rejeitado, na medida em que o fato era constitutivo do seu direito, sendo certo que o réu, ao negar a despedida, não opôs nenhum dos fatos integrantes da tríade (impeditivos, modificativos e extintivos) a que o legislador processual civil o jungiu em matéria de ônus da prova. Fazendo-se incidir, no entanto, em sua extrema sensibilidade, o critério consagrado pelo art. 818 da CLT, ao réu incumbiria provar que não despediu o empregado, sob consequência de, não o fazendo, admitir-se como verdadeira a alegação de ter havido dispensa sem justa causa legal — até mesmo porque não é crível, como princípio, que o empregado deixe voluntariamente o emprego, em detrimento dos direitos adquiridos em virtude do contrato de trabalho e da própria subsistência física, pessoal ou familiar.

A prova, neste caso, seria negativa, mas não impossível: bastaria que se procurasse saber do empregado quem o despediu, cabendo ao réu trazer a juízo a pessoa então indicada para ser inquirida como testemunha. Não a trazendo, deixaria de produzir a prova que lhe incumbia e a consequência seria a admissão de ser verdadeiro o fato (despedida injusta) narrado pelo empregado.

Tudo o que até agora se disse acerca do ônus da prova no processo do trabalho se aplica, *mutatis mutandis*, às demais controvérsias que são trazidas ao conhecimento da Justiça do Trabalho, como, *v. g.*, a concernente à existência ou inexistência de relação de emprego, sem prejuízo de, à disposição do art. 818 da CLT se engajarem, para perfeccioná-la, as presunções e a própria contribuição doutrinária. Isto nos leva a afirmar, por conseguinte, que a grande tarefa da doutrina trabalhista brasileira, que tanto se tem empenhado em cristalizar o princípio da inversão do ônus da prova, em benefício do trabalhador, consistirá em encontrar, no próprio conteúdo do art. 818 da CLT, os fundamentos que até então vem procurando, abstratamente, para dar concreção ao princípio da inversão do encargo da prova em prol do trabalhador. Vale dizer: o caminho sugerido é o da elaboração de uma precisa exegese daquele artigo, cujo verdadeiro sentido ainda não foi idealmente apreendido pela inteligência doutrinária.

Preocupação dessa ordem, aliás, desde longa data tem unido pensadores de diversos países, sendo oportuno lembrar que entre as conclusões aprovadas pelo IV Congresso Ibero-Americano de Direito do Trabalho e Previdência Social, realizado em São Paulo no distante 1972, está a que dispõe: "Sendo a inversão do ônus da prova, em favor do empregado, uma das *características do Direito Processual comum que amplie essa inversão contra o empregado, sobretudo no que diz respeito à confissão feita por falta de depoimento pessoal do trabalhador.*"

Nada obsta, contudo, a que paralelamente a doutrina continue perseguindo outros fundamentos de fato para a consolidação desse princípio, com o que estará, sem dúvida, robustecendo ainda mais o espírito que anima o art. 818 da CLT. O que não nos parece ser possível, pelas razões expostas, é trasladar-se para o processo do trabalho, no qual a desigualdade real das partes é fato inomitível, o critério civilista a respeito da distribuição do ônus objetivo da prova, que se sabe estar estribado, ao contrário, no pressuposto da igualdade formal dos litigantes. Não somos nós que estamos a proclamar essa desigualdade; já a denunciou, há muito, a própria doutrina alienígena, como se lê em Giovanni Tesorieri (*Lineamenti di diritto processuale dei lavoro*, Padova: Cedam, 1975. p. 4): "*Quando o dador de trabalho e o trabalhador assumem no processo as vestes formais de partes, não cessam por isso de ser o que sempre terão sido; a história das suas relações não se transforma numa outra história: é a mesma, que continua."*

Por este motivo, temos para conosco que o mesmo caráter anti-igualitário do direito material — na feliz expressão de Camerlynck Lyon-Caen (*Derecho del trabajo*, Madrid: Aguilar, 1974. p. 24) — deverá presidir tanto a interpretação das normas processuais quanto o seu processo de elaboração legislativa: é o que recomendam a lógica e a consciência jurídica.

Concluímos, portanto, que o art. 818 da CLT, desde que o intérprete saiba captar, com fidelidade, o seu verdadeiro conteúdo ontológico, deve ser o único dispositivo legal a ser invocado para resolver os problemas relacionados ao ônus da prova no processo do trabalho, vedando-se, desta forma, qualquer invocação supletiva do art. 373, do CPC, seja porque a CLT não é omissa, no particular, seja porque há manifesta incompatibilidade com o processo do trabalho. Discordamos, por essa razão, dos que sustentam ser o art. 818 da CLT, *insuficiente* para disciplinar a distribuição da carga probatória entre os litigantes (com o que se insinua a necessidade de incidência complementar da norma processual civil). Interessante é observar que essa insuficiência somente passou a ser alegada após a vigência do atual CPC...

Admitimos, apenas *ad argumentandum*, que em determinado caso o art. 818 da CLT se revele, efetivamente, insatisfatório para resolver a matéria; nem por isso, todavia, deverá o intérprete, ato contínuo, arremessar-se aos braços do CPC, buscando socorro no art. 373. Constatada que seja a insuficiência do dispositivo processual trabalhista, competirá ao julgador verificar, em concreto, quem estava apto a produzir a prova, segundo os meios e condições de que realmente dispunha, pouco importando que se trate de prova positiva ou negativa ou de que o interesse fosse desta ou daquela parte. Assim, o princípio da *aptidão para a prova*, a que já se referira Porras López, deve ser eleito como o principal elemento supletivo do processo do trabalho, em cujo âmbito permanecerá em estado de latência, vindo a aflorar sempre que convocado para dirimir eventuais dificuldades em matéria de ônus da prova, proscrevendo-se, em definitivo, a presença incômoda do art. 373 do CPC, que nada mais representa — em última análise — do que uma abstração da realidade prática do processo do trabalho.

Não se pretende, com isto, criticar o critério que o processo civil adotou para o seu uso; censura-se, sim, o fato de ele estar sendo adotado sem maiores reflexões pelo intérprete trabalhista, sem se dar conta de que esse procedimento está causando profundas lesões nos princípios doutrinários e nas disposições positivadas, que dão corpo e alma a este processo de notória especificidade, não apenas técnica (ou material), mas, sobretudo, ontológica e finalística.

A propósito, muito mais coerente e harmoniosa com os princípios do processo do trabalho seria a adoção subsidiária do inciso VIII, do art. 6º, da Lei n. 8.078, de 11 de setembro de 1990 (Código de Defesa do Consumidor), segundo o qual constituem direitos básicos do consumidor, entre outros: "a facilitação da defesa de seus direitos, *inclusive com a inversão do ônus da prova, a seu favor, no processo civil, quando, a critério do juiz, for verossímil a alegação ou quando for ele hipossuficiente, segundo as regras ordinárias de experiência.*" (destacamos)

Como se nota, o Código de Defesa do Consumidor, numa atitude vanguardeira, sob a perspectiva legislativa, autorizou o juiz a inverter o ônus da prova, em benefício do consumidor, em duas situações específicas, a saber: a) quando forem verossímeis as suas alegações; b) quando este for hipossuficiente, ou seja, economicamente debilitado. Pois bem. Conquanto entendamos que o art. 818, da CLT, seja autossuficiente, em matéria de *onus probandi*, nada obsta a que se utilize, em caráter supletivo, a regra inscrita no inciso VIII, do art. 6º, do CDC, máxime, nos casos em que o trabalhador for hipossuficiente.

Debruçados sobre o quadro que a realidade nos coloca diante dos olhos, podemos concluir, pela voz da consciência jurídica e sem perdermos o senso do comedimento, que a adoção reiterada de normas processuais civis, com a generalidade com que vem sendo feita, poderá desaguar em uma fatal transubstanciação do processo do trabalho, com profundas alterações em sua estrutura orgânica e em seu conteúdo axiológico, com a consequente perda da própria identidade enciclopédica; o que será, sem dúvida, lamentável. A necessidade vital de preservação do processo do trabalho está, portanto, a convocar os estudiosos da disciplina, para que se empenhem em fornecer adminículos doutrinários capazes de conferir a esse processo uma efetiva autonomia científica, uma vez que a meramente didático-curricular já não satisfaz — sem desprezar-se, nesse mister, a elaboração de uma teoria geral própria.

É verdade que Trueba Urbina (*Nuevo derecho procesal del trabajo*. México: Porrúa, 1971. p. 25) entende que o direito processual do trabalho já conquistou essa autonomia "*pela especificidade das instituições, dos seus princípios básicos e pela sua independência frente a outras disciplinas, ainda que isto não exclua a existência de relações entre as mesmas*", terminando por afirmar que "*Estas características fundamentais definem a autonomia científica*". A razão que possa ter o ilustre jurista mexicano se circunscreve aos limites geográficos do seu país, em virtude do direito positivo lá vigente; no máximo, compreenderia um restrito grupo de países, entre os quais não se inclui o Brasil, em que o processo do trabalho ainda se ressente, legal e doutrinariamente, de fundamentos capazes de proclamar-lhe a almejada autonomia plena.

Se, em alguma hipótese, for absolutamente necessária a adoção supletória de determinada disposição pertencente ao processo civil, deverá o intérprete trabalhista ter em mente que "as normas do processo comum devem adquirir o espírito do processo trabalhista sempre que forem transportadas para o Direito Processual do Trabalho", segundo a prudente recomendação de Nicola Jaeger (*Corso di diritto processuale del lavoro*, p. 5), *apud* Russomano (*Direito processual do trabalho*. São Paulo: LTr, 1977. p. 1.127).

Sem renunciarmos, um milímetro sequer, às nossas convicções acerca do ônus da prova no processo do trabalho — que estamos defendendo, heterotopicamente, desde 1985, com a publicação do livro "A Prova no Processo do Trabalho" —, reconhecemos que a doutrina e a jurisprudência trabalhistas, majoritárias, sempre admitiram a aplicação supletiva do art. 333 do CPC — art. 373 do atual CPC" (Comentários ao Novo Código de Processo Civil (...). 2. ed. São Paulo: LTr, 2015. p. 497 a 504).

Toda a nossa argumentação em defesa da prevalência do art. 818 da CLT, em sua redação primitiva, acabou, infelizmente, caindo por terra com a nova redação dada a esse dispositivo pela Lei n. 13.467/2017. Foi-se a norma plástica, que ensejava interpretação condizente com os princípios do processo do trabalho, entrando em seu lugar a norma rígida, produzida nos sítios do processo civil, como se as realidades de ambos os processos fossem as mesmas.

Ao justificar a alteração imposta no conteúdo do art. 818 da CLT, o Relator do Projeto de Lei n. 6.787/2016 assim se expressou: "*Essa medida iguala o tratamento que deve ser dado às partes na produção de provas.*" Certamente, o legislador não se sensibilizou com a advertência formulada por Giovani Tesorieri, de que "*Quando o empregador e o trabalhador assumem no processo as vestes formais de partes, não deixam, só por isso, de ser o que sempre terão sido; a história de suas relações não se transforma em outra história: é a mesma, que continua*" (Lineamenti di Diritto Processuale dei Lavoro. Padova: Cedam, 1975. p. 4).

A propósito, o Relator do Projeto n. 6.786/2016, ao afirmar que a primitiva redação do art. 818 da CLT "*mostra-se ultrapassada quanto aos princípios relativos, especialmente, à aptidão para produzi-la*" (a prova), deixa evidente não haver percebido a sutileza que se instilava naquela redação plástica, maleável, capaz de permitir interpretações condizentes com o espírito e com a finalidade do processo do trabalho.

> § 1º Nos casos previstos em lei ou diante de peculiaridades da causa relacionadas à impossibilidade ou à excessiva dificuldade de cumprir o encargo nos termos deste artigo ou à maior facilidade de obtenção da prova do fato contrário, poderá o juízo atribuir o ônus da prova de modo diverso, desde que o faça por decisão fundamentada, caso em que deverá dar à parte a oportunidade de se desincumbir do ônus que lhe foi atribuído.

- **Comentário**

Trata-se de reprodução literal do § 1º, do art. 373, do CPC.

Excepcionando a regra inscrita no *caput do* art. 818 da CLT, o § 1º autoriza o juiz: a) nos casos previstos em lei; ou b) em face de peculiaridades do caso concreto relacionadas à impossibilidade ou à excessiva dificuldade de cumprir o encargo nos termos do referido parágrafo; ou c) à maior facilidade na obtenção da prova do fato contrário, a distribuir o ônus da prova de modo diverso, mediante decisão fundamentada. Por motivo de ordem lógica, o juiz deverá conceder à parte a oportunidade de desincumbir-se do encargo que lhe foi atribuído.

Essa inversão consagra o princípio da *aptidão para a prova*, a que já se referira Porras López, e a cujo pensamento aderimos há vários lustros, por ajustar-se ao art. 818 da CLT (em sua redação original) "como a mão à luva" (Machado de Assis). No plano doutrinário, é ainda identificada como *teoria das cargas probatórias dinâmicas* — em contraposição à *estática*, que se encontrava estampada no art. 333 do CPC de 1973, repetida pelo art. 373 do CPC de 2015, e pastichada pelo art. 818 da CLT, por obra da Lei n. 13.467/2017.

A inversão constitui *faculdade* do juiz — que, em razão disso, poderá manter-se apegado ao dogmatismo do *caput* do art. 818. Trata-se, portanto, de peculiar *poder discricionário vinculado*. Assim dizemos porque se, de um lado, o juiz tem a faculdade (discricionariedade) de inverter, ou não, o ônus da prova, de outro, essa inversão não pode ser arbitrária, uma vez que se encontra jungida às situações expressamente mencionadas no § 1º, do art. 818, da CLT.

Peculiaridades da causa. Muitas vezes, uma das partes detém, naturalmente, os meios de prova (documentos, estatísticas internas, boletins de produção, etc.). Neste caso, tudo sugere que se atribua a ela o encargo da prova, que, em princípio, era do adversário. Essas peculiaridades estão vinculadas à impossibilidade ou à excessiva dificuldade de cumprir o encargo nos termos do *caput* ou à maior facilidade de obtenção da prova do fato contrário.

O art. 818 da CLT, em sua redação original, conduzia ao mesmo resultado, desde que o intérprete dessa norma tivesse sensibilidade suficiente para perceber a versatilidade que nela estava embutida.

Fundamentação da decisão. É requisito constitucional (CF, art. 93, IX). A sua falta acarretará a nulidade não apenas da decisão que inverteu o ônus da prova, mas de todos os atos posteriores e que dela sejam decorrência. Na fundamentação, o juiz deverá demonstrar estarem presentes os requisitos legais para a inversão do encargo probatório.

Desincumbência do ônus. É algo elementar que o juiz deve conceder à parte oportunidade para que se desincumba do *onus probandi* que lhe foi cometido. O legislador proclamou o óbvio.

> § 2º A decisão referida no § 1º deste artigo deverá ser proferida antes da abertura da instrução e, a requerimento da parte, implicará o adiamento da audiência e possibilitará provar os fatos por qualquer meio em direito admitido.

• Comentário

A inversão do ônus da prova — atendidos os pressupostos mencionados no § 1º — deverá ser objeto de decisão específica, proferida antes da abertura da instrução. Para que a parte, à qual o juiz atribuiu o encargo da prova, não seja desfavoravelmente surpreendida, a norma faculta-lhe requerer o adiamento da audiência, a fim de poder desincumbir-se do ônus que lhe foi cometido. Esse adiamento deverá levar em conta a natureza da prova (documental, pericial, testemunhal) e o tempo necessário à sua produção.

A expressão legal "antes da abertura da instrução" está a referir-se à instrução *oral*, que é realizada em audiência, mediante o depoimento das partes, a inquirição das testemunhas, os esclarecimentos do perito. Em concreto, a instrução pode iniciar-se muito antes disso, como quando o autor juntar documentos à petição inicial.

A decisão pela qual o juiz inverte o ônus da prova é de natureza interlocutória (CPC, art. 203, § 2º), razão pela qual não pode ser objeto de recurso imediato (CLT, art. 893, § 1º). A impugnação desse ato judicial dever ser formalmente manifestada quando da interposição do recurso ordinário da sentença que solucionar a lide. Com vistas a isso, a parte deverá ter manifestado o seu *protesto* em relação ao ato judicial, como providência tendente a evitar a preclusão. No recurso, alegará, por suposto, a nulidade processual, desde que se sinta em condições de demonstrar o manifesto prejuízo sofrido com a inversão do ônus da prova (CLT, art. 794).

O sobredito *protesto* não está previsto em lei, consistindo, por isso, em um procedimento consagrado pelo *processo da praxe* — o mesmo que admitiu, por exemplo, a apresentação de contestação escrita, a fragmentação da audiência, a substituição das razões finais orais pelas escritas, etc.

§ 3º A decisão referida no § 1º deste artigo não pode gerar situação em que a desincumbência do encargo pela parte seja impossível ou excessivamente difícil. (NR)

• **Comentário**

O encargo probatório que foi transferido à parte contrária àquela que, em princípio, o detinha, não pode ser de tal ordem que a impossibilite de desincumbir-se desse ônus ou que isso lhe seja extremamente dificultoso. Parece irônico, mas a prova dessa impossibilidade ou dessa dificuldade deverá ser feita pela parte a quem o juiz transferiu o ônus de demonstrar a veracidade dos fatos por ela alegados na causa. Produzida essa prova, a consequência será manter-se o *onus probandi* em relação à parte que o detinha, nos termos do *caput* do art. 818 da CLT.

O § 3º, do art. 373, do CPC, dispõe que *"A distribuição diversa do ônus da prova também pode ocorrer por convenção das partes"*, exceto nos casos mencionados nos incisos I a IV da mesma norma legal.

A CLT não possui qualquer disposição idêntica ou assemelhada sobre essa matéria; em face disto, uma indagação inevitável logo surge: seria aplicável ao processo do trabalho o ajuste de vontades a que se referem os §§ 3º e 4º, do art. 373, do CPC? Estabelece o primeiro: *"A distribuição diversa do ônus da prova também pode ocorrer por convenção das partes (...);* e o segundo: *"A convenção de que trata o § 3º pode ser celebrada anates ou durante o processo."* Embora a questão esteja, em tese, aberta a debates, apressamo--nos, pela nossa parte, em responder negativamente. É necessário não se esquecer de que essa convenção pode ser feita *extrajudicialmente* (antes do processo, diz a lei), o que significa que admitir-se a sua incidência no processo do trabalho seria reconhecer, *ipso facto*, a possibilidade de ser feita na vigência do contrato de trabalho, ou seja, quando o trabalhador ainda se encontra formalmente subordinado ao comando volitivo do empregador em decorrência de um inerente estado de sujeição que se origina no exato momento em que o contrato é firmado. Assim sendo, é medida de extrema cautela e bom-senso repelir-se a aplicação da referida norma processual civil ao processo do trabalho. Entendemos, ademais, que o ônus da prova se relaciona, diretamente, com a atividade do juiz, motivo por que não se deve consentir que manifestação de vontade das partes possa influir sobre essa atividade, máxime quando se trata de juiz do trabalho, em face da disposição contida no art. 765 da CLT.

Cumpre lembrar, aliás, que muito antes do advento do próprio CPC de 1973, pensadores de nomeada como Chiovenda (*Instituciones*, 3º v., n. 281); Silva Melendo (*La prueba procesal*, 1963, 1º v., p. 94); Jaime Guasp (*Derecho procesal civil*, p. 304); Devis Echandía (*Tratado*, 5º v., n. 731) já não admitiam o estabelecimento dessas convenções, tendo Chiovenda afirmado que "*Não é lícita a distribuição convencional do ônus da prova*" (*Principii*, p. 797), pois "As partes não podem tolher ao Juiz a liberdade de avaliação da prova" (*ibidem*). Nada obstante, o CPC vigente a adotou, com as restrições indicadas (art. 373, incisos I a IV).

Ainda sob a ótica do processo do trabalho, acreditamos que nem mesmo o condicionar-se a validade e a eficácia dessa convenção à inexistência de prejuízo ao trabalhador, ou a ocorrência de benefício a ele, como *de lege ferenda* já se cogitou, eliminará a sua inconveniência para o processo especializado e para os princípios substanciais que o animam, porquanto a essa mera adaptação formal subsistirá o ranço civilista da medida.

O instante sugere, a propósito, uma observação crítica. Ainda que, em determinada hipótese, seja omissa a CLT e mesmo ausente o óbice da incompatibilidade, não se deve, só por isto, transportar-se para cá, avidamente, a norma processual civil, cuja regra de prudência deveria nortear sempre o intérprete nas vezes em que tivesse, diante de si, a tarefa de suplementar lacuna do processo do trabalho. Esta observação nos conduz à reiteração de uma outra. Se é certo afirmar-se que o direito material do trabalho é um direito inacabado (e, quiçá, seja esta a sua grande virtude), não menos exato será declarar-se que o processo do trabalho está ainda na pré-(ou proto) história de sua autêntica elaboração científica — como tal entendida a criação de institutos próprios, que não apenas reflitam, fielmente, a especificidade desse processo e sejam aptos para resolver os problemas que lhe competem, mas, sobretudo, que possibilitem, em concreto, a atuação da vontade do direito material correspondente.

Somos dos que entendem que o direito processual do trabalho deve, teleologicamente, servir ao Direito do Trabalho, pois, a não ser assim, esse processo perderá o caráter de especialidade que lhe conferiram a lei e a doutrina. Essa convivência simbiótica entre o processo do trabalho e o direito material a que se refere é vital para ambos. E a harmonia de tal convívio só será possível se a preeminência for do direito material, na medida em que *El procedimiento no tiene una finalidad en si; nace y vive por y para el derecho material* (FERRO, Bartoloni. El procedimiento civil y el orden jurídico y político. In: *Estudios de derecho procesal en honor de Hugo Alsina*, p. 90, citado por Júlio J. Martinez Vivot, conferência sobre *La organización de los tribunales del trabajo*, no Congresso Internacional sobre Justiça do Trabalho, Brasília, abril de 1981).

No mencionado Congresso, aliás, a maioria dos Relatores manifestou a sua preocupação de que o processo do trabalho deva nutrir-se do mesmo caráter tuitivo que informa o direito substancial do trabalho, como se constata pelas palavras do Professor Enrique Álvarez del Castillo, do México: *Restabelecer la verdadera igualdad procesal es un propósito necesario y fundamental del nuevo derecho procesal social del trabajo que asiste a las clases trabajadoras y que es cumplimiento indispensable de la justicia social. El derecho procesal del trabajo en sus expresiones legales, de diferente manera, vive en general un retraso histórico, mantenido por un juridicismo individualista que hace prevalecer la idea de la estricta igualdad formal de las partes en el proceso de trabajo y que mantiene una confusión de principios y políticas que han impedido establecer e implementar un juicio de trabajo en que impere la equidad y la buena fé. Este fenómeno perjudica directamente a los desiguales, que teniendo derecho a procedimientos que les favorezcan y les ayuden, se ven privados de su aplicación real, porque a fin de cuentas, se les niega el caracter social y de clase que debe tener el derecho procesal del trabajo, instrumento indispensable de los tribunales del trabajo.*

O Professor Ricardo Nugent, do Peru, citando Stafforini (ob. ref., p. 4), pôde afirmar com grande propriedade: *las reglas procesales han de adaptarse a la índole de los derechos que tienden a hacer efectivos y cuando se trata de matérias jurídicas especiales, como la del trabajo, que justifican la existência de un derecho autónomo ha de admitirse la necesidad de un fuero y procedimiento propios.* Daí por que uma das conclusões do Congresso Internacional sobre Justiça do Trabalho, relacionadas ao Tema III ("Características do processo do trabalho"), foi, precisamente, de que "*Quanto aos princípios universais do mesmo processo, são três: o da sua adequação ao Direito do Trabalho material; o do tratamento desigual, para melhorar a igualdade processual; e o teleológico, da sua finalidade específica*" (*Anais*, p. 151).

Não pretendemos, em momento algum, ao revelar o nosso pensamento a respeito do assunto e ao fazer convergir o de outros juristas, muito mais ilustres, proclamar a necessidade de que a Justiça do Trabalho seja protecionista; o que se deseja, sim, é a exata adequação do processo do trabalho ao direito substancial a que corresponde e em relação ao qual existe para servir. Bater-se por um órgão do Poder Judiciário parcial seria insânia, pois se estaria negando a base histórica, institucional e ontológica sobre que se assenta esse Poder: a neutralidade na composição estatal das lides.

Depois de todas essas considerações, devemos dizer que o máximo que poderíamos transigir, quanto à incidência, no processo do trabalho, da regra contida no § 3º, do art. 373, do CPC, seria aceitar a convenção entre as partes, tendo como objeto a distribuição do ônus da prova, somente nos casos em que essa distribuição se desse em manifesto benefício do trabalhador hipossuficiente; fora disso, a convenção seria nula.

Capítulo XXII
PETIÇÃO INICIAL E PEDIDO

Art. 840. (...)

- **Justificativa do Projeto de Lei n. 6.787/2016:**

    As alterações promovidas no art. 840 têm como fundamento principal exigir que o pedido, nas ações trabalhistas, seja certo, determinado e que tenha o seu valor devidamente indicado.

    A exigência de que o pedido seja feito de forma precisa e com conteúdo explícito é regra essencial para garantia da boa-fé processual, pois permite que todos os envolvidos na lide tenham pleno conhecimento do que está sendo proposto, além de contribuir para a celeridade processual com a prévia liquidação dos pedidos na fase de execução judicial, evitando-se novas discussões e, consequentemente, atrasos para que o reclamante receba o crédito que lhe é devido.

    Vale ressaltar que o tratamento dado à matéria nesse artigo é o mesmo já estabelecido no CPC.

    Sobre este tema, foram acolhidas ideias apresentadas nas Emendas **316**, do Deputado Paes Landim (PTB/PI), e **431**, do Deputado Vitor Lippi (PSDB/SP).

- **Comentário**

§ 1º Sendo escrita, a reclamação deverá conter a designação do juízo, a qualificação das partes, a breve exposição dos fatos de que resulte o dissídio, o pedido, que deverá ser certo, determinado e com indicação de seu valor, a data e a assinatura do reclamante ou de seu representante.

A redação anterior do § 1º, do art. 840, da CLT, exigia que a petição inicial contivesse: a) a indicação do juiz; b) a qualificação do autor e do réu; c) uma breve exposição dos fatos da causa; d) o pedido; e) a data; e f) a assinatura do autor ou do seu representante.

Percebe-se, assim que a redação atual acrescentou as exigências de que: a) o pedido seja certo e determinado; e b) conste o correspondente valor.

Pedido certo

O indivíduo ou as coletividades não invocam a tutela jurisdicional pela simples satisfação de invocá-la, mas para formular pedidos, ou seja, para obter um provimento estatal que lhes assegure um bem ou uma utilidade da vida. Esse pronunciamento da jurisdição terá efeito declaratório, constitutivo, condenatório, conforme exigir o direito material que se deseja ver assegurado. Podem ser incluídos, também, os efeitos mandamental e executivo, se admitirmos a classificação quinária das ações, concebida por Pontes de Miranda.

O objeto imediato da ação é a tutela jurisdicional e o mediato, o pedido que se formula na causa.

É certo, por outro lado, que o pedido não pode ser apresentado sem um mínimo de motivação, vale dizer, da indicação das razões de fato e de direito que levaram o autor a formulá-lo. A causa de pedir é, portanto, a conjugação dos fatos originadores da demanda e dos fundamentos jurídicos em que se lastreia o pedido. Um pedido sem *causa petendi* conduzirá à inépcia da petição inicial, do mesmo modo como inepta será essa peça quando dela constar, apenas, a causa de pedir (CPC, art. 330, I).

Essas considerações propedêuticas já nos permitem definir o pedido, no campo processual, como o objeto mediato da ação, a pretensão que se deduz em juízo, concernente a um bem ou a uma utilidade da vida. O conceito de *res in iudicio deducta*, entretanto, é um pouco mais amplo do que o de pedido, uma vez que o compreende. Com efeito, integram a *res* não somente o pedido, mas a causa de pedir, que enuncia a existência de uma relação jurídica (em regra, material) entre as partes, originadora das postulações do autor.

Pedido e *requerimento*, por sua vez, não se confundem. Aquele, como afirmamos, exprime a pretensão deduzida na causa; este, nada mais espelha do que uma providência que se solicita ao juiz, tendente a fazer com que o acolhimento do pedido se torne possível: requerimento para a juntada de documentos, produção de prova pericial, inquirição de testemunhas, etc. Os requerimentos se encontram, portanto, a serviço dos pedidos. Em um determinado aspecto, podemos dizer que enquanto o pedido está ligado ao mérito da causa, o requerimento concerne ao procedimento. Se examinarmos os requisitos para a validade da petição inicial, apontados pelo art. 319 do CPC, veremos que os incisos I, II, V, VI e VII aludem ao procedimento, ao passo que os incisos III (fatos e fundamentos jurídicos do pedido) e IV (pedido e suas especificações) dizem respeito ao mérito da demanda. Essa classificação se aplica, *mutatis mutandis*, ao art. 840, § 1º, da CLT, conquanto os requisitos da petição inicial, aqui, sejam indicados englobadamente.

Certeza

Não basta que o pedido seja precedido da correspondente *causa petendi*; é indispensável, ainda, que ele seja certo (CLT, art. 840, § 1º). A certeza se refere à sua existência, embora seja admissível a existência *implícita* de pedidos, como são os casos da correção monetária, dos juros da mora – e dos próprios honorários de advogado (CPC, art. 322, § 1º)

Embora o CPC anterior dissesse que o pedido deveria ser *certo* **ou** *determinado*, sempre entendemos que deveria, em verdade, reunir essas duas qualidades, ou seja, ser certo *e* determinado, sem que fosse, nisso, alguma redundância. Realmente, a *certeza* do pedido é algo que toca ao seu objeto: deseja-se saber o que dele consta. A sua *determinação*, contudo, é necessária para individualizá-lo, para especificá-lo, para desassemelhá-lo de outros. Pedir, *e. g.*, a repercussão das horas extras habituais no repouso semanal remunerado não é o mesmo que pleitear a diferença desse repouso em decorrência das diferenças provenientes da inclusão do adicional noturno no cálculo das horas extras.

Os pedidos não devem ser interpretados de maneira isolada, mas, sim, em conjunto com os demais. Além disso, a interpretação deverá atender ao princípio da boa-fé (*ibidem*, § 2º). Em um primeiro lançar de olhos, pode parecer que o legislador impôs, aqui, uma profunda modificação da regra estabelecida pelo CPC de 1973. Assim dizemos porque o art. 293 do Código revogado dispunha: "*Os pedidos são interpretados restritivamente, compreendendo-se, entretanto, no principal os juros legais.*" (destacamos) A norma impunha, portanto, uma interpretação estrita das pretensões deduzidas em juízo, sob pena de o pronunciamento jurisdicional ser considerado *ultra* ou *extra petita*. Conquanto o § 2º, do art. 322, do CPC de 2015, conforme vimos, declare que os pedidos não devam ser interpretados de modo isolado, senão que em conjunto com os demais, isto não significa que tenha sido deitado por terra a regra que estava contida no art. 293 do CPC anterior. O texto atual apenas determina que os pedidos não sejam interpretados *per se*, isoladamente, mas, sim, em conjunto com as demais postulações formuladas pela parte. A interpretação deve, pois, ser *sistemática* e não, *insulada*. Se entendêssemos que, doravante, os pedidos poderiam ser interpretados de maneira *ampliativa*, transbordante dos seus limites objetivos, ficaríamos em dificuldade de: a) explicar a razão da existência do art. 10 do mesmo Código, que veda o que a doutrina e a jurisprudência passaram a denominar de "decisão surpresa"; e b) justificar a lesão perpetrada às garantias constitucionais do contraditório, da ampla defesa e do devido processo legal. Os juízes em geral, e os juízes do trabalho, em particular, devem, por isso, ser extremamente comedidos na aplicação da regra inscrita no § 2º do art. 322 do CPC.

Pedido determinado

A determinação do pedido diz respeito ao seu *objeto*, com sua delimitação qualitativa e quantitativa.

A despeito de a determinação do pedido constituir a regra a ser observada, a própria lei permite a formulação de pedido genérico, quando: 1) nas ações universais, o autor não individuar na petição inicial os bens demandados; 2) não for possível determinar, desde logo, as consequências do ato ou do fato ilícito; e 3) a determinação do objeto ou do valor da condenação depender de ato que deva ser praticado pelo réu (CPC, art. 324, § 1º, I a III).

Se a pretensão recair em uma universalidade de bens, não haverá necessidade de o autor especificar esses bens (exceto, é evidente, se dispuser de elementos para individualizá-los). Para esse efeito, a universalidade pode ser tanto de fato quanto de direito (*ibidem*, inciso I)

Se, ao ser ajuizada a petição inicial, o autor não puder indicar, desde logo, as consequências legais do ato praticado pelo réu, será suficiente que pleiteie a condenação deste ao ressarcimento dos danos, cujo montante será apurado oportunamente (*ibidem*, inciso II).

Em ações como a de prestação de contas, o autor poderá apresentar pedido genérico, sempre que não lhe for possível precisar, desde logo, a quantidade do pedido, por depender, essa "quantificação", de ato a ser realizado pelo réu (*ibidem*, inciso III).

A faculdade relativa à formulação de pedidos genéricos é, sem dúvida, conciliável com o processo do trabalho, conquanto não tenha, aqui, larga aplicação. Uma das razões pelas quais isso ocorre está, provavelmente, no fato de os valores devidos aos trabalhadores (a título de salários, férias, gratificação natalina, indenização, etc.) serem legalmente preestabelecidos; outra, na circunstância de o processo do trabalho não conhecer ações universais (*universitatis facti* e *universitatis iuris*).

A maior incidência de pedidos genéricos, nas iniciais trabalhistas, tem como fundamento o inciso II, do art. 324, do CPC, pois nem sempre é possível ao trabalhador determinar, de plano, a quantidade de horas extras prestadas, de adicional noturno, o montante das comissões retidas e o mais. Aqui, justamente por isso, o pedido é apresentado de maneira ilíquida.

Dispunha, aliás, o parágrafo único do art. 459 do CPC, de 1973, que, quando o autor houvesse formulado pedido certo, era defeso ao juiz proferir sentença ilíquida. *Data venha*, quer nos parecer que a referência deveria ter sido a pedido *líquido*, não a pedido *certo*. Em primeiro lugar, porque, a entender-se de modo diverso, estar-se-ia imaginando a possibilidade de haver pedidos *incertos*, o que seria inconcebível (afinal, como iria o réu defender-se diante de algo indefinido, e, pelo mesmo motivo, como poderia ser prestada a tutela jurisdicional pretendida?); em segundo, ao requisito da liquidez da sentença deveria corresponder o da liquidez do pedido.

O CPC atual não reproduziu essa norma.

A propósito, uma advertência se faz necessária: o sentido genérico do pedido, a que se refere a lei, reside em seu aspecto quantitativo (*quantum debeatur*), não em seu elemento ontológico (*an debeatur*). Se assim não fosse, haveríamos de concluir que a norma legal autorizaria, até mesmo, as postulações incertas.

Hoje, em nosso meio, a certeza é um elemento que deve estar presente não só da inicial, como na sentença, pois esta deve ser certa ainda quando resolva relação jurídica condicional (CPC, art. 492, parágrafo único). *A condição é elemento de direito material e está prevista no art. 121 do Código Civil: "Considera-se condição a cláusula que, derivando exclusivamente da vontade das partes, subordina o efeito do negócio jurídico a evento futuro e incerto."*

O que poderá acontecer, na prática — como, de fato, tem acontecido — é somente parte dos pedidos ser apresentada de maneira líquida, por não dispor, o autor, de elementos que lhe permitam formulá-los inteiramente líquidos.

Somente no procedimento sumariíssimo trabalhista é que a norma legal exige a formulação de pedidos líquidos (CLT, art. 852-B, I).

Seria desejável, aliás, que os pedidos constantes das iniciais trabalhistas fossem feitos, sempre que possível, de maneira líquida, pois isso permitiria que eventual condenação, imposta pela sentença, fosse traduzida em valores definidos, obviando, dessa forma, a pertinente execução (por quantia certa). A fase de liquidação, nesta hipótese, no que tange ao principal, ficaria restrita à incidência da correção monetária e dos juros da mora. Na maioria das vezes, entretanto, os pedidos são formulados sem determinação dos valores, cujo fato provém muito menos da falta de elementos que possibilitem ao autor apresentá-los liquidamente do que de um entranhado comodismo, por parte de seu advogado, de indicar a expressão monetária dos diversos pedimentos. Parece radicar nessa multiplicidade de pedidos, que são comumente postos nas iniciais trabalhistas, a causa imediata de serem apresentados de modo ilíquido.

Aplicam-se à reconvenção as disposições do art. 324 do CPC, conforme declara o § 2º do art. 324 do mesmo Código.

Entre outras disposições do CPC, alusivas ao pedido, aplicáveis ao processo do trabalho, indicamos as que se seguem:

> Art. 325. O pedido será alternativo quando, pela natureza da obrigação, o devedor puder cumprir a prestação de mais de um modo.
>
> Parágrafo único. Quando, pela lei ou pelo contrato, a escolha couber ao devedor, o juiz lhe assegurará o direito de cumprir a prestação de um ou de outro modo, ainda que o autor não tenha formulado pedido alternativo.

• **Comentário**

Caput. Segundo o didatismo do art. 325 do CPC, o pedido será alternativo quando, pela natureza da obrigação, o devedor puder cumprir a prestação de mais de um modo. Dilucida o parágrafo único desse dispositivo que, quando, por força de lei ou do contrato, a escolha couber ao devedor, o juiz lhe assegurará o direito de realizar a prestação de uma ou de outra maneira, ainda que o autor não tenha formulado pedido alternativo.

Caracteriza-se, portanto, a denominada obrigação alternativa pelo fato de ensejar mais de uma prestação, conquanto somente uma delas possa ser exigida do devedor. Satisfeita que seja, ficará extinta a obrigação. É por esse motivo que também se tem chamado de *disjuntiva* essa espécie de obrigação, que, sob esse ângulo, se contrapõe à *conjuntiva*.

Parece-nos, contudo, inadequado o conceito de obrigação alternativa, inscrito no art. 325 do CPC. Aí se afirma que será alternativa a obrigação quando o devedor puder cumpri-la por mais de um modo. Em verdade, insinua-se, nessa definição, a possibilidade de a correspondente prestação ser efetuada por mais de uma forma, o que é inexato, pois, em rigor, o que existe é mais de uma *prestação*, embora saibamos que o cumprimento de uma só seja apta para extinguir a obrigação. Mais uma vez, o legislador processual cometeu uma cincada, esquecido, por certo, da advertência que vem das fontes romanas de que toda definição em direito (civil) é perigosa (*omnis definitio in iure civile periculosa est*).

O pedido alternativo não se confunde com a cumulação de pedidos. Aquele, que constitui objeto de nossas investigações, está previsto no art. 325 do CPC e decorre da própria natureza alternativa da prestação a ser realizada; este, ao contrário, reflete a possibilidade de serem cumulados, num só processo, em face do mesmo réu, vários pedidos, ainda que entre eles não haja conexão (CPC, art. 327). Por outras palavras, o pedido alternativo do art. 325 do CPC é um só, a despeito de a prestação poder ser realizada por mais de um modo; a cumulação de pedidos revela uma pluralidade de pretensões, aglutinadas num mesmo processo.

Por outro lado, obrigações *alternativas* e obrigações de prestações *complexas* não são a mesma coisa. Aquelas, como vimos, são as que permitem ser a correspondente prestação efetuada por mais de um modo, com efeito extintivo de toda a obrigação; estas, contendo um feixe de prestações, exige, para a extinção das obrigações, que todas sejam realizadas. Em resumo: lá, exige-se uma única prestação; aqui, torna-se necessária a realização de todas as prestações para que a obrigação se exaura.

Parágrafo único. Como, na obrigação alternativa, só se requer que uma das prestações seja efetuada, isso significa que alguém deverá escolher essa prestação. Nos termos do art. 252, *caput*, do Código Civil, a escolha compete ao devedor, exceto se houver cláusula contratual atribuindo ao credor o direito de optar por esta ou por aquela prestação. Não permite a lei, entretanto, que o devedor imponha ao credor receber parte em uma espécie de prestação e parte em outra. O que pode haver, nesse terreno, é um acordo de vontades.

Se a escolha couber ao devedor, como está no texto legal, é óbvio que o credor não poderá formular pedido fixo, assim entendido aquele que não permita ao devedor exercer o seu direito de escolher uma ou outra prestação, conforme é da natureza da própria obrigação assumida. Mantemos nossa opinião mesmo no caso de revelia, pois o fato de o réu não vir a juízo para defender-se não torna morta a letra do art. 252, *caput*, do Código Civil, e 325, parágrafo único, do CPC. Não menos lógico é que se a escolha competir ao credor, este precisará indicar, na inicial, a espécie de prestação que deseja ver realizada, por parte do devedor.

Ao processo do trabalho, não repugna a formulação de pedido alternativo, desde que essa disjuntividade emane, como frisamos, da índole da obrigação inadimplida, seja esta de foro legal ou convencional.

Havendo o empregador, *e. g.*, descumprido cláusula normativa (jurisdicional, ou não) que o obriga a conceder ao trabalhador alimentação gratuita *ou* (aqui está o elemento disjuntivo) o equivalente em dinheiro, e competindo àquele a escolha, deverá o trabalhador formular, na inicial, pedido alternativo, a fim de que o empregador indique a prestação que deseja realizar, com o objetivo de extinguir a obrigação. Cabendo a escolha ao trabalhador, este mencionará, na petição inicial, a prestação que colima ver realizada.

No caso de reintegração de empregado estável, a obrigação do empregador é uma só: devolver o emprego ao trabalhador. Não existe aqui, portanto, alternatividade. Logo, o pedido do trabalhador será único. A conversão da reintegração em indenização em dobro constitui ato-faculdade exclusivo do juiz, como se lê no art. 496 da CLT. Na prática, todavia, não se tem observado à risca essa regra legal, de tal modo que, muitas vezes, o autor postula, apenas, a indenização.

Cumprirá ao autor, enfim, sempre que for o caso, apresentar o pedido alternativo, incumbindo ao réu, já em sua resposta, especificar qual prestação deseja realizar. Excepcionalmente, permitir-se-á que o direito de escolha seja exercido na execução. De qualquer maneira, escolhida a prestação, a manifestação volitiva do réu será irretratável, salvo se, por motivos que não lhe possam ser irrogados, se tornar impossível a prestação eleita. Mesmo nesta hipótese, o devedor não perderá o direito de escolher uma nova prestação.

Se, por culpa do devedor, não se puder cumprir nenhuma das prestações, e não competindo ao credor a escolha, aquele ficará obrigado a pagar o valor da que por último se impossibilitou, mais as perdas e danos, se houver (Código Civil, art. 254).

Cabendo a escolha ao credor, e uma das prestações se tornar impossível por culpa do devedor, aquele terá direito de exigir ou a prestação subsistente ou o valor de outra, com perdas e danos (*ibidem*, art. 255). Se, por culpa ainda do devedor, nenhuma das prestações puder ser exigida, poderá o credor reclamar o valor de qualquer uma, sem prejuízo de indenização por perdas e danos (*idem, ibidem*).

Por fim, se todas as obrigações se tornarem inexequíveis, sem culpa do devedor, a obrigação ficará extinta (Código Civil, art. 256).

> Art. 326. É lícito formular mais de um pedido em ordem subsidiária, a fim de que o juiz conheça do posterior, quando não acolher o anterior.
>
> Parágrafo único. É lícito formular mais de um pedido, alternativamente, para que o juiz acolha um deles.

• **Comentário**

Caput. O autor pode formular mais de um pedido, em ordem subsidiária, a fim de que o juiz conheça do posterior, em não podendo acolher o anterior. É o que lhe faculta o art. 326 do atual digesto de processo civil. O CPC anterior aludia à formulação do pedido em ordem *sucessiva* (art. 289), expressão que nos parece mais apropriada do que "ordem *subsidiária*".

Visou o legislador, com isso, a evitar a multiplicação de demandas, fato que seguramente ocorreria se o autor não pudesse efetuar, no mesmo processo, pedidos em ordem subsidiária, porquanto teria de ajuizar tantas ações quantos fossem os pedidos que decorressem da mesma relação jurídica material. Nem se diga dos inconvenientes de ordem prática que esse procedimento acarretaria, a começar com as alegações de suposta litispendência. Além disso, ao ensejar a formulação de pedidos sucessivos, o legislador resguarda o direito do autor, que, sem essa subsidiariedade, poderia perecer.

Para que os pedidos possam ser formulados em caráter subsidiário, há necessidade de que a causa de pedir seja a mesma. Se a *causa petendi* for diversa, é evidente que os pedidos não só serão distintos como autônomos, independentes entre si, por não se encontrarem ligados por nenhum elemento comum. Tratar-se-ão, neste caso, daqueles pedidos acumulados, de que se ocupa o art. 327 do CPC, e sobre os quais nos pronunciaremos mais adiante.

A mesmeidade da causa de pedir figura, portanto, como um dos requisitos essenciais para a subsidiariedade de pedidos. Assim o é porque, em determinadas situações, o ordenamento legal permite que do mesmo fato provenham consequências jurídicas diversas, que, por sua vez, dão origem a pretensões também distintas. Insistamos, contudo, na observação de que inexiste, na ordem subsidiária, cumulação de pedidos, mas, simples ordem preferencial de formulação, de tal modo que somente um possa vir a ser acolhido, se for o caso. Na cumulação, a propósito, há heterogeneidade de causas de pedir; na sucessividade, há unicidade.

Podemos asseverar que, de certa forma, a faculdade que a lei atribui ao autor de formular pedidos subsidiários representa uma espécie de repercussão, no campo da petição inicial, do princípio da eventualidade, materializado no art. 300 do CPC de 1973, que tinha, na contestação, o seu terreno característico. É bem verdade que esse princípio traduzia um dever do réu, ao passo que a subsidiariedade dos pedidos é algo que emana da vontade do autor; logo, é uma sua faculdade. De qualquer modo, tanto na eventualidade quanto na subsidiariedade o que se procurou foi concentrar, num mesmo processo, todas as alegações ou pretensões que possam ser deduzidas em decorrência de uma causa de pedir única. A nosso ver, o art. 300 do CPC de 1973 foi recepcionado, tacitamente, pelo CPC de 2015.

Em doutrina, aliás, quando se examina o tema dos pedidos subsidiários costuma-se aludir a uma cumulação eventual (em contraposição à cumulação efetiva, de que cogita o art. 327 do CPC), precisamente para demonstrar que o pedido posterior é feito na eventualidade de o anterior não ser acolhido.

Atento a essa nota particular, o Direito português fala, com muita propriedade, em pedido *subsidiário*, ao referir o que é apresentado posteriormente — ao qual também se pode chamar de secundário. O atual CPC de nosso país inspirou-se, por suposto, no Direito lusitano.

Para que os pedidos possam ser apresentados em ordem subsidiária, não é bastante a já mencionada identidade de causa de pedir, conquanto esta seja um pressuposto fundamental: é indispensável que os pedidos sejam compatíveis entre si. É oportuno recordar que o projeto do Código de Processo Civil de 1973 trazia, no art. 293, que regulava a matéria, um parágrafo único, do qual constava que se existisse contradição entre os pedidos o juiz consideraria prejudicado um deles; logo, o outro subsistiria. Essa disposição, embora movida por um objetivo didático, acabou sendo suprimida, com acerto, pois se a inicial contivesse pedidos inconciliáveis seria inepta, segundo o art. 295, parágrafo único, IV, daquele Código, cuja disciplina foi preservada pelo art. 330, § 1º, IV.

Os pedidos ditos subsidiários apresentam uma relação de caráter preferencial, entre si, motivo por que o juiz deve apreciar, inicialmente, o primeiro pedido, somente lhe sendo lícito dedicar-se ao exame do segundo se o anterior foi rejeitado. Destarte, praticará ato tumultuário dessa ordem lógica e preferencial o juiz que apreciar, por primeiro, o pedido posterior, ainda que o acolha. Ora, não podemos nos esquecer de que o primeiro pedido é o mais importante para o autor, é a razão-de-ser de seu ingresso em juízo. O segundo só é por ele apresentado na eventualidade de o primeiro ser repelido. Tendo em vista essa particularidade, sentimo-nos em boa sombra para dizer que o primeiro pedido é o principal, sendo, o posterior, meramente secundário.

O processo do trabalho aceita, com amplitude, a formulação de pedidos em ordem subsidiária, nomeadamente em virtude da multiplicidade de direitos que o contrato de trabalho produz. Se, p. ex., o empregado ingressar em juízo alegando possuir estabilidade no emprego e haver sido despedido sem justa causa, poderá pedir, não apenas, a concernente reintegração (pedido principal), mas, de modo sucessivo (pedido secundário), a condenação do réu a pagar-lhe as parcelas derivantes da rescisão injusta do contrato, caso não se reconheça a existência da alegada estabilidade, mas fique comprovada a inexistência de falta grave, por parte do trabalhador. Perceba-se que se verifica, aqui, a mesma *causa petendi* (fatos essenciais, que dão origem à pretensão + fundamentos jurídicos do pedido). Não se trata, pois, de acumulação de pedidos, porquanto esta supõe a diversidade de causas de pedir; nem de pedido alternativo, pois, no exemplo citado, a obrigação só pode ser cumprida de uma forma, segundo se cuide de reintegração ou pagamento de valores devidos pela rescisão injusta do contrato de trabalho.

Em que pese ao fato de a subsidiariedade dizer respeito, quase sempre, às prestações a serem realizadas pelo réu (pedido mediato), nada obsta que se refira à própria natureza do provimento jurisdicional: postula-se, *v. g.*, uma sentença condenatória (pedido principal) e, na hipótese de ser negada, uma declaratória (pedido secundário).

O cotidiano forense tem demonstrado que, no processo do trabalho, mais do que no civil, os autores vêm fazendo largo uso da faculdade legal de formular pedidos em ordem subsidiária, cujo fato, como dissemos, provém da multiplicidade de direitos a que o contrato de trabalho dá origem e da quantidade de pretensões que a lesão desses direitos acarreta.

Como deve ter ficado patente, embora possam ser feitos, em ordem subsidiária, dois ou mais pedidos, somente um deles poderá ser acolhido, conquanto todos possam ser rejeitados. É óbvio que o juiz, tirante situações excepcionais, deverá apreciar esses pedidos no momento em que for redigir a sentença de mérito. Incidiria em manifesto erro de procedimento, por isso, se antes mesmo da instrução, ou liminarmente, viesse a eliminar um dos pedidos, a pretexto de que o outro não lhe parecia "procedente". A arbitrariedade judicial seria, aí, manifesta e censurável.

Sendo pressuposto medular da subsidiariedade de pedidos a *causa petendi*, isso significa que a instrução processual terá como objeto os mesmos fatos; se houver necessidade de a instrução ocupar-se com fatos distintos, é provável que se esteja diante não de pedidos subsidiários (CPC, art. 326), mas de pedidos acumulados (CPC, art. 327), ou de uma falsa subsidiariedade.

Cumpre-nos colocar em foco, nesta altura da exposição, um problema de extrema relevância prática. Enunciemo-lo sob a forma de indagação: se o juiz acolher o primeiro pedido (principal), ficará prejudicada a apreciação do segundo (secundário)?

Uma interpretação superficial do art. 326 do CPC, por certo, nos levaria a concluir que sim, pois essa norma legal deixa transparecer que o juiz somente poderá apreciar o pedido posterior se o anterior for rejeitado.

Não nos parece ser essa, contudo, a inferência que melhor atenda aos princípios e ao próprio sistema processual. Para que a nossa opinião possa ser adequadamente compreendida, retomemos o exemplo do trabalhador que alega possuir estabilidade no emprego e haver sido despedido sem justa causa, pedindo, em razão disso: a) reintegração (pedido principal); ou b) condenação do réu ao pagamento das denominadas (impropriamente, diga-se) "verbas rescisórias" (pedido secundário), na hipótese de a pretensão anterior ser repelida. Muito bem. Se concluirmos que o acolhimento do pedido principal prejudicará o exame do secundário, que solução jurídica poderemos oferecer a esse trabalhador, na eventualidade de o tribunal, dando provimento ao recurso interposto pelo réu, rejeitar o pedido, por entender que o autor não possuía estabilidade no emprego, embora reconheça que foi despedido sem justa causa? Como poderia o tribunal, em tal situação, condenar o réu ao pagamento das verbas emanantes da ruptura do contrato, sem que o juízo de primeiro grau tenha se pronunciado a respeito? Ou, acaso, se pretende argumentar que o autor deveria ingressar com outra ação, na qual pediria, exclusivamente, o pagamento dessas verbas, porquanto esse pedido não teria sido alcançado pela coisa julgada material produzida pelo acórdão do tribunal, no julgamento da primeira demanda?

Demais, por força do princípio da exaustão, contido no art. 489, § 1º, IV, do CPC, ao juiz incumbe apreciar todos os argumentos apresentados pelos litigantes, capaz de, em tese, infirmar a decisão tomada pelo juiz. Desse modo, sem que, no exemplo em foco, o juiz examine, também, o segundo pedido (conquanto tenha acolhido o primeiro), esse princípio não terá sido atendido, o que equivale a afirmar, por outras palavras, a entrega da prestação jurisdicional não terá sido realizada integralmente. Nem se objete com o art. 1.013, § 1º, do CPC, a teor do qual na apelação o tribunal poderá apreciar e julgar as questões suscitadas e discutidas no processo, mesmo que a sentença não as tenha julgado, porquanto o segundo pedido (pagamento das verbas decorrentes da ruptura injusta do contrato) não pode ser considerado simples *questão*, apresentando-se, muito acima disso, como autêntico *objeto da pretensão* deduzida pelo autor, ainda que de modo sucessivo.

Mesmo que o juiz acolha o primeiro pedido, portanto, deverá pronunciar-se acerca do segundo (posterior). Não estamos a sustentar que o réu deva ser condenado nos dois pedidos, mas, sim, que a sentença, apesar de haver acolhido o primeiro, deverá manifestar-se sobre o segundo, sem efeito condenatório, para tornar completa a prestação jurisdicional e para evitar os inconvenientes de ordem prática, que mencionamos há pouco.

Não hesitamos, inclusive, em afirmar que, se o primeiro for acolhido, mas rejeitado o segundo, o autor terá interesse em recorrer da sentença, adesivamente (quanto a este último pedido), atento à eventualidade de o tribunal dar provimento ao recurso do réu, quanto ao primeiro pedido.

Parágrafo único. O autor poderá formular mais de um pedido, de modo alternativo, a fim de que o juiz, não acolhendo um deles, acolha o outro. Sobre os pedidos alternativos, já nos manifestamos nos comentários ao art. 325.

Art. 327. É lícita a cumulação, em um único processo, contra o mesmo réu, de vários pedidos, ainda que entre eles não haja conexão.

§ 1º São requisitos de admissibilidade da cumulação que:

I — os pedidos sejam compatíveis entre si;

II — seja competente para conhecer deles o mesmo juízo;

III — seja adequado para todos os pedidos o tipo de procedimento.

§ 2º Quando, para cada pedido, corresponder tipo diverso de procedimento, será admitida a cumulação se o autor empregar o procedimento comum, sem prejuízo do emprego das técnicas processuais diferenciadas previstas nos procedimentos especiais a que se sujeitam um ou mais pedidos cumulados, que não forem incompatíveis com as disposições sobre o procedimento comum.

§ 3º O inciso I do § 1º não se aplica às cumulações de pedidos de que trata o art. 326.

- **Comentário**

    Caput. Reproduziu-se o teor do art. 292 do CPC revogado.

    Permite o processo civil que o autor cumule, num mesmo processo, diversos pedidos contra o réu, ainda que entre eles inexista conexão.

    Essa regra é inteiramente aplicável ao processo do trabalho, em decorrência de sua finalidade de impedir a proliferação de demandas. Inexistente essa faculdade, o trabalhador teria de ajuizar diversas ações, perante o mesmo empregador, sempre que não houvesse conexão entre os pedidos, fato que geraria um transtorno generalizado: para o autor e para o réu, porque teriam de ir a juízo inúmeras vezes, a fim de participar das audiências concernentes a cada processo; e, também, para o juiz, que teria consideravelmente aumentada a sua carga de trabalho (mais audiências, mais sentenças, mais execuções etc.). A cumulação de pedidos, por isso, vem sendo largamente utilizada no processo do trabalho, com indiscutíveis benefícios de ordem prática para todos.

    Talvez fosse melhor que o legislador tivesse utilizado o vocábulo *demandas*, no lugar de *pedidos*, pois, como está, fica difícil admitir a possibilidade de pensar-se em conexão (ou falta desta) entre os pedidos. Essa ideia chega a ser perturbadora dos princípios.

    Pondo de parte esse aspecto acirológico da norma, cumpre-nos salientar que a cumulação, de que se ocupa o art. 327 do CPC, é *objetiva*, precisamente por dizer respeito aos pedidos; a cumulação *subjetiva* é característica dos regimes litisconsorciais, porquanto diz da aglutinação de partes em um dos polos da relação jurídica processual (litisconsórcio ativo ou passivo) ou em ambos (litisconsórcio misto).

    A *cumulação de pedidos* não se confunde com o *pedido alternativo*, previsto no art. 325 do mesmo Código, pois, neste, embora haja mais de uma prestação a ser realizada, o cumprimento de uma só é suficiente para extinguir a obrigação, ao passo que, naquela, são várias as obrigações e várias as prestações. Ainda: o pedido dito alternativo é um só, pois deriva de obrigação *disjuntiva*; já a acumulação de pedidos, como a expressão indica, traduz uma reunião de pedidos, que emanam de obrigações distintas, motivo por que há diversas e heterogêneas prestações a serem efetuadas. A obrigação, aqui, é *conjuntiva*.

    Não se confunde, também, a *cumulação de pedidos* com os *pedidos subsidiários*, a que alude o art. 326 do CPC. Enquanto, naquela, como dissemos, há vários pedidos autônomos, provenientes de causas de pedir distintas, nestes, o pedido é único, embora feito em ordem sucessiva, justamente por existir uma só *causa petendi*. Lá, todos os pedidos podem ser acolhidos (se for o caso); aqui, apenas um poderá sê-lo (seja o principal ou o secundário, de acordo com a terminologia que adotamos).

    Cumulação de pedidos e *concurso de pedidos* são, também, coisas distintas. Na primeira situação, há dois ou mais pedidos independentes, provindo cada um, em regra, de causa de pedir específica, ou seja, distinta; na segunda, o pedido, em rigor, é um só, conquanto esteja fundado em mais de uma *causa petendi*. O trabalhador pode pedir, *e. g.*, reintegração, alegando possuir estabilidade prevista em norma legal e em cláusula de convenção coletiva de trabalho. O pedido, na espécie, é único: reintegração no emprego; são duas, contudo, as causas de pedir (fatos essenciais + fundamento jurídico do pedido): norma legal e convenção coletiva.

Afirmamos que a cumulação de pedidos é de natureza objetiva. E isso é certo. No campo dessa cumulação, todavia, podemos isolar, como espécies distintas, as cumulações: a) homogêneas; b) heterogêneas; c) independentes; e d) dependentes.

a) Na cumulação objetiva *homogênea*, os pedidos se fundam no mesmo fato: o trabalhador presta serviços das 20 h às 6 h e pede: 1) horas extras; e 2) adicional noturno; b) na *heterogênea*, os fatos em que se baseiam os pedidos são diversos: identidade de funções (= equiparação salarial) e trabalho em local insalubre (= adicional de insalubridade). O que define, portanto, a homogeneidade ou a heterogeneidade dos pedidos, para efeito da classificação que apresentamos, são os fatos da causa, em que se apoiam; c) na cumulação *independente* os pedidos guardam, entre si, autonomia ontológica, provindo, quase sempre, de causas de pedir diversas: despedida sem justa causa (= aviso-prévio, FGTS, etc.) e prorrogação da jornada (= horas extras); d) na *dependente*, ao contrário, a causa de pedir é, em geral, a mesma, e há uma dependência de um pedido, com relação a outro: reconhecimento da existência do alegado vínculo de emprego (pedido condicionante) e estabilidade no emprego (pedido condicionado). Não reconhecido o vínculo de emprego, no exemplo trazido à balha, ficará prejudicado o pedido atinente à estabilidade. O fato, aqui, é um só: prestação de serviços, em caráter subordinado, pessoal etc., durante o tempo previsto, digamos, em cláusula normativa.

Para que a cumulação objetiva de pedidos se torne possível, é indispensável que: a) estes sejam compatíveis entre si; b) seja competente para conhecer deles o mesmo juízo; e c) seja adequado para todos os pedidos o tipo de procedimento (CPC, art. 327, I a III).

De modo geral, esses requisitos enumerados pelo processo civil não causam maiores embaraços ao processo do trabalho, em que: a) a compatibilidade entre os pedidos reunidos deriva da fonte obrigacional comum, de que soem decorrer: o contrato de trabalho; b) a competência do juízo se estabelece a partir dos conflitos oriundos da relação jurídica material entre as partes, sendo estabelecida por norma constitucional; e c) os procedimentos são ordinário e sumariíssimo.

Um comentário indispensável: quando a CLT (art. 840, § 1º) e o CPC (art. 322) se referem ao pedido, estão, em verdade, a considerar o capítulo tipicamente postulatório da petição inicial, que sucede à *causa petendi* (e dela advém), e, não, a um só pedido, como se mais de um não fosse lícito formular. Ora, acabamos de ver que isso não somente é possível (CPC, art. 326), como o uso da cumulação de pedidos (demandas, para nós) deve ser estimulado, máxime no processo do trabalho, tendo em vista o efeito inibidor da dispersão (e da consequente proliferação) das demandas, que essa aglutinação enseja.

Ainda que o processo civil não autorizasse a cumulação de pedidos, o bom-senso haveria de fazer com que o processo do trabalho a admitisse, ou a inventasse, pelas razões já mencionadas, às quais se deve acrescer a simplicidade do procedimento e as exigências sociais e políticas de um máximo de atuação do direito com um mínimo de atividade jurisdicional. O que se requer é que os pedidos sejam feitos segundo uma sequência lógica, a fim de evitar que a resposta do réu, a instrução processual e a entrega da prestação jurisdicional sejam prejudicadas. Como orientação geral, os pedidos poderiam ser apresentados na mesma ordem em que os correspondentes fatos, de que se originam, foram narrados. A noção de ordem é essencial no universo do processo. A desordem é tumultuária do procedimento, sendo tanto mais grave quanto consentida ou praticada pelo próprio juiz.

A cumulação de pedidos, a despeito de constituir, na maioria das vezes, iniciativa do autor, pode ser requerida pelo réu, ou promovida pelo juiz, *ex officio*. Isso se verificará nos casos de conexão ou continência entre as demandas, de que falam os arts. 55 e 56 do CPC. A iniciativa do juiz, aqui, é facultativa, como se infere do verbo *poder*, usado na redação dessa norma legal. E profícuo rememorar que haverá conexão quando existir identidade de pedido ou de causa de pedir, entre duas ou mais ações (CPC, art. 55); continência, quando ocorrer identidade entre as partes e a *causa petendi*, mas o pedido de uma, por ser mais amplo, abarcar o da outra (CPC, art. 56).

§ 1º A norma legal estabelece, nos incisos I a III, os requisitos para que haja cumulação de pedidos, num mesmo processo.

Inciso I — Compatibilidade. Significa que os pedidos devem ser juridicamente harmoniosos entre si. No caso de os pedidos serem inconciliáveis, cumprirá ao juiz determinar que o autor opte por um deles, ou adote outra providência que a situação exigir. Se o autor não atender ao despacho (CPC, art. 321), a inicial deverá ser indeferida, por inepta (*ibidem*, parágrafo único e art. 330, § 1º, IV). O indeferimento da inicial, por implicar a extinção do processo (CPC, art. 485) sem resolução do mérito, é ato que se materializa por meio de sentença, não de mero despacho (CPC, art. 316).

Inciso II — A competência da Justiça do Trabalho é definida pelo art. 114 da Constituição Federal e suplementada por normas infraconstitucionais. Para a cumulação de pedidos não é bastante que estes sejam compatíveis entre si: impõe-se que a Justiça do Trabalho (para cogitarmos apenas dela) seja materialmente competente para apreciá-los. Não será admissível a cumulação se, por exemplo, o autor pedir indenização por danos morais e indenização por acidente do trabalho; em relação a este último pedido, a Justiça do Trabalho é destituída de competência (infelizmente).

Inciso III — Mesmo que os pedidos sejam compatíveis entre si, e a Justiça do Trabalho detenha competência para apreciá-los, nem por isso a cumulação desses pedidos estará legalmente autorizada, pois é necessário, ainda, que o procedimento seja adequado para todos eles.

§ 2º Se acontecer (de maneira excepcional, sem dúvida) de para cada pedido feito pelo trabalhador ou pelo empregador (quando este for autor) corresponder um procedimento, a acumulação será permitida se o autor optar pelo ordinário (CPC, art. 327, § 2º). Nada impede que, na falta de escolha, pelo autor, o próprio juiz do trabalho defina o procedimento a ser observado. Essa iniciativa judicial é indispensável, acima de tudo, para preservar os traços característicos deste procedimento. Nos casos em que o réu, *v. g.*, ingressa com ação de consignação e pagamento e o trabalhador reconvém, pode-se adotar o procedimento ordinário, fazendo com que desapareçam certas particularidades que a ação de consignação ostenta no processo civil.

§ 3º A exigência de que os pedidos sejam compatíveis entre si (art. 327, § 1º, I) não se aplica aos pedidos formulados em ordem *subsidiária*, de que trata o art. 326. Julgamos também que a norma não incida no caso de pedidos *alternativos* (art. 325).

Valor dos pedidos

6.1.5. A exigência de formulação de pedidos líquidos

A imposição para que a peça de provocação da atividade jurisdicional do Estado contenha pedidos *líquidos* surgiu com a Lei n. 9.099, de 26.9.1995, que dispôs sobre os Juizados Especiais Cíveis e Criminais. Lê-se no art. 14, § 1º, da precitada norma legal: *"Do pedido constarão, de forma simples e em linguagem acessível: I — (...); II — (...); III — o objeto e seu valor."* (destacamos). Ulteriormente, a Lei n. 9.957, de 12.1.2000, que alterou a CLT para introduzir no sistema do processo do trabalho o *procedimento sumariíssimo*[4], também passou a exigir que a petição inicial indicasse o valor do pedido (CLT, art. 825-B, I).

Essa última norma legal atribuiu a seguinte redação ao art. 852-I, § 2º, da CLT: *"Não se admitirá sentença condenatória por quantia ilíquida."* Estabelecia-se, desse modo, uma sistematização harmônica dos dispositivos dessa Lei, porquanto se passou a exigir que se apresentassem *líquidos*: a) os pedidos constantes da inicial; e b) a condenação imposta pela sentença. Deu-se, porém, que o Sr. Presidente da República vetou o § 2º, do art. 852-I, da CLT[5], quebrando, com isso, a sistematização harmoniosa a que nos referimos há pouco, pois ficou mantida a exigência de que a inicial contivesse pedidos líquidos, embora se tenha dispensado a sentença de trazer condenação líquida. Diante disso (e considerando que o valor definidor do procedimento não era o dos pedidos, mas, sim, o da causa), perguntávamos: qual a utilidade de os pedidos expressos na inicial serem líquidos, se poderiam ser alterados — como, geralmente, acontecia — pela contestação, pelas provas que a instruíssem, por outras provas produzidas em audiência ou mediante perícia?

Essas indagações, formuladas há quase duas décadas, não se justificam em face da atual redação atribuída ao § 1º, do art. 840, da CLT, porquanto, aqui, a imposição de pedidos líquidos não se vincula *à sentença*, senão que, conforme veremos, *ao princípio da sucumbência* (CLT, art. 791-A).

Pois bem. O § 1º, do art. 840, da CLT, exige que da petição inicial conste o *valor do pedido*, vale dizer, *de cada pedido*. Não se suponha, portanto, que a exigência legal estaria cumprida com a simples indicação do valor total dos pedidos apresentados de maneira ilíquida.

---

(4) Os adjetivos que apresentam "io" antes de uma consoante fazem o superlativo em dois "ii": friíssimo, necessariíssimo, seriíssimo, sumariíssimo. Não havendo consoante antes de "io", o superlativo apresenta apena um "i": feíssima, cheíssima, dulcíssima (SACCONI, Luiz Antonio. *Não Erre Mais!* 9. ed. São Paulo: Ática, 1987. p. 50).

(5) Foram estas as razões do veto: *"O § 2º do art. 852-I não admite sentença condenatória por quantia ilíquida, o que poderá, na prática, atrasar a prolação das sentenças, já que se impõe ao juiz obrigação de elaborar cálculos, o que nem sempre é simples de se realizar em audiência. Seria prudente vetar o dispositivo em relevo, já que a liquidação por simples cálculo se dará na fase de execução da sentença, que, aliás, poderá sofrer modificações na fase recursal"*.

A nova redação dada a esse preceptivo legal visou, a um só tempo, a atender:

a) a preceito de ordem *ética*, de modo a impedir a formulação de pedidos ilíquidos, ou, se líquidos, que excedam a própria repercussão pecuniária daquilo que o direito invocado concede. É oportuno observar que, não raro, alguns autores, mesmo podendo indicar o valor de cada *pedido* lançado na inicial, vinham se omitindo em fazê-lo, motivados por uma estratégia ardilosa destinada a fazer supor ao réu tratar-se de uma *causa* de pequena repercussão econômico-financeira, levando-o a negligenciar na elaboração da defesa. Acrescente-se a isso, o hábito de tais autores atribuírem *à causa* um valor muito inferior ao que decorreria da soma *dos pedidos* (se fossem apresentados de maneira líquida), e ter-se-á a medida da conveniência da estratégia processual que mencionamos;

b) a uma regra *pragmática*, porquanto será da diferença entre o valor do pedido, indicado na inicial, e o valor do acolhido pela sentença que se fará incidir o princípio da sucumbência (CLT, art. 791-A), por força do qual o autor será condenado a pagar honorários de advogado à parte contrária, naquilo em que não tiver êxito (CLT, art. 791-A, § 3º). Estabelece essa norma legal: *"Na hipótese de procedência parcial, o juízo arbitrará honorários de sucumbência recíproca, vedada a compensação entre os honorários"*.

É importante rememorarmos a Justificativa do Projeto de Lei n. 6.787/2016 para atribuir nova redação ao § 1º, do art. 840, da CLT: *"As alterações promovidas no art. 840 têm como fundamento principal exigir que o pedido, nas ações trabalhistas, seja certo, determinado e que tenha o seu valor devidamente indicado. A exigência de que o pedido seja feito de forma precisa e com conteúdo explícito é regra essencial para garantia da boa-fé processual, pois permite que todos os envolvidos na lide tenham pleno conhecimento do que está sendo proposto, além de contribuir para a celeridade processual com a prévia liquidação dos pedidos na fase de execução judicial, evitando-se novas discussões e, consequentemente, atrasos para que o reclamante receba o crédito que lhe é devido"*.

Não se ignora que, na prática, os autores encontrarão dificuldade para formular pedidos com valor expresso, por não disporem, no momento de elaborarem a petição inicial, de elementos concretos e fidedignos, que os possibilitem definir esses valores. Haverá casos em que a indicação do valor do pedido será inviável ou injustificável, como quando: a) somente mediante exame pericial contábil for possível apurar-se o valor das comissões devidas ao autor da ação ou quais teriam sido os lucros e os resultados da empresa, para efeito de calcular-se a participação do trabalhador; b) tratando-se de adicional de insalubridade, no grau máximo, e a perícia concluir pela existência de insalubridade, digamos, em grau mínimo. Neste último caso, como o autor poderia definir, *a priori*, o valor correto do pedido, se a própria classificação do grau de insalubridade dependia de exame pericial (CLT, art. 195, § 2º)?; c) o ator formular pedido de indenização por danos materiais, decorrentes de incapacitação para o trabalho em virtude de doença ocupacional, cuja verificação dependerá de perícia médica. Para situações que tais, deverá ser admitida a formulação de *pedido genérico*, com fundamento no inciso II, do art. 324, do CPC. A propósito, uma advertência se faz necessária: o sentido genérico do pedido, a que se refere a norma processual mencionada, reside em seu aspecto quantitativo (*quantum debeatur*), não em seu elemento ontológico (*an debeatur*). Se assim não fosse, haveríamos de concluir que a norma autorizaria, até mesmo, as postulações *incertas*. Hoje, em nosso meio, a *certeza* é um elemento que deve estar presente não só na inicial, como na sentença, pois esta deve ser *certa*, ainda quando resolva relação jurídica condicional (CPC, art. 492, parágrafo único). A *condição* é elemento de direito material e está prevista no art. 121 do Código Civil: "*Considera-se condição a cláusula que, derivando exclusivamente da vontade das partes, subordina o efeito do negócio jurídico a evento futuro e incerto.*"

A certeza do pedido se refere à sua *existência* — embora sejam admissíveis, em certas situações, os denominados *pedidos implícitos*, como seriam os casos, no processo do trabalho, da correção monetária e dos juros da mora. A *determinação* do pedido diz respeito ao seu *objeto*.

Haverá também situações em que a definição do valor dos pedidos somente será possível depois da apresentação de documentos que se encontram em poder do réu. Nesta hipótese, poderão ser adotados alguns procedimentos, a saber:

a) *para que a petição inicial expresse, desde logo, o valor dos pedidos*, incumbirá ao autor ingressar com pedido de tutela de urgência de natureza cautelar (CPC, art. 301) ou com ação de produção antecipada de prova (CPC, art. 381), fundando-se no art. 324, § 1º, III, do CPC, assim redigido: "§ 1º *É lícito, porém, formular pedido genérico: I — (...); III — quando a determinação do objeto ou do **valor da condenação depender de ato a ser praticado pelo réu***" (destacamos). Apresentados os documentos necessários, os pedidos deverão ser liquidados antes de serem postos na inicial;

b) *para que o valor seja fixado depois da apresentação da defesa*, o autor deverá suscitar o incidente de exibição de documentos, regulado pelos arts. 396 a 404 do CPC; exibidos os documentos, o juiz concederá prazo para que o autor emende a petição inicial, no prazo de quinze dias, indicando o valor dos pedidos formulados (CPC, art. 321, *caput*), sob pena de indeferimento da petição inicial (*ibidem*, parágrafo único).

Dir-se-á, talvez, que a possibilidade de haver essa emenda encontra óbice no art. 329, II, do CPC, que permite o aditamento ou a alteração do pedido e da causa de pedir, posteriormente ao saneamento do processo, somente se houver consentimento do réu. Se assim se alegar, deveremos contra-argumentar, em caráter proléptico, que a emenda à inicial, de que estamos a tratar, não implicará *aditamento* nem *alteração* do pedido. Expliquemo-nos. *Aditamento* e *modificação* não se confundem. Aquele representa o *acréscimo quantitativo de pedidos*, vale dizer, a inclusão, na mesma causa, de pedidos inicialmente omitidos; esta não implica a formulação de novos pedidos, senão que a *modificação dos já existentes* (ou da causa de pedir).

Ora, se o juiz do trabalho conceder prazo para que o autor, depois de haver obtido do réu os documentos necessários, indique o valor dos pedidos formulados na inicial, não estará autorizando nenhum aditamento e nenhuma alteração, se não que permitindo ao autor emendar a petição inicial, a fim de dar cumprimento à determinação contida no § 1º, do art. 840, da CLT, para que o pedido possua uma expressão pecuniária. Efetuada a emenda, o juiz concederá prazo de quinze dias ao réu, para que se manifeste a respeito. Especificamente para essa finalidade, pode-se invocar a incidência analógica do disposto no inciso II, do art. 329, do CPC.

Em síntese:

a) a redação do § 1º, do art. 840, da CLT, é inequívoca ao determinar que os pedidos lançados na inicial sejam formulados de maneira líquida, vale dizer, com a indicação do correspondente valor;

b) as razões pelas quais a Lei n. 13.467/2017 deu nova redação a esse dispositivo legal estão intimamente vinculadas a preceito *ético* e a regra *pragmática* — esta última, ligada ao princípio *da sucumbência*, trazido por essa mesma norma legal, mediante a inserção, na CLT, do art. 791-A;

c) para que a petição inicial expresse, *desde logo*, o valor dos pedidos — mas o autor não disponha de dados ou elementos para isso —, ele poderá ingressar com ação de tutela de urgência de natureza cautelar (CPC, art. 301) ou com ação de produção antecipada de provas (CPC, art. 381), fundando-se no art. 324, § 1º, III, do CPC;

d) para que o valor seja fixado *depois da fase da apresentação da defesa*, o autor não fará, desde logo, na inicial, a indicação do valor do pedido, reservando-se (mediante requerimento dirigido ao juízo) para mencionar esse valor: d.a) posteriormente à apresentação da defesa, caso seja instruída com os elementos necessários à fixação do valor do pedido; d.b) mediante a suscitação do incidente de exibição de documentos, regulado pelos arts. 396 a 404 do CPC, caso a defesa se apresente desacompanhada de documentos; d.c) havendo revelia, o juiz fixará prazo para que o autor proceda à liquidação dos pedidos. Em todas essas situações, o juiz concederá o prazo de quinze dias para o autor emendar a petição inicial, indicando o valor dos pedidos formulados (CPC, art. 321, *caput*), sob pena de indeferimento dessa petição (*ibidem*, parágrafo único);

e) a exigência estampada no § 1º, do art. 840, da CLT, também incide no caso de pedidos *alternativos* (CPC, art. 325), *subsidiários* (*ibidem*, art. 326) e *cumulados* (*ibidem*, art. 327). Para efeito de fixação do *valor da causa* (CPC, art. 291), deverão ser observados os incisos VII, VII e VI, respectivamente, do art. 292, do CPC;

f) em determinados casos, será lícito ao autor formular *pedido genérico*, com fulcro no inciso III, do art. 324, do CPC, hipótese em que a fixação do valor será estabelecida pela sentença ou diferida para a fase de liquidação (CLT, art. 879). Tal seria o caso, entre outros, do pedido de participação nos lucros e resultados da empresa;

g) emfim, em casos, que dependam de exames periciais (contábeis, médicos, etc.), o juiz deverá permitir a formulação de pedidos ilíquidos, sob pena de obstar o exercício do direito (ou garantia) constitucional de ação (CF, art. 5º, XXXV).

Cremos que não estaremos sendo acometidos de cerebração fantasiosa se afirmarmos que a imposição legal de formulação de pedidos líquidos terá caído como uma espécie de meteoro arrasador no cenário do processo do trabalho, de forma a gerar intensa inquietação tanto no espírito dos advogados quanto no dos juízes. Nos advogados, porque sobre eles recai a responsabilidade e a dificuldade de formulação de pedidos com valor líquido, situação agravada pelo risco da sucumbência; nos magistrados, porque poderão ser levados a apreciar infindáveis ações com pedido de tutela de urgência de natureza cautelar ou incidentes de exibição de documentos, ou a exarar incontáveis despachos, determinando que o autor emende a petição inicial, sob pena de indeferimento, de modo a sobrecarregar, ainda mais, o volume de trabalho nos gabinetes desses magistrados.

Nem mesmo o processo civil, com sua tradição formalista, se atreveu a impor que o pedido se apresentasse líquido, na inicial. O art. 319, IV, do CPC, mais sensato, exige que o pedido seja acompanhado de "suas especificações". Sequer por antonomásia, se poderá considerar os vocábulos *especificação* e *valor* como sinônimos entre si.

A exigência de indicação do valor dos pedidos, na inicial, não conflita com o art. 879 da CLT, que prevê a *liquidação* da obrigação materializada na sentença condenatória. Enquanto a menção do valor do pedido, na inicial, está vinculada, conforme dissemos, ao princípio da *sucumbência*, a liquidação se destina a quantificar o valor da *condenação* — que será, posteriormente, cotejado com o do pedido, para efeito da sucumbência.

No caso de revelia — que se configura pela ausência injustificada de contestação —, o juiz, em nome da presunção legal de veracidade dos fatos alegados na petição inicial (CLT, art. 844, *caput*; CPC, art. 344), não estará obrigado a impor ao revel uma condenação *segundo os valores apontados na inicial*, desde que possa demonstrar que esses valores são exorbitantes, à luz das normas legais ou convencionais incidentes.

Rememoremos que o *efeito* da revelia incide, unicamente, sobre *fatos*; não, sobre normas legais.

Se o juiz entender que o autor possui condições de indicar o valor dos pedidos estampados na inicial, mas não o fez, não deverá, de plano, indeferir essa petição, como parece constar do § 3º, do art. 840, da CLT: cumprir-lhe-á aplicar o art. 321 do CPC — de manifesta compatibilidade com o processo do trabalho —, determinando que o autor supra a falha, no prazo de quinze dias. Somente se o autor não atender a esse despacho é que a petição inicial deverá ser indeferida (CPC, art. 321, parágrafo único), com a consequente extinção do processo sem resolução do mérito (CPC, art. 485, I).

Por outro lado, cumprirá ao magistrado ser extremamente cauteloso na aplicação do art. 791-A da CLT, consagrador do princípio da *sucumbência*. Nem se ignore o fato de, em alguns casos, o autor haver ingressado em juízo sem advogado, conforme lhe faculta o art. 791, *caput*, da CLT, elaborando, ele mesmo, a petição inicial, ou vindo a fazer uso da faculdade que lhe defere o § 2º, do art. 840, da CLT, exercendo, de modo oral, o direito constitucional de ação. Também neste último caso ele deverá apresentar ao serventuário os valores *exatos* de seus pedidos? Ou a liquidação deverá ser feita pelo próprio serventuário? Respondemos negativamente, com fundamento na ressalva legal: "no que couber" (CLT, art. 840, § 2º).

Nas duas situações supracitadas, a regra do § 1º, do art. 840, da CLT, se for interpretada à risca, ou seja, em sua expressão unicamente literal, beira a surrealismo institucional.

Perguntamos: para serem evitadas as dificuldades e os contratempos derivantes do atendimento ao disposto no § 1º, do art. 840, da CLT, não seria possível entender que o *valor* a que se refere essa norma legal poderia ser apenas *estimado* pelo autor e não, necessariamente, *exato*, *preciso*?

Em que pese ao fato de essa interpretação parecer estar mais adequada aos princípios do processo do trabalho, devemos advertir que ela traz menos segurança jurídica ao autor. Para que a nossa afirmação seja adequadamente entendida, devemos, antes, observar que a estamos formulando com base no entendimento doutrinário a até esta altura predominante, segundo o qual o art. 791-A, da CLT, estaria a consagrar a sucumbência *parcial* – quando, a nosso ver, o que aí está é a sucumbência *total* ou *recíproca*. Em termos objetivos, essa corrente doutrinal sustenta que os honorários de sucumbência deverão ser calculados entre a diferença do valor indicado na inicial e o que foi objeto da sentença condenatória. Nós mesmos, nos primeiros momentos de vigência da Lei n. 13.467/2017, perfilhávamos esse entendimento. Como passamos a sustentar a opinião de que a sucumbência de que se ocupa a norma trabalhista é a *total*, isso significa que o trabalhador somente poderá ser condenado ao pagamento de honorários advocatícios quando o pedido, por ele formulado, for integralmente rejeitado.

Cogitemos da sucumbência parcial, apenas para efeito de argumentação exemplificativa. No caso de entender-se que o valor do pedido deva ser exato, o autor poderá valer-se de um dos procedimentos que sugerimos em linhas anteriores, fato que reduzirá, expressivamente, o risco da sucumbência. Caso, porém, pensemos em um pedido apenas *estimado*, o risco será enorme. Digamos que o autor haja *estimado*, na inicial, em R$ 50.000,00 o valor das horas extras postuladas; apresentados os documentos pelo réu, o autor verifica que muitas dessas horas foram pagas, de tal modo que o seu pedido deveria ter sido, digamos, de R$ 20.000,00. Vindo a sentença a conceder-lhe R$ 20.000,00 a título de horas extras, ele sucumbiria em R$ 30.000,00 (diferença entre o que pediu e o que lhe era devido). Não vemos como, nesta hipótese, o autor possa aditar a petição inicial para corrigir o valor de R$ 50.000,00 para R$ 20.000,00.

Uma reiteração necessária: como passamos a entender que o art. 791-, da CLT, consagra o princípio da sucumbência *total* (ou recíproca), no exemplo formulado o autor não seria condenado ao pagamento de honorários advocatícios, porquanto não teria sucumbido, integralmente, em relação ao pedido formulado.

Ao contrário do processo do trabalho, o processo civil consagrou o princípio da sucumbência parcial, conforme revela o parágrafo único do art. 86, do CPC.

Há mais. Se o autor, para tentar esquivar-se ao risco da sucumbência, *estimar* um valor dos pedidos:

1) muito *abaixo* do que seria o correto, não evitará um outro risco: o de a sentença condenar o réu ao pagamento do valor apontado na inicial, e não em valor superior a isso, sob pena de perpetrar transgressão ao art. 492, *caput*, do CPC, e de ensejar a que o réu alegue a nulidade da sentença, no tocante ao excesso de condenação (*ultra petita*). Além disso, o advogado do autor poderia vir a ser responsabilizado pelo seu cliente por haver estimado um valor muito aquém do que seria devido a este;

2) muito *acima* do que o correto, e a sentença vier a conceder-lhe abaixo disso (ou seja, o valor correto), sujeitar-se-á ao risco de ser duramente atingido pela sucumbência (CLT, art. 791-A, § 3º).

Conclusivamente, e para dissipar eventuais dúvidas remanescentes:

a) entendemos que a nova redação dada ao § 1º, do art. 840, da CLT, decorreu da preocupação de romper — por motivos de ordem ética e pragmática — com a antiga e arraigada tradição, consistente na formulação de pedidos ilíquidos, assim entendidos os que se apresentavam sem a sua expressão pecuniária;

b) ao aludir ao *valor* do pedido, a norma citada exige que este seja *exato*, e não, meramente *estimado* pelo autor da ação;

c) somente em casos excepcionais será admissível que a causa chegue a julgamento sem que o valor dos pedidos formulados na inicial tenha sido indicado, como no caso de *pedidos genéricos* (CPC, art. 324, II).

d) nos casos em que o autor, não sendo advogado, estiver fazendo uso do *ius postulandi* que lhe atribui o art. 791, *caput*, da CLT, cumprirá ao juiz atenuar (ou, em certas situações, até mesmo desconsiderar) a exigência expressa pelo § 1º, do art. 840, da CLT, sob pena de inibir o exercício do direito constitucional de ação;

e) idealmente, o autor somente deveria ser condenado às sanções da sucumbência se o valor dos pedidos apontados na inicial houvesse decorrido de má-fé.

Por outro lado, a exigência de que a inicial contenha pedidos líquidos somente será possível em relação às iniciais protocoladas em juízo a partir de 11 de novembro de 2017, quando a Lei n. 13.467/2017 entrou em vigor. É necessário observar que as petições iniciais protocoladas anteriormente à vigência dessa Lei não apresentam (em geral) pedidos líquidos, pois a legislação vigente à época não continha exigência quanto a isso. Ademais, como os pedidos formulados pelo autor não eram líquidos, o juiz não terá como confrontar esses pedidos com o valor da condenação que vier a impor ao réu (CLT, art. 791-A).

A propósito de sucumbência, devemos reconhecer que o TST deu prova de bom senso ao dispor, no art. 6º da Instrução Normativa n. 41/2018: "Na Justiça do Trabalho, a condenação em honorários advocatícios sucumbenciais, prevista no art. 791-A, e parágrafos, da CLT, será aplicável apenas às ações propostas após 11 de novembro de 2017 (Lei n. 13.467/2017). Nas ações propostas anteriormente, subsistem as diretrizes do art. 14 da Lei n. 5.584/1970 e das Súmulas ns. 219 e 329 do TST".

Haverá casos excepcionais, em que a exigência de formulação de pedidos líquidos deverá ser afastada, como nas situações que impõem a realização de exame pericial, contábil, etc. A não se entender assim, poderá haver violação da garantia constitucional de invocação da tutela jurisdicional (CF, art. 5º, XXXV).

Em suma, a importância do assunto nos motiva a reiterar a sugestão feita à jurisprudência trabalhista, como medida destinada a abrandar as consequências perversas da exigência estampada no art. 840, § 1º, da CLT, de *prévia* liquidação dos pedidos lançados na inicial:

a) deverá ser admitida a formulação de pedidos *provisoriamente genéricos*, com fundamento no inciso III, do § 1º, do art. 324, do CPC; a quantificação dos valores ficará diferida para a fase de pós-contestação;

b) como não se pode negar vigência ao § 1º, do art. 840, da CLT, cumprirá ao juiz, depois de receber a contestação (com os documentos que a instruem), não só fixar prazo para que o autor se manifeste sobre a contestação e os documentos, como também proceda, agora sim, à *liquidação* (*incidental*, portanto) dos pedidos — que deixarão de ser genéricos —, sob pena de indeferimento da petição inicial, sem resolução do mérito, no que respeita aos pedidos não liquidados (CPC, arts. 321 e 485, I). No caso de revelia, o juiz fixará o prazo de quinze dias para que o autor proceda à liquidação dos pedidos; caso contrário, o processo será extinto sem resolução do mérito;

c) em casos excepcionais, como os que requerem a realização de exame pericial, a autorização para a formulação de pedidos ilíquidos não ofende o § 1º, do art. 840, da CLT, pois se destina a preservar o exercício da garantia constitucional da ação;

d) de igual modo, não se deve exigir a liquidez dos pedidos quando o autor estiver no exercício do *ius postulandi* que lhe atribui o art. 791, *caput*, da CLT, sob pena, também aqui, de cercear-lhe o direito constitucional de ação.

Devemos esclarecer que a nossa sugestão:

1) constitui uma adaptação do inciso III, do § 1º, do art. 324, do CPC, ao § 1º, do art. 840, da CLT, por forma a: 1.1) permitir a formulação de pedidos *provisoriamente genéricos*; e 1.2) conduzir, em consequência, a uma liquidação *incidental* dos pedidos constantes da peça inicial;

2) não pretende se constituir numa panaceia para *todas* as situações ocorrentes no cotidiano forense, até porque haverá casos em que a contestação não estará acompanhada de documentos, ou em que essa modalidade de resposta do réu nem sequer será apresentada (revelia);

3) visa à *relativização* da exigência contida no § 1º, do art. 840, da CLT, para salvaguardar, em alguns casos, o exercício do direito constitucional de ação.

À guisa de informação, devemos dizer que STJ tem admitido a formulação de *pedido genérico*, por exemplo, em ação visando à obtenção de indenização por dano moral. Sirva, como corolário, a ementa a seguir reproduzida:

DIREITO PROCESSUAL CIVIL. RECURSO ESPECIAL. APLICAÇÃO DO CPC/1973. AÇÃO DE INDENIZAÇÃO POR DANO MATERIAL E COMPENSAÇÃO POR DANO MORAL. COBRANÇAS INDEVIDAS. INSCRIÇÃO EM CADASTRO DE INADIMPLENTES. PEDIDO GENÉRICO. POSSIBILIDADE. INDIVIDUALIZAÇÃO DA PRETENSÃO AUTORAL. VALOR DA CAUSA. QUANTIA SIMBÓLICA E PROVISÓRIA.

1. Ação ajuizada em 16.12.2013. Recurso especial interposto em 14.5.2014. Autos atribuídos a esta Relatora em 25.8.2016.

2. Aplicação do CPC/73, a teor do Enunciado Administrativo n. 2/STJ.

3. É pacífica a jurisprudência desta Corte quanto à possibilidade de formulação de pedido genérico de compensação por dano moral, cujo arbitramento compete exclusivamente ao juiz, mediante o seu prudente arbítrio.

4. Na hipótese em que for extremamente difícil a imediata mensuração do *quantum* devido a título de dano material — por depender de complexos cálculos contábeis —, admite-se a formulação de pedido genérico, desde que a pretensão autoral esteja corretamente individualizada, constando na inicial elementos que permitam, no decorrer do processo, a adequada quantificação do prejuízo patrimonial.

5. Em se tratando de pedido genérico, o valor da causa pode ser estimado em quantia simbólica e provisória, passível de posterior adequação ao valor apurado na sentença ou no procedimento de liquidação.

6. Recurso especial parcialmente provido. (RE n. 1.534.559 — SP, Relatora Ministra Nancy Andrighi, publicado no DJe de 1º.12.2016.)

Valor da causa

Anteriormente à Lei n. 13.467/2017, sustentávamos a opinião de que, no processo do trabalho, não havia exigência para que a petição inicial indicasse o *valor da causa*.

Fundamentávamos esse entendimento não apenas na redação do § 1º, do art. 840, da CLT, mas, também, no art. 2º, da Lei n. 5.584, de 26 de junho de 1970, que dispõe *"Nos dissídios individuais, proposta a conciliação, e não havendo acordo, o Presidente da Junta (atual Vara) ou o Juiz, antes de passar à instrução da causa, **fixar-lhe-á o valor para a determinação da alçada, se este for indeterminado no pedido**"* (destacamos). Estabelece o § 1º, do precitado artigo: *"Em audiência, ao aduzir razões finais, poderá qualquer das partes impugnar o valor fixado e, se o juiz o mantiver, pedir revisão da decisão, no prazo de 48 (quarenta e oito) horas, ao Presidente do Tribunal Regional."*

Concluíamos, em razão disso, que, embora as *causas* trabalhistas devessem conter um valor expresso, esse valor não precisava constar da petição inicial, devendo ser arbitrado pelo juiz.

Esse nosso entendimento estaria prejudicado com o advento da Lei n. 13.467, que deu nova redação ao § 1º, do art. 840, da CLT, para exigir que os pedidos constantes da inicial se apresentem de maneira líquida? Por outras palavras: a Lei n. 13.467/2017 teria revogado, implicitamente, o art. 2º, da Lei n. 5.584/1970?

Ao exame.

Como, doravante, os pedidos devem ser *líquidos*, e como o valor *da causa* deve corresponder ao valor dos pedidos, pareceria razoável concluir que o art. 2º da Lei n. 5.584/1970 teria sido revogado pela via tácita pela Lei n. 13.467/2017, de tal arte que ao juiz do trabalho não mais seria lícito arbitrar um valor *à causa*.

Não é bem assim.

Devemos observar que o art. 2º da Lei n. 5.584/1970 só autoriza o juiz a arbitrar um valor *à causa* quando o valor for "indeterminado no pedido", ou seja, *ilíquido*. Logo, sob a estrita perspectiva da precitada norma legal, o juiz do trabalho não pode arbitrar um valor à causa quando os pedidos tiverem sido formulados de maneira *líquida*. Note-se, que estamos a falar de *arbitramento* judicial de um valor à causa, o que não significa dizer que também entendíamos que o juiz do trabalho não poderia *alterar* o valor dado à causa, na inicial.

Pois bem.

Com o advento da Lei n. 13.467/2017, a nosso ver, a situação passou a ser a seguinte:

a) se a inicial contiver pedidos *líquidos ou estimados*, o valor da causa deverá corresponder à soma desses pedidos, num ou noutro caso. Se o juiz verificar que não ocorre essa simetria, *deverá* corrigir o valor da causa, com fundamento no art. 292, § 3º, do CPC, sobre o qual nos manifestaremos mais adiante;

b) se os pedidos se apresentarem de forma *ilíquida*, mas o autor houver atribuído um valor à causa, na inicial, não se aplicará o disposto no art. 2º da Lei n. 5.584/1970 (arbitramento judicial do valor), devendo o juiz, com fulcro no art. 321, *caput*, do CPC, fixar o prazo de quinze dias para que o autor emende a inicial, indicando o valor dos pedidos, sob pena de indeferimento da petição inicial *(ibidem*, parágrafo único). Tornados líquidos os pedidos, o valor da causa, se for o caso, deverá ser alterado, *ex officio* (CPC, art. 292, § 3º), para adequá-lo ao dos pedidos, agora líquidos;

c) se os pedidos se apresentarem *ilíquidos*, e o autor não houver atribuído um valor à causa, a solução, em parte, é idêntica à apontada na letra "b", retro: não se aplicará o disposto no art. 2º da Lei n. 5.584/70 (arbitramento judicial do valor), devendo o juiz, com fulcro no art. 321, *caput*, do CPC, fixar o prazo de quinze dias para que o autor emende a inicial, indicando o valor: c.a) dos pedidos; e c.b) da causa, sob pena de indeferimento da petição inicial *(ibidem*, parágrafo único);

d) se os pedidos se apresentarem *ilíquidos*, e o autor não houver atribuído um valor à causa, na inicial, nem houver condições de tornar os pedido líquidos ou estimados, o juiz poderá arbitrar um valor à causa, com espeque no § 2º da Lei n. 5.584/1970.

O legislador trabalhista de 2017 bem poderia ter inserido no elenco dos requisitos da petição inicial, constante do § 1º, do art. 840, da CLT, o *valor da causa* (que, insistamos, haveria de corresponder ao dos pedidos), evitando, com a isso, as dúvidas que estão a tomar de assaltos o espírito de quantos exerçam as profissões forenses, no âmbito da Justiça do Trabalho.

A propósito, ao tempo em que exercíamos a magistratura do trabalho em primeiro grau de jurisdição, sempre que constatássemos, em audiência, que a inicial não indicava o valor da causa, *sugeríamos* (não havia, portanto, *imposição*) que o autor o indicasse, naquele momento, justamente para evitar as consequências embaraçantes do processo que adviriam se arbitrássemos esse valor (com fundamento no § 2º da Lei n. 5.584/1970), e com o resultado desse arbitramento uma das partes — ou ambas — não concordasse.

O art. 791-A, *caput*, da CLT, não estaria, contudo, a exigir que a petição inicial indicasse, desde logo, o valor da causa, ao esclarecer que se não houver possibilidade de definir o valor dos honorários de sucumbência, na fase de liquidação, nem o proveito econômico obtido pela parte, esse valor seria estabelecido com base no valor atualizado *da causa*? Nossa resposta é negativa. A precitada norma da CLT não menciona o valor da causa como *requisito* que deva constar da petição inicial. Basta ver que o § 1º, do art. 840, da própria CLT, não exige menção a esse valor. O que o art. 791-A, *caput*, está a dizer é que o valor da causa pode ser utilizado (desde que corrigido monetariamente) como base de cálculo dos honorários derivantes da sucumbência. Nada além disso.

Na ausência de critério, no processo do trabalho, para a fixação do valor a ser dado *à causa*, pode-se adotar, *mutatis mutandis*, o previsto no processo civil, especificamente, no art. 292. Examinemos esse normativo do CPC.

Art. 292. O valor da causa constará da petição inicial ou da reconvenção e será:

I — na ação de cobrança de dívida, a soma monetariamente corrigida do principal, dos juros de mora vencidos e de outras penalidades, se houver, até a data de propositura da ação;

II — na ação que tiver por objeto a existência, a validade, o cumprimento, a modificação, a resolução, a resilição ou a rescisão de ato jurídico, o valor do ato ou o de sua parte controvertida;

III — na ação de alimentos, a soma de 12 (doze) prestações mensais pedidas pelo autor;

IV — na ação de divisão, de demarcação e de reivindicação, o valor de avaliação da área ou do bem objeto do pedido;

V — na ação indenizatória, inclusive a fundada em dano moral, o valor pretendido;

VI — na ação em que há cumulação de pedidos, a quantia correspondente à soma dos valores de todos eles;

VII — na ação em que os pedidos são alternativos, o de maior valor;

VIII — na ação em que houver pedido subsidiário, o valor do pedido principal.

§ 1º Quando se pedirem prestações vencidas e vincendas, considerar-se-á o valor de umas e outras.

§ 2º O valor das prestações vincendas será igual a uma prestação anual, se a obrigação for por tempo indeterminado ou por tempo superior a 1 (um) ano, e, se por tempo inferior, será igual à soma das prestações.

§ 3º O juiz corrigirá, de ofício e por arbitramento, o valor da causa quando verificar que não corresponde ao conteúdo patrimonial em discussão ou ao proveito econômico perseguido pelo autor, caso em que se procederá ao recolhimento das custas correspondentes.

Aos comentários.

Caput. O art. 291 do CPC exige que a toda *causa* seja atribuído valor certo (mesmo que não apresente conteúdo econômico imediato, aferível), que deve constar da petição inicial (CPC, art. 319, V). Dissemos, em linhas anteriores, que a despeito de as *causas* trabalhistas também deverem possuir um valor, este não necessita figurar na petição inicial, devendo ser arbitrado pelo juiz, nos termos do art. 2º da Lei n. 5.584/1970.

Também asseveramos que o juiz do trabalho, para evitar a adoção do procedimento algo embaraçante, traçado pela sobredita norma legal, poderá *sugerir* ao autor, em audiência, que atribua um valor à causa, e tentar obter a anuência do réu, acerca desse valor.

Pois bem. O art. 292 do CPC declara que esse valor deverá constar da petição inicial ou da reconvenção.

Os incisos seguintes, do precitado texto legal, contêm regras destinadas à fixação do valor da causa, a ser indicado na referida peça de provocação da atividade jurisdicional do Estado.

Inciso I — Este critério pode ser aplicado, em parte, ao processo do trabalho. Expliquemo-nos. Nada obsta — ao contrário, tudo alvitra — a que o valor da causa constitua a soma dos pedidos formulados na inicial. Não nos parece recomendável, todavia, que o autor deva apresentar esses valores corrigidos, monetariamente, e acrescidos dos juros da mora legais e de outras penalidades, "até a propositura da ação". Ocorre que, no processo do trabalho, tanto a correção monetária quanto os juros moratórios incidirão, de maneira automática, na fase de liquidação, *ex vi legis*. Essas verbas, aliás, traduzem aquilo que a doutrina tem denominado de *pedidos implícitos*, vale dizer, que independem de iniciativa da parte, uma vez que decorrem de imposição legal.

No procedimento sumariíssimo, também deverão constar os valores *dos pedidos* (CLT, art. 852-B, I), que, por sua vez, repercutirão no valor atribuído *à causa*.

Inciso II — Critério aplicável ao processo do trabalho.

Inciso III — A ação de alimentos não é da competência da Justiça do Trabalho, a despeito do caráter alimentar de muitas verbas derivantes do contrato de trabalho.

Inciso IV — A Justiça do Trabalho é destituída de competência para apreciar ações de demarcação, divisão e reivindicação.

Inciso V — Esta norma é aplicável ao processo do trabalho, na qual são frequentes os pedidos de indenização por dano moral, existencial, e outros.

Inciso VI — Havendo pedidos *cumulados*, o valor da causa corresponderá à soma de todos eles — o que é algo lógico. A possibilidade de cumulação de pedidos (ainda que entre eles não haja conexão) está prevista no art. 327 do CPC.

Inciso VII — No caso de a inicial conter pedidos *alternativos*, considerar-se-á o de maior valor. O pedido será alternativo quando, pela natureza da obrigação, o devedor puder realizar a prestação por mais de um modo (CPC, art. 325).

Inciso VIII — Havendo pedido *subsidiário*, adotar-se-á o valor do pedido principal. O pedido subsidiário (ou em ordem sucessiva) se caracteriza pelo fato de o juiz conhecer do pedido posterior, caso não acolher o anterior (CPC, art. 326).

§ 1º O critério pode ser adotado pelo processo do trabalho. Não raro, aqui, quando o contrato de trabalho está em vigor, a inicial apresenta pedidos concernentes a "verbas" (valores) vencidas e vincendas.

§ 2º Se a obrigação for por tempo indeterminado ou por tempo superior a um ano, o valor das prestações vincendas será igual a uma prestação anual; sendo inferior a um ano, corresponderá à soma das prestações.

§ 3º Quando verificar que o valor atribuído não corresponde ao conteúdo patrimonial em discussão ou ao proveito econômico buscado pelo autor, o juiz corrigirá, *de ofício*, esse valor.

Trata-se de importante inovação do CPC de 2015.

Sempre sustentamos, antes da vigência do atual CPC, a possibilidade de o juiz do trabalho alterar, por sua iniciativa, e com fundamento no art. 765 da CLT, o valor da causa, como quando o valor dado a esta pelo autor fosse manifestamente inferior ao valor do pedido, expresso na mesma peça processual. Realmente, nos casos em que, por exemplo, a soma dos pedidos corresponde a duzentos salários mínimos, que razões éticas ou jurídicas autorizam o autor a atribuir à causa o valor equivalente a dez ou doze salários mínimos, a não ser para fazer com que a causa se submeta ao procedimento sumariíssimo (CLT, arts. 852-A a 852-I) — que, por motivos imperscrutáveis, é de sua conveniência?

Agora, o próprio processo civil admite a possibilidade de o juiz alterar, *ex officio*, por arbitramento, nas situações que especifica, o valor atribuído à causa pelo autor. Melhor dizendo, o atual CPC não somente admite, mas, acima de tudo, *determina* essa iniciativa judicial. O § 3º do art. 292 é imperativo: "O juiz *corrigirá* (...) o valor da causa." (destacamos) Essa norma do CPC é, plenamente, aplicável ao processo do trabalho, pois também aqui existem as razões éticas que motivaram o legislador a impor essa iniciativa ao juiz.

De qualquer sorte, no processo do trabalho, as custas atinentes ao valor arbitrado pelo juiz à causa serão pagas no final, não se cogitando, portanto, de recolhimento imediato delas ou de sua complementação.

> Art. 293. O réu poderá impugnar, em preliminar da contestação, o valor atribuído à causa pelo autor, sob pena de preclusão, e o juiz decidirá a respeito, impondo, se for o caso, a complementação das custas.

Pelo sistema do CPC atual, a impugnação ao valor da causa não mais será autuada em apenso, devendo ser manifestada sob a forma de preliminar da contestação.

A impugnação realizada na própria contestação, como preliminar, atende ao princípio da simplificação do processo — regra que não era respeitada pelo CPC anterior, ao determinar que a impugnação fosse autuada em separado (mesmo sem suspensão do processo).

O ato pelo qual o juiz decide a impugnação ao valor da causa traduz decisão interlocutória (CPC, art. 203, § 2º), sendo irrecorrível de imediato no sistema do processo do trabalho (CLT, art. 893, § 1º).

Caso o réu deixe de impugnar, na contestação, o valor atribuído à causa na inicial, operar-se-á a preclusão "temporal", que o impedirá de externar essa contrariedade mais tarde. Não há, entretanto, preclusão para o juiz — ao menos, para o juiz do trabalho. Destarte, se o magistrado verificar a ocorrência de quaisquer das situações previstas nos incisos e parágrafos do art. 292 do CPC deverá, *ex officio*, com fulcro no § 3º dessa norma legal, alterar o valor da causa, para mais ou para menos, a fim de adequá-lo ao pedido, ao conteúdo patrimonial visado pelo autor ou ao proveito econômico por este colimado.

Voltemos ao comentário do art. 840 da CLT.

> § 2º Se verbal, a reclamação será reduzida a termo, em duas vias datadas e assinadas pelo escrivão ou secretário, observado, no que couber, o disposto no § 1º deste artigo.

• **Comentário**

Não ocorreu modificação substancial desse parágrafo. O que houve foi a substituição da expressão "chefe de Secretaria" por *secretário*.

A denominada "reclamação verbal" também está sujeita à distribuição. Distribuída, o autor deverá comparecer, no prazo de cinco dias, à secretaria da Vara, a fim de reduzi-la a termo, sob pena de sofrer a penalidade prevista no art. 731 da CLT (CLT, art. 786, parágrafo único). Essa penalidade consiste na perda do direito de promover ação, na Justiça do Trabalho, pelo prazo de seis meses. O art. 731 da CLT, a nosso ver, foi tacitamente revogado pela Constituição Federal de 1946 — que redemocratizou a vida do País —, cujo art. 141, § 4º, assegurou o exercício do direito de ação, mediante a fórmula, que se tornaria clássica: *"A lei não poderá excluir da apreciação do Poder Judiciário qualquer lesão de direito individual."* Não se trata de inconstitucionalidade, mas, sim, de revogação, porque o texto constitucional é *posterior* ao da CLT. O CPC de 2015 possui norma semelhante no art. 486, § 3º: *"Se o ator der causa por 3 (três) vezes, a sentença fundada em abandono da causa, não poderá propor nova ação contra o réu com o mesmo objeto, ficando-lhe ressalvada, entretanto, a possibilidade de alegar em defesa o seu direito."* Esse artigo, porém, é de duvidosa constitucionalidade, por aparentar afronta ao art. 5º, inciso XXXV, da Constituição Federal de 1988, assim redigido: *"a lei não excluirá da apreciação do Poder Judiciário lesão ou ameaça a direito."* O grande contributo desta Constituição ao tema consistiu em declarar que a lei também não pode impedir o exercício da ação nos casos de *ameaça* de lesão a direito. A ameaça está, intimamente, ligada às tutelas de urgência.

Escasseiam, hoje, na maioria das Regiões Trabalhistas do País, as "reclamações verbais". É sempre desejável que as partes constituam advogado para promover a defesa dos seus direitos e interesses, no âmbito da Justiça do Trabalho. A atual complexidade do processo do trabalho — produzida, em grande parte, pela infiltração de normas do processo civil — tornou-se um cenário desaconselhável para o exercício do *ius postulandi* previsto no art. 791, *caput*, da CLT. Essa capacidade postulatória, aliás, pode, atualmente, ser comparada àquela sereia que, com seu canto sedutor, atraía para si os incautos marinheiros, cujas embarcações acabavam sendo destroçadas pelas rochas submersas.

O que não se dizer, então, do *ius postulandi* diante do processo eletrônico?

§ 3º Os pedidos que não atendam ao disposto no § 1º deste artigo serão julgados extintos sem resolução do mérito. (NR)

• Comentário

Segundo a norma em exame, se os pedidos não forem certos, determinados e não trouxerem a indicação dos respectivos valores, serão extintos, sem que, no tocante a eles, haja resolução do mérito.

A norma deve ser interpretada em conjugação com o art. 321 do CPC, sob pena de revelar-se dotada de um rigor e de um formalismo incompatíveis com o próprio processo do trabalho.

Consta do art. 321 do CPC: *"O juiz, ao verificar que a petição inicial não preenche os requisitos dos arts. 319 e 320 ou que apresenta defeitos e irregularidades capazes de dificultar o julgamento de mérito, determinará que o autor, no prazo de 15 (quinze) dias, a emende ou a complete, indicando com precisão o que deve ser corrigido ou completado. Parágrafo único. Se o autor não cumprir a diligência, o juiz indeferirá a petição inicial."* A ausência de *certeza, determinação e liquidez do pedido*, exigida pelo § 3º, do art. 840, da CLT, fica compreendida pela expressão "defeitos e irregularidades capazes de dificultar o julgamento de mérito", contida 321 do CPC; a ausência de indicação do valor da causa se liga ao art. 319, V, do CPC, a qual o art. 321, do mesmo estatuto processual, faz remissão integrativa.

Somente se o autor não atender ao despacho judicial é que deverá ser aplicado o art. 840, § 3º, da CLT, de forma a julgar extintos os pedidos sem resolução do mérito.

Entendemos, todavia, que esse prazo não deverá ser de quinze dias, mas, sim, de cinco dias, por simetria ao prazo do art. 841, *caput*, da CLT.

O fato de o pronunciamento jurisdicional que não solucionar o mérito não obstar a que o autor exerça, novamente, a ação (CPC, arts. 485, I, e 496, *caput*) não deve constituir motivo para que se deixe de conjugar o art. 840, § 3º, da CLT, com o art. 321 do CPC (CLT, art. 769).

Capítulo XXIII
DESISTÊNCIA DA AÇÃO

Art. 841. (...)

(...)

§ 3º Oferecida a contestação, ainda que eletronicamente, o reclamante não poderá, sem o consentimento do reclamado, desistir da ação. (NR)

- Justificativa do Projeto de Lei n. 6.787/2016:

No art. 841, acrescentamos um parágrafo condicionando a desistência do reclamante à anuência do reclamado. Muitas vezes são ajuizadas reclamações sem fundamento fático, em que as partes reclamam direitos que sabem não serem devidos, diante da possibilidade de desistirem até mesmo no momento da audiência, tão logo tomam conhecimento da defesa da outra parte. Com isso, movimentam a máquina judiciária, mas não arcam com o ônus decorrente de sua iniciativa. Portanto, se não houver concordância do reclamado, a ação seguirá seu rumo e o reclamante, caso não obtenha sucesso, terá que arcar com as custas processuais.

É uma medida que, esperamos, contribuirá para a redução de ações ajuizadas sem fundamento.

- **Comentário**

A norma prevê o *oferecimento da contestação* como momento-limite para que o autor possa desistir da ação, sem a concordância do réu. Cuida-se de reprodução, quase literal, do art. 485, § 4º, do CPC. Da maneira como a norma se encontra redigida, deve-se concluir, em sentido inverso, que se o réu *não oferecer contestação* (tornando-se, portanto, revel), o autor poderá desistir da ação, sem a anuência do adversário. Qual será, porém, o momento-limite para isso? Fornece-nos a resposta, em caráter supletivo, o art. 485, § 5º, do CPC: até antes da sentença.

Diversa seria a situação se a norma legal *sub examen* dissesse que, *decorrido o prazo* para a apresentação da contestação (sendo esta oferecida, ou não), o autor não poderia desistir da ação sem a concordância do réu.

Oferecida a contestação, a desistência só será possível se com ela concordar o réu; pode-se dizer, por isso, que o oferecimento da contestação confere a este o direito de obter um pronunciamento jurisdicional sobre o mérito, ainda que possa ser desfavorável aos seus interesses manifestados na causa. Requerida a desistência, o juiz deverá intimar o réu para pronunciar-se a respeito, no prazo que lhe assinar. Se este não se manifestar no prazo fixado, nem justificar porque não o fez, presume-se que concordou com a desistência da ação. Se, ao contrário, o réu, no prazo assinado, externar sua discordância com a desistência, o juiz não deverá, desde logo, indeferi-la; as regras de prudência, de sensatez, sugerem que ele procure saber do réu os *motivos* pelos quais se opõe à intenção do autor. Entendemos, pois, que eventual oposição do réu à desistência deverá ser *motivada*, pois o simples fato de alegar um direito de ver apreciado o mérito da causa, por si só, não é bastante para justificar a sua objeção à desistência da ação.

Se, a despeito da oposição do réu, o órgão jurisdicional homologar a desistência da ação, esse ato não ensejará a impetração de mandado de segurança (o réu poderia tentar argumentar com a existência de direito líquido e certo de não ver homologada a desistência), nem o uso da canhestra figura da correição parcial (pois não teria havido aí nenhum ato tumultuário do procedimento), conquanto possa ser impugnado por meio de recurso ordinário, por tratar-se de sentença (CPC, art. 203, § 1º); logo, de ato que deu fim ao processo, embora sem exame do mérito.

Caso o autor requeira a desistência da ação por haver, digamos, transacionado, há, nisso, erro de tipificação jurídica, devendo o juízo, se comprovada a transação, e convencendo-se de que ela foi regular, pôr fim ao processo com resolução do mérito (CPC, art. 487, III, "b"). A desistência da ação, na espécie, é apenas aparente, agindo como uma espécie de *Fata Morgana* das lendas bretãs, que tinha o poder de deformar as imagens formadas na superfície dos lagos.

Tratando-se de litisconsórcio ativo e facultativo, qualquer de seus integrantes poderá desistir da ação — observada a norma do art. 485, § 4º, do CPC —, porquanto a hipótese estará regida pelo art. 117 do mesmo Código, conforme a qual os litisconsortes serão considerados, em suas relações com o adversário, como litigantes distintos, de tal sorte que os atos e as omissões de um não prejudicarão os outros (embora os possam beneficiar). Essa regra só incide no litisconsórcio *simples*, e não no *unitário*, pois aqui há necessidade de que integrem a relação processual todas as pessoas ligadas ao réu pela mesma relação jurídica material, e que a decisão seja uniforme para todos.

Reiterando a regra inscrita no art. 200, parágrafo único, do CPC, o art. 316 do mesmo Código declara que a desistência da ação somente produzirá os efeitos legais se homologada por sentença. Esses efeitos consistem, basicamente, em: a) ocorrer a extinção do processo sem resolução do mérito (CPC, art. 485, VIII); e b) a parte poder exercer, novamente, a ação (CPC, art. 486, *caput*).

Considerando que o processo do trabalho passou a admitir o princípio da sucumbência (CLT, art. 791-A), se houver *desistência da ação*, o desistente ficará responsável pelo pagamento de honorários de advogado à parte contrária, nos termos do art. 90 do CPC: "*Proferida sentença com fundamento em* **desistência,** *em renúncia ou em reconhecimento do pedido, as despesas e os honorários serão pagos pela parte que* **desistiu,** *renunciou ou reconheceu.*" (destacamos) Nada impede, todavia, que o advogado renuncie aos honorários que lhe caberiam na desistência.

O art. 90 do CPC alude a três atos da parte: a) desistência; b) renúncia; e c) reconhecimento do pedido. Devemos examiná-los para desassemelhá-los, entre si.

a) *Desistência*. Constitui causa de extinção do processo sem resolução do mérito (CPC, art. 485, VIII). Trata-se de ato do autor, compatível com o processo do trabalho, pois não o impede de invocar, novamente, a tutela jurisdicional, com a mesma causa de pedir e com os mesmos pedidos (CPC, art. 486).

b) *Renúncia*. Enquanto a *desistência*, conforme dissemos, se refere à ação, a renúncia diz respeito ao direito material. Cuida-se de ato, geralmente, do autor — tanto na ação quanto na reconvenção —, que implica a extinção do processo mediante resolução do mérito (CPC, art. 487, III, "c"). Em princípio, não se admite que o trabalhador renuncie aos direitos que lhe são assegurados por lei, por instrumento normativo ou regulamento empresarial. Neste caso, não é possível ao autor promover, outra vez, a ação (renová-la).

c) *Reconhecimento do pedido*. Constitui ato do réu e acarreta a extinção do processo com resolução do mérito (CPC, art. 487, II, "a"). É compatível com o processo do trabalho. O juiz, entrementes, não está obrigado a homologar esse ato, como quando o pedido reconhecido pelo réu for daqueles considerados *juridicamente impossíveis*, ou derivar de conluio (ato simulado) entre as partes, geralmente com o objetivo de prejudicar terceiros (CPC, art. 142).

Capítulo XXIV
O PREPOSTO

Art. 843. (...)

(...)

§ 3º O preposto a que se refere o § 1º deste artigo não precisa ser empregado da parte reclamada. (NR)

- Justificativa do Projeto de Lei n. 6.787/2016:

O art. 843 da CLT permite que o empregador seja substituído *"pelo gerente, ou qualquer outro preposto que tenha conhecimento do fato"* na audiência de julgamento.

A interpretação dada à matéria pelo TST, por intermédio da Súmula n. 377, é a de que, com exceção de reclamação de empregado doméstico ou contra micro ou pequeno empresário, o preposto deve ser necessariamente empregado do reclamado.

Essa exigência não nos parece razoável, uma vez que o fundamental na questão é que o preposto tenha conhecimento dos fatos tratados na reclamatória, independentemente de ser empregado ou não, já que, no cumprimento desse mandato, os atos praticados pelo preposto comprometerão o empregador.

Assim, estamos incluindo um § 3º ao art. 843 para ressaltar que o preposto não precisa ser empregado da parte reclamada.

Acatamos, nesse ponto, as Emendas **613**, do Deputado Celso Maldaner (PMDB/SC), e **645**, do Deputado José Carlos Aleluia (DEM/BA).

Considerações introdutórias

A figura do preposto está ligada à *representação* processual das partes, em juízo; no caso, a representação é passiva. Diante disso, convém examinarmos a quem cabe essa representação, em geral, nos termos do art. 75 do CPC.

Antes, registremos a opinião heterodoxa de Pontes de Miranda, de que, em se tratando de órgão, seria o caso de presentação; não sendo órgão, falar-se-ia em representação (*Comentários ao Código de Processo Civil*. Rio de Janeiro: Forense, 1974. tomo I, p. 318/319). Parece-nos sustentável a distinção feita por Pontes de Miranda, quanto aos vocábulos presentação e representação, seja porque o verbo presentar se encontra dicionarizado, seja pelo caráter didático que essa disjunção apresenta. Sob o aspecto essencialmente linguístico, todavia, não há dessemelhança de significados, entre um e outro, até porque a presentação constitui mera forma aferética de representação. Houaiss registra o uso do verbo presentar já no século XIII, d. C. (*Dicionário Houaiss da Língua Portuguesa*. 1. ed. Rio de Janeiro: Objetiva, 2001. p. 2.291).

Dediquemo-nos ao exame da casuística do art. 75 do CPC.

a) A União: será representada pela Advocacia-Geral da União, de maneira direta ou mediante órgão vinculado. A representação dos Estados incumbirá aos procuradores. Os procuradores das pessoas jurídicas de direito público não requerem mandato especial para atuar em juízo, uma vez que a sua nomeação para o cargo os investem, de maneira automática, no poder de representação. Neste sentido, a Súmula n. 436 do TST:

> "REPRESENTAÇÃO PROCESSUAL. PROCURADOR DA UNIÃO, ESTADOS, MUNICÍPIOS E DISTRITO FEDERAL, SUAS AUTARQUIAS E FUNDAÇÕES PÚBLICAS. JUNTADA DE INSTRUMENTO DE MANDATO (conversão da Orientação Jurisprudencial n. 52 da SBDI-I e inserção do item II à redação) — Res. 185/2012, DEJT divulgado em 25, 26 e 27.9.2012
>
> I — A União, Estados, Municípios e Distrito Federal, suas autarquias e fundações públicas, quando representadas em juízo, ativa e passivamente, por seus procuradores, estão dispensadas da juntada de instrumento de mandato e de comprovação do ato de nomeação.
>
> II — Para os efeitos do item anterior, é essencial que o signatário ao menos declare-se exercente do cargo de procurador, não bastando a indicação do número de inscrição na Ordem dos Advogados do Brasil."

É interessante reproduzir a regra do art. 5º da Lei n. 9.028/95: *"Nas audiências de reclamações trabalhistas em que a União seja parte, será obrigatório o comparecimento de preposto que tenha pleno conhecimento do fato objeto da reclamação, o qual, na ausência do representante judicial da União, entregará a contestação subscrita pelo mesmo."*

Dessa declaração legal, extrai-se a conclusão de que, apesar da ausência do representante judicial da União, o juiz deverá receber, das mãos do preposto, a contestação subscrita pelo referido representante judicial. Não se aplica, portanto, neste caso, a Súmula n. 122 do TST — que, aliás, não deveria ser aplicada em situação alguma, em razão de sua natureza teratológica. Por outro lado, o art. 5º da Lei n. 9.028/95 deixa aberta uma questão relevante: se o procurador judicial da União, não houver elaborado a contestação (ou qualquer espécie de resposta), ou, se a elaborou, não a entregou ao preposto, este poderá fazer a defesa oral, se aquele não comparecer à audiência? O assunto é polêmico. Em que pese ao fato de o dispositivo legal referido deixar transparecer que a resposta, em circunstâncias normais, deva ser elaborada (por escrito) pelo procurador judicial da União, entendemos ser possível, em situações extraordinárias (como a de que estamos a cogitar), a formulação de defesa oral, pelo preposto, seja em razão do caráter genérico do art. 847 da CLT, seja porque isto se faz necessário para defender os interesses da União.

b) Estados e Distrito Federal são representados por seus procuradores: conforme dissemos, na alínea "a", retro, os procuradores das pessoas jurídicas de direito público não requerem mandato especial para atuar em juízo, uma vez que a sua nomeação para o cargo os investem, de maneira automática, no poder de representação.

c) Municípios: como está claro no texto legal, a representação cabe ao prefeito ou ao procurador. As Câmaras Municipais são destituídas de personalidade jurídica; possuem, tão somente, personalidade judiciária. Deste modo, se a ação trabalhista for dirigida à Câmara Municipal, o processo, em princípio, deverá ser extinto, sem resolução do mérito, em decorrência da manifesta ilegitimidade da ré. Entendemos ser inadmissível, neste caso, a nomeação à autoria, de que tratava o art. 62 do CPC de 1973. Ocorre que, opostamente ao que sustentavam alguns estudiosos, esta modalidade de intervenção de terceiro não fora instituída para corrigir ilegitimidade passiva; se assim fosse, ficaria difícil explicar a razão pela qual o art. 295, inciso II, daquele CPC, incluía essa ilegitimidade como uma das causas de indeferimento da petição inicial, e o art. 267, inciso II, do mesmo Código, determinava a extinção do processo sem pronunciamento acerca da lide. Destarte, nos casos em que a ação viesse a ser exercida em face de Câmara Municipal, embora não fosse admissível a nomeação à autoria, e sim a extinção do processo sem resolução do mérito, o juiz do trabalho, invocando o princípio da simplicidade que informa o correspondente processo, poderia autorizar a mutação subjetiva no polo passivo da relação processual mediante a simples substituição da Câmara Municipal (parte ilegítima) pelo Município (parte legítima). Ao tempo em que exercíamos a magistratura em primeiro grau, adotamos esse procedimento, que teve a plena concordância das partes por ser do interesse delas. Ainda, na vigência do CPC de 1973, dissemos: *"Em certas circunstâncias, o processo do trabalho não pode levar à risca a norma do art. 41, do CPC, conforme a qual 'Só é permitida, no curso do processo, a substituição voluntária das partes nos casos expressos em lei'; por outras palavras, será lícito ao processo do trabalho, em nome da preservação de seus princípios nucleares, colocar de lado o princípio da estabilização subjetiva da lide, materializado no sobredito preceito do CPC. Essa estabilização se efetiva com a citação; sendo assim, o juiz no trabalho, excluindo do processo a Câmara Municipal, mandará citar o Município para comparecer a juízo, a fim de, ocupando o lugar daquela, defender-se."*

O CPC de 2015 eliminou a figura da *nomeação à autoria*, substituindo-a pelas disposições dos arts. 338 e 339. Estabelece o *caput* do primeiro: *"Alegando o réu, na contestação, ser parte ilegítima ou não ser o responsável pelo prejuízo invocado, o juiz facultará ao autor, em 15 (quinze) dias, a alteração da petição inicial para substituição do réu."* Consta do segundo: *"Quando alegar sua ilegitimidade, incumbe ao réu indicar o sujeito passivo da relação jurídica discutida sempre que tiver conhecimento, sob pena de arcar com as despesas processuais e de indenizar o autor pelos prejuízos decorrentes da falta de indicação. § 1º O autor, ao aceitar a indicação, procederá no prazo de 15 (quinze) dias, à alteração de petição inicial para a substituição do réu, observando-se, ainda, o parágrafo único do art. 338. § 2º No prazo de 15 (quinze) dias, o autor pode optar por alterar a petição inicial para incluir, como litisconsorte passivo, o sujeito indicado pelo réu."*

O art. 41 do CPC de 1973, por nós referido há pouco, foi reproduzido pelo art. 108 do CPC de 2015.

d) Autarquia e fundação de direito público. A sua representação judicial está subordinada à legislação do respectivo ente federado.

e) Massa falida: é representada pelo administrador judicial. A representação se inicia no momento em que for nomeado pelo juiz. No CPC de 1973, a representação incumbia, também, ao síndico.

f) Herança jacente ou vacante: caracteriza-se a primeira quando a pessoa falece sem deixar testamento ou herdeiro legítimo notoriamente conhecido (CC, art. 1.819); configura-se a segunda quando, praticadas as diligências de arrecadação dos bens, e ultimado o inventário, e decorrido um ano da data da primeira publicação do edital, não exista herdeiro habilitado nem penda habilitação (CC, art. 1.820). Em quaisquer desses casos, a representação judicial caberá ao curador (CPC, arts. 75, inciso VI, e 1.144, inciso I).

g) Espólio: é o conjunto dos bens patrimoniais do falecido (*de cujus*), a serem partilhados entre os herdeiros ou outras pessoas. Não só de bens, mas de direitos e obrigações. Por não ter personalidade jurídica, o espólio é representado pelo inventariante, que agirá nesta qualidade até o momento em que transitar em julgado a sentença homologatória da partilha dos bens. Conforme assinala Pontes de Miranda, *"A 'representação' da herança pelos inventariantes é legitimação da comunidade de interesses; não tira aos herdeiros a sua qualidade de partes; são eles litisconsortes e podem falar na ação como parte, inclusive desistir ou transigir quanto à sua parte na herança. Se o inventariante se recusa a propor ação em nome do espólio, qualquer herdeiro pode propô-la. O art. 12, V, não eliminou a qualidade de partes aos herdeiros; criou, conforme a tradição, um* plus: *o estado processual do inventariante, quando não-dativo. Trata-se de construção legal, no plano processual com o conteúdo de direito material"* (ob. cit., p. 328).

Indaga-se, todavia: se o inventariante ainda não houver prestado o compromisso a que se referem os arts. 1.991, do CC, e 990, parágrafo único, do CPC, quem representará o espólio em juízo? A resposta está no art. 985 do CPC: o administrador provisório. Este administrador, conforme dispõe o artigo seguinte (986), *"representa ativa e passivamente o espólio"*.

Conforme o art. 75, § 1º, do CPC, quando o inventariante for dativo, os sucessores do falecido serão intimados no processo em que o espólio for parte. Haverá, pois, a constituição de um regime litisconsorcial do tipo necessário (CPC, art. 114).

O tema da representação processual do espólio, no âmbito da Justiça do Trabalho, merece comentários particulares. Sucede que, por força do disposto no art. 1º da Lei n. 6.858, de 24 de novembro de 1980, "Os valores devidos pelos empregadores aos empregado" (além dos montantes referentes ao FGTS e ao PIS-PASEP) "serão pagos, em cotas iguais, aos dependentes habilitados perante a Previdência Social ou na forma específica dos servidores civis e militares, e, na sua falta, aos sucessores previstos na lei civil, indicados em alvará judicial, independentemente de inventário ou arrolamento".

Nos termos da precitada norma legal, portanto, o pagamento dos valores a que fazia jus o empregado falecido será efetuado:

1) aos dependentes habilitados na Previdência Social;

2) inexistindo os dependentes mencionados no item anterior, o pagamento será feito aos sucessores, nos termos do Código Civil (art. 1.829 e seguintes). Conquanto, também neste caso, a Lei n. 6.858/1980 dispense a abertura de inventário (CPC, art. 610 e seguintes), em certas situações, será necessário exigir-se a realização do inventário e a consequente nomeação do inventariante, como quando haja — como já aconteceu — duas ações trabalhistas ajuizadas em face do trabalhador falecido: uma, pela esposa, outra, pela companheira. O juiz do trabalho não tem competência para definir, neste caso, a quem cabe a representação judicial do *de cujus*. A prudência sugere, por isso, que ele suspenda o processo, por prazo razoável (CPC, art. 313, inciso VIII), aguardando que uma dessas pessoas se apresente com o termo de compromisso de inventariante (CPC, art. 617, parágrafo único). O processo referente à outra pessoa será extinto em virtude de carência da ação (ilegitimidade ativa: CPC, arts. 17 e 485, inciso VI).

Ainda pelo sistema da Lei n. 6.858/1990, havendo dependentes menores, as quotas a eles atribuídas deverão ser depositadas em caderneta de poupança e somente poderão ser liberadas quando atingirem a idade de 18 anos. O juiz, todavia, poderá determinar a liberação dessas quotas se destinadas à aquisição de moradia para os menores e sua família ou para prover-lhes a necessária subsistência e educação.

h) Pessoas jurídicas: o inciso VIII, do art. 75, do CPC, cogita, de maneira implícita, das pessoas jurídicas de direito privado, cuja representação é exercida por quem os estatutos (sociedades anônimas) ou o contrato social (sociedades por quotas de responsabilidade limitada) designarem; não havendo designação, a representação judicial incumbirá aos diretores.

i) Sociedades e associações irregulares e outros entes organizados sem personalidade jurídica (CC, arts. 986 a 990): serão r*epresentadas* pelo administrador dos bens. Todavia, os sócios respondem solidariamente pelas obrigações sociais, ficando excluído do benefício de ordem aquele que contratou pela sociedade (CC, art. 990). As sociedades sem personalidade jurídica são sociedades de fato. Estas sociedades, quando demandadas em juízo, não poderão opor a irregularidade de sua constituição (CPC, art. 75, § 2º). Se pudessem fazê-lo, estariam a beneficiar-se de sua negligência ou de sua torpeza — *Nemo turpitudinem potest*, adverte o velho brocardo latino.

j) Pessoa jurídica estrangeira: é a que se constitui fora do Brasil, pouco importando se os seus sócios ou dirigentes são estrangeiros ou brasileiros. A sua representação cabe ao gerente, ao representante ou ao administrador de suas unidades, sejam estas filiais, agências ou sucursais, abertas ou instaladas em nosso País. Dispõe o § 3º, do art. 75, do CPC, que se presume estar, o gerente da filial ou agência, autorizado pela pessoa jurídica estrangeira a receber a citação inicial para qualquer processo (de conhecimento, de execução, cautelar e especial). Esta representação é, apenas, passiva, pois destinada a facilitar a citação, vale dizer, a não causar embaraços ao autor e à justiça. Já a representação da pessoa jurídica estrangeira, para contestar a ação, é a prevista no inciso VIII do mesmo artigo, ou seja, caberá às pessoas designadas no estatuto ou no contrato social, ou, não os designando, aos seus diretores.

k) Condomínio edilício: o inciso XI, do art. 75, do CPC — em norma reiterada pelo art. 1.348, inciso II, do CC —, dispõe que a representação judicial do condomínio incumbe ao síndico ou ao administrador. Na edição anterior deste livro, manifestamos o entendimento de que a representação não poderia ser exercida por empresa especializada, que estivesse administrando o condomínio. Reformulamos, agora, a nossa opinião, para admitir a representação por essa espécie de administradora. Ademais, conforme estabelece do § 2º, do art. 1.348, do CC: "*O síndico pode transferir a outrem, total ou parcialmente, os poderes de representação (...).*"

Estivemos, até este ponto, a tratar do condomínio regularmente constituído (CC, arts. 1.332 a 1.334). Vejamos, agora, a quem incumbe a representação judicial do condomínio meramente de fato, vale dizer, cujos atos constitutivos não constam do Registro de Imóveis. Se a ação trabalhista foi ajuizada em face da totalidade dos condôminos, é elementar que, por princípio, todos eles deverão comparecer a juízo, pois são parte no processo. Pode-se admitir, em algumas situações, que componham uma espécie de comissão integrada por alguns deles, a fim de evitar certos tumultos que o comparecimento de todos causaria, se exigida a sua presença em juízo. Se a ação foi dirigida à parte dos condôminos, estes poderão vir a juízo e requerer a citação dos demais, para integrarem a relação jurídica processual, na qualidade de litisconsortes necessários (CPC, art. 114). Não nos parece o caso de chamamento ao processo, previsto no inciso III, do art. 130, do CPC, pois a sentença que vier a ser emitida não poderá constituir título executivo em favor do condômino que, acaso, vier a satisfazer o total da dívida, como prevê o art. 132 do CPC.

Além dos casos mencionados no art. 75 do CPC, devemos examinar a representação judicial: l) dos ausentes; m) das empresas em regime de liquidação extrajudicial; n) das paróquias e outras instituições religiosas; o) dos incapazes; p) do réu preso; q) do réu citado por edital; e r) das embaixadas e consulados.

l) Ausentes: em matéria jurídica, ausente é a pessoa que desaparece do seu domicílio, sem que dela se tenha notícia, e que não tenha deixado representante ou administrador dos seus bens (CC, art. 22). Mesmo que tenha deixado mandatário, será declarada a ausência se este não quiser ou não puder exercer o mandato, em nele prosseguir, ou, ainda, se os poderes recebidos foram insuficientes (CC, art. 23). Nestes casos, o juiz, a requerimento do Ministério Público ou de qualquer interessado, declarará a ausência e nomear-lhe-á curador (*ibidem*). O procedimento judicial para essa finalidade é estabelecido pelos arts. 744 e 745 do CPC.

O curador será o representante processual do ausente. Aberta a sucessão provisória, cessará a curadoria, situação em que será representante judicial do espólio o inventariante (CPC, art. 75, inciso VII).

É necessário advertir, porém, que a ausência de que cuidam os arts. 22 e 23 do CC não se confunde com a situação prevista no § 1º, do art. 841, da CLT, em que o réu não é encontrado para receber a citação, caso em que será citado por edital. Na ausência típica, regulada pelo direito civil, a citação será realizada na pessoa do curador, como tal nomeado pelo juiz competente (CC, art. 24; CPC, art. 744); no caso do art. 841, § 1º, da CLT, o ato citatório será realizado na pessoa do próprio réu, embora por meio de edital (citação editalícia);

m) Liquidação extrajudicial: tratando-se de instituição bancária, financeira ou cooperativa de crédito, que se encontram sob o regime de liquidação extrajudicial, promovida pelo Banco Central do Brasil, a sua representação em juízo caberá ao interventor, pois este é dotado de plenos poderes de gestão (Lei n. 6.024/74, art. 5º).

n) Paróquias e outras instituições religiosas: as paróquias ligadas à Igreja Católica, assim como as demais organizações religiosas, são pessoas jurídicas de direito privado (CC, art. 44, inciso IV). No caso das paróquias, a sua representação em juízo incumbirá ao pároco ou padre ou vigário correspondente àquela diocese; quanto às demais igrejas, caberá a quem for responsável pela unidade em que funciona (pastores, bispos).

Há casos, no entanto, em que a paróquia mantém uma escola ou uma creche, com diretoria regularmente constituída, e emprega trabalhadores (professores, assistentes sociais, psicólogos, cozinheiros, nutricionistas, serventes). Neste caso, a representação judicial tanto poderá ser exercida pelo pároco como pelo diretor da escola ou da creche.

o) Incapazes: o princípio enunciado no art. 1º do CC é de que todas as pessoas são capazes de direitos e obrigações na ordem civil.

Excepcionando essa regra, o próprio Código declarava serem:

a) absolutamente incapazes: a.a) os menores de dezesseis anos; a.b) os que, por enfermidade ou deficiência mental, não possuírem o necessário discernimento para a prática de atos da vida civil; e a.c) os que, mesmo em virtude de causa transitória, não puderem manifestar a sua vontade (art. 3º, incisos I a III);

b) relativamente incapazes: b.a) os maiores de 16 anos e menores de 18 anos; b.b) os ébrios habituais, os viciados em tóxicos, e os que, por deficiência mental, tenham o discernimento reduzido; b.c) os excepcionais, sem desenvolvimento mental completo; e b.d) os pródigos (art. 4º, incisos I a IV).

Tempos depois, a Lei n. 13.146, de 6.7.2015:

a) revoga os incisos I a III, do art. 3º, do CC, e reformula o *caput* da mesma norma para dispor que absolutamente incapazes são apenas os menores de dezesseis anos;

b) altera a redação do art. 4º, do CC, para declarar que são relativamente incapazes: a) os maiores de 16 anos e menores de 18 anos; b) os ébrios habituais e os viciados em tóxicos; c) aqueles que, por causa transitória ou permanente, não puderem expressar sua vontade; d) os pródigos.

O art. 71 do CPC, por sua vez, dispõe que os incapazes serão, em juízo, representados ou assistidos por seus pais, tutores ou curadores, na forma da lei.

No caso dos menores de idade, cabe aos pais, com exclusividade, representá-los até os 16 anos de idade, e assisti-los a partir daí até atingirem a maioridade ou obterem a emancipação (CC, art. 1.690). Pode ocorrer, todavia, que o exercício do poder familiar (antigo pátrio poder) faça com que os interesses dos pais conflitem com os dos filhos. Se isto acontecer, os filhos ou o Ministério Público poderão requerer ao juiz competente que lhes designem curador especial (CC, art. 1.692). Nesta hipóse, a representação judicial dos menores ficará a cargo do referido curador.

Se os pais vierem a falecer ou a ser declarados ausentes, ou, ainda, se decaírem do poder familiar, os filhos menores de idade serão colocados sob tutela (CC, art. 1.728, incisos I e II). Competirá ao tutor, dentre outras coisas, "propor em juízo as ações, ou nelas assistir o menor, e promover todas as diligências a bem deste, assim como defendê-lo nos pleitos contra ele movidos" (CC, art. 1.748, inciso V).

Com relação às demais pessoas mencionadas nos arts. 3º e 4º do CC, ficarão sujeitos à curatela (CC, art. 1.767), mediante processo de interdição judicial (CC, art. 1.768), cuja sentença produzirá efeitos imediatos, embora sujeita a recurso (CC, art. 1.773).

A *curatela* é um *munus publico* que a lei atribui a uma pessoa, para reger e defender outra pessoa, maior de idade, mas incapaz, além de administrar-lhe os bens.

A *tutela* constitui um conjunto de direitos e obrigações que a lei confere a terceiro, incumbindo-o de proteger um menor de idade não emancipado, que não está sob o poder familiar. Cumprirá ao tutor administrar os bens do menor e representá-los nos atos da vida civil e, também, em juízo.

Percebendo, o juiz do trabalho, a incapacidade processual ou a irregularidade da representação de um ou de ambos os litigantes, deverá suspender o processo e fixar prazo razoável para que o defeito seja sanado. Não sendo cumprido o despacho judicial, no prazo e nas condições estabelecidos, se a providência estava a cargo: 1) do autor, o juiz decretará a extinção do processo; 2) do réu, será considerado revel; e 3) do terceiro, será considerado revel ou excluído do processo (CPC, art. 76, incisos I a III).

Esta norma legal estará a exigir alguns comentários elucidativos. Em primeiro lugar, a capacidade processual da parte ou a regularidade de sua representação em juízo traduzem pressupostos de validade do processo. Por esse motivo, o juiz deve conhecer, por sua iniciativa (*ex officio*), de irregularidades concernentes a esses pressupostos (CPC, art. 485, inciso IV, e § 3º). Em segundo, constatada a irregularidade, o juiz suspenderá o processo e intimará a parte para que o defeito seja sanado, assinando-lhe, com vistas a isso, prazo razoável. Essa razoabilidade deve ser definida segundo as particularidades de cada caso concreto. Em terceiro, apesar de a norma legal afirmar que se o autor não cumprir o despacho judicial que determinou a sanação do defeito o juiz decretará a nulidade do processo, parece-nos que, em rigor, o que haverá é a extinção do processo, sem resolução do mérito, por falta de pressuposto legal válido para a constituição da relação processual (CPC, art. 485, inciso IV). Com isto, estamos a afirmar que não haverá necessidade de o magistrado pronunciar a nulidade do processo. Em quarto, embora o réu deva ser declarado revel, no caso de não atender ao despacho do juiz, isto não significa que sempre ocorrerá o efeito da revelia, que é a presunção de veracidade dos fatos alegados na petição inicial (CPC, art. 344). Se, por exemplo, o fato narrado nessa peça depender de prova técnica indispensável, como nos casos de insalubridade e de periculosidade (CLT, art. 195, § 2º), não se verificará o efeito da revelia, cumprindo ao juiz determinar a realização do pertinente exame pericial. Outras situações em que esse efeito não ocorre estão mencionadas no art. 345 do CPC.

p) Réu preso: o art. 72, inciso II, do CPC, determina que se designe curador especial — antigo curador à lide — se o réu encontrar-se preso (não nos ocupemos, por enquanto, do réu citado por edital) e for revel.

Estamos convencidos de que essa norma do processo civil não se aplica ao do trabalho. Pouco importa se o réu se encontrava preso antes da propositura da ação trabalhista, ou se a prisão se deu no curso do processo, e se ele tornar-se revel, ou não. Nenhuma dessas situações, a nosso ver, autoriza a designação de curador especial. Para os efeitos da regularidade da citação, por exemplo, basta que o instrumento seja encaminhado, mediante registro postal (CLT, art. 841, § 1º), à unidade policial ou ao estabelecimento penitenciário em que o réu se encontra preso. Para os efeitos da audiência, o juiz requisitará à autoridade policial ou ao diretor do presídio a liberação do réu, que comparecerá a juízo com escolta.

Enfim, na Justiça do Trabalho, de modo geral, não se tem admitido a incidência do disposto no art. 72, inciso II, do CPC, sem que isso — até onde sabemos — tenha sido objeto de declaração de nulidade do processo.

q) Réu citado por edital: o mesmo art. 72, inciso II, do CPC, determina a nomeação de curador especial para o réu citado por edital ou com hora certa, enquanto não for constituído advogado. Duas observações objetivas: 1) pelas mesmas razões expostas na letra anterior, não se tem exigido, na Justiça do Trabalho, a designação de curador especial ao réu cuja citação se deu por edital. A citação editalícia, no âmbito desta Justiça Especializada, ocorrerá não apenas quando o réu encontrar-se em lugar desconhecido ou incerto, mas, também, quando criar embaraços ao recebimento do instrumento citatório (CLT, art. 841, § 1º, segunda parte). Seja como for, o fato é que se tem dispensado, tradicionalmente, a designação de curador especial, sem que isso tenha implicado a nulidade dos processos correspondentes em que isso se deu; 2) entendemos que a citação com hora certa, em princípio, é inadmissível no processo do trabalho, em razão do estatuído no § 1º, do art. 841, da CLT. Justifiquemos a nossa opinião. No sistema do CPC, o princípio é de que a citação será realizada pelo correio (CPC, art. 247), exceto nos casos expressamente ressalvados pela aludida norma legal. Até aqui, esse sistema é semelhante ao do processo do trabalho. Pois bem. Um dos casos em se que pode realizar a citação com hora certa, no processo civil, ocorre quando ficar frustrada a citação pelo correio; neste caso, tentar-se-á a citação por meio de oficial de justiça. Verificada, porém, a situação prevista no art. 251 do CPC (dirigir-se, o oficial de justiça, por três vezes, ao endereço do réu, sem encontrá-lo, e havendo suspeita de ocultação), a citação será realizada com hora certa. No processo do trabalho, entretanto, se a citação pelo correio for frustrada (por embaraços criados pelo réu, ou por não ser este encontrado), o ato será realizado mediante a publicação de edital, no jornal oficial, ou, não havendo, em jornal que publicar o expediente forense ou, ainda, na falta deste, afixado na sede do juízo pelo qual tramita o processo, como determina o § 1º, parte final, do art. 841, da CLT. O processo do trabalho, portanto, não é omisso quanto à matéria, motivo por que não se pode aplicar a regra do art. 252 do CPC, sob pena de ofensa ao art. 769 da CLT.

Somente em casos excepcionais, a nosso ver, deverá ser admitida, no processo do trabalho, a citação com hora certa. Uma dessa situações ocorre nas ocasiões de deflagração de greve, quando o oficial de justiça estiver encontrando dificuldade em proceder à citação do representante legal de determinado sindicato (em ações como de interdito proibitório), por estar o referido representante se esquivando ao ato citatório.

r) Embaixadas e consulados: a Convenção de Viena de 1961 foi ratificada pelo Brasil pelo Decreto n. 56.435/1965. Por força dessa Convenção, a representação do Estado acreditante perante o Estado acreditado cabe, com exclusividade, ao embaixador, que é Chefe da Missão Diplomática. Essa representação não pode ser feita pelo cônsul, pois as atribuições deste estão circunscritas, de modo geral, aos terrenos administrativo e comercial.

É oportuno registrar que a imunidade de jurisdição, outrora considerada absoluta, pois *par in parem non habet jurisdictionem*, modernamente, vem sendo abrandada ("relativizada", segundo alguns juristas), de tal maneira que somente usufurem dessa imunidade os Estados Estrangeiros quanto aos atos de natureza pública (*ius imperii*) que praticam; destarte, não se compreendem nessa imunidade os atos de natureza tipicamente privada, ou seja, atos negociais ou de gestão (*iure gestiones*). Este entendimento está em harmonia com a Convenção Europeia de 1972.

A respeito do art. 114 da Constituição Federal, que atribui à Justiça do Trabalho competência para solucionar os conflitos de interesses oriundos da relação de trabalho, "abrangidos os entes de direito público externo", assim se manifestou Luiz Olavo Batista:

A regra do art. 114 da Constituição é de competência judiciária. Ela outorga à Justiça do Trabalho a competência para apreciar e julgar dissídios trabalhistas entre empregadores e empregados, 'abrangidos os entes de direito público externo', o que compreende a competência ratione materiae, *para resolver essas questões assim como a* ratione personae. *Mas ela não é atributiva de jurisdição quando esta não existe.*

A imunidade de jurisdição é disciplinada por normas internacionais e nacionais, e produz o efeito de excluir certas categorias de pessoas e bens à jurisdição de um ente soberano. Havendo imunidade, exclui-se a jurisdição daquele ente, e naturalmente, da esfera de competência atribuída aos seus diferentes órgãos judiciais. Desta forma, a citada norma da Constituição — que é claramente de distribuição ou repartição de competência — possui apenas alcance no raio de ação da jurisdição nacional.

(...)

A regra do art. 114 é, sem sombra de dúvida, de competência judiciária, e resulta da divisão do poder jurisdicional do Estado brasileiro. O que ela estabelece é que, nos casos de imunidade relativa, ou seja, da não aplicação da imunidade de jurisdição e de execução em relação a certos atos, bens e funcionários de outros Estados ou de Organizações Internacionais, a Justiça do Trabalho é o órgão competente. Isto porque, interpretando as regras gerais de Direito Internacional Público, o Brasil, como outros países, relativizou a extensão dessa imunidade. Mas, para que a competência seja exercida, preliminarmente, deve-se constatar se há jurisdição do Estado sobre a pessoa.

Ora, a regra da imunidade de jurisdição, repetindo, foi reconhecida pelo costume internacional. Tratados Internacionais vieram a estabelecê-la entre seus signatários.

Em tese, esses Tratados seriam desnecessários, pois os costumes constituem-se em normas de Direito Internacional. Mas passaram a ser celebrados, justamente para estabelecer a imunidade e seus limites, em especial quando esta passou a ser vista como relativa. Visavam esses acordos eliminar a possibilidade de interpretação restritiva da imunidade (relativizando-a) ou definir claramente seus limites. (Imunidade de Jurisdição na Execução dos Projetos de Cooperação entre o PNUD e o Governo Brasileiro, in Lições de Direito Internacional — Estudos e Pareceres de Luiz Olavo Baptista. Organização de Maristela Basso e Patrícia Luciane de Carvalho. Curitiba: Juruá, 2008. p. 304 e 306-307.)

Considerando-se o fato de a capacidade de ser parte constituir pressuposto indispensável à validade da relação jurídica processual, o juiz deve conhecer, por sua iniciativa, da falta de capacidade, *ex vi* do disposto no § 3º, do art. 485, do CPC. Suspendendo o processo, o magistrado fixará prazo razoável para que seja sanada a irregularidade. Se o despacho judicial não for cumprido, e a providência couber: a) ao autor, o juiz extinguirá o processo sem resolução do mérito (CPC, art. 354); equivocara-se o inciso I, do art. 13, do CPC de 1973, ao estatuir que, neste caso, o juiz decretaria a *nulidade* do processo. Conforme dissemos na primeira edição deste livro, o que haveria seria a *extinção* do processo — tal como acabou por constar do art. 76, I, do CPC de 2015; b) ao réu, será considerado revel; e c) ao terceiro, será havido como revel, ou excluído do processo (CPC, art. 76, incisos I a III, respectivamente).

A capacidade de ser parte não se confunde com a de estar em juízo. Uma pessoa pode ser dotada de capacidade de ser parte, mas destituída de capacidade de estar em juízo, como ocorre com o menor de idade, que será representado ou assistido em juízo, conforme tenha menos de 16 anos (CC, art. 3º, inciso I) ou possua mais de 16 anos de idade e menos de 18 (CC, art. 4º, inciso I). No primeiro caso, ele é absolutamente incapaz; no segundo, relativamente incapaz.

O art. 843, § 3º, da CLT. O preposto

Relativamente ao réu (que nem sempre é empregador), estabelece o § 1º, do art. 843, da CLT, que ele poderá fazer-se representar pelo gerente, ou qualquer outro *preposto* que tenha conhecimento dos fatos da causa. Note-se: possuir *conhecimento* dos fatos; portanto, a norma legal não exige que ele tenha presenciado, vivido ou participado desses fatos. Não exige, enfim, que tenha conhecimento *pessoal* dos fatos da causa.

A norma alude à *substituição* do réu pelo preposto. Há equívoco no texto legal. Se fosse o caso, efetivamente, de *substituição*, o preposto se tornaria parte na relação processual. Todavia, como se cuida, em verdade, de mera *representação*, o preposto não se torna parte, no processo em que atua.

A praxe forense trabalhista consagrou a apresentação de *carta*, como instrumento de representação, do preposto pelo proponente. Trata-se, na realidade, de uma *credencial* que o habilita a exercer a representação do réu, em audiência. A mesma praxe dispensou o reconhecimento da assinatura do representado por tabelião. A propósito, o Decreto Presidencial n. 9.094, de 17.7.2017 (DOU de 18 do mesmo mês e ano), em seu art. 9º, dispensa o reconhecimento de firma dos documentos expedidos no País e destinados a produzir prova no âmbito dos órgãos e entidades do Poder Executivo federal. É um bom exemplo a ser seguido pelo Poder Judiciário.

A representação por preposto é medida salutar, tendo em vista que muitos empregadores não dispõem de tempo para comparecer a juízo, pois não podem se afastar de suas atividades econômicas sem graves transtornos administrativos. Insistimos: não se trata de *substituição*, porque o preposto não se torna parte na relação processual, nem pode ser afetado, por isso, em seu círculo jurídico, pelo resultado do pronunciamento jurisdicional. Para que esta nossa observação não venha a ser mal interpretada, devemos dizer que naquelas situações em que o próprio sócio comparece à audiência (podendo, talvez, o seu patrimônio vir a ser atingido por atos executivos no caso de desconsideração da personalidade jurídica) ele não o faz na qualidade de *preposto*, mas, sim, de *representante legal* da sociedade-ré.

Anteriormente à inserção do § 3º no art. 843 da CLT, muito se discutiu, na doutrina e na jurisprudência, se o *preposto* deveria ser empregado, ou não, da pessoa que representa em juízo. Integramos a corrente de pensamento que exigia, do preposto, essa *qualidade*. Duplo era o fundamento, sendo um de direito e outro de fato. De direito, porque o próprio § 1º do art. 843 da CLT alude, primeiramente, ao *gerente* e, depois, ao preposto. Ficou aí patente o intuito do legislador em esclarecer que o representante do empregador deve ter vínculo de emprego com este, na medida em que não há como desvincular, no Direito do Trabalho, o gerente da relação de emprego. Não fosse assim, não haveria motivo para o legislador haver feito expressa referência à figura do gerente; bastaria que dissesse que a representação poderia ficar a cargo de qualquer *pessoa* (preposto) designada pelo empregador. Dentro desse propósito, que orienta o precitado parágrafo, só se poderia concluir que o preposto devesse, também, ser empregado do réu. O fundamento de fato estava em que, a admitir-se que a representação pudesse ser exercida por quem não mantivesse vínculo de emprego com o representado, implicaria, em certos casos, permitir o exercício da *procuradoria judicial* por quem não estivesse legalmente habilitado a fazê-lo, a refletir-se numa espécie de "preposição profissional". Tal era a hipótese dos contabilistas e dos contadores, que, em decorrência de serem, habitualmente, designados como prepostos dos seus clientes, acabavam se instruindo não apenas em matéria de Direito do Trabalho, mas até mesmo em questões processuais. O argumento contrário, de que o risco da indicação do preposto seria exclusivamente do empregador (visto que as suas declarações obrigam o preponente) não deveria causar impressão favorável a quem estivesse familiarizado com a realidade prática. Com efeito, determinados prepostos não empregados eram extremamente habilidosos, medindo cada palavra a ser proferida por ocasião do interrogatório, sendo que alguns se abalançavam, até mesmo, a formular conclusões pessoais quanto aos fatos sobre os quais eram interrogados...

Sendo o preposto *empregado* do réu, dificilmente teria condições de atuar em juízo, nessa qualidade, em nome de outros réus: limitava-o, por princípio, o contrato de trabalho.

Somente por motivos excepcionais, de conseguinte, se deveria, a nosso ver, consentir que o preposto *não* fosse empregado do réu.

Posteriormente, o TST, acolhendo o ponto de vista que sempre defendemos, adotou, por sua SBDI-1, a Orientação Jurisprudencial n. 99, assim enunciada: "*Preposto. Exigência da condição de empregado. Exceto quanto à reclamação de empregado doméstico, o preposto deve ser necessariamente empregado do reclamado. Inteligência do art. 843, § 1º da CLT.*" Essa OJ, mais tarde, foi convertida na Súmula n. 377, que recebeu esta redação: "*Exceto quanto à reclamação de empregado doméstico, ou contra micro ou pequeno empresário, o preposto deve ser necessariamente empregado do reclamado. Inteligência do art. 843, § 1º, da CLT e do art. 54 da Lei Complementar n. 123, de 14 de dezembro de 2006.*" Em razão disso, dizíamos ser sempre conveniente que o preposto comparecesse à audiência, em que deporia, portando algum documento (como a CTPS) comprobatório da sua qualidade de empregado do preponente, salvo se se tratasse de ação ajuizada por empregada doméstica ou por qualquer trabalhador em face de micro ou de pequeno empresário, caso em que o preposto não necessitaria manter vínculo de emprego com o réu.

Concluíamos, entendendo que a falta de comprovante da qualidade de empregado, do preposto, se tratava de irregularidade sanável, motivo por que o juiz deveria assinar prazo razoável para que a comprovação fosse feita, sob as penas da lei (CPC, art. 76, inciso II).

Muito bem. Todos esses nossos argumentos foram, infelizmente, fulminados pela introdução do § 3º no art. 843 da CLT, declarante de que o preposto não necessita ser empregado do preponente. Essa norma da CLT, por suposto, inspirou-se no art. 54 da Lei Complementar n. 123, de 14.12.2006, *verbis:* "É facultado ao empregador de microempresa ou de empresa de pequeno porte fazer-se substituir ou representar perante a Justiça do Trabalho por terceiros que conheçam dos fatos, ainda que não possuam vínculo trabalhista ou societário".

Dissemos que os nossos argumentos foram, *infelizmente,* fulminados, por ser provável que se venha a ver reproduzida, a partir de agora, uma cena costumeira do passado, em que uma mesma pessoa (geralmente, um contador, um contabilista, um acadêmico de Direito e, até mesmo, um advogado) comparecia a juízo para representar diversos réus (em alguns casos, *clientes seus),* em diversas audiências alusivas a distintos processos.

Nessas situações, muitas vezes, o magistrado não via utilidade no interrogatório do preposto — restando frustrada, portanto, a razão pela qual se busca ouvir esse representante do réu — considerando que essas pessoas eram astutas e esquivas. Houve caso, inclusive, em que um desses prepostos, na oportunidade do seu interrogatório, arvorou-se em conhecedor de normas processuais, sentindo-a à vontade para discordar da forma como o magistrado estava a conduzir o interrogatório...

Não será fantasioso supor que, doravante, além de ser estimulada a formação de *prepostos profissionais,* haverá também a figura do *preposto de plantão,* que permanecerá nas dependências do fórum, a fim de colocar os seus préstimos à disposição de quem deles, circunstancialmente, precisar. Por tudo o que temos visto em nosso País, aliás, também não será fantasioso imaginar que poderão ser constituídas empresas, cujo objeto social será o fornecimento de prepostos para atuação na Justiça do Trabalho. *O tempora! o mores!* (Oh, tempos! Oh, costumes!), haveria de bradar o indignado Marco Túlio Cícero, em suas Catilinárias.

Nem se ignore o fato de o advogado não poder atuar, ao mesmo tempo, como tal e como preposto, conforme dispõe o art. 23 do Código de Ética e Disciplina da OAB: "É defeso ao advogado funcionar no mesmo processo, simultaneamente, como patrono e preposto do empregador ou cliente."

Enfim, a Súmula n. 377 do TST deverá ser cancelada, levando consigo uma parte importante da história da jurisprudência construtiva. Por gentileza, um réquiem para ela...

Capítulo XXV
AUDIÊNCIA E REVELIA

Art. 844. (...)

§ 1º Ocorrendo motivo relevante, poderá o juiz suspender o julgamento, designando nova audiência.

- **Justificativa do Projeto de Lei n. 6.787/2016:**

O art. 844 disciplina os efeitos decorrentes do não comparecimento das partes em audiência. Nos termos vigentes, o não comparecimento do reclamante implica o arquivamento da reclamação, a qual poderá ser reapresentada de imediato por mais duas vezes sem qualquer penalidade; já o não comparecimento do reclamado acarreta a aplicação da revelia e a confissão quanto à matéria de fato.

O tratamento dado ao tema pela CLT incentiva o descaso da parte reclamante com o processo, sabedora de que poderá ajuizar a ação mesmo se arquivada em mais duas oportunidades. Esse descaso, contudo, gera ônus para o Estado, que movimenta a estrutura do Judiciário para a realização dos atos próprios do processo, gera custos para a outra parte que comparece à audiência na data marcada, e caracteriza um claro tratamento não isonômico entre as partes.

Sugerimos, dessa forma, algumas modificações nos efeitos do não comparecimento em audiência no Substitutivo.

A regra geral do *caput* do art. 844 é mantida, ou seja, arquivamento, no caso de não comparecimento do reclamante, e revelia e confissão, caso o reclamado não compareça.

Todavia, para desestimular a litigância descompromissada, a ausência do reclamante não elidirá o pagamento das custas processuais, se não for comprovado motivo legalmente justificado para essa ausência. E mais, nova reclamação somente poderá ser ajuizada mediante a comprovação de pagamento das custas da ação anterior.

Do mesmo modo, o artigo delimita a aplicação da revelia e admite a aceitação da contestação e de documentos apresentados quando o advogado da parte estiver presente.

Os dispositivos apresentados não cerceiam o direito de ação e atribuem o devido custo processual para que o reclamante não aja irresponsavelmente.

Foram acatadas, nesse sentido, as Emendas: **32**, da Deputada Gorete Pereira (PR/CE); **73**, do Deputado Celso Maldaner (PMDB/SC); **95**, do Deputado Laércio Oliveira (SD/SE); **119**, do Deputado Vanderlei Macris (PSDB/SP); **176**, da Deputada Magda Mofatto (PR/GO); **205**, do Deputado Diego Andrade (PSD/MG); **269**, do Deputado Mauro Lopes (PMDB/MG); **351**, do Deputado Célio Silveira (PSDB/GO); **369**, do Deputado Major Olimpio (SD/SP); **393**, do Deputado João Gualberto (PSDB/BA); **460**, do Deputado Renzo Braz (PP/MG); **518**, do Deputado Jerônimo Goergen (PP/RS); **545**, do Deputado Ronaldo Carletto (PP/BA); **614** (Celso Maldaner PMDB/SC); **633**, do Deputado José Carlos Aleluia (DEM/BA); **672**, do Deputado Valdir Colatto (PMDB/SC); **813**, do Deputado Rômulo Gouveia (PSD/PB).

- **Comentário**

O antigo parágrafo único do art. 844 da CLT converteu-se no § 1º do mesmo dispositivo legal. Em rigor, não se trata, aqui, de o juiz suspender *o julgamento*, mas, sim, de suspender *a audiência* (na qual, nem sempre, ocorre o julgamento).

O *motivo relevante*, a que se refere o preceito em exame, pode ser de diversas ordens, desde a ausência justificada de uma das partes ou de testemunha, o atraso das audiências anteriores, que levaria ao desrespeito da regra contida no art. 813, *caput*, da CLT, a pane no sistema eletrônico dos aparelhos utilizados na audiência, até a ameaça de atentados a bombas, etc.

No que tange, especificamente, à designação de audiência para a realização do julgamento, o *motivo relevante* reside, quase sempre, no acúmulo dos serviços no gabinete do magistrado. Seja qual for, o fato é que esse *motivo relevante* deverá ser indicado no correspondente despacho judicial.

Em qualquer caso, o adiamento da audiência deve ser para data *definida* (e, se possível, com prioridade), não se admitindo, portanto, o adiamento *sine die*, colocado em prática por algumas Varas do Trabalho.

Sobre o adiamento da audiência, escrevemos em outro livro:

O adiamento da audiência

24.1. A requerimento de uma das partes

24.1.1. Impossibilidade de comparecimento da parte

(...)

Vejamos, agora, o que se passa quando uma das partes não pode estar na audiência.

Autor. Se a impossibilidade de comparecimento for por motivo relevante, ou de força maior (CLT, art. 501), caberá ao autor requerer o adiamento da audiência, produzindo prova do fato impediente. Essa comprovação, sempre que possível, deve ser documental. Assim, por exemplo, se ele se encontra enfermo, deverá juntar atestado médico, do qual conste a sua impossibilidade de comparecer à audiência. A Súmula n. 122, do TST, esclarece que o atestado médico deverá declarar, de modo expresso, a impossibilidade de locomoção do empregador ou seu preposto. A alusão a estas pessoas se justifica pelo fato de a Súmula estar a cuidar da elisão da revelia. De qualquer modo, a mencionada Súmula pode ser utilizada como elemento analógico para os demais casos, ou seja, em que o empregado esteja impossibilitado de ir à audiência, seja inicial ou de instrução (ou em que o empregador não possa comparecer à de instrução).

A ponderar, todavia, que, em certos casos, embora a parte possa locomover-se — pessoalmente ou com o auxílio de terceiros —, ela não tem condições de expressar-se em juízo, em decorrência, digamos, de acidente vascular cerebral, popularmente conhecido como "derrame", ou de haver realizado uma cirurgia na boca. Em tais situações, o seu comparecimento à audiência seria inútil, motivo pelo qual bem agirá o juiz se adiar a realização desse ato processual.

Réu. A situação do réu é um pouco mais delicada. De modo geral, ele está constituído sob a forma de pessoa jurídica e designa preposto para representá-lo em todos os atos processuais (CLT, art. 843, § 1º). Em princípio, se o preposto não puder comparecer à audiência, seja inicial ou de instrução, poderá ser substituído por outro. Se, todavia, somente o preposto original possuir conhecimento dos fatos, caberá ao réu dar ciência disso ao juiz e, produzindo prova documental da impossibilidade de comparecimento do preposto à audiência, requerer o adiamento desta, especialmente se for a de instrução. Se o réu for pessoa física, sem condições de designar preposto, a solução será requerer o adiamento da audiência (inicial ou de instrução) toda vez em que não puder comparecer a juízo. Também aqui fará prova documental dessa impossibilidade.

Em alguns casos, o autor, tomando ciência do requerimento de adiamento da audiência, formulado pelo réu, desiste do depoimento deste, a fim de que a audiência possa ser realizada. A despeito disso, o juiz pode estar interessado no depoimento do réu, hipótese em que designará nova data para a realização deste ato do processo. Caso contrário, referendará a desistência manifestada pelo autor.

Caberá, enfim, ao juiz, fazendo sempre uso da experiência e do bom-senso, verificar, caso a caso, se o requerimento de adiamento da audiência, formulado pelo autor ou pelo réu, se justifica, ou não; se o documento juntado pela parte é idôneo e convincente; se não se trata de mero estratagema do requerente para protelar o curso do processo, etc.

Conforme argumentamos antes, se o empregado não puder comparecer à audiência, em virtude de doença ou de outro motivo relevante, devidamente comprovado, a lei lhe faculta fazer-se representar por outro empregado integrante da mesma profissão ou pelo sindicato representativo da categoria (CLT, art. 843, § 3º). Essa representação é, apenas, para efeito de adiar a audiência, uma vez que esses representantes — por definição — não substituem o autor, ou seja, não se tornam parte na relação jurídica processual. Sendo assim não podem ser interrogados em nome dos representados.

24.1.2. Ausência de testemunha

Procedimento ordinário. O princípio inscrito no art. 825, **caput,** *da CLT, é de que as testemunhas devem comparecer à audiência independentemente de intimação. As que não comparecerem — elucida o parágrafo único desta norma legal — "serão intimadas* **ex officio,** *ou a requerimento da parte (...)".*

Na prática, se o litigante requerer o adiamento da audiência, com fundamento no **caput** *do art. 825, da CLT, alegando que uma ou mais de suas testemunhas deixaram de comparecer, o juiz deverá munir-se de extrema cautela.*

Em primeiro lugar, perguntará à parte se ela convidou a testemunha a comparecer. Se a resposta for negativa, deverá indeferir o requerimento, pois a testemunha, certamente, não seria dotada de poderes paranormais, capazes de permiti-la adivinhar que a parte necessitaria de sua presença em juízo, em determinado dia e horário. Se a resposta for positiva (a testemunha teria sido convidada), o juiz deverá indagar qual é o nome e o endereço desta. Ao menos o nome ou o apelido deverá ser indicado pela parte, a fim de constar da ata. Convencendo-se de que a testemunha fora, efetivamente, convidada, o juiz adiará a audiência, mandando intimá-la. Convencendo-se do contrário, indeferirá o requerimento.

Adiada a audiência, algumas situações poderão ocorrer em relação à nova:

a) comparece a testemunha: o juiz lhe indagará se havia sido realmente convidada pela parte, ou não. Se a resposta for afirmativa, a inquirirá, exceto se for incapaz, suspeita ou impedida; se for negativa, a dispensará e aplicará à parte, que mentiu haver feito convite à testemunha, a multa prevista no art. 81, do CPC;

b) *comparece pessoa diversa daquela que constou da ata: o juiz não deverá ouvi-la. É preciso deixar claro que o adiamento da audiência ocorrera em razão de determinada testemunha (cujo nome constou da ata haver deixado de comparecer). Sendo assim, não se justifica que, agora, a parte apresente testemunha diversa, no lugar daquela. Por outras palavras, o adiamento da audiência estava vinculado a determinada testemunha* (**intuitu personae**) *e não a qualquer outra;*

c) *não comparece a testemunha: o juiz ordenará a sua condução coercitiva, além de aplicar-lhe a multa prevista no art. 730, da CLT (art. 825, parágrafo único).*

Procedimento sumariíssimo. Aqui, a solução diverge da adotada no procedimento ordinário. Sucede que, por força do disposto no art. 852-H, § 3º, da CLT, a audiência somente será adiada se a parte fizer prova, no ato, de que a testemunha ausente havia sido convidada a comparecer.

Sendo assim, duas situações poderão verificar-se em audiência:

1) a parte comprova (com documentos ou com testemunhas) que convidara a testemunha: o juiz determina o adiamento, mandando intimá-la. Ao dispor que o juiz ordenará a "imediata condução coercitiva" da testemunha, a norma legal não está, necessariamente, a impor que ele suspenda a audiência e, ato contínuo, determine a condução coercitiva da testemunha, para participar da audiência. Nem sempre será possível adotar esse procedimento, cabendo, por isso, ao juiz, adiar a audiência e fazer com que a testemunha seja coercitivamente conduzida à próxima.

Se a testemunha comparecer e afirmar que não havia sido convidada, denunciando, inclusive, ser falsa a assinatura do documento juntado pela parte para comprovar o alegado convite, o juiz deverá adotar as providências que a situação exige, dentre as quais podem ser mencionadas: suspender a audiência e determinar a realização de exame pericial para verificar a autenticidade ou a falsidade da assinatura da testemunha no referido documento; dispensar a testemunha, se a falsidade da assinatura puder ser constatada no ato, visualmente; aplicar à parte a multa prevista no art. 18, do CPC. Sempre que for o caso, mandará oficiar à autoridade policial competente, para a instauração de inquérito penal;

2) a parte não comprova o convite feito à testemunha: o juiz indeferirá o requerimento de intimação e dará prosseguimento à audiência. A parte poderá requerer que da ata conste o seu "protesto" contra esse ato judicial, alegando, como fundamento (fragilíssimo, no caso), o habitual "cerceamento defesa". Com isto, procurará anular o processo, em grau de recurso, caso a sentença seja desfavorável aos seus interesses exteriorizados na causa. A possibilidade de sucesso, neste caso, será mínima.

24.2. A requerimento de ambas as partes

Se ambos os litigantes requererem o adiamento da audiência, a tendência será de o juiz deferi-lo. É bem verdade que, especialmente no processo do trabalho, as partes não têm o poder de dispor do processo. De qualquer modo, elas deverão indicar (e, às vezes, comprovar) o motivo pelo qual pretendem obter o adiamento da audiência. Cumprirá ao juiz levar em consideração esse motivo, para efeito de deferir ou de indeferir o requerimento conjunto.

Não raro, o pedido de adiamento, conforme dissemos, tem como causa a intenção de as partes iniciarem conversação (ou nela prosseguirem), visando a uma solução negociada (transação) do conflito de interesses. Em tais casos, constituirá medida de bom-senso o deferimento judicial do adiamento.

O art. 362, inciso I, do CPC, permite que a audiência de instrução e julgamento seja adiada mediante convenção das partes. O art. 453, inciso I, do CPC de 1973 também permitia o adiamento, desde que isso ocorresse uma única vez. Entendemos que essa norma — se levada à risca a sua expressão literal — é inaplicável ao processo do trabalho. Justifiquemo-nos. O texto legal em exame se refere à convenção das partes. Isto significa dizer que o adiamento será produto exclusivo da vontade convergente dos litigantes, que apenas comunicarão ao juiz essa deliberação. No processo do trabalho, fortemente assinalado por um caráter inquisitivo, não basta a manifestação volitiva das partes: para que ocorra o adiamento da audiência (seja ela qual for) é necessário que se requeira ao juiz, vale dizer, que essa intenção dos litigantes seja submetida à apreciação judicial. Havendo indeferimento, a vontade do juiz prevalecerá em relação à das partes.

Não podemos, também, ignorar o fato de o adiamento da audiência poder, algumas vezes, acarretar certos transtornos nas pautas do juízo, principalmente, quando a audiência for de longa duração. Logo, o adiamento não depende, apenas, da conveniência das partes, senão que, por igual, da conveniência do juízo.

O que se pode admitir, no processo do trabalho, portanto, é que as partes, em conjunto, requeiram o adiamento da audiência, cabendo ao juiz deferir ou indeferir esse requerimento, conforme sejam as razões que o fundamentam. Sob este aspecto, as partes podem requerer o adiamento da audiência por mais de uma vez, pois já não há a limitação imposta pelo art. 453, I, do CPC de 1973 — que, aliás, pressupunha, como o art. 362, inciso II, do CPC de 2015 — a eficácia, per se, *da manifestação da vontade dos litigantes. De qualquer forma, a limitação imposta pelo CPC de 1973 não incidia quando se tratasse de adiamento requerido pelas partes (e não, por força de convenção entre elas); sendo assim, a audiência poderia ser adiada tantas quantas forem as vezes em que esse adiamento fosse necessário ou conveniente. Em que fosse, enfim, justificável, como quando as partes estivessem em fase de conversação, visando a uma solução negociada do conflito de interesses.*

24.3. Por iniciativa do juiz

O juiz, como reitor soberano do processo (CLT, art. 765), pode, por sua iniciativa exclusiva, adiar audiências, inclusive, por motivo de ordem pessoal. Razões de foro ético, no entanto, recomendam que ele indique a causa do adiamento: enfermidade ou mal-estar súbitos, doença em pessoa da família, falecimento de parente ou de colega de profissão, participação em congresso jurídico, envolvimento em acidente de automóvel, etc.

Algumas vezes, o adiamento decorre de razões técnicas, como a falta de energia elétrica na sala de audiências e nas demais dependências da Vara; ou de razões de segurança, como o risco de desabamento, a ameaça de invasão, a existência de bomba ou de qualquer outro artefato explosivo, etc.

É elementar que, tirante situações como as mencionadas, o juiz deverá, o quanto possível, evitar o adiamento da audiência, a fim de não acarretar uma dilatação do tempo de duração do processo, ou seja, um retardamento na entrega da prestação jurisdicional. Rememoremos, mais uma vez, a regra contida no art. 5º, inciso LXXVIII, da Constituição Federal, que assegura a "razoável duração do processo e os meios que garantam a celeridade de sua tramitação".

Há casos em que o juiz percebe que as partes estão, efetivamente, dispostas a uma conciliação, mas dependem, para isso, de consultar outras pessoas que não se encontram na audiência. Diante disto, o bom-senso sugere que adie a audiência (para a data mais próxima possível), a fim de que os litigantes possam realizar as consultas desejadas e, com isso, acabem transacionando. Quando não, que suspenda, por alguns minutos, a audiência, a fim de que as partes possam estabelecer contato (telefônico ou por qualquer outro meio) com quem detenha poderes para autorizar a conciliação, nos termos em que esteja sendo proposta.

Pode ocorrer, ainda, de uma das partes, poucos dias antes da audiência de instrução, juntar aos autos inúmeros documentos, sem que a secretaria da Vara tenha tempo suficiente para cumprir o despacho judicial que determinou a intimação da parte contrária para manifestar-se (em dez dias, digamos) sobre esses documentos. Diante disto, será prudente o adiamento da audiência, para evitar que a parte oposta à que juntou os documentos alegue nulidade processual por restrição à garantia constitucional da ampla defesa.

Enfim, a experiência, o bom-senso e a sensibilidade serão sempre os melhores conselheiros que o juiz deverá consultar toda vez que pensar em assumir a iniciativa de adiar uma audiência.

Em princípio, não cabe recurso do despacho judicial que determina o adiamento da audiência (CPC, art. 1.001). Em determinados casos, contudo, a parte poderá impetrar mandado de segurança contra esse ato, desde que esteja em condições de comprovar um seu direito líquido e certo de ver mantida a data inicialmente fixada para a realização da audiência. Se a discordância da parte quanto ao adiamento da audiência prender-se, por exemplo, ao fato de a sua testemunha estar na iminência de ausentar-se do país, em caráter definitivo ou por longo período, talvez o problema possa ser solucionado não com o exercício da ação mandamental, mas com a medida cautelar de produção antecipada dessa prova (CPC, arts. 381 a 383), contanto que haja condições de fazer com que a audiência a isso destinada seja realizada em data que permita à parte inquirir a testemunha antes de esta ausentar-se. (Manual da Audiência na Justiça do Trabalho. 2. ed. São Paulo: LTr, 2017. p. 106/110.)

§ 2º Na hipótese de ausência do reclamante, este será condenado ao pagamento das custas calculadas na forma do art. 789 desta Consolidação, ainda que beneficiário da justiça gratuita, salvo se comprovar, no prazo de quinze dias, que a ausência ocorreu por motivo legalmente justificável.

- **Comentário**

Pode dar-se de o autor deixar de comparecer à audiência. Se a ausência não for legalmente justificável, ele será condenado ao pagamento das custas processuais, calculadas com fulcro no art. 789 da CLT, mesmo que tenha obtido o benefício da assistência judiciária. Se a ausência for justificável, nos termos da lei, ele será dispensado do pagamento. A justificação deverá ser apresentada dentro de quinze dias. Esse prazo, no Projeto original, era de oito dias.

Indaga-se: o prazo de quinze dias — para a parte comprovar que o seu não comparecimento à audiência decorreu de motivo legalmente justificável — será contado da data da audiência à qual ele deixou de comparecer, ou de eventual intimação judicial para que apresente a justificativa? Pressupondo que ele estivesse ciente da data da realização da audiência, é evidente que será a partir desta data que passará a fluir o prazo para justificar a sua ausência. Se ele não estava ciente da audiência — por alguma razão que não lhe possa ser irrogada —, o processo, que havia sido extinto sem resolução do mérito, deverá ser restabelecido *ex officio*, ficando sem efeito a sentença proferida, inclusive, quanto à condenação ao pagamento das custas. Outra audiência deverá ser designada.

Cremos ser oportuno examinarmos, a seguir, as consequências processuais da ausência injustificada das partes ou de seus advogados às audiências. Com vistas a isso, reproduziremos o que escrevemos no livro *Manual da Audiência na Justiça do Trabalho* (2. ed. São Paulo: LTr, 2017. p. 88/116), adaptando o texto, quando for o caso, à Lei n. 13.467/2017.

Não comparecimento[6] do autor à audiência una

Deixando, o autor, de comparecer, sem justificativa legal, à audiência a que a praxe tem denominado de una (por ser ininterrupta), a consequência processual a ser adotada é a prevista no art. 844, *caput*, da CLT, que alude a um canhestro "arquivamento da reclamação". Valendo-nos de uma linguagem compatível com os rigores científicos da atualidade, devemos dizer que a consequência será a extinção do processo sem resolução do mérito.

Da declaração contida no art. 844, *caput*, da CLT, extraem-se as seguintes conclusões:

a) o legislador exigiu a presença do autor na audiência, como requisito para o regular desenvolvimento da relação jurídica processual iniciada com a citação válida;

b) a extinção do processo, sem exame do mérito, constitui uma espécie de *favor legislativo* ao autor, porquanto este poderá intentar, novamente, a ação, uma vez que a lide (mérito) não foi solucionada. Ele deverá, apenas, pagar as custas a que foi condenado. Para que se possa compreender o motivo pelo qual estamos a reconhecer, aqui, a existência de um *favor legislativo* ao autor, basta pensarmos na possibilidade de a norma legal sobredita haver estatuído que, ausente este, o réu poderia apresentar defesa, sendo o autor considerado confesso.

Caso a matéria versada na ação seja, exclusivamente, de direito, ou sendo de direito e de fato não houver necessidade de produzir prova em audiência, não se poderá aplicar a regra do art. 355, inciso I, do CPC, de modo a permitir que o juiz realize o julgamento antecipado da lide? Dizendo-se por outras palavras: não se poderá deixar de aplicar a norma do art. 844, *caput*, da CLT? Sob certo aspecto, a resposta está implícita na própria pergunta, pois não sendo a CLT omissa quanto à matéria (CLT, art. 769), não se poderá adotar, em caráter supletivo, norma do CPC. O art. 844, *caput*, da CLT,

---

(6) O vocábulo *não*, em rigor, é um advérbio de negação, e não, um prefixo, devendo, por isso, ser associado a verbos. Atualmente, porém, o *não* tem sido utilizado como prefixo. Sendo assim, liga-se aos substantivos e aos adjetivos por hífen; logo: não comparecimento.

não faz nenhuma distinção quanto a ser a matéria de fato ou de direito, com vistas à extinção do processo, sem resolução do mérito, quando o autor deixar de comparecer, sem justificativa legal, à audiência inicial. Deste modo, o processo do trabalho, bem ou mal, possui norma a respeito do assunto.

Dispõe o art. 732 da CLT, combinado com o art. 731 do mesmo texto legal, que se o autor der causa a duas extinções do processo, sem resolução do mérito, em virtude de sua ausência injustificada à audiência, *"incorrerá na pena de perda, pelo prazo de seis meses, do direito de reclamar perante a Justiça do Trabalho"*. Essas normas legais, a nosso ver, foram tacitamente revogadas pela Constituição Federal de 1946. Expliquemo-nos. A CLT entrou a viger em 1943. Em 1946, a Constituição Federal, em seu art. 141, § 4º, estabelecia: *"A lei não poderá excluir da apreciação do Poder Judiciário qualquer lesão de direito individual."* Ora, nos seis meses a que se referem os arts. 731 e 732 da CLT, o autor não poderia exercer o direito de ação assegurado pelo texto constitucional do período. É evidente, pois, a colisão desses dispositivos da CLT com a Constituição Federal de 1946. Como esta foi *posterior* àqueles, o fenômeno jurídico que aí se verificou não foi o da inconstitucionalidade, e sim o da *revogação*. Inconstitucionalidade haveria se a norma ordinária fosse posterior à Constituição (e conflitasse com esta). O § 4º, do art. 141, da Constituição da República de 1946, revogou, portanto, pela via tácita, os arts. 731 e 732 da CLT, que assim permanecem até os dias atuais.

Torna-se importante ressaltar que a Carta outorgada em 1937, em cuja vigência surgiu a CLT, não continha disposição dessa natureza.

É oportuno rememorar, por outro lado, que os textos constitucionais posteriores (de 1967, art. 150, § 4º; Emenda n. 1/1969, art. 153, § 4º; e 1988, art. 5º, inciso XXXV) reproduziram a cláusula assecuratória do direito de ação, que constitui, aliás, uma das mais importantes manifestações dos Estados Democráticos de Direito.

A registrar-se, ainda, o fato relevante de a Constituição de 1988 haver oferecido expressivo contributo ao tema ao assegurar o exercício do direito de ação não somente nos casos de *lesão* de direito, mas de *ameaça* de lesão — particularidade que colocou em realce as denominadas *tutelas de urgência*, das quais as ações cautelares, o mandado de segurança e a antecipação dos efeitos da tutela figuram como emanações características.

Da sentença que declara a extinção do processo, sem resolução do mérito, em virtude da ausência injustificada do autor à audiência inicial, cabe recurso ordinário (CLT, art. 895, "a"). A propósito, em livros anteriores, observamos que a expressão "sentença definitiva", constante do texto legal referido, não deveria ser interpretada em seu sentido estritamente literal. Explicávamos que no sistema do CPC de 1939 — que estava a viger quando surgiu a CLT — a sentença *definitiva* era a que punha fim ao processo com exame do mérito; a sentença *terminativa* findava o processo sem apreciar o mérito. Deste modo, se levássemos à risca a redação da letra "a", do art. 895, da CLT, seríamos forçados a concluir que no processo do trabalho a sentença somente poderia ser impugnada por meio de recurso (ordinário, no caso) se houvesse examinado o mérito (lide) da causa, vale dizer, se fosse *definitiva*. A doutrina e a jurisprudência trabalhistas, contudo, desde muito tempo deram interpretação mais adequada a esse preceito legal, passando a admitir a interposição de recurso ordinário da sentença, tenha esta apreciado (definitiva) ou não (terminativa) o mérito.

Tempos depois, adveio a Lei n. 11.925, de 17 de abril de 2009 (Diário Oficial da União da mesma data), que deu nova redação, dentre outros, ao art. 895 da CLT, que passou a ser a seguinte: "*Art. 895: I — das decisões definitivas ou terminativas das Varas e Juízos, no prazo de 8 (oito) dias; e II — das decisões definitivas ou terminativas dos Tribunais Regionais, em processos de sua competência originária, no prazo de 8 (oito) dias, quer nos dissídios individuais, quer nos dissídios coletivos.*"

O legislador atendeu, finalmente, às críticas da doutrina ao inserir no texto o adjetivo *terminativas*.

Em certas situações, é aconselhável que o autor — cujo processo tenha sido extinto sem resolução do mérito em virtude de sua ausência injustificada à audiência una — não interponha recurso da sentença, e sim trate de exercer, novamente, a ação, cuidando, desta feita, de comparecer à audiência. A interposição de recurso, no caso, poderá ser-lhe prejudicial, porquanto o tribunal levará muitos meses para julgar o apelo e, provavelmente, não o proverá, fazendo, assim, com que o autor perca muito tempo até poder ingressar, outra vez, com a ação. A situação, aqui, é muito semelhante àquela em que o processo é extinto, sem resolução da lide, em decorrência de inépcia da petição inicial.

Enfim, cumprirá ao autor analisar, em cada situação concreta, a conveniência de recorrer da sentença que extinguiu o processo sem prospecção do mérito, ou ajuizar, novamente, a ação.

Não comparecimento do réu à audiência una

Se o réu, regularmente citado, deixar de comparecer, sem justificativa plausível, à audiência una, será revel e, talvez, confesso quanto à matéria de fato (CLT, art. 844, *caput*, parte final). A observar-se que, no processo de conhecimento trabalhista, a citação não é pessoal; basta que o seu instrumento (a que a CLT denomina de notificação) seja remetido pelo correio (CLT, art. 841, § 1º) e entregue no endereço constante dos autos. Presume-se recebida a citação quarenta e oito horas depois de sua regular postagem; o seu não recebimento ou a entrega depois do decurso deste prazo constitui ônus do réu (TST, Súmula n. 16).

Determinados setores da doutrina criticam a orientação contida na Súmula n. 16, do TST, pelo fato de esta infundir uma certa insegurança jurídica nos réus. Aparentemente, esse segmento doutrinário possui razão, pois a certeza da citação é algo indispensável em um processo que, como o nosso, se subordina aos princípios fundamentais de um Estado Democrático de Direito. Ocorre, porém, que a precitada Súmula traz, em seu texto, uma regra de prudência, consistente na possibilidade de o réu comprovar não haver recebido o instrumento de citação, ou que esta se deu em prazo muito superior às 48 horas presumidas pela Súmula (e desde que isto lhe tenha acarretado manifesto prejuízo quanto à elaboração da defesa: CLT, art. 794). Desta forma, a regra pragmática, representada pela presunção de recebimento do instrumento de citação 48 horas depois de sua postagem, pode ser neutralizada pela comprovação, por parte do réu, de que isso não ocorreu.

Tornemos a ressaltar que, na Justiça do Trabalho, nunca se exigiu que a citação, no processo de conhecimento, fosse pessoal. Essa pessoalidade é imposta pelo CPC (art. 242), embora o ato citatório possa ser realizado pelo correio (CPC, arts. 246, inciso I, 247 e 248). No processo do trabalho, só há exigência de citação pessoal, por oficial de justiça, na execução (CLT, art. 880, *caput*, e § 2º). Reiteremos: no processo cognitivo trabalhista, como a citação não é pessoal, basta que o seu instrumento seja entregue no endereço constante da petição inicial, mediante a assinatura do aviso de recebimento. Tem-se considerado válida a citação mesmo nos casos em que o réu, estando instalado ou residindo em edifício (comercial ou residencial), seja recebido pelo encarregado da portaria. Entende a jurisprudência, neste caso, que se o instrumento de citação, recebido pelo porteiro, não chegar às mãos do destinatário, ou chegar tardiamente, isso é algo que dirá respeito exclusivo à falta de organização interna dos serviços de portaria do edifício, não possuindo nenhuma relevância jurídica para os efeitos do processo. Se, de um lado, essa manifestação jurisdicional pode ser objeto de crítica pela insegurança que infunde no espírito dos réus, por outro, justifica-se diante de situações concretas em que o réu, conluiando-se com o empregado encarregado da portaria, tomava ciência da citação, com grande antecedência, mas alegava em juízo, por exemplo, que esta lhe fora entregue pelo porteiro, apenas, no dia da audiência.

Retornemos ao exame do art. 844, *caput*, parte final, da CLT, que considera revel e confesso o réu que deixar de comparecer à audiência, e, em consequência, de se defender. Nota-se, para já, que o legislador não concedeu ao réu o mesmo *favor* com que distinguiu (e privilegiou) o autor. Este, se não comparecer à audiência, ensejará, como vimos, a extinção do processo sem resolução do mérito, fato que lhe permitirá ajuizar a ação outra vez. Ausente o réu, as consequências serão a revelia e a provável confissão quanto à matéria fatual.

Revelia e confissão, porém, não se confundem. A revelia nada mais é do que um *fato processual*, caracterizado pela ausência injustificada de contestação (e não de *resposta* do réu, pois esta compreende, além da contestação, a exceção, a reconvenção e o reconhecimento do direito alegado pelo autor). Destarte, se o réu não excepcionar o juízo, nem reconvir ao autor, não será revel. Se-lo-á, apenas, se deixar de oferecer contestação. A revelia é constatável de maneira objetiva. A confissão constitui mera presunção de veracidade dos fatos alegados pela parte contrária. Como ela somente diz respeito a fatos, pode ocorrer de o réu, embora revel, ser vencedor na causa, como quando a matéria integrar o conceito daquelas que se convencionou denominar "de direito", em contraposição às "de fato".

Como, na maioria dos casos, a revelia induz confissão — pois nas causas trabalhistas são preponderantes os *fatos* — há uma tendência de a pessoa não versada em Direito supor que a confissão seja algo automático e inevitável, na generalidade das situações em que o réu deixar de apresentar contestação. Como dissemos há pouco, não havendo fatos, não pode existir confissão. Nos casos de adicionais de insalubridade e de periculosidade, por exemplo, a prova técnica (pericial) é indispensável, por força do disposto no art. 195, § 2º, da CLT. Desta forma, mesmo sendo o réu revel, o juiz deverá ordenar a realização do exame pericial, e, se o laudo concluir pela inexistência de insalubridade ou de periculosidade, o pedido formulado pelo autor deverá ser rejeitado, fazendo com que o réu, conquanto revel, seja vencedor na causa.

O mesmo se assevere quando o réu for revel e o pedido feito pelo autor revelar-se juridicamente impossível: o juiz deverá julgar a causa em detrimento do autor. A este respeito, cabe um escólio adicional. Em que pese ao fato de a expressão *pedido juridi-*

camente impossível estar largamente consagrada pela legislação, pela doutrina e pela jurisprudência, ela, a nosso ver, é incorreta, é acirológica, por assim dizer. Ocorre que, no caso, juridicamente impossível não é o pedido, mas, sim, o *atendimento* a ele. Por isso, melhor seria que se passasse a aludir a *pedido juridicamente inatendível*.

Mais uma nótula: o pedido juridicamente impossível figurava, no inciso III do parágrafo único do art. 295 do CPC de 1973, como uma das causas de inépcia da petição inicial e de consequente extinção do processo sem resolução do mérito (CPC de 1973, art. 267, I e VI), de forma a permitir que o autor ajuizasse, novamente, a ação (*ibidem*, art. 268, *caput*). Diante disso, escrevemos: "*A doutrina das condições da ação foi concebida por Enrico Tullio Liebman, sendo incorporada ao atual CPC brasileiro (art. 267, VI). Mais tarde, porém, Liebman revê a sua doutrina e reduz as condições da ação a duas: legitimidade e interesse processual, excluindo, pois, o pedido juridicamente impossível — no que andou certo. Assim opinamos, porque se o pedido juridicamente impossível se caracteriza pelo fato de haver, no ordenamento legal, um veto ao seu acolhimento, é elementar que o juiz, ao fazer valer esse veto, estará extinguindo o processo com resolução do mérito, de modo a impedir que o autor venha a formular, outra vez, uma pretensão vedada pela ordem legal.*" (*A Prova no Processo do Trabalho*. 5. ed. São Paulo: LTr, 2017. p. 175.)

A reformulação do pensamento de Liebman, a que nos referidos há pouco, pode ser comprovada por estas suas palavras: "*le condizioni dell'azione (...) sono i interesse ad agire e la leggitimazione. Esse sono (...) i requisiti di esistennza dell azione, e vanno percio accertate in giudizio (anche se, di solito, per implicito), preliminarmente all exame dei mérito.*" (*Manuale di Diritto Processuale Civile*. 3. ed. Giuffrè. v. I, p. 120.)

O CPC de 2015 excluiu, de maneira correta, o *pedido juridicamente impossível* do elenco das matérias que autorizam o indeferimento da petição inicial por inépcia (art. 330, § 1º).

Se não ocorrer o *efeito* da revelia — que é a confissão presumida quanto aos fatos narrados na peça de provocação da atividade jurisdicional —, o ônus da prova continuará com o autor (quando este for o caso: CLT, art. 818), motivo por que o juiz designará audiência para que ele produza prova quanto à veracidade dos fatos alegados na inicial (CPC, art. 348). O art. 323 do CPC de 1973 estabelecia que o juiz mandaria o autor especificar as provas que pretendia produzir *em audiência*. Tratando-se, no entanto, de audiência una e contínua, as provas, em princípio, deverão ser produzidas na própria audiência em que se verificou a revelia. Um escólio esclarecedor: se não ocorreu o efeito (confissão presumida) da revelia, isto significa que, em princípio, não havia matéria de fato a ser comprovada. Assim sendo, a prova que o autor deverá produzir não terá como objeto fatos, o que corresponde a afirmar que não lhe será concedido ouvir testemunhas. A prova haverá de ser técnica, ou seja, pericial. Eventualmente, o juiz lhe imporá a prova do direito, como se daria quando os pedidos estivessem calcados em legislação municipal, estadual, estrangeira ou em direito consuetudinário (CPC, art. 337). Nesta hipótese, a prova seria não somente quanto ao direito, mas, ainda, de que a norma legal invocada estava em vigor ao tempo dos fatos.

O CPC de 2015 estabelece, no art. 348, que se o réu não contestar a ação, o juiz, verificando que não se deu o efeito da revelia, "*ordenará que o autor especifique as provas que pretende produzir, se ainda não as tiver indicado*". Já não se fala, pois, na produção de provas apenas *em audiência*.

Ocorrendo, entretanto, o efeito da revelia, o juiz procederá ao julgamento antecipado do mérito (CPC, art. 355, II). Julgar antecipadamente o mérito não significa, de modo necessário, proferir a sentença na própria audiência em que se deu a revelia, embora seja este o procedimento adotado, de maneira geral, pelos juízes do trabalho. Deste modo, não incorrerá em nenhum deslize o magistrado que designar outra data para o julgamento. Muitas vezes, as matérias versadas na causa são de extrema complexidade, exigindo que o juiz lhes dedique um estudo aprofundado, meticuloso. Do ponto de vista técnico, julgar antecipadamente o mérito expressa a possibilidade de o magistrado proferir a sentença sem necessidade de proceder à *instrução* (máxime, a oral) do processo. É precisamente este o sentido da expressão: "O juiz julgará *antecipadamente o* pedido" (destacamos), contida no inciso II, do art. 355, do CPC.

O CPC de 2015, no art. 355, inciso II, inovou, de modo expressivo, o tema da revelia, porquanto, depois de afirmar que se o réu for revel e ocorrer o efeito da revelia, o juiz não deverá julgar antecipadamente o mérito se houver *requerimento de prova, "na forma do art. 349"*. Consta desta norma legal: *"Ao réu revel será lícita a produção de provas, contrapostas às alegações do autor, desde que se faça representar nos autos a tempo de praticar os atos processuais indispensáveis a essa produção."* Em que pese ao fato de o assunto estar aberto a debates, entendemos que essa norma é inaplicável ao processo do trabalho, por força do disposto no art. 844, *caput*, da CLT, segundo o qual o não comparecimento do réu à audiência *"importa revelia, além de confissão, quanto à matéria de fato"*. O § 1º do art. 844, da CLT, não corresponde ao inciso II, do art. 355, do CPC. Expliquemo-nos. Enquanto a sobredita norma do CPC veda o julgamento antecipado do mérito se o réu revel houver formulado o requerimento de produção de provas, nos termos do art. 349, o § 1º, do art. 844, da CLT, apenas prevê o adiamento do julgamento quando ocorrer motivo relevante — sem que esse adiamento implique o direito de o réu revel produzir provas, invocando o art. 349 do CPC.

Convém lembrar que a revelia também não constitui motivo para o juiz deixar de examinar as matérias sobre as quais deve pronunciar-se *ex officio*, como é o caso das preliminares previstas no art. 337 do CPC. O exame desses temas não constitui faculdade, senão que *dever* do magistrado, como evidencia a redação do § 5º da aludida norma legal: *"Excetuadas a convenção de arbitragem e a incompetência relativa, o juiz conhecerá de ofício das matérias enumeradas neste artigo."* O CPC de 1973 aludia, apenas, ao compromisso arbitral (art. 301, § 4º). A decadência também deve ser objeto de pronunciamento *ex officio* pelo magistrado (CC, art. 210). Há, no entanto, controvérsia sobre se o juiz do trabalho pode pronunciar, por sua iniciativa, a prescrição extintiva. Nos termos do § 5º, do art. 219 do CPC de 1973, o magistrado não apenas poderia, como *deveria*, pronunciar *ex officio* essa prescrição. A polêmica instalada no arcabouço da doutrina e da jurisprudência se referia à aplicação, ou não, dessa norma ao processo do trabalho. Conquanto, pelo que podemos observar, a tendência fosse de recusar-se essa aplicação, entendíamos, em sentido oposto, que essa incidência seria inafastável. Ocorre que o § 5º do art. 219 daquele CPC alterara a prescrição liberatória à categoria de matéria de ordem pública, equiparando-a, neste aspecto, à decadência. E a decadência sempre figurou entre os temas que o juiz deveria conhecer *ex officio*. Por isso, escrevemos, na vigência do CPC de 1973:

"Não é momento de nos dedicarmos a aprofundadas reflexões sobre a prescrição nos direitos material e processual do trabalho. Em todo o caso, devemos dizer que, do ponto de vista estritamente ideológico, a prescrição é incompatível com esses direitos, pois se o seu fundamento é a inércia do titular, no que se refere ao exercício desses direitos, é evidente que este pressuposto não encontra terreno propício no direito do trabalho, pois é fato notório que o trabalhador, estando em vigor o seu contrato de trabalho, geralmente deixa de ir a juízo, para pleitear a reparação de direitos lesados, não por inércia, por negligência, e sim, por fundado receio de ser demitido. Seria possível, por esse motivo, sustentar-se, sob o pano-de-fundo ideológico, a incompatibilidade da prescrição liberatória com o direito material do trabalho. Entrementes, esse argumento ideológico acaba sendo pulverizado pelo sistema normativo vigente, porquanto a própria Constituição da República prevê a prescrição extintiva dos direitos dos trabalhadores (art. 7º, inciso XXIX). Sendo assim, parece-nos que o inciso 5º, do art. 219, do CPC, está em harmonia com a sobredito dispositivo constitucional, do qual se nutre." (A Sentença no Processo do Trabalho. 4. ed. São Paulo: LTr, 2010. p. 334.)

O CPC de 2015 não reproduziu, com a mesma clareza, a regra do art. 219, § 5º, do CPC de 1973, embora o art. 332 disponha, no § 1º, que o juiz poderá rejeitar o pedido ("julgar liminarmente *improcedente o pedido*", sic, diz a norma) se "*verificar, desde logo, a ocorrência de decadência ou de prescrição*". Não ficou claro se essa *verificação* poderá dar-se *ex officio*, ou depende de alegação ou de requerimento do réu. O tema, entrementes, se desanuvia com a leitura do art. 487, inciso II, que se ocupa da extinção do processo com resolução do mérito. Dá-se que, entre essas causas de extinção, consta a de o juiz "**decidir, de ofício** *ou a requerimento, sobre a ocorrência de decadência ou* **prescrição**" (destacamos). A despeito disso, remanescerá a controvérsia, nos sítios da doutrina e da jurisprudência, sobre se essas normas do CPC são aplicáveis ao processo do trabalho.

Não comparecimento das partes à audiência una

Sendo una e contínua a audiência, e a ela nenhuma das partes comparecer, a consequência será a extinção do processo sem resolução do mérito, facultando-se ao autor ajuizar, outra vez, a ação.

Nota-se, assim, que a solução para este caso é idêntica à que se dá quando a ausência é, apenas, do autor. Acontece, como já dissemos, que o legislador do processo do trabalho tornou indispensável a presença do autor na audiência (una, no caso), particularidade que fez com que a doutrina e a jurisprudência adotassem o mesmo princípio em relação à audiência inicial, esta instituída pela praxe judiciária.

Como, por força de lei, é fundamental a presença do autor na audiência (seja inicial ou una), não há possibilidade de o juiz, ausente aquele, proferir o julgamento antecipado da lide, sob o argumento de que se trata de matéria somente de direito. Essa atitude do magistrado, além de implicar transgressão aos arts. 764, *caput*, e § 1º, e 844, *caput*, da CLT, acarreta prejuízo ao autor (se a sentença lhe for desfavorável), pois este não poderá promover, outra vez, a ação; sob certo aspecto, o próprio réu poderia sentir-se prejudicado, pois apesar de vencedor na causa não pôde exercer o seu direito constitucional de *ampla* defesa. A sentença, emitida em tais circunstâncias, seria nula, sob a perspectiva de ambos os litigantes. Legitimados para interpor recurso ordinário estariam não somente as partes como o Ministério Público do Trabalho, ainda que este não tenha oficiado como fiscal da lei. Não cremos que as situações em que o *Parquet* possa recorrer das sentenças proferidas pela Justiça do Trabalho estejam restritas às previstas no art. 898 da CLT. Afinal, dentre as relevantes atribuições institucionais que a Constituição da República atribui ao Ministério Público está "a defesa da ordem jurídica" (art. 127, *caput*). No caso em exame, teria ocorrido, por parte do juiz, violação aos arts. 764, *caput*, e § 1º, e 844, *caput*, da CLT — lembrando-se que as normas processuais pertencem ao ramo do Direito Público.

Algumas vezes, a ausência de ambos os litigantes à audiência é um indício de que transacionaram extrajudicialmente, embora tenham deixado de dar ciência do fato ao juízo no qual se processa a ação.

Perguntamos: se o autor comprovar o motivo pelo qual não lhe foi possível comparecer à audiência, o juiz, convencendo-se da credibilidade dessa comprovação, poderá reconsiderar a sua decisão e restabelecer o processo (que havia sido extinto sem resolução do mérito)? Não está em discussão, aqui, se ao autor seria mais conveniente tentar obter o restabelecimento do processo, ou promover, outra vez, a ação. Estamos cogitando do primeiro caso, para verificarmos da possibilidade, ou não, desse restabelecimento. Em princípio, poder-se-ia imaginar ser possível o referido restabelecimento, pois a sentença extinguira o processo sem prospecção do mérito. Conquanto este argumento seja simpático à causa da simplicidade do processo do trabalho, não pode ser aceito. Ocorre que, nos termos do art. 463 do CPC, a sentença — seja de mérito, ou não — somente pode ser modificada nas situações ali indicadas, a saber: a) para corrigir inexatidões materiais ou retificar erros de cálculo; e b) por meio de embargos de declaração, ou seja, a sentença, *tout a court*, não pode ser alterada depois de publicada, a não ser nos casos expressamente previstos no mencionado dispositivo legal. Além disso, o autor não teria prejuízo algum, decorrente da impossibilidade de ser restabelecida a sentença, uma vez que poderia exercer, outra vez, a ação — cuidando, agora, de comparecer à audiência.

Não comparecimento do autor à audiência inicial

Segundo a dicção algo simplória do art. 844, *caput*, da CLT, se o autor deixar de comparecer, de modo injustificado, à audiência (inicial) haverá o "arquivamento da reclamação".

Desde logo, devemos expungir desse texto legal as imperfeições que o comprometem, sob o aspecto científico. Se "reclamação" corresponder à ação, vê-se, sem grande esforço, que o legislador, em atitude desassombrada e contrária aos princípios da física, imaginou a possibilidade de ser arquivada a ação. Ora, esta possui existência imaterial, traduzindo-se nesse importante direito subjetivo público — que, entre nós, foi alcandorado à categoria constitucional — de os indivíduos ou as coletividades invocarem a prestação da tutela jurisdicional do Estado, com vistas a evitar a lesão de direito ou a reparar o dano a ele acarretado. Dessa maneira, o que se arquivam são os *autos* do processo, que têm existência material, uma vez que são formados pelo conjunto das petições, documentos, etc., juntados pelas partes, pelo juízo ou por terceiros (CLT, art. 777).

Mesmo assim, a expressão "arquivam-se os autos" não corresponde ao fato que, efetivamente, ocorre, quando o autor deixa de comparecer, sem justificativa, à audiência inaugural. Afinal, pelo quanto sabemos, os funcionários do juízo, zelosos, sempre mantêm os autos dos processos nos arquivos da secretaria... O legislador, em verdade, quis expressar que essa ausência do autor, por implicar uma quebra do dever de comparecimento à audiência (CLT, art. 844, *caput*), provoca a *extinção do processo sem resolução do mérito*. Em razão disso, o autor poderá ajuizar, novamente, a ação, tenha pago, ou não, as custas a que foi condenado. O § 3º, do art. 844, da CLT, que *condiciona* o exercício da ação ao pagamento das custas processuais é, às escâncaras, inconstitucional, por transgredir a garantia inscrita no inciso XXXV do art. 5º da suprema Carta Política de nosso País.

Prevê a lei, entretanto, a possibilidade de o autor, caso não possa comparecer à audiência por doença ou outro motivo ponderoso, devidamente comprovado, ser representado por trabalhador que pertença à mesma profissão ou pelo sindicato de sua categoria (CLT, art. 843, § 2º). O verdadeiro sentido dessa norma legal precisa ser adequadamente explicado, sob pena de conduzir a certas distorções interpretativas. Não foi, por certo, intenção do legislador permitir que um colega de profissão ou um dirigente do sindicato passasse a *ocupar o lugar do autor* no processo sempre que este não pudesse comparecer à audiência. Veja-se que a lei se refere à *representação* e não à *substituição*. Assim, em se tratando de audiência inicial, entendemos que a representação do autor, por tais pessoas, tem a finalidade exclusiva de adiar a audiência, evitando, desse modo, a extinção do processo (CLT, art. 844, *caput*). Caberá ao juiz, portanto, designar uma nova audiência inicial. O máximo que se poderia aceitar é que o juiz considerasse realizada a audiência (inicial) e marcasse outra, em prosseguimento, destinada à instrução oral, à qual o autor deveria comparecer, em pessoa. Reconhecemos que esse procedimento atropelaria a primeira proposta de conciliação, pois esta não poderia ser formulada ao "representante" do autor, sabendo-se que este não tem poderes para transigir. Todavia, se o advogado do autor estiver presente, nada impedirá que a proposta seja formulada e aceita — caso em que o processo será extinto com resolução do mérito (CPC, art. 487, III, "b").

No caso de haver regime litisconsorcial ativo, o processo será extinto, apenas, em relação àqueles autores (litisconsortes) que não comparecerem à audiência, prosseguindo, pois, quanto aos que estiverem presentes a esse ato.

Em determinadas Varas do Trabalho, instituiu-se a praxe de, nos litisconsórcios ativos integrados por numerosas pessoas, constituir-se uma espécie de "comissão", formada por três, quatro ou cinco litisconsortes, com a incumbência de representar os demais em todos os atos do processo, inclusive, na audiência inicial. Essa peculiar "comissão", embora não prevista em lei, tem o efeito prático de evitar o comparecimento a juízo de todos os litisconsortes, cujo número elevado poderia acarretar graves transtornos aos trabalhos da audiência — a começar, não raro, pela impossibilidade física de serem todos acomodados na sala. É evidente que a aceitação dessa "comissão" ficará sempre reservada ao prudente arbítrio do magistrado, que avaliará as situações em que ela poderá ser constituída sem prejuízo para a defesa e para a entrega da prestação jurisdicional. Com isso, estamos a asseverar que a constituição da referida "comissão" não pode ser produto exclusivo da vontade dos litisconsortes ativos ou destes e da parte contrária. Afinal, quem detém o poder de direção do processo — com exclusividade, destaque-se — é o magistrado.

É interessante observar que, em muitos casos, o advogado, constituído por diversos trabalhadores do mesmo estabelecimento, prefere ingressar com ações individuais, embora pudesse formar um litisconsórcio ativo em decorrência da presença dos requisitos legais (CPC, art. 113). Se, de um lado, essa atitude do advogado exigirá a sua presença nas diversas audiências que forem realizadas, de outro, traz, subjacente, o objetivo de fazer com que o réu efetue um depósito em relação a cada processo, para efeito de interposição de recurso da sentença que aí for proferida. Tanto mais se compreende as razões dessa estratégia se considerarmos o conteúdo do inciso III da Súmula n. 128 do TST, que, por princípio, declara ser suficiente o depósito realizado por uma das empresas condenadas solidariamente.

Não comparecimento do réu à audiência inicial

Do mesmo art. 844, *caput*, da CLT, que acabamos de examinar, vem a declaração de que se o réu deixar de comparecer à audiência (inicial), sem justificativa plausível, será revel e confesso quanto à matéria de fato.

Alguns comentos são necessários, acerca deste dispositivo legal.

Para já, deve ser reiterada a observação, que fizemos em item anterior, de que revelia não se confunde com confissão, ainda que, quase sempre, andem lado a lado. Pondo ao largo certos rebuços estilísticos, podemos dizer, de forma incisiva, que na ordem processual revelia nada mais é do que a ausência injustificada de contestação. Por outro lado, revelia não é "pena", como se costuma alardear, sem a devida reflexão: é fato processual, pois o réu não está *obrigado* a se defender, para que se possa cogitar de "pena" a ser-lhe aplicada. A resposta que a lei lhe permite oferecer à ação insere-se no conjunto de seus direitos e *faculdades* processuais. Nada além disto. Confissão, por sua vez, é a aceitação — presumida ou expressa, voluntária ou provocada —, por uma das partes, de fato contrário aos seus interesses manifestados na causa e favorável ao adversário (CPC, art. 389).

O *efeito* da revelia é a presunção de veracidade dos fatos narrados na petição inicial. Cuida-se de regra de ordem pragmática, adotada pelas legislações para superar o problema do ônus da prova nas situações em que o réu deixa de se defender.

Nem sempre, contudo, a revelia induz confissão. Isso ocorrerá, em caráter excepcional, quando: a) havendo pluralidade de réus, algum deles contestar a ação; b) o litígio versar sobre direitos indisponíveis; c) a petição inicial não estiver acompanhada do instrumento público que a lei repute indispensável à prova do ato; d) as alegações de fato formuladas pelo autor forem inverossímeis ou estiverem em contradição com prova constante dos autos (CLT, art. 844, § 3º, I a IV); e) a prova for, eminentemente, técnica (perícia); e f) a matéria for, exclusivamente, de direito.

É insustentável, porém, sob o ponto de vista jurídico, o entendimento jurisprudencial cristalizado na Súmula n. 122 do TST, na parte em que dispõe: "*A reclamada, ausente à audiência em que deveria apresentar defesa, é revel, ainda que presente seu advogado munido de procuração (...).*" Data venia, a revelia, como dissemos, se configura pela ausência (injustificada) de contestação; ora, no caso, o advogado do réu poderia estar portando a defesa (logo, escrita) ou formulá-la oralmente, no prazo legal, razão pela qual não se poderia pensar em revelia. O curioso é que, em alguns dos casos em que não compareçam à audiência nem o réu, nem o seu advogado, o tribunal, em razão de recurso interposto pelo revel, anula o processo por entender que estava presente (segundo a prova documental produzida em grau de recurso: TST, Súmula n. 8) o ânimo de defesa...

Alguns juízes, procurando abrandar a insensibilidade e as consequências danosas da Súmula n. 122, admitem que, ausente o réu à audiência inicial, mas presente o seu advogado munido de procuração, este produza a defesa, embora considerem o réu confesso. Essa solução, contudo, também não é aceitável, pois sabendo-se que, por força da praxe, a audiência dita inicial não é destinada ao depoimento das partes (mas, apenas, à formulação da primeira proposta conciliatória e à recepção da resposta do réu), como pode este ser, juridicamente, considerado confesso, se a confissão decorre da ausência de depoimento pessoal — depoimento que, reiteremos, não seria tomado naquela audiência?

É o caso de indagar-se: se estivessem presentes na audiência o preposto e o advogado do réu, a quem o juiz perguntaria se haveria possibilidade de acordo? Ao advogado, certamente. A quem o magistrado perguntaria se o réu possuía defesa a ser apresentada? Ao advogado, por certo. Como se percebe, a Súmula n. 122 do TST atribui ao preposto uma importância que, na prática, ele não ostenta. Sejamos francos: na audiência inicial, presente o advogado do réu, o preposto não mais é do que um convidado de pedra, um totem profano, pois quase nada fala, quase nada decide. Dir-se-ia, contudo, que a malsinada Súmula estaria em consonância com o art. 844, *caput*, parte final, da CLT. Ora, é necessário lembrar que a aludida norma legal foi elaborada sob dois pressupostos básicos: a) que a audiência seria, sempre, una e contínua (CLT, art. 849); e b) que a parte estaria atuando sem advogado, vale dizer, exercendo o *ius postulandi* que lhe concede o art. 791, *caput*, da CLT. Nada mais lógico, por isso, que a ausência do réu à audiência implicasse a sua revelia, pois ele não teria apresentado defesa. Todavia, levando em conta a existência da praxe, que fragmentou a audiência em inicial, de instrução e de julgamento, torna-se juridicamente insustentável a manifestação jurisprudencial cristalizada na Súmula n. 122 do TST, porquanto, conforme argumentamos, estando presente à audiência inicial o advogado do réu, munido de procuração e com poderes para transacionar, caberá a ele apresentar a defesa ou elaborá-la de maneira oral, o que significa dizer que a presença do preposto é desútil, é de nenhuma importância prática.

Em outros livros, dissemos que bons serviços aos princípios jurídicos e às garantias constitucionais do processo (em especial, as da bilateralidade, do contraditório e do devido processo legal[7]: CF, art. 5º, incisos LIV e LV) o TST prestaria se reformu-

---

(7) A cláusula do "devido processo legal" *(due process of law)* teve origem na *Magna Charta Libertarum*, do Rei João Sem-Terra, de 1215, cujo art. 39 dispunha: *"Nenhum homem livre será detido ou sujeito à prisão, ou privado dos seus bens, ou colocado fora da lei, ou exilado, ou de qualquer modo molestado, e nós não procederemos nem mandaremos proceder contra ele senão mediante um julgamento regular pelos seus pares ou de harmonia com a lei do país."* (destacamos).
Inicialmente, a garantia de um "julgamento regular", referida nessa Carta, fora denominada *de law of the land*, expressão que foi mais tarde substituída, no Estatuto *(Statute of Westminster of the Liberties of London)* de 1354, de Eduardo III, por *due process of law*. Depois de ser interpretada durante cerca de três séculos como sendo um direito a um *ordely proceeding*, tem início no século XVII, na obra de Coke,

lasse o teor da Súmula n. 122, para reconhecer o direito de o advogado presente à audiência apresentar a resposta que portasse por escrito, ou que desejasse formular oralmente, mesmo estando ausente o preposto.

Quem nos ouviu, por suposto, foi o legislador. Com efeito, a Lei n. 13.467/2017 inseriu, no art. 844 da CLT, entre outros, o § 5º, dispondo: *"Ainda que ausente o reclamado, presente o advogado na audiência, serão aceitos a contestação e os documentos eventualmente apresentados."* Restabeleceu-se, assim, o bom senso. A Súmula n. 122 do TST deve ser parcialmente reformulada, para amoldar-se à norma legal mencionada.

Vejamos como deveriam agir os juízes do trabalho em face das diversas situações em que comparecesse à audiência inicial, apenas, o advogado do réu, mas não o preposto. Dentre essas situações, destacamos aquelas em que o advogado: a) possui procuração e está portando defesa escrita; b) possui procuração e deseja formular a defesa oralmente; c) não possui procuração, mas porta defesa escrita; d) não possui procuração nem defesa escrita.

---

a evolução do conceito de *law of the land* (que, até então, guardava sinonímia com o de d*ue process of law*), que acabará por identificar-se com a tutela do *common law*, de Blackstone, transformando-se no art. 39 da *Magna Charta*, por influência do pensamento predominante no século XVIII, na garantia essencial do direito inglês.

A maioria das Constituições dos Estados Democráticos modernos incorporou a cláusula do devido processo legal. No Brasil, ainda que essa garantia se encontre dispersa pelos textos anteriores, foi na Constituição de 1988 que a ela se fez expressa referência, pela primeira vez. Com efeito, consta do art. 5º, inciso LIV, da Constituição Federal, que ninguém será privado da liberdade ou de seus bens "sem o devido processo legal". Note-se que o constituinte brasileiro fez alusão apenas ao binômio liberdade-propriedade, e não ao trinômio vida-liberdade-propriedade, característico das Constituições norte-americanas, porquanto, entre nós, não existe a pena de morte, salvo em caso de guerra (Constituição, art. 5º, inciso XLVII, letra "a").

Em verdade, o princípio do devido processo legal não pode ser visto como um dos tantos princípios do processo, senão como o mais importante de todos, um superprincípio, por assim dizer, do qual todos os outros, de certa forma, decorrem. Realmente, se verificarmos que o devido processo legal compreende: a) o direito à citação; b) o direito a um julgamento público e rápido; c) o direito à produção de provas em geral; d) o direito ao contraditório; e) o direito de não ser processado por lei retroativa; f) o direito à igualdade de tratamento; g) o direito de não ser acusado ou condenado com base em provas ilegais; h) o direito à assistência judiciária gratuita ; i) o direito a obter uma sentença fundamentada etc., haveremos de concluir que praticamente todos os princípios processuais estão contidos na cláusula constitucional do *due process of law*.

O princípio da regularidade do procedimento — que integra o do devido processo legal, mais amplo —, como se nota, decorre do sistema da legalidade das formas, pois enquanto processo é método, procedimento é forma.

A regulamentação legal dos atos do procedimento não decorre, apenas, da necessidade de disciplinar-se a atuação das partes em juízo (impedindo, como dissemos, a escravização de uma aos caprichos ou artimanhas da outra), mas, também, da preocupação do legislador no sentido de impedir a instauração do que bem se poderia chamar de ditadura do magistrado. Com efeito, o juiz deve não somente fiscalizar a conduta dos litigantes como conduzir-se segundo as normas legais, vale dizer, praticar os atos que lhe digam respeito conforme a lei. Podemos dizer, em face disso, que inversamente ao que se passa no terreno político, no processual a "ditadura das formas e das fórmulas", longe de ser algo concebido para restringir, cercear ou espezinhar o direito das partes, é um eficaz instrumento destinado a garantir a atuação imparcial do magistrado. Sem um sistema de legalidade das formas, provavelmente haveríamos de assistir a ocasionais — ou a reiteradas — demonstrações de prepotência e de arbitrariedade do juiz, que dirigiria o processo conforme seus impulsos pessoais, subministrando um tratamento desigual às partes e comprometendo o prestígio do Poder Judiciário.

Examinemo-las.

No primeiro caso (a), a procuração e a defesa deverão ser juntadas aos autos, dando-se vista ao autor por prazo razoável e designando-se outra audiência, em prosseguimento, se houver necessidade. Nada impede, todavia, a transação, desde que o advogado do réu detenha poderes para isso. O que se deve levar em conta, acima de tudo, é que inexistirá, aqui, revelia: afinal, não é revel quem se defende por meio de procurador habilitado e regularmente constituído. A praxe fará com que o juiz, invocando o dever do réu, de comparecimento à audiência (CLT, art. 844, *caput*), o considere confesso — desde que haja matéria fatual capaz de ensejar o efeito da revelia. Vimos, entretanto, que não faz sentido lógico nem jurídico declarar-se confesso quem não seria interrogado nessa oportunidade. Se o juiz não aceitar a defesa, o advogado deverá requerer que conste da ata o seu "protesto" por cerceamento (ou melhor: restrição) desse direito — regra de cautela que lhe permitirá, mais tarde, arguir a nulidade do processo — excetuadas a petição inicial e a citação —, com fundamento nos arts. 844, § 3º, e 794, ambos da CLT.

No segundo (b), a procuração será juntada aos autos, devendo o juiz permitir que o advogado formule a defesa no prazo de vinte minutos, pois — é necessário ressaltar — o art. 847 da CLT continua em vigor, ainda que um pouco encoberto pelas brumas da praxe. De resto, tudo o que dissemos na letra anterior aqui também se aplica.

No terceiro (c), o fato de o advogado não possuir procuração não o impedirá de juntar a defesa. Ainda que não se possa afirmar com rigor absoluto, mas o fato de ele estar portando defesa escrita (instruída, por suposto, com documentos) é um considerável indício de que foi constituído pelo réu como seu procurador judicial. Na situação em foco, deverá o advogado invocar os arts. 5º, § 1º, da Lei n. 8.906/1994, e 104, § 1º, do CPC, e requerer a juntada da procuração no prazo de quinze dias, prorrogável por igual período, mediante despacho do juiz. Também aqui se aplicam as demais considerações exaradas na letra "a", retro.

No quarto (d), embora a situação seja um pouco mais delicada, pois o advogado não possui procuração expressa nem defesa escrita, nada impede que o juiz, levando em conta as alegações e argumentos por este apresentados, permita-lhe aduzir oralmente a defesa, fixando-lhe prazo para a juntada da procuração, sob pena de o réu ser declarado revel (CPC, art. 76, § 1º, II; CLT, art. 844).

Lançadas estas considerações, devemos dizer que a Súmula n. 122 do TST é aproveitável na parte em que esclarece que o testado médico, destinado a elidir a revelia, *"deverá declarar, expressamente, a impossibilidade de locomoção do empregador ou de seu preposto no dia da audiência"*. No mais, a sobredita Súmula presta um evidente desserviço ao Direito.

Seria aplicável ao processo do trabalho a regra do art. 72, inciso II, do CPC, segundo a qual o juiz deverá nomear curador especial ao revel citado por edital ou com hora certa, *"enquanto não for constituído advogado"*?

Para logo, é necessário observar que, mesmo no sistema do processo civil, a designação de curador especial só se dará nos casos, já mencionados, de citação: a) por edital; e b) com hora certa. Isto significa dizer que não incidirá a regra do inciso II, do art. 72, do CPC, quando a citação for efetuada pessoalmente. Feita a observação, devemos dizer que a precitada norma legal não incide no processo do trabalho. Em primeiro lugar, porque a designação de curador especial criaria certos transtornos ao procedimento, a começar pela dificuldade de encontrar quem pudesse exercer essas funções — e as aceitasse; em segundo, porque, embora as funções do curador especial possam ser consideradas *munus* público, ele não detém poderes para praticar atos que impliquem disponibilidade do direito material do revel, como confessar, transigir, etc.; em terceiro, porque, durante todos esses longos anos de vigência da CLT, a prática demonstrou ser desnecessária a nomeação de curador especial, considerando-se, inclusive, o fato, por nós referido há pouco, de ele não poder transigir, fazendo com que a Justiça do Trabalho fique inibida em seu objetivo essencial (CLT, art. 764) de buscar uma solução negociada da lide (conciliação). Nem se ignore a particularidade de, no processo do trabalho, o revel ser sempre intimado da sentença (CLT, art. 852), oportunidade em que poderá interpor recurso ordinário, com a finalidade de elidir a revelia e, caso tenha sucesso em seu apelo, abrir caminho para contestar o mérito da causa, fazendo, para isso, uso de todos os direitos e faculdades que a lei lhe atribui como integrante do polo passivo da relação jurídica processual.

Não comparecimento do advogado à audiência inicial

A ausência de um ou de ambos os advogados — que tenham sido regularmente constituídos pelas partes — à audiência inicial não impede a realização deste ato judicial, nem que as partes pratiquem, pessoalmente, todos atos que forem necessários à defesas dos seus direitos ou interesses manifestados na causa, ou transacionem.

Deste modo, dotados de capacidade postulatória (CLT, art. 791, *caput*), poderão as partes recusar as propostas conciliatórias ou transigir; prestar depoimento, formular reperguntas ao adversário ou às testemunhas; contraditar estas últimas; protestar, aduzir razões finais, etc.

O réu, em particular, poderá elaborar, de maneira oral, a sua defesa, no prazo legal (CLT, art. 847). Seria absurdo imaginar que ele estaria inibido de formular a sua resposta à petição inicial pelo simples fato de o seu advogado — constituído previamente nos autos — haver deixado de comparecer à audiência. Impedi-lo de defender-se, pessoalmente, seria perpetrar manifesta violação ao seu direito constitucional de ampla defesa, com inevitável nulidade do processo. O que pode acontecer é de o réu, com a aquiescência do adversário e do próprio juiz, alegando fato relevante, obter o adiamento da audiência, a fim de que, à próxima, compareça o seu advogado, a quem competirá, então, apresentar defesa escrita ou aduzi-la sob a forma oral, ou, então, que a sua defesa seja apresentada no serviço de protocolo, em prazo preestabelecido pelo juiz, designando-se, desde já, audiência destinada à instrução oral do processo.

Não se pode ignorar a circunstância de que, não raro, quando o réu se dispõe a defender-se, em audiência, de maneira pessoal, o que se tem, em verdade, é um *desastre*, pois, desconhecedor das regras processuais, ele acaba por fazer uma defesa confusa, e, o que é pior, omissa, vindo a sofrer, em razão disso, as consequências da aplicação supletiva do art. 341 do CPC, que exige a impugnação especificada dos fatos, sob pena de serem presumidos verdadeiros os que não forem contestados (ressalvados os casos previstos nos incisos I a III, e no parágrafo único, da referida norma legal).

Não estamos a dizer que o juiz, em virtude disso, deverá acolher o requerimento do réu e adiar a audiência inicial, sempre que o advogado deste deixar de comparecer. Já deixamos clarificado que o adiamento só será possível se com ele anuírem a parte contrária e o magistrado. Ao falarmos dos riscos de uma contestação oral, estamos, apenas, chamando a atenção para o fato de essa forma de defesa, nos tempos atuais, envolver grave risco para o réu, considerando-se a quantidade de pedidos que, em regra, se contêm na inicial e a complexidade das matérias que dão conteúdo a muitas dessas postulações e, acima de tudo, a incidência do art. 341 do CPC.

Não comparecimento de uma das partes à audiência em que deveria depor

A partir do momento em que se consagrou a prática de fragmentar a audiência, o sistema oficial (representado pelo processo legislado) ficou sem condições de dar uma resposta satisfatória a determinadas situações decorrentes da praxe estabelecida, pois o sistema oficial só prevê, como princípio, audiência contínua (CLT, art. 849).

Uma dessas situações se caracterizou pelo fato de uma das partes não comparecer à audiência de instrução. Se o não comparecimento fosse à audiência inicial, a solução seria evidente: no caso do autor, o processo seria extinto sem exame do mérito; no caso do réu, este seria revel, e, provavelmente, confesso quanto à matéria de fato. Para esse efeito, sempre foi possível aplicar-se o art. 844, *caput*, da CLT. Todavia, doutrina e jurisprudência, nos primeiros momentos, manifestaram certa dificuldade em encontrar uma solução adequada para o problema surgido com a ausência de *um* dos litigantes à audiência *de instrução*. Chegou-se a pensar que se poderia adotar, nessa hipótese, a mesma solução aplicável no caso de a falta ser à audiência inicial. Isso, contudo, não era possível, pois: a) ausente o autor, o réu, que havia oferecido contestação, adquirira uma espécie de direito a ver julgado o mérito da causa, ainda que em seu desfavor; e b) ausente o réu, este não poderia ser declarado revel, exatamente porque havia apresentado defesa na audiência anterior.

Visando a dar cobro a essa indefinição, o Tribunal Superior do Trabalho editou a Súmula n. 9, para declarar que "*A ausência do reclamante, quando adiada a instrução após contestada a ação em audiência, não importa arquivamento do processo*". Feitas as necessárias ressalvas quanto à impropriedade científica dos termos em que a Súmula foi redigida — pois não se arquiva o processo; arquivam-se os autos —, no essencial ela está correta: não comparecendo o autor à audiência de instrução, o processo não será extinto. Entretanto, a Súmula apresentou uma solução parcial e precária do problema, seja porque só se ocupou com a ausência do autor, seja porque, ainda assim, não mencionou quais as *consequências* processuais, para ele, de sua falta a esse ato processual.

Mais tarde, a Súmula n. 74, do mesmo Tribunal, estabeleceu que será confessa a parte que deixar de comparecer, injustificadamente, à audiência em que seria interrogada. Note-se: será confessa *qualquer* das partes, seja esta autora ou ré. Do ponto de vista estrito do processo civil, não há negar o acerto da orientação jurisprudencial compendiada nessa Súmula. Entretanto, se examinarmos a questão sob a óptica particular do processo do trabalho, veremos ser possível concluir que essa orientação não está em harmonia com o sistema deste processo. Justifiquemo-nos. Em nenhum momento, o processo do trabalho cogita da confissão do autor. Objetar-se-á, no entanto, que isso se deveu ao fato de este processo prever audiência contínua (CLT, art. 849), de tal maneira que a única solução para a ausência do trabalhador seria, efetivamente, a extinção do processo sem resolução do mérito (CLT, art. 844, *caput*). Com isso, se está a asseverar que, consagrada, pela prática, a fragmentação da audiência, não se tem como aplicar a regra inscrita no art. 844, *caput*, da CLT, motivo por que incidirão as normas constantes do processo civil. Não é bem assim. Ainda que devamos admitir que o referido dispositivo da CLT foi redigido com vistas à audiência contínua, isso não significa que sejamos forçados a aceitar a possibilidade de o autor ser confesso quando deixar de comparecer à audiência de instrução. Basta notar que se o legislador quisesse pespegar ao autor a confissão (que, repita-se, não é "pena") teria declarado, no próprio art. 844, *caput*, da CLT, que o seu não comparecimento à audiência (una) geraria a presunção de veracidade dos fatos alegados na defesa. Contudo, assim não dispôs, preferindo declarar que, na espécie, o processo será extinto sem pronunciamento acerca do mérito, com o que permitiu ao autor intentar, outra vez, a ação.

Temos plena consciência de que esse nosso posicionamento é heterodoxo, e até mesmo perturbador do sono de certos setores da doutrina e da jurisprudência, comprometidos com uma rendição incondicional ao processo civil. Sob o aspecto da pureza do sistema do processo do trabalho e da forte influência ideológica que sobre ele deve exercer o direito material correspondente (a única razão de ser do processo do trabalho, saliente-se), contudo, cremos ser plenamente possível sustentar a opinião que acabamos de manifestar — o que temos feito, aliás, desde 1983, quando escrevemos o livro *A Prova no Processo do Trabalho* (São Paulo: LTr).

Em suma, conquanto assim entendamos, não podemos deixar de reconhecer que a doutrina e a jurisprudência, fundadas na Súmula n. 74 do TST, e em caráter praticamente unânime, consideram o autor confesso quando deixa de comparecer, sem justificativa, à audiência em que seria interrogado.

Como consequência, os juízes soem encerrar a instrução processual e, aduzidas razões finais e rejeitada a segunda proposta de conciliação (o advogado do autor estaria na audiência), designar data para o julgamento.

Uma outra nótula se faz necessária. Os juízes costumam fazer constar da ata da audiência de instrução, nos casos de ausência injustificada do autor (ou do réu), a aplicação da "pena" de confissão quanto à matéria de fato. Que confissão não é "pena" já o dissemos diversas vezes, em linhas anteriores. Esse procedimento judicial é incorreto, por ser precipitado. Ausente o autor (ou o réu), o juiz deveria se limitar a mandar registrar na ata este fato, além de encerrar a instrução processual (quando o ônus da prova fosse de um ou de outro), reservando-se, todavia, para apreciar, na sentença, os efeitos dessa ausência injustificada. Dizer-se, na ata, que a parte é confessa implica afirmar que se presumem verdadeiros os fatos alegados pelo adversário. Ora, que ato jurisdicional excêntrico seria esse pelo qual o juiz, em meio a uma audiência de instrução, *julga* — mediante presunção — verazes tais fatos? Estaríamos diante de uma surrealista decisão interlocutória?

Uma das perguntas — pertinentes ao tema que estamos a examinar — que costumam ser formuladas por aqueles que atuam na Justiça do Trabalho é se a parte não comparecer à audiência de instrução, na qual deveria depor, o seu advogado terá direito de ver inquiridas as suas testemunhas presentes. O assunto, embora esteja ainda a provocar acirrada controvérsia nos sítios da doutrina e da jurisprudência, parece-nos de fácil solução: essas testemunhas não poderão ser inquiridas, porquanto, a despeito de havermos afirmado, há pouco, ser incorreto o procedimento do juiz, consistente em declarar na ata a confissão da parte ausente, o certo é que essa confissão será pronunciada na sentença. Vale dizer, a confissão já está configurada, na audiência, como fato processual, conquanto os seus efeitos somente venham a ser tornados concretos na sentença. E, por estar configurada, significa que são presumidos verdadeiros os fatos alegados pelo adversário; sendo assim presumidos, incide a regra do art. 374, inciso II, do CPC, segundo a qual não dependem de prova os fatos afirmados por uma das partes e confessados pela outra. Dizendo-se por outro modo, os fatos confessados, por se haverem tornado incontroversos, não necessitam ser objeto de prova — ou de contraprova, acrescentamos.

Não comparecimento de ambas as partes à audiência em que deveriam depor

A Súmula n. 74 do TST não elucida, como já alertamos, o que acontecerá se *ambas* as partes deixarem de comparecer à audiência de instrução, para a qual estavam regularmente intimadas. Sabemos que se *uma* delas não comparecer será confessa (registrada a nossa divergência quanto a considerar-se confesso o trabalhador).

Ausentes as duas, é óbvio que não se poderá reputá-las confessas. Isso seria ilógico, pois os fatos por elas alegados, por serem excludentes entre si, não podem ser considerados verdadeiros, e não verdadeiros, a um só tempo, ou seja, o efeito de uma confissão neutralizaria o efeito da outra, de tal maneira que nada restaria em tema de prova produzida.

Seria injustificável, por outro lado, simplesmente designar-se nova audiência, pois isso significaria submeter o juízo à incúria ou à conveniência dos litigantes.

Por isso, sempre que as partes, sem justificativa, deixarem de comparecer à audiência em que seriam interrogadas — e afastada a possibilidade de serem considerados confessas — a solução consistirá em apreciar os fatos por elas narrados segundo o ônus da prova que a cada uma incumbia (CLT, art. 818). Destarte, se o autor estava postulando horas extras e equiparação salarial, é provável que o primeiro pedido seja rejeitado (o *onus probandi* era dele) e o segundo, acolhido (era do réu o encargo de provar o fato impeditivo, modificativo ou impeditivo, que opusera, a teor do art. 818, II, da CLT, e da Súmula n. 6, VIII, do TST.

Se, neste caso, o juiz decidir, em relação a ambas as matérias, a favor do autor com fundamento exclusivo no princípio *in dubio pro misero* estará proferindo sentença suscetível de ser anulada pelo tribunal, em grau de recurso, porquanto o citado princípio só se aplica em tema de interpretação de norma legal, não em terreno de prova. Com efeito, se as legislações material e processual trabalhistas são — ainda que em tese — protecionistas do trabalhador, é lógico, é compreensível que o intérprete, diante de um texto legal ambíguo, opte pela interpretação mais favorável ao empregado, pois essa sua atitude estará em plena harmonia com o espírito, com o substrato da própria norma interpretada.

Mesmo nos casos que configuram o que se convencionou denominar de "prova dividida", não há lugar para a incidência do difundido princípio *in dubio pro misero*.

Neste caso, incumbirá ao juiz decidir a favor de quem produziu a melhor prova. Estamos, pois, a falar deste momento particular da atividade do magistrado, em que a ele caberá valorar a prova produzida pelas partes, segundo o princípio do livre convencimento motivado, expresso no art. 131 do CPC de 1973 — e implícito no art. 371 do CPC de 2015, combinado com o art. 765 da CLT —, a que a doutrina tem designado, com certa impropriedade, de princípio da persuasão racional.

Não comparecimento do advogado à audiência de instrução

No sistema do processo civil (CPC, art. 362, II), a audiência de instrução poderá ser adiada quando, por motivo justificado, não puder comparecer "*qualquer pessoa que dela deva necessariamente participar*". Dentre essas pessoas, se incluem o perito, as partes, as testemunhas e os advogados, às quais se referia o art. 453, inciso II, do CPC de 1973.

A norma do inciso II, do art. 362, do estatuto processual civil, seria aplicável ao processo do trabalho, máxime no que diz respeito aos advogados?

Conquanto, neste processo, as partes ainda disponham do *ius postulandi* (CLT, art. 791, *caput*), que lhes permite praticar, sem o patrocínio de advogado, nas "reclamações" trabalhistas, todos os atos processuais necessários à defesa dos seus direitos e interesses externados na causa, estamos convencidos de que se a parte possuir advogado regularmente constituído nos autos, e este comprovar a sua impossibilidade de comparecer à audiência de instrução, ela deverá ser adiada, sob pena de nulidade processual.

A nosso ver, portanto, as garantias constitucionais da ampla defesa e do devido processo legal (CF, art. 5º, incisos LV e LIV, nesta ordem) impõem o adiamento da audiência, na situação em exame, inclusive, no processo do trabalho. Mantemos esta opinião mesmo que a parte seja graduada em Direito, pois sempre deverá ser respeitado o seu direito de fazer-se representar por advogado, especialmente, no que se refere à prática de atos processuais em audiência.

Um esclarecimento essencial: estamos a pressupor que a parte haja outorgado procuração somente a *um* advogado. No caso de a outorga haver sido feita a diversos advogados, para que atuem no processo independentemente da ordem de nomeação, não se justificará o adiamento se, por exemplo, o advogado que subscreveu a inicial ou a contestação não puder comparecer à audiência, pois, nesta hipótese, qualquer outro advogado nominado no instrumento do mandato poderá suprir essa falta.

Voltemos à situação em que a procuração tenha sido outorgada apenas a um advogado. Dissemos que, neste caso, se o advogado não puder comparecer à audiência, por motivo relevante e comprovado, o ato processual deverá ser adiado. Poder-se-ia indagar se manteríamos esta opinião se do mandato constassem poderes para substabelecer. Em princípio, a opinião seria mantida. Ocorre que a constituição de advogado, em certos casos, tem caráter personalíssimo (*intuitu personae*), pois foram levadas em consideração, por exemplo, a notória cultura jurídica deste profissional, a sua especialização, a sua experiência no exercício da profissão, etc. Sabemos que o fato de constar da procuração poderes para substabelecer é produto, muito mais, de uma prática habitual, do que da manifestação de vontade do outorgante. De qualquer modo, também aqui o magistrado deverá ter a sensibilidade e o bom-senso necessários para decidir, de maneira justa, se acolhe ou rejeita o requerimento de adiamento da audiência.

Há, todavia, uma outra questão a ser enfrentada: como deverá proceder o juiz caso o advogado deixe de comparecer à audiência de instrução sem justificar o motivo de sua ausência? O processo civil apresenta a solução, em seu âmbito: o juiz *poderá* dispensar a produção de provas pela parte cujo advogado não comparecer (art. 362, § 2º). Embora o legislador tenha utilizado o verbo *poder*, na elaboração do texto, a demonstrar, com isso, que a dispensa da prova constitui *faculdade* do juiz, pensamos que essa norma do CPC seja incompatível com o processo do trabalho. Realmente, ainda que o advogado tenha deixado de comparecer, sem justificativa, à audiência de instrução, o juiz do trabalho não pode ignorar que — bem ou mal — continua a viger o art. 791, *caput*, da CLT, que, como dissemos há pouco, atribui aos litigantes capacidade postulatória, de tal arte que, mesmo ausente o advogado, a parte, se não desejar requerer o adiamento da audiência, poderá praticar, na audiência de instrução (para nos limitarmos a esta), todos os atos que aí soem ser realizados: contradita de testemunhas; reperguntas à parte contrária; inquirição de suas testemunhas e das do adversário; apresentação de razões finais; manifestação sobre a segunda proposta de conciliação, etc.

Impedi-la de assim agir será transgredir, a um só tempo, os arts. 791, *caput*, da CLT, e 5º, incisos LIV e LV, da Constituição Federal, rendendo, por esse modo, ensejo à nulidade do processo, porquanto, em tais situações, é razoável presumir que o prejuízo da parte será considerável e manifesto (CLT, art. 794).

Veja-se, a respeito, esta ementa de acórdão:

"ADVOGADO — AUDIÊNCIA DE INSTRUÇÃO — AUSÊNCIA JUSTIFICADA — ADIAMENTO INDEFERIDO — NULIDADE — Ainda que subsistente o *jus postulandi*, a parte tem direito de ser representada nos atos processuais por advogado, configurando ofensa ao seu direito de defesa e ao próprio devido processo legal obstá-la de fazer uso dessa faculdade. Não há, pois, qualquer incompatibilidade na aplicação subsidiária do art. 453, II (que corresponde ao art. 362, II, do CPC de 2015, acrescentamos) do CPC, no Processo do Trabalho. Portanto, o indeferimento de adiamento da audiência de instrução, oportunamente requerido e justificado pelo comprovado impedimento de comparecimento do único advogado, representa cerceamento de defesa, justificando a declaração de nulidade processual a partir daí." (TRT 9ª R. — ACO 02781-2005-014-09-00-3 — Rel. Arion Mazurkevic — j. 2.5.2008.)

Como dissemos, se o requerimento de adiamento da audiência for feito por ambas as partes o juiz, em princípio, deverá deferi-lo (CPC, art. 362, inciso I). Não estamos, com isso, a reconhecer às partes eventual poder de disposição do processo. De maneira alguma. Elas, como é evidente, não detêm essa potestade. O que estamos a asseverar é que se o requerimento de adiamento da audiência for feito pelos litigantes, em conjunto, constituirá medida de bom-senso judicial o seu deferimento, mesmo no processo do trabalho. É óbvio que esse requerimento de adiamento deverá ser motivado; não raro, por exemplo, esse motivo está ligado à possibilidade de as partes tentarem uma transação ou de os seus advogados deverem comparecer a outra audiência, no mesmo horário.

Resumindo: se o advogado não puder comparecer à audiência de instrução, o juiz poderá adiá-la, dependendo do motivo alegado e da prova produzida. Se o juiz indeferir o requerimento, isso não impedirá a parte que constituiu o advogado ausente de produzir provas, pois esta ainda detém capacidade postulatória (CLT, art. 791), que lhe permite praticar, notadamente em primeiro grau de jurisdição, todos os atos processuais necessários à defesa dos seus direitos ou interesses. Se estivéssemos a cuidar de processo civil, as consequências seriam graves, pois o juiz poderia impedir a parte de produzir provas, com fundamento no art. 362, § 2º, do CPC. Contudo, a própria jurisprudência do processo civil, em atitude com a qual concordamos, tem feito uma espécie de temperamento da regra contida no referido dispositivo do CPC, de modo a considerar que a parte, mesmo sem advogado, tem o direito de ver inquiridas as suas testemunhas presentes. Por mais forte razão, assim haver-se-á de entender no processo do trabalho.

O Procurador-Geral da República ingressou, porém, com Ação Direta de Inconstitucionalidade (ADI n. 5766/2017), no STF, tendo como objeto os arts. 790-B, *caput*, e § 4º; 791-A, § 4º; e 844, § 2º, da CLT. Segundo o autor da ação, essas normas estariam a violar os arts. 1º, incisos III e IV; 3º, incisos I e III; 5º, *caput*, incisos XXXV e LXXIV e § 2º; e 7º a 9º da Constituição da República. Foi sorteado como relator o Ministro Roberto Barroso.

§ 3º O pagamento das custas a que se refere o § 2º é condição para a propositura de nova demanda.

• **Comentário**

O CPC contém disposição semelhante: *"A petição inicial, todavia, não será despachada sem a prova do pagamento ou do depósito das custas e dos honorários de advogado."* (art. 486, § 2º)

Ambas as normas, a nosso ver, são *inconstitucionais*, por vedarem o exercício do direito de ação, assegurado pelo art. 5º, XXXV, da Constituição Federal. Se as custas não forem pagas, deverão ser objeto de execução nos mesmos autos em que se deu a ausência injustificada do autor, à audiência. É o que consta do art. 790, § 2º, da CLT: *"No caso de não pagamento das custas, far-se-á a execução da respectiva importância, segundo o procedimento estabelecido no Capítulo V deste Título."* O referido Capítulo V dispõe sobre *execução* (arts. 876 a 892).

Não há, portanto, razão factual ou jurídica para obstar-se o exercício do direito constitucional de alguém invocar a prestação da tutela jurisdicional do Estado, seja no caso de direito colocado em estado de periclitância, seja no de o direito já haver sido violado, pelo simples fato de não haver pago as custas atinentes ao processo anterior, extinto sem resolução do mérito.

Chega, mesmo, a causar indignação às consciências mais lúcidas o fato de o legislador ordinário haver colocado o interesse da União (recebimento das custas) acima da garantia constitucional, assegurada aos indivíduos e às coletividades, de invocarem a tutela jurisdicional do Estado (direito de ação), com a finalidade de promoverem a defesa dos seus direitos ou interesses vinculados a bens ou a utilidades da vida.

Note-se, que esse legislador aponta o pagamento das custas processuais como *condição* (*sine qua non*) para o exercício do direito constitucional de ação. É ousadia demais, é bom-senso de menos.

A regra do § 3º, do art. 844, da CLT, fica tanto mais comprometida sob a perspectiva da Constituição Federal quando se tem em conta que o autor da ação, na grande maioria das situações, é um trabalhador — que pode, inclusive, estar recebendo o benefício da justiça gratuita: mesmo assim, o § 2º, do art. 844, da CLT, não o dispensa do "sagrado" pagamento das custas processuais, exceto se comprovar que a sua ausência à audiência derivou de motivo *legalmente justificável*.

Uma breve incursão histórica oportuna: se empreendermos um sobrevoo sobre a história do direito dos povos, verificaremos a existência de certa fase remota, envolvida pelas brumas da insensatez, em que se permitia ao indivíduo satisfazer, com os meios pessoais de que dispusesse, as suas pretensões vinculadas a bens ou utilidades da vida, sempre que houvesse o interesse de outrem sobre os mesmos bens e utilidades. Vivia-se, na altura, o execrando período da autotutela ou autodefesa, da realização da "justiça" por mãos próprias, em que a prevalência nem sempre era do direito — como seria desejável pelas consciências de hoje — e, sim, da astúcia, da velhacada, do ardil, da prepotência, da riqueza e, de certo modo, das classes dominantes e detentoras dos poderes político ou econômico.

Convencendo-se, não sem grande tardança, de que esse sistema iníquo estava colocando em grave risco a estabilidade não só das relações jurídicas, mas das próprias relações sociais, o Estado, que até então se mantinha em uma atitude irresponsavelmente passiva, interveio nesse campo e trouxe para si o encargo de solucionar, em caráter monopolístico e de maneira imparcial e heterônoma, os conflitos de interesses ocorrentes entre os integrantes do grupamento humano.

A contar desse episódio de extraordinária importância para o direito dos homens, instaura-se a Justiça Pública — e, com ela, surge essa tríade fundamental, que viria a constituir-se na viga mestra de todo sistema moderno de solução estatal dos conflitos intersubjetivos de interesses protegidos pela ordem jurídica, a saber, a *jurisdição*, a *ação* e o *processo*. A jurisdição, mais do que um *poder*, torna-se um indeclinável *dever* do Estado de declarar com quem se encontra o direito em disputa; a *ação* traduz-se no direito público, de que passaram a ser detentores os indivíduos e as coletividades, de invocar a tutela jurisdicional (nos casos e forma previstos em lei), sempre que sofrerem lesão de direito ou estiverem na iminência de sofrê-la; o *processo* firma-se como o método ou técnica de que se utiliza o Estado para compor as lides, revelando-se ao mundo sensível pelo *procedimento* —, suas vestes formais, consistente em um conjunto de atos sequentes e preordenados, e em regra preclusivos, que se encaminham para o seu polo de atração magnética: a sentença de mérito.

Essa nótula histórica revela que o Estado, ao proibir ao indivíduo o exercício da autotutela ou da autodefesa de interesses, pessoais ou de terceiros (*"exercício arbitrário das próprias razões"*, segundo o art. 345 do Código Penal), assumiu o compromisso de prestar a tutela jurisdicional sempre que a isso for solicitado pelo interessado. Mais do que isso, como vimos, inseriu o direito de ação — princípio da inafastabilidade da jurisdição — como uma das *garantias constitucionais* (CF, art. 5º, XXXV). Não é admissível, pois, que um direito alcandorado à categoria constitucional possa ter o seu exercício obstado pelo fato de a parte não haver efetuado o pagamento das custas processuais (interesse pecuniário da União) a que foi condenado.

Ao final de sua monumental obra, *Os Sertões*, Euclides da Cunha, indignado com o massacre imposto pelo Governo Federal à população de Canudos, escreveu: *"É que ainda não existe um Maudsley para as loucuras e os crimes das nacionalidades"* — referindo--se a Henry Maudsley (1835-1918), psiquiatra inglês que deu importante contribuição ao conceito de Sociopatia (doença mental que se caracteriza por um comportamento hostil antissocial). Permita-nos, Euclides, a paráfrase: *"É que ainda não existe um Maudsley para as violações perpetradas pelos legisladores ordinários à Constituição da República."*

Capítulo XXVI
REVELIA

§ 4º A revelia não produz o efeito mencionado no *caput* se:

I — havendo pluralidade de reclamados, algum deles contestar a ação;

II — o litígio versar sobre direitos indisponíveis;

III — a petição inicial não estiver acompanhada de instrumento que a lei considere indispensável à prova do ato;

IV — as alegações de fato formuladas pelo reclamante forem inverossímeis ou estiverem em contradição com prova constante dos autos.

• **Comentário**

Escorço histórico

Uma das fórmulas adotadas pelo direito português antecedente ao período das Ordenações reinóis para fazer com que o revel comparecesse a juízo foi permitir que o autor se imitisse na posse dos bens daquele. Esse procedimento se inspirou, sem dúvida, no direito barbárico, ao qual repugnava a revelia, motivo por que se o réu deixasse de atender à citação deveria ser severamente punido.

Com o advento das Ordenações reinóis, alterou-se o panorama. Estas, na linha do Direito Romano, aboliram as penalidades contra o revel e não aceitaram a confissão presumida decorrente da revelia. Além disso, permitiram que o revel interviesse no feito no estado em que se encontrasse, desde que não transitada em julgado a sentença. É bem verdade, contudo, que o revel "verdadeiro" não poderia recorrer da sentença condenatória. Revel "verdadeiro" era o indivíduo que deixava de comparecer a juízo, pessoalmente ou por intermédio de procurador, sem que houvesse motivo plausível para a sua ausência ou contumácia.

De modo geral, o Direito Brasileiro, desde o período imperial até grande parte do republicano, adotou o sistema vigente em Portugal, quanto à revelia. Fundamentalmente, a alteração que os nossos textos legais da época introduziram na matéria consistiu na eliminação do veto à possibilidade de o revel "verdadeiro" poder recorrer da sentença.

O primeiro Código unitário de processo civil que o país conheceu (1939) não disciplinou a revelia, limitando-se a declarar que era considerado revel o citado que não apresentasse defesa no prazo legal, contra o qual correriam os prazos, independentemente da intimação ou notificação (art. 34, *caput*), e que ele poderia intervir no processo, qualquer que fosse a fase em que este se encontrasse (parágrafo único). Nada mais do que isso.

O art. 209, *caput*, desse Código, embora tenha sido visto por alguns estudiosos como uma ruptura com a tradição romana, desde muito seguida pelo nosso direito, de tal maneira que o réu seria sempre revel, em rigor nada tinha a ver com o tema, porquanto apenas afirmava que *"O fato alegado por uma das partes quanto a outra o não contestar, será admitido como verídico se o contrário não resultar do conjunto das provas"*. Essa era uma norma genérica, acerca das consequências processuais da falta de impugnação dos fatos narrados pelo autor; como tal, era insuficiente para abranger o universo da revelia.

O CPC de 1973 deu um passo à frente ao regular a matéria em quatro artigos (319 a 322), pelos quais não só enunciou o princípio de que se o réu não responder à ação seriam considerados verdadeiros os fatos alegados na petição inicial (art. 319), como indicou as exceções pertinentes (art. 320), além de reiterar a regra da imutabilidade do pedido (art. 321); de afirmar que, contra o revel, os prazos fluirão independentemente de intimação (art. 322), e de permitir que ele intervenha no feito, no estado em que se encontre *(ibidem)*.

O CPC de 2015 dedicou três artigos ao tema (344 a 346), mantendo, em termos gerais, a disciplina que havia sido imposta pelo CPC de 1973.

A CLT com seu laconismo característico, destinou um único artigo ao assunto: o 844, *caput*, cuja parte final adverte que *"o não comparecimento do reclamado* (sic) *importara revelia, além de confissão, quanto à matéria de fato"*. Não podemos deixar de reconhecer que o essencial aí foi dito, mormente se levarmos em conta o fato de que, à época, estava em vigor o CPC de 1939, no qual a matéria era precariamente tratada, e, ademais, em dispositivo integrante do Título (III) que versava sobre *prazos*. A realidade científica e prática do período não exigia que o legislador trabalhista dissesse mais do que disse. E elementar que os tempos mudaram e que, em razão disso, a disciplina da revelia, no texto da CLT, se tornou insatisfatória, fazendo com que fosse indispensável a adoção supletiva das normas constantes do CPC.

Idealmente, todavia, o processo do trabalho *de lege ferenda* deverá regular a matéria segundo as peculiaridades marcantes desse processo, como dispensando a realização de determinados exames periciais (insalubridade), que soem acarretar um retardamento na entrega da prestação jurisdicional, além de impor, muitas vezes, ao autor, a realização de despesas, com as quais não tem condições de arcar.

Conceito

O vocábulo *revel* (do latim *rebellis*) significa, na linguagem processual, aquele que, citado (réu), deixou, sem qualquer justificativa razoável, de contestar os fatos alegados na inicial. O substantivo *revelia* designa, portanto, a qualidade de quem é revel.

Sob este aspecto, há indiscutível sinonímia entre as palavras revelia e contumácia, embora alguns autores tenham procurado fazer crer que esta seria a causa daquela, ou, ainda, que a contumácia seria o gênero, do qual a revelia se apresentaria como espécie. Não nos parece, contudo, que essa tentativa de separar os conceitos de uma e de outra tenha base científica, e, mesmo, léxica. Em essência, tanto a revelia quanto a contumácia traduzem o fato caracterizado pela inexistência de resposta do réu que tenha sido citado.

Revelia, entretanto, não é pena, conforme costumam supor, irmanadas no erro, doutrina e jurisprudência. A *pena* pressupõe o inadimplemento de uma obrigação, sendo certo que nenhuma norma processual moderna obriga o réu a responder à ação. O que há, quando muito, é seu ônus nesse sentido, cuja quebra fará com que se presumam verdadeiros os fatos alegados pelo autor. Nem mesmo a confissão é pena, ao contrário do que têm alardeado aqueles que não se dão ao cuidado de examinar o senso exato das palavras que utilizam. Não existe uma obrigação legal de impugnar os fatos narrados pelo adversário, mas, apenas, um dever quanto a isso.

O que deve ser entendido, para evitar equívocos comprometedores, é que o réu tem o direito de ser regularmente citado, a fim de que, cientificado, por essa forma, da existência da ação, possa fazer uso da faculdade de se defender. Por outros termos: o direito de ampla defesa lhe é constitucionalmente assegurado, conquanto o efetivo *exercício* desse direito entre no seu livre-arbítrio. É verdade que se o réu deixar de responder à ação, sem justificativa razoável, sofrerá as consequências processuais de sua incúria, que, como sabemos, consistirão na presunção de veracidade dos fatos descritos na peça inicial.

Do quanto expusemos até esta parte, podemos formular, sem rebuços, o seguinte conceito de revelia: é a ausência injustificada de contestação do réu, que tenha sido regularmente citado. Aí estão, a nosso ver, os elementos essenciais do conceito, agora mencionados em outra ordem: a) citação do réu; b) ausência de contestação; e c) inexistência de justificativa legal desse silêncio.

Nem toda ausência de *resposta* configura revelia. Lembremos que essas respostas compreendem, no processo do trabalho, as *exceções*, a *contestação* e a *reconvenção*. Se o réu deixar, digamos, de excepcionar o juízo, por certo não será revel. A revelia emana, exclusivamente, da falta de *contestação*.

Como a revelia, enquanto fato processual, espelha a ausência de contestação do réu à ação ajuizada pelo adversário, o que ao réu incumbirá, caso se sinta seguro para comprovar os motivos pelos quais deixou de responder, será procurar elidir esse estado, ou seja, a revelia, perante o tribunal, com objetivo de ver assegurado o seu direito de apresentar, no juízo de primeiro grau, a resposta que desejar.

Por esse motivo, incidirá em erro o réu toda vez que, ao interpor recurso ordinário da sentença condenatória proferida à sua revelia, procurar discutir o mérito da causa. Se isso fosse possível, estaria sendo suprimido um grau de jurisdição, levando-se em conta o fato de o réu não haver impugnado o mérito em primeiro grau. Portanto, no caso de revelia, o recurso que vier a ser interposto pelo réu deverá estar circunscrito à elisão do seu estado de revelia, para que ele possa oferecer, no juízo *a quo*, contestação.

É conveniente revermos algumas concepções do passado a respeito da revelia, para que possamos melhor entender esse acontecimento do processo.

Alguns estudiosos chegaram a identificá-la como uma rebelião ao poder do juiz. Dessa rebeldia, extraía-se o fundamento para a punição do revel. Essa opinião, contudo, não pode prosperar nos tempos modernos, nos quais a resposta do réu, como afirmamos, não é obrigatória nem figura como requisito fundamental para o desenvolvimento do processo. O que se exige é que ele seja citado, vale dizer, cientificado da existência da demanda.

Chegou-se, também, a reconhecer na revelia a renúncia ao direito de defesa. Essa teoria pecou pelo excesso. Se sustentasse que a contumácia corresponderia à renúncia ao direito de resposta, poderia até ser aceitável. Falar, todavia, em renúncia ao direito de defesa importa ir além da medida, pois o conceito de defesa, como sabemos, é bem mais amplo do que o de resposta. Desde o sistema do CPC de 1939, em nosso meio se assegurou a possibilidade de o revel intervir da causa para se defender, recebendo-a no estado em que se encontre. Isso demonstra que a única renúncia capaz de ocorrer na revelia é quanto ao direito de responder, nunca de se defender.

Pensou-se, ainda, na revelia como uma espécie de desistência da faculdade de agir. Essa corrente de pensamento, conquanto tenha o mérito de aproximar-se da concepção hoje predominante, fica sem poder dar uma explicação suasória diante do fato de que essa desistência acarreta consequências processuais desfavoráveis ao revel. Conforme pudemos argumentar em defesa do conceito que formulamos anteriormente, em que pese ao fato de o exercício do direito de resposta do réu estar ligado a uma sua faculdade, isso não significa que a opção de não fazer uso dessa faculdade não lhe acarrete consequências prejudiciais. Demais, o revel não desiste da faculdade de agir, mas, apenas, de responder (contestar, no caso). Valemo-nos, aqui, das mesmas objeções que lançamos à teoria da renúncia ao direito de defesa: há excesso no seu conteúdo.

A teoria da inatividade, formulada por notáveis juristas italianos (Chiovenda, Betti), procurou explicar a revelia a partir do elemento objetivo da contumácia, desprezando, assim, o subjetivo. Para ela, portanto, a lei levaria em conta, apenas, o aspecto objetivo da revelia, que se manifestaria sob a forma de uma aceleração ou de simplificação do procedimento, em decorrência da falta do contraditório. Exatamente por isso é que essa teoria rejeitou a relevância de questões como confissão fictícia, intenção do revel, justiça da sentença, por serem de foro subjetivo. Essa concepção doutrinária, porém, não se ajusta à nossa realidade legislativa, pois a norma processual não reduz a revelia à mera simplificação do procedimento, prevendo também consequências jurídicas desfavoráveis ao revel, consubstanciadas na presunção (ainda que relativa) de veracidade dos fatos alegados pelo autor.

Nenhuma das teorias aqui expostas, como já se pode inferir, se sustenta diante de nosso sistema processual, embora sejam perfeitamente apropriadas e abalizadas para justificar sistemas vigorantes nos países de origem.

Como afirmamos, no processo civil brasileiro, as partes têm deveres em face do processo, como os de expor os fatos em juízo conforme a verdade; não formular pretensões, nem alegar defesa, cientes de que são destituídas de fundamentos; não produzir provas, nem praticar atos inúteis ou desnecessários à declaração ou defesa do direito; cumprir com exatidão as decisões jurisdicionais, de natureza provisória ou final; não criar embaraços à efetivação de pronunciamentos jurisdicionais de natureza antecipatória ou final; declinar o endereço em que receberão intimações e atualizar essas informações quando for o caso; não praticar inovação ilegal no estado de fato de bem ou direito litigioso (CPC, art. 77). Devem ser mencionados, ainda, os deveres de comparecer a juízo para serem interrogadas e de responder ao que lhes for interrogado, assim como de submeter-se à inspeção judicial, de praticar o ato que lhe for determinado (art. 379, I a III); de tratar as testemunhas com urbanidade (CPC, art. 459, § 2º) e de não praticar ato atentatório à dignidade da Justiça (CPC, art. 774), entre outros.

Interessam-nos, em especial, os deveres de expor os fatos em juízo conforme a verdade (CPC, art. 77, I) e de impugnar os fatos alegados pelo autor, sob pena de serem presumidos verdadeiros (CPC, art. 341).

Quando o autor invoca a prestação da tutela jurisdicional, com o escopo de promover a defesa de um bem ou de uma utilidade da vida, ele o faz por meio de um instrumento específico de provocação dessa atividade estatal, a que se denomina petição inicial. Nesta, incumbir-lhe-á narrar os fatos dos quais extrairá, mais adiante, os pedidos. Vimos que esses fatos devem ser narrados de acordo com a verdade. Se tais fatos não correspondem à verdade, cabe ao réu impugná-los. Não o fazendo, a consequência objetiva, prevista pelo nosso sistema processual, é a presunção de veracidade dos fatos constantes da inicial. Os nossos códigos se afastaram, como se percebe, da tradição romana, segundo a qual, mesmo havendo contumácia, o autor permanecia com o ônus de comprovar os fatos alegados. Não vem ao encontro do propósito da análise que estamos a empreender se essa atitude do legislador brasileiro foi correta, ou não, embora antecipemos a nossa opinião de que foi.

À luz do processo civil de nosso País (e, por extensão, do processo do trabalho), a revelia encontra no próprio sistema a justificação (técnica, política, lógica) de sua existência, uma vez que se há um dever do autor (para cogitarmos somente dele) de expor os fatos, na petição inicial, conforme a verdade, e um dever do réu, de impugnar esses fatos, caso os repute inverídicos; é evidente que a revelia, à qual se liga a falta de depoimento do réu, implica o reconhecimento tácito, por parte deste, de que são efetivamente verdadeiros esses fatos.

Se a norma legal ordena, em nome do princípio do contraditório, que se dê ao réu a oportunidade para refutar os fatos afirmados pelo adversário, e ele nem sequer comparece a juízo para fazê-lo, é absolutamente razoável que ditos fatos tenham em seu favor a presunção, ainda que relativa (*iuris tantum*), de veracidade, pois não seria justo exigir que o autor os provasse mesmo quando o réu tenha preferido manter injustificado silêncio diante deles.

Não se trata, portanto, de rebelião ao poder do juiz, nem de renúncia ao direito de defesa, ou de desistência da faculdade de agir ou de inatividade do réu, e, sim, de quebra, por parte deste, dos deveres legais de vir a juízo, a fim de impugnar, com precisão (especificamente), os fatos narrados pelo autor e de submeter-se ao interrogatório.

Preocupam-se, alguns estudiosos, com a possibilidade de a confissão presumida, decorrente do silêncio do réu, acabar consagrando a inverdade, a mentira, sempre que os fatos expostos na inicial não forem verdadeiros. Ora, essa objeção é insustentável, seja porque se nada há nos autos, capaz de demonstrar que os fatos são falsos, seria de indagar-se com que fundamentos jurídicos se poderia alegar essa falsidade, seja porque a possibilidade de acabar prevalecendo a inverdade não é algo que decorra, com exclusividade, da revelia e da ausência de depoimento, podendo, infelizmente, ser produzida mesmo nos casos em que não ocorra a revelia, bastando, para isso, que o réu induza, por exemplo, as suas testemunhas ao falseamento da verdade.

O que o juiz deve ter em mente, nas situações de revelia (ou de ausência de depoimento do réu), é que a confissão fictícia, como o próprio adjetivo o demonstra, não constitui uma porta escancarada para a admissibilidade, como verdadeiros, dos fatos alegados pelo autor, se não que um expediente, uma fórmula objetiva (e, também, artificiosa), idealizada pelo legislador, para superar o problema acarretado por aquele que deixou de atender aos deveres de impugnar os fatos expostos pelo adversário e de submeter-se ao interrogatório. A presunção de veracidade desses fatos, enfim, não deve ser um pretexto para que o juiz renuncie ao seu poder de direção do processo e ao seu dever de investigação da verdade, mas, sim, um pano de fundo, que será utilizado sempre que não lhe for possível fazer aflorar, sem quebra da imparcialidade, a verdade dos fatos.

Ninguém ignora o vetusto mandamento de que juiz deve formar a sua convicção jurídica acerca dos fatos da causa com fulcro na verdade formal, que é aquela constituída nos autos (*quod non est in aclis non est in mundo*); toda vez, porém, que a verdade formal não coincide com a real (os fatos, tais como existiram), essa anomalia fenomênica faz com que opinião pública realize um perigoso saque contra o prestígio dos pronunciamentos da jurisdição.

Por isso, é imprescindível que os juízes sejam comedidos na aplicação prática dos preceitos legais pertinentes à revelia e à confissão ficta, cujas existências, entretanto, se justificam, sob o aspecto pragmático, como providência para resolver situações provocadas por aquele que, sem razão alguma, pôs de lado deveres legais específicos, como os de submeter-se ao interrogatório judicial e de impugnar os fatos alegados pelo adversário.

A abreviação do procedimento, nestas hipóteses, não é um fim visado pelo legislador, senão que uma decorrência lógica da incontrovérsia que o silêncio do réu fez gerar no tocante a esses fatos. Aludimos à abreviação do procedimento porque, nos termos do art. 355, inciso II, do CPC, a revelia constitui um dos casos que autorizam o julgamento *antecipado* do mérito. Essa antecipação significa que o juiz poderá suprimir, no todo ou em parte, a fase de instrução oral do processo.

O § 4º, do art. 844, da CLT, constitui reprodução literal do art. 345 do CPC.

A revelia é *fato processual*, motivado pela ausência injustificada de contestação, no prazo legal. O seu efeito, por excelência, é a presunção de veracidade dos fatos narrados na petição inicial (CLT, art. 844, *caput*, parte final; CLT, art. 344).

O § 4º, do art. 844, da CLT, indica as situações em que não ocorrerão os *efeitos* da revelia. Passemos a comentá-las.

Inciso I — *Pluralidade de réus*. O inciso em exame não tem o alcance que a sua expressão literal faz supor. Somente no regime litisconsorcial do tipo *unitário* é que a contestação apresentada por um dos compartes beneficiará os demais. A razão é compreensível: nessa modalidade de consórcio para a lide, a decisão tem que ser uniforme para todos os compartes; destarte, eventual entendimento de que a contestação oferecida por um litisconsorte não aproveitaria os demais seria aberrante e subversiva do princípio nuclear de que a lide deve ser solucionada de maneira igual para todos.

No litisconsórcio simples, opostamente, os atos praticados pelos litisconsortes não se comunicam, justamente porque, aqui, a decisão não precisa ser homogênea, podendo, por isso, a lide ser solucionada de modo diversificado para cada litisconsorte. É com vistas a esta espécie de regime litisconsorcial que se deve inteligir o *princípio* contido no art. 117 do CPC.

De qualquer sorte, isto é axiomático: mesmo no litisconsórcio simples, a omissão de um litisconsorte não prejudicará os demais. Conquanto a lei não o diga, essa regra de comedimento foi entretecida pela doutrina e consagrada pela jurisprudência.

Inciso II — Direitos indisponíveis. A norma do inciso II, *sub examen,* é reiterada pelo art. 392, *caput,* do CPC.

Levando-se em consideração que estamos a cuidar dos efeitos da revelia (e das exceções legais), será rara a incidência, no processo do trabalho, do inciso II, do § 4º, do art. 844, da CLT, pois dificilmente o réu (empregador) terá direito indisponível para ser invocado em seu benefício. Se a realidade prática, no entanto, apontar a existência de indisponibilidade de algum direito do réu, é certo que, nesta hipótese excepcional, a revelia não produzirá os efeitos que lhe são imanentes. Diante disso, caberá ao juiz ordenar que o autor especifique as provas que pretende produzir, se ainda não as houver indicado (CPC, art. 348).

A União, os Estados e os Municípios podem confessar; logo, verificam-se, quanto a eles, os efeitos da revelia.

Inciso III — Instrumento indispensável. Não se produzirão os efeitos da revelia se a inicial estiver desacompanhada de instrumento que a lei considere ser da essência do ato. O CPC anterior aludia a instrumento *público* (art. 320, III). Cotejando-se ambas as normas, vemos que a atual, ao fazer referência genérica a *instrumento,* está a compreender tanto o público quanto o particular. O processo do trabalho também se refere a *instrumento.*

No processo do trabalho, aliás, são raros os casos em que a norma legal exige a presença de instrumento público que a lei repute indispensável à prova do fato. Se, entretanto, em um caso singular, for imposta a presença de instrumento dessa natureza, e a petição inicial não o trouxer, a revelia não acarretará os efeitos que lhe são característicos.

Do ponto de vista prático, todavia, o que se deve entender da declaração enunciada pelo § 4º, do art. 844, da CLT, de que se ocorrer uma das hipóteses referidas por essa norma o efeito da revelia não será produzido? Essa dicção da lei significa que subsistirá, para o autor, o ônus de demonstrar a veracidade dos fatos alegados na petição inicial. Em virtude disso, deverá o juiz intimá-lo, a fim de que especifique as provas que pretende produzir, se ainda não as indicou (CPC, art. 348). Em regra, a prova será testemunhal. A documental deverá ter sido produzida com a petição inicial (CLT, art. 787; CPC, art. 320). Nem sempre, entretanto, as provas serão coletadas em audiência, como imaginou o legislador; situações especiais autorizam que seja produzida fora da audiência, como se dá com o exame pericial que for necessário ou indispensável.

Ocorrendo o efeito da revelia, o juiz estará autorizado a realizar o julgamento antecipado do mérito (CPC, art. 355, II), emitindo, em razão disso, a correspondente sentença de (*ibidem*). A antecipação, na espécie, decorre da desnecessidade de o processo ser submetido à fase de colheita de provas orais (depoimentos das partes, inquirição de testemunhas). Salta-se, assim, diretamente da revelia para o pronunciamento de mérito — conquanto o juiz possa proceder ao interrogatório do autor. A norma do art. 344 do CPC (assim como do art. 844, *caput*, da CLT) é de boa lógica, pois se o réu, por ser revel, não impugnou os fatos afirmados pelo autor, estes fatos se tornaram incontroversos, tornando dispensável, em virtude disso, a realização de audiência tendente a coligir as provais orais. Somente os fatos controvertidos devem ser objeto de prova (CPC, art. 374, II e III).

A declaração da lei de que, verificado o efeito da revelia, o juiz conhecerá imediatamente do pedido, proferindo a sentença de mérito (CPC, art. 355, II), reclama alguns temperamentos, que serão a seguir expostos.

Primeiro: como advertimos inúmeras vezes, em páginas anteriores, o efeito da revelia não subtrai, por si só, o poder de o juiz, como reitor soberano do processo (CLT, art. 765), tomar o depoimento do autor, com o propósito não apenas de melhor inteirar-se acerca dos fatos da causa, como de investigar se as declarações deste coincidem com os fatos relatados na inicial. Eventual discrepância entre as declarações do autor e os fatos lançados na inicial configurará confissão *real*, que, por sua vez, autorizará a neutralização do efeito da revelia, nomeadamente, para aqueles que veem nesse efeito uma presunção (relativa, por certo) de veracidade dos fatos postos na petição inaugural.

Segundo: nem sempre o juiz, mesmo verificando a ocorrência do efeito da revelia, proferirá sentença de mérito. Nada obsta que ele extinga o processo sem pronunciamento sobre as questões de fundo da demanda quando perceber que está ausente algum pressuposto de constituição ou de desenvolvimento regulares da relação processual (capacidade de ser parte, capacidade de estar em juízo; jurisdição, competência, etc.) ou uma das condições da ação (legitimidade *ad causam* e interesse de agir).

O exame desses pressupostos e das condições da ação, aliás, não é uma faculdade, senão que um dever do magistrado, a quem cabe, por esse motivo, pronunciar-se *ex officio* sobre a matéria (CPC, art. 485, § 3º).

Terceiro: não ocorrerá o efeito da revelia toda vez que a matéria for daquelas a que se convencionou designar, não sem uma ponta de impropriedade, como sendo "de direito", em oposição à que é constituída pelos fatos alegados pelo autor e que devam ser por este provados.

"Matéria de fato" e "matéria de direito" não são expressões que necessariamente se contraponham. Esta significa que a formação do convencimento do magistrado dependerá, tão somente, da interpretação que extrair das normas legais invocadas pelo autor; aquela, que os fatos, como acontecimentos da vida dotados de aptidão para produzir consequências na ordem jurídica, para serem aceitos pelo julgador devem ser provados por quem os alegou. É evidente, porém, que a presença de matéria "de fato" não exclui a necessidade de apreciação dos fatos sob o ângulo do direito. No âmbito das matérias de direito encontra-se, também, o *pedido juridicamente impossível*, assim considerado aquele em relação ao qual há um veto da lei quanto ao seu acolhimento judicial. Destarte, a revelia não produz o efeito que lhe é característico quando se tratar de pedido dessa natureza. A propósito, será preferível que se fale de pedido juridicamente *inatendível*, pois, em princípio, todo pedido é possível, do ponto de vista de sua formulação. O seu acolhimento é que se torna impossível.

Quarto: o efeito da revelia não dispensa a sentença de conter os três elementos estruturais exigidos por lei (CLT, art. 832; CPC, art. 489, I a III), a saber: relatório, motivação e dispositivo; especialmente a fundamentação, que é um requisito com sede na Constituição Federal (art. 93, IX). Não incidem no processo do trabalho, contudo, os §§ 1º e 2º, do art. 489, do CPC.

Quinto: conquanto revel, o réu poderá ser vencedor na causa se houver um fato notório (CPC, art. 374, I) que o beneficie. É bem verdade que se pode discutir se o fato detém, ou não, o atributo de notoriedade. Notório que seja o fato, ele terá preeminência com relação ao efeito da revelia, justamente porque essa nota peculiar da notoriedade prescindirá de prova quanto à existência do fato. Um outro caso em que o revel poderá ser vencedor na causa: se o laudo pericial concluir pela inexistência de insalubridade ou de periculosidade, sendo esse o único pedido formulado pelo autor. Ocorre que, mesmo havendo revelia, a existência de insalubridade (e a classificação de seu grau) ou de periculosidade dependem de exame pericial, por força do disposto no art. 195, § 2º, da CLT.

Sexto: nada impede que o juiz, em determinadas situações, converta o julgamento em diligência, conquanto presente o efeito da revelia, com o propósito de apurar a verdade (real) dos fatos. Não se pode ignorar que o processo do trabalho outorga ampla liberdade diretiva aos juízes (CLT, art. 765). Cuidará o magistrado, entrementes, para que a sua preocupação com o descobrimento da verdade não o afaste do dever de neutralidade, a que se encontra legalmente submetido. Assim, a mesma regra de prudência que aconselha o juiz a não decidir, de modo sistemático, contra o revel, o adverte para que não se converta em defensor dos interesses deste. Estamos convencidos de que os juízes têm sabido encontrar o indispensável ponto de equilíbrio entre essas duas situações contrastantes.

Inciso IV — Alegações inverossímeis ou em desacordo com a prova. Estas causas impeditivas da produção dos efeitos inerentes à revelia constituem novidade trazida pelo CPC de 2015 e reproduzidas pelo § 4º do art. 844 da CLT.

Alegações inverossímeis. O efeito característico da revelia é a presunção de veracidade dos fatos alegados na petição inicial. Sob essa perspectiva, ficaria difícil, em princípio, admitir-se a possibilidade de o juiz deixar de reconhecer a ocorrência desse efeito quanto o fato alegado pelo autor lhe parecer inverossímil. Não seriam inconciliáveis, dos pontos de vista lógico e jurídico, a existência dessas duas situações, significa dizer, se a revelia gera a presunção de serem verdadeiros os fatos postos na inicial, como seria possível ao juiz considerar inverossímeis os fatos que nem sequer foram contestados pelo autor? Ainda que em casos remotos, isso é acontecível. Digamos que o autor haja alegado, na inicial, jamais ter usufruído, durante os dez anos em que trabalhou para o réu, de intervalo para repouso ou alimentação. Não é crível, segundo os ditames do senso comum, que isso tenha, efetivamente, ocorrido. Em casos como esse, caberia ao juiz tomar o depoimento do autor e, se verificar que este, muitas vezes, teve esse intervalo com a duração mínima prevista em lei, mandar apurar na fase de liquidação, mediante artigos, quantas vezes houve esse intervalo, e quantas, não. Lembremos que o *senso comum* designa o modo de pensar da maioria das pessoas, o conjunto dos conhecimentos adquiridos pelos seres humanos em geral, durante a vida. São conhecimentos empíricos, que, portanto, não se baseiam em métodos científicos, mas no modo comum de assimilar conhecimentos hauridos do cotidiano. São uma espécie de *máximas de experiência* que se obtém da observação daquilo que ordinariamente ocorre. Essas máximas estavam previstas no art. 335 do CPC anterior, e foram mantidas pelo CPC atual (art. 375).

Desacordo com a prova. O efeito da revelia também não ocorrerá se estiver em desacordo com a prova dos autos, notadamente, a documental. Se, por exemplo, o autor juntou à inicial documento pelo qual se verifica que ele se demitiu do emprego, o juiz pode não considerar a alegação do autor de que teria sido demitido sem justa causa, máxime se ele não alegou qualquer vício de consentimento, de sua parte, na formação do aludido documento.

Revelia e alteração do pedido

O autor poderia efetuar o aditamento de pedido ou a alteração da causa de pedir, sendo o réu revel?

Antes de mais nada, devemos investigar em que *momento* o réu se torna revel.

A revelia, como afirmamos, constitui fato processual caracterizado pela ausência injustificada de *contestação* (logo, pelo réu). O efeito da revelia é a presunção de veracidade dos fatos alegados na petição inicial. Pode haver revelia sem o seu efeito, como demonstra o art. 345 do CPC.

Ora, bem. No sistema do processo do trabalho, a revelia se dá, via de regra, na audiência a que o réu deveria comparecer, para, entre outras coisas, apresentar contestação. Os *efeitos* dessa contumácia do réu, entrementes, somente devem ser apreciados, *em concreto*, pela sentença de fundo, que conterá o resultado da prestação jurisdicional solicitada pelo autor.

De modo geral, a sentença é proferida na mesma audiência em que se deu a revelia. Trata-se do julgamento antecipado do mérito (CPC, art. 355, II).

Se o juiz verificar a ocorrência de quaisquer das situações legais em que, *a priori*, não se verifica o efeito característico da revelia (CPC, art. 345), mandará o autor indicar as provas que pretende produzir.

Lançadas essas considerações, passemos à resposta à indagação formulada no início deste item: o autor pode aditar pedido ou modificar a *causa petendi* sendo réu revel?

No sistema do CPC, isso seria possível, nos termos do art. 329: "*I — até a citação, aditar ou alterar o pedido ou a causa de pedir, independentemente do consentimento do réu; II — até o saneamento do processo, aditar ou alterar o pedido e a causa de pedir, com o consen-*

timento do réu, assegurado o contraditório mediante a possibilidade de manifestação deste no prazo mínimo de 15 (quinze dias), facultado o requerimento de prova suplementar."

Solução diversa há que ser adotada pelo processo do trabalho. Aqui, como ressaltamos em páginas anteriores, ao comentarmos o art. 329 do CPC, qualquer aditamento de pedido ou modificação da causa de pedir ou do próprio pedido somente será possível se ficar assegurado ao réu o prazo mínimo de cinco dias, de que trata o art. 841, *caput*, da CLT. Admitir-se a incidência do inciso II do art. 329 do CPC no processo do trabalho seria permitir a instalação de tumulto no processo especializado, além de acarretar transtornos na organização das pautas dos juízes. Portanto, no processo do trabalho, configurada a revelia, o autor não poderá acrescentar pedidos, pois estes deverão ser objeto de outra ação. O que, talvez, se possa aceitar é a possibilidade de ser alterada a causa de pedir, desde que isso não implique acréscimo ou alteração dos pedidos. Mesmo assim, razões de ordem ética imporiam ao juiz mandar intimar o revel para manifestar-se sobre a alteração da *causa petendi*. Está em causa o princípio da *estabilidade da lide*.

> § 5º Ainda que ausente o reclamado, presente o advogado na audiência, serão aceitos a contestação e os documentos eventualmente apresentados. (NR)

• **Comentário**

Estabelece a Súmula n. 122, do TST: "*A reclamada, ausente à audiência em que deveria apresentar defesa, é revel, ainda que presente seu advogado munido de procuração, podendo ser ilidida a revelia mediante a apresentação de atestado médico, que deverá declarar, expressamente, a impossibilidade de locomoção do empregador ou do seu preposto no dia da audiência. (primeira parte — ex-OJ n. 74 da SBDI-1 — inserida em 25.11.1996; segunda parte — ex--Súmula n. 122 — alterada pela Res. 121/2003, DJ 21.11.2003.)*"

Ao comentarmos o § 2º, do art. 844, da CLT, afirmamos que o TST prestaria bons serviços aos princípios jurídicos e às garantias constitucionais do processo, em especial, as da bilateralidade, do contraditório e do devido processo legal (CF, art. 5º, incisos LIV e LV) se reformulasse o teor da Súmula n. 122, para reconhecer o direito de o advogado presente à audiência apresentar a resposta que portasse por escrito, ou formulá-la oralmente, mesmo estando ausente o preposto.

Nossas considerações acabaram sendo atendidas pelo legislador, pois o § 5º, do art. 844, da CLT, declara que mesmo não comparecendo o réu à audiência, mas estando presente o seu advogado, deverão ser aceitos a contestação e os documentos que este apresentar. A regra é de boa lógica, e justa. De boa lógica, porque, caracterizando-se a revelia pela *ausência de defesa*, não faria sentido considerar-se revel quem cuidou de elaborar contestação e levá-la a juízo; justa, porque a parte se preocupou em oferecer contestação, manifestando, desse modo, o seu *animus* de defender-se, de reagir às alegações contidas na petição inicial.

Note-se que, no caso, a aceitação da contestação e dos documentos não traduz uma *faculdade* atribuída ao magistrado, mas, sim, uma inequívoca *imposição*, conforme revela a redação da norma: "serão aceitos." Eventual recusa do magistrado em aceitar a contestação ou os documentos caracterizará cerceamento do exercício do direito constitucional de ampla defesa (CF, art. 5º, LV), de forma a acarretar a nulidade do processo (CLT, art. 794). É relevante destacar, porém, que esses documentos devem ser *apresentados* pelo advogado do réu, por ocasião da audiência. O § 5º, do art. 844, da CLT, não pode ser invocado pelo advogado para requerer ao magistrado a concessão de prazo para trazer, em prazo que lhe assinar, documentos a juízo. Está claro, pois, que o advogado deverá estar *portando* os documentos, quando da audiência em que se configurar a revelia do seu cliente, sob pena de preclusão.

Poderá ocorrer, em determinadas situações, de não se verificar o efeito da revelia se as alegações feitas pelo autor, na petição inicial, estiverem em antagonismo com a prova documental produzida pelo réu revel, contanto que o autor não tenha impugnado, fundamentadamente, esses documentos (CLT, art. 844, § 4º, IV).

À guisa de adminículo doutrinário, transcreveremos, a seguir, algumas considerações que lançamos sobre a revelia, em outro livro:

> É conveniente revermos algumas concepções do passado a respeito da revelia, para que possamos melhor entender esse acontecimento do processo.
>
> Alguns estudiosos chegaram a identificá-la como uma rebelião ao poder do juiz. Dessa rebeldia extraía-se o fundamento para a punição do revel. Essa opinião, contudo, não pode prosperar nos tempos modernos, nos quais a resposta do réu, como afirmamos, não é obrigatória nem figura como requisito fundamental para o desenvolvimento do processo. O que se exige é que ele seja citado, vale dizer, cientificado da existência da demanda.
>
> Chegou-se, também, a reconhecer na revelia a renúncia ao direito de defesa. Essa teoria pecou pelo excesso. Se sustentasse que a contumácia corresponderia à renúncia ao direito de resposta, poderia até ser aceitável. Falar, todavia, em renúncia ao direito de defesa importa ir além da medida, pois o conceito de defesa, como sabemos, é bem mais amplo do que o de resposta. Desde o sistema do CPC de 1939, em nosso meio se assegurou a possibilidade de o revel intervir da causa para se defender, recebendo-a no estado em que se encontre. Isso demonstra que a única renúncia capaz de ocorrer na revelia é quanto ao direito de responder, nunca de se defender.
>
> Pensou-se, ainda, na revelia como uma espécie de desistência da faculdade de agir. Essa corrente de pensamento, conquanto tenha o mérito de aproximar-se da concepção hoje predominante, fica sem poder dar uma explicação suasória diante do fato de que essa desistência acarreta consequências processuais desfavoráveis ao revel. Conforme pudemos argumentar em defesa do conceito que formulamos anteriormente, em que pese ao fato de o exercício do direito de resposta do réu estar ligado a uma sua faculdade, isso não significa que a opção de não fazer uso dessa faculdade não lhe acarrete consequências prejudiciais. Demais, o revel não desiste da faculdade de agir, mas, apenas, de responder (contestar, no caso). Valemo-nos, aqui, das mesmas objeções que lançamos à teoria da renúncia ao direito de defesa: há excesso no seu conteúdo.
>
> A teoria da inatividade, formulada por notáveis juristas italianos (Chiovenda, Betti), procurou explicar a revelia a partir do elemento objetivo da contu-

mácia, desprezando, assim, o subjetivo. Para ela, portanto, a lei levaria em conta, apenas, o aspecto objetivo da revelia, que se manifestaria sob a forma de uma aceleração ou de simplificação do procedimento, em decorrência da falta do contraditório. Exatamente por isso é que essa teoria rejeitou a relevância de questões como confissão fictícia, intenção do revel, justiça da sentença, por serem de foro subjetivo. Essa concepção doutrinária, porém, não se ajusta à nossa realidade legislativa, pois a norma processual não reduz a revelia a mera simplificação do procedimento, prevendo também consequências jurídicas desfavoráveis ao revel, consubstanciadas na presunção (ainda que relativa) de veracidade dos fatos alegados pelo autor.

Nenhuma das teorias aqui expostas, como já se pode inferir, se sustenta diante de nosso sistema processual, embora sejam perfeitamente apropriadas e abalizadas para justificar sistemas vigorantes nos países de origem.

Como afirmamos, no processo civil brasileiro as partes têm deveres em face do processo, como os de expor os fatos em juízo conforme a verdade; não formular pretensões, nem alegar defesa, cientes de que são destituídas de fundamentos; não produzir provas, nem praticar atos inúteis ou desnecessários à declaração ou defesa do direito; cumprir com exatidão as decisões jurisdicionais, de natureza provisória ou final, não criar embaraços à efetivação de pronunciamentos jurisdicionais de natureza antecipatória ou final; declinar o endereço em que receberão intimações e atualizar essas informações quando for o caso; não praticar inovação ilegal no estado de fato de bem ou direito litigioso (CPC, art. 77). Devem ser mencionados, ainda, os deveres de comparecer a juízo para serem interrogadas e de responder ao que lhes for interrogado, assim como de submeter-se à inspeção judicial, de praticar o ato que lhe for determinado (art. 379, I a III); de tratar as testemunhas com urbanidade (CPC, art. 459, § 2º) e de não praticar ato atentatório à dignidade da Justiça (CPC, art. 774), entre outros.

Interessam-nos, em especial, os deveres de expor os fatos em juízo conforme a verdade (CPC, art. 77, I) e de impugnar os fatos alegados pelo autor, sob pena de serem presumidos verdadeiros (CPC, art. 341).

Quando o autor invoca a prestação da tutela jurisdicional, com o escopo de promover a defesa de um bem ou de uma utilidade da vida, ele o faz por meio de um instrumento específico de provocação dessa atividade estatal, a que se denomina petição inicial. Nesta, incumbir-lhe-á narrar os fatos dos quais extrairá, mais adiante, os pedidos. Vimos que esses fatos devem ser narrados de acordo com a verdade. Se tais fatos não correspondem à verdade, cabe ao réu impugná-los. Não o fazendo, a consequência objetiva, prevista pelo nosso sistema processual, é a presunção de veracidade dos fatos constantes da inicial. Os nossos códigos se afastaram, como se percebe, da tradição romana, segundo a qual, mesmo havendo contumácia, o autor permanecia com o ônus de comprovar os fatos alegados. Não vem ao encontro do propósito da análise que estamos a empreender se essa atitude do legislador brasileiro foi correta, ou não, embora antecipemos a nossa opinião de que foi.

À luz do processo civil de nosso País (e, por extensão, do processo do trabalho), a revelia encontra no próprio sistema a justificação (técnica, política, lógica) de sua existência, uma vez que se há um dever do autor (para cogitarmos somente dele) de expor os fatos, na petição inicial, conforme a verdade, e um dever do réu, de impugnar esses fatos, caso os repute inverídicos; é evidente que a revelia, à qual se liga a falta de depoimento do réu, implica o reconhecimento tácito, por parte deste, de que são efetivamente verdadeiros esses fatos.

Se a norma legal ordena, em nome do princípio do contraditório, que se dê ao réu a oportunidade para refutar os fatos afirmados pelo adversário, e ele nem sequer comparece a juízo para fazê-lo, é absolutamente razoável que ditos fatos tenham em seu favor a presunção, ainda que relativa (*iuris tantum*), de veracidade, pois não seria justo exigir que o autor os provasse mesmo quando o réu tenha preferido manter injustificado silêncio diante deles.

Não se trata, portanto, de rebelião ao poder do juiz, nem de renúncia ao direito de defesa, ou de desistência da faculdade de agir ou de inatividade do réu, e, sim, de quebra, por parte deste, dos deveres legais de vir a juízo, a fim de impugnar, com precisão (especificamente), os fatos narrados pelo autor e de submeter-se ao interrogatório.

Preocupam-se, alguns estudiosos, com a possibilidade de a confissão presumida, decorrente do silêncio do réu, acabar consagrando a inverdade, a mentira, sempre que os fatos expostos na inicial não forem verdadeiros. Ora, essa objeção é insustentável, seja porque se nada há nos autos, capaz de demonstrar que os fatos são falsos, seria de indagar-se com que fundamentos jurídicos se poderia alegar essa falsidade, seja porque a possibilidade de acabar prevalecendo a inverdade não é algo que decorra, com exclusividade, da revelia e da ausência de depoimento, podendo, infelizmente, ser produzida mesmo nos casos em que não ocorra a revelia, bastando, para isso, que o réu induza, por exemplo, as suas testemunhas ao falseamento da verdade.

O que o juiz deve ter em mente, nas situações de revelia (ou de ausência de depoimento do réu), é que a confissão fictícia, como o próprio adjetivo o demonstra, não constitui uma porta escancarada para a admissibilidade, como verdadeiros, dos fatos alegados pelo autor, se não que um expediente, uma fórmula objetiva (e, também, artificiosa), idealizada pelo legislador, para superar o problema acarretado por aquele que deixou de atender aos deveres de impugnar os fatos expostos pelo adversário e de submeter-se ao interrogatório. A presunção de veracidade desses fatos, enfim, não deve ser um pretexto para que o juiz renuncie ao seu poder de direção do processo e ao seu dever de investigação da verdade, mas, sim, um pano-de-fundo, que será utilizado sempre que não lhe for possível fazer aflorar, sem quebra da imparcialidade, a verdade dos fatos.

Ninguém ignora o vetusto mandamento de que juiz deve formar a sua convicção jurídica acerca dos fatos da causa com fulcro na verdade formal, que é aquela constituída nos autos (*quod non est in actis non est in mundo*); toda vez, porém, que a verdade formal não coincide com a real (os fatos, tais como existiram), essa anomalia fenomênica faz com que opinião pública realize um perigoso saque contra o prestígio dos pronunciamentos da jurisdição.

Por isso, é imprescindível que os juízes sejam comedidos na aplicação prática dos preceitos legais pertinentes à revelia e à confissão ficta, cujas existências, entretanto, se justificam, sob o aspecto pragmático, como providência para resolver situações provocadas por aquele que, sem razão alguma, pôs de lado deveres legais específicos, como os de submeter-se ao interrogatório judicial e de impugnar os fatos alegados pelo adversário.

A abreviação do procedimento, nestas hipóteses, não é um fim visado pelo legislador, senão que uma decorrência lógica da incontrovérsia que o silêncio do réu fez gerar no tocante a esses fatos. Aludimos à abreviação do procedimento porque, nos termos do art. 355, inciso II, do CPC, a revelia constitui um dos casos que autorizam o julgamento antecipado do mérito. Essa antecipação significa que o juiz poderá suprimir, no todo ou em parte, a fase de instrução oral do processo. (Petição Inicial e Resposta do Réu, São Paulo: Editora LTr, 2ª edição, 2017, em fase de publicação.)

(...)

Uma indagação: ausente o réu (ou o preposto) à audiência inicial, e presente o seu advogado (portando procuração, contestação e documentos que são juntados aos autos), este teria direito de requerer o depoimento do autor? Nossa opinião é: não. Duas são as razões que nos conduzem a esse entendimento.

Em primeiro lugar, conforme sustentamos em vários livros anteriores, a CLT não adota o sistema de *depoimento*, mas, sim, o do *interrogatório*. Aquele e este não são sinônimos entre si, sob o rigor da terminologia processual.

Efetivamente, com base no próprio ordenamento processual civil vigente, podemos apontar os mais expressivos traços de dessemelhança entre o interrogatório e o depoimento:

a) enquanto o interrogatório é sempre determinado de ofício pelo juiz (CPC, art. 139,VIII), o depoimento pode, além disso, ser requerido pela parte adversa (CPC, art. 385);

b) o interrogatório pode ser determinado em qualquer estado do processo (CPC, art. 139, VIII); já o depoimento deve ser colhido na audiência de instrução e julgamento (CPC, art. 385);

c) o interrogatório tanto pode ser único como repetir-se mais vezes, desde que assim entenda necessário o juiz; o depoimento, em regra, é um só.

A distinção fundamental, todavia, entre um e outro está em sua *finalidade:* enquanto o *interrogatório* busca obter das partes certos *esclarecimentos* (ao juiz) sobre os fatos da causa, o *depoimento*, embora não despreze esse esclarecimento, pode acarretar a *confissão*.

Desta forma, embora o interrogatório e o depoimento tenham, no particular, um elemento comum, que é a obtenção de esclarecimento acerca dos fatos narrados nos autos, *somente este pode gerar a confissão (provocada) da parte*.

Essa distinção essencial entre ambos se manifesta, igualmente, na hipótese de ausência injustificada da parte, ou de recusa em depor. Tratando-se de *depoimento*, a parte que não comparecer, ou, comparecendo, recusar-se a depor, ensejará que se presumam verdadeiros os fatos contra ela alegados, pois se configura, na espécie, a *ficta confessio* (CPC, art. 385, § 1º). Não se pode cogitar de confissão, todavia, se for o caso de *interrogatório*, porquanto o juiz não tem interesse em extrair a confissão da parte. Como afirmamos em linhas anteriores, o juiz é sujeito *desinteressado* do processo. Por essa razão, compartilhamos o entendimento de Moacyr Amaral Santos (ob. cit., p. 86), no sentido de que "*O inadimplemento desse dever, que se reflete no de outro, qual o de 'expor os fatos em juízo conforme a verdade' autoriza a aplicação de uma sanção, que todavia não é prevista no art. 343 (art. 385, do CPC de 2015)*". E conclui: "*Não nos parece aplicável a pena de confissão, do art. 343 (art. 385, do CPC de 2015), relativa ao depoimento pessoal, porque o interrogatório não tem a finalidade deste e sim apenas a de aclarar os fatos da causa.*" (destacamos)

Parece-nos nítida, o quanto basta, a linha fronteiriça entre o interrogatório e o depoimento das partes, a desautorizar, com isso, que se afirme haver sinonímia processual entre ambos.

A CLT, em absoluta falta de sistematização científica, ora se refere a *depoimento* (art. 819, *caput*), ora a *interrogatório* (art. 848, *caput* e § 1º), fazendo com que o intérprete conclua, à primeira vista, que ela conferiu um tratamento *unitário* à matéria, uma vez que utiliza, indistintamente, ambos os vocábulos.

Temos para conosco que o deslinde da questiúncula deve ser buscado não pela análise isolada da significação de um e outro vocábulos, mas mediante uma visão global do problema relacionado ao comparecimento e à *audição* das partes no juízo trabalhista.

É inegável que no plano do processo do trabalho as partes *devem* comparecer à audiência: este é o comando do art. 843, *caput*, da CLT, iterado pelo art. 845 do mesmo texto. Dois podem ser apontados como os motivos determinantes dessa disposição legal: a) propiciar a que o magistrado (CLT, arts. 846, *caput*, e 850, *caput*) torne concreto o objetivo medular da Justiça do Trabalho, qual seja, a conciliação (CLT, art. 764, *caput*, e §§ 1º a 3º); e b) possibilitar que sejam *ouvidas*.

Já é possível, a esta altura, estabelecer-se uma ilação parcial: o comparecimento das partes, ao juízo trabalhista (à audiência), constitui *dever legal;* consequentemente, *independe de requerimento do litigante contrário* — em que pese ao fato de, por influência do processo civil, a petição inicial e a contestação, em geral, conterem requerimento nesse sentido (o que, em verdade, é desnecessário).

Presentes as partes e frustrada a primeira proposta conciliatória, proceder-se-á à instrução processual (procedimento ordinário), *interrogando-se* os litigantes (CLT, art. 848, *caput*), depois do que poderão retirar-se (§ 1º). A menção legal ao *interrogatório* das partes poderia, de certo modo, levar a que se concluísse, desde logo, inexistir no processo do trabalho o *depoimento;* isto seria precipitado, pois, como vimos, a CLT também aludiu ao *depoimento* no art. 819, *caput*. Cumpre, portanto, que prossigamos no exame da matéria.

Diz o *caput* do art. 848 da CLT, todavia, em linguagem clara, que não havendo o acordo "seguir-se-á a instrução do processo, *podendo o presidente*, ex officio *ou a requerimento de qualquer Juiz temporário, interrogar os litigantes*" (destacamos). Disto resulta que: a) o interrogatório das partes somente poderá ocorrer por iniciativa do juiz, considerando-se que os "juízes temporários", classistas, foram eliminados da organização judiciária trabalhista. b) o magistrado, contudo, não está compelido a proceder ao interrogatório dos litigantes, pois este ato constitui *faculdade* sua, tanto que o legislador empregou o verbo *poder* (podendo) e não *dever* (devendo).

Dir-se-á, contudo, que o art. 820 da própria CLT, demonstra o desacerto de nossa afirmação, visto estabelecer que as partes poderão ser reinquiridas, por intermédio do juiz, a requerimento dos classistas, "*das partes*, seus representantes ou advogados" (destacamos). Convém redarguir, entretanto, em caráter proléptico, que o art. 820 deve ser entendido *em conjunto* com o art. 848. Desta forma, somente se o juiz, por iniciativa sua, efetuar o interrogatório dos litigantes é que a parte poderá *reinquirir* (o prefixo *re* é bastante elucidativo) a que estiver sendo interrogada. Verifica-se, assim, que o art. 848 constitui o pressuposto legal para a atuação do art. 820 da CLT, na parte em que permite a reinquirição pelos litigantes. De resto, a referência, ainda existente no texto do art. 820 da CLT, aos "juízes classistas", já não se justifica, pela mesma razão que não se justifica essa menção no art. 848.

O fato de o art. 820 estar compreendido na Seção das provas e o 848 na da audiência de julgamento, em nada altera, *venia permissa*, os nossos argumentos, quanto mais não seja se colocarmos à frente a ausência de sistematização científica do legislador processual trabalhista, já denunciada.

Tem-se, então, uma outra inferência parcial: no processo do trabalho, ao contrário do comum, o interrogatório (ou a *audiência*) das partes é ato de iniciativa exclusiva do juiz. Nessa mesma linha de raciocínio — que sabemos colidente com a doutrina predominante —, entendemos que o indeferimento, pelo magistrado, de requerimento da parte, no sentido de determinar a intimação da outra, para vir a juízo a fim de depor, não configura restrição de defesa, não sendo, pois, causa de nulidade processual, por suposto. O mesmo se diga na hipótese de, em audiência, o juiz dispensar, *sponte sua*, o interrogatório dos litigantes, ainda que presentes.

Do conjunto desses fatos e da soma das conclusões parciais, ou intermediárias, construímos uma final: a CLT, manifestando o traço *inquisitivo* do processo que ela disciplina (nada obstante haja, também, um componente de *disponibilidade*), não previu o *depoimento das partes*, como fez o atual CPC (art. 385, mas apenas o *interrogatório* (art. 848), que é coisa distinta.

Aplicam-se ao procedimento sumariíssimo, *mutatis mutandis*, as considerações que até aqui expendemos com relação ao ordinário.

Temos plena consciência, todavia, de que esta nossa opinião — que estamos a sustentar há vários anos —, é heterodoxa, porquanto não vem sendo aceita pela doutrina e pela jurisprudência predominantes. Nossa opinião, contudo, para além do que o senso literal do art. 848 da CLT esteja a sugerir, somente será convenientemente compreendida se forem levadas em conta as circunstâncias políticas sob as quais a CLT foi editada. Vivia-se, na altura, no terreno político e das garantias individuais, um período de exceção, imposto pela Constituição de 1937, que instituíra o denominado Estado Novo. Getúlio Vargas fechara o Congresso Nacional e impusera uma Constituição bem ao gosto da época, em que o autoritarismo, em diversos países (Alemanha, Itália, Portugal, entre outros) era a tônica. Uma das características desse regime era a concentração de poderes nas mãos das autoridades constituídas. Os magistrados do trabalho, como detentores de parcela do poder público, receberam, do legislador brasileiro, não apenas ampla liberdade na direção do processo (CLT, art. 765), como determinadas faculdades exclusivas, como a de proceder ao interrogatório das partes. Se a leitura dessa norma, da CLT, é algo que faz surgir certa incompatibilidade com os ares democráticos que nos dias atuais, felizmente, respiramos, é algo que se pode considerar.

Em segundo, o próprio § 5º, do art. 844, da CLT, determina quais são os atos que o advogado do revel pode praticar na audiência: juntar a contestação e documentos que, acaso, a instruam. Nada além disso. Adicionem-se a isso as considerações que expendemos quanto à dessemelhança entre depoimento pessoal e interrogatório, e ver-se-á que o referido advogado não tem direito a interrogar o autor, nem a requerer o depoimento deste. O juiz, entrementes, terá toda a liberdade (CLT, art. 765) para proceder ao interrogatório do autor, se assim desejar.

Os comentários ao § 5º, do art. 844, da CLT, não poderão ser concluídos sem que examinemos qual deverá ser a atitude do juiz, depois do advogado do réu ausente haver juntado aos autos a contestação e os documentos que a instruem. É óbvio que o magistrado deverá conceder prazo para que o autor se manifeste sobre a contestação e os documentos. Não menos óbvio é que ele não poderá fazer incidir o efeito da revelia (presunção de veracidade dos fatos alegados na inicial), uma vez que o réu, embora ausente, não é revel, pois a contestação foi juntada aos autos. O que necessitamos verificar, entretanto, é a possibilidade de o juiz considerar o réu confesso, por não haver comparecido à audiência, para prestar depoimento pessoal. A resposta variará conforme se trate de a) a audiência inicial; e b) a audiência una.

a) *Audiência inicial*. Consagrada pela praxe judiciária, essa audiência se destina, basicamente, à prática de dois atos processuais: a.a) formulação da primeira proposta conciliatória (CLT, art. 846, *caput*); e a.b) apresentação da defesa, caso a proposta de conciliação seja rejeitada (CLT, art. 847). Seria, portanto, aberrante do bom-senso e dos princípios jurídicos considerar-se o réu *confesso*, sabendo-se que essa audiência não se destina a obter o seu depoimento. Assim sendo, o juiz, depois de deferir a juntada da contestação e dos documentos que a instruem, deverá marcar audiência para realização da instrução oral do processo, à qual o réu deverá comparecer, para depor, sob pena de confesso. O mesmo se diga em relação ao autor.

b) *Audiência una*. Considerando que nessa audiência serão praticados diversos atos processuais, inclusive os alusivos à instrução oral, é evidente que a ausência do réu, mesmo não sendo revel (pois apresentou contestação) poderá torná-lo confesso, em decorrência de não prestar depoimento.

Em suma, seria, deveras, surrealista solucionar-se o problema da ausência do réu à audiência inicial (na qual não prestaria depoimento), instituída pela praxe forense, com base em critério que só se justifica em relação à audiência una (ou concentrada).

A afirmação que faremos, a seguir, poderá ser considerada heterodoxa, chocante, perturbadora do *status quo* atual, mas o fato é que, em rigor, no caso de audiência *inicial*, não há necessidade de comparecimento de nenhuma das partes, desde que estejam representadas por advogado, dotados de poderes para transacionar; e, o do réu, também para formular a defesa oral (CLT, art. 847) ou apresentar a elaborada por escrito.

Essa nossa opinião, não se aplica, por inteiro, ao processo eletrônico, em face de suas peculiaridades, a começar pela possibilidade de a defesa escrita poder ser apresentada *até a audiência* (CLT, art. 847, parágrafo único), ou seja, mesmo antes dela.

Capítulo XXVII
DEFESA NO PROCESSO ELETRÔNICO

Art. 847. (...)

Parágrafo único. A parte poderá apresentar defesa escrita pelo sistema de processo judicial eletrônico até a audiência. (NR)

- **Justificativa do Projeto de Lei n. 6.787/2016:**

   O entendimento dos tribunais trabalhistas quanto ao momento adequado para apresentação da defesa é taxativo: ela somente poderá ser apresentada no momento da audiência.

   Oferecemos, no Substitutivo, uma nova redação para o art. 847, permitindo que a defesa seja apresentada até a audiência. Trata-se de medida que não traz quaisquer prejuízos às partes e que pode contribuir para a celeridade processual, já que permitirá ao juiz conhecer as alegações das partes antecipadamente.

- **Comentário**

Para logo, é necessário esclarecer que o parágrafo único, do art. 847, da CLT, versa, exclusivamente, sobre o momento da apresentação da defesa (escrita) no sistema de processo judicial *eletrônico*. Não houve alteração do *caput* desse preceptivo legal. Sendo assim, a defesa escrita, no processo *tradicional* (físico), deverá ser formulada, oralmente, em audiência, ou apresentada por escrito, também em audiência. Somente em casos excepcionais é que a defesa escrita, no processo físico, poderá ser apresentada antes ou depois da audiência.

O processo eletrônico é regido pela Lei n. 11.419, de 19 de dezembro de 2006, que autorizou, no art. 18, os órgãos do Poder Judiciário a regulamentarem-na. Em decorrência disso, o Conselho Superior da Justiça do Trabalho editou a Resolução n. 136, de 25 de abril de 2014, instituindo o Sistema Processo Judicial Eletrônico da Justiça do Trabalho — Pje-JT *"como sistema informatizado de processo judicial na Justiça do Trabalho (...)"*.

Dispõe o art. 29 da sobredita Resolução: *"Os advogados credenciados deverão encaminhar eletronicamente contestação, reconvenção ou exceção, e respectivos documentos, antes da realização da audiência designada para recebimento da defesa."* O art. 22, da revogada Resolução n. 94, de 23.3.2012, do mesmo Conselho, continha disposição semelhante à do art. 29 da Resolução n. 136/2014, embora exigisse que o advogado comparecesse à audiência.

Nota-se que o parágrafo único, do art. 847, da CLT, introduziu uma pequena alteração no art. 29, da Resolução n. 136, do CSJT, pois, enquanto este prevê o encaminhamento da contestação *"antes da realização da audiência"*, aquele admite esse encaminhamento *"até a audiência"*. A redação do art. 29 da citada Resolução permitia aos juízes estabelecer, por exemplo, que a contestação deveria ser encaminhada até cinco ou dez dias antes da data designada para a realização da audiência. Agora, por força do estatuído no parágrafo único, do art. 847, da CLT, esse procedimento não poderá mais ser *imposto* pelo magistrado, pois a norma legal assegura o *direito* de o réu apresentar a contestação *até o momento da realização da audiência*. Eventual imposição, pelo magistrado, ensejará a que o réu alegue nulidade processual (CLT, art. 794). Ficará ao exclusivo arbítrio do réu, conseguintemente, decidir se oferecerá a contestação antes da audiência ou até o momento de realização desta. Sai de cena, portanto, o advérbio *antes*, e entra a preposição *até* — para alívio ou gáudio dos réus.

É relevante destacar, neste momento, o princípio da *legalidade* ou da *reserva legal*, inscrito no art. 5º, II, da Constituição Federal, por força do qual ninguém será obrigado a fazer ou deixar de fazer alguma coisa senão em virtude de lei. Ressalte-se: não há norma legal que *obrigue* o réu, no processo eletrônico, a oferecer contestação alguns dias *antes* da audiência; bem ao contrário, como afirmamos, a norma legal lhe assegura o *direito* de apresentar essa modalidade de resposta *até* a audiência. O mesmo art. 840, parágrafo único, da CLT, que lhe atribui esse direito, em contrapartida, deixa claro que a contestação não poderá ser apresentada *depois* da audiência. É a outra face da Lei.

O curioso é que o Relatório do Projeto de Lei n. 6.787/2016 considerou que a contestação, no processo eletrônico, vinha sendo apresentada somente "no momento da audiência" (o que não era correto), de tal sorte que, com a inserção do parágrafo único no art. 847 da CLT, permitiu-se a prática desse ato do réu *até a audiência*. Em verdade, pondo-se à frente o art. 29 da Resolução n. 136 do CSJT, que prevê a apresentação da contestação *"antes da realização da audiência"*, verifica-se que o parágrafo único, do art. 847, da CLT, ampliou um pouco esse prazo, ao admitir que o mencionado ato processual seja praticado *"até a audiência"*.

Nem tudo, entrementes, está elucidado; afinal, o que se deve entender da expressão legal "até a audiência", significa indagar: até que *momento* da audiência a contestação pode ser apresentada? Para logo, é necessário lembrar que, no processo do trabalho, a audiência é inaugurada com o pregão das partes (CLT, art. 815, *caput*). Em seguida, o juiz formulará a primeira proposta de conciliação (CLT, art. 846, *caput*). Não havendo acordo, abrirá prazo para a apresentação da defesa, que poderá ser oral (CLT, art. 847) ou por escrito (praxe). Este é o momento final do prazo para a apresentação da contestação, no processo eletrônico e no próprio processo tradicional; é o momento que corresponde à locução legal: "até a audiência".

Seria aberrante do bom-senso imaginar que a sobredita expressão legal estivesse a permitir a apresentação da defesa até mesmo depois da colheita da prova oral, das razões finais e da segunda proposta de conciliação. "Até a audiência" não pode ser interpretada como "até o *final* da audiência", que se dá com a assinatura da ata correspondente (CLT, art. 851, § 2º).

E se a contestação não for apresentada até o momento em que indicamos? A resposta será fornecida no próximo item.

Revelia no processo eletrônico

Dúvidas, que passaram a tomar de assalto o espírito de advogados e de magistrados, se referem a saber se, no processo eletrônico: a) não apresentada a contestação, poderia configurar-se a revelia e deflagrar-se o seu efeito? b) apresentada, regularmente, a contestação o réu estaria obrigado a comparecer à audiência?

Vejamos.

a) *Revelia*. A revelia constitui fato processual objetivo, caracterizado pela ausência injustificada de contestação, ou de sua apresentação quando decorrido o prazo ou o momento previstos em lei. A revelia diz respeito específico à *contestação* — como uma das modalidades de *resposta do réu*, no sistema do processo do trabalho —, nunca à *exceção* ou à *reconvenção*.

Não há nenhuma razão jurídica para conferir-se tratamento diverso à ausência de contestação — ou de sua apresentação intempestiva — no processo eletrônico.

O *efeito* que lhe é característico consiste na presunção legal de veracidade dos fatos alegados na petição inicial (CLT, art. 84, *caput, in fine;* CPC, art. 344). Esse efeito, porém, não ocorre se: a) havendo pluralidade de réus, algum deles contestar a ação; b) o litígio versar sobre direitos indisponíveis; c) a petição inicial estiver desacompanhada de instrumento que a lei considere indispensável à prova do ato; e d) as alegações de fato feitas pelo autor forem inverossímeis ou estiverem em contradição com a prova constante dos autos (CPC, art. 345, incisos I a IV, respectivamente).

Deste modo, no processo eletrônico, poderá haver não só a revelia, como o seu efeito, exceto se, quanto a este, verificarem-se quaisquer das situações mencionadas nos incisos do art. 345 do CPC.

Pode ocorrer, por exemplo, de o réu não apresentar contestação, mas remeter ao juízo, "até a audiência", alguns documentos relevantes, que não são impugnados pelo autor, seja quanto à forma, seja quanto ao conteúdo. Diante disso, o juiz poderá considerar não produzido o efeito da revelia, pois as alegações expendidas pelo autor, na petição inicial, estariam em contradição com os documentos apresentados pelo réu (CPC, art. 345, IV) — e não impugnados, reiteremos.

Repitamos o que dissemos ao comentarmos o art. 844, § 2º, da CLT, tendo em vista o processo físico, tradicional: é, deveras, insustentável sob o ponto de vista jurídico, o entendimento jurisprudencial cristalizado na Súmula n. 122 do TST, na parte em que dispõe: "*A reclamada, ausente à audiência em que deveria apresentar defesa, é revel, ainda que presente seu advogado munido de procuração (...)*". Ora, a revelia, como dissemos, se configura pela ausência injustificada de contestação; no caso, o advogado do réu poderia estar portando a defesa (portanto, escrita) ou formulá-la oralmente, no prazo legal, razão por que não se poderia pensar em revelia.

Alguns juízes, colimando, por suposto, atenuar a insensibilidade e as consequências danosas da Súmula n. 122 do TST, passaram a permitir que, ausente o réu à audiência inicial, mas presente o seu advogado munido de procuração, este produzisse a defesa, embora considerassem o réu confesso. Essa solução, no entanto, também não é aceitável, pois sabendo-se que, por força da praxe, a audiência dita inicial não se destina ao depoimento das partes (mas, somente, à formulação da primeira proposta conciliatória e à recepção da resposta do réu), como pode este ser, juridicamente, considerado confesso, se a confissão decorre da ausência de *depoimento pessoal* — depoimento que, insistamos, não seria tomado naquela audiência?

É o caso de indagarmos: se estivessem presentes na audiência o preposto e o advogado do réu, a quem o juiz perguntaria se haveria possibilidade de acordo? Ao advogado, certamente. A quem o magistrado perguntaria se o réu possuía defesa a ser apresentada? Ao advogado, certamente. Como se percebe, a Súmula n. 122 do TST atribui ao preposto uma importância processual que, na prática, ele não ostenta. Sejamos francos: na audiência inicial, presente o advogado do réu, o preposto não mais é do que uma espécie de convidado de pedra, um totem profano, pois quase nada fala, quase nada decide. Dir-se-ia, contudo, que a malsinada Súmula estaria em consonância com o art. 844, *caput*, parte final, da CLT. Ora, é necessário lembrar que a aludida norma legal foi elaborada sob dois pressupostos básicos: a) que a audiência seria, sempre, una e contínua (CLT, art. 849); e b) que a parte estaria atuando sem advogado, vale dizer, exercendo o *ius postulandi* que lhe concede o art. 791, *caput*, da CLT. Nada mais lógico, por isso, que a ausência do réu à audiência implicasse a sua revelia, pois ele não teria apresentado defesa. Entrementes, levando em conta a existência da praxe, que fragmentou a audiência em inicial, de instrução e de julgamento, revela-se insustentável, sob o ponto de vista jurídico, a manifestação jurisprudencial compendiada pela Súmula n. 122 do TST, porquanto, conforme argumentamos, estando presente à audiência inicial o advogado do réu, munido de procuração e com poderes para transacionar, caberá a ele apresentar a defesa escrita ou elaborá-la de maneira oral, o que significa dizer que a presença do preposto é inútil, é de nenhuma importância prática.

Felizmente, a Lei n. 13.467/2017 inseriu, no art. 844 da CLT, entre outros, o § 5º, dispondo: *"Ainda que ausente o reclamado, presente o advogado na audiência, serão aceitos a contestação e os documentos eventualmente apresentados."* Restabeleceu-se o bom-senso. A Súmula n. 122 do TST deverá, portanto, ser reformulada em parte, a fim de amoldar-se à norma legal citada.

b) *Presença do réu*. O fato de o processo ser eletrônico não dispensa o comparecimento das partes à audiência. É imperativo esclarecer que o processo eletrônico veio para disciplinar, unicamente, a *forma* que determinados atos do procedimento judicial podem ser praticados, não tendo eficácia para revogar ou derrogar disposições legais ou constitucionais pertinentes aos elementos orgânicos ou estruturais do devido processo legal, como, dentre tantas, as que disciplinam a resposta do réu (exceção, contestação, reconvenção), a realização das audiências e a consequência do não comparecimento injustificado das partes a estas.

A presença das partes na audiência se destina, entre outras coisas, a permitir que o juiz procure conduzi-las a uma solução negociada, consensual, do conflito de interesses em que se encontram enredadas (acordo, conciliação) — escopo fundamental da Justiça do Trabalho (CLT, art. 764). De tal arte, o fato de o réu haver apresentado contestação eletrônica, no prazo legal, não o exime de comparecer à audiência. Revel ele não será (não pode ser revel quem contesta), mas, provavelmente, será considerado *confesso*, por haver-se esquivado ao depoimento (interrogatório) pessoal (CLT, art. 385, § 1º).

É oportuno rememorar, nesta quadra de nossa exposição, o teor da Súmula n. 74 do TST:

> "CONFISSÃO (atualizada em decorrência do CPC de 2015) — Res. 208/2016, DEJT divulgado em 22, 25 e 26.4.2016. I — Aplica-se a confissão à parte que, expressamente intimada com aquela cominação, não comparecer à audiência em prosseguimento, na qual deveria depor. (ex-Súmula n. 74 — RA 69/1978, DJ 26.9.1978) II — A prova pré-constituída nos autos pode ser levada em conta para confronto com a confissão ficta (arts. 442 e 443, do CPC de 2015 — art. 400, I, do CPC de 1973), não implicando cerceamento de defesa o indeferimento de provas posteriores. (ex-OJ n. 184 da SBDI-1 — inserida em 8.11.2000) III — A vedação à produção de prova posterior pela parte confessa somente a ela se aplica, não afetando o exercício, pelo magistrado, do poder/dever de conduzir o processo."

Capítulo XXVIII
INCIDENTE DE DESCONSIDERAÇÃO DA PERSONALIDADE JURÍDICA

Tal é a denominação da Seção IV, do Capítulo III, da CLT.

Art. 855-A. Aplica-se ao Processo do Trabalho o incidente de desconsideração da personalidade jurídica previsto nos arts. 133 a 137 da Lei n. 13.105, de 16 de março de 2015 — Código de Processo Civil.

• Justificativa do Projeto de Lei n. 6.787/2016:

A legislação trabalhista não tem previsão expressa sobre a desconsideração da personalidade jurídica, utilizando-se, para tanto, dos dispositivos do novo CPC.

O TST, por meio da Instrução Normativa n. 39, de 2016, entendeu que o incidente de desconsideração previsto naquele instrumento normativo se aplica ao Direito do Trabalho. Com efeito, o entendimento do Tribunal segue na linha de que as decisões proferidas pelas cortes trabalhistas devem primar pela observância dos princípios do contraditório e da ampla defesa. Nada mais justo, portanto, que o incidente seja instaurado para preservação dessas garantias.

O nosso Substitutivo apenas traz para o texto da CLT os dispositivos adotados na Instrução Normativa do TST, de modo a conferir-lhes força de lei.

Nesse sentido, foram acolhidas propostas apresentadas nas Emendas **698**, do Deputado Alfredo Kaefer (PSL/PR), e **797**, da Deputada Laura Carneiro (PMDB/RJ).

• **Comentário**

Considerações introdutórias

Considerando que o art. 855-A da CLT faz remissão integrativa aos arts. 133 a 137 do CPC, é conveniente reproduzirmos o teor dessas disposições do processo civil, comentando-as sob o ponto de vista do processo do trabalho. Antes, lancemos algumas considerações de natureza introdutória.

Quando se fala em *desconsideração* da personalidade jurídica não se está afirmando que essa personalidade será *anulada*, deixará de existir, na generalidade dos casos, seja para os efeitos processuais, seja para os materiais, no presente e no futuro. O que o substantivo *desconsideração* significa, em tema de processo judicial, é que a personalidade jurídica não será levada em conta, para os efeitos *específicos* do caso concreto, em que o incidente foi suscitado, como medida destinada a proteger os interesses do autor, juridicamente tuteláveis. Se a desconsideração da personalidade jurídica for requerida já na inicial, não se cogitará de incidente, por tratar-se de postulação originária.

Em nosso meio, a desconsideração da personalidade jurídica era prevista em leis materiais, mesmo antes da instituição do novo CPC. Vejamos.

Dispõe o art. 28 do Código de Defesa do Consumidor (Lei n. 8.078/1990):

"Art. 28. O juiz poderá desconsiderar a personalidade jurídica da sociedade quando, em detrimento do consumidor, houver abuso de direito, excesso de poder, infração da lei, fato ou ato ilícito ou violação dos estatutos ou contrato social. A desconsideração também será efetivada quando houver falência, estado de insolvência, encerramento ou inatividade da pessoa jurídica provocada por má administração."

A Lei n. 8.884/1994 (Antitruste) estabelece:

"Art. 18. A personalidade jurídica do responsável por infração da ordem econômica poderá ser desconsiderada quando houver da parte deste abuso de direito, excesso de poder, infração da lei, fato ou ato ilícito ou violação dos estatutos ou contrato social. A desconsideração também será efetivada quando houver falência, estado de insolvência, encerramento ou inatividade da pessoa jurídica provocados por má administração."

Consta da Lei n. 9.605/1998 (dispondo sobre sanções penais e administrativas derivadas de condutas e atividades lesivas ao meio ambiente): *"Art. 4º Poderá ser desconsiderada a pessoa jurídica sempre que sua personalidade for obstáculo ao ressarcimento de prejuízos causados à qualidade do meio ambiente."*

Estabelece o art. 50 do Código Civil (Lei n. 10.406/2002):

"Em caso de abuso da personalidade jurídica, caracterizado pelo desvio de finalidade, ou pela confusão patrimonial, pode o juiz decidir, a requerimento da parte, ou do Ministério Público quando lhe couber intervir no processo, que os efeitos de certas e determinadas relações de obrigações sejam estendidos aos bens particulares dos administradores ou sócios da pessoa jurídica."

Não havia, porém, uma norma *processual* específica, disciplinando o *procedimento* para obter-se, em juízo, a desconsideração da personalidade jurídica. A ausência dessa norma conduzia a uma diversidade de procedimentos, estabelecidos conforme fosse o entendimento de cada magistrado.

Os textos legais há pouco reproduzidos constituem consagração da doutrina da desconsideração da pessoa jurídica (*disregard of legal entity*) surgida nos países da *Common Law*.

Não é pacífico, entre os estudiosos, qual teria sido o primeiro caso concreto em que se aplicou essa teoria. Para alguns, teria sido no caso Salomon x Salomon Co, em 1897, na Inglaterra. É bem verdade que essa decisão proferida pelo juiz de primeiro grau foi reformada pela Casa dos Lordes, que, conservadora, assegurou a autonomia patrimonial da sociedade, uma vez que esta se encontrava regularmente constituída. Para outros, a teoria da desconsideração da pessoa jurídica teria sido utilizada, pela primeira vez, nos Estados Unidos da América do Norte, em 1809, no caso Bank of United States x Deveaux, em que o juiz John Marshall levantou o véu da pessoa jurídica (*piercing the corporate veil*) e responsabilizou os sócios. Não se discutia, nesse caso, a autonomia patrimonial da pessoa jurídica e sim a competência da justiça federal daquele país, que somente seria exercida para solucionar controvérsia entre cidadãos de estados diversos. Como não era possível considerar-se a sociedade cidadã, tomou-se em conta os seus sócios, pessoas físicas, e, em razão disso, declarou-se a competência da justiça federal para apreciar o caso.

Muito antes de essa doutrina penetrar o direito positivo brasileiro, a Justiça do Trabalho, com seu caráter vanguardeiro, autorizava, em determinadas situações, a penhora de bens dos sócios nas causas em que figurava como devedora a sociedade à qual ele pertencia ou pertencera. Pragmática, essa Justiça não questionava se teria havido, ou não, abuso da personalidade jurídica, preferindo colocar à frente o fato objetivo de que o patrimônio dos sócios havia sido beneficiado, de algum modo, pela força de trabalho dos empregados, motivo por que esse patrimônio deveria suportar os atos de execução.

Na jurisprudência anglo-saxônica, a desconsideração da personalidade jurídica era identificada pelas denominações *disregard of legal entity* ou *disregard doctrine*. A primeira caiu no gosto dos juristas brasileiros. Nos países da *Common Law*, são utilizadas expressões como "levantar o véu da pessoa jurídica" (*piercing the corporate veil*). Na Alemanha, usa-se *Durchgriff derr juristichen Person*; na Itália, *superamento della personalitá giuridica*; na Argentina e em alguns países de língua espanhola, *desestimácion de la personalidad*.

No Brasil, como dissemos, ganhou a preferência dos juristas e da própria lei a expressão "desconsideração da personalidade jurídica". Alguns estudiosos aludem à "despersonalização da pessoa jurídica". A expressão, contudo, é inadequada, porquanto *despersonalizar* sugere a ideia de anular, de cancelar a personalidade jurídica, o que não corresponde à realidade. A *desconsideração* da personalidade jurídica se faz, no caso concreto, apenas para proteger os direitos ou interesses dos indivíduos ou das coletividades derivantes das relações obrigacionais estabelecidas com a sociedade. Em suma, a desconsideração da personalidade jurídica não afeta a existência de fato ou de direito da pessoa jurídica; não a destrói.

Abuso de direito. A legislação brasileira em vigor sói eleger o *abuso* como critério determinante da desconsideração da personalidade jurídica. Nos termos do CC, esse abuso se configura pelo desvio da finalidade da sociedade ou pela confusão patrimonial. Do ponto de vista do processo do trabalho esse critério é muito restritivo. É preferível, pois, o critério estampado no art. 28 do CDC, conforme o qual o abuso se caracteriza não apenas pelo abuso de direito, mas pelo excesso de poder, por infração à lei, por fato ou ato ilícito, pela violação dos estatutos ou do contrato social ou inatividade da pessoa jurídica acarretada por má administração, elucidando, no § 5º, que *"Também poderá ser desconsiderada a pessoa jurídica sempre que sua personalidade for, de alguma forma, obstáculo ao ressarcimento de prejuízos causados aos consumidores"*.

Aí está: com vistas ao processo do trabalho, poder-se-á desconsiderar a pessoa jurídica sempre que, de algum modo, a personalidade desta puder constituir empecilho à satisfação do direito dos trabalhadores ou dos prestadores de serviços, pessoas físicas.

Para efeito de incidência do art. 8º da CLT, deve-se concluir que o art. 28 do CDC tem preeminência axiológica em relação ao art. 50 do CC.

Examinemos, agora, os arts. 133 a 137 do CPC:

> Art. 133. O incidente de desconsideração da personalidade jurídica será instaurado a pedido da parte ou do Ministério Público, quando lhe couber intervir no processo.

Em que pese ao fato de o CPC deixar claro que a desconsideração da personalidade jurídica deverá ser objeto de *requerimento* da parte ou do Ministério Público, estamos convencidos de que, no processo do trabalho, o juiz poderá agir *ex officio* em relação à matéria, por força do disposto no art. 765 da CLT, desde que haja nos autos elementos capazes de fundamentar a sua decisão (CF, art. 93, IX).

§ 1º O pedido de desconsideração da personalidade jurídica observará os pressupostos previstos em lei.

Do ponto de vista da norma em exame, embora seja razoável concluir-se que os "pressupostos previstos em lei" sejam os referidos no art. 50 do CC, pela nossa parte, entendemos que são os expressos no art. 28 do CDC, por ser mais amplo o seu espectro.

§ 2º Aplica-se o disposto neste Capítulo à hipótese de desconsideração inversa da personalidade jurídica.

A desconsideração *inversa* da personalidade caracteriza-se pelo fato de atribuir-se responsabilidade à pessoa jurídica em decorrência de ato praticado por sócio desta, como ocorre quando este transfere bens de sua propriedade para a sociedade, com o objetivo de ocultar o seu patrimônio em face de ação ou de execução, atual ou futura, contra ele dirigida. Por outras palavras, nessa espécie de *desconsideração*, o sócio faz uso abusivo (e fraudulento) da sociedade de que participa, com o objetivo de ocultar o seu patrimônio material, ou seja, dele, sócio. Caso o ato tenha sido praticado por um dos sócios, os demais deverão ser intimados do incidente, para que, se desejarem, dele participem. Uma das situações de possível ocorrência de *desconsideração inversa*, no âmbito da Justiça do Trabalho, verificar-se-ia nos casos em que a ação fosse ajuizada por empregada doméstica, contratada por pessoa física, em que o ex-empregador passasse a transferir os seus bens para a pessoa jurídica de que participaria.

Art. 134. O incidente de desconsideração é cabível em todas as fases do processo de conhecimento, no cumprimento de sentença e na execução fundada em título executivo extrajudicial.

A norma está a declarar que o incidente de desconsideração da personalidade jurídica é admissível no processo de conhecimento, no cumprimento da sentença e na execução fundada em título extrajudicial. Como o texto legal se refere a "todas as fases do processo de conhecimento", significa que a desconsideração pode ser requerida na própria petição inicial, quando for o caso. É o que consta, aliás, do § 2º, do art. 234, do CPC.

Sob o ponto de vista do processo do trabalho, portanto, a regra do art. 134 do CPC significa que o incidente de desconsideração da personalidade jurídica caberá no processo de conhecimento e no de execução, seja esta fundada em título judicial, seja em título extrajudicial.

§ 1º A instauração do incidente será imediatamente comunicada ao distribuidor para as anotações devidas.

Instaurado o incidente, cumprirá ao juiz determinar que o fato seja comunicado, de imediato, ao distribuidor, para as devidas anotações (CLT, art. 783). Essa comunicação será desnecessária quando a desconsideração da personalidade jurídica for requerida na petição inicial, hipótese em que não haverá, em rigor, *incidente*.

§ 2º Dispensa-se a instauração do incidente se a desconsideração da personalidade jurídica for requerida na petição inicial, hipótese em que será citado o sócio ou a pessoa jurídica.

Conforme dissemos, a instauração do incidente será dispensável se a desconsideração da personalidade jurídica houver sido requerida na petição inicial. Neste caso, será citado o sócio ou a pessoa jurídica. Para clarificar: se o autor, já na petição inicial, requerer a desconsideração da personalidade jurídica, o juiz mandará citar o sócio ou o representante legal da pessoa jurídica, para responder à ação, na qual um deles figura como réu. Em termos práticos, no processo do trabalho, é conveniente que o autor dirija a ação ao empregador (ou ex-empregador), pessoa jurídica, e, ao mesmo tempo, digamos, ao sócio desta, pois se o juiz entender que não é o caso de desconsiderar a personalidade jurídica, excluirá da relação processual o sócio, permanecendo no processo a pessoa jurídica. Sendo a ação dirigida, apenas, ao sócio, e vindo o juiz a recusar a pretendida desconsideração da personalidade jurídica, o processo deverá ser extinto por falta, no polo passivo da relação jurídica processual, de pessoa legitimada para responder às pretensões deduzidas pelo autor (CPC, art. 485, IV).

Embora o assunto esteja aberto a debates, entendemos que o sócio, por força dos princípios da concentração, da eventualidade e da celeridade, não deverá limitar-se a negar a sua ilegitimidade passiva, mas, também, pronunciar-se sobre o mérito da causa (CPC, art. 336). Não faria sentido abrir-lhe prazo específico para isso somente na hipótese de ser desconsiderada a personalidade jurídica.

§ 3º A instauração do incidente suspenderá o processo, salvo na hipótese do § 2º.

Anteriormente à Lei n. 13.467/2017, argumentamos que, no processo do trabalho, o princípio assente era de que os incidentes processuais não acarretam a suspensão do processo. De modo geral, esses incidentes são resolvidos por meio de decisões interlocutórias. Sob esse aspecto, era oportuno lembrar a regra inscrita no art. 893, § 1º, da CLT, conforme a qual essas decisões não são recorríveis de imediato: a sua impugnação ficará reservada para a fase da sentença, ou seja, da "decisão definitiva". Logo, concluímos que o processo do trabalho repelia a suspensão do processo, de que trata o § 3º, do art. 134, do CPC. Essa suspensão implicaria um atentado contra o princípio da celeridade processual, que se encontra constitucionalizado (CF, art. 5º, LXXVIII).

Entrementes § 2º, do art. 855-A, da CLT, introduzido pela Lei n. 13.467/2017, declara que a instauração do incidente *suspenderá* o processo, sem prejuízo de concessão da tutela de urgência de natureza cautelar de que trata o art. 301 do CPC. Isso nos permite concluir que, antes de o novo executado ser citado, o juiz poderá fazer uso do poder geral de cautela, que lhe atribui o mencionado artigo do CPC, de modo a permitir-lhe o arresto e o sequestro de bens, entre outras medidas.

Só resta aos juízes do trabalho, conseguintemente, dar cumprimento à nova lei.

§ 4º O requerimento deve demonstrar o preenchimento dos pressupostos legais específicos para desconsideração da personalidade jurídica.

Constitui ônus do requerente demonstrar o atendimento aos pressupostos legais específicos para a desconsideração da personalidade jurídica, sob pena de o incidente não ser instaurado. Esses pressupostos, a nosso ver, são os mencionados no art. 28 do CDC: abuso de direito, excesso de poder, infração da lei, fato ou ato ilícito ou violação dos estatutos ou contrato social, falência, estado de insolvência, encerramento ou inatividade da pessoa jurídica provocada por má administração.

Entendemos, porém, que o parágrafo em exame também é inaplicável ao processo do trabalho, por atribuir *ao credor exequente* o encargo de demonstrar a presença dos pressupostos legais específicos concernentes à desconsideração da personalidade jurídica. A jurisprudência trabalhista, desde sempre, construiu um critério objetivo, segundo o qual, para a configuração dessa desconsideração, é bastante que o devedor não possua bens suficientes para responder à execução, caso em que os atos executivos se processam sobre o patrimônio da pessoa jurídica a que ele se encontra vinculado.

> Art. 135. Instaurado o incidente, o sócio ou a pessoa jurídica será citado para manifestar-se e requerer as provas cabíveis no prazo de 15 (quinze) dias.

Uma vez instaurado o incidente, o passo seguinte constituirá na citação do sócio ou da pessoa jurídica, conforme seja o caso, visando a duas finalidades, a saber: a) manifestar-se dentro de quinze dias; e, no mesmo prazo, b) requerer a produção de provas. Caberá ao juiz indeferir, mediante decisão fundamentada, postulações meramente protelatórias (art. 139, III).

Anteriormente à Lei n. 13.467/2017, tínhamos, com vistas ao processo do trabalho, uma visão peculiar, que se destinava a preservar princípios fundamentais desse processo, sem malferir a garantia constitucional do contraditório — que não necessita ser prévio, podendo revelar-se diferido. Para nós, a instrução processual deveria ocorrer (sem suspensão do processo) *depois* da efetivação da penhora de bens do sócio, tal como sempre se fez nos domínios desse processo especializado, por obra da praxe.

Desse modo, enquanto, no processo civil, a citação do réu e a instrução do incidente *antecedem à penhora dos bens*, no processo do trabalho, a penhora *antecederia ao ato citatório*. Assim, garantida a execução, o réu seria citado para manifestar-se e, se fosse o caso, produzir provas. Cuidava-se, portanto, de um contraditório *diferido*, que era perfeitamente admissível.

Entendíamos que, no processo do trabalho, esse prazo deveria ser de cinco dias, por analogia ao disposto no art. 841, *caput*, da CLT.

Todavia, a remissão integrativa, efetuada pelo art. 855-A, *caput*, da CLT, aos arts. 133 a 137 do CPC, põe abaixo as nossas considerações há pouco expostas, pois o art. 135 do estatuto processual civil assevera que, instaurado o incidente de desconsideração da personalidade jurídica, o sócio ou a pessoa jurídica será citado para manifestar-se e requerer a produção de provas cabíveis, no prazo de quinze dias.

A citação do sócio ou da pessoa jurídica fará surgir entre eles um litisconsórcio necessário (art. 114), embora não seja unitário (art. 116), pois sendo os interesses do sócio e da sociedade, muitas vezes, conflitantes, o juiz não terá como *"decidir o mérito de modo uniforme para todos os litisconsortes"* (art. 116).

Manifestação. O pronunciamento do réu deverá ser, apenas, em relação ao incidente. No sistema do processo do trabalho, menos formalista do que o do processo civil, se o incidente for suscitado antes da contestação, o réu poderá dedicar, na peça contestatória, um capítulo sobre o incidente; se este for suscitado posteriormente à contestação, ao réu cumprirá formular manifestação exclusiva acerca do incidente. No primeiro caso, poder-se-á admitir que a instrução seja unificada, vale dizer, compreenda tanto os fatos alusivos ao incidente quanto os pertinentes à causa principal; no segundo caso, entretanto, a instrução terá como objeto exclusivo o incidente.

Caso o réu não se manifeste, será revel? De maneira alguma. Estamos pressupondo que essa manifestação devesse ocorrer antes do momento destinado ao oferecimento da contestação à ação na qual o incidente foi suscitado. A revelia só se configura quando o réu deixar (sem justificativa legal) de contestar *a ação* (art. 344). O incidente de que estamos a tratar não constitui, *per se*, ação; ele apenas surge no curso da ação. O que se pode admitir é que a ausência de manifestação do réu conduza à presunção de veracidade dos fatos pertinentes ao incidente (art. 341, *caput*, por analogia), ou seja, à desconsideração da personalidade jurídica, sem que isso prejudique a realização da instrução destinada ao mérito da causa e o proferimento da correspondente sentença. Deste modo, em tese, mesmo havendo a desconsideração da personalidade jurídica — via presunção derivante da ausência de manifestação do réu quanto ao tema —, ele poderá ser vencedor na causa, seja porque o autor não se desincumbiu do ônus que lhe competia, seja porque o réu se desincumbiu desse encargo, seja porque o pedido era juridicamente impossível, etc.

Instrução. Na instrução do incidente, o sócio poderá: a) valer-se de todos os meios de prova em direito admitidas (CPC, art. 369; CF, art. 5º, LVI), desde que sejam necessárias e compatíveis com a situação do caso concreto; b) requerer a expedição de carta precatória; c) requerer o depoimento pessoal do credor etc. Não se afasta a possibilidade de haver confissão real (espontânea ou provocada) do autor, ou mesmo confissão presumida (*ficta*), caso este deixe de comparecer a juízo, sem justificativa, para depor. Os efeitos desta confissão, como é evidente, ficarão circunscritos ao incidente, não se projetando para a causa principal. Conquanto a norma legal em exame seja omissa, não podemos deixar de reconhecer o direito de o autor produzir contraprova, aí inclusos o depoimento do réu e a ocorrência de confissão, por parte deste, nas modalidades há pouco mencionadas.

A expressão legal "*se necessária*" revela que nem sempre haverá instrução do procedimento, seja porque o réu deixou de manifestar-se no prazo legal, seja porque se cuida de matéria exclusivamente de interpretação jurídica (ou "de direito", como se costuma dizer).

A instauração de um contraditório prévio está a suscitar justificável preocupação no espírito dos magistrados do trabalho e dos credores trabalhistas, uma vez que poderá acarretar um longo retardamento do trâmite processual, pois o sócio, o terceiro e a própria sociedade tenderão a empenhar-se em impedir a desconsideração da personalidade jurídica, mediante a produção de provas que poderão consumir largo período de tempo.

Caso o incidente tenha sido suscitado, *originalmente*, no tribunal, competente para processá-lo e julgá-lo será o relator do processo (art. 136, parágrafo único). Embora o vocábulo *originalmente* não apareça na redação do art. 136, parágrafo único, ele está expresso no art. 932, VI, que trata das atribuições e competências ("incumbências") do relator.

Havendo necessidade de serem produzidas provas orais, o relator fará expedir carta de ordem a uma das Varas do Trabalho existentes na jurisdição do tribunal.

Se a desconsideração da personalidade jurídica foi requerida já na petição inicial, eventual revelia do réu fará com que os efeitos a ela inerentes atinjam tanto os fatos ligados ao mérito quanto aos vinculados ao incidente. Não ocorrendo os efeitos da revelia (CLT, art. 844; CPC, art. 344), caberá ao juiz determinar que o autor indique as provas que pretende produzir, designando audiência para essa finalidade, se for o caso.

Pode ser admitida no incidente de desconsideração da personalidade jurídica a figura do *amicus curiae*, por iniciativa do juiz, do relator ou de quem pretender manifestar-se, desde que atendidos os pressupostos legais da relevância da matéria, da especificidade do tema objeto da demanda ou da repercussão social da controvérsia (art. 138, *caput*). Podem intervir nessa qualidade a pessoa natural ou jurídica, assim como o órgão ou a entidade especializada, com representatividade adequada, no prazo de quinze dias da sua intimação (*ibidem*). Cumprirá ao juiz definir os poderes do *amicus curiae* (art. 138, § 2º), cuja decisão será irrecorrível (art. 138, *caput*).

É oportuno, por isso, comentarmos as disposições do CPC sobre a figura do *amicus curiae*.

> Art. 138. O juiz ou o relator, considerando a relevância da matéria, a especificidade do tema objeto da demanda ou a repercussão social da controvérsia, poderá, por decisão irrecorrível, de ofício ou a requerimento das partes ou de quem pretenda manifestar-se, solicitar ou admitir a participação de pessoa natural ou jurídica, órgão ou entidade especializada, com representatividade adequada, no prazo de 15 (quinze) dias de sua intimação.
>
> § 1º A intervenção de que trata o *caput* não implica alteração de competência nem autoriza a interposição de recursos, ressalvadas a oposição de embargos de declaração e a hipótese do § 3º.
>
> § 2º Caberá ao juiz ou ao relator, na decisão que solicitar ou admitir a intervenção, definir os poderes do *amicus curiae*.
>
> § 3º O *amicus curiae* pode recorrer da decisão que julgar o incidente de resolução de demandas repetitivas.

O *amicus curiae*

Caput. O *amicus curiae* ("amigo da corte") surgiu no processo penal inglês, conquanto alguns autores afirmem que figura semelhante já era encontrada no direito romano. Da Inglaterra, o *amicus curiae* passou para o direito norte-americano, sendo adotado no início do século XIX pela Suprema Corte, com a finalidade de proteger direitos coletivos ou difusos. Cabe esclarecer, porém, que o *amicus curiae* não é, nem se torna, parte na causa. Trata-se, em verdade, de alguém que, tendo em vista o interesse público aflorado no processo, se dirige à Corte para fornecer a esta subsídios destinados a orientá-la no julgamento, ou a chamar-lhe a atenção para um aspecto da matéria, que, sem a intervenção do *amicus curiae*, poderia passar despercebida pelo Tribunal. A atuação *amicus curiae* tem se manifestado, com maior intensidade, mediante apresentação de memoriais, ou formulação de sustentação oral.

No sistema norte-americano, essa figura — que está regulada na Regra n. 37, do Regimento Interno da Suprema Corte — tem sido também denominada de *brandies-brief*, porque, como dissemos, o *amicus curiae* apresenta um memorial (*brief*) aos juízes da Suprema Corte, nos quais expõe os seus argumentos em favor de uma das teses em conflito nos autos do processo.

A importância do *amicus curiae*, nos EUA, pode ser avaliada, por exemplo, pelo episódio envolvendo a candidatura de George W. Bush à presidência daquele país. Na altura, alegou-se, perante a Suprema Corte, a existência de fraude eleitoral, cometida por George Bush — *Florida Election Case n. 00.949*. Em decorrência disso, diversas entidades foram admitidas como *amicus curiae*, dentre elas, o Estado do Alabama e o American Bar Association, uma espécie de Ordem dos Advogados do Brasil. Mesmo assim, o resultado do julgamento foi favorável a Bush.

Nos EUA, o procedimento atinente à intervenção do *amicus curiae*, em traços gerais, é este: o interessado deve apresentar o consentimento das partes envolvidas no conflito. Esse consentimento pode ser amplo, compreendendo a prática de todos os atos permitidos ao *amicus curiae*, ou restrito, ficando limitado a certos atos, como a apresentação de memoriais e à formulação de sustentação oral.

No caso de os litigantes se recusarem a autorizar a pessoa a ingressar como *amicus curiae*, esta, ao dirigir-se à Suprema Corte, deverá instruir o seu pedido com os motivos da recusa das partes.

Deve ser dito que a Suprema Corte poderá admitir o *amicus curiae* mesmo contra a vontade das partes demandantes. Tudo dependerá das razões que o *amicus* apresentar à Corte, para justificar o seu interesse em atuar nessa qualidade. Em outras situações, a Corte, antes de admitir o *amicus curiae*, poderá realizar uma audiência com as partes, com a finalidade de obter solução mais apropriada para o incidente.

O *amicus curiae* no direito brasileiro

A instituição, em nosso meio, da figura do *amicus curiae* foi obra da Lei n. 9.868, de 10 de novembro de 1999, que regulamentou o processo e julgamento da ação direta de inconstitucionalidade e da ação declaratória de constitucionalidade no Supremo Tribunal Federal. Lendo-se a correspondente Exposição de Motivos, verifica-se que o legislador buscou inspiração na figura similar do direito norte-americano.

É bem verdade que a Lei n. 9.868/1999 não faz uso da expressão a*micus curiae*. A existência desta figura, contudo, está insinuada na expressão "outros órgãos ou entidades". Assim como ocorre do direito norte-americano, também, em nosso sistema, o *amicus curiae* não é considerado parte, mas, terceiro. Entretanto, a sua admissão em determinado processo não se faz sob o procedimento formal da *intervenção de terceiros*, regulada pelo CPC. Dispõe o § 2º, do art. 7º, da Lei n. 9.868/1999: "O relator, considerando a relevância da matéria e a representatividade dos postulantes, poderá por despacho irrecorrível, admitir, observado o prazo fixado no parágrafo anterior, a manifestação de outros órgãos ou entidades."

Algumas conclusões se extraem, de imediato, dessa norma legal: a) há necessidade de *requerimento* dos interessados em atuar como *amicus curiae* (a lei faz menção a *postulantes*); b) a admissão desses interessados constitui *faculdade* do relator, que, para isso, levará em conta: a.a) a relevância da matéria; e a.b) a representatividade dos postulantes; e c) o despacho, de acolhimento ou de rejeição do requerimento é *irrecorrível*.

A remissão efetuada por esse dispositivo legal ao "prazo fixado no parágrafo anterior", ou seja, ao 1º, precipita-se no vazio, uma vez que este parágrafo foi vetado.

O § 2º, do art. 7º, da Lei n. 9.868/1999, revela, ainda, uma expressiva distinção da figura do *amicus curiae* brasileiro em relação ao similar norte-americano: sucede que o direito de nosso país não exige autorização das partes, para que o *amicus curiae* seja admitido nos autos do processo; essa admissão, conforme salientamos, depende, apenas, de requerimento do interessado e de despacho do relator.

Em essência, merece largos elogios a Lei n. 9.869/1999, na parte em que abriu a possibilidade de atuação do *amicus curiae*, pois isso representou, sem dúvida, a concessão de um notável espaço para que os grupos sociais representativos participem, de maneira efetiva, de certas decisões do Supremo Tribunal Federal, o que significa dizer, por outras palavras, que possam também exercer, ainda que com as restrições impostas pela norma legal, o controle da constitucionalidade das leis e dos atos normativos do Poder Público. Sob certo aspecto, podemos firmar que a instituição da figura do *amicus curiae* traduziu um ato de prestigiamento legislativo do cidadão, ao colocar-lhe ao alcance das mãos a possibilidade de, mediante órgão ou entidade representativa, manifestar-se a respeito de leis das quais, como membro da sociedade, é, ou poderá ser, destinatário. Permitiu-se, enfim, por meio da figura do *amicus curiae*, a democratização dos debates acerca da constitucionalidade dos atos da legislatura, da administração e da própria magistratura.

Entre os casos concretos, julgados pelo STF, em que se admitiu a figura do *amicus curiae*, um dos mais expressivos e emblemáticos consistiu no *Habeas Corpus* n. 82.424/RS, envolvendo crime de racismo e antissemitismo, no qual figurava como paciente o editor Siegfried Ellwanger, sendo autoridade coautora o Superior Tribunal de Justiça. O STF, por sete votos contra três, adotou os argumentos expostos no memorial (aceito como *amicus curiae*) elaborado pelo prof. Celso Lafer e denegou a ordem pretendida pelo mencionado editor. Eis um trecho do voto do Ministro Celso de Mello: "irrepreensível, neste ponto, o magistério, sempre douto e erudito, do eminente professor Celso Lafer, da Faculdade de Direito da Universidade de São Paulo (que é a minha "alma mater"), cujo parecer — oferecido na legítima e informal condição de *amicus curiae* — bem analisa a questão em foco (fls. 120/122)". In: *Crime de racismo e anti-semitismo*: um julgamento histórico no STF: *Habeas Corpus* n. 82.424/RS. Brasília: Supremo Tribunal Federal, 2004. p. 57.

Como é fato notório, embora a questão fundamental, — objeto de intensos e proveitosos debates estabelecidos no Plenário —, nesse julgamento, fosse o alcance do sentido do vocábulo *racismo*, a que se refere o inciso XLII, do art. 5º, da Constituição Federal, o STF superou o conceito biológico de raça, para ocupar-se com o conceito étnico-racial fornecido pela Antropologia, pela Sociologia e por outros ramos das Ciências Sociais.

O *amicus curiae* no texto do atual CPC

No sistema do CPC vigente, a intervenção do *amicus curiae* em processo alheio apresenta as seguintes características:

a) pode ser solicitada pelo juiz ou pelo relator, *ex officio*, ou ser requerida por qualquer das partes, ou por quem desejar manifestar-se;

b) o *amicus curiae* pode ser pessoa natural ou jurídica, órgão ou entidade especializada, com representatividade adequada;

c) no caso de requerimento, este deve ser formulado no prazo de quinze dias da intimação da pessoa, órgão ou entidade referidos na letra "b", retro;

d) os requisitos para a admissão do *amicus curiae* são: a relevância da matéria, a especificidade do tema objeto da demanda ou a repercussão social da controvérsia;

e) a decisão do juiz, ou do relator, que admitir o *amicus curiae*, poderá ser objeto de agravo de instrumento (CPC, art. 1.015, IX) ou de agravo interno (CPC, art. 1.021), respectivamente;

f) tratando-se do incidente de resolução de demandas repetitivas (art. 976), o *amicus curiae* terá legitimidade para recorrer da correspondente decisão do relator (art. 138, § 3º).

§ 1º A intervenção do *amicus curiae* não acarreta a alteração da competência do órgão jurisdicional nem autoriza a interposição de recurso. A própria norma que veda a interposição de recursos pelo *amicus curiae* traz duas exceções: a) o oferecimento de embargos de declaração; e b) a decisão que julgar o incidente de resolução de demandas repetitivas.

Será sempre aconselhável que o juiz, antes de admitir a intervenção do *amicus curiae* — quando requerida por este ou por uma das partes —, ouça as partes, no primeiro caso, ou a adversa, no segundo, em prazo que fixar. Esse contraditório prévio pode ser útil ao próprio magistrado, porquanto poderá obter subsídios para a sua decisão quanto admitir ou recusar a intervenção do *amicus*.

§ 2º A referência legal ao juiz e ao relator revela que o *amicus curiae* pode intervir tanto em primeiro grau (Varas) quanto nos demais graus de jurisdição (Tribunais). A decisão pela qual o juiz ou o relator solicitar (*ex officio*) ou admitir (requerimento) a intervenção do *amicus curiae* deverá definir quais são os poderes deste. Essa decisão deve ser fundamentada (CF, art. 93, IX); assim, também, a que não admitir a intervenção. É relevante observar, contudo, que o magistrado não poderá atribuir ao *amicus* os mesmos poderes de que são legalmente dotadas as partes, pois o *amicus* não se torna parte ao ser admitido a intervir. Não nos parece que o preceito legal em foco deva ser visto como uma espécie de cheque em branco que o sistema entregou ao magistrado para preenchê-lo segundo a sua conveniência. O que se pode admitir é que esses poderes variem caso a caso, conforme sejam as circunstâncias, pois o texto legal afirma que o juiz ou o relator definirá os poderes do *amicus* na decisão (ou seja, em cada caso) que solicitar ou admitir a intervenção deste. Faz-se oportuno lembrar que, anteriormente ao advento do atual CPC, os tribunais restringiam a atuação do *amicus* à apresentação de memoriais e à sustentação oral. O STF, por exemplo, no julgamento da ADIn n. 3.615/2008, entendeu que o *amicus curiae* não possui legitimidade para recorrer. Mais recentemente, porém, o Ministro Celso de Mello, relator na ADIn n. 5.022-MC/RO, de 16.1.2013, manifestou-se favorável à ampliação dos poderes do *amicus curiae*:

> "Cumpre permitir, desse modo, ao *amicus curiae*, em extensão maior, o exercício de determinados poderes processuais. Esse entendimento é perfilhado por autorizado magistério doutrinário, cujas lições *acentuam* a essencialidade da participação legitimadora do *amicus curiae* nos processos de fiscalização abstrata de constitucionalidade (...) ou, ainda, a faculdade de solicitar a realização de exames periciais sobre o objeto ou sobre questões

derivadas do litígio constitucional ou a prerrogativa de propor a requisição de informações complementares, bem assim a pedir a convocação de audiências públicas, sem prejuízo, como esta Corte já o tem afirmado, do direito de recorrer de decisões que recusam o seu ingresso formal no processo de controle normativo abstrato. Cabe observar que o Supremo Tribunal Federal, em assim agindo, não só garantirá maior efetividade e atribuirá maior legitimidade às suas decisões, mas, sobretudo, valorizará, sob uma perspectiva eminentemente pluralística, o sentido essencialmente democrático dessa participação processual, enriquecida pelos elementos de informação e pelo acervo de experiências que o *amicus curiae* poderá transmitir à Corte Constitucional, notadamente em um processo — como o de controle abstrato da constitucionalidade — cujas implicações políticas, sociais, econômicas, jurídicas e culturais são de irrecusável importância, de indiscutível magnitude e que inquestionável significação para a vida do País e a de seus cidadãos."

O *caput* do art. 138 do CPC, na trilha do art. 7º, § 2º, da Lei n. 9.868, de 10.11.1999, todavia, não permite ao *amicus curiae* recorrer da decisão do juiz ou do relator que não lhe permitirem o ingresso no processo, contrariando, assim, a tendência do STF.

Caso a parte venha a desistir do pedido que motivou a admissão do *amicus curiae* no processo, e essa desistência seja homologada, cessará, *ipso facto*, a intervenção do *amicus*. Trata-se de relação de causa e efeito.

§ 3º O incidente de resolução de demandas repetitivas está previsto no art. 976 do CPC. Da decisão aí proferida, o *amicus curiae* se encontra legitimado para interpor recurso.

Em que pese ao fato de a lei ser omissa no tocante ao assunto, estamos serenamente convencidos de que se aplicam ao *amicus curiae* as regras do art. 447 do CPC, no que se refere ao *impedimento* e à *suspeição* de testemunhas. Não nos parece haver razão jurídica para colocar-se o *amicus* ao largo dessas normas legais. Se não for assim, as manifestações do *amicus*, seja nos memoriais, seja na sustentação oral etc., estariam gravemente comprometidas pelo fato de ele ser cônjuge ou companheiro de uma das partes, ascendente ou descendente delas, possuir amizade ou amigo íntimo com uma delas etc.

Amicus curiae e assistência

Conquanto as figuras do *amicus curiae* e da assistência constituam, no sistema do CPC, espécies do gênero intervenção de terceiros, há expressivas diferenças entre elas. Consideremos a assistência *simples*:

a) o juiz pode solicitar, *ex officio*, a intervenção do *amicus* (art. 138, *caput*), mas a do assistente, não (art. 120);

b) o requerimento do interessado em intervir como *amicus* não depende de manifestação das partes, ao contrário do que se passa com a assistência, em relação à qual a manifestação do adversário do assistido é indispensável (art. 120);

c) os poderes do *amicus curiae*, a despeito do art. 138, § 2º, do CPC, são muito inferiores ao do assistente, pois este é dotado dos mesmos poderes do assistido (art. 121);

d) ao contrário do assistente (art. 121), o *amicus* não possui ônus processuais, nem é condenado ao pagamento de custas (art. 121);

e) o *amicus* pode, em causa futura, voltar a sustentar o entendimento que foi derrotado no julgamento da causa anterior, ao passo que o assistente não pode discutir, em outro processo, a justiça da decisão, salvo nos casos expressamente previstos em lei (art. 123).

O *amicus curiae* e o processo do trabalho

Em termos gerais, as disposições do CPC pertinentes à intervenção do *amicus curiae* são aplicáveis ao processo do trabalho, inclusive, em primeiro grau de jurisdição. Aqui, as entidades sindicais, sejam representativas da categoria profissional, sejam da categoria econômica, como pessoas jurídicas, encontram-se legitimadas para intervirem na qualidade de *amicus curiae*. O mesmo se afirme quanto aos trabalhadores e às empresas, individualmente considerados. O que se deve colocar à frente, como critério para essa modalidade de intervenção, é: a) a relevância da matéria; b) a especificidade do tema objeto da causa; ou c) a repercussão social da controvérsia.

Os mencionados requisitos devem ser observados não somente quando a intervenção do *amicus curiae* for *requerida* pelas partes ou por quem desejar manifestar-se, mas, também, quando for *solicitada* pelo juiz ou pelo relator, *ex officio*. O ato pelo qual um e outro solicitam a participação do *amicus* constitui *decisão*, que deve ser *fundamentada*, por exigência constitucional (CF, art. 93, IX). Isso nos motiva à formulação de uma pergunta inevitável e inquietante: caso a decisão *não seja fundamentada* — limitando-se, digamos, a determinar a intimação da pessoa, órgão ou entidade para intervir como *amicus curiae* —, mesmo assim será irrecorrível? Recurso *típico* (ou *genuíno*) não seria admissível, por força do princípio que se irradia do art. 893, § 1º, da CLT. A despeito disso, seriam cabíveis embargos declaratórios, por dois motivos: a) estes constituem recurso *anômalo*, não sendo, por isso, alcançados pela vedação contida no art. 138, *caput*, do CPC; e b) ao contrário do CPC de 1973, que restringia o cabimento desses embargos às *sentenças e aos acórdãos (art. 535, I)*, o *CPC de 2015* os admite *de qualquer decisão* (art. 1.022, *caput*). Os embargos declaratórios, no caso, seriam fundados em *omissão* do pronunciamento jurisdicional (*ibidem*, II). A partir desse momento, duas situações se apresentam: a) o juiz ou o relator supre a omissão, indicando os fundamentos pelos quais admitiu o *amicus curiae*; e b) o juiz ou o relator não supre a lacuna, por alguma razão. No primeiro caso, nada há a fazer, porquanto a irregularidade foi sanada; no segundo, caberá à parte alegar a nulidade da decisão que admitiu o *amicus curiae* — e do próprio incidente —, por falta de fundamentação da referida decisão. Essa alegação teria, apenas, efeito antipreclusivo.

Somente no recurso que vier a interpor da sentença (de mérito) é que a parte poderá arguir a nulidade da decisão que admitiu a intervenção do *amicus curiae*, em decorrência de não ter sido fundamentada (CLT, art. 893, § 1º). A arguição de nulidade, aliás, deverá abranger todos os atos processuais posteriores à sobredita decisão.

Devemos esclarecer que essas nossas considerações são de caráter geral, pois a adequada solução ao problema que apresentamos dependerá, essencialmente, de quem tenha requerido a intervenção do *amicus curiae* e de quem tenha ficado vencido no julgamento da causa, vale dizer, no mérito.

Embora admitamos a compatibilidade do art. 138 do CPC com o processo do trabalho, devemos ponderar que a presença do *amicus curiae* neste processo não deverá ser amplamente admitida, pois — queiramos, ou não — essa presença pode acarretar um indesejável golpe na celeridade da prestação jurisdicional, bastando argumentar, por exemplo, com a legitimidade que a lei atribui ao *amicus* para oferecer embargos de declaração e para recorrer da decisão referente ao incidente de resolução de demandas repetitivas. Por esse motivo, bem fariam os magistrados do trabalho — designadamente, os de primeiro grau de jurisdição — se abrissem mão da regra do § 2º do art. 138, de forma a não conceder ao *amicus* outros "poderes", além dos mencionados.

Art. 136. Concluída a instrução, se necessária, o incidente será resolvido por decisão interlocutória.

Parágrafo único. Se a decisão for proferida pelo relator, cabe agravo interno.

Caput. O ato pelo qual o juiz resolve o incidente de desconsideração da personalidade jurídica traduz decisão interlocutória, legalmente conceituada como *"todo pronunciamento judicial de natureza decisória que não se enquadre no § 1º"* do art. 203.

Mesmo anteriormente ao advento da Lei n. 13.467/2017, afirmávamos que, no processo do trabalho, essa decisão, por ser interlocutória, não poderia ser impugnada de imediato, em razão do disposto no art. 893, § 1º, da CLT. Sendo assim, a sua impugnação seria diferida para a fase de agravo de petição (estávamos cogitando de o incidente ter sido suscitado no processo de execução) que viesse a ser interposto da sentença resolutiva dos embargos à execução (CLT, art. 884). Esta nossa assertiva merecia uma explicitação. Proferida, pelo juiz do trabalho, a decisão interlocutória, e sendo ela irrecorrível de imediato, haveria a penhora de bens dos sócios. Estes, entretanto, não poderiam ingressar com embargos de terceiro, pois a matéria já fora objeto da aludida decisão interlocutória. Poderiam, contudo, oferecer embargos à execução, mas sem questionar a sua legitimidade para a execução, pois esta matéria também havia sido apreciada pela decisão interlocutória. Assim, proferida a sentença resolutiva dos embargos à execução (nos quais os sócios poderiam questionar os valores da condenação, os critérios de cálculo, etc.) estes poderiam, em sede de agravo de petição, impugnar a decisão interlocutória que desconsiderou a personalidade jurídica.

Admitir-se a imediata impugnação da decisão interlocutória que desconsiderou a personalidade jurídica seria malferir a regra inscrita no § 1º do art. 893 da CLT. Somente em situações verdadeiramente excepcionais é que se admitiria a impugnação da aludida decisão — e, ainda assim, via mandado de segurança.

Sobrevém, então, o art. 855-A, da CLT, cujo § 1º estabelece:

"Da decisão interlocutória que acolher ou rejeitar o incidente: I — na fase de cognição, não cabe recurso de imediato, na forma do § 1º do art. 893 desta Consolidação; II — na fase de execução, cabe agravo de petição, independentemente de garantia do juízo; III — cabe agravo interno se proferida pelo relator, em incidente instaurado originariamente no tribunal."

Parágrafo único. Sendo a decisão interlocutória proferida pelo relator, esse ato jurisdicional poderá ser impugnado por meio de agravo interno (que não se confunde com o agravo regimental, conquanto este, em rigor, também seja "interno"). A norma em exame está em harmonia com o art. 1.021 do CPC, que prevê a interposição de agravo contra decisão proferida pelo relator.

Art. 137. Acolhido o pedido de desconsideração, a alienação ou a oneração de bens, havida em fraude de execução, será ineficaz em relação ao requerente.

O efeito principal da decisão judicial que desconsidera a personalidade jurídica da empresa consiste em permitir a penhora de bens de sócio. Entretanto, se, quando já ajuizada a ação em que a sociedade figura como ré, o sócio vendeu ou alienou bens pessoais, a lei considera que esses atos foram praticados em fraude à execução, cuja consequência será a sua ineficácia em relação ao requerente, ou seja, ao credor. À primeira vista, poderia parecer desnecessária a declaração feita pelo art. 137 do CPC, pois o art. 792 do mesmo Código, que disciplina a fraude à execução, assevera, em seu § 1º: "*A alienação em fraude à execução é ineficaz em relação ao exequente.*" Por ironia, a presença do art. 137, com seu teor, tornou-se necessária, porque o *art. 792, § 1º, disse menos do que deveria: não só a alienação, mas,* também, *a oneração de bens em fraude à execução serão ineficazes no que tange ao exequente.* O *caput* do art. 792, aliás, menciona tanto a oneração quanto a alienação de bens.

Para que se configure a fraude à execução, é necessário que o devedor tenha vendido todos os seus bens, quando já ajuizada a ação, sem reservar alguns para atenderem à satisfação do crédito do exequente. Desse modo, se ele vendeu diversos bens, mas conservou alguns em sua propriedade, suficientes para atender ao escopo da execução que contra ele se processa ou será processada, aquela alienação não será havida como fraudatória da execução.

As situações configuradoras dessa modalidade de fraude estão especificadas no art. 792, assim redigido:

"*A alienação ou a oneração de bem é considerada fraude à execução: I — quando sobre o bem pender ação fundada em direito real ou com pretensão reipersecutória, desde que a pendência do processo tenha sido averbada no respectivo registro público, se houver; II — quando tiver sido averbada, no registro do bem, a pendência do processo de execução, na forma do art. 828; III — quando tiver sido averbado, no registro do bem, hipoteca judiciária ou outro ato de constrição judicial originário do processo onde foi arguida a fraude; IV — quando, ao tempo da alienação ou da oneração, tramitava contra o devedor ação capaz de reduzi-lo à insolvência; V — nos demais casos expressos em lei.*"

À guisa de registro histórico

Anteriormente à Lei n. 13.467/2017: 1) com o escopo de preservarmos a preeminência do art. 769 da CLT, em relação ao art. 15 do CPC, e, em consequência, os amplos poderes que o art. 765 da CLT comete ao juiz do trabalho, assim como a sua faculdade de dar início *ex officio* à execução (CLT, art. 878, *caput*) e o princípio da irrecorribilidade imediata das decisões interlocutórias (*CLT, art. 893, § 1º*); 2) com a finalidade de assegurarmos o contraditório previsto na Constituição Federal (art. 5º, LV), sem prejuízo da celeridade na tramitação processual — que também é garantia constitucional: *ibidem*, LXXVIII), sugerimos a adoção, pela Justiça do Trabalho, do seguinte procedimento alusivo ao incidente de desconsideração da personalidade jurídica, traçado pelos arts. 133 a 137 do CPC. Ei-los:

a) faculdade de o juiz dar início, *ex officio*, ao incidente;

b) manutenção do critério objetivo, e exclusivo, da inexistência de bens da pessoa jurídica, que possam ser penhorados, como pressuposto para a instauração do incidente;

c) citação do réu e realização da instrução do incidente somente depois de penhorados bens do sócio (ou, de qualquer modo, garantida a execução);

d) irrecorribilidade imediata e autônoma da decisão interlocutória que soluciona o incidente (*Comentários ao Novo Código de Processo Civil sob a Perspectiva do Processo do Trabalho*. 2. ed. São Paulo: LTr, 2015. p. 164).

Uma situação fronteiriça à da desconsideração da personalidade jurídica deve ser mencionada: a da pessoa física que onera ou vende bens quando já havia, contra si, demanda capaz de reduzi-la à insolvência (CPC, art. 792, IV). Neste caso, estará caracterizada a fraude à execução, espécie do gênero ato atentatório à dignidade da justiça (art. 774, I), permitindo ao juiz declarar a ineficácia do ato realizado pelo devedor (art. 792, § 1º) e aplicar-lhe multa não superior a vinte por cento do valor atualizado do débito em execução (art. 774, parágrafo único). No incidente de desconsideração da personalidade jurídica, segundo o art. 792, § 3º, do CPC, a fraude à execução somente ocorre a partir da citação da parte cuja personalidade se pretende desconsiderar. É bem verdade que, neste caso, antes de declarar a fraude, o juiz deverá intimar o terceiro adquirente, que poderá oferecer embargos de terceiro no prazo de quinze dias (*ibidem*, § 4º).

> § 1º Da decisão interlocutória que acolher ou rejeitar o incidente:
>
> I — na fase de cognição, não cabe recurso de imediato, na forma do § 1º do art. 893 desta Consolidação;
>
> II — na fase de execução, cabe agravo de petição, independentemente de garantia do juízo;
>
> III — cabe agravo interno se proferida pelo relator em incidente instaurado originariamente no tribunal.

• **Comentário**

No sistema do processo civil, cabe agravo de instrumento da decisão resolutiva do incidente de desconsideração da personalidade jurídica (CPC, art. 1.015, IV). Se a decisão foi proferida pelo relator, será interponível agravo interno (CPC, arts. 136, parágrafo único, e 1.021).

O processo do trabalho contém norma própria sobre o tema, conforme revela o § 1º, do art. 855-A, da CLT. Aqui, o legislador também cuidou do assunto, conforme a decisão tenha sido lançada: a) em Vara do Trabalho; ou b) em Tribunal. No primeiro caso, ele distinguiu a fase do processo em que a decisão é emitida. Assim, a.a) se foi proferida na fase de conhecimento, o ato judicial não poderá ser impugnado de imediato, em decorrência de sua natureza tipicamente interlocutória. A impugnação será diferida para o momento da interposição do recurso ordinário que vier a ser interposto da sentença resolutiva da causa (CLT, art. 893, § 1º); a.b) se a decisão foi proferida na fase de execução, poderá ser impugnada por meio de agravo de petição (CLT, art. 897, "a"), sem necessidade de garantia patrimonial. Conquanto a decisão, também aqui, possua natureza, nitidamente, interlocutória, o legislador reputou conveniente abrir uma exceção à regra do art. 893, § 1º, da CLT, permitindo a imediata interposição do referido recurso. Para preservar, todavia, o princípio estampado no mencionado dispositivo da CLT, ele poderia ter previsto a impetração de mandado de segurança — que não é recurso, mas, sim, ação —, que teria maior efetividade, por permitir ao sócio atingido pela decisão que desconsiderou a personalidade jurídica obter (quando fosse o caso), de maneira rápida, uma liminar, expedida pelo relator, cassando o ato do juízo de origem.

Se o incidente for instaurado, originariamente, b) no âmbito dos Tribunais, a decisão monocrática do relator poderá ser impugnada via agravo interno, a que se refere o art. 1.021 do CPC. O agravo será dirigido ao relator (*ibidem*, § 2º), embora tenha como órgão julgador (*ad quem*) o colegiado de que o relator participa. Do acórdão emitido no julgamento do agravo interno não deverá caber, de imediato, recurso de revista para o TST. Esse acórdão possui, de maneira algo *sui generis*, natureza interlocutória, razão pela qual a sua impugnação somente poderá ocorrer quando do recurso de revista interposto do acórdão que julgou o recurso ordinário ou o agravo de petição, em cujos autos foi suscitado o incidente de desconsideração da personalidade jurídica.

Observe-se que o § 1º do art. 855-A da CLT faz referência à *decisão interlocutória* — ato pelo qual o juiz resolve o *incidente* —, razão pela qual, por força do disposto no art. 893, § 1º, da mesma Consolidação, se esse ato judicial for praticado no processo de conhecimento não poderá ser objeto de recurso imediato. Ocorrendo, entretanto, de a desconsideração da personalidade jurídica ser postulada na petição inicial, como permite a lei (CPC, art. 134, § 2º), ela não terá a natureza de incidente e será apreciada pela *sentença* (CPC, art. 203, § 1º). Sendo assim, mesmo em se tratando de processo de conhecimento, caberá recurso da sentença (CLT, art. 895, I).

§ 2º A instauração do incidente suspenderá o processo, sem prejuízo de concessão da tutela de urgência de natureza cautelar de que trata o art. 301 da Lei n. 13.105, de 16 de março de 2015 — Código de Processo Civil.

• **Comentário**

Sobre esse parágrafo do art. 855-A, já nos manifestamos no ensejo dos comentários ao § 3º, do art. 134, do CPC.

Anteriormente à Lei n. 13.467/2017, a única possibilidade de suspensão do processo, prevista pela CLT, ocorria no caso de oferecimento de exceção de incompetência, de impedimento ou de suspeição (art. 799).

A rememorar-se que, no sistema do processo civil, a *tutela provisória* pode fundar-se em *urgência* ou em *evidência* (CPC, art. 294, *caput*). A tutela provisória *de urgência*, por sua vez, pode ser: a) *cautelar* ou *antecipada*; e b) *antecedente* ou *incidental* (*ibidem*, parágrafo único). Esta observação é necessária, porque o § 2º, do art. 855-A, da CLT, somente alude à possibilidade de concessão de *tutela de urgência de natureza cautelar*, durante a suspensão do processo, em decorrência da instauração do incidente de desconsideração da personalidade jurídica.

Ao longo dos Comentários ao art. 855-A, e seus parágrafos, da CLT, como não podemos admitir a possibilidade de o juiz negar vigência à lei (sem prejuízo de poder declará-la inconstitucional), pois isso faria ruir as bases em que se funda nosso Estado Democrático de Direito, procuramos atribuir a esse preceptivo da CLT uma interpretação atenuante, por assim dizer, que se harmonizasse com os princípios e escopos do processo do trabalho.

Posição mais ousada foi assumida pelo Enunciado n. 1, da Comissão 8, integrante da 2ª Jornada de Direito Material e Processual do Trabalho, promovida pela *ANAMATRA*, tendo como núcleo a Reforma Trabalhista imposta pela Lei n. 13.467/2017:

PROCESSO DO TRABALHO. INCIDENTE DE DESCONSIDERAÇÃO DA PERSONALIDADE JURÍDICA: APLICAÇÃO LIMITADA

I — NO PROCESSO DO TRABALHO, O REDIRECIONAMENTO DA EXECUÇÃO PARA O SÓCIO NÃO EXIGE O INCIDENTE DE DESCONSIDERAÇÃO DA PERSONALIDADE JURÍDICA (ARTS. 133 A 137 DO CPC). II — A DISSOLUÇÃO IRREGULAR DA PESSOA JURÍDICA INCLUI AS HIPÓTESES DE IMPOSSIBILIDADE DE SATISFAÇÃO DA DÍVIDA PELO DEVEDOR, O QUE AUTORIZA O REDIRECIONAMENTO DA EXECUÇÃO PARA OS SÓCIOS, INDEPENDENTEMENTE DE INSTAURAÇÃO DO INCIDENTE DE DESCONSIDERAÇÃO DA PERSONALIDADE JURÍDICA (ART. 135 DO CTN). III — ADMITE-SE O INCIDENTE DE DESCONSIDERAÇÃO DA PERSONALIDADE NAS HIPÓTESES DE SÓCIO OCULTO, SÓCIO INTERPOSTO (DE FACHADA OU "LARANJA"), ASSOCIAÇÃO ILÍCITA DE PESSOAS JURÍDICAS OU FÍSICAS OU INJURIDICIDADES SEMELHANTES, COMO CONSTITUIÇÃO DE SOCIEDADE EMPRESÁRIA POR FRAUDE, ABUSO DE DIREITO OU SEU EXERCÍCIO IRREGULAR, COM O FIM DE AFASTAR O DIREITO DE CREDORES. IV — ADOTADO O INCIDENTE DE DESCONSIDERAÇÃO DA PERSONALIDADE JURÍDICA, O JUIZ, NO EXERCÍCIO DO PODER GERAL DE CAUTELA, DETERMINARÁ ÀS INSTITUIÇÕES BANCÁRIAS A INDISPONIBILIDADE DE ATIVOS FINANCEIROS E DECRETARÁ A INDISPONIBILIDADE DE OUTROS BENS PERTENCENTES AOS SÓCIOS, PESSOAS JURÍDICAS OU TERCEIROS RESPONSÁVEIS, SENDO DESNECESSÁRIA A CIÊNCIA PRÉVIA DO ATO.

Capítulo XXIX
DO PROCESSO DE JURISDIÇÃO VOLUNTÁRIA PARA HOMOLOGAÇÃO DE ACORDO EXTRAJUDICIAL

Esse é o Título de que se ocupa o nupérrimo Capítulo III-A da CLT.

Art. 855-B. O processo de homologação de acordo extrajudicial terá início por petição conjunta, sendo obrigatória a representação das partes por advogado.

• **Comentário**

Conforme dissemos, ao comentarmos o art. 652, alínea "f", da CLT, o que, habitualmente, se tem designado de *jurisdição voluntária* traduz, sob a perspectiva da acribologia jurídica, um contrassenso, pois não há, aqui, atividade jurisdicional (mas, administração pública de interesses privados), nem partes (mas, interessados), nem processo (mas, sim, mero procedimento), nem há voluntariedade, pois a instauração do procedimento depende de iniciativa do interessado.

Convém rememorar que o vocábulo *processo* significa o método ou a técnica de que se utiliza o Estado para solucionar os *conflitos de interesses* ocorrentes entre os indivíduos ou as coletividades ou entre uns e outros. No procedimento da homologação, não há *conflito*, se não que *convergência de interesses*.

Estamos diante de uma questão instigante, apresentada pelo legislador: em um primeiro lançar de olhos, parece-nos que a norma legal em exame está a versar, efetivamente, sobre acordo extrajudicial como modalidade de negócio jurídico bilateral, sinônimo de transação ou de conciliação. Cremos, todavia, que a intenção do legislador foi a de fazer com que acordo extrajudicial *substitua a assistência do sindicato no ato de rescisão contratual*, que era prevista no art. 477, § 1º, da CLT.

Duas são, em essência, as razões que nos conduzem a essa inferência:

a) o art. 5º, letra "j", da Lei n. 13.467/2017, revoga, de maneira expressa, o § 1º, do art. 477, da CLT, assim como os §§ 3º e 7º do mesmo artigo;

b) no Relatório do Substitutivo apresentado pelo Deputado Rogério Marinho, Relator da matéria, lê-se:

Art. 652 e 855-B a 855-E

Como já mencionado, uma de nossas preocupações é a de reduzir a litigiosidade das relações trabalhistas, e a forma pela qual estamos buscando implementar esse intento é o estímulo à **conciliação extrajudicial.**

(...)

Assim, estamos, por intermédio da nova redação sugerida à alínea "f" do art. 652 da CLT, conferindo competência ao Juiz do Trabalho para decidir quanto à homologação de acordo extrajudicial em matéria de competência da Justiça do Trabalho. Em complemento, estamos incorporando um Título III-A ao Capítulo X da CLT para disciplinar o processo de jurisdição voluntária para homologação de acordo extrajudicial.

Esse ato dependerá de iniciativa conjunta dos interessados, com assistência obrigatória de advogado. Ouvido o Juiz, se a transação não visar a objetivo proibido por lei, o Juiz homologará a rescisão. A petição suspende o prazo prescricional, que voltará a correr no dia útil seguinte ao trânsito em julgado da decisão denegatória do acordo.

Esperamos que, ao trazer expressamente para a lei a previsão de uma sistemática para homologar judicialmente as rescisões trabalhistas, conseguiremos a almejada segurança jurídica para esses instrumentos rescisórios, reduzindo, consequentemente, o número de ações trabalhistas e o custo judicial. (destacamos)

Foram expressamente revogados, portanto, os §§ 1º, 3º e 7º, do art. 477, da CLT.

Constava do primeiro:

§ 1º O pedido de demissão ou recibo de quitação de rescisão do contrato de trabalho, firmado por empregado com mais de 1 (um) ano de serviço, só será válido quando feito com a assistência do respectivo Sindicato ou perante a autoridade do Ministério do Trabalho e Previdência Social (atual Ministério do Trabalho e Emprego).

§ 3º Quando não existir na localidade nenhum dos órgãos previstos neste artigo, a assistência será prestada pelo Representante do Ministério Público ou, onde houver, pelo Defensor Público e, na falta ou impedimento destes, pelo Juiz de Paz.

E, do segundo:

§ 7º O ato da assistência na rescisão contatual (§§ 1º e 2º) será sem ônus para o trabalhador e empregador.

Em suma: revogados, *expressis verbis*, os §§ *1º, 3º e 7º, do art. 477, da CLT*, não só a antiga "homologação" pelo sindicato e a assistência pelo órgão do Ministério do Trabalho (*ibidem*, § 1º) ou pelo representante do Ministério Público, pelo Defensor Público ou pelo Juiz de Paz (§ 3º) deixam de existir, como a rescisão contratual pode ser objeto de *acordo extrajudicial*, independentemente do tempo de serviço do empregado.

Para efeito de definição da competência territorial do órgão jurisdicional ao qual será submetido o acordo extrajudicial, deverá ser observada a norma do art. 651 da CLT.

O que há pouco denominamos de *questão instigante* se transforma, todavia, em autêntico *enigma* proposto pelo legislador, pois, considerando-se a revogação dos §§ 1º, 3º e 7º, do art. 477, da CLT, devemos indagar a quem será submetida a assistência da rescisão contratual se o trabalhador recusar-se a realizar o acordo, ou o juiz o recusar-se a homologá-lo, conforme lhe faculta o art. 855-E, parágrafo único, da CLT?

Nesta hipótese, a ruptura contratual prescindirá de assistência ou homologação?

Como diria, mais uma vez, a Princesa Turandot, na ópera de Giacomo Puccini: "*Nessum dorma! Nessum dorma!*" — até que a solução seja encontrada. A nosso ver, doravante, o instrumento de rescisão do contrato de trabalho (TRCT) não mais se submeterá à "homologação" sindical ou à assistência pelo Ministério do Trabalho, pelo Ministério Público, pela Defensoria Pública ou pelo Juiz de Paz. Bastará a si, por assim dizer, circunstância que permitirá ao trabalhador alegar, quando for o caso, a existência de vício de consentimento, na assinatura desse instrumento, ou de fraude, fato que o levará a ingressar em juízo para ver atendida a sua alegação de nulidade do ato. Sendo assim, terá sido frustrado o escopo do legislador, de reduzir, *"consequentemente, o número de ações trabalhistas e o custo judicial".*

Superando essa espécie de aporia interpretativa do art. 855-B, *caput*, da CLT, entendemos que, em termos objetivos, dissolvido o contrato de trabalho, em quaisquer de suas modalidades (extinção, rescisão, resolução, etc.), poderão ocorrer as seguintes situações no plano da realidade prática:

a) o trabalhador *não aceita* firmar acordo extrajudicial:

a.a) se ele *nada recebeu*, poderá ir a juízo para postular a integralidade dos direitos que não foram satisfeitos pelo empregador. Neste caso, não terá dado quitação ao empregador (supõe-se);

a.b) se ele *recebeu parte* dos direitos, o seu ingresso em juízo será para receber os direitos restantes. Nesta hipótese, a quitação que ele houver dado alcançará, apenas, as parcelas discriminadas no termo de rescisão contratual. Indaga-se, todavia: com vistas a isso, ele deverá fazer constar desse termo uma *ressalva* quanto aos direitos que não foram objeto da rescisão? Conquanto o tema seja controverso, entendemos que não será necessária essa ressalva. A razão que nos leva a essa conclusão decorre do fato de que, doravante, conforme dissemos, a ruptura do contrato de trabalho não se submete a mais nenhuma assistência, seja sindical, seja por parte das demais pessoas ou entidades a que se referiam os revogados §§ 1º e 3º, do art. 477, da CLT. Sendo assim, seria de rigor excessivo exigir que o trabalhador, desassistido, e muitas vezes ingênuo, devesse saber que deveria efetuar essa ressalva, sob pena de nada mais poder postular em juízo;

b) o trabalhador *firma acordo* extrajudicial, que é submetido à apreciação do magistrado:

b.a) o magistrado *homologa* o acordo. Por analogia ao art. 831, parágrafo único, a decisão será irrecorrível, produzindo coisa julgada material; logo, pode ser objeto de ação rescisória (TST, Súmula n. 259), e não, de ação anulatória (CPC, art. 966, § 4º);

b.b) o magistrado *não homologa* o acordo (em decisão fundamentada) e, em consequência, o ex-empregador nada paga ao ex-empregado: restará ao trabalhador ingressar em juízo, desta feita, com ação (processo de conhecimento) para pleitear o recebimento não somente das parcelas que constaram do instrumento do acordo não homologado, se não que de todas as outras a que entenda fazer jus. A possibilidade de o juiz recusar-se a homologar o acordo está implícita na literalidade do art. 652, letra "f", da CLT: *"decidir quanto à homologação de acordo extrajudicial...*). Destacamos. Esse ato de decidir constitui *sentença* (CLT, art. 855-D), que, como tal, deve ser juridicamente fundamentada, sob pena de nulidade (CF, art. 93, IX).

Com vistas à realização do acordo extrajudicial, previsto no art. 855-B da CLT, devem ser observados, no que couberem, os requisitos que os arts. 840 a 850 do Código

Civil estabelecem para a validade da transação. Dentre eles, destacamos os artigos: 841 (a transação só é possível quanto a direitos patrimoniais de caráter privado), 843 (a transação deve ser interpretada restritivamente, e por meio dela não se transmitem, senão que apenas se declaram ou reconhecem direitos), 847 (admite-se, na transação, a pena convencional), 848 (sendo nula qualquer das cláusulas da transação, esta será nula) e 849 (a transação só se anula por dolo, coação ou erro essencial quanto à pessoa ou coisa controversa). Quanto ao art. 849 do CC — conforme exporemos com mais detalhe ao comentarmos, páginas à frente, o parágrafo único do art. 855-B da CLT —, embora essa norma civilista aluda à *anulação* da transação, estamos convencidos de que, no processo do trabalho, a sentença homologatória do acordo extrajudicial somente poderá ser desconstituída por meio de *ação rescisória*, por aplicação analógica da Súmula n. 259 do TST.

Não menos relevante é destacar que o acordo extrajudicial deverá também observar as regras dos arts. 122 e 422 do CC, máxime esta última, que preconiza o atendimento aos princípios de *probidade* e de *boa-fé*.

Os requisitos que o art. 855-B, da CLT, indica para que o *procedimento* (e não, *processo*, como o legislador fez constar) da homologação do acordo extrajudicial seja instaurado são estes:

a) petição conjunta, pelos interessados; e

b) representação por advogado.

Conquanto seja compreensível a razão pela qual a norma está a exigir a representação dos interessados por advogado, não podemos deixar de reconhecer, nisso, uma certa desarmonia sistemática, pois a *parte* (agora, sim, *parte*), para promover *ação* (agora, sim, *ação*: direito subjetivo de invocar a prestação jurisdicional do Estado) não necessita de advogado, significa dizer, possui capacidade postulatória (*ius postulandi*), *ex vi* do disposto no art. 791, *caput*, da CLT, cuja norma está em vigor[8].

É evidente que, se o trabalhador for advogado, o *caput* do art. 855-B estará atendido.

Dissemos, há pouco, serem dois os requisitos exigidos pelo art. 855-B, da CLT, para a instauração do procedimento de jurisdição voluntária destinado à homologação de acordo extrajudicial: petição conjunta, pelos interessados, e representação por advogado). Esses são os requisitos em sentido estrito. Se considerarmos o conjunto dos dispositivos integrantes do ordenamento jurídico, os requisitos são mais amplos, a saber (inclusos os requisitos estritos):

a) agente capaz (CC, art. 104, I);

---

(8) O Supremo Tribunal Federal, na ADI n. 1.127-8, concedeu medida liminar, suspendendo a eficácia de algumas das disposições da Lei n. 8.906/94, dentre as quais, a do inciso I, do art. 1º, assim redigido: *"Art. 1º São atividades privativas de advocacia: I — a postulação a qualquer órgão do Poder Judiciário e aos juizados especiais."* (DJU de 29.6.2001) O STF excluiu, assim, a aplicação dessa norma no âmbito da Justiça do Trabalho e da Justiça de Paz, de tal maneira que, por força dessa decisão, se assegurou a eficácia do art. 791, *caput*, da CLT, que, como sabemos, atribui capacidade postulatória às partes. Posteriormente, o Excelso Pretório confirmou a liminar, em sessão de 17.5.2006 (DJU de 26.5.2006).

b) objeto lícito, possível, determinado ou determinável (CC, art. 104, II);

c) petição conjunta (CLT, art. 855-B, *caput*: "*O processo de homologação de acordo extrajudicial terá início por petição conjunta*";

d) representação por advogado, com procuração (CLT, art. 855-B: "*sendo obrigatória a representação das partes por advogado*";

e) inexistência de vício de consentimento: erro, dolo, coação, fraude, etc. (CC, arts. 178 e 849);

f) definição quanto à natureza jurídica das parcelas (Lei n. 13.876, de 20.9.2019: CLT, art. 832);

g) alcance da quitação;

h) comprovante de pagamento das verbas da rescisão (TRCT, FGTS, etc.);

h) pagamento da multa prevista no art. 477, § 8º, da CLT, quando for o caso;

i) fixação do valor do acordo para efeito de pagamento das custas (CLT, art. 789).

§ 1º As partes não poderão ser representadas por advogado comum.

- **Comentário**

A expressão legal "advogado comum" significa que os interessados *não* podem ser representados pelo *mesmo* advogado. Pondo à frente o sentido teleológico da norma, podemos afirmar que ela também veda a representação por advogados diversos, mas integrantes do mesmo escritório de advocacia. Não cremos, todavia, que o desrespeito a essa proibição legal possa configurar o crime de *patrocínio infiel*, previsto no art. 355 do Código Penal:

> "*Trair, na qualidade de advogado ou procurador, o dever profissional, prejudicando interesse, cujo patrocínio, em juízo, lhe é confiado: Pena — detenção, de seis meses a três anos, e multa. Patrocínio simultâneo ou tergiversação. Parágrafo único. Incorre na pena deste artigo o advogado ou procurador judicial que defende na mesma causa, simultânea ou sucessivamente, partes contrárias.*"

Assim entendemos, porque não basta que o advogado esteja a atuar, na mesma causa, em nome de ambas as partes: é necessário que os interesses delas sejam conflitantes. No caso, o advogado estará atuando em nome de interesses *convergentes* de ambas as partes. Apesar disso, ele estará infringindo o disposto no § 1º do art. 855-B da CLT, fato que permitirá ao juiz do trabalho recusar-se a homologar, por esse motivo, o acordo extrajudicial, fazendo com que cada uma delas retorne com advogados diversos.

Se não houver, na localidade, advogados habilitados, ou, havendo, se recusarem a representar os interessados, ou houver conflito de interesses entre os advogados e os interessados, estes poderão assinar a petição conjunta, sem que isso implique transgressão ao texto legal em análise (por analogia: CLT, art. 791, *caput*). Neste caso, o trabalhador poderá fazer-se assistir por advogado indicado pelo sindicato representativo de sua categoria profissional.

De qualquer modo, como a lei exige que o trabalhador seja representado por advogado (CLT, art. 855-B, *caput*), com vistas ao procedimento de homologação do acordo extrajudicial, isso significa que o trabalhador deverá arcar com as despesas de contratação desse advogado. Temos receio de que, na prática, o empregador se disponha a pagar os honorários do advogado do empregado, desde que este concorde em abrir mão de alguns direitos.

§ 2º Faculta-se ao trabalhador ser assistido pelo advogado do sindicato de sua categoria.

• **Comentário**

Enquanto o *caput* do art. 855-B da CLT declara que as partes (empregado e empregador), para efeito de elaboração da petição conjunta de acordo extrajudicial, deverão ser *representadas* por advogado, o § 2º da mesma norma legal faculta ao trabalhador ser *assistido* por advogado do sindicato representativo da sua categoria.

Do exame conjunto do *caput* e do § 2º, do art. 855-B, da CLT, a conclusão inevitável é de que o trabalhador (para cogitarmos apenas deste): a) *deverá* contratar advogado para elaborar o precitado instrumento de acordo extrajudicial; b) *poderá* fazer-se assistir por advogado de seu sindicato. Na prática, entretanto, a *assistência* pelo advogado do sindicato poderá causar compreensível constrangimento ao advogado contratado pelo trabalhador. Afinal, se o trabalhador possui advogado — ao qual outorgou procuração, concedendo-lhe poderes para o exercício do mandato —, por que motivo iria solicitar ao sindicato de sua categoria que, ainda assim, designasse outro advogado para prestar-lhe *assistência*?

Seja como for, a *assistência* por advogado do sindicato traduz mera *faculdade* do trabalhador, razão por que caberá a este verificar, em cada situação, quanto à conveniência da presença, ou não, desse advogado.

Considerando que o sindicato não mais participa da assistência a que se referia o revogado § 1º, do art. 477, a CLT, para que ele possa destinar advogado, visando a prestar *assistência* ao trabalhador na realização do acordo extrajudicial, há necessidade de que o trabalhador dê ciência (idealmente, por escrito) à entidade sindical representativa da sua categoria: a) de que o seu contrato de trabalho deixou de vigorar; b) de que deseja realizar o mencionado acordo; e c) para isso, gostaria de ter a assistência de advogado fornecido pela entidade sindical.

Questão a ser resolvida, principalmente, pela jurisprudência, diz respeito a saber se a assistência pelo advogado do sindicato representativo da categoria do trabalhador será apenas passiva, limitando-se a verificar se não há vício de consentimento, por parte do assistido, ou esse advogado pode: a) pedir ou exigir que conste do instrumento de ruptura do contrato de trabalho ressalva quanto a outros direitos que não estão sendo satisfeitos; b) ou, até mesmo, aconselhar o trabalhador a não firmar o acordo por entender que é desvantajoso a este? Essa atitude do advogado do sindicato não poderia gerar um conflito de interesses com o advogado que elaborou e assinou o instrumento de dissolução contratual em nome do trabalhador? O advogado do sindicato poderia requerer que o juiz incumbido de homologar o acordo o admita como *amicus curiae* (CPC, art. 138) com o objetivo de argumentar contra a inconveniência da homologação? Ou esse advogado poderia ser inquirido pelo juízo como testemunha (CLT, art. 855-D)?

A propósito, caberá aos sindicatos decidir sobre a necessidade, ou não, de deflagrar campanha destinada a esclarecer os trabalhadores quanto à conveniência de estarem *assistidos* por advogado, no ato de elaboração e de homologação do acordo extrajudicial.

É evidente que o sindicato ou o advogado por aquele indicado não poderão exigir do trabalhador qualquer pagamento pelo serviço prestado a este.

Art. 855-C. O disposto neste Capítulo não prejudica o prazo estabelecido no § 6º do art. 477 desta Consolidação e não afasta a aplicação da multa prevista no § 8º art. 477 desta Consolidação.

• **Comentário**

Estabelece o § 6º, do art. 477, da CLT:

O pagamento das parcelas constantes no instrumento de rescisão ou recibo de quitação deverá ser efetuado nos seguintes prazos:

a) até o primeiro dia útil imediato ao término do contrato; ou

b) até o décimo dia, contado da data da notificação da demissão, quando da ausência do aviso-prévio, indenização do mesmo ou dispensa de seu cumprimento.

O § 8º do mesmo dispositivo legal, por sua vez, estatui:

A inobservância do disposto no § 6º deste artigo sujeitará o infrator à multa de 160 BTN, por trabalhador, bem assim ao pagamento de multa a favor do empregado, em valor equivalente ao seu salário, devidamente corrigido pelo índice de variação do BTN, salvo quando, comprovadamente, o trabalhador der causa à mora.

A declaração estampada o art. 855-C da CLT está a indicar não apenas que os pagamentos devidos ao trabalhador, em decorrência da ruptura do seu contrato, devem ser efetuados nos prazos fixados pelo § 6º do art. 477 da CLT, mas a revelar, *ipso facto*, que esses pagamentos devem ter sido realizados antes de o juiz manifestar-se sobre o acordo extrajudicial. O que, talvez, possa ocorrer na prática é de o pagamento ser realizado na data da assinatura do acordo, pelas partes, quando já excedidos os prazos legais. Neste caso: a) o juiz poderá homologar o acordo; b) mas o empregador se sujeitará à multa administrativa prevista no § 8º, do art. 477, da CLT.

Seja como for, fica afastada a possibilidade de os pagamentos serem efetuados em data posterior à da homologação do acordo.

A norma legal também não elucida o que ocorrerá se o trabalhador se recusar a realizar esse acordo, ou seja, a receber as quantias que lhe foram colocadas à disposição: mesmo assim, a empresa deverá ser condenada ao pagamento da multa prevista no § 8º, do art. 477, da CLT? Desde que consiga provar a mencionada recusa do trabalhador, não.

Art. 855-D. No prazo de quinze dias a contar da distribuição da petição, o juiz analisará o acordo, designará audiência se entender necessário e proferirá sentença.

• **Comentário**

Conforme dissemos ao comentarmos o art. 652, "f", da CLT, temos fundadas dúvidas sobre o atingimento do objetivo do legislador, de reduzir o número de ações submetidas à apreciação da Justiça do Trabalho, com a instituição do "processo de jurisdição voluntária para homologação de acordo extrajudicial". Nossa dúvida deriva do fato de que, não havendo obrigatoriedade: a) de "homologação" da dissolução do contrato de trabalho, pela entidade sindical, pela Delegacia Regional do Trabalho, pelo Ministério Público ou pelo Juiz de Paz, em virtude da revogação dos §§ 1º, 3º e 7º, do art. 477, da CLT; b) de o trabalhador realizar o acordo de que fala o art. 855-D da CLT, a tendência será que ele invoque a tutela da Justiça do Trabalho com a finalidade de receber aquilo a que entende ter direito, e que não lhe foi pago no instrumento de dissolução contratual, fazendo aumentar, assim, a pletora de ações em que se vê engolfada essa Justiça.

Posta de lado essa nossa inquietação, analisemos o art. 855-D da CLT.

A petição referente ao acordo extrajudicial também está sujeita à distribuição, conforme a rigorosa ordem de apresentação (CLT, art. 783).

Dentro de quinze dias da data em que houve a distribuição, o juiz: a) analisará os termos do acordo; b) designará audiência para ouvir os interessados, se considerar necessário ou conveniente; c) na eventual ausência de um deles, contudo, não autorizará a aplicação do disposto no art. 844 da CLT); e d) proferirá sentença, juridicamente fundamentada, sob pena de nulidade (CF, art. 93, IX), homologando, ou não o acordo.

Como se cuida de *sentença* — ato conceitualmente dotado de eficácia para dar fim ao procedimento —, dela seria interponível recurso ordinário (CLT, art. 895, I)? A resposta virá mais abaixo.

De qualquer modo, fica fora de qualquer dúvida razoável a possibilidade de serem oferecidos embargos de declaração à sentença, desde que se revele omissa, obscura ou contraditória.

O *procedimento* judicial da homologação sobre a qual estamos a versar deve ser o mais simplificado possível, pois não se trata de conflito — e sim de *convergência* — de interesses; afinal, é um *acordo extrajudicial*. Deste modo, distribuída e autuada a correspondente petição, os autos deverão ser conclusos ao juiz dentro do menor prazo possível. A contar daí, obviamente, duas situações, podem ocorrer:

a) se o magistrado entender que o acordo preenche os requisitos legais (não há vício de consentimento, as parcelas estão especificadas, com indicação de sua natureza, etc.) o homologará, por sentença, dando fim ao procedimento;

b) caso contrário, recusará a homologação. É evidente que o magistrado não está obrigado a homologar o ato. Ele não é, afinal, um mero placitador da vontade das partes, cabendo-lhe verificar, conforme dissemos na letra anterior, se não houve algum vício de consentimento, se não ocorreu violação à norma de ordem pública, se o acordo não traduz conluio para prejudicar terceiros, etc. A homologação constitui, portanto, uma *faculdade* do juiz. A esse respeito, é oportuno transcrevermos a Súmula n. 418, do TST: "MANDADO DE SEGURANÇA VISANDO À HOMOLOGAÇÃO DE ACORDO (nova redação em decorrência do CPC de 2015) — Res. 217/2017 — DEJT, divulgado em 20, 24 e 25.4.2017. A homologação de acordo constitui faculdade do juiz, inexistindo direito líquido e certo tutelável pela via do mandado de segurança."

No caso específico do art. 855-D da CLT, caso o juiz se recuse a homologar o acordo surgirá um problema que se fragmentará em múltiplos aspectos. Vejamos:

b.a) se o trabalhador *recebeu* as quantias discriminadas no instrumento de dissolução do contrato, nem ele nem o réu terão interesse processual (CPC, art. 17) para recorrer da sentença. O trabalhador, porque o recurso diria respeito exclusivo às parcelas mencionadas no precitado instrumento — que lhe foram pagas; o empregador, porque esse instrumento, mesmo não homologado, possui, a nosso ver, eficácia liberatória quanto às quantias nele especificadas;

b.b) se o trabalhador *não recebeu* as quantias mencionadas no instrumento de ruptura do contrato, não teria interesse processual em recorrer da sentença que se recusou a homologar o acordo. A ele restaria ingressar em juízo, com ação (processo de conhecimento), visando ao recebimento dessas quantias, além de outras, a que julga fazer jus. O empregador, contudo, possuiria interesse em recorrer da sentença denegatória da homologação, desde que esta se tivesse fundado no argumento de que os valores discriminados no instrumento de ruptura do contrato não foram pagos ao trabalhador.

No caso de recurso interposto pelo empregador ou pelo tomador dos serviços, não deverá ser exigida a realização do depósito pecuniário previsto no art. 899 da CLT, porquanto não se trata, na espécie, de sentença *condenatória*;

b.c) em alguma situação deveras extraordinária, invulgar, trabalhador e empregador poderiam ter interesse processual em recorrer da sentença que se recusou a homologar o acordo extrajudicial. Nesta hipótese, o recurso poderia ser interposto por ambas, em petição conjunta, cada qual por seu advogado. Se apenas uma delas recorrer, a outra deverá ser admitida como litisconsorte unitária, uma vez que a decisão a ser proferida pelo tribunal deverá ser uniforme para as partes. Não poderia, à evidência, o tribunal declarar que o acordo seria válido, digamos, para o empregador, mas inválido para o trabalhador.

Se o juiz tiver alguma dúvida relevante, diante do acordo que lhe é submetido para homologação, designará audiência, também dentro do menor período de tempo possível. Não há necessidade de observância do prazo mínimo, fixado pelo art. 841 da CLT, pois não se trata de conflito de interesses, de lide. As partes e seus advogados serão intimados a comparecer.

Em princípio, o juiz ouvirá as partes, a fim de sanar dúvidas e obter esclarecimentos. Surge, aqui, entretanto, uma questão vocacionada à polêmica: o juiz poderá inquirir testemunhas? Entendemos que não. Em primeiro lugar, porque, conforme assinalamos, não se trata de lide, de conflito de interesses, mas, sim, de mero procedimento que traz, subjacente, uma *convergência* de interesses, sob a forma de negócio jurídico extrajudicial. A inquirição de testemunhas é incompatível com a natureza desse procedimento e poderia fazer, em concreto, com que ficasse desrespeitado o prazo máximo de quinze dias para a emissão da sentença (CLT, art. 855-D). Basta imaginar-se a possibilidade de a parte requerer a inquirição de testemunhas mediante carta precatória. Pelas mesmas razões, não será admissível perícia.

Em resumo: segundo o nosso ponto de vista, ouvidas as partes em audiência, sanadas as dúvidas e obtidos os esclarecimentos necessários, ao juiz cumprirá adotar uma destas duas soluções: a) homologar o acordo; b) não o homologar. Neste último caso, o acordo extrajudicial terá eficácia liberatória quanto às quantias nele especificadas, contanto que tenham sido pagas ao trabalhador. Além disso, caberá ao trabalhador, se for o caso, ingressar em juízo com ação (processo de conhecimento), tendente a receber outras quantias a que julga fazer jus.

Retornemos à pergunta formulada anteriormente: do ato judicial que homologa — ou se recusa a homologar — o acordo de que trata o art. 855-B da CLT caberá recurso ordinário? Considerando que esse ato constitui *sentença* (CLT, art. 855-D); que a sentença homologatória de transação (acordo) resolve o "mérito" (CPC, arts. 203, § 1º, e 487, III, "b"); que não se trata de processo de execução, a conclusão é de que será admissível *recurso ordinário* (CLT, art. 895, I). Mesmo que recorrente seja o empregador, não haverá necessidade do depósito pecuniário a que se refere o art. 899, § 1º, da CLT, porquanto a sentença não é *condenatória*.

Art. 855-E. A petição de homologação de acordo extrajudicial suspende o prazo prescricional da ação quanto aos direitos nela especificados.

• **Comentário**

Um reparo de ordem técnica: não é a *petição* de homologação do acordo que suspende o prazo prescricional, mas, sim, o *protocolo*, em juízo, dessa petição. Isso feito, ficará suspenso o prazo prescricional para o exercício da ação referente aos direitos especificados no instrumento do acordo. Segue-se que a ação pertinente a eventuais direitos *não especificados* (vale dizer, não incluídos no instrumento do acordo) não suspenderá o prazo para o seu exercício. Logo, na prática, poderão existir dois prazos prescricionais.

A suspensão do prazo prescricional, com o protocolo da petição de acordo, é *automática*, ou seja, independe de declaração judicial.

Como a norma em estudo se refere à *suspensão* do prazo prescricional, e não à sua *interrupção*, isso significa que o prazo anterior será mantido, vindo a ter continuidade a partir do trânsito em julgado da sentença que recusar a homologação. Fosse o caso de *interrupção*, o prazo anterior seria totalmente apagado, iniciando-se novo prazo depois do trânsito em julgado da sentença — tal como se dá no caso de embargos declaratórios (CPC, art. 1.026, *caput*).

Parágrafo único. O prazo prescricional voltará a fluir no dia útil seguinte ao do trânsito em julgado da decisão que negar a homologação do acordo.

• **Comentário**

Vimos, no comentário ao *caput* do art. 855-E, que o prazo prescricional é suspenso com o protocolo, em juízo, da petição de acordo extrajudicial, e que o seu curso será retomado depois do trânsito em julgado da respectiva decisão. O parágrafo único esclarece que, para esse efeito, deverá ser considerado o primeiro dia útil que se seguir ao trânsito em julgado.

O *caput* do art. 855-E alude à *sentença*; o seu parágrafo único, à *decisão*. Seriam expressões sinônimas, ou haveria razão de ordem técnica para o fato de o legislador haver utilizado vocábulos distintos? Em verdade, em ambas as situações, o que se tem é *sentença*, pois se o juiz homologar, ou não, o acordo extrajudicial, o procedimento será extinto, cabendo ao trabalhador e ao empregador decidir se recorrerão da sentença (conjunta ou separadamente); ou ao trabalhador, se ingressará em juízo com ação (processo de conhecimento), visando a receber os valores especificados no instrumento do acordo não homologado, além de outros, que desse instrumento não constaram.

Como a norma legal *sub examen* menciona o *trânsito em julgado* da sentença (pela qual o juiz se recusou a homologar o acordo extrajudicial), estará também aberta a via para a ação rescisória, desde que presentes quaisquer das causas previstas no art. 966 do CPC, em especial, a inserida no inciso V: *"violar manifestamente norma jurídica."* Não seria o caso de ação anulatória (CPC, art. 966, § 4º), seja porque houve o trânsito em julgado, seja porque o tema se rege, *analogicamente*, pela Súmula n. 259 do TST: *"Só por ação rescisória é impugnável o termo de conciliação previsto no parágrafo único do art. 831 da CLT."*

Façamos uma análise mais aprofundada do assunto.

Na vigência do CPC de 1973, muito se discutiu, nos sítios da doutrina do processo do trabalho, sobre ser anulável ou rescindível a sentença homologatória de transação.

A cinca decorria, em larga medida, da redação anfibológica do art. 486, daquele estatuto processual civil, *verbis*: *"Os atos judiciais, que não dependem de sentença, ou em que esta for meramente homologatória, podem ser rescindidos, como os atos jurídicos em geral, nos termos da lei civil."*

Conforme se percebe, o texto era confusionista de conceitos, porquanto, de um lado, dava a entender que a sentença homologativa de transação deveria ser objeto de *ação anulatória*, mas, de outro, fazia uso do verbo *rescindir*, de forma a permitir a conclusão de que seria o caso de *ação rescisória*.

A doutrina trabalhista que defendia o uso exclusivo da *ação anulatória* argumentava que, em primeiro lugar, a CLT não exigia a emissão de sentença homologatória dessa modalidade de negócio jurídico; em segundo, que a sentença, de qualquer modo, era meramente homologatória — a sustentar, com isso, que em ambos os casos seria inevitável a aplicação do art. 486 do CPC de 1973.

Esses argumentos, contudo, jamais nos impressionaram.

Afirmar-se que a CLT não condiciona a validade e os efeitos da transação à emissão de sentença homologatória é, a um só tempo: a) imaginar que o texto trabalhista seja cientificamente perfeito, ao qual não teria faltado o perfeccionismo na disciplina e na sistematização de nenhum dos institutos ou figuras processuais por ele adotados; e b) ignorar a força da praxe, que consagrou a proferição de sentença homologatória de transações. A incidência supletiva do art. 515, II, do CPC de 1973, a propósito, fazia ressaltar, com nitidez, a necessidade dessa espécie de sentença, a que a precitada norma do processo civil atribuía eficácia de título executivo (judicial).

Pontificar que a sentença, de qualquer modo, era meramente homologatória, não constituía algo que impressionasse, porquanto dimanava de interpretação, extremamente, simplista do art. 486, daquele CPC, ao alheá-lo de outras disposições concernentes, inseridas no mesmo Código.

Com efeito, a primeira observação a ser formulada era de que, sendo a transação matéria intimamente ligada ao *meritum causae*, revela-se elementar que a sentença homologatória, *ipso facto*, provocava a extinção do processo mediante julgamento do mérito (CPC, art. 269, III, sendo indispensável iterar que o art. 831, parágrafo único, da CLT, concede ao "termo de conciliação" (leia-se: sentença homologatória de transação) o atributo da irrecorribilidade (exceto quanto ao INSS), faltando, por isso, base científica àqueles que advogavam o manejo da ação declaratória para desfazê-la: como seria possível o exercício dessa ação, se a sentença estava protegida, constitucionalmente pelo pálio da coisa julgada material (CF, art. 5º, XXXVI)?

Nem se perca de vista o fato de o inciso II, do art. 515, do CPC de 1973, tê-la apontado como um dos títulos executivos judiciais.

Essa nota era de elevada importância para a defesa de nosso ponto de vista, sabendo-se que, em se tratando de execução de título judicial, o devedor somente poderia alegar as matérias previstas nos arts. 884, § 1º, da CLT, e 525, daquele CPC (excluído, quanto a este, o inciso I), tornando, desse modo, impossível introduzir-se a sentença homologatória de transação no art. 486 do CPC. Clarifiquemos. A citada norma dizia que as sentenças meramente "homologatórias" poderiam ser desfeitas (e não "rescindidas") como os atos jurídicos em geral; ocorre que estando a sentença homologatória de transação incluída no elenco dos títulos executivos judiciais, a subtração de sua eficácia somente seria possível em sede de embargos do devedor.

Parecia-nos fundamental, entretanto, insistir na afirmação de que chegava a afrontar princípios seculares de Direito a conclusão de que a sentença homologatória de transação (feita irrecorrível pela CLT e suscetível de passar em julgado, pelo CPC) poderia ser eliminada por *ação anulatória*.

Coincidência, ou não, o nosso entendimento sobre o assunto acabou sendo chancelado pelo TST, ao declarar, via Súmula n. 259, que *"Só por ação rescisória é impugnável o termo de conciliação previsto no parágrafo único do art. 831 da CLT"*.

Feita a contagem dos mortos, o fato concreto é que a orientação consubstanciada na mencionada Súmula trouxe, na altura, a esperada pacificação sobre o tema, nos domínios da doutrina e da jurisprudência trabalhistas.

Em 18 de março de 2015, entrou a viger um novo Código de Processo Civil, instituído pela Lei n. 13.105, de 16 de março de 2015, modificada pela Lei n. 13.256, de 4 de fevereiro de 2016.

Consta do § 3º, do art. 966, desse Código: *"Os atos de disposição de direitos, praticados pelas partes ou por outros participantes do processo e homologados pelo juízo, bem como os atos homologatórios praticados no curso da execução, estão sujeitos à anulação, nos termos da lei."*

Em face dessa disposição, volta à tona a indagação sobre se a sentença homologatória de transação (acordo), no plano da Justiça do Trabalho, deve — quando for o caso — ser objeto de ação anulatória ou de ação rescisória. Por outras palavras, passa-se a questionar se a Súmula n. 259 do TST sobreviverá ao atual CPC.

Não há dúvida de que, sob a perspectiva exclusiva do *processo civil*, a ação adequada a expungir a precitada sentença haverá de ser a *anulatória*.

São de duas classes os atos judiciais que comportam anulação, na forma do art. 966, § 4º, do CPC: a) os de disposição de direitos; b) os homologatórios praticados no curso da execução.

Como atos de disposição de direitos podemos referir, no plano do processo, *brevitatis causae*, a confissão, a desistência e a transação. Quanto à confissão e à desistência, não há dúvida de que podem ser objeto de ação anulatória também no processo do trabalho, por se tratar de atos unilaterais, significa dizer, não negociais. O problema surge no tocante à sentença homologatória de *transação*, traduzindo, esta, modalidade de solução negociada, consensual, do conflito de interesses.

Pois bem. Estamos serenamente convencidos de que, no sistema do processo do trabalho, deverá ser preservado o entendimento estampado na Súmula n. 259 do TST, pelas seguintes razões jurídicas, entre outras:

a) por força do estatuído no art. 831, parágrafo único, da CLT, a sentença ("termo", diz a lei) homologatória da transação (acordo) valerá como *decisão irrecorrível* (exceto, conforme já ressalvamos, para a Previdência Social, quanto às contribuições que lhe forem devidas). Isso significa que a sentença produz, ato contínuo à sua emissão, o fenômeno da coisa julgada material, conceituada pelo CPC de 2015 como *"a autoridade que torna imutável e indiscutível a decisão de mérito não mais sujeita a recurso"*;

b) conquanto a expressão legal: *"não mais sujeita a recurso"*, em rigor, não se aplique à sentença de que trata o art. 831, parágrafo único, da CLT, pois esta é, *ontologicamente irrecorrível* (por essa razão, dissemos que ela produz a res iudicata material ato contínuo ao seu proferimento), a isso sobreleva o fato de esse pronunciamento da jurisdição trabalhista ser gerador da coisa julgada.

Fica difícil, portanto, admitir-se a possibilidade de a sentença producente de coisa julgada material ser desfeita pela via, meramente, anulatória.

Devemos observar, mais uma vez, que o art. 487, inciso III, alínea "b", do CPC atual, inclui no elenco dos atos jurisdicionais que implicam a extinção do processo mediante resolução do mérito, a decisão (sentença) homologatória da transação.

c) cumpre-nos rememorar que a coisa julgada (material) constitui garantia constitucional (CF, art. 5º, XXXVI), cuja autoridade (e efeitos) somente pode ser afastada por meio de *ação rescisória* — a única, prevista pela mesma Constituição Federal, para essa finalidade (art. 102, inciso I, letra "j"). Cuida-se, pois, de uma ação *constitucionalizada*, destinada a desconstituir a *res iudicata*, desde que esteja presente uma das causas relacionadas nos incisos I a VIII, do art. 966, do CPC;

d) para o exercício de ação anulatória não se exige o depósito de 20% do valor da causa, que o art. 836, *caput*, da CLT, impõe em relação à rescisória, fato que haveria de estimular o ajuizamento de ações anulatórias, de forma a agravar, ainda mais, a pletora de ações, em que hoje se vê engolfada a Justiça do Trabalho.

É necessário reconhecer, entrementes, a presença de uma dificuldade, de ordem *técnica*, para justificar o manejo da ação rescisória, e não da anulatória, tendente a desfazer transação realizada em juízo. Passa-se que o CPC de 1973 incluía, no elenco das causas de rescindibilidade dos pronunciamentos jurisdicionais de mérito, a existência de fundamento para invalidar confissão, desistência ou *transação*, em que se baseou a decisão (art. 485, VIII). Essa causa *específica*, contudo, foi eliminada no sistema do CPC de 2015, a cuja conclusão se chega mercê de simples leitura dos incisos que compõem o seu art. 966. Assim sendo, o fundamento para o exercício da ação rescisória haverá, em muitos casos, de ser buscado na plasticidade do inciso V, da sobredita norma legal, que se refere à manifesta violação de *norma jurídica*. Essa violação, por sua vez, variará conforme seja o caso concreto; de qualquer modo, parece-nos que um desses fulcros haverá de ser a existência de vício de consentimento, por parte de um dos transatores — ou de ambos, em certas situações — de erro substancial ou de ocorrência de quaisquer das situações previstas no art. 166 do Código Civil.

Quando a transação emanar de colusão entre as partes, com o objetivo de fraudar a lei, o fundamento da rescisória oferecerá menor dificuldade de ordem técnica, porquanto, neste caso, há previsão legal específica (CPC, art. 966, III).

Lembremos que a legitimidade para o exercício da ação rescisória não está circunscrita aos transatores, alcançando, também, o terceiro juridicamente interessado e o Ministério Público (CPC, art. 967, II e III). Em rigor, nos casos em que não atua como parte, mas como *custos legis*, o Ministério Público também é terceiro juridicamente interessado. O interesse do Ministério Público não se confunde com o que caracteriza o das partes e dos terceiros em geral, pois se encontra vinculado às relevantes atribuições que lhe comete a Constituição da República (CF, art. 127, *caput*).

De resto, o que se deve analisar, em cada caso, é se a parte possui, efetivamente, *interesse processual* (CPC, art. 17) como *condição* para o exercício da ação rescisória. Com vistas a isso, nos reportamos às considerações que expendemos sobre o binômio: interesse processual/recurso, ao comentarmos o art. 855-D da CLT.

Em palestras e conferências que temos proferido, os participantes constumam fazer-nos perguntas acerca do tema do procedimento de jurisdição voluntária para homologação de acordo extrajudicial.

Reproduziremos, a seguir, algumas dessas perguntas e as correspondentes respostas que temos apresentado:

1. Há necessidade de prévia audiência *de conciliação* (CLT, art. 764)?

Resposta: Não. O processo do trabalho, ao exigir que o magistrado formule proposta conciliatória em dois momentos: a) antes da apresentação da resposta do réu (art. 846); b) após as razões finais (art. 850, *caput*), sob consequência de nulidade (arts. 764 e 794 a 798), pressupõe a existência de conflito de interesses, de lide. No caso do art. 855-B, da CLT, as partes já estão conciliadas, extrajudicialmente (CC, art. 840), sendo dispensável, por obviedade, as propostas judiciais de conciliação.

2. Qual é a finalidade do ato homologatório?

Resposta: são duas, em rigor:

propiciar segurança jurídica às partes;

b) conceder ao trabalhador um título executivo judicial, no caso de inadimplemento da obrigação (CPC, art. 515, III).

3. Há imposição legal de designação de audiência *formal* para a homologação *do acordo*?

Resposta: Não.

Trata-se de *faculdade* do juiz (CLT, art. 855-D), que a exercerá conforme o seu prudente arbítrio.

Nos termos do art. 855-D, da CLT, o juiz "*designará audiência **se entender necessário***". Destacamos).

Nada obsta, todavia, a que o juiz, em qualquer caso, somente aprecie o acordo em audiência formal. Se é certo que a lei não lhe impõe que assim aja (CF, art. 5º, II), não menos exato é que também não o proíbe de adotar esse procedimento cauteloso.

4. O juiz pode homologar o acordo sem ouvir as partes?

Resposta: Sim, embora, em alguns casos, seja conveniente ouvi-las, seja para obter esclarecimentos, seja para certificar-se de que não houve vício de consentimento (analogia: CPC, art. 139, VIII), etc.

5. O juiz pode, *eventualmente*, recusar-se a homologar o acordo?

Resposta: Sim.

Dispõe o art. 652, da CLT competir às Varas do Trabalho:

"(...) f) **decidir** quanto à *homologação de acordo extrajudicial* em matéria da competência da Justiça do Trabalho" (destacamos).

Decidir, no caso, significa homologar — ou recusar-se a homologar — o acordo.

A possibilidade de o juiz recusar-se à homologação está expressa no art. 855-E, da CLT: "*decisão que **negar** a homologação do acordo*".

O ato de homologar ou deixar de homologar o acordo constitui, portanto, *faculdade* do juiz, do que decorre a ausência de direito líquido e certo de os transatores obterem o beneplácito judicial a esse negócio jurídico bilateral, privado.

Nesse sentido, a Súmula n. 418, do TST:

"A homologação de acordo constitui faculdade do juiz, inexistindo direito líquido e certo tutelável pela via do mandado de segurança".

Dentre as razões jurídicas pelas quais o magistrado pode recusar-se a homologar o acordo está a falta de atendimento a um ou mais dos requisitos referidos que mencionamos em páginas anteriores.

6. O juiz pode, *de maneira permanente*, recusar-se a homologar o acordo, independentemente do seu conteúdo?

Resposta: Não.

Embora a homologação traduza conforme dissemos, *faculdade* do juiz, a recusa sistemática em homologar acordos extrajudiciais pode constituir *abuso* dessa faculdade, ensejando, com isso, correição parcial (caso do TRT da 9ª Região: Regimento Interno, arts. 184 a 190), ou reclamação ao CNJ (CF, art. 103-B, §§ 4º, III e 5º).

Essa recusa *permanente* em homologar acordos extrajudiciais (reitere-se: independentemente do conteúdo material) implica negativa de prestação da tutela jurisdicional e se insere no rol das denominadas *patologias judiciárias*. Os transatores necessitam da homologação para que possam ter *segurança jurídica*, postulado fundamental de nosso Estado Democrático de Direito (CF, art. 1º). Segue-se, que a mencionada recusa judicial também traz o inconveniente de deixar os transatores em um perturbador estado de incerteza quanto aos efeitos jurídicos da transação não homologada.

7. O juiz pode homologar em parte o acordo?

Resposta: Não.

A 4ª Turma, do TST, nos autos do RR-1000015-96.2018.5.02.0435, sendo relator o Ministro Ivez Gandra Martins Filho, assim também entendeu, em decisão unânime. Extrai-se o seguinte excerto da longa ementa do acórdão:

"7. A petição conjuntamente assinada para a apresentação do requerimento de homologação ao juiz de piso(sic) serve à demonstração da anuência mútua dos interessados em por fim ao contratado, e, os advogados distintos, à garantia de que as pretensões estarão sendo individualmente respeitadas. **Assim, a atuação do Judiciário Laboral na tarefa de jurisdição voluntária é binária: homologar, ou não, o acordo. Não lhe é dado substituir-se às partes e homologar parcialmente o acordo, se este tinha por finalidade quitar o contrato de trabalho extinto.** Sem quitação geral, o Empregador não proporia o acordo, nem se disporia a manter todas as vantagens nele contidas". (destacamos).

Eventual intervenção judicial quanto ao conteúdo do acordo pode romper o equilíbrio entre as vontades dos transatores, equilíbrio que produziu esse negócio jurídico *bilateral*. É razoável imaginar que, sem a cláusula à qual o juiz se recusou a dar o seu beneplácito, o acordo não teria sido realizado. Nunca é demasiado rememorar que o acordo consubstancia a manifestação volitiva das partes, cumprindo ao magistrado, portanto, concordar com essa manifestação, homologando a transação, ou dela discordando e, em consequência, negando-lhe a emissão de ato homologatório.

O verbo *homologar* é proveniente do grego *homologo*, que sugere a ideia de equilíbrio, de correspondência, de idêntica relação ou proporção. A repetir: a interveniência do magistrado quanto ao conteúdo desse negócio jurídico bilateral e privado, consistente em homologar somente parte dele, é perturbadora do equilíbrio, da equipolência das vontades dos transatores.

O que ao juiz é lícito – e recomendável -- fazer, em alguns casos, é *sugerir, alvitrar* aos transatores que reformulem o acordo, incluindo, excluindo ou modificando determinada cláusula, a fim de harmonizá-la com a legislação vigente, e se tornar, com isso, o acordo suscetível de homologação.

8. O juiz pode homologar o acordo com ressalva de outros direitos?

Resposta: não.

Ao tempo em que a ruptura do contrato de trabalho, vigente há mais de um ano, deveria ser submetida à assistência sindical (CLT, art. 477, § 1º), constituía praxe do sindicato ou da federação de profissionais lançar no instrumento de cessação do contrato uma *ressalva* quanto a direitos não abrangidos pela quitação dada pelo trabalhador.

No caso do acordo extrajudicial de que estamos a cuidar, não há necessidade dessa ressalva, pois: a) se a quitação dada foi **do contrato de trabalho**, não se justifica a ressalva, em decorrência do caráter abrangente da quitação; b) se a eficácia liberatória da quitação foi restrita às verbas discriminadas no instrumento de cessação do contrato (CLT, art. 477, § 2º), a ressalva é desnecessária, porquanto o trabalhador poderá, ulteriormente, ingressar em juízo para vindicar o recebimento de parcelas a que entende fazer jus e que não constaram do aludido instrumento -- observado o prazo prescricional para o exercício da ação (CF, art. 7º, XXIX; CLT, arts. 11 e 855-E).

9. O ato homologatório ou denegatório da homologação deve atender ao disposto no inciso IX do art. 93, da Constituição Federal?

Resposta: sim.

Estabelece o art. 93, inciso IX, da Constituição Federal:

> "todos os julgamentos dos órgãos do Poder Judiciário serão públicos, **e fundamentadas todas as decisões, sob pena de nulidade** (...)". Destacamos.

Conforme salta aos olhos, a norma constitucional reproduzida não faz distinção entre sentença condenatória e sentença homologatória para efeito de exigir que contenham fundamentação jurídica, sob consequência de serem nulas.

Um vetusto brocardo de origem latina adverte não ser lícito ao intérprete distinguir onde a lei não o faz. Segue-se, pois, que a sentença *homologatória* de transação extrajudicial se submete ao comando do dispositivo constitucional mencionado. Cabe, entretanto, uma ponderação: a fundamentação dessa classe de sentença não precisa ser profunda, sendo bastante a utilização de fórmulas tradicionais, como: *"Presentes os requisitos legais, homologo o acordo para que produza os efeitos legais pretendidos"* a significar que o juiz verificou o atendimento a esses requisitos.

No tocante à sentença que se *recusa* à homologação, entrementes, é indispensável uma fundamentação jurídica consistente, seja porque está a opor-se à vontade dos transatores, seja porque é por estes impugnável, tal como se verá mais adiante.

10. O pagamento dos valores discriminados no acordo deve ser à vista ou pode ser parcelado?

A resposta tende a ser controvertida.

Seja como for, a nosso ver as verbas típicas da rescisão contratual (aviso prévio, férias, gratificação natalina, saldo salarial, etc.) devem ser pagas à vista, e no prazo legal. Dispõe, a esse respeito, o art. 477, § 6º, da CLT, em redação que não prima pelo rigor técnico:

> "A entrega ao empregado de documentos que comprovem a comunicação da extinção contratual aos órgãos competentes **bem como o pagamento dos valores constantes do instrumento de rescisão ou recibo de quitação deverão ser efetuados até dez dias contados a partir do término do contrato**". Destacamos.

Lê-se, de outro ponto, no art. 855-C, da CLT, cuja redação também não prima pelo atendimento às regras da acribologia:

> "O disposto neste Capítulo não prejudica o prazo estabelecido no § 6º do art. 477 desta Consolidação e não afasta a aplicação da multa prevista no § 8º do art. 477 desta Consolidação". Destacamos.

As demais (indenização por dano moral, dano existencial, bônus, prêmios, etc.) podem ser pagas, parceladamente, inclusive, com cláusula penal (CC, art. 847). Lembremos que a sentença homologatória de transação extrajudicial constitui título executivo judicial (art. art. 515, III, CPC), utilizável pelo trabalhador no caso de inadimplemento das obrigações afetas ao ex-empregador.

11. O trabalhador pode dar quitação do próprio contrato de trabalho?

Resposta: Sim.

Trata-se de negócio jurídico bilateral (consensual), como reiteradas vezes acentuamos, podendo, em razão disso, os transatores definir o *alcance* da eficácia liberatória quitação a ser dada pelo trabalhador. Não se aplica a regra do art. 492, do CPC, por ser específica para o caso de solução caracteristicamente *jurisdicional* (impositiva) de um *conflito* de interesses.

A quitação ampla pode ter sido uma das *condições* para a realização do acordo, de tal forma que é razoável presumir que sem essa amplitude o acordo não seria realizado, pois o ex-empregador ficaria em estado de *insegurança jurídica*.

O TST adotou Súmula pertinente ao tema:

> *"TST, SBDI-2, OJ - 132. AÇÃO RESCISÓRIA. ACORDO HOMOLOGADO. ALCANCE. OFENSA À COISA JULGADA (DJ 04.05.2004)*
>
> *Acordo celebrado — homologado judicialmente — em que o empregado dá plena e ampla quitação, sem qualquer ressalva, alcança não só o objeto da inicial, **como também todas as demais parcelas referentes ao extinto contrato de trabalho**, violando a coisa julgada, a propositura de nova reclamação trabalhista".* Destacamos.

Em que pese ao fato de a sobredita Súmula ser suficiente para lançar uma pedra tumular sobre o assunto, é proveitoso reproduzirmos, nesta altura, por inteiro, a ementa do acórdão proferido pela 4ª Turma do TST no julgamento do RR-1000015-96.2018.5.02.0435, da relatoria do Ministro Ives Gandra Martins Filho:

'RECURSO DE REVISTA — ACORDO EXTRAJUDICIAL HOMOLOGADO EM JUÍZO — PROCEDIMENTO DE JURISDIÇÃO VOLUNTÁRIA — ARTS. 855-B A 855-E DA CLT — QUITAÇÃO GERAL — TRANSCENDÊNCIA JURÍDICA.

1. Problema que sempre atormentou o empregador foi o relativo à rescisão do contrato de trabalho e da quitação dos haveres trabalhistas, de modo a não permanecer com a espada de Dâmocles sobre sua cabeça.

2. A ineficácia prática da homologação da rescisão contratual do sindicato, em face do teor da Súmula 330 do TST, dada a não quitação integral do contrato de trabalho, levou a SBDI-2 desta Corte a não reputar simulada a lide visando a homologação de acordo pela Justiça do Trabalho, pois só assim se conseguiria colocar fim ao conflito laboral e dar segurança jurídica às partes do distrato (cfr. TST-ROAR-103900-90.2005.5.04.0000, Rel. Min. Ives Gandra Martins Filho, DEJT de 12.09.08).

3. Para resolver tal problema, a Lei n. 13.467/17, em vigor desde 11.11.17, instituiu o procedimento de jurisdição voluntária na Justiça do Trabalho atinente à homologação, em juízo, de acordo extrajudicial, nos termos dos arts. 855-B a 855-E da CLT, juntamente com o fito de colocar termo ao contrato de trabalho.

4. Da simples leitura dos novos comandos de lei, notadamente do art. 855-C da CLT, extrai-se a vocação prioritária dos acordos extrajudiciais para regular a rescisão contratual e, portanto, o fim da relação contratual de trabalho. Não fosse a possibilidade da quitação do contrato de trabalho com a chancela do Judiciário e o Capítulo III-A não teria sido acrescido ao Título X da CLT, que trata do Processo Judiciário do Trabalho.

5. Curial, ainda, trazer à baila, que a ideia que indelevelmente adere ao acordo extrajudicial é a de que, retirada uma das cláusulas que o compõem, a parte a quem ela favoreceria não faria o acordo. A alternativa que caberia ao Judiciário, portanto, seria a homologação integral ou a rejeição da proposta, se eivada de vícios. Tal entendimento resta corroborado pelo STF quanto à circunstância de a validade do acordo depender da homologação integral ou de sua rejeição total, não podendo ser balanceado pelo Poder Judiciário (Voto do Min. Teori Zavascki no leading case STF-RE 590.715/SC, Rel. Min. Roberto Barroso, DJe de 29.05.15).

6. Nesse sentido, o art. 855-B, §§ 1º e 2º, da CLT, que trata da apresentação do acordo extrajudicial à Justiça, a par dos requisitos gerais de validade dos negócios jurídicos que se aplicam ao direito do trabalho, nos termos do art. 8º, § 1º, da Lei Consolidada e que perfazem o ato jurídico perfeito (CC, art. 104 — agente capaz, objeto lícito e forma prescrita ou não vedada por lei), traçou as balizas para a apresentação do acordo extrajudicial apto à homologação judicial: petição conjunta dos interessados e advogados distintos, podendo haver assistência sindical para o trabalhador.

7. A petição conjuntamente assinada para a apresentação do requerimento de homologação ao juiz de piso serve à demonstração da anuência mútua dos interessados em por fim ao contratado, e, os advogados distintos, à garantia de que as pretensões estarão sendo individualmente respeitadas. Assim, a atuação do Judiciário Laboral na tarefa de jurisdição voluntária é binária: homologar, ou não, o acordo. Não lhe é dado substituir-se às partes e homologar parcialmente o acordo, se este tinha por finalidade quitar integralmente o contrato de trabalho extinto. Em quitação geral, o Empregador não proporia o acordo, nem se disporia a manter todas as vantagens nele contidas.

8. No caso concreto, o Regional, mantendo a sentença, assentou a ausência de discriminação das parcelas às quais os Acordantes conferiam quitação geral e irrestrita, restringindo a quitação a direitos mencionados no acordo e registrando, todavia, o cumprimento dos requisitos do art. 855-B da CLT e daqueles gerais estatuídos pela lei civil para a celebração de negócios em geral.

9. Nesse sentido, a conclusão acerca da invalidade, total ou parcial, do pacto extrajudicial, por ausência de verificação de concessões mútuas e discriminação de parcelas diz menos com a

validação extrínseca do negócio jurídico do que com a razoabilidade intrínseca do acordo, cujo questionamento não cabe ao Judiciário nesse procedimento, pois lhe esvazia o sentido e estabelece limites e discussões não queridos pelos Requerentes ao ajuizar o procedimento.

10. Ora, estando presentes os requisitos gerais do negócio jurídico e os específicos preconizados pela lei trabalhista (CLT, art. 855-B), não há de se questionar a vontade das partes envolvidas e do mérito do acordado, notadamente quando a lei requer a presença de advogado para o empregado, rechaçando, nesta situação, o uso do jus postulandi do art. 791 da CLT, como se depreende do art. 855-B, § 1º, da CLT.

11. Assim sendo, é válido o termo de transação extrajudicial apresentado pelas Interessadas, com quitação geral e irrestrita do contrato havido, nessas condições, que deve ser homologado. Recurso de revista provido' (RR-1000015-96.2018.5.02.0435, 4ª Turma, Relator Ministro Ives Gandra Martins Filho, DEJT 20.09.2019)."

Obs.: Não sendo dada quitação *expressa* do contrato, a transação deverá ser interpretada de maneira restritiva, abrangendo, portanto, apenas as parcelas discriminadas (CC, art. 843; CLT, art. 477, § 2.º; TST, Súmula 330, I).

11. Qual é a natureza jurídica do ato pelo qual o juiz homologa, ou se recusa a homologar, o acordo?

Resposta: Sentença: CPC, art. 203, § 1º.

• Consta do art. 855-D, da CLT "(...) *e proferirá sentença*".

Obs.: o art. 855-E, parágrafo. único, da CLT, fala em *decisão* (sentido genérico).

• São admissíveis: a) embargos de declaração; ou b) petição para correção de erro material.

12. Efeito da sentença *homologatória* e meios de impugnação: recurso, mandado de segurança, ação anulatória ou ação rescisória?

Resposta:

a) Sistema do *processo civil:*

Caberia *apelação* (CPC, art. 724 e 725, VIII). A sentença não produz coisa julgada material. Posteriormente, caberia *ação anulatória* (CPC, arts. 966, § 4º; CC, art. 171), em princípio, no prazo de quatro anos (CC, art. 178).

b) Sistema do Processo do trabalho

Por tratar-se de *sentença* (CLT, art. 855-D, *in fine),* pareceria ser cabível recurso ordinário pelos transatores (CLT, art. 895, I). Todavia, como a sentença foi *homologatória* da manifestação da vontade deles, logo se percebe que não possuiriam *interesse processual* para recorrer (CPC, arts. 17 e 996). Ademais, há necessidade de o tema ser examinado sob uma perspectiva *sistemática* e *simétrica,* significa dizer, levando-se em conta: c.a.) que os arts. 855-B a 855-E, do Capítulo III-A, foram inseridos no Título X, da CLT, que versa sobre o "Processo Judiciário do Trabalho"; c.b.) o disposto no art. 831, parágrafo único, da CLT, que declara a irrecorribilidade da sentença homologatória de transação; c.c.) a manifestação sumulada do TST acerca do assunto (Súmula n. 259). A conclusão aponta – ainda que, heterodoxamente, aos olhos do processo civil — para a *ação rescisória.*

1. Ação rescisória pelos transatores

• De modo geral, o *trânsito em julgado* torna a sentença irrecorrível (coisa julgada: CPC, art. 502: *"decisão de mérito **não mais** sujeita a recurso"*; destacamos). Há, porém, uma classe especial de sentenças que produzem coisa julgada material sem depender de trânsito em julgado: já nascem com o sinete da irrecorribilidade para as partes. Exemplo: Lei n. 5.584, de 26.6.1970, art. 2º, § 4º. É também o caso da sentença homologatória do acordo, que produz uma espécie *sui generis* de coisa julgada para os transatores.

• Repitamos o que disse o legislador: *"Esperamos que, ao trazer expressamente para a lei a previsão de uma sistemática* para **homologar judicialmente** *as rescisões trabalhistas, conseguiremos a almejada **segurança jurídica** para esses instrumentos rescisórios, **reduzindo, consequentemente, o número de ações trabalhistas** e o custo judicial"* (Relatório do Substitutivo apresentado pelo Deputado Rogério Marinho). Destacamos.

A **segurança jurídica** e a **redução do número de ações trabalhistas**, mencionadas pelo legislador, não seriam atingíveis se a sentença homologatória não produzisse — ato contínuo —, a *res iudicata* material.

• Enquanto o CPC, nos "procedimentos de jurisdição voluntária", fala em *interessados* (arts. 720 e 721), a CLT, ao contrário, alude as *partes* (art. 855-B).

• TST, Súmula 259: *"Só por ação rescisória é impugnável o termo de conciliação previsto no parágrafo único do art. 831 da CLT"* (Res. 121/2003, DJ 19, 20 e 21.11.2003).

• CLT, art. 831, parágrafo único: *"No caso de conciliação, o termo que for lavrado valerá como decisão irrecorrível, salvo para a Previdência Social quanto às contribuições que lhe forem devidas"*.

• Fundamento provável da ação rescisória: violação manifesta de norma jurídica (CPC, art. 966, V).

• Depósito pecuniário previsto no art. 836, da CLT, como fator de desestímulo à rescisória.

2. Recurso ordinário pela União

Resposta: É possível, relativamente "aos tributos que lhe forem devidos" (CLT, art. 832, §§ 4º e 5º).

13. Qual o meio de impugnação da sentença *denegatória* da homologação?

Elimine-se o mandado de segurança: TST, Súmula 418: "A homologação de acordo constitui faculdade do juiz, inexistindo direito líquido e certo tutelável pela via do mandado de segurança".

Resposta: Recurso ordinário, podendo ser em petição conjunta.

• CLT, art. 855-E, parágrafo único, parte final:

"Parágrafo único. O prazo prescricional voltará a fluir no dia útil seguinte ao do trânsito em julgado da decisão que negar a homologação do acordo".

14. Qual a consequência jurídica na hipótese de decorrer, *in albis*, o prazo para a impugnação da sentença que *não homologar* o acordo?

Resposta:

a) se os valores **foram pagos** ao trabalhador, traduzirá ato jurídico perfeito (CC, art. 104)[9]. Não há título executivo. O termo será utilizado como matéria de defesa. Ação anulatória (CC, arts. 166/184)[10].

b) se os valores **não lhe foram pagos**, resta ao trabalhador ingressar com ação judicial. Possibilidade de ação monitória (CPC, arts. 700/702)[11].

---

(9) CC, art. 104: "A validade do negócio jurídico requer: I — agente capaz; II — objeto lícito, possível, determinado ou determinável; III — forma prescrita ou não defesa em lei".
(10) CC, art. 166: "É nulo o negócio jurídico quando: I — celebrado por pessoa absolutamente incapaz; II — for ilícito, impossível ou indeterminável o seu objeto; III — o motivo determinante, comum a ambas as partes, for ilícito; IV — não revestir a forma prescrita em lei; V — for preterida alguma solenidade que a lei considere essencial para a sua validade; VI — tiver por objetivo fraudar lei imperativa; VII — a lei taxativamente o declarar nulo, ou proibir-lhe a prática, sem cominar sanção".
(11) CPC, art. 700: "A ação monitória pode ser proposta por aquele que afirmar, com base em prova escrita sem eficácia de título executivo, ter direito de exigir do devedor capaz: I — o pagamento de quantia em dinheiro; II — a entrega de coisa fungível ou infungível ou de bem móvel ou imóvel; III — o adimplemento de obrigação de fazer ou de não fazer".

Capítulo XXX
EXECUÇÃO DAS CONTRIBUIÇÕES SOCIAIS

Art. 876. (...)

Parágrafo único. A Justiça do Trabalho executará, de ofício, as contribuições sociais previstas na alínea a do inciso I e no inciso II do art. 195 da Constituição Federal, e seus acréscimos legais, relativas ao objeto da condenação constante das sentenças que proferir e dos acordos que homologar. (NR)

- **Justificativa do Projeto de Lei n. 6.787/2016:**

Por intermédio da modificação do parágrafo único do art. 876, pretendemos atualizar esse dispositivo da CLT, adaptando-o ao que determina a Súmula Vinculante n. 53 do STF, segundo a qual *"a competência da Justiça do Trabalho prevista no art. 114, VIII, da Constituição Federal alcança a execução de ofício das contribuições previdenciárias relativas ao objeto da condenação constante das sentenças que proferir e acordos por ela homologados"*. Registre-se que o entendimento do TST é na mesma linha, nos termos do inciso III da Súmula n. 368.

- **Comentário**

Houve alterações na redação deste parágrafo único.

Em primeiro lugar, especificou-se que as contribuições sociais são aquelas previstas nos incisos I e II, do art. 195, da Constituição Federal. Em segundo, ao fazer uso da expressão *"relativas ao objeto da condenação constante das sentenças que proferir e dos acordos que homologar"*, a norma deixa implícita a controversa possibilidade — que antes estava explícita — de a condenação compreender, inclusive, *"os salários pagos durante o período contratual reconhecido"* (CLT, art. 876, parágrafo único).

Eis o teor da Súmula n. 368 do TST, invocada pelo Relator do Projeto:

DESCONTOS PREVIDENCIÁRIOS. IMPOSTO DE RENDA. COMPETÊNCIA. RESPONSABILIDADE PELO RECOLHIMENTO. FORMA DE CÁLCULO. FATO GERADOR (aglutinada a parte final da Orientação Jurisprudencial n. 363 da SBDI-1 à redação do item II e incluídos os itens IV, V e VI em sessão do Tribunal Pleno realizada em 26.6.2017) — Res. 219/2017, DEJT divulgado em 28, 29 e 30.6.2017

I — A Justiça do Trabalho é competente para determinar o recolhimento das contribuições fiscais. A competência da Justiça do Trabalho, quanto à execução das contribuições previdenciárias, limita-se às sentenças condenatórias em pecúnia que proferir e aos valores, objeto de acordo homologado, que integrem o salário de contribuição. *(ex-OJ n. 141 da SBDI-1 — inserida em 27.11.1998)*

II — É do empregador a responsabilidade pelo recolhimento das contribuições previdenciárias e fiscais, resultantes de crédito do empregado oriundo de condenação judicial. A culpa do empregador pelo inadimplemento das verbas remuneratórias, contudo, não exime a responsabilidade do empregado pelos pagamentos do imposto de renda devido e da contribuição previdenciária que recaia sobre sua quota-parte. *(ex-OJ n. 363 da SBDI-1, parte final)*

III — Os descontos previdenciários relativos à contribuição do empregado, no caso de ações trabalhistas, devem ser calculados mês a mês, de conformidade com o art. 276, § 4º, do Decreto n. 3.048/1999 que regulamentou a Lei n. 8.212/1991, aplicando-se as alíquotas previstas no art. 198, observado o limite máximo do salário de contribuição *(ex-OJs ns. 32 e 228 da SBDI-1 — inseridas, respectivamente, em 14.3.1994 e 20.6.2001)*

IV — Considera-se fato gerador das contribuições previdenciárias decorrentes de créditos trabalhistas reconhecidos ou homologados em juízo, para os serviços prestados até 4.3.2009, inclusive, o efetivo pagamento das verbas, configurando-se a mora a partir do dia dois do mês seguinte ao da liquidação (art. 276, *caput*, do Decreto n. 3.048/1999). Eficácia não retroativa da alteração legislativa promovida pela Medida Provisória n. 449/2008, posteriormente convertida na Lei n. 11.941/2009, que deu nova redação ao art. 43 da Lei n. 8.212/91.

V — Para o labor realizado a partir de 5.3.2009, considera-se fato gerador das contribuições previdenciárias decorrentes de créditos trabalhistas reconhecidos ou homologados em juízo a data da efetiva prestação dos serviços. Sobre as contribuições previdenciárias não recolhidas a partir da prestação dos serviços incidem juros de mora e, uma vez apurados os créditos previdenciários, aplica-se multa a partir do exaurimento do prazo de citação para pagamento, se descumprida a obrigação, observado o limite legal de 20% (art. 61, § 2º, da Lei n. 9.430/96).

VI — O imposto de renda decorrente de crédito do empregado recebido acumuladamente deve ser calculado sobre o montante dos rendimentos pagos, mediante a utilização de tabela progressiva resultante da multiplicação da quantidade de meses a que se refiram os rendimentos pelos valores constantes da tabela progressiva mensal correspondente ao mês do recebimento ou crédito, nos termos do art. 12-A da Lei n. 7.713, de 22.12.1988, com a redação conferida pela Lei n. 13.149/2015, observado o procedimento previsto nas Instruções Normativas da Receita Federal do Brasil.

CAPÍTULO XXXI
EXECUÇÃO *EX OFFICIO*

Art. 878. A execução será promovida pelas partes, permitida a execução de ofício pelo juiz ou Presidente do Tribunal apenas nos casos em que as partes não estiverem representadas por advogado.

• Justificativa do Projeto de Lei n. 6.787/2016:

> Essa alteração somente permitirá que a execução de ofício seja feita somente nos casos em que a parte não esteja assistida por advogado. Não se justifica que, estando a parte devidamente representada, a execução seja promovida de ofício, mantendo-se a imparcialidade do juízo e o equilíbrio entre as partes.
>
> Nesse sentido, acatamos a Emenda **490**, do Deputado Daniel Vilela (PMDB/GO).

• **Comentário**

A redação anterior do *caput*, do art. 878, da CLT, atribuía ao juiz a faculdade de promover, *ex officio*, qualquer execução que fosse da competência da Justiça do Trabalho. A propósito, em relação a essa competência houve uma trapalhada legislativa com a inserção do art. 877-A, pela Lei n. 9.958, de 12 de janeiro de 2000. Ocorre que o art. 878, *caput*, da CLT, estabelecia que o juiz poderia dar início, de ofício, à execução, *"nos termos do artigo anterior"*, que era o 877, e conforme o qual *"É competente para a execução das decisões o juiz ou presidente do tribunal que tiver conciliado ou julgado originariamente o dissídio"*. Havia, pois, uma harmonia sistemática entre os arts. 877 e 878, *caput*, da CLT. Com a inserção do art. 877-A, a situação ficou confusa, pois este passou a dispor sobre a execução de título *extrajudicial*. Sendo assim, uma nova leitura do art. 878 poderia levar à equivocada conclusão de que o juiz do trabalho somente teria legitimidade para promover, de ofício, a execução de título *extrajudicial* — o que seria algo, deveras, aberrante do bom-senso. Deste modo, foi imprescindível construir-se o entendimento doutrinário — para o qual procuramos contribuir — e jurisprudencial de que o "artigo anterior", a que se referia o *caput* do art. 878 da CLT, não era o 877-A, mas, sim, o 877.

A atual redação dada ao art. 878 da CLT rompe com uma das mais expressivas e antigas faculdades atribuídas aos juízes do trabalho, qual seja, a de dar início, *ex officio*, à execução (de título judicial) de sua competência — observando-se que, do ponto de vista sistemático, a liquidação integra o processo de execução. Doravante, essa faculdade somente poderá ser exercida se o credor-exequente não possuir advogado constituído nos autos.

Sob certo aspecto, essa alteração conspira contra o princípio da celeridade processual. Com efeito, embora o credor, muitas vezes, possua advogado constituído nos autos, o juiz vê diante de si elementos concretos que o autorizam a determinar, de ofício, o início da execução, como se dá no caso de liquidação mediante cálculos, em que o magistrado determina a remessa dos autos ao contador, para elaborá-los. No processo do trabalho, nunca houve necessidade de, em caso como esse, o juiz lançar o clássico despacho — em outras situações justificável: "Requeira o credor o que entender de Direito."

Não havia *necessidade* de subtrair-se do magistrado o impulso oficial para a execução. Teria sido ela motivada pela preocupação do legislador com o "ativismo judicial" — e com isso, restringido o campo de incidência do art. 765 da CLT? A propósito, ainda bem que o art. 765 passou despercebido ao legislador de 2017. Será com fundamento nesse dispositivo que os juízes do trabalho talvez encontrem argumentos para abrandar a injustificável restrição que lhes impôs o art. 878 da CLT, em sua nova redação. A propósito, se o juiz, contrariando a expressão literal do art. 878, der início à execução, mesmo estando a parte representada por advogado, somente haverá nulidade se a parte contrária demonstrar que esse ato judicial lhe acarretou *manifesto* prejuízo (CLT, art. 794). Não prejuízo meramente *financeiro ou econômico*, mas, sim, prejuízo *processual*. Eis a questão.

Não podemos deixar de observar, ademais, que o mesmo legislador, que agora *restringe* a possibilidade de o juiz do trabalho dar início, por si, à execução, *manteve* o parágrafo único do art. 876 da CLT, que *determina* a execução, de ofício, das contribuições sociais! Teria, o fato, decorrido de inadvertência do legislador, ou sido produto de sua intenção?

A propósito, esse legislador revogou também o parágrafo único do art. 878 da CLT.

O processo do trabalho, por obra perversa do legislador, torna-se, cada vez mais, parecido com o processo civil; que o diga o art. 513, § 1º, do CPC: "*O cumprimento da sentença que reconhece o dever de pagar quantia, provisório ou definitivo, far-se-á* **a requerimento do exequente**." (destacamos) Significa: somente a requerimento deste. É o que está a dizer, com outras palavras, o art. 878 da CLT.

Na obra de Shakespeare, o rei Ricardo III, na derrota de Bosworth, travada em 1485, contra as tropas de Henrique, Conde de Richmond, ao perder a sua montaria, teria bradado a Sir William Catesby: "Um cavalo! *Meu reino por um cavalo!*" Pois, eu, daqui desta terra de Cabral, grito: "Um Código de Processo do Trabalho! Toda a minha obra por um Código de Processo do Trabalho!"

Capítulo XXXII
LIQUIDAÇÃO

Art. 879. (...)

(...)

§ 2º Elaborada a conta e tornada líquida, o juízo deverá abrir às partes prazo comum de oito dias para impugnação fundamentada com a indicação dos itens e valores objeto da discordância, sob pena de preclusão.

- Justificativa do Projeto de Lei n. 6.787/2016:

O § 2º do art. 879 é alterado para que torne obrigatória a abertura de prazo para contestação dos cálculos no momento da liquidação da sentença. Com isso, busca-se evitar que a parte devedora se veja surpreendida com valores absurdos, homologados sem análise prévia, e que podem gerar bloqueios de conta em valores incompatíveis com o real valor do débito.

Além disso, estamos propondo que faça parte da CLT o dispositivo da Lei n. 8.177, de 1º de março de 1991, que determina que os créditos decorrentes de condenação judicial na Justiça Trabalho sejam corrigidos pela Taxa Referencial Diária, a TRD.

Acatamos, quanto a esse dispositivo as Emendas **545**, do Deputado Ronaldo Carletto (PP/BA), e **396**, do Deputado João Gualberto (PSDB/BA).

- Comentário

Conceito

Em sentido genérico, o verbo liquidar sugere a acepção de averiguar, tornar líquido, tirar a limpo; na terminologia processual, entretanto, o substantivo liquidação indica o conjunto de atos que devem ser praticados com a finalidade de estabelecer o exato valor da condenação ou de individualizar o objeto da obrigação. Como assinala Moacyr Amaral Santos, pela liquidação se visa a estabelecer o valor, a quantidade ou a espécie de obrigação, vale dizer, o que ou quanto é devido (ob. cit., p. 2396); Edson Baccaria a tem como "a operação pela qual atingimos um valor absoluto" (*Liquidação da Sentença Trabalhista*. São Paulo: Cargine, 1974. p. 20); para Affonso Fraga, ela representa o "ato judicial pelo qual se determina o objeto da condenação" (*Teoria e Prática na Execução das Sentenças*. São Paulo: 1922); Pontes de Miranda a vê como "o processo pelo qual se torna líquido o objeto ilíquido do pedido da condenação" (*Comentários...*, p. 510); José da Silva Pacheco afirma que "sentença ilíquida é aquela que não fixa o valor da condenação nem lhe individua o objeto" (Execução, *Rep. Enc. do Dir. Bras.*, Rio: Borsoi, v. 21, p. 183).

Pela nossa parte, conceituamos a liquidação como a) a fase preparatória da execução, b) em que um ou mais atos são praticados, c) por uma ou por ambas as partes,

d) com a finalidade de estabelecer o valor da condenação e) ou de individuar o objeto da obrigação, f) mediante a utilização, quando necessário, dos diversos meios de prova admitidos em lei.

Examinemos, a seguir, individualmente, os elementos componentes do conceito que enunciamos.

a) *Fase preparatória da execução.* Embora a liquidação, no processo do trabalho, do ponto de vista sistemático, integre a execução, sob o aspecto lógico, ela figura como fase destinada a *preparar* a execução, a tornar exequível a obrigação contida no título judicial, seja precisando o valor da condenação ou individuando o objeto da obrigação. A liquidação possui, portanto, caráter não apenas *quantificante*, mas também *individuante*. Título judicial, cuja execução se promova sem prévia liquidação — sempre que esta fosse imprescindível —, é legalmente inexigível, rendendo ensejo a que o devedor argua a falta, em seus embargos (CPC, art. 525, § 1º, III).

b) *Em que um ou mais atos são praticados.* Este elemento da definição que elaboramos tem o propósito de chamar a atenção ao fato de que embora, no geral, credor e devedor pratiquem diversos atos convenientes aos seus interesses, na liquidação, há casos em que, às vezes, o escopo da liquidação é atingido mediante a prática de um só ato pela parte (o credor apresenta artigos de liquidação que não são impugnados pelo devedor).

c) *Por uma ou por ambas as partes.* Nada obstante o devedor tenha sido colocado em um ontológico *estado de sujeição* (ao comando sancionatório, que se esplende da sentença condenatória exequenda) pelo legislador, não se deve tirar desse fato a equivocada conclusão de que ele não possua, na liquidação, direito a praticar atos necessários a fazer com que a execução não transborde do título executivo em que se funda, ou que não se afaste do devido procedimento legal.

Tanto é verdadeira a assertiva que o Código lhe permite opor-se à execução, via embargos (CLT, art. 884); contestar os artigos de liquidação (CPC, art. 509, II), e o mais.

d) *Com a finalidade de estabelecer o valor da condenação.* Cuida-se aqui de execução por quantia certa contra devedor solvente (CPC, art. 824), que tem na expropriação judicial de bens do devedor o seu objeto (*ibidem*). Bem atuais ou futuros (CPC, art. 789). Via de regra, as liquidações trabalhistas tendem a quantificar o valor da condenação, pois o que mais se costuma pedir, no âmbito da Justiça do Trabalho, é a emissão de provimentos condenatórios do réu ao pagamento de certa quantia.

e) *Ou de individuar o seu objeto.* Em alguns casos — algo infrequente no processo especializado — o que se busca, na fase de liquidação, não é definir o *quantum debeatur* e sim individuar o objeto da obrigação a ser adimplida pelo devedor, ou seja, "qualidades e espécies, como nas ações universais, nas alternativas e condicionais..." (Leite Velho. *Execução de Sentenças*. Rio de Janeiro, 1985. p. 294, nota 1). Em situações como essas, a atividade que as partes deverão desenvolver, nessa fase preparatória da execução, concentra-se na fixação do *gênero* e da *qualidade* do objeto obrigacional

f) *Mediante a utilização, quando necessário, dos diversos meios de prova admitidos em lei.* Determinadas liquidações reclamam a abertura de fase voltada a provar certos fatos que são relevantes ou mesmo imprescindíveis para definir-se o montante da condenação. Esse momento probatório é comum na liquidação *por artigos*, notadamente porque o CPC dispõe que, nessa modalidade de liquidação, será observado o procedimento *comum* (art. 509, II). Daí vem a possibilidade de as partes requererem a produção de provas, segundo os meios especificados em lei (ou desde que moralmente legítimos, como adverte o art. 369 do CPC).

Torna-se despiciendo fazer constar da definição que apresentamos a ressalva de que os atos praticados pelo credor e pelo devedor, na espécie, estariam sob a fiscalização do juiz, pois essa vigilância do magistrado não constitui particularidade dessa fase de quantificação do débito, se não que traço marcante do processo moderno, que se manifesta em todos os momentos e em todas as espécies de procedimento.

Impende registrar que a necessidade de apurar-se a liquidez da obrigação, estampada no título executivo, decorre de norma legal imperativa, segundo a qual a execução, visando à cobrança de crédito, deve lastrear-se em título líquido, certo e exigível (CPC, art. 586, *caput*), sob pena de o desrespeito a esse mandamento conduzir à virtual declaração de nulidade da execução (CPC, art. 803, I).

Finalidade

A liquidação, como capítulo preparatório da execução, encontra a sua razão teleológica no estabelecimento do valor exato da condenação, ou na individuação do objeto obrigacional, conforme seja o caso; ela se destina, por outros termos, a tornar líquida a obrigação oriunda do título executivo judicial, como requisito imprescindível à exigibilidade deste (CPC, art. 803, I).

A regra fundamental, a que se submete a liquidação, está expressa no art. 879, § 1º, da CLT: *"Na liquidação, não se poderá modificar, ou inovar, a sentença liquidanda, nem discutir matéria pertinente à causa principal"*. Regra semelhante se encontra estampada no art. 509, § 4º, do CPC de 2015.

Seria desejável que, no processo do trabalho, onde o princípio (ou mero anseio, nos dias de hoje?) da celeridade do procedimento tem importância quase vital — em virtude da natureza das lides que ele visa a compor —, a sentença contivesse, sempre que possível, mesmo no procedimento ordinário, condenação *líquida*, de modo que permitisse que ato contínuo ao trânsito em julgado tivesse início a pertinente execução; com isso, se evitaria a instauração da fase de liquidação, onde o devedor encontra, muitas vezes, ensejo para a prática de atos procrastinatórios e tumultuários do procedimento, em que pese à particularidade de o ato pelo qual o juiz fixa o valor da liquidação estar assinalado pelo veto legal da irrecorribilidade imediata e autônoma (CLT, art. 884, § 3º).

Cumpre ao juiz, pois, empenhar-se em ir tornando certos e determinados — no curso da instrução do processo de conhecimento — os elementos de que mais tarde se utilizará caso venha a proferir sentença condenatória do réu (valor do salário do empregado; número de horas extras diárias; período de vigência do contrato, etc.). A preocupação de que a sentença contivesse sempre o valor da condenação levou o Deputado Freitas Nobre à propositura de emenda (n. 291) ao projeto do CPC de 1973, quando de sua tramitação pela Câmara Federal, para efeito de, entre várias alterações, introduzir no então art. 463, parágrafo único, norma drástica, no sentido de que *"A sentença conterá obrigatoriamente o valor da condenação, respondendo o juiz pelas custas da liquidação em caso contrário"*. Essa Emenda, contudo, foi rejeitada, embora o seu espírito sobreviva nos dias de hoje como uma espécie de advertência aos juízes.

A prática tem demonstrado que a economia de tempo que o juiz consegue obter com o aceleramento da instrução processual acaba, quase sempre, se tornando inútil, pois esse açodamento na coleta da prova traz o inconveniente de colocá-lo, no momento em que deve proferir a decisão de mérito, diante de fatos não suficientemente provados, de elementos imprecisos e dubitativos, impedindo-o, com isso, de emitir sentença líquida e compelindo-o, por outro lado, a remeter a quantificação dos valores à fase liquidatária — onde haverá grande consumo de tempo e de atividade jurisdicional.

Seria muito cômodo, entretanto, atribuir somente ao juiz a responsabilidade pelo fato de os autos do processo não possuírem elementos que permitam o proferimento de sentença condenatória expressa em valores líquidos; essa responsabilidade está afeta, acima de tudo, às partes em geral, e ao autor em particular, pois este, como beneficiário de eventual provimento condenatório, tem indiscutível interesse em introduzir nos autos (já com a inicial ou posteriormente a ela) elementos capazes de dispensar o futuro título executivo de submeter-se à fase de liquidação.

Lancem-se, em razão disso, oportunas observações admonitórias àqueles autores que se descuram de providências dessa ordem, com imaginarem que o juiz do trabalho — na qualidade de diretor do processo — esteja obrigado a suprir por sua iniciativa semelhantes incúrias.

De modo geral, a liquidação apenas deveria ser admitida em relação às sentenças condenatórias que encerrassem obrigações *ilíquidas* (CLT, art. 879, *caput*) decorrentes da formulação de pedidos genéricos (CPC, art. 324, § 1º). Em alguns casos especiais, todavia, será lícito ao juiz emitir sentença abrigando condenação ilíquida, nada obstante o autor tenha deduzido pedidos certos ou determinados. Devemos esclarecer que a *certeza* do pedimento feito em juízo concerne à sua *existência* (embora a própria lei consagre, em alguns casos, a presença de pedidos *implícitos* — CPC, art. 322) e a *determinação*, à sua quantidade ou objeto.

Estaria eivada de nulidade *absoluta*, ou meramente *relativa*, a sentença que, devendo espelhar obrigação *líquida*, a apresenta de maneira *ilíquida*? Ressalvadas as hipóteses em que a iliquidez da obrigação consubstanciada no provimento condenatório esteja autorizada pelas circunstâncias do caso concreto, julgamos que a infração à norma legal precitada a impregnará de nulidade apenas *relativa*. Isso significa que, se nenhuma das partes impugná-la por esse motivo, o órgão jurisdicional ad quem não poderá conhecer, *ex officio*, da nulidade, em virtude de recurso interposto por outro motivo. Se os pedidos do autor forem acolhidos, e este impugnar, mesmo assim, a sentença favorável (e possuirá, sem dúvida, *interesse* processual para tanto), caberá ao tribunal — se der provimento ao recurso — fixar o valor da condenação, valendo-se, para isso, dos elementos dos autos; o mesmo procedimento deverá ser observado na hipótese de, tendo o autor interposto recurso da sentença que lhe negou os pedidos formulados, o tribunal prover o apelo: competirá ao órgão ad quem estabelecer o *quantum* condenatório.

Sentença que deixa de fixar o valor da condenação, sendo líquido o pedido (e desde que o tenha acolhido), é *omissa*; sendo assim, a falta poderá ser suprida, mediante a utilização, pelo interessado, dos embargos declaratórios. É elementar que inexistirá omissão se o pedido for ilíquido, ou, sendo líquido, a sentença não o acolher por inteiro, de sorte a tornar necessária a quantificação, em fase própria, do montante concedido pelo órgão jurisdicional.

Modalidades

Como pudemos demonstrar, a liquidação constitui requisito essencial para que a sentença condenatória se torne exequível (ou exigível, como título executivo), pois é por intermédio daquela que se irá determinar o *quantum* da condenação, ou individuar o objeto da obrigação a ser cumprida pelo devedor.

Daí a relevância e a imprescindibilidade dessa fase (preparatória) de quantificação da dívida ou da individuação obrigacional, sempre que a sentença exequenda não possuir elementos que permitam ao interessado promover, desde logo, a pertinente execução.

A liquidação figura, portanto, como formalidade indispensável para que o credor formule uma pretensão executiva e, por outro lado, para que o devedor saiba o quanto terá de pagar, ou qual a prestação que deverá realizar.

A falta de liquidação, quando esta for necessária, torna a execução *nula*, em face da inexigibilidade do título em que se funda (CPC, art. 803, I); eis a razão por que, sendo o título executivo sentença que contenha condenação genérica, a correspondente execução será antecedida pela liquidação, pois só assim o título se torna "líquido, certo e exigível" (*ibidem*, I). A regra da imperatividade da liquidação é reiterada pelo art. 509 do CPC.

Preveem, os sistemas processuais existentes em nosso país, em regra, três modalidades de liquidação, a saber, mediante:

a) cálculos;

b) arbitramento; e

c) artigos (CLT, art. 879, *caput*; CPC, art. 509, I, II e § 2º).

Equivocou-se Amauri Mascaro Nascimento, ao supor que a Lei n. 8.432, de 11 de junho de 1992 (art. 49, que deu nova redação ao art. 879 da CLT), teria eliminado a liquidação por artigos e por arbitramento, limitando-a à por cálculos (Revista LTr 56-07/786). Por mais que o festejado jurista tenha procurado justificar as razões de seu heterodoxo entendimento (Revista LTr 56-08/909 a 910), parece-nos elementar que a lei em referência *não revogou o "caput" do art. 879 da CLT*, ainda que de maneira implícita.

O que essa norma legal fez foi nada mais do que modificar, em parte, o procedimento pertinente aos cálculos do contador (art. 2º), sem alterar, contudo, o *caput* do art. 879, que, em virtude disso, segue a viger na plenitude de suas disposições. A liquidação, portanto, processar-se-á, como dito, mediante artigos, cálculos ou arbitramento, conforme exigir o caso concreto.

A admitir-se, aliás, que a liquidação somente possa ocorrer via cálculos ficariam sem solução adequada, inegavelmente, as inúmeras situações práticas em que inexistem, nos autos, elementos capazes de permitir ao juiz verificar, por exemplo, o valor do salário do empregado, que servirá como base de cálculo de todas as parcelas integrantes da condenação; o número de horas extras realizadas; os dias em que ele trabalhou em domingos e feriados, etc.

Data venia do entendimento de Amauri Mascaro, devemos dizer que a Lei n. 8.432/92 não eliminou — nem pretendeu, em momento algum, eliminar — a liquidação por meio de artigos ou de arbitramento, o que seria, obviamente, desarrazoado, diante da realidade que se esplende, rica em dificuldades, da prática forense cotidiana.

Por outro lado, quando entrou a viger o CPC de 2015, alguns intérpretes das primeiras horas sentiram-se à vontade para afirmar que esse Código havia limitado a liquidação ao *arbitramento*. Essa conclusão emanou de uma leitura arrevesada do art. 509 do CPC. Com efeito, ao afirmar que a liquidação também poderia ser realizada: a) pelo *procedimento comum*, pois o inciso II do art. 509 está a referir-se à clássica liquidação *por artigos*. Tanto isso é certo, que o pressuposto dessa modalidade é a "*necessidade de alegar e provar fato novo*"; b) *mediante cálculos*, porquanto a norma alude ao fato de o valor "*depender apenas de cálculo aritmético*" (art. 509, § 3º). Em resumo, o processo civil prevê a liquidação por meio de cálculos, de artigos e de arbitramento. Ainda que se devesse fazer concessão ao absurdo entendimento de que esse processo teria limitado a liquidação ao arbitramento, essa conclusão em nada afetaria o processo do trabalho, uma vez que o art. 879, *caput*, da CLT, faz expressa menção às três modalidades tradicionais: cálculo, arbitramento e artigos.

A decisão sobre liquidação

A CLT, pouco atenta aos rigores dos conceitos jurídicos, alude à *sentença de liquidação* (art. 884, § 3º). Como, no processo do trabalho, a liquidação integra a execução, não possuindo, pois, autonomia ontológica — figurando apenas como elemento *preparatório* da execução —, isso significa que o ato pelo qual o juiz a julga não põe fim a processo algum. Esse ato, somente se destina a fixar o *quantum debeatur*. Logo, não pode ser conceituado como sentença, porquanto a esta é inerente o efeito de dar fim ao processo, com ou sem resolução do mérito (CPC, arts. 485 e 487).

Trata-se, portanto, de *decisão interlocutória*, que se coloca entre o processo de conhecimento e o de execução (CPC, art. 203, § 2º). O próprio legislador trabalhista entrou em contradição ao denominar de *sentença* o ato pelo qual o juiz resolve a liquidação (CLT, art. 884, § 3º), embora tenha dado a esse ato jurisdicional o tratamento de *decisão interlocutória*, ao vedar a possibilidade de ser objeto de recurso imediato (art. 893, § 1º).

Se, no futuro, a liquidação vier a constituir *processo autônomo* — fato que não se deseja —, então o ato pelo qual o juiz a resolve poderá ser chamado, sem receio de escoriação aos conceitos jurídicos, de *sentença*.

O art. 879, § 2º, da CLT

Para que possamos bem compreender em que consistiu a modificação introduzida no § 2º, do art. 879, da CLT, pela Lei n. 13.467/2017, devemos recuar alguns passos no tempo.

Antes da vigência da Lei n. 8.432/1992, que deu nova redação ao § 2º do art. 879 da CLT, elaborados os cálculos pelo contador, incumbia ao juiz homologá-los ou mandar refazê-los, segundo fosse o caso. Por isso, divergíamos do procedimento adotado por alguns juízes, consistente em conceder prazo (fosse comum ou sucessivo) às partes, para que se manifestassem sobre os cálculos. Argumentávamos que esse procedimento, previsto no art. 605 do CPC de 1973, em sua redação primitiva, não poderia ser utilizado no processo do trabalho, pois este possuía norma própria, representada pelo art. 884, § 3º, da CLT.

De acordo com esse dispositivo da lei processual trabalhista, qualquer impugnação aos cálculos ou à "sentença" de liquidação somente poderá ser feita na oportunidade dos embargos à execução, sejam oferecidos, ou não. Sempre consideramos essa norma como uma das mais talentosas e eficientes da execução trabalhista, por exigir do devedor, como pressuposto para a discussão a respeito dos cálculos, a integral garantia da execução, mediante o oferecimento de bens à penhora ou o depósito, em dinheiro, do valor correspondente. O art. 884, § 3º, da CLT traduz, mesmo, um dos raros momentos de autonomia axiológica do processo do trabalho diante do processo civil.

Com o advento da Lei n. 8.432/1992, que, como dissemos, impôs nova redação ao § 2º do art. 879, da CLT, houve profunda alteração do sistema tradicional, pois o juiz passou a ter a *faculdade* de conceder o prazo sucessivo de dez dias para que os litigantes se pronunciem acerca dos cálculos.

Deste modo, os cálculos poderiam ser elaborados: 1) pelo contador; ou 2) pelas partes. No primeiro caso, o juiz poderia: 1.1. dar vista às partes; ou 1.2. homologar os cálculos, sem prévia manifestação dos litigantes. Em qualquer caso, o INSS deveria ser intimado, por via postal, a fim de pronunciar-se, no prazo de dez dias, acerca dos cálculos, sob pena de preclusão (CLT, art. 879, § 3º).

Em decorrência da nova redação dada ao § 2º do art. 879 da CLT, pela Lei n. 13.467/2017, o que mudou foi que: a) agora, a concessão de vista dos cálculos às partes deixou de ser uma *faculdade* do juiz, para tornar-se um seu *dever*. O verbo *poder*, utilizado na redação anterior da norma, foi substituído pelo verbo *dever*; b) o prazo para a manifestação das partes, que era de *dez dias*, passou a ser de *oito dias*; c) esse prazo, outrora *sucessivo*, converteu-se em *comum*. O prazo comum criará, por certo, dificuldade para que as partes possam retirar os autos em carga, porquanto essa retirada somente poderá ocorrer em conjunto ou mediante prévio ajuste, por petição (CPC, art. 107, § 2º).

Não basta que a parte impugne os cálculos: é necessário que essa impugnação seja: a) juridicamente fundamentada; e b) acompanhada de indicação dos itens e valores sobre os quais incide a discordância. Desatendidas essas exigências legais, a consequência será a preclusão para a parte negligente.

§ 7º A atualização dos créditos decorrentes de condenação judicial será feita pela Taxa Referencial (TR), divulgada pelo Banco Central do Brasil, conforme a Lei n. 8.177, de 1º de março de 1991. (NR)

Com o objetivo de evitar a diversidade de índices a serem utilizados para a correção monetária dos créditos oriundos das condenações impostas pela Justiça do Trabalho, a norma legal indica como critério único a Taxa Referencial Diária, identificada pela forma acrográfica TRD. A vinculação a outro índice, como o IPCA, teria sido mais favorável ao trabalhador.

Dispõe o art. 39 da Lei n. 8.177/1991:

Art. 39. Os débitos trabalhistas de qualquer natureza, quando não satisfeitos pelo empregador nas épocas próprias assim definidas em lei, acordo ou convenção coletiva, sentença normativa ou cláusula contratual sofrerão juros de mora equivalentes à TRD acumulada no período compreendido entre a data de vencimento da obrigação e o seu efetivo pagamento.

§ 1º Aos débitos trabalhistas constantes de condenação pela Justiça do Trabalho ou decorrentes dos acordos feitos em reclamatória trabalhista, quando não cumpridos nas condições homologadas ou constantes do termo de conciliação, serão acrescidos, nos juros de mora previstos no *caput*, juros de um por cento ao mês, contados do ajuizamento da reclamatória e aplicados *pro rata die*, ainda que não explicitados na sentença ou no termo de conciliação.

§ 2º Na hipótese de a data de vencimento das obrigações de que trata este artigo ser anterior a 1º de fevereiro de 1991, os juros de mora serão calculados pela composição entre a variação acumulada do BTN Fiscal no período compreendido entre a data de vencimento da obrigação e 31 de janeiro de 1991, e a TRD acumulada entre 1º de fevereiro de 1991 e seu efetivo pagamento.

Capítulo XXXIII
EXECUÇÃO. GARANTIA DO JUÍZO

Art. 882. O executado que não pagar a importância reclamada poderá garantir a execução mediante depósito da quantia correspondente, atualizada e acrescida das despesas processuais, apresentação de seguro garantia judicial ou nomeação de bens à penhora, observada a ordem preferencial estabelecida no artigo 835 da Lei n. 13.105, de 16 de março de 2015 — Código de Processo Civil. (NR)

• Justificativa do Projeto de Lei n. 6.787/2016:

Esse artigo promove uma atualização na legislação trabalhista, permitindo que o seguro garantia judicial também seja utilizado como garantidor da dívida, equiparando-o ao depósito em dinheiro e à nomeação de bens à penhora.

A sua adoção segue o entendimento de que, nos casos de garantia do juízo, deve ser utilizado o meio menos oneroso e gravoso ao devedor, garantido a sua liquidez para satisfação do débito.

Acatamos, nesse sentido, a Emenda **545**, do Deputado Ronaldo Carletto (PP/BA).

• **Comentário**

A norma, em sua redação anterior, previa que a garantia da execução, com vistas ao oferecimento de embargos, pelo devedor, deveria ser mediante depósito do valor do débito atualizado ou nomeação de bens à penhora.

Por influência da Lei n. 6.830, de 22 de setembro de 1980 (CLT, art. 889), também se vinha admitindo, para esse fim, a *fiança bancária* (art. 9º, II). Em alguns casos, consentia-se no oferecimento, em substituição à penhora, de *seguro garantia judicial*, em valor não inferior ao do débito corrigido, acrescido de 30%, por força do disposto no § 2º do art. 656 do CPC de 1973, regra que foi reproduzida pelo parágrafo único do art. 848 do CPC de 2015. O art. 848 do CPC, aliás, constitui reiteração do art. 835, § 2º, do mesmo Código: *"Para fins de substituição da penhora, equiparam-se a dinheiro a fiança bancária e o seguro garantia judicial, desde que em valor não inferior ao do débito constante da inicial, acrescido de trinta por cento."*

A nova redação atribuída ao art. 882 da CLT implicou duas alterações, em comparação com a pretérita, a saber: a) permite que a garantia da execução seja realizada por meio de depósito da quantia correspondente (devidamente atualizada), de nomeação de bens à penhora e — aqui está a novidade — oferecimento de *seguro garantia judicial*; e b) passa a fazer referência atualizada à ordem preferencial dos bens penhoráveis, estabelecida pelo art. 835, incisos I a XIII, do CPC.

A norma processual trabalhista, contudo, não esclarece se, no caso de seguro garantia judicial, este deverá corresponder ao valor atualizado da execução, *acrescido de*

30%, tal como exigem o § 2º do art. 835, e o parágrafo único do art. 848, ambos do CPC. O TST, por sua SBDI-II, entende que sim, conforme revela a OJ n. 59:

> "MANDADO DE SEGURANÇA. PENHORA. CARTA DE FIANÇA BANCÁRIA. SEGURO GARANTIA JUDICIAL (nova redação em decorrência do CPC de 2015) — Res. 209/2016, DEJT divulgado em 1º, 2 e 3.6.2016. A carta de fiança bancária e o seguro garantia judicial, desde que em valor não inferior ao do débito em execução, acrescido de trinta por cento, equivalem a dinheiro para efeito da gradação dos bens penhoráveis, estabelecida no art. 835 do CPC de 2015 (art. 655 do CPC de 1973)."

Temos entendimento diverso, quando menos, por duas razões jurídicas: a) o art. 882 da CLT não impõe o acréscimo de trinta por cento; b) o § 2º do art. 835, e o parágrafo único, do art. 848, do CPC, somente preveem o oferecimento desse seguro em *substituição* à penhora realizada, ou seja, naqueles casos em que, tendo sido penhorado, por exemplo, dinheiro, o devedor deseja *substituir* essa penhora por seguro garantia judicial, hipótese em que, *no processo civil*, o valor deste não deverá ser inferior ao da execução, acrescido de trinta por cento.

A despeito da redação do art. 882 da CLT, pensamos que não se poderá negar a possibilidade de a garantia da execução ser realizada mediante *fiança* bancária, desde que atendidas as condições preestabelecidas pelo Conselho Monetário Nacional. Conforme asseveramos há pouco, a fiança bancária está prevista no art. 9º, II, da Lei n. 6.830/1980. Nem faria sentido negar-se essa possibilidade, pois o art. 899, § 11, da própria CLT, prevê a possibilidade de o depósito (pecuniário) para recurso ser substituído por *fiança bancária* ou seguro garantia judicial. Impõe-se, portanto, uma interpretação sistemática, de forma a aglutinar as disposições dos arts. 882, *caput*, e 899, § 11, ambos da CLT.

A exigência de prévia garantia incide em toda e qualquer execução por quantia certa, que se processe na Justiça do Trabalho, não sendo aplicável, portanto, o disposto no art. 914, *caput*, do CPC, que dispensa essa garantia no caso de embargos à execução fundada em título extrajudicial.

Considerando que o art. 882 da CLT, faz remissão integrativa ao art. 835 do CPC, que estabelece a ordem preferencial de bens a serem penhoráveis, julgamos ser oportuno examinar essa norma do processo civil.

Art. 835. A penhora observará, preferencialmente, a seguinte ordem:

I — dinheiro, em espécie ou em depósito ou aplicação em instituição financeira;

II — títulos da dívida pública da União, dos Estados e do Distrito Federal com cotação em mercado;

III — títulos e valores mobiliários com cotação em mercado;

IV — veículos de via terrestre;

V — bens imóveis;

VI — bens móveis em geral;

VII — semoventes;

VIII — navios e aeronaves;

IX — ações e quotas de sociedades simples e empresárias;

X — percentual do faturamento de empresa devedora;

XI — pedras e metais preciosos;

XII — direitos aquisitivos derivados de promessa de compra e venda e de alienação fiduciária em garantia;

XIII — outros direitos.

§ 1º É prioritária a penhora em dinheiro, podendo o juiz, nas demais hipóteses, alterar a ordem prevista no *caput* de acordo com as circunstâncias do caso concreto.

§ 2º Para fins de substituição da penhora, equiparam-se a dinheiro a fiança bancária e o seguro garantia judicial, desde que em valor não inferior ao do débito constante da inicial, acrescido de trinta por cento.

§ 3º Na execução de crédito com garantia real, a penhora recairá sobre a coisa dada em garantia, e, se a coisa pertencer a terceiro garantidor, este também será intimado da penhora.

Caput. A matéria era regida pelo art. 655 do CPC revogado.

O art. 655 do CPC de 1973, em sua redação anterior, considerava *ineficaz* a nomeação de bens à penhora (salvo se conviesse ao credor) que não obedecesse à ordem legal. Isto significava que, desrespeitada essa ordem, a nomeação realizada pelo devedor era considerada nula, *nenhuma*. Pois bem. Posteriormente, o art. 655 daquele Código passou a dispor: "A penhora observará, *preferencialmente*" (destacamos), à ordem que indicava. *Preferencialmente* não significa *obrigatoriamente*. Parece-nos ter havido, nesse ponto, um abrandamento do rigor primitivo da norma, embora, em concreto, as consequências desse abrandamento fossem mínimas, pois, se o devedor não obedecesse à ordem legal, o credor poderia exigir que fosse respeitada, apontando, inclusive, bens livres e desembargados do devedor, que se situassem em posição de preeminência, relativamente ao por este nomeado.

O CPC atual também fez uso do advérbio *preferencialmente* (art. 835, *caput*).

Referida ordem preferencial, no plano do processo do trabalho, sofreu algumas alterações de natureza histórica. Inicialmente, era fixada pelo art. 655 do CPC, em razão do disposto no art. 769 da CLT. Mais tarde, passou a ser a traçada pelo art. 11 da Lei n. 6.830/1980, em decorrência do art. 889 da CLT, que manda aplicar à execução as regras regentes da cobrança judicial da dívida ativa da Fazenda Pública. Tempos depois, essa ordem voltou a ser a estabelecida pelo art. 655 do CPC, em virtude da nova redação do art. 882 da CLT, dada pela Lei n. 8.432/1992. Atualmente, é regida pelo art. 835 do CPC, ao qual o art. 882 da CLT deverá fazer referência, *de lege ferenda*.

Tal ordem, imposta pelo estatuto processual civil, é a seguinte:

Inciso I — Dinheiro, em espécie ou em depósito ou aplicação em instituição financeira. Embora tenha havido, em alguns casos, alteração na ordem preferencial dos bens penhoráveis, o dinheiro, por motivos óbvios, manteve a sua preeminência. A redação do preceito dirime uma controvérsia que andava acesa nos sítios da jurisprudência acerca da legalidade, ou não, de penhora de dinheiro depositado em conta bancária ou aplicado em instituição financeira. Ao aludir a dinheiro *em espécie*, a norma em foco autoriza, inclusive, a penhora de dinheiro guardado em cofre particular do executado, ou em outro local de sua residência ou empresa, desde que autorizada judicialmente, ou, até mesmo, na "boca do caixa", ou em poder de terceiro. Há, ainda, a impropriamente denominada "penhora *on-line*", decorrente do convênio Bacen/Jud, sobre a qual nos pronunciaremos mais adiante.

Embora o *caput* do art. 835 do CPC declare que a ordem dos bens penhoráveis é *preferencial*, o § 1º dessa norma esclarece que a penhora *em dinheiro*, por exceção, é *prioritária*. Diante disso, fica prejudicada a Súmula n. 417 do STJ, assim redigida: "*Na execução civil, a penhora de dinheiro na ordem de nomeação de bens não tem caráter absoluto.*" Agora, tem.

Inciso II — Títulos da dívida pública da União, Estados e Distrito Federal com cotação em mercado. A exigência legal de que os títulos da dívida pública da União, dos Estados e do Distrito Federal possuam cotação em mercado se destinou, por suposto, a evitar que viessem a ser penhorados títulos dessa natureza já prescritos, como seriam, por exemplo, os emitidos pela União para o financiamento da construção da ferrovia Madeira-Mamoré, no limiar do século XX.

Inciso III — Títulos e valores mobiliários com cotação em mercado. A imposição legal de que estes títulos — assim como os da dívida pública — possuam cotação em mercado visa a impedir que o executado ofereça títulos que nem mesmo possuam valor econômico. Não se pode deixar de elogiar a cautela do legislador ao formular essa exigência, pois, com isso, a um só tempo: a) impede velhacadas do executado; b) resguarda os interesses do exequente; e — por que não dizer — c) preserva a dignidade do próprio Poder Judiciário.

Inciso IV — Veículos de via terrestre. Esses veículos estão enumerados no art. 96 do Código Nacional de Trânsito — CNT e compreendem, de modo geral, os de tração automotor, elétrica, de propulsão humana ou de tração animal. Exemplos: bicicletas, motonetas, motocicletas, triciclos, quadriciclos, ônibus, microonibus, bondes, charretes, carroças, caminhões, caminhonetes, tratores, reboques, etc.

Inciso V — Bens imóveis. Compreendem, além do solo, "*tudo quanto se lhe incorporar natural ou artificialmente*" (CC, art. 79). Para os fins legais, são também considerados imóveis: a) os direitos reais sobre imóveis e as ações que os assegurem; b) o direito à sucessão aberta (CC, art. 80). Por outro lado, conservam a qualidade de bens imóveis: a) as edificações que, separadas do solo, mas conservando a sua unidade, forem removidas para outro local; b) os materiais provisoriamente separados de um prédio, para serem nele reempregados (CC, art. 81).

Inciso VI — Bens móveis em geral. São os "*suscetíveis de movimento próprio, ou de remoção por força alheia, sem alteração da substância ou da destinação econômico-social*" (CC, art. 82). Para este efeito, devem também ser considerados: a) as energias que possuam valor econômico; b) os direitos reais sobre objetos móveis e as ações correspondentes; c) os direitos pessoais de caráter patrimonial e respectivas ações (CC, art. 83). Os materiais destinados à construção, enquanto não forem utilizados, conservam a qualidade de bens móveis (CC, art. 84); já os provenientes de demolição readquirem essa qualidade (*ibidem*).

Inciso VII — Semoventes. O adjetivo semovente significa aquilo que se move por si mesmo. No âmbito jurídico, é utilizado, de modo geral, para designar animais selvagens, domésticos ou domesticados, como bois, vacas, cabritos, cavalos, carneiros etc.

Inciso VIII — Navios e aeronaves. Nada obsta a que a penhora recaia sobre navio ou aeronave. Sensível ao fato de que a apreensão dessa espécie de bens, seguida de proibição quanto ao uso destes, poderia implicar danos de difícil reparação ao devedor, além de graves transtornos quanto aos planos de navegação, o legislador permite que navios e aeronaves penhorados continuem a navegar ou a operar, até que sejam expropriados (CPC, art. 864). É certo que esse prosseguimento quanto à navegação ou à operação deve ser expressamente autorizado pelo juiz da execução, pois deste será sempre a competência para dar esse consentimento, ainda que a penhora tenha sido determinada pelo juízo deprecado. Há mais. Para que o navio possa deixar o porto, e a aeronave o aeroporto, é imprescindível que, antes, o devedor contrate o seguro usual contra riscos (CPC, art. 864), juntando cópia da apólice nos autos, para efeito de atendimento a essa exigência legal (*ibidem*).

Inomitível regra de prudência recomenda ao juiz ouvir o credor a respeito da apólice apresentada pelo devedor, pois aquele poderá ter interesse em suscitar alguma contrariedade (alegando, *e. g.*, que o valor segurado é muito inferior ao do bem e o mais que tenha para dizer).

Inciso IX — Ações e quotas de sociedades simples empresárias. Podem ser penhoradas tanto as ações ao portador quanto as nominativas. Em muitos casos, haverá dificuldade em penhorar as primeiras, por não se saber na posse de quem se encontram. Se a executada for sociedade por quotas de responsabilidade limitada, poderá haver penhora de todas as quotas do capital. Se figurar como devedor, apenas, um dos sócios, a penhora deverá recair sobre as quotas a ele pertencentes. Esta nos parece a interpretação mais adequada ao dispositivo legal em estudo. As sociedades simples são disciplinadas pelos arts. 997 a 1.038 do CC.

Inciso X — Percentual do faturamento de empresa devedora. Essa penhora veio a positivar uma praxe forense. Da conjugação do inciso I do art. 835, com o inciso VII do mesmo dispositivo, se conclui que a penhora de parcela do *faturamento* da empresa não é o mesmo que penhora de *dinheiro* da empresa.

Uma regra de ponderação: para que a penhora de parcela do faturamento da empresa não acarrete danos fatais a esta, será necessário que o juiz mande realizar, previamente, uma avaliação contábil da empresa, a fim de poder definir a parcela a ser penhorada, de forma: a) a permitir que o exequente tenha assegurada a satisfação do seu crédito dentro da brevidade possível; e b) a impedir que essa penhora inviabilize a continuidade das atividades empresariais. Convém rememorar, nesta altura, a regra do art. 805 do CPC, que ordena que a penhora se processe pelo modo menos gravoso ao executado.

Problema haverá quando, em virtude de anteriores penhoras de parcela do faturamento, este já estiver comprometido, de tal maneira que não se poderá realizar nova penhora, sob pena de, como dissemos, tornar inviável a continuidade das atividades empresariais. Em razão disso, seria medida judicial de bom-senso que se procurasse estabelecer uma espécie de cronograma, no qual estariam previstos os pagamentos dos diversos credores, segundo a ordem das penhoras de fração do faturamento.

Inciso XI — Pedras e metais preciosos. Não tem sido frequente, na Justiça do Trabalho, a penhor de pedras e de metais preciosos, até porque o credor trabalhista tem, no bloqueio *on-line*, um instrumento de extrema eficácia para garantir o sucesso da execução. Nem ignoramos os fatos de que, muitas vezes: a) não se sabe se o executado possui pedras e metais preciosos (exceto quando as comercializa); b) sendo esses bens penhorados, oferecerão uma certa dificuldade ao oficial de justiça, na avaliação, fazendo com que o juiz designe um perito-avaliador (CPC, art. 870, parágrafo único).

Inciso XII — Direitos aquisitivos oriundos de promessa de venda e compra e de alienação fiduciária em garantia. Esta categoria de bens penhoráveis constitui inovação do atual CPC. Um retoque de ordem lógica: o compromisso não é de compra e venda, mas, sim, de venda e compra, pois, primeiro, é necessário que alguém pretenda vender, para que, depois, outrem se interesse em comprar.

Inciso XIII — Outros direitos. Este inciso autoriza a penhora, por exemplo, de direitos reais, como a hipoteca, o penhor, a anticrese, marcas e patentes, direito o uso de linha telefônica, etc.

Não há interesse prático em examinarmos a ordem preferencial contida no art. 11 da Lei n. 6.830/1980, uma vez que prevalece a estabelecida pelo art. 835 do CPC, por força do disposto no art. 882 da CLT. A lembrar-se que a relação dos bens preferencialmente penhoráveis constava do art. 655 do CPC de 1973, ao qual o art. 882 da CLT faz remissão integrativa.

Incidindo a penhora em bem imóvel, dela também será intimado o cônjuge do executado, exceto se for casado em regime de separação absoluta de bens (CPC, art. 842, *caput*).

Para que o devedor exerça, com regularidade, o seu direito de indicar ou escolher bens que ficarão vinculados à execução, não basta que o faça no prazo legal (CLT, art. 880, *caput*) e observando a ordem prevista em lei; torna-se imprescindível, ainda, que ele:

a) quanto aos bens imóveis, comprove as respectivas matrículas e registros, por certidão do correspondente ofício (CPC, art. 847, § 1º, I);

b) no que tange aos móveis, cumpre-lhe descrevê-los com todas as suas propriedades e características, particularizando-lhes o estado de conservação e o lugar em que se encontram (*ibidem*, II);

c) em relação aos semoventes, especifique-os, indicando o a espécie, o número de cabeça, a marca ou sinal e o local em que se acham (*ibidem*, III);

d) quanto aos créditos, identifique o devedor e o qualifique, descrevendo a origem da dívida, o título que a representa e a data do vencimento (*ibidem*, IV);

e) atribua valor aos bens nomeados à penhora, além de especificar os ônus e os encargos a que se encontram sujeitos (*ibidem*, V).

§ 1º A norma afirma a preeminência do dinheiro em relação aos demais bens mencionados nos incisos II a XIII, para efeito de penhora. A alteração da ordem preferencial dos bens penhoráveis somente será possível, portanto, no tocante aos mencionados nos incisos II a XIII, devendo, para isso, o juiz levar em conta as circunstâncias do caso concreto.

§ 2º Com vistas à substituição do bem penhorado, a fiança bancária e o seguro garantia judicial são equiparados a dinheiro, contanto que sejam realizados em quantia não inferior ao do débito constante da inicial, acrescido de trinta por cento. No caso específico do processo do trabalho, por força do disposto no art. 889 da CLT, poder-se-ia imaginar serem aplicáveis à execução, exclusivamente, as normas regentes do "processo dos executivos fiscais para a cobrança judicial da dívida ativa da Fazenda Pública Federal". Essas normas, atualmente, estão contidas na Lei n. 6.830/1980, cujo art. 9º, II, permite ao executado oferecer, em garantia da execução, depósito em dinheiro, fiança bancária ou seguro garantia, sem o acréscimo de trinta por cento a que se refere o art. 835, § 2º, do CPC. O que a Lei n. 6.830/1980 exige é que a fiança bancária atenda às normas estabelecidas pelo Conselho Monetário Nacional (*ibidem*, § 5º).

Dá-se, porém, que essa conclusão conduziria a uma dicotomia indesejável, por ser tumultuária do processo do trabalho. Assim dizemos, porque se a substituição fosse requerida: a) *pelo executado* incidiria a regra do art. 15 da Lei n. 6.830/1980 (CLT, art. 889), de tal arte que a substituição ficaria restrita a dinheiro, fiança bancária e seguro garantia, sem o acréscimo de trinta por cento; b) *pelo exequente*, ficaria afastada aplicação do art. 15 da Lei n. 6.830/1980, pois o art. 882 da CLT faz expressa menção ao art. 655 (atual 835, § 2º) do CPC, que exige o acréscimo de trinta por cento. No mesmo sentido, a OJ n. 59, da SBDI-II, do TST:

> "MANDADO DE SEGURANÇA. PENHORA. CARTA DE FIANÇA BANCÁRIA. SEGURO GARANTIA JUDICIAL *(nova redação em decorrência do CPC de 2015) — Res. 209/2016, DEJT divulgado em 1º, 2 e 3.6.2016. A carta de fiança bancária e o seguro garantia judicial, desde que em valor não inferior ao do débito em execução, acrescido de trinta por cento, equivalem a dinheiro para efeito da gradação dos bens penhoráveis, estabelecida no art. 835 do CPC de 2015 (art. 655 do CPC de 1973)."*

Como a regra do art. 835, § 2º, do CPC, é mais favorável ao exequente, pode-se reconhecer, nela, preeminência subsidiária em relação ao art. 15 da Lei n. 6.830/1980.

§ 3º Cuidando-se de execução de crédito com garantia real, a penhora deverá incidir sobre a coisa dada em garantia. Se a coisa pertencer a terceiro, este também será intimado da penhora.

O art. 848 do CPC indica as situações em que as partes poderão requerer a substituição do bem penhorado.

> Art. 836. Não se levará a efeito a penhora quando ficar evidente que o produto da execução dos bens encontrados será totalmente absorvido pelo pagamento das custas da execução.
>
> § 1º Quando não encontrar bens penhoráveis, independentemente de determinação judicial expressa, o oficial de justiça descreverá na certidão os bens que guarnecem a residência ou o estabelecimento do executado, quando este for pessoa jurídica.
>
> § 2º Elaborada a lista, o executado ou seu representante legal será nomeado depositário provisório de tais bens até ulterior determinação do juiz.

Caput. A matéria era regida pelo art. 659 do CPC revogado.

Um dos princípios regentes da execução é de que ela seja *útil* ao credor; logo, o juiz deverá impedir a realização ou o prosseguimento de execuções *inúteis*.

Justamente por isso, é que a norma legal em exame determina que não se proceda à penhora quando for evidente que o produto da expropriação dos bens encontrados será integralmente absorvido pelo pagamento das custas da execução. Nesse caso, a penhora seria inútil para o credor, em cujo interesse se processa a execução (CPC, art. 797).

§ 1º Nos termos deste parágrafo, incumbirá ao oficial de justiça, independentemente de ordem judicial, *quando não encontrar bens penhoráveis*, descrever na certidão os bens que guarnecem a residência ou o estabelecimento do devedor. Não havia de o legislador haver posposto ao substantivo *estabelecimento* a expressão "quando este for pessoa jurídica", pois o conceito de estabelecimento, em direito, é inerente a esta pessoa. O art. 659 do CPC de 1973 continha regra idêntica, mas o seu § 3º determinava que o oficial de justiça descrevesse os bens que guarneciam a residência ou estabelecimento do devedor não apenas quando bens penhoráveis não fossem encontrados, mas, também, quando fosse evidente que o produto da expropriação dos bens penhoráveis existentes seria totalmente absorvido pelo pagamento das custas processuais.

A prudência recomenda que o oficial de justiça, *em quaisquer das situações aqui referidas*, descreva na certidão os bens que estiverem a guarnecer a residência ou o estabelecimento do devedor.

§ 2º Uma vez feito o rol descritivo dos bens, o executado ou o seu representante legal será nomeado depositário dos referidos bens até posterior determinação do juiz.

Nulidade da penhora

Do quanto expusemos até esta parte, podemos concluir que para a validade da penhora, como ato executivo de constrição patrimonial, torna-se necessário o atendimento a, pelo menos, quatro requisitos essenciais:

a) a apreensão judicial dos bens deve ser realizada com rigorosa observância das normas processuais concernentes;

b) só podem ser objeto de penhora bens passíveis de expropriação judicial; dessa maneira, são insuscetíveis de apreensão, p. ex., os bens inalienáveis e os relacionados no art. 833 do CPC;

c) os bens devem, por princípio, pertencer ao patrimônio do devedor, a fim de atender-se à regra expressa pelo art. 824 do CPC; e

d) a penhora deve estar amparada em título executivo, que, na Justiça do Trabalho, poderá ser judicial ou extrajudicial (CLT, art. 876).

Desrespeitados quaisquer desses requisitos, a penhora deverá ser declarada írrita, nula. A nulidade desse ato da execução poderá ser de caráter objetivo ou subjetivo. Pertencem à primeira classe, *v. g.*, a penhora de bens considerados por lei inalienáveis e a efetuada com quebra das formalidades legais; na segunda, inclui-se, entre outros casos, o de a constrição recair em bens não pertencentes ao devedor ou a quem se tenha responsabilizado pelo adimplemento da obrigação derivante do título.

De modo geral, a nulidade objetiva pode ser denunciada por petição dirigida pelo devedor ao juiz; já a subjetiva há de ser alegada em processo especial de embargos de terceiro (CPC, art. 674) (THEODORO JÚNIOR. *Processo de Execução*. 12. ed. São Paulo: Editora Universitária, 1987).

Ineficácia da penhora

Será *ineficaz* a nomeação de bens quando se verificarem quaisquer dos casos mencionados nos incisos I a VII, do art. 848, do CPC.

As situações previstas nos incisos I a VII do art. 848 do CPC servem, a um só tempo: a) para declarar a *ineficácia* do ato de nomeação de bens à penhora; b) para fundamentar o requerimento de *substituição* do bem penhorado.

Caso sejam respeitadas as determinações legais, a nomeação de bens, feita pelo devedor, será considerada *eficaz*, sendo reduzida a termo, valendo reiterar que essa eficácia também se configurará se, embora não atendidas as exigências legais, o credor concordar com a nomeação, como estava na antiga redação do art. 656, *caput*, do CPC de 1973 — tacitamente recepcionada pelo processo do trabalho.

Na hipótese de o credor discordar da nomeação ou esta vir a ser realizada fora do prazo legal, devolver-se-á ao credor o *direito à nomeação*, que o exercitará livremente. De qualquer forma, compete ao juiz da execução dirimir dúvidas ou conflitos emergentes da nomeação, tenha esta sido feita pelo devedor ou pelo credor. Levando em conta a peculiaridade do sistema recursal trabalhista, entendemos que dessa *decisão* do juiz caberá agravo de petição (CLT, art. 897, "a").

Perpetrará *error in procedendo* o Juiz do Trabalho que, nomeados os bens pelo devedor, deixar de ouvir o credor a respeito; ora, se este tem o direito de impugnar a nomeação (pois, se ele pode *convir* com esse ato, pode também dele discordar: Agindo o juiz dessa maneira, caberá ao credor manifestar, a qualquer tempo (desde que antes de consumada a expropriação judicial), a sua discordância quanto aos bens nomeados e apreendidos, e, no mesmo ato, apontar outros, livres e desembargados, de sua livre escolha. Recusando-se o juiz a acatar a indicação efetuada pelo credor (nas circunstâncias aqui consideradas), este poderá impetrar mandado de segurança do ato que lhe tolheu o direito de pronunciar-se a respeito da nomeação levada a efeito pelo devedor.

Se, por outro lado, o juiz abrir oportunidade para que o credor se manifeste sobre os bens nomeados pelo devedor, sem, contudo, fixar prazo para que o faça, entende-se que esse prazo será de cinco dias, em virtude da regra genérica enunciada pelo art. 218, § 3º, do CPC.

A indicação de bens a serem penhorados — feita pelo devedor ou mesmo pelo credor — não necessita constar de petição (letrada) dirigida ao juiz; essa nomeação pode, perfeitamente, ser realizada em face do oficial de justiça, que formalizará a apreensão, lavrando o auto correspondente; em caso de dúvida, consultará o juiz.

A possibilidade de o devedor indicar bens à penhora está prevista no art. 882 da CLT.

Nomeação de bens na execução provisória

Cabe, aqui, uma nótula acerca da nomeação de bens à penhora, pelo devedor, cuidando-se de execução *provisória*.

Afirmamos, há pouco que, se o devedor, ao oferecer bens à penhora, não atender à ordem preferencial estabelecida pelo art. 835 do CPC, a nomeação que vier a efetuar será ineficaz, fazendo, desse modo, com que seja transferido ao credor o direito de indicação dos bens a serem penhorados. Essa regra, entrementes, segundo o entendimento jurisprudencial predominante, só se aplica às execuções *definitivas*. Tratando-se de execução meramente *provisória*, não é exigível a incidência do art. 835 do CPC. O fundamento desta opinião é razoável: como falta ao título executivo judicial o atributo da *definitividade*, por estar pendente de recurso, não se justifica a promoção da correspondente execução forçada pelo modo *mais gravoso* ao devedor, pois isso contraria a regra inscrita no art. 805 do CPC. Logo, este, ao ser citado para a execução provisória, poderá indicar bens sem observância da ordem estabelecida pelo art. 835 do CPC.

A Súmula n. 417, III, TST, aliás, chegou a afirmar a existência de um *direito líquido e certo* do devedor em não se submeter ao comando do referido art. 835, quando fosse o caso de execução provisória. Sempre colocamos em dúvida o acerto dessa Súmula, pois o art. 655 do CPC de 1973 — que estava a viger à época da edição da Súmula — não fazia distinção entre execução provisória e definitiva, para efeito de atendimento à ordem preferencial dos bens penhoráveis, na qual o dinheiro ocupava o primeiro lugar. Tempos depois, contudo, o TST alterou a redação da referida Súmula, que passou a ser a seguinte:

> "MANDADO DE SEGURANÇA. PENHORA EM DINHEIRO. *(Alterado o item I, atualizado o item II e cancelado o item III, modulando-se os efeitos da presente redação de forma a atingir unicamente as penhoras em dinheiro em execução provisória efetivadas a partir de 18.3.2016, data de vigência do CPC de 2015) I — Não fere direito líquido e certo do impetrante o ato judicial que determina penhora em dinheiro do executado para garantir crédito exequendo, pois é prioritária e obedece à gradação prevista no art. 835 do CPC de 2015 (art. 655 do CPC de 1973). II — Havendo discordância do credor, em execução definitiva, não tem o executado direito líquido e certo a que os valores penhorados em dinheiro fiquem depositados no próprio banco, ainda que atenda aos requisitos do art. 840, I, do CPC de 2015 (art. 666, I, do CPC de 1973).*"

Bens situados fora da comarca

Os bens devem ser penhorados no lugar em que se encontrem, ainda que sob a posse, detenção ou guarda de terceiros (CPC, art. 845, *caput*). Estando, entretanto, situados fora da jurisdição do juízo da execução: a) a penhora deverá ser realizada mediante precatória dirigida ao juízo de situação dos bens, pois "*Será expedida carta para a prática de atos fora dos limites territoriais do tribunal, da comarca, da seção ou da subseção judiciárias, ressalvadas as hipóteses previstas em lei*" (CPC, art. 236, § 1º); b) o credor poderá requerer que não só a penhora, mas a execução como um todo, se processe no juízo do local em que se encontram os bens penhoráveis ou no atual domicílio do devedor (CPC, art. 516, parágrafo único).

De qualquer modo, será no juízo deprecado, conseguintemente, que ocorrerão a apreensão, a avaliação, o depósito e a expropriação judicial dos bens.

Examinemos ambas as situações.

Execução mediante carta

Uma observação prévia: nada obstante as regras legais citadas, será lícito — segundo cremos — ao devedor fazer a *nomeação* de bens perante o juízo da execução, onde também assumirá o encargo de depositário, se for o caso, lavrando-se nos autos principais o correspondente *termo*; nessa hipótese, a carta precatória deverá ser expedida, unicamente, para efeito de avaliação e remessa dos bens à expropriação.

São requisitos essenciais à regularidade da carta precatória:

a) a identificação dos juízos de origem (deprecante) e de cumprimento do ato processual (deprecado);

b) o teor da petição, do despacho judicial e do instrumento de mandado outorgado ao advogado;

c) a indicação do ato processual, que lhe constitui o objeto; e

d) o encerramento com a assinatura do juiz deprecante (CPC, art. 260, I a IV).

O juiz determinará o traslado, na carta, de quaisquer outras peças, bem como fará com mapa, desenho ou gráfico, sempre que esses documentos tiverem de ser examinados, na diligência, pelas partes, peritos ou testemunhas (CPC, art. 260, § 1º).

Se o objeto da carta for exame pericial de documento, o original deste deverá ser remetido ao juízo deprecado ou rogado, permanecendo nos autos reprodução fotográfica (*ibidem*, § 2º).

Faculta-se a expedição da carta por meio eletrônico, caso em que a assinatura do juiz deverá, também, ser eletrônica, na forma da lei (*ibidem*, § 3º).

Estabelece o art. 261 do mesmo Código que em todas as cartas o juiz deprecante fixará o prazo dentro do qual deverão ser cumpridas, "*atendendo à facilidade das comunicações e à natureza da diligência*". Não se cuida, aqui, de determinação do juiz deprecante ao deprecado. Não faria sentido pensar que entre autoridades judiciárias pertencentes a um mesmo grau de jurisdição uma — só por ser deprecada — devesse ficar subordinada à outra, deprecante. Nada disso ocorre, na realidade. O juízo deprecante atua na qualidade de colaborador do deprecado, não de seu subordinado. Somente na carta de ordem é que há a subordinação hierárquica do juiz que a deva cumprir (em relação ao Tribunal de que ela emanar) (CPC, arts. 236, § 2º e 237, I). Apesar disso, não se justifica o fato de, nas cartas precatórias, o juízo deprecante deixar de fixar o prazo para o cumprimento. Essa fixação, conquanto deva ser entendida como *recomendação*, decorre de norma legal, motivo por que não pode ser ignorada pelo juízo deprecante.

As cartas — aí incluída a precatória-executória — têm caráter itinerante; sendo assim, tenha, ou não, sido proferido o despacho determinando o cumprimento, poderá ser apresentada a juízo diverso do que dela consta, a fim de ser praticado o ato indicado (CPC, art. 262).

Sempre que houver urgência, a carta precatória (assim como a de ordem) poderá ser transmitida por qualquer meio eletrônico, telegrama, radiograma ou telefone (art. 264); no caso do telegrama e do radiograma, a carta deverá conter, em resumo substancial, os requisitos mencionados pelo art. 260 do Código (art. 264). A propósito, o art. 264 faz equivocada referência ao art. 250, quando o correto seria ao art. 260. No caso do correio eletrônico, que também deverá conter, em resumo substancial, os requisitos do art. 260, haverá necessidade de conter elementos capazes de possibilitar a aferição da autenticidade (art. 264). No caso do telefone, o diretor da secretaria (ou o escrivão do juízo deprecante) transmitirá, por via telefônica, a carta precatória-executória ao juízo deprecado, *"por intermédio do escrivão do primeiro ofício da primeira vara, se houver na comarca mais de um ofício ou de uma vara"*, observando-se os requisitos referidos no art. 264 do CPC (art. 265, *caput*). O escrivão (leia-se: diretor da secretaria), no mesmo dia ou no primeiro dia útil subsequente, telefonará ou enviará mensagem eletrônica ao diretor da secretaria do juízo deprecante, lendo-lhe os termos da carta e solicitando que lhe confirme (art. 265, § 1º); havendo confirmação, o diretor da secretaria submeterá a carta precatória a despacho judicial (*ibidem*, § 2º).

Os atos requisitados por meio de correio eletrônico ou de telegrama serão executados *ex officio*, embora deva a parte interessada depositar, na secretaria do juízo deprecante (quando este for o caso), quantia correspondente às despesas que serão efetuadas no juízo deprecado (art. 266).

Permite a lei que o juiz recuse cumprimento à carta precatória, devolvendo-a com despacho motivado, toda vez que: a) não estiver revestida dos requisitos legais; b) lhe faltar competência em razão da matéria ou da hierarquia; c) tiver dúvida acerca de sua autenticidade (art. 267, I a III).

Depois de cumprir a precatória, o juiz deprecado a devolverá ao deprecante, no prazo de dez dias, independentemente de traslado, pagas as custas ou outras despesas processuais legalmente exigíveis (art. 268).

Devendo a execução realizar-se mediante carta *rogatória*, esta obedecerá, quanto à sua admissibilidade e modo de seu cumprimento, ao disposto na convenção internacional; inexistindo convenção, será encaminhada à autoridade judiciária estrangeira, por via diplomática, depois de traduzida para a língua do país em que houver de ser praticado o ato.

Observa Moniz de Aragão, com apoio em Amílcar de Castro, que de duas formas pode comportar-se qualquer país, diante do tema que estamos a discorrer: a) praticar o ato processual por meio de seus agentes diplomáticos; ou b) invocar a cooperação jurisdicional do Estado em cujo território deva ser realizado (*Comentários*, v. II, p. 162), concluindo que, ao optar por esta última forma, o país oferece maior eficácia e tranquilidade às partes, "pois a justiça estrangeira dispõe de todos os meios necessários à realização dos atos rogados, o que não sucede com os agentes diplomáticos, e ainda afasta o risco da negativa de homologação à sentença que vier a ser proferida, a que está sujeita a atuação desenvolvida diretamente pelos primeiros" (*ibidem*).

A remessa da carta rogatória por *via diplomática*, como diz a lei, consiste em ser a carta encaminhada pelo representante diplomático do país de onde ela é originária ao Ministério das Relações Exteriores, a quem incumbirá transmiti-la ao da Justiça e Negócios Interiores, para que este, depois de lhe conceder o necessário *exequatur*, a encaminhe ao juiz federal que a deve cumprir (BRIGGS, Arthur. *Cartas rogatórias internacionais*. Rio de Janeiro, 1913. p. 151).

O art. 13 do CPC de 1939 revogado era mais claro a respeito do assunto; estatuía o seu parágrafo único que caberia ao juiz remeter a rogatória ao Ministério da Justiça e Negócios Interiores, e este ao Ministério das Relações Exteriores, que a encaminharia a seu destino, depois de legalizada no consulado competente.

Como proceder, todavia, no caso de a rogatória dever ser cumprida em país com o qual o Brasil não mantém relações diplomáticas? O problema é, sem dúvida, delicado e de difícil solução prática. Fechado o acesso à via consular, pensamos — como Arthur Briggs — que a carta deva ser remetida *diretamente*, ou seja, de um governo para o outro. Não havendo êxito nessa providência, cremos que a aporia pode ser desfeita *em parte*, com o uso da citação por edital (CLT, art. 880, § 3º); é evidente, contudo, que persistirá a dificuldade quanto à penhora de bens e a consequente expropriação.

Execução no foro de situação dos bens ou do domicílio do devedor

O art. 475-P, parágrafo único, do CPC de 1973, inovou ao permitir que, a requerimento do exequente, a execução se processasse no local onde se encontrassem os bens sujeitos à expropriação ou no do atual domicílio do réu. Conquanto a norma legal aludisse ao *exequente* (que pode ser o próprio devedor), entendíamos que esse vocábulo tivesse sido aí utilizado como sinônimo de *credor*. Assim pensávamos porque o escopo desse preceito legal era o de atender aos interesses do credor e não do devedor. O CPC atual manteve essa disposição (art. 516, parágrafo único), embora tenha substituído o vocábulo exequente por autor.

Por outro lado, observação contida nesse dispositivo, de que "*a remessa dos autos do processo será solicitada ao juízo de origem*", permite concluir que a execução será requerida no juízo de situação dos bens ou do domicílio do devedor, ao qual caberá solicitar ao "juízo de origem" a remessa dos autos.

De qualquer modo, no pleno do processo civil a competência para promover a execução, que era absoluta, passou a ser relativa, tornando-se, assim, *concorrente*.

A norma em exame, contudo, não incide no processo do trabalho.

Assim dizemos porque a CLT contém regra própria e específica, conforme a qual: "É competente para a execução das decisões o juiz ou presidente do tribunal que tiver conciliado ou julgado originariamente o dissídio" (art. 877); e "*É competente para a execução de título executivo extrajudicial o juiz que teria competência para o processo de conhecimento relativo à matéria*" (art. 877-A). Como se percebe, esses normativos da CLT estão intimamente ligados ao art. 651, do mesmo texto legal, do qual se irradia o princípio medular de que a competência das Varas do Trabalho é determinada pela localidade onde o empregado — autor ou réu — prestar serviços ao empregador, ainda que tenha sido contratado em outro local ou país. Uma e outra exceções a essa regra estão contidas nos §§ 1º a 3º da sobredita norma legal.

CAPÍTULO XXXIV
EXECUÇÃO. PROTESTO DA DECISÃO

Art. 883-A. A decisão judicial transitada em julgado somente poderá ser levada a protesto, gerar inscrição do nome do executado em órgãos de proteção ao crédito ou no Banco Nacional de Devedores Trabalhistas (BNDT), nos termos da Lei, depois de transcorrido o prazo de quarenta e cinco dias a contar da citação do executado, se não houver garantia do juízo.

- **Justificativa do Projeto de Lei n. 6.787/2016:**

Com esse dispositivo, instituímos um prazo de sessenta dias, contados da citação do executado, para que o seu nome possa ser inscrito em órgãos de proteção ao crédito ou no Banco Nacional de Devedores Trabalhistas.

Há que se ter em mente que a preocupação fundamental na execução trabalhista deve ser a satisfação da dívida. Contudo, caso o executado venha a ter o seu nome negativado, terá uma restrição automática de acesso a qualquer tipo de crédito, gerando um contrassenso, visto que ele não terá como honrar sua dívida.

A proposta confere ao executado um prazo razoável para que consiga os créditos necessários à satisfação da dívida. Não honrando o compromisso nesse prazo, aí sim poderão ser efetivadas as medidas necessárias para a inscrição do seu nome.

- **Comentário**

Desde 2005, o STJ vinha admitindo o protesto de sentença transitada em julgado, com fundamento na Lei n. 9.492, de 10 de setembro de 1997, que *"Define competência, regulamenta os serviços concernentes ao protesto de títulos e outros documentos de dívida e dá outras providências"*.

Nos termos do art. 1º dessa Lei, o protesto constitui *"ato formal e solene pelo qual se prova a inadimplência e o descumprimento de obrigação originada em títulos e outros documentos de dívida"*.

Dentre as diversas disposições constantes da Lei n. 9.492/1997, transcrevemos as seguintes:

"Art. 9º Todos os títulos e documentos de dívida protocolizados serão examinados em seus caracteres formais e terão curso se não apresentarem vícios, não cabendo ao Tabelião de Protesto investigar a ocorrência de prescrição ou caducidade.

Parágrafo único. Qualquer irregularidade formal observada pelo Tabelião obstará o registro do protesto.

Art. 12. O protesto será registrado dentro de três dias úteis contados da protocolização do título ou documento de dívida.

§ 1º Na contagem do prazo a que se refere o *caput* exclui-se o dia da protocolização e inclui-se o do vencimento.

§ 2º Considera-se não útil o dia em que não houver expediente bancário para o público ou aquele em que este não obedecer ao horário normal.

Art. 13. Quando a intimação for efetivada excepcionalmente no último dia do prazo ou além dele, por motivo de força maior, o protesto será tirado no primeiro dia útil subsequente.

Art. 14. Protocolizado o título ou documento de dívida, o Tabelião de Protesto expedirá a intimação ao devedor, no endereço fornecido pelo apresentante do título ou documento, considerando-se cumprida quando comprovada a sua entrega no mesmo endereço.

§ 1º A remessa da intimação poderá ser feita por portador do próprio tabelião, ou por qualquer outro meio, desde que o recebimento fique assegurado e comprovado através de protocolo, aviso de recepção (AR) ou documento equivalente.

§ 2º A intimação deverá conter nome e endereço do devedor, elementos de identificação do título ou documento de dívida, e prazo limite para cumprimento da obrigação no Tabelionato, bem como número do protocolo e valor a ser pago.

Art. 15. A intimação será feita por edital se a pessoa indicada para aceitar ou pagar for desconhecida, sua localização incerta ou ignorada, for residente ou domiciliada fora da competência territorial do Tabelionato, ou, ainda, ninguém se dispuser a receber a intimação no endereço fornecido pelo apresentante.

§ 1º O edital será afixado no Tabelionato de Protesto e publicado pela imprensa local onde houver jornal de circulação diária.

Art. 16. Antes da lavratura do protesto, poderá o apresentante retirar o título ou documento de dívida, pagos os emolumentos e demais despesas.

Art. 17. Permanecerão no Tabelionato, à disposição do Juízo respectivo, os títulos ou documentos de dívida cujo protesto for judicialmente sustado.

§ 1º O título do documento de dívida cujo protesto tiver sido sustado judicialmente só poderá ser pago, protestado ou retirado com autorização judicial.

§ 2º Revogada a ordem de sustação, não há necessidade de se proceder a nova intimação do devedor, sendo a lavratura e o registro do protesto efetivados até o primeiro dia útil subseqüente ao do recebimento da revogação, salvo se a materialização do ato depender de consulta a ser formulada ao apresentante, caso em que o mesmo prazo será contado da data da resposta dada.

§ 3º Tornada definitiva a ordem de sustação, o título ou o documento de dívida será encaminhado ao Juízo respectivo, quando não constar determinação expressa a qual das partes o mesmo deverá ser entregue, ou se decorridos trinta dias sem que a parte autorizada tenha comparecido no Tabelionato para retirá-lo.

Art. 18. As dúvidas do Tabelião de Protesto serão resolvidas pelo Juízo competente.

Art. 20. Esgotado o prazo previsto no art. 12, sem que tenham ocorrido as hipóteses dos Capítulos VII e VIII, o Tabelião lavrará e registrará o protesto, sendo o respectivo instrumento entregue ao apresentante.

§ 2º Aquele que fornecer endereço incorreto, agindo de má-fé, responderá por perdas e danos, sem prejuízo de outras sanções civis, administrativas ou penais.

Art. 38. Os Tabeliães de Protesto de Títulos são civilmente responsáveis por todos os prejuízos que causarem, por culpa ou dolo, pessoalmente, pelos substitutos que designarem ou Escreventes que autorizarem, assegurado o direito de regresso".

O protesto da decisão judicial transitada em julgado está previsto no art. 517 do CPC, assim redigido:

"Art. 517. A decisão judicial transitada em julgado poderá ser levada a protesto, nos termos da lei, depois de transcorrido o prazo para pagamento voluntário previsto no art. 523.

§ 1º Para efetivar o protesto, incumbe ao exequente apresentar certidão de teor da decisão.

§ 2º A certidão de teor da decisão deverá ser fornecida no prazo de 3 (três) dias e indicará o nome e a qualificação do exequente e do executado, o número do processo, o valor da dívida e a data de decurso do prazo para pagamento voluntário.

§ 3º O executado que tiver proposto ação rescisória para impugnar a decisão exequenda pode requerer, a suas expensas e sob sua responsabilidade, a anotação da propositura da ação à margem do título protestado.

§ 4º A requerimento do executado, o protesto será cancelado por determinação do juiz, mediante ofício a ser expedido ao cartório, no prazo de 3 (três) dias, contado da data de protocolo do requerimento, desde que comprovada a satisfação integral da obrigação".

O art. 517 do CPC é aplicável ao processo do trabalho (CLT, art. 769).

O motivo pelo qual o legislador civil facultou ao credor levar a protesto a decisão judicial passada em julgado foi o de exercer certa coerção ao devedor, com o objetivo de compeli-lo ao cumprimento da obrigação. O CPC prevê não apenas o protesto, mas, também, a requerimento do credor, a inclusão do nome do executado em cadastro de inadimplentes (art. 782, § 3º). O cancelamento dessa inscrição somente será possível se o executado efetuar o pagamento da dívida, garantir a execução ou se esta for extinta por qualquer dos motivos previstos no art. 924 do CPC.

O legislador trabalhista seguiu a mesma orientação; mas, além de autorizar o protesto, permitiu a inscrição do nome do devedor *"em órgãos de proteção ao crédito ou no Banco Nacional de Devedores Trabalhistas"* (CLT, art. 883-A). O precitado Banco Nacional (BNDT) foi criado pelo TST em decorrência da Lei n. 12.440, de 7 de julho de 2011, que inseriu na CLT o art. 642-A, instituindo a Certidão Negativa de Débitos Trabalhistas (CNDT). Esse Banco é centralizado no TST e alimentado por dados fornecidos pelos Tribunais Regionais do Trabalho. As certidões aqui mencionadas se tornaram necessárias por for força da Lei n. 8.666, de 21 de junho de 1993 ("Lei das Licitações"), que as exigiu àqueles que pretendessem participar do ato licitatório (arts. 27, IV, e 29, V).

É relevante observar que a realização do protesto não pressupõe o fato de o devedor estar a fazer uso de artimanhas para protelar ou esquivar-se ao cumprimento da obrigação consubstanciada no título executivo: essa faculdade que a lei atribui ao credor decorre do fato objetivo de o devedor, citado para a execução (CLT, art. 880), não satisfazer a obrigação, nem realizar a garantia patrimonial do juízo no prazo de quarenta e cinco dias. Atente-se, porém: o prazo para o devedor cumprir a obrigação ou nomear bens à penhora é de quarenta e oito horas, a contar de sua citação (CLT, art. 880, *caput*); entretanto, o prazo para o credor requerer o protesto da sentença ou do acórdão, ou a inscrição do devedor nos órgãos de proteção ao crédito ou no Banco Nacional de Devedores Trabalhistas, é de quarenta e cinco dias (na redação anterior do Projeto, o prazo era de sessenta dias), contados da mencionada citação.

Os pressupostos legais para a realização do protesto são, portanto, estes:

a) *a existência de decisão judicial (sentença, acórdão) condenatória ao pagamento de quantia certa*. Não se prestam ao protesto, conseguintemente, as decisões apenas impositivas de obrigações de fazer e de não fazer, assim como as meramente constitutivas e as declaratórias;

b) *o trânsito em julgado dessa decisão*. Logo, não se admite o protesto quando se tratar de execução *provisória*. A propósito, o § 3º, do art. 782, do CPC, que se ocupa da inscrição do nome do devedor no cadastro de inadimples, adverte que esse ato só pode ser realizada na execução definitiva de título judicial;

c) *a citação do executado para o pagamento da dívida*. O mandado de citação deverá atender aos requisitos do art. 880 da CLT;

d) *o decurso do prazo de quarenta e cinco dias, sem que o devedor efetue o pagamento ou nomeie bens à penhora*. Esse prazo será contado em dias *úteis*, por força do disposto no art. 775, *caput*, da CLT. Se a sentença transitou em julgado, não entendemos porque teria sido fixado prazo tão logo (45 dias) para a realização do protesto, sabendo-se que esse prazo é contado da citação do executado;

e) *a expedição de certidão, pelo juízo da execução*. A certidão deverá ser fornecida no prazo de três dias e conter: 1) o nome e a qualificação do exequente e do executado; 2) o número do processo; 3) o valor da dívida; 4) a data do decurso, em branco, para pagamento voluntário ou garantia do juízo. O *valor da dívida* será aquele que foi homologado pelo juiz do trabalho e constante do mandado de citação do executado.

Pode ocorrer de o executado ingressar com ação rescisória do título executivo judicial. Nesta hipótese, ele poderá requerer, às suas expensas e sob sua responsabilidade, a anotação do ajuizamento da mencionada ação à margem do título judicial protestado. Pouco importa, para essa finalidade, se o executado obteve, ou não, na ação rescisória, medida cautelar suspensiva da execução (CPC, arts. 301 e 969).

O protesto poderá ser cancelado, por determinação do juiz, a requerimento do executado. Para isso, o juiz mandará expedir ofício ao cartório, no prazo de três dias, a contar da data do protocolo do requerimento, desde que seja comprovada a satisfação integral da obrigação.

As disposições do art. 517 do CPC incidem no processo do trabalho, como demonstra o próprio art. 883-A, da CLT. Reiteremos esta observação importante: a norma trabalhista esclarece que o protesto, tal como a inscrição do nome do executado em órgãos de proteção ao crédito ou no Banco Nacional de Devedores Trabalhistas, nos termos da Lei, somente poderão ser realizados depois de transcorrido o prazo de quarenta e cinco dias, contados da citação do executado, se não houver garantia do juízo.

O que a norma está a expressar, por outras palavras, é que *se* houver garantia da execução *não* será permitido o protesto da decisão exequenda, nem a inscrição do nome do executado nos órgãos de proteção ao crédito ou no BNDT. Neste ponto, o art. 883-A da CLT diverge do art. 517 do CPC. Este último somente autoriza o protesto depois de transcorrido o prazo para pagamento voluntário previsto no art. 523. Consta do art. 523, *caput*: *"No caso de condenação em quantia certa, ou já fixada em liquidação, e no caso de decisão sobre parcela incontroversa, o cumprimento definitivo da sentença far-se-á a requerimento do exequente, sendo o executado intimado para pagar o débito, no prazo de 15 (quinze) dias, acrescido de custas, se houver."*

A doutrina e a jurisprudência deverão, no entanto, solucionar alguns pontos, algo nebulosos, do art. 883-A da CLT. Apontemos alguns deles:

a) levada a sentença ou o acórdão a protesto, e pretendendo o devedor pagar a dívida deverá fazê-lo nos autos do processo judicial que gerou o título executivo, ou no próprio cartório de protesto?

Mesmo que invoquemos, por analogia, o § 4º, do art. 517, do CPC, a dúvida subsistirá. Consta desse preceptivo legal: "*A requerimento do executado, o protesto será cancelado por determinação do juiz, mediante ofício a ser expedido ao cartório, no prazo de 3 (três) dias, contado da data de protocolo do requerimento, desde que comprovada a satisfação integral da obrigação.*" Referimo-nos à analogia, porque o texto legal reproduzido não diz respeito à *sustação* do protesto, mas, sim, ao seu *cancelamento*, que é coisa diversa. Seja como for, essa própria norma não esclarece onde terá sido realizado o pagamento da dívida; apenas exige que seja "*comprovada a satisfação integral da obrigação*".

Abalançamos a opinar que o pagamento poderá ser efetuado tanto no juízo da execução quanto no cartório encarregado do protesto. Se feito no cartório, o devedor deverá dirigir-se ao juízo, com o comprovante do pagamento, e requerer a extinção da execução (CPC, art. 924, II); se realizado no juízo, obterá certidão, com base na qual requererá ao cartório a sustação do protesto, pagando os emolumentos e demais despesas devidas a este;

b) se o devedor desejar *sustar* o protesto — *sem o pagamento da dívida* —, por alguma razão jurídica que possa invocar, de que medida processual deverá valer-se?

Na vigência do CPC de 1973, consagrou-se o uso de medida cautelar inominada, derivante do poder geral de cautela do magistrado (art. 798), para essa finalidade.

Conquanto o CPC de 2015 tenha abandonado a sistematização das providências cautelares, estabelecida pelo Código de 1973, no Livro III, a sustação pode ser buscada por meio de tutela provisória de urgência, cautelar (art. 301), desde que atendidos os clássicos requisitos do *fumus boni iuris* (aparência do bom direito) e do *periculum in mora* (perigo na demora);

c) qual o juízo competente para apreciar a medida processual mencionada na letra anterior: o trabalhista ou o cível?

A competência será do juízo da execução, vale dizer, da Justiça do Trabalho, porquanto o título executivo terá derivado de um conflito de interesses oriundo de relação de trabalho, *lato sensu* (CF, art. 114, I e IX).

Pelo mesmo fundamento, entendemos que a determinação para o *cancelamento* do protesto é da competência do juízo trabalhista da execução. Parece-nos exíguo, todavia, o prazo de três dias, previsto no § 4º do art. 517 do CPC, para a expedição de ofício, pelo juízo, ao cartório. Esse prazo é contado do protocolo do requerimento feito pelo executado, e não, do despacho judicial determinante do cancelamento.

Enfim, doravante, os credores trabalhistas podem adotar as seguintes medidas:

a) destinada a assegurar o direito de preferência do seu crédito, por meio de *hipoteca judiciária*, mediante a apresentação de cópia do título executivo ao cartório de registro imobiliário competente (CPC, art. 495, *caput* e § 2º). Esse registro independe de ordem judicial, de declaração expressa do juízo ou de comprovação de urgência (idem, *ibidem*); e

b) tendente a compelir o devedor ao adimplemento do título executivo judicial transitado em julgado, levando o título a protesto e inscrevendo o nome do executado em órgãos de proteção ao crédito ou no Banco Nacional de Devedores Trabalhistas, com fundamento no art. 883-A da CLT, e, supletivamente, no art. 517 do CPC.

Capítulo XXXV

PENHORA

Art. 884. (...)

§ 6º A exigência da garantia ou penhora não se aplica às entidades filantrópicas e/ou àqueles que compõem ou compuseram a diretoria dessas instituições. (NR).

- **Comentário**

Recordemos o que consta do *caput* do art. 884 da CLT: *"Garantida a execução ou penhorados os bens, terá o executado cinco dias para apresentar embargos, cabendo igual prazo ao exequente para impugnação."*

A garantia da execução deverá ser efetuada por alguns dos meios previstos no art. 882 — ressalvando o nosso entendimento de que, para essa finalidade, também se deverá aceitar fiança bancária (CLT, art. 899, § 11). O princípio imperante no processo do trabalho, portanto, é de que a garantia (patrimonial ou financeira) da execução constitui pressuposto para a apresentação de embargos, pelo devedor, mesmo na execução de título extrajudicial (CLT, art. 876, *caput*). Não se aplica a esse processo, portanto, o disposto no art. 914 do CPC, conforme o qual, *"O executado, **independentemente de penhora, depósito ou caução**, poderá se opor à execução por meio de embargos"* (destacamos).

Da garantia da execução, estão desobrigados a União, o Distrito Federal, os Estados e os Município, em razão da impenhorabilidade dos bens públicos. Além disso, a jurisprudência já havia aberto uma exceção ao princípio a que nos referimos, ao dispensar da realização do depósito pecuniário, para efeito de interposição de *recurso* — e, consequentemente, de oferecimento de embargos à execução — a massa falida (TST, Súmula n. 86).

Agora, é a norma legal que insere nova exceção, dispensando da garantia da execução as entidades filantrópicas e as pessoas que integram ou integraram a diretoria dessas instituições.

A certificação das entidades filantrópicas é regida pela Lei n. 12.101, de 27 de novembro de 2009, cujo art. 29 foi alterado pela Lei n. 13.151, de 28 de julho de 2015. Desatendidas as disposições legais acerca da constituição, das atividades, do funcionamento, da remuneração dos seus diretores, as entidades filantrópicas se descaracterizam, legal e institucionalmente, e, em decorrência disso, ficam sujeitas à garantia da execução, para efeito de oferecimento de embargos, no processo do trabalho. Assim, também, aqueles que participam ou participaram da diretoria da entidade.

Capítulo XXXVI
RECURSO DE REVISTA

Art. 896. (...)

§ 1º-A (...)

IV — transcrever na peça recursal, no caso de suscitar preliminar de nulidade de julgado por negativa de prestação jurisdicional, o trecho dos embargos declaratórios em que foi pedido o pronunciamento do tribunal sobre questão veiculada no recurso ordinário, e o trecho da decisão regional que rejeitou os embargos quanto ao pedido, para cotejo e verificação, de plano, da ocorrência da omissão.

(...)

§ 3º (Revogado).

§ 4º (Revogado).

§ 5º (Revogado).

§ 6º (Revogado).

- **Justificativa do Projeto de Lei n. 6.787/2016:**

  A nova redação dada pelo Substitutivo nada mais faz que igualar os poderes do Ministro Relator do TST aos poderes do Ministro Relator de idêntico recurso no STJ, nos exatos termos do Código de Processo Civil.

  Permite que, em casos específicos e preliminares ao mérito, o Ministro Relator monocraticamente despache no processo para racionalizar o espaço da pauta, tendo em vista a simplicidade do motivo que enseja a rejeição ao recurso em análise no Tribunal.

  É importante frisar que esta medida ataca a maior crítica direcionada ao Judiciário brasileiro, qual seja, a morosidade.

  Finalmente, a decisão monocrática que abrevia o processo pode ser impugnada mediante recurso já previsto em lei.

  O disposto no art. 896, § 1º-A, IV, da CLT, está jungido ao requisito do *prequestionamento*. É aconselhável, por isso, laçarmos alguns escólios sobre este.

  O prequestionamento

  Conquanto o vocábulo *prequestionamento* não se encontre dicionarizado, esse neologismo significa, na terminologia processual, o ato de discutir-se, de ventilar-se, de questionar-se, de maneira prévia, perante o órgão *a quo*, determinada matéria ou tema, a fim de que o tribunal possa reexaminá-lo, em grau de recurso de natureza *extraordinária* (usada a expressão, aqui, em contraposição ao recurso *ordinário*)

  A cláusula do *prequestionamento* surgiu no direito norte-americano, por meio do *Judiciary Act*, de 24 de setembro de 1789. Esse *Act*, adaptando o *writ of error* do direito inglês às singularidades da organização da Colônia, permitiu *recurso* para a Suprema Corte. No Brasil, a primeira alusão ao prévio questionamento foi feita pelo Decreto n. 510, de 22 de junho de 1890, do Governo Provisório, cujo art. 59 se inspirou no mencionado *Judiciary Act*.

A exigência de que a parte interessada ventile a questão, no âmbito do juízo emissor do acórdão a ser impugnado mediante *recurso de natureza extraordinária*, decorre, em tese, da necessidade de o órgão *ad quem* poder, em face disso, subsumir o tema à moldura legal e, em consequência, formular sobre o mesmo um juízo de valor. Como argumentou, certa feita, em voto, o Min. Marco Aurélio de Farias Mello: "A exigência do prequestionamento não decorre de simples apego a determinada forma. A razão de ser do instituto está na necessidade de proceder-se ao cotejo para, somente então, assentar-se o enquadramento do recurso no permissivo próprio." (STF, AgRg em Ag 178.745-7-DF, DJU de 30.5.97, p. 23181.) (destacamos)

A Súmula n. 282 do STF, por seu turno, declara ser inadmissível o *recurso extraordinário* quando não ventilada, na decisão recorrida, a questão federal suscitada. A Súmula n. 356, do mesmo Tribunal, impõe o oferecimento de embargos declaratórios, com a finalidade de suprir a omissão do órgão *a quo*, sob pena de o *recurso extraordinário* não ser admitido por falta de um tal prequestionar. A Súmula n. 297 do TST, por sua vez, deixa implícito que a necessidade de serem oferecidos embargos de declaração diz respeito ao acórdão a ser objeto de *recurso* (pois alude à "decisão impugnada") com o escopo de suprir o ponto omisso. A Súmula n. 184 do TST, por seu turno, estabelece: "*Ocorre preclusão se não forem opostos embargos declaratórios para suprir omissão apontada em recurso de revista ou de embargos.*"

A poder de todas essas considerações, pensamos estar claro, a esta altura, que o *prequestionamento* constitui requisito *que só se justifica*, sob os pontos de vista lógico e jurídico:

a) na mesma relação jurídica processual:

Assim dizemos, porque, no caso da ação rescisória, por exemplo, não se justifica a exigência de prequestionamento, sabendo-se que a referida ação instaura uma nova relação jurídica processual, que somente se vincula à anterior, que cessou com a emissão da decisão rescindenda, sob o aspecto lógico. Por esse motivo, o TST bem faria se cancelasse a Súmula n. 298 de sua jurisprudência uniforme, que impõe o prequestionamento em sede dessa ação desconstitutiva da coisa julgada material.

b) no plano dos recursos de natureza extraordinária:

O requisito do prequestionamento foi instituído com vistas aos recursos de natureza extraordinária, a cujo conceito se amolda o recurso de revista previsto na CLT, o de embargos no TST, etc.

A exigência desse prévio questionar, na esfera dos recursos de índole extraordinária, se justifica, como se disse, em virtude da cognição restrita que caracteriza essa espécie de recurso. Assim, para que determinada matéria possa ser apreciada mediante recurso de revista, é necessário que ela tenha sido examinada pela decisão impugnada.

Na esfera do recurso *ordinário*, entretanto, o prequestionamento é desnecessário, em decorrência da ampla devolutibilidade que assinala esse meio de impugnação aos pronunciamentos jurisdicionais. É evidente que essa amplitude devolutiva há que ser interpretada em consonância com a regra inscrita no § 1º, do art. 1.013, o CPC, conforme a qual, "A apelação devolverá ao tribunal o conhecimento da matéria impugnada" (*tantum devolutum quantum appellatum*). Isto significa que, em princípio, o tribunal não pode se manifestar acerca de matéria que não foi objeto do recurso, exceto se se tratar daquelas que o órgão jurisdicional possa conhecer por sua iniciativa, como a falta de uma das condições da ação.

No Brasil, o requisito do prequestionamento não está previsto em lei: cuida-se, portanto, de uma habilidosa construção jurisprudencial.

Efetuadas essas considerações, devemos reproduzir, agora, algumas Súmulas e Orientações Jurisprudenciais da SBDI-1 do TST, que versam sobre o prequestionamento:

a) Súmulas

Súmula n. 283 do TST

RECURSO ADESIVO. PERTINÊNCIA NO PROCESSO DO TRABALHO. CORRELAÇÃO DE MATÉRIAS (mantida) — Res. 121/2003, DJ 19, 20 e 21.11.2003

O recurso adesivo é compatível com o processo do trabalho e cabe, no prazo de 8 (oito) dias, nas hipóteses de interposição de recurso ordinário, de agravo de petição, de revista e de embargos, sendo desnecessário que a matéria nele veiculada esteja relacionada com a do recurso interposto pela parte contrária.

Súmula n. 296 do TST

RECURSO. DIVERGÊNCIA JURISPRUDENCIAL. ESPECIFICIDADE (incorporada a Orientação Jurisprudencial n. 37 da SBDI-1) — Res. 129/2005, DJ 20, 22 e 25.4.2005

I — A divergência jurisprudencial ensejadora da admissibilidade, do prosseguimento e do conhecimento do recurso há de ser específica, revelando a existência de teses diversas na interpretação de um mesmo dispositivo legal, embora idênticos os fatos que as ensejaram. *(ex--Súmula n. 296 — Res. 6/1989, DJ 19.4.1989)*

II — Não ofende o art. 896 da CLT decisão de Turma que, examinando premissas concretas de especificidade da divergência colacionada no apelo revisional, conclui pelo conhecimento ou desconhecimento do recurso. *(ex-OJ n. 37 da SBDI-1 — inserida em 1º.2.1995)*

Súmula n. 312 do TST

CONSTITUCIONALIDADE. ALÍNEA "B" DO ART. 896 DA CLT (mantida) — Res. 121/2003, DJ 19, 20 e 21.11.2003

É constitucional a alínea "b" do art. 896 da CLT, com a redação dada pela Lei n. 7.701, de 21.12.1988.

Súmula n. 442 do TST

PROCEDIMENTO SUMARÍSSIMO. RECURSO DE REVISTA FUNDAMENTADO EM CONTRARIEDADE A ORIENTAÇÃO JURISPRUDENCIAL. INADMISSIBILIDADE. ART. 896, § 6º, DA CLT, ACRESCENTADO PELA LEI N. 9.957, DE 12.1.2000 (conversão da Orientação Jurisprudencial n. 352 da SBDI-1) — Res. 185/2012, DEJT divulgado em 25, 26 e 27.9.2012.

Nas causas sujeitas ao procedimento sumaríssimo, a admissibilidade de recurso de revista está limitada à demonstração de violação direta a dispositivo da Constituição Federal ou contrariedade a Súmula do Tribunal Superior do Trabalho, não se admitindo o recurso por contrariedade a Orientação Jurisprudencial deste Tribunal (Livro II, Título II, Capítulo III, do RITST), ante a ausência de previsão no art. 896, § 6º, da CLT.

b) OJs

OJ n. 62. Prequestionamento. Pressuposto de admissibilidade em apelo de natureza extraordinária. Necessidade, ainda que se trate de incompetência absoluta (republicada em decorrência de erro material) — DEJT divulgado em 23, 24 e 25.11.2010. É necessário o prequestionamento como pressuposto de admissibilidade em recurso de natureza extraordinária, ainda que se trate de incompetência absoluta.

Ainda que a incompetência absoluta (em razão da matéria, da pessoa, da hierarquia) possa ser declarada *ex officio*, ou alegada, em qualquer tempo e grau de jurisdição (CPC, art. 64, § 1º), para os efeitos do Recurso de Revista, é necessário que a decisão recorrida haja se manifestado, de maneira expressa, sobre o tema.

OJ n. 118: Prequestionamento. Tese explícita. Inteligência da Súmula n. 297. Havendo tese explícita sobre a matéria, na decisão recorrida, desnecessária contenha nela referência expressa do dispositivo legal para ter-se como prequestionado este.

Quando se fala, no âmbito do recurso de revista, em adoção, pela decisão recorrida, de tese explícita sobre a matéria impugnada, não se está, necessariamente, afirmando que a decisão deva fazer referência ao dispositivo legal em que se funda; basta que, no texto da decisão recorrida, fique claro que ela adotou tese acerca do assunto que se pretende submeter à apreciação do TST, por meio de recurso de revista.

OJ n. 119: Prequestionamento inexigível. Violação nascida na própria decisão recorrida. Súmula n. 297. Inaplicável. É inexigível o prequestionamento quando a violação indicada houver nascido na própria decisão recorrida. Inaplicável a Súmula n. 297 do TST.

A regra é de boa lógica, pois se a ofensa à lei ou à Constituição surge na própria decisão recorrida, não faz sentido cogitar-se de prequestionamento, desde que a decisão tenha adotado tese explícita.

OJ n. 151. Prequestionamento. Decisão regional que adota a sentença. Ausência de prequestionamento. Decisão regional que simplesmente adota os fundamentos da decisão de primeiro grau não preenche a exigência do prequestionamento, tal como prevista na Súmula n. 297.

Não são raros os casos em que o acórdão regional, por certo comodismo intelectual, adota como razões de decidir aquelas que constam da decisão impugnada. Em tal situação, entende-se não ter havido prévio questionamento, para efeito de interposição e de admissibilidade de recurso de revista. Esta regra deve ser observada, inclusive, na hipótese de recurso de revista interposto de acórdão emitido em causa jungida ao procedimento sumariíssimo. O fato de o art. 895, inciso IV, parte final, da CLT, declarar que, neste procedimento, a sentença pode ser "confirmada pelos próprios fundamentos", não exime a parte de oferecer embargos declaratórios, a fim de obter um pronunciamento *próprio* do tribunal sobre a matéria que deseja ver sujeita à apreciação do TST, em grau de recurso de revista.

OJ n. 256: Prequestionamento. Configuração. Tese explícita. Súmula n. 297. Para fins do requisito do prequestionamento de que trata a Súmula n. 297, há necessidade de que haja, no acórdão, de maneira clara, elementos que levem à conclusão de que o Regional adotou uma tese contrária à lei ou à súmula.

Esta Orientação complementa a de n. 118, da mesma SBDI. Está implícita na OJ n. 256 a desnecessidade de a decisão recorrida referir os dispositivos legais em que se baseou: é bastante que revele, de maneira nítida, inequívoca, haver perfilhado tese contrária à lei ou à Súmula.

A Súmula n. 297 do TST, por sua vez, estabelece:

"I — *Diz-se prequestionada a matéria ou quando na decisão impugnada haja sido adotada, explicitamente, tese a respeito. II — Incumbe à parte interessada, desde que a matéria haja sido invocada no recurso principal, opor embargos declaratórios objetivando o pronunciamento sobre o tema, sob pena de preclusão. III — Considera-se prequestionada a questão jurídica invocada no recurso principal sobre a qual se omite o Tribunal de pronunciar tese, não obstante opostos embargos de declaração.*"

A respeito desta última Súmula, iremos lançar considerações mais aprofundadas no Capítulo VI, adiante, que versa, especificamente, sobre embargos de declaração. Em todo o caso, é conveniente, desde logo, chamarmos a atenção ao fato de que a exigência de prequestionamento tem sido a responsável direta pela elevada quantidade de embargos declaratórios, que de algum tempo até esta altura estão a abarrotar os Tribunais do Trabalho. Muitas vezes, ainda que a parte esteja convencida de que a decisão regional adotou tese explícita sobre a matéria que pretende submeter à apreciação do TST, ela se vê compelida, pela Súmula n. 297, a oferecer embargos de declaração, como providência destinada a evitar que os órgãos *a quo* ou *ad quem* deixem de admitir o recurso de revista, ao argumento de que a tese não estava explícita, e, portanto, deveriam ter sido opostos embargos de declaração para suprir a omissão, e, assim, prequestionar o tema (incisos I e II da Súmula n. 297). Por outro lado, talvez ao tentar evitar as clássicas alegações de nulidade processual por negativa de prestação jurisdicional, quando o órgão *a quo* não se manifesta sobre os embargos de declaração tempestivamente apresentados, ou diz que nada há a declarar, a Súmula, em seu item III, *reputa atendido o requisito do prequestionamento pelo (simples) fato de os embargos declaratórios haverem sido oferecidos*. A despeito de ser elogiável o escopo da Súmula, neste particular, não podemos deixar de denunciar uma grave incoerência com o discurso tradicional justificador da *necessidade* de o órgão a pronunciar-se sobre o conteúdo dos embargos declaratórios. Sempre esteve no centro deste discurso a alegação de que, sem o prequestionamento, o órgão *ad quem* não teria como saber se o *a quo* adotou tese explícita, contrária à lei ou à alguma Súmula do TST, a respeito do tema ventilado no recurso de revista. Ora, bem. Se, nos termos do inciso III da Súmula n. 297, é bastante que o recorrente haja *oferecido* embargos de declaração perante o órgão *a quo*, ainda que este se tenha recusado a julgá-los, como manter-se, neste caso, o argumento de que o prequestionamento é imprescindível para saber-se se o referido órgão adotou tese explícita acerca de determinado tema que constitui objeto do recurso de revista? Salvo melhor juízo, parece-nos que o precitado inciso III da Súmula deita por terra o clássico discurso doutrinário e jurisprudencial acerca da *necessidade* do prequestionamento.

O art. 896, § 1º-A, IV, da CLT

O art. 896 da CLT dispõe sobre o recurso de revista. O § 1º-A dessa norma adverte que, sob pena de inadmissibilidade do recurso, constitui ônus do recorrente:

I — indicar o trecho da decisão recorrida que consubstancia o prequestionamento da controvérsia objeto do recurso de revista;

II — indicar, de forma explícita e fundamentada, contrariedade a disposição de lei, súmula ou orientação jurisprudencial do Tribunal Superior do Trabalho que conflite com a decisão regional;

III — expor as razões do pedido de reforma, impugnando todos os fundamentos jurídicos da decisão recorrida, inclusive mediante demonstração analítica de cada dispositivo de lei, da Constituição Federal, de súmula ou orientação jurisprudencial cuja contrariedade aponte.

Agora, por força da inserção do inciso IV, o recorrente que suscitar *preliminar* de nulidade do acórdão recorrido, por negativa de prestação jurisdicional, deverá transcrever: a) o trecho dos embargos declaratórios em que foi solicitado o pronunciamento do órgão *a quo* sobre a questão suscitada no recurso ordinário, assim como, b) o trecho da decisão regional que rejeitou os embargos de declaração quanto ao pedido. A exigência dessas transcrições é de ordem pragmática, pois se destina a permitir ao TST cotejar esses excertos, entre si, a fim de verificar a respeito da alegada omissão.

A expressão legal *"o trecho da decisão que rejeitou os embargos quanto ao pedido"* não se refere somente aos casos em que os embargos declaratórios foram julgados e rejeitados, mas, também, àqueles em que os embargos foram oferecidos e *não julgados*. Neste último sentido é que se deve entender o enunciado no item III da Súmula n. 297 do TST, *verbis*: "Considera-se prequestionada a questão jurídica invocada no recurso principal sobre a qual se omite o Tribunal de pronunciar tese, não obstante opostos embargos de declaração."

Acerca do item III, da Súmula n. 297, do TST, escrevemos em outro livro:

> O discurso institucional, tradicionalmente utilizado para justificar o requisito do prequestionamento em sede de recursos, sempre se baseou na necessidade de o recorrente demonstrar ao órgão *ad quem* que o *a quo* adotou tese contrária à Lei ou à Súmula, conforme consta, aliás, da OJ n. 256, da SBDI-1, do TST. Sem o prequestionamento, portanto, não seria possível ao TST julgar os recursos de sua competência (além de a matéria ficar preclusa para o recorrente). Pois bem. Levando em conta essa exigência jurisprudencial (TST, Súmula n. 297, item II), as partes passaram a oferecer embargos de declaração sempre que o acórdão se manifestasse omisso a respeito de determinado tema, que seria objeto de recurso de revista ou de embargos no TST. Em muitos casos, o tribunal *a quo* deixava de julgar os declaratórios, por entender que nada havia para ser suprido. Diante disso, a parte alegava, no recurso interposto desse acórdão, a sua nulidade por negativa de prestação jurisdicional. Quantidades enormes de recursos contendo essa preliminar chegaram ao TST.
>
> Provavelmente, visando a eliminar essa pletora de preliminares, o TST inseriu na sua Súmula n. 297 o item III, para esclarecer que considera prequestionada a matéria ventilada no recurso principal sobre a qual o Tribunal se omitiu de pronunciar tese, apesar de terem sido opostos embargos declaratórios. Em termos concretos, isso significa dizer que basta o oferecimento desses embargos para que a matéria seja considerada prequestionada — mesmo que o tribunal *a quo* entenda inexistir quaisquer dos vícios apontados pelo

embargante, vale dizer, não aprecie o conteúdo dos embargos declaratórios. Ao inserir o item III na Súmula n. 297, o TST, talvez, não se tenha dado conta de que, ao assim dispor, acabou por deitar por terra todo aquele discurso institucional a que nos referimos há pouco, materializado na OJ n. 256, da SBDI-1, segundo a qual, sem que o órgão *a quo* houvesse adotado tese contrária à Lei ou à Súmula não se poderia julgar a matéria suscitada no recurso (de revista, de embargos). Com efeito, sendo esse, efetivamente, o clássico discurso retórico-institucional, como justificar-se, agora, o item III da Súmula n. 297, que, em última análise, autoriza o TST a julgar o recurso sem que a matéria que lhe dá conteúdo tenha sido examinada pelo tribunal *a quo*? Em resumo, esse item da Súmula põe em evidência o fato de que, em rigor, nunca houve, verdadeiramente, necessidade de a matéria ser prequestionada para poder ser apreciada, em grau de recurso, pelo TST — apesar de essa suposta necessidade haver sido estabelecida como condição essencial pela OJ n. 256, a SBDI-1. A Súmula n. 297, III, revela, pois, ser possível julgar os recursos sem que o objeto do prequestionamento tenha sido apreciado. Qual, enfim, a *necessidade* de prequestionamento?" (*Sistema dos Recursos Trabalhistas*. 3. ed. São Paulo: LTr, 2017. p. 276.)

O CPC de 2015 contém disposição assemelhada, ainda que circunscrita a embargos declaratórios oferecidos a acórdão, conforme revela o art. 1.025, "*Consideram-se incluídos no acórdão os elementos que o embargante suscitou, para fins de pré-questionamento, ainda que os embargos de declaração sejam inadmitidos ou rejeitados, caso o tribunal superior considere existente erro, omissão, contradição ou obscuridade*".

Incidente de uniformização da jurisprudência: a revogação dos §§ 3º a 6º, do art. 896, da CLT, e suas consequências

A Lei n. 13.015, de 21 de julho de 2014, introduziu diversas alterações no sistema dos recursos do processo do trabalho. Uma das mais expressivas consistiu na reformulação do teor dos §§ 3º a 6º, do art. 896, da CLT, que passaram a ter a seguinte redação:

§ 3º Os Tribunais Regionais do Trabalho procederão, obrigatoriamente, à uniformização de sua jurisprudência e aplicarão, nas causas da competência da Justiça do Trabalho, no que couber, o incidente de uniformização de jurisprudência previsto nos termos do Capítulo I do Título IX do Livro I da Lei n. 5.869, de 11 de janeiro de 1973 (Código de Processo Civil). *(Redação dada pela Lei n. 13.015, de 2014)*

§ 4º Ao constatar, de ofício ou mediante provocação de qualquer das partes ou do Ministério Público do Trabalho, a existência de decisões atuais e conflitantes no âmbito do mesmo Tribunal Regional do Trabalho sobre o tema objeto de recurso de revista, o Tribunal Superior do Trabalho determinará o retorno dos autos à Corte de origem, a fim de que proceda à uniformização da jurisprudência. *(Redação dada pela Lei n. 13.015, de 2014)*

§ 5º A providência a que se refere o § 4º deverá ser determinada pelo Presidente do Tribunal Regional do Trabalho, ao emitir juízo de admissibilidade sobre o recurso de revista, ou pelo Ministro Relator, mediante decisões irrecorríveis. *(Redação dada pela Lei n. 13.015, de 2014)*

§ 6º Após o julgamento do incidente a que se refere o § 3º, unicamente a súmula regional ou a tese jurídica prevalecente no Tribunal Regional do Trabalho e não conflitante com súmula ou orientação jurisprudencial do Tribunal Superior do Trabalho servirá como paradigma para viabilizar o conhecimento do recurso de revista, por divergência. *(Redação dada pela Lei n. 13.015, de 2014)*

Em que pese ao fato de exigência de que os Tribunais Regionais do Trabalho procedessem à uniformização da sua jurisprudência já constasse da redação do § 3º da CLT, anteriormente à Lei n. 13.015/2014, os Tribunais, em sua maioria, não atenderam a essa imposição legal. O panorama se modificou, entretanto, com a redação dada ao § 6º, do art. 896, da CLT, pela sobredita norma legal, que passou a admitir somente a súmula ou a tese jurídica prevalecente no âmbito do Tribunal Regional *"como paradigma para viabilizar o conhecimento do recurso de revista"*.

Impôs-se, com vistas a isso, o *incidente de uniformização de jurisprudência* (IUJ), cujo procedimento, na altura, deveria ser o traçado pelos arts. 476 a 479 do CPC de 1973. Posteriormente, o CPC de 2015 eliminou do *seu* sistema esse incidente.

Sobre a exigência contida nos §§ 3º a 6º, do art. 896, da CLT, escrevemos:

> Como a própria expressão legal está a indicar, a uniformização da jurisprudência se destina a fixar o entendimento predominante no tribunal, sobre determinado assunto, em certa fase de sua existência. Note-se: entendimento *majoritário* e não, forçosamente, *unânime*. A própria súmula, em que poderá culminar o resultado do incidente de uniformização (se tomado pela maioria dos juízes do tribunal: CPC, art. 479, *caput*) nem sempre será produto de votação unânime dos integrantes da Corte.
>
> Mas, há, por assim dizer, uma *finalidade da finalidade*, que consiste na preocupação de atribuir, em tese, um mínimo de *segurança jurídica* aos jurisdicionados. A segurança jurídica, como atributo inalienável dos Estados Democráticos de Direito, encontra a sua consagração no fenômeno da coisa julgada material (CPC, art. 467), que constitui uma das garantias constitucionais deferidas aos indivíduos e às coletividades (CF, art. 5º, XXXVI). A *res iudicata*, entretanto, não é o único instrumento atributivo de garantia jurídica — conquanto seja o mais importante —, pois esta pode ser dada, também, com menor densidade, pelo que poderíamos denominar de *previsibilidade objetiva das decisões judiciais*. Um dos motivos que, por suposto, mais inquietam os jurisdicionados é a *instabilidade* da jurisprudência dos tribunais, que faz lembrar este trecho da ópera *Rigoletto*, de Giuseppe Verdi: *"La donna è mobile/Qual piuma al vento/muta d'accento e di pensiero"* (A mulher é volúvel, como pluma ao vento, muda de ênfase e de pensamento").
>
> Em princípio, pois, com a jurisprudência dos Tribunais Regionais uniformizada, os jurisdicionados podem orientar-se em seus atos da vida particular ou profissional sem os grandes sobressaltos que a ausência dessa uniformização sói acarretar em seus espíritos. Aludimos, em linhas transatas, à previsibilidade *objetiva* dos pronunciamentos jurisdicionais, porque se pode consultar qual seja o pensamento da Corte a respeito de determinado assunto, e, desse modo, antever o resultado do julgamento e suas consequências na esfera jurídica dos litigantes e, eventualmente, de terceiros. Esse conhecimento da jurisprudência dominante no tribunal pode ter, por isso, finalidade também *preventiva* de conflitos.

Façamos, entretanto, uma necessária ponderação. Dissemos, há pouco, que a uniformização da jurisprudência regional atribuiria, *em tese*, alguma segurança jurídica aos jurisdicionados. Dá-se que a súmula oriunda dessa uniformização não possui, do ponto de vista legal, efeito vinculativo nem mesmo dos juízes que tenham, eventualmente, ficado vencidos na votação sobre o incidente. As únicas súmulas dotadas desse efeito são as previstas no art. 103-A, da Constituição Federal, cuja edição é da competência exclusiva do Supremo Tribunal Federal. Assim sendo, os referidos magistrados do Tribunal Regional podem votar, no julgamento dos casos concretos, em sentido contrário à súmula. É bem verdade que os acórdãos, derivantes desse entendimento "rebelde", por não estarem materializados em *súmula*, nem configurarem *tese jurídica prevalecente*, não poderão servir como elemento paradigmático com vistas à admissibilidade de futuro recurso de revista, por divergência jurisprudencial (CLT, art. 896, § 6º); contudo, a soma desses votos "rebeldes" pode ser determinante do resultado do julgamento dos casos concretos. Divergimos, por isso, do art. 3º do Ato n. 491/2014, da Presidência do TST, conforme o qual "*Para os efeitos de aplicação dos §§ 4º e 5º do art. 896 da CLT, persistindo decisão conflitante com a jurisprudência já uniformizada do Tribunal Regional do Trabalho de origem, deverão os autos retornar à instância a quo para sua adequação à súmula regional ou à tese jurídica prevalecente no Tribunal Regional do Trabalho, desde que não conflitante com súmula ou orientação jurisprudencial do Tribunal Superior do Trabalho*".

Por outro lado, é fato inconteste que a jurisprudência uniformizada também pode mudar, por diversas razões, entre as quais está a alteração na composição do tribunal, pois a idiossincrasia do pensamento humano é um truísmo. Pode soar a algo paradoxal, mas, em nome da segurança jurídica, tem-se dito ser preferível julgar-se sempre em um mesmo sentido, ainda que o entendimento não seja o melhor, a julgar-se de maneira pendular, ora acertando, ora errando, como uma nau vagando sem rumo, a infundir *insegurança jurídica* na coletividade dos jurisdicionados.

O princípio constitucional da *legalidade* ou da *reserva legal* significa que ninguém será obrigado a fazer ou a deixar de fazer alguma coisa a não ser por força de lei (CF, art. 5º, II); entrementes, essa garantia constitucional tende a converter-se, na prática, em mero rasgo de retórica sempre que a lei acaba sendo interpretada de maneira discrepante pelos magistrados. Deste modo, o jurisdicionado, embora saiba o que consta da lei, não sabe qual a *interpretação* que dela farão os magistrados. Sob este aspecto, destaca-se a importância do incidente de uniformização da jurisprudência, porquanto propiciará ao jurisdicionado saber qual o entendimento de determinado tribunal acerca de uma questão de direito, antes de ingressar em juízo, ou mesmo após haver ingressado — renovando-se a ressalva de que a súmula regional não possui efeito vinculativo dos magistrados do próprio tribunal que a adotou.

Como está claro na dicção do art. 476 do CPC, o pronunciamento prévio do tribunal deve ter como objeto a interpretação do direito (*quaestio iuris*), pouco importando, para essa finalidade, que se cuide de direito material ou processual, ou que sua origem seja federal, estadual ou municipal. Não é possível suscitar-se o incidente de uniformização de jurisprudência no caso de a discrepância referir-se a questão de fato" (*Comentários à Lei n. 13.015/2014*. 3. ed. São Paulo: LTr, 2015. p. 42 a 44).

Ora, seja. Quando os Tribunais Regionais do Trabalho estavam se dedicando, intensamente, ao cumprimento das disposições dos §§ 3º a 6º, do art. 896, da CLT, sobrevém a Lei n. 13.467/2017, cujo art. 5º, letra "o", *revoga*, de maneira expressa, esses dispositivos. Assim, volta *"Tudo como dantes no quartel de Abrantes"* — como haveriam de dizer, com razão e com um traço de ironia, os nossos irmãos portugueses.

Foi efêmera, portanto, a vida do incidente de uniformização da jurisprudência no sistema do processo do trabalho.

Valha-nos! essa perversa instabilidade da legislação de nosso País!

Registre-se o fato de essa — por que não dizer — surpreendente revogação não haver merecido qualquer menção justificativa no Relatório do Projeto de Lei n. 6.787/2016. O incidente de uniformização da jurisprudência regional foi, simplesmente, defenestrado pelo legislador, que lançou por terra todos os argumentos que haviam sido utilizados para a instituição desse procedimento. Seria irônico, se não fosse trágico.

A revogação dos §§ 3º, 4º, 5º e 6º, do art. 896, da CLT, precipita no vazio o § 13 do mesmo dispositivo, que faz referência ao § 3º (*"o julgamento a que se refere o § 3º poderá ser afeto ao Tribunal Pleno"*).

§ 14. O relator do recurso de revista poderá denegar-lhe seguimento, em decisão monocrática, nas hipóteses de intempestividade, deserção, irregularidade de representação ou de ausência de qualquer outro pressuposto extrínseco ou intrínseco de admissibilidade. (NR) Parágrafo acrescentado pela Lei n. 13.467/2017.

• Comentário

Anteriormente, a admissibilidade, ou não, do recurso de revista era decidida por Turma do TST.

Agora, o preceptivo legal em exame concede ao relator a faculdade de, em decisão monocrática, não admitir recurso de revista nos casos de intempestividade, deserção, irregularidade de representação ou ausência de qualquer outro pressuposto, seja de natureza extrínseca, seja de natureza intrínseca. Trata-se, na espécie, de *faculdade* cometida ao relator ("poderá", diz a norma legal) que, portanto, a exercerá, ou não, segundo seu prudente arbítrio.

Entendemos aplicável ao processo do trabalho as seguintes disposições do CPC, concernentes ao tema:

a) parágrafo único do art. 932: *"Antes de considerar inadmissível o recurso, o relator concederá o prazo de 5 (cinco) dias ao recorrente para que seja sanado vício ou complementada a documentação exigível.*" Essa norma somente não será aplicável no caso de o recorrente deixar de comprovar o atendimento ao requisito da transcendência (CLT, art. 896-A, § 2º);

b) art. 1.007, § 2º: "*A insuficiência no valor do preparo, inclusive porte de remessa e de retorno, implicará deserção se o recorrente, intimado na pessoa de seu advogado, não vier a supri-lo no prazo de 5 (cinco) dias*";

c) art. 1.007, § 7º: "*O equívoco no preenchimento da guia de custas não implicará a aplicação da pena de deserção, cabendo ao relator, na hipótese de dúvida quanto ao recolhimento, intimar o recorrente para sanar o vício no prazo de 5 (cinco) dias*";

d) art. 938: "*§ 1º Constatada a ocorrência de vício sanável, inclusive aquele que possa ser conhecido de ofício, o relator determinará a realização ou a renovação do ato processual, no próprio tribunal ou em primeiro grau de jurisdição, intimadas as partes. § 2º Cumprida a diligência de que trata o § 1º, o relator, sempre que possível, prosseguirá no julgamento do recurso. § 3º Reconhecida a necessidade de produção de prova, o relator converterá o julgamento em diligência, que se realizará no tribunal ou em primeiro grau de jurisdição, decidindo-se o recurso após a conclusão da instrução. § 4º Quando não determinadas pelo relator, as providências indicadas nos §§ 1º e 3º poderão ser determinadas pelo órgão competente para julgamento do recurso.*"

A CLT contém apenas uma norma a respeito do assunto. Está no § 11 do art. 896: "*Quando o recurso tempestivo contiver defeito formal que não se repute grave, o Tribunal Superior do Trabalho poderá desconsiderar o vício ou mandar saná-lo, julgando o mérito.*"

A decisão monocrática, denegatória da admissibilidade do recurso de revista, poderá ser impugnada mediante agravo, no prazo de oito dias (CLT, art. 896, § 12).

Capítulo XXXVII
RECURSO DE REVISTA. TRANSCENDÊNCIA

Art. 896-A. (...)

- **Justificativa do Projeto de Lei n. 6.787/2016:**

A taxa de congestionamento de processos no Brasil atinge níveis superiores a 85%, segundo dados do Anuário "Justiça em Números" do Conselho Nacional de Justiça — CNJ, de 2016.

Enquanto a taxa de recorribilidade na Justiça Estadual Comum é de 9,5%, na Justiça do Trabalho este número é de 52%.

Essas estatísticas se traduzem na vida dos brasileiros em maior demora processual, especialmente no processo do trabalho, sendo que, na Justiça do Trabalho, essa questão é mais crítica por se tratar de verbas alimentares.

Premente, portanto, a necessidade de racionalização do sistema recursal. Um Tribunal Superior deve ater-se não ao julgamento de casos simplórios, mas à apreciação de matérias que tenham relevância nacional, seja jurídica, econômica, orçamentária e social, como ocorre em países desenvolvidos.

Finalmente, a transcendência recursal já existe na CLT. Estamos propondo apenas a sua regulamentação para que tenha eficácia prática na racionalização e celeridade do Tribunal.

- **Comentário**

Esta é a dicção do *caput* do art. 896-A da CLT: *"O Tribunal Superior do Trabalho, no recurso de revista, examinará previamente se a causa oferece transcendência com relação aos reflexos gerais de natureza econômica, política, social ou jurídica."*

A Medida Provisória n. 2.226, de 4.9.2001, por seu turno, estabelecera no art. 2º: *"O Tribunal Superior do Trabalho regulamentará, em seu regimento interno, o processamento da transcendência do recurso de revista, assegurada a apreciação da transcendência em sessão pública, com direito a sustentação oral e fundamentação da decisão."*

Em outro livro, pudemos escrever a respeito da transcendência, em sede de recurso de revista. Conquanto tenham sido alongadas as nossas considerações sobre o tema, consideramos relevante reproduzi-las, a seguir, a fim de que se possa ficar a par do que ocorreu nos imperscrutáveis bastidores legislativos.

O problema da transcendência

A 5 de setembro de 2001 foi publicada no DOU a Medida Provisória n. 2.226, de 4 do referido mês — que entrou a viger na data da publicação (art. 4º) —, versando, entre outras coisas, sobre a "transcendência" em sede de recurso de revista. A precitada Medida acrescentou o art. 896-A à CLT.

Em 16.8.2007, o Plenário do STF, nos autos da ADI n. 2.527/2001 — ajuizada pelo Conselho Federal da OAB —, por maioria, nos termos do voto da Relatora, Ministra Ellen Gracie (Presidente), deferiu em parte a *liminar* para suspender o art. 3º da Medida Provisória n. 2.226/2001, vencidos parcialmente os Senhores Ministros Nelson Jobim, que a deferia quanto aos arts. 1º e 2º; Maurício Corrêa, que a deferia quanto aos arts. 1º, 2º e parte do 3º, e o Senhor Ministro Marco Aurélio, quanto aos arts. 1º, 2º e 3º. Ausente, justificadamente, o Senhor Ministro Gilmar Mendes. Não votou o Senhor Ministro Eros Grau por suceder ao Senhor Ministro Maurício Corrêa, que proferiu voto em assentada anterior. A Senhora Ministra Cármen Lúcia votou somente em relação ao art. 3º, por suceder ao Senhor Ministro Nelson Jobim, que proferira voto quanto aos arts. 1º e 2º.

Note-se que não foi concedida a liminar em relação ao art. 2º, da Medida Provisória, que trata do requisito da *transcendência*, como pressuposto objetivo para a admissibilidade de recurso de revista.

Considerando que até momento o STF ainda não procedeu ao julgamento do *mérito* da ADI n. 2.527/2001-DF, entendemos ser interessante a transcrição do artigo que publicamos na Revista LTr, há algum tempo, sobre a Medida Provisória n. 2.226/2001, seja para propiciar ao leitor um conhecimento da visão que temos desse delicado assunto, seja para efeito meramente histórico.

1. A Medida Provisória

A esclarecer-se que esta Medida Provisória não possui auto-executoriedade (*self executing*), uma vez que o procedimento atinente à verificação da 'transcendência' deverá ser estabelecido no Regimento Interno do TST (art. 2º).

Mais adiante, porém, iremos demonstrar a inconstitucionalidade da Medida em exame, ao remeter à norma *interna corporis* do TST a regulação do procedimento concernente à 'transcendência'.

É o seguinte o teor dessa Medida:

MEDIDA PROVISÓRIA N. 2.226, DE 4 DE SETEMBRO DE 2001

Acresce dispositivo à Consolidação das Leis do Trabalho, aprovada pelo Decreto-Lei n. 5.452, de 1º de maio de 1943, e à Lei n. 9.469, de 10 de julho de 1997.

O PRESIDENTE DA REPÚBLICA, no uso da atribuição que lhe confere o art. 62 da Constituição, adota a seguinte Medida Provisória, com força de lei:

Art. 1º A Consolidação das Leis do Trabalho, aprovada pelo Decreto-Lei n. 5.452, de 1º de maio de 1943, passa a vigorar acrescida do seguinte dispositivo:

"Art. 896-A. O Tribunal Superior do Trabalho, no recurso de revista, examinará previamente se a causa oferece transcendência com relação aos reflexos gerais de natureza econômica, política, social ou jurídica." (NR)

Art. 2º O Tribunal Superior do Trabalho regulamentará, em seu regimento interno, o processamento da transcendência do recurso de revista, assegurada a apreciação da transcendência em sessão pública, com direito a sustentação oral e fundamentação da decisão.

Art. 3º O art. 6º da Lei n. 9.469, de 10 de julho de 1997, passa a vigorar acrescido do seguinte parágrafo, renumerando-se o atual parágrafo único para § 1º:

"§ 2º O acordo ou a transação celebrada diretamente pela parte ou por intermédio de procurador para extinguir ou encerrar processo judicial, inclusive nos casos de extensão administrativa de pagamentos postulados em juízo, implicará sempre a responsabilidade de cada uma das partes pelo pagamento dos honorários de seus respectivos advogados, mesmo que tenham sido objeto de condenação transitada em julgado." (NR)

Art. 4º Esta Medida Provisória entra em vigor na data de sua publicação.

Brasília, 4 de setembro de 2001; 180º da Independência e 113º da República.

FERNANDO HENRIQUE CARDOSO

Francisco Dornelles

Gilmar Ferreira Mendes

Interessa-nos, para efeito deste estudo, apenas, o disposto nos arts. 1º e 2º desta Medida Provisória, que versam sobre a adoção da 'transcendência' da causa — quanto aos reflexos gerais de natureza econômica, política, social ou jurídica — como critério de seleção dos recursos de revista a serem julgados pelas Turmas do Tribunal Superior do Trabalho.

O objetivo da Medida em foco é, a toda evidência, reduzir, de maneira drástica, o volume dos recursos de revista que deságua naquele Tribunal.

Não se nega que a quantidade de recursos submetidos à apreciação do Tribunal Superior do Trabalho vem crescendo notavelmente, máxime, nos últimos anos — a despeito da existência de uma nítida política legislativa e judiciária, destinada a restringir a interposição de recursos dessa espécie para aquela Corte. Esse volume descomunal de feitos submetidos à apreciação do Tribunal pode ser aferido pelo fato de haverem sido por ele autuados, no ano de 2000, cerca de 125.000 processos, segundo informa o Banco Nacional de Dados do Poder Judiciário.

Essa pletora de recursos constitui fato incontestável e, sem dúvida, preocupante. Do ponto de vista dos gabinetes dos Senhores Ministros, esse quadro de congestionamento foi, sem dúvida, agravado com a distribuição, abrupta, de cerca de 140.000 processos, no segundo semestre do ano de 2000, elevando para algo em torno de 235.000 o número de feitos distribuídos naquele ano.

Seria insensato, por isso, negar-se a necessidade de ser encontrada, o quanto antes, uma fórmula capaz de fazer com que os Ministros do Tribunal Superior do Trabalho passassem a julgar, por semana, mês ou ano, um número razoável de processos, assim entendido o que fosse compatível com a sua capacidade normal de trabalho.

Não podemos aceitar, contudo, que essa adequação se faça mediante o sacrifício do direito da parte em obter um pronunciamento jurisdicional sobre o mérito do recurso regularmente interposto e cujo apelo tenha atendido a todos os rigorosos pressupostos — subjetivos e objetivos — de admissibilidade. Discordamos, por esse motivo, da adoção da "transcendência" como critério de seleção prévia dos recursos de revista suscetíveis de serem julgados pelo TST, ou seja — objetivamente falando —, como instrumento pragmático de redução do volume de trabalho dos Srs. Ministros.

É necessário advertir que o acentuado número de recursos que chegam ao TST — nomeadamente, de revista — e a impossibilidade de este órgão julgá-los em um período de tempo razoável (ou tolerável) não é produto de fatores meramente contingenciais, episódicos, senão que estruturais, a envolverem não só a notória precariedade numérica de Ministros daquela Corte, como a indisfarçável obsolescência do sistema processual. Sem que essa grave deficiência estrutural seja, efetivamente, considerada, nenhuma tentativa de desafogar as Turmas do TST (ou quaisquer de seus órgãos fracionários) será eficaz e justa. Eficaz, até poderá ser. Todavia, se formos colocar à frente, unicamente, o critério da eficácia, então deveremos começar a sugerir a eliminação do próprio recurso de revista, pois, com isso, colocaríamos o Tribunal Superior do Trabalho em boa sombra. Não é esta, por certo, a nossa intenção, nem a da mais Alta Corte de Justiça Trabalhista do País.

Queremos, isto sim, chamar a atenção ao fato de que, em momentos como este, em que se busca solucionar um problema que está a afligir internamente o TST, não é justo, nem ético, que se desprezem os legítimos interesses dos jurisdicionados, quanto a ver julgados os seus recursos, legalmente previstos e regularmente interpostos.

Os defensores da limitação do número de recursos de revista a serem apreciados pelo TST, de acordo com o critério da "transcendência", soem argumentar com a existência de critérios semelhantes em outros países, como, por exemplo, nos EUA. Ora, não desconhecemos que o sistema norte-americano, pelo *Judiciary Act* de 1891 e de 1925, dotou a Suprema Corte do poder discricionário de realizar uma seleção prévia dos recursos que merecem ser julgados.

Pretender-se, todavia, com base nesse sistema forâneo, instituir-se, no Brasil, um instrumento de controle prévio dos recursos de revista a serem apreciados pelo TST é algo, *data venia*, inaceitável. Em primeiro lugar, porque há, entre os sistemas judiciários de ambos os países, profundas dessemelhanças de ordem técnica, política, sociológica, ideológica, cultural, econômica etc., que tornam imprópria a comparação entre um sistema e outro. Em segundo, que se cometa a uma Corte **Suprema** discricionariedade para selecionar, previamente, os casos que serão por ela julgados constitui atitude politicamente aceitável, pela natureza da própria Corte. No Brasil, por exemplo, o Supremo Tribunal Federal foi dotado dessa prerrogativa, na Reforma do Poder Judiciário, que está em curso. Entretanto, pretender equiparar, para esse efeito, o Tribunal Superior do Trabalho ao Supremo Tribunal Federal traduz, a nosso ver, atitude despropositada. Se é certo que o Supremo Tribunal Federal também pode ser visto como um Tribunal Superior, não menos exato é que ele figura como a única Corte **Suprema**, em nosso meio. É, precisamente, essa preeminência institucional do Supremo, essa sua posição apicular na complexa estrutura piramidal da organização judiciária brasileira, que justifica a outorga de uma tal prerrogativa, em seu benefício **exclusivo**.

De outro lado, não podemos deixar de denunciar o caráter algo oportunista da Medida Provisória n. 2.226/01. Esse oportunismo deriva de dois fatos conjugados, a saber: a) estar a tramitar, na Câmara dos Deputados, o Projeto de

Lei n. 3.267/00, de iniciativa do Poder Executivo, que trata, rigorosamente, e com precedência, da mesma matéria; b) estar, na altura em que a Medida Provisória n. 2.226/01 foi editada, para ser promulgada a Emenda Constitucional n. 32/2001 (DOU de 12.9.2001), que restringiu o uso de Medidas Provisórias pelo Chefe do Poder Executivo Federal. Esta Emenda entrou em vigor na data da sua publicação (art. 3º).

Assim, a Medida Provisória n. 2.226/01 deve ser vista, sob o aspecto político, como uma das últimas manifestações de um hábito presidencial, que a aludida Emenda Constitucional acabou por restringir — hábito, como diria sentenciosamente Hamlet, em meio às brumas do Castelo de Elsinor, *"cuja quebra honra mais do que a observância"*.

2. O Projeto de Lei n. 3.267/2000

Estabelece o mencionado Projeto:

PROJETO DE LEI 3.267, DE 2000 (Do Poder Executivo)

Acrescenta dispositivos à Consolidação das Leis do Trabalho, dispondo sobre requisitos de admissibilidade para o recurso de revista.

(Apense-se ao PL n. 168, de 1999)

O CONGRESSO NACIONAL decreta:

Art. 1º Acrescenta-se ao Decreto-Lei n. 5.452, de 1º de maio de 1943, Consolidação das Leis do Trabalho — CLT, o seguinte art. 896-A:

Art. 896-A. O Tribunal Superior do Trabalho não conhecerá de recurso oposto contra decisão em que a matéria de fundo não ofereça transcendência com relação aos reflexos gerais de natureza jurídica, política, social ou econômica.

§ 1º Considera-se transcendência:

I — jurídica, o desrespeito patente aos direitos humanos fundamentais ou aos interesses coletivos indisponíveis, com comprometimento da segurança e estabilidade das relações jurídicas;

II — política, o desrespeito notório ao princípio federativo ou à harmonia dos Poderes constituídos;

III — social, a existência de situação extraordinária de discriminação, de comprometimento do mercado de trabalho ou de perturbação notável à harmonia entre capital e trabalho;

IV — econômica, a ressonância de vulto da causa em relação a entidade de direito público ou economia mista, ou a grave repercussão da questão na política econômica nacional, no segmento produtivo ou no desenvolvimento regular da atividade empresarial.

§ 2º O Tribunal, ao apreciar recurso oposto contra decisão que contrarie a sua jurisprudência relativa à questão transcendente, salvo o caso de intempestividade, dará prazo para que a parte recorrente supra o não-preenchimento de pressuposto extrínseco do recurso.

§ 3º O Tribunal não conhecerá de recurso fundado em aspecto processual da causa, salvo com apoio em disposição constitucional direta literalmente violada, quando o tema de fundo estiver pacificado em sua jurisprudência no sentido da decisão proferida pelo tribunal inferior.

Art. 2º O Tribunal Superior do Trabalho regulamentará, no prazo de sessenta dias da publicação desta Lei, o procedimento de seleção dos recursos transcendentes e de uniformização na aplicação dos critérios de transcendência.

Art. 3º Esta Lei entrará em vigor sessenta dias após a data de sua publicação.

Como se percebe, a Medida Provisória n. 2.226/2001 representa mero pasticho do Projeto de Lei que acabamos de transcrever.

Não é este traço, todavia, que a compromete, mas, sim, o seu manifesto antagonismo com algumas das disposições da Constituição Federal. Se não, vejamos.

3. As inconstitucionalidades da Medida Provisória n. 2.226/01

3.1. Violação do art. 62 da Constituição Federal

O art. 62, da Constituição Federal, faculta ao Presidente da República adotar Medidas Provisórias, com força de lei, nos casos de **relevância** e **urgência**.

Esses requisitos essenciais — que não foram alterados pela recente EC n. 32/2001 — são cumulativos, como evidencia a conjunção copulativa **e**, colocada entre os vocábulos **relevância** e **urgência**.

Constitui fato notório que o Sr. Presidente da República, na maioria das vezes, desconsiderou tais requisitos, adotando Medidas Provisórias em situações que não apresentavam relevância e urgência. Foi o que ocorreu no tocante à Medida Provisória n. 2.226/01. Do ponto de vista técnico, salta aos olhos a inexistência de razões relevantes e urgentes, que justificassem essa invasão ocasional da competência reservada ao Poder Legislativo. Afinal, que **relevância** poderia ter para os elevados interesses nacionais a limitação do número de recursos de revista a serem julgados pelo TST — objetivo evidente da aludida Medida Provisória? Nenhuma, certamente. E que **urgência** havia na adoção dessa providência normativa? Nenhuma, igualmente.

Na verdade, a urgência que motivou o Sr. Presidente da República a adotar a Medida Provisória n. 2.226/01 não foi aquela de cunho político-administrativo, a que alude o art. 62, da Constituição Federal, e sim a urgência *conveniente*, uma vez que o Projeto de Lei n. 3.267/00, de iniciativa — logo, de interesse — do próprio Poder Executivo havia deixado de tramitar em regime de urgência e fora inquinado de inconstitucional pela Relatora, Deputada Zulaiê Cobra.

Deste modo, parece-nos que, para além da falta de atendimento aos requisitos de relevância e urgência, previstos no art. 62 da Constituição, a Medida Provisória n. 2.226/01 foi editada mediante desrespeito a certas regras **éticas** elementares.

Seja como for, o fato é que essa Medida Provisória é **formalmente** inconstitucional — como tantas outras, aliás, anteriormente adotadas — e esse antagonismo com a Suprema Carta Política do País não pode ser ignorado por quem se dedique ao exame desse ato legislativo do Sr. Presidente da República.

3.2. A falta de previsão constitucional para o TST exercer a seleção prévia de recursos de revista a serem julgados

A um intérprete açodado, pareceria inexistir impedimento constitucional à edição de norma legal inferior atribuindo ao Tribunal Superior do Trabalho a prerrogativa de efetuar — por meio do critério da transcendência — uma seleção prévia dos recursos de revista a serem julgados por suas Turmas.

Todavia, um inevitável exame da questão sob o aspecto sistemático indicará que tal conclusão seria equivocada.

Ocorre que, quando da aprovação da PEC n. 69/96, que trata da Reforma do Poder Judiciário, a Câmara dos Deputados introduziu um mecanismo pelo qual o Supremo Tribunal Federal poderá efetuar uma seleção prévia dos recursos extraordinários a serem julgados por aquela Corte. Isto corresponde a afirmar que, no futuro, a Constituição Federal conterá dispositivo dessa natureza, **exclusivamente**, com relação ao Excelso Pretório.

Não se imagine, entretanto, que o fato de a referida PEC haver cometido ao Supremo Tribunal Federal essa prerrogativa esteja a significar que idêntica prerrogativa poderá ser concedida aos demais Tribunais Superiores, por intermédio de lei ordinária. Bem ao contrário, deve-se entender que somente mediante Emenda Constitucional é que se poderá conceder a esses Tribunais a possibilidade de realizarem um exame prévio — pelo critério da "transcendência" ou de qualquer outro, que se idealize — dos recursos a serem julgados.

Dizendo-se por outras palavras: o fato de a Câmara dos Deputados haver atribuído ao Supremo Tribunal Federal a mencionada prerrogativa está a significar **que somente a desejou atribuir ao Supremo, negando-a, em consequência, aos demais Tribunais Superiores**!

Foi, justamente, esta particularidade fundamental que levou a Relatora do Projeto de Lei n. 3.267/00, Deputada Zulaiê Cobra, a arguir a inconstitucionalidade desse Projeto. Como bem argumentou sua Excelência, no voto correspondente: '...a Reforma do Judiciário, aprovada na Câmara dos Deputados, introduz instrumento semelhante **apenas para o Supremo Tribunal Federal**. Isso significa que essa Casa **já se manifestou sobre a matéria e decidiu que tal instituto deve estar restrito à nossa Corte Suprema**' (destacamos).

Acrescenta a ilustre Deputada:

> Aliás, toda a exposição de motivos que acompanha a mensagem n. 830/00 do PL n. 3.267, de 2000, faz referência expressa ao Supremo Tribunal Federal. **Não há menção ao Tribunal Superior do Trabalho.** (destacamos)

Em resumo: somente por força de **norma constitucional** o Tribunal Superior do Trabalho poderia realizar o exame prévio — pelo critério da transcendência — dos recursos de revista passíveis de serem julgados por suas Turmas. Nunca, por norma infraconstitucional, como foi o caso da Medida Provisória n. 2.226/01.

3.3. Violação aos arts. 22, I, 48 e 68, § 1º, da Constituição

O art. 2º da Medida Provisória **sub examen** estabelece que o Tribunal Superior do Trabalho regulamentará, em seu Regimento Interno, o processamento da transcendência do recurso de revista, 'assegurada a apreciação da transcendência em sessão pública, com direito a sustentação oral e fundamentação da decisão'.

A Medida Provisória, portanto, efetua uma nítida **delegação de competência** ao Tribunal Superior do Trabalho.

Ora, sabemos que a competência para legislar sobre direito processual é **privativa** da União (art. 22, inciso I, da Constituição Federal), motivo por que cabe ao Congresso Nacional legislar sobre a matéria (art. 48, da Constituição). Sabemos, também, que não podem ser objeto de delegação os atos de competência exclusiva do Congresso Nacional (art. 68, § 1º, da Constituição). Sendo assim, o art. 2º da Medida Provisória n. 2.226/01 está em manifesto e insuperável conflito com os arts. 22, I, 48 e 68, § 1º, da Constituição Federal.

É oportuno lembrar que o Supremo Tribunal Federal recebera, por força da Emenda Constitucional n. 1, de 1969, delegação de competência para estabelecer em seu Regimento Interno quais as causas que, em decorrência de sua natureza, espécie ou valor pecuniário, não seriam julgadas por aquela Corte. Mais tarde, a Emenda Constitucional n. 7, de 1977, impôs nova redação ao art. 119, § 1º, da Constituição Federal de 1967/69, para permitir ao Supremo Tribunal Federal invocar a 'relevância da questão federal' como critério seletivo das causas a serem julgadas.

Essa nótula histórica é importante para deixar claro que a delegação de competência ao Supremo Tribunal Federal, no caso, só foi possível porque derivou de **Emenda Constitucional**, não de lei ordinária.

3.1.1. A arguição de inconstitucionalidade

De modo geral, os ordenamentos jurídicos dos países ocidentais disciplinam o controle jurisdicional da constitucionalidade sob dois aspectos fundamentais: a) **subjetivo**; b) **formal**.

O controle **subjetivo** é integrado pelos sistemas: 1) *difuso*; 2) *concentrado*. Diz-se que o sistema é *difuso* porque o controle é exercido, de maneira indistinta, por quaisquer dos órgãos integrantes do Poder Judiciário; no *concentrado* (originário da Áustria), ao contrário, essa vigilância é efetuada, com exclusividade, apenas por um órgão jurisdicional.

No controle **formal** (a que Cappelletti denominou de *modale*) a verificação da constitucionalidade é realizada tanto de modo principal, autônomo, quanto incidental.

O Brasil adotou ambos os sistemas de controle da constitucionalidade das leis e dos atos normativos do Poder Público, quais sejam: a) o **difuso-incidental**, que é feito, como dissemos, por qualquer órgão do Poder Judiciário (inclusive, pelos de primeiro grau de jurisdição e, também, pelo próprio Supremo Tribunal Federal), nos casos concretos submetidos à sua apreciação; daí, o caráter incidental dessa espécie de controle; e b) o **concentrado-principal**, que é efetuado em caráter exclusivo pelo Supremo Tribunal Federal, de forma abstrata, mediante ação direta de iniciativa das pessoas para isso legitimadas, na forma do art. 103, da Constituição Federal.

Em termos práticos, a inconstitucionalidade da Medida Provisória n. 2.226/01 poderá ser arguida, de maneira destacada, na oportunidade da interposição do recurso de revista, a fim de ser apreciada, *per saltum*, pelo Pleno do Tribunal Superior do Trabalho.

O efeito da pronúncia de inconstitucionalidade, no sistema incidental, se circunscreve ao caso concreto, ou seja, é endoprocessual (intrapartes), não se projetando, portanto, para além dos limites da lide em que essa pronunciação ocorreu.

3.1.2. A situação da Medida Provisória n. 2.226/01, em face da Emenda Constitucional n. 32/2001

A Emenda Constitucional n. 32, de 11.9.2001 (DOU de 12 do mesmo mês), entre outras coisas, restringiu o uso de Medidas Provisórias pelo Presidente da República. Essa Emenda já foi promulgada.

Como fica, diante disso, a Medida Provisória n. 2.226, reeditada em 4-9-2001, vale dizer, em data *anterior* àquela Emenda?

A própria EC n. 32/2001 responde, por seu art. 2º:

As medidas provisórias editadas em data anterior à da publicação desta emenda **continuam em vigor** até que medida provisória ulterior as revogue explicitamente ou até deliberação definitiva do Congresso Nacional' (destacamos).

A solução para tais Medidas Provisórias dar-se-á, portanto, *de lege ferenda*.

4. Inconveniências da Medida Provisória n. 2.226/01

Além dos evidentes entrechoques com a Constituição da República, a Medida Provisória em questão apresenta determinadas **inconveniências** de ordem prática, que comprometem seriamente a sua aplicação. Demonstremos.

4.1. Utiliza-se do vago critério da 'transcendência'

Como vimos, a Medida Provisória n. 2.226/01 permite ao Tribunal Superior do Trabalho, em sessão pública, examinar, de maneira prévia, se o recurso de revista versa sobre causa que apresente transcendência quanto aos reflexos gerais de natureza econômica, política, social ou jurídica.

A referida Medida Provisória não conceitua essas 'transcendências'. O conceito, como vimos (item 2, retro), está contido nos incisos I a IV, do § 1º, do Projeto de Lei n. 3.267, de 2000.

Entrementes, por mais que o legislador se houvesse empenhado em enunciar, com minudência, os conceitos de transcendência de natureza jurídica, política, social e econômica, a realidade é que culminou por perder-se em circunlóquios, perífrases e circunspecções. Não conseguiu, enfim, formular conceitos objetivos, que permitissem ao TST, neles se baseando, decidir com a necessária segurança se a matéria contida no recurso de revista apresentava transcendência capaz de justificar o julgamento do apelo.

Esse caráter diáfano dos conceitos formulados pelo legislador fará, por certo, com que o Tribunal Superior do Trabalho se deixe envolver por certos subjetivismos que comprometerão a eficiência, a imparcialidade e a impessoalidade da decisão acerca da transcendência. Não ignoramos que todo pronunciamento jurisdicional contém uma carga discreta de subjetivismo, por implicar uma escolha entre duas ou mais situações; o que não se pode conceber é que a subjetividade seja a causa exclusiva da decisão.

Há, pois, no espírito dos jurisdicionados o justificado receio de que o requisito da 'transcendência' possa instalar no TST o primado do esoterismo, das razões imperscrutáveis, enfim, do predomínio da aparência sobre a essência.

Vista sob a óptica essencialmente técnica, a 'transcendência' figura, em sede de recurso de revista, como um requisito que antecede ao próprio exame dos pressupostos de admissibilidade — subjetivos e objetivos — tradicionais. Desta forma, se o TST entender que o recurso de revista não cumpre o requisito da transcendência o repelirá, antes mesmo de passar ao exame dos aludidos pressupostos de admissibilidade.

A propósito, o Projeto de Lei n. 3.267/2000 dispõe, no art. 1º, § 2º, que o Tribunal, ao apreciar recurso de revista interposto de decisão que contrarie a sua jurisprudência pertinente à 'questão transcendente' (exceto se for intempestivo), 'dará prazo para que a parte recorrente supra o não preenchimento de pressuposto extrínseco do recurso'. Em termos concretos, isso quer dizer que se o recurso de revista tiver como objeto um acórdão que haja discrepado da jurisprudência do TST acerca da transcendência, esse recurso **deverá** ser julgado por Turma daquele Tribunal; com vistas a isso — e se for o caso — o recorrente será intimado para, em prazo a ser-lhe assinado pelo relator, suprir a falta de algum pressuposto extrínseco (ou objetivo) do recurso de revista.

4.2. Equipara, impropriamente, o TST ao STF

Conforme dissemos no item 1, retro, a PEC n. 69/96, alusiva à Reforma do Poder Judiciário, atribui ao Supremo Tribunal Federal a prerrogativa de selecionar, de modo prévio, as causas que serão por ele julgadas, segundo o critério da 'repercussão geral da questão constitucional'. Cuida-se, na verdade, do retorno da *arguição de relevância*, que havia sido introduzida pela Emenda Constitucional n. 7/77.

Esse fato, contudo, não pode ser invocado como argumento em prol da concessão, por meio de Medida Provisória, de idêntica faculdade ao Tribunal Superior do Trabalho. Primeiramente porque, conforme procuramos demonstrar em linhas anteriores, a competência para legislar sobre direito processual é privativa da União (Const. Federal, arts. 22, incisos I, e 48) e não se admite, em nosso sistema constitucional, a delegação de poderes (art. 68, § 1º). Em segundo, porque o TST, conquanto seja uma Corte Superior, não é **Suprema**. A nosso ver, apenas o STF, como Corte Suprema, mercê de sua preeminência institucional, deverá receber a prerrogativa de proceder à prévia seleção dos recursos que julgará.

Não é desútil lembrar que, malgrado o TST e o STF possuam jurisdição sobre todo o território nacional, este recebe recursos provenientes de todo o Poder Judiciário Nacional, ao passo que àquele são remetidos, apenas, os recursos das decisões emitidas pelos órgãos da Justiça do Trabalho.

4.3. Preocupa-se, unicamente, com o TST, não com os jurisdicionados

O escopo da Medida Provisória n. 2.226/01 reside, essencialmente, na preocupação de reduzir a quantidade dos recursos de revista que são julgados pelas Turmas do TST. O foco — axiológico e teleológico — dessa preocupação legislativa é, portanto, unicamente uma situação interna do TST, não o direito ou os interesses dos jurisdicionados.

Não se pode deixar de levar em conta o fato de que, se, na atualidade, milhares de recurso de revista são julgados por ano pelo TST é porque **havia razão jurídica para serem apreciados no mérito,** ou seja, porque estava configurada a divergência jurisprudencial ou a violação de literal disposição de lei federal ou afronta direta e literal à Constituição da República (CLT, art. 897, letras 'a' a 'c').

Segue-se, que, com a seleção prévia, pelo critério da transcendência, milhares de recursos de revista deixarão de ser julgados, em que pese ao fato de serem juridicamente ponderáveis as razões pelas quais a parte deseja ver modificado o acórdão regional impugnado. E, o que é mais grave: deixarão de ser julgados recursos de revista fundados em violação a literal disposição de lei federal, sempre que o TST entender que, apesar disso, não se configura o requisito da transcendência. É importante observar que a decisão do TST sobre a transcendência, ou não, do recurso, é irrecorrível.

Num momento, como este, em que se busca restringir direitos dos jurisdicionados, torna-se necessário:

a) observar que o problema do congestionamento dos órgãos do Poder Judiciário é algo que não pode ser solucionado mediante sacrifício do direito das pessoas que estão litigando em juízo acerca de bens ou de utilidades da vida;

b) rememorar que a jurisdição não constitui uma gentileza monárquica, um favor do Estado ao indivíduo e às coletividades, senão que um manifesto **dever** daquele para com estes. Se é certo que a jurisdição traduz um poder estatal — porquanto se revela como uma atividade monopolística do Estado —, não menos verdadeiro é que ela consiste num irrecusável **dever** estatal. Assim dizemos porque o Estado, ao proibir — por motivos social e politicamente justificáveis — o exercício da autotutela, pelos indivíduos, assumiu o compromisso histórico de prestar-lhes a tutela jurisdicional sempre que esta for regularmente invocada.

Toda vez que o legislador ignora esse episódio histórico de extrema importância, que deu origem à jurisdição, ou seja, à Justiça Pública ou Oficial, tende a produzir normas de caráter ditatorialesco — incompatíveis com a oxigenação democrática empreendida pela Constituição em vigor.

4.4. Dota o TST de um autoritarismo sobre os demais órgãos da jurisdição trabalhista

Não raro, Ministros do TST manifestam indignação contra o que qualificam de 'rebeldia' dos órgãos inferiores da jurisdição (Varas do Trabalho e Tribunais Regionais). Essa rebeldia consistiria na emissão de decisões contrárias à orientação jurisprudencial do TST, cristalizada, ou não, em Súmula.

Por esse motivo, já se tentou, por mais de uma vez, instituir, também no âmbito da Justiça do Trabalho, as denominadas 'Súmulas vinculantes' (o adjetivo correto é *vinculativas* ou *vinculatórias*), considerando-se que, *de lege lata*, Súmulas deste

Tribunal nada e a ninguém obrigam. Em rigor, essas súmulas vinculativas representam uma espécie de revivescência anacrônica e dissimulada dos antigos prejulgados, que consistiam numa camisa-de-força a que estavam submetidos os órgãos de primeiro e de segundo graus, da Justiça do Trabalho.

A 'transcendência', como critério para determinar se o recurso de revista será, ou não, julgado por Turma do TST poderá conduzir a atitudes algo autoritárias deste Tribunal, no tocante aos demais órgãos da jurisdição trabalhista. Se, por exemplo, um Tribunal Regional decidir contrariamente à jurisprudência do TST, o recurso de revista, que vier a ser interposto desse acórdão, será não apenas admitido, mas, provido pelo TST, a fim de amoldar a decisão impugnada à jurisprudência desta Corte Superior.

Em determinados casos, para que o recurso de revista possa ser julgado, com esse objetivo, conceder-se-á prazo para que o recorrente supra alguma deficiência relativa a pressuposto extrínseco de admissibilidade do recurso (Projeto de Lei n. 3.267/00, art. 1º).

4.5. Impede a evolução da jurisprudência

Em decorrência do que se expôs no subitem anterior, fica fácil concluir que o critério da 'transcendência' poderá acarretar um engessamento da jurisprudência; equivale a afirmar: impedirá o necessário desenvolvimento das construções jurisprudenciais, tão necessárias para a realização da efetiva justiça e para o próprio aprimoramento do sistema normativo.

A propósito, basta lembrar que a ação rescisória foi admitida na Justiça do Trabalho por obra da jurisprudência (Prejulgado n. 16/66 mais tarde convertido na Súmula n. 144), ou melhor, foi admitida, até mesmo, contra norma legal (art. 836, da CLT, em sua redação anterior à Lei n. 7.351, de 28.8.85).

É verdade que a incidência da regra contida no art. 577, § 1º-A, do CPC, no processo do trabalho, tem permitido ao Relator, em decisão monocrática, negar provimento ao recurso que se encontre em contraste com Súmula ou com jurisprudência predominante de Tribunal Superior — o que constitui uma forma de impor à jurisprudência regional um ajuste à jurisprudência do TST. Em todo o caso, o critério da 'transcendência', no terreno do recurso de revista, fará intensificar, ainda mais, essa submissão da jurisprudência dos Tribunais Regionais à do TST, como procuramos demonstrar.

4.6. Dificulta a uniformização da jurisprudência nacional

Uma das causas legalmente previstas para a interposição do recurso de revista é a divergência pretoriana acerca da interpretação de lei federal, estadual, convenção coletiva de trabalho ou regulamento empresarial de observância obrigatória em área territorial que exceda à jurisdição do Tribunal Regional emissor da decisão impugnada (CLT, art. 896, alíneas 'a' e 'b').

A finalidade do recurso, neste caso, será o de propiciar ao TST oportunidade para efetuar a uniformização da jurisprudência, sobre determinada matéria, em todo o território nacional.

Ora, bem. Sem discutirmos, aqui, quanto à necessidade, ou não, de haver essa homogeneização, o certo é que o mencionado objetivo ficará gravemente comprometido pelo critério da 'transcendência', pois interpretações díspares acerca de um mesmo texto normativo poderão escapar à atividade uniformizadora do TST, bastando, para isso, que este considere não-transcendente a matéria versada na causa, quanto aos reflexos gerais de natureza econômica, política, social ou jurídica.

4.7. Pode conduzir, na prática, a uma discriminação entre iguais

Mesmo que o TST venha a adotar, com o passar do tempo, algo como Súmulas ou Orientações de sua jurisprudência acerca da "transcendência", ainda assim, haverá o risco de perpetrar discriminação entre pessoas colocadas em situações jurídicas idênticas.

Queremos com isso dizer que, em determinado caso, o TST poderá entender serem 'transcendentes' as razões contidas no recurso de revista; e, em outro, considerar não-transcendentes razões idênticas àquelas, por forma a adotar, mesmo sem ser sua intenção, 'dois pesos e duas medidas'.

Dificilmente, esse tratamento desigual poderá ser corrigido (mediante embargos à SDI-1), pois a decisão em tema de transcendência é irrecorrível. A possibilidade de recurso corrigiria esse desvio do princípio isonômico.

Não seria desarrazoado supor, aliás, que o único beneficiário, extramuros, do critério da transcendência seria o Poder Público, quando figurante na causa trabalhista como parte — discriminando-se, com isso, os interesses privados, ainda que legítimos.

4.8. Concede ao TST o poder de dizer às pessoas o que é importante e o que não é importante para elas

Sob o pano-de-fundo abstrato do vago critério da transcendência, o Tribunal Superior do Trabalho dirá às partes, em última análise, o que considera importante e o que considera desimportante para elas — em decisão irrecorrível, reitere-se.

Devemos ser francos, porém, e reconhecer que o TST, no caso, estará na verdade selecionando aquilo que deseja e aquilo que não deseja julgar.

Não nos parece aceitável essa atitude, porquanto, muitas vezes, mais do que produto do exercício de uma discricionariedade, poderá convolar-se, para autêntica regra de conveniência intestina, corporativa, segundo se intensifique o volume de recursos que chegam ao Tribunal.

É importante chamar a atenção, aliás, para este fato: quanto mais se avolumar o número de recursos de revista dirigidos ao TST, tanto mais rigorosa, por certo, tenderá a ser a utilização do critério da 'transcendência', de modo a fazer com que o número dos recursos a serem julgados nunca exceda ao que o TST repute ser razoável ou suportável.

Desta maneira, o que determinará a quantidade de julgamentos a serem realizados poderá não ser a 'transcendência' da matéria e sim a *conveniência* interna do órgão judicante, ditada pela pressão que a massa pletórica de recursos estiver a exercer sobre os gabinetes dos Srs. Ministros.

4.9. A sustentação oral, nas sessões em que se decidirá sobre a transcendência, poderá resumir-se a um discurso ao vento

A Medida Provisória em análise afirma que o exame acerca da 'transcendência' será efetuado em sessão pública, do TST, com direito a sustentação oral (e mediante decisão fundamentada).

Não podemos, contudo, deixar de formular uma indagação instigante: de que valerá a sustentação oral se a decisão do TST, como tantas vezes assinalamos, será irrecorrível?

O receio que fica, diante disso, é de que a sustentação dos advogados possa converter-se em uma espécie de discurso no deserto, em palavras atiradas ao vento — algo como meras *inania verba*.

Talvez, seja só uma impressão, que o tempo cuide de desfazer; mas, de qualquer forma, não deixa de ser uma impressão — enquanto não se assegurar a possibilidade de recorrer-se da decisão que entender não configurada a transcendência da matéria que dá conteúdo ao recurso de revista.

Essa decisão, ainda que possua caráter administrativo, deverá ser fundamentada, sob pena de nulidade, por força da regra contida no art. 93, inciso IX, da Constituição Federal (*Sistema dos Recursos Trabalhistas*. 13. ed. São Paulo: LTr, 2017. p. 276/288.)

A regulamentação do art. 896-A da CLT, que deveria, nos termos da Medida Provisória n. 2.226/2001, ocorrer por meio do Regimento Interno do TST, acabou sendo obra da Lei n. 113.467/2017. Este fato em nada altera a nossa opinião sobre o assunto, que acabamos de reproduzir.

Retornemos ao texto da CLT.

§ 1º São indicadores de transcendência, entre outros:

I — econômica, o elevado valor da causa;

II — política, o desrespeito da instância recorrida à jurisprudência sumulada do Tribunal Superior do Trabalho ou do Supremo Tribunal Federal;

III — social, a postulação, por reclamante-recorrente, de direito social constitucionalmente assegurado;

IV — jurídica, a existência de questão nova em torno da interpretação da legislação trabalhista.

Em quatro incisos, o art. 896-A da CLT relaciona o que denomina de *indicadores de transcendência* (entre outros). A expressão *entre outros* revela que esse elenco não é exaustivo.

São estes os *indicadores* apontados:

a) *econômico*: caracterizado pelo elevado valor da causa (inciso I);

b) *político*: traduzido no desrespeito do órgão *a quo* à jurisprudência sumulada do TST ou do STF (inciso II);

c) *social*: consistente na postulação, pelo autor-recorrente, de direito assegurado pela Constituição Federal (inciso III);

d) *jurídico*: configurado pela existência de questão nova a respeito da interpretação da legislação trabalhista (inciso IV).

Embora a jurisprudência, com o passar do tempo, venha a dar uma interpretação mais segura a esses incisos, podemos formular algumas considerações de primeiras horas.

a) *Indicador econômico*. Não nos parece que se deva levar em conta a expressão literal na norma, que se refere ao elevado valor *da causa*. Não raro, o valor atribuído à causa é baixo, irrisório até, mas a *condenação*, vultosa. Neste caso, o que se deve pôr à frente, quando se procede à verificação da transcendência sob o prisma econômico, não é o valor *da causa*, mas, sim, o *da condenação* — ou o *da execução*, quando se cuidar de recurso de revista interposto de decisão proferida no processo de execução.

O Projeto de Lei n. 3.267, de 2000, conceituava como transcendência econômica *"a ressonância de vulto da causa em relação a entidade de direito público ou economia mista, ou a grave repercussão da questão na política econômica nacional, no segmento produtivo ou no desenvolvimento regular da atividade empresarial"*.

b) *Indicador político*. O legislador elegeu, como tal, o desrespeito do órgão *a quo* à jurisprudência sumulada do TST ou do STF. Pareceu-nos, *data venia*, um tanto forçada essa configuração, pois, em rigor, nada há de *política* na situação apontada pelo inciso II do art. 896-A, mas, sim, *técnica*. Bem ou mal, *legem habemus*.

O Projeto de Lei n. 3.267, de 2000, reputava como transcendência política *"o desrespeito notório ao princípio federativo ou à harmonia dos Poderes constituídos"*.

c) *Indicador social*. Não estamos certos se o legislador mediu as consequências da tipificação por ele engendrada. Passa-se que, se levarmos à risca a literalidade do preceito, na maioria das vezes, estará caraterizada a transcendência, pois o mais expressivo acervo de direitos do trabalhador está consubstanciado na Constituição da República, particularmente, no art. 7º, integrante do Capítulo "Dos Direitos Sociais". Logo, se o escopo da instituição do requisito da transcendência foi o de *reduzir* o número de recursos de revista a serem julgados pelo TST, receamos que esse escopo venha a ser frustrado em virtude da redação dada ao inciso III, do art. 896-A, da CLT.

O Projeto de Lei n. 3.267, de 2000, tinha como transcendência social *"a existência de situação extraordinária de discriminação, de comprometimento do mercado de trabalho ou de perturbação notável à harmonia entre capital e trabalho"*.

d) *Indicador jurídico*. Segundo o legislador, é representado pela existência de *questão nova* acerca da interpretação da legislação trabalhista. Ocorre, entretanto, que, muitas vezes, embora a questão seja *antiga*, ainda não foi definitivamente solucionada pela manifestação jurisprudencial. Destarte, sob o rigor da literalidade da norma em foco não estaria caracterizada a transcendência, cujo consectário seja a inadmissibilidade do recurso de revista. Também neste caso, o legislador não foi feliz da conceituação da transcendência, sob a perspectiva jurídica.

O Projeto de Lei n. 3.267, de 2000, considerava como transcendência jurídica "*o desrespeito patente aos direitos humanos fundamentais ou aos interesses coletivos indisponíveis, com comprometimento da segurança e estabilidade das relações jurídicas*".

Seja como for, o que de certo se tem é que, para efeito de atender-se ao requisito da transcendência, basta a presença de um só dos indicadores mencionados nos incisos I a IV, do art. 896-A, da CLT, e não, de todos eles. Esta conclusão está autorizada pelo disjuntivo *ou*, utilizado pelo legislador ao enumerar os indicadores no *caput* do art. 896-A da CLT.

Esses indicadores, aliás, não são os únicos, pois o § 1º do art. 896-A fez uso da expressão *entre outros*, ao enumerá-los. Essa expressão é algo enigmática, pois nos induz à formulação de uma pergunta inevitável: quem haverá de definir quais são esses *outros* indicadores? O Regimento Interno do TST ou a jurisprudência do mesmo Tribunal? Não sendo econômicos, políticos, sociais ou jurídicos os reflexos a que alude a precitada norma legal, de que natureza seriam?

§ 2º Poderá o relator, monocraticamente, denegar seguimento ao recurso de revista que não demonstrar transcendência, cabendo agravo desta decisão para o colegiado.

O verbo *denegar*, utilizado na redação da norma, é sinônimo de *não admitir*, e não, de *negar provimento*. Se o legislador pretendeu empregar esse verbo com sentido diverso, foi atropelado pela acirologia.

O § 2º, do art. 896-A, da CLT, está imbricado com o § 14 do art. 896 do mesmo texto legal, conforme o qual "*O relator do recurso de revista poderá denegar-lhe seguimento, em decisão monocrática, nas hipóteses de intempestividade, deserção, irregularidade de representação ou de ausência de qualquer outro pressuposto extrínseco ou intrínseco de admissibilidade.*" (NR) A transcendência constitui pressuposto intrínseco à admissibilidade de recurso de revista.

Tanto num caso como noutro, a decisão será monocrática e deverá ser fundamentada (CF, art. 93, IX); dela caberá o recurso de agravo no prazo de oito dias (CLT, art. 896, § 12). O órgão *ad quem* será o colegiado de que participa o relator.

Não nos parece aplicável, aqui, o disposto no parágrafo único do art. 932 do CPC, contendo esta redação: "*Antes de considerar inadmissível o recurso, o relator concederá o prazo de 5 (cinco) dias ao recorrente para que seja sanado vício ou complementada a documentação exigível.*" Ocorre que a falta de demonstração da transcendência não pode ser considerada como "vício", quanto menos, estar compreendida na expressão legal: "*complementada a documentação exigível*". Cuida-se, isto sim, de *pressuposto processual*.

§ 3º Em relação ao recurso que o relator considerou não ter transcendência, o recorrente poderá realizar sustentação oral sobre a questão da transcendência, durante cinco minutos em sessão.

Não admitida a transcendência, no exame do recurso de revista, dessa decisão monocrática do relator, conforme dissemos, caberá agravo. Na sessão de julgamento do agravo, o advogado do recorrente poderá realizar sustentação oral no prazo de cinco minutos, em defesa da presença do requisito da transcendência. Trata-se de prazo, injustificavelmente, escasso, considerando-se a relevância da matéria.

Nos termos do art. 937, *caput*, do CPC, esse prazo deveria ser de quinze minutos. O art. 7º, IX, da Lei n. 8.906, de 4.7.1994 (Estatuto da Advocacia), que relaciona, entre os direitos do advogado, o de "sustentar oralmente as razões de qualquer recurso ou processo, nas sessões de julgamento, após o voto do relator, em instância judicial ou administrativa, pelo prazo de 15 (quinze) minutos, salvo se prazo maior for concedido", teve a sua eficácia suspensa — até decisão final da ação — por liminar concedida pelo STF na ADIn 1.105-7.

Caso tenha sido admita a participação de *amicus curiae* (CPC, art. 138) no processo, o juiz que a deferiu poderá conceder ao *amicus* o direito à sustentação oral (*ibidem*, § 3º).

> § 4º Mantido o voto do relator quanto à não transcendência do recurso, será lavrado acórdão com fundamentação sucinta, que constituirá decisão irrecorrível no âmbito do tribunal.

A expressão *mantido o voto do relator* significa que o órgão fracionário negou provimento ao agravo. Como consequência, será lavrado o acórdão, contendo fundamentação sucinta. Esse acórdão será irrecorrível no âmbito do tribunal, embora possa ensejar a interposição de recurso extraordinário, ao STF, desde que presentes os pressupostos legais e, em particular, o pertinente à repercussão geral (CF, art. 102, § 3º), que deverá ser manifestado sob a forma de preliminar (CPC, art. 1.035, § 2º).

> § 5º É irrecorrível a decisão monocrática do Relator que, em agravo de instrumento em recurso de revista, considerar ausente a transcendência da matéria.

O § 2º, do art. 896-A, da CLT, prevê a interposição de agravo da decisão monocrática do relator, que entender não demonstrada a presença do requisito da transcendência no recurso de revista.

O § 5º do mesmo artigo ocupa-se de situação diversa: julgamento de agravo de instrumento interposto de decisão monocrática denegatória da admissibilidade de recurso de revista. Neste caso, a decisão monocrática do relator que reputar ausente o requisito da transcendência será irrecorrível.

> § 6º O juízo de admissibilidade do recurso de revista exercido pela Presidência dos Tribunais Regionais do Trabalho limita-se à análise dos pressupostos intrínsecos e extrínsecos do apelo, não abrangendo o critério da transcendência das questões nele veiculadas. (NR)

A norma está a elucidar que, no exame dos pressupostos, intrínsecos ou extrínsecos, de admissibilidade do recurso de revista, o Presidente do Tribunal Regional (ou o vice-Presidente, em alguns casos) não deverá proceder à verificação da presença, ou não, do requisito da *transcendência*, em relação às questões que constituem objeto do recurso.

Essa verificação é da competência exclusiva do TST, como revela o art. 896-A, *caput*, seja por decisão monocrática do relator, seja mediante acórdão do órgão colegiado.

Incorrerá, conseguintemente, o Presidente do Tribunal Regional em *error in procedendo* se dedicar-se ao exame da presença do requisito da transcendência, em tema de recurso de revista.

De qualquer modo, se isso ocorrer, estará aberta ao recorrente a possibilidade de interposição de agravo de instrumento (CLT, art. 897, "b"), dirigido ao TST, facultado ao Presidente do Tribunal Regional o exercício do juízo de retratação ou de reconsideração.

Não é o caso de *reclamação correcional*, seja porque há previsão legal em favor do agravo de instrumento, seja porque não se trata, em rigor, de ato tumultuário do procedimento, como ocorreria se houvesse inversão dos atos do procedimento. Particularmente, não simpatizamos com a relação correcional, medida algo ditatorialesca, que submete o magistrado ao poder censório do corregedor. Sob esse aspecto, o agravo de instrumento é mais harmônico com os sistemas democráticos e com os princípios de que esse sistema se nutre.

Em nosso livro *Sistema dos Recursos Trabalhistas* (13. ed. São Paulo: LTr, 2017), pudemos nos dedicar a um estudo mais aprofundado sobre a reclamação correcional (p. 476/489).

Capítulo XXXVIII
DEPÓSITO RECURSAL

Art. 899. (...)

- Justificativa do Projeto de Lei n. 6.787/2016:

A escassez de capital de giro é uma das principais dificuldades enfrentadas pelas empresas, que, ainda assim, são obrigadas a efetuar depósitos recursais para fins de apresentação de recursos na Justiça do Trabalho, que são destinados à conta vinculada do empregado no Fundo de Garantia do Tempo de Serviço (FGTS).

Na medida em que a crise alcança vários setores da sociedade, é razoável uma medida que torne indisponível, como requisito de admissibilidade recursal, uma parcela do patrimônio das empresas. Considerando que, via de regra, a empresa é a parte recorrente em ações trabalhistas, é possível diminuir o ônus da interposição do recurso, mantendo na economia os valores que seriam objeto de depósito recursal.

Para tanto, estamos propondo a inserção de um § 9º ao art. 899 na CLT, permitindo-se a substituição do depósito recursal por fiança bancária ou seguro garantia judicial, que foram equiparados a dinheiro pelo art. 835, § 1º, do Código de Processo Civil.

Tal medida, de certa forma, representa uma desoneração para as empresas, refletindo até mesmo no que se convencionou chamar "custo Brasil".

A medida tampouco traz qualquer prejuízo aos reclamantes. No cumprimento da sentença, o reclamante exequente poderá receber diretamente da instituição financeira ou securitária o valor contido na fiança bancária ou na apólice de seguro, como hoje pode levantar o próprio depósito judicial.

Ressalte-se que as regras atuais para o depósito recursal são mantidas, apenas sendo acrescida nova possibilidade de garantia do juízo, no caso, a fiança bancária ou o seguro garantia judicial. Ademais, a exigência de que o valor seja 30% (trinta por cento) superior ao do depósito recursal significa que um montante maior do crédito do reclamante será adimplido, independentemente de execução forçada.

Sobre este tema, foram acatadas, ao menos parcialmente, as Emendas: **26**, da Deputada Gorete Pereira (PR/CE); **49 e 98**, do Deputado Laércio Oliveira (SD/SE); **76**, do Deputado Celso Maldaner (PMDB/SC); **122**, do Deputado Vanderlei Macris (PSDB/SP); **179**, da Deputada Magda Mofatto (PR/GO); **208**, do Deputado Diego Andrade (PSD/MG); **272**, do Deputado Mauro Lopes (PMDB/MG); **294**, do Deputado Marinaldo Rosendo (PSB/PE); **346**, do Deputado Célio Silveira (PSDB/GO); **372**, do Deputado Major Olimpio (SD/SP); **462**, do Deputado Renzo Braz (PP/MG); **522**, do Deputado Jerônimo Goergen (PP/RS); **620**, do Deputado Paulo Abi-Ackel (PSDB/MG); **675**, do Deputado Valdir Colatto (PMDB/SC); **743**, do Deputado Arnaldo Jordy (PPS/PA) e da Deputada Carmen Zanotto (PPS/SC); **809**, do Deputado Rômulo Gouveia (PSD/PB).

- Comentário

Sobre o depósito pecuniário prévio, exigido pelo § 1º do art. 899 da CLT, para a interposição de qualquer recurso, escrevemos em outro livro, anteriormente à vigência da Lei n. 13.467/2017:

Qualquer recurso, inclusive o extraordinário, somente será admitido mediante o prévio depósito do valor da condenação (CLT, art. 899, § 1º). Essa exigência, como é elementar, concerne apenas ao empregador. Daí por que dele estará dispensado o empregado, mesmo que tenha sido, em virtude de reconvenção formulada pelo empregador, condenado ao pagamento de certa quantia em favor deste. Com *prévio*, quis a lei deixar claro que o depósito deve anteceder à interposição do recurso. Distendendo a regra legal, todavia, a jurisprudência passou a admitir que o depósito fosse realizado simultaneamente à apresentação do recurso. Mais tarde, a Lei n. 5.584/70, por seu art. 7º, veio determinar que a comprovação do depósito fosse feita *dentro* do prazo para a interposição do apelo. Disso resulta que já não vigora a exigência de *prévio* depósito, salvo se concluirmos que a antecedência, após o advento da Lei n. 5.584/70, deve ser entendida com relação à decisão de admissibilidade, proferida pelo juízo *a quo*. Essa interpretação, como se percebe, seria visivelmente forçada.

Não raro, a parte interpõe o recurso logo nos primeiros dias do prazo; diante disso, é conveniente examinarmos se a comprovação do depósito correspondente deve ser feita no ato de interposição ou pode ser efetuada até o último dia do prazo que a lei estabelece para o exercício da pretensão recursal.

Estamos seguros de que a interposição antecipada do recurso não cassa o direito de a parte comprovar a realização do depósito pecuniário até o último dia do prazo legalmente fixado para o exercício daquela pretensão. Não nos parece possível sustentar que, na espécie, a interposição antecipada do apelo deva ser interpretada como renúncia tácita ao restante do prazo, também para efeito de comprovação do referido depósito; incumbe ao juízo de admissibilidade *a quo*, portanto, aguardar a exaustão do prazo recursal para verificar se o depósito foi, ou não, efetuado, pouco importando que a pertinente pretensão tenha sido exercida nos primeiros dias desse prazo.

Foi essa, igualmente, a orientação adotada pelo TST, via Súmula n. 245, cujo enunciado dispõe, contudo, de maneira algo enigmática, que "*O depósito recursal deve ser feito e comprovado no prazo alusivo ao recurso, sendo que a interposição antecipada deste não prejudica a dilação* (sic) *legal*". Depara-se-nos pouco feliz o uso da expressão "dilação legal", feito pela Súmula, na medida que, no tecnicismo da terminologia jurídica, o vocábulo *dilação* significa demora, tardança, adiamento, prorrogação, sendo que, no caso, inexiste qualquer elasticimento do prazo; o que há, apenas, é uma abreviação do exercício da pretensão recursal.

Por suposto, a Súmula atribuiu ao termo o significado de *prazo*.

Cabe reiterar que o depósito deverá ser realizado nos limites previstos em lei, conforme se trate de recurso ordinário, de revista, de embargos, ou de interposto em sede de ação rescisória (Lei n. 8.177/91, art. 40, *caput* e § 1º). A Lei n. 12.275, de 29.6.2010 (DOU de 30 do mesmo mês e ano) inseriu o § 7º, no art. 899, da CLT, para exigir, no ato de interposição do agravo de instrumento, a realização do depósito correspondente a cinquenta por cento do valor do depósito do recurso ao qual se pretende destrancar.

Posteriormente, a Lei n. 13.015, de 21.7.2014, deu a seguinte redação ao § 8º, do art. 899, da CLT: "*Quando o agravo de instrumento tem a finalidade de destrancar recurso de revista que se insurge contra decisão que contraria a jurisprudência uniforme do Tribunal Superior do Trabalho, consubstanciada nas suas súmulas ou em orientação jurisprudencial, não haverá obrigatoriedade de se efetuar o depósito referido no § 7º deste artigo.*"

É importante assinalar que, em virtude da expressão *sendo (o depósito) devido a cada novo recurso interposto no processo*, constante do *caput* do art. 40 da Lei n. 8.177/91, alguns intérpretes afoitos passaram a sustentar que esse depósito deveria ser efetuado, também, quando do pedido de revisão do valor da causa, de que se ocupa o § 1º do art. 2º da Lei n. 5.584/70, e do oferecimento de embargos declaratórios e de outros. Foi o caso de Antônio Álvares da Silva, in *Depósito Recursal e Processo do Trabalho*. 2. ed. Brasília: Centro de Assessoria Trabalhista, 1991. p. 15/24. *Data venia*, essa interpretação é não apenas aberrante do senso literal e do escopo da Lei referida, como conduziria, em concreto, a que tais depósitos sucessivos excedessem, em muito, ao valor da própria condenação — ainda que este fosse atualizado quando da interposição do recurso! Ora, a referência feita pela Lei n. 8.177/91 aos recursos ordinário, de revista e de embargos infringentes (para colocarmos de parte os "extraordinários") não foi obra do acaso, traduzindo, isso sim, o propósito inequívoco da norma em limitar os sobreditos depósitos pecuniários às modalidades de impugnação dos pronunciamentos jurisdicionais citados.

Mais: se o recorrente (empregador) depositar (quando da interposição do recurso ordinário, p. ex.) o valor integral da condenação, a nenhum outro depósito em pecúnia estará obrigado, exceto se, em decorrência de recurso interposto pela parte contrária (o trabalhador), outros valores forem acrescidos à condenação. Esta nossa opinião foi perfilhada pela Súmula n. 128, I, do TST.

No caso de agravo de petição, em particular, conquanto o art. 8º, § 2º, da Lei n. 8.542, de 23 de dezembro de 1992, disponha que "*A exigência de depósito aplica-se, igualmente, aos embargos à execução e a qualquer recurso subsequente do devedor*" (realçamos), vale dizer, ao agravo de petição, a Súmula n. 128, II, do TST, estabelece: "*Garantido o juízo, na fase executória, a exigência de depósito para recorrer de qualquer decisão viola os incisos II e LV do art. 5º da CF/1988. Havendo, porém, elevação do valor do débito, exige-se a complementação da garantia do juízo.*"

Não menos desassisado seria afirmar-se que até mesmo o trabalhador estaria compelido a realizar esse depósito, nas hipóteses em que fosse condenado a pagar determinada quantia ao empregador, e da sentença desejasse recorrer, porquanto uma tal inferência implicaria subverter a vocação ideológica do processo do trabalho, dirigida à tutela daquele.

Por outro lado, em alguns casos, *todos* os réus, desde que vencidos na causa, deverão realizar o depósito, ainda que um deles já o tenha feito. Essa afirmação, por estar em desarmonia com o pensamento doutrinal predominante, exige justificativa. Antes de mais nada, devemos esclarecer que a nossa opinião não tem em vista a generalidade dos casos, senão que situações algo específicas. Uma dessas situações ocorre quando um dos réus está requerendo a sua exclusão da relação processual. Admitamos, para efeito de ilustração, que A e B foram condenados, em caráter solidário, ao adimplemento de certa obrigação, referida na sentença. Se ambos recorrerem, mas apenas B efetuar o depósito pecuniário, ainda que no valor da condenação (acima do próprio limite legal), esse depósito em nada beneficiará a A, caso B esteja, no recurso, pedindo a sua exclusão do processo. A razão é elementar: se B obtiver êxito em sua pretensão, sendo, em virtude disso, excluído da relação processual, é evidente que levará consigo o depósito pecuniário, anteriormente efetuado, fazendo com que, em termos concretos, o recurso interposto por A tivesse sido admitido, sem que este realizasse o aludido depósito. Ou seja, teríamos uma situação, sem dúvida, irregular, em que um dos réus teria o seu recurso admitido (e, talvez, provido), sem atender ao pressuposto legal objetivo do depósito em dinheiro.

Situações como a narrada não são cerebrinas, tendo sido verificadas com frequência, na prática. Há casos, *v. g.*, em que o trabalhador, embora tenha sido contratado por uma empresa prestadora de serviços, obtém o reconhecimento jurisdicional de que a relação de emprego se estabeleceu, na verdade, com a empresa cliente (tomadora). Se a sentença, que assim dispôs, mantiver a primitiva empregadora (empresa prestadora de serviços) na relação processual, a título de responsável solidária, e ambas as empresas vierem a interpor recurso, mas só a tomadora realizar o depósito pecuniário, o recurso da prestadora de serviços não deverá ser admitido. Como dissemos há pouco, poderá acontecer de o tribunal dar provimento ao recurso da tomadora, que, em razão disso, levantará o valor depositado, ficando o recurso da prestadora de serviços, em rigor, deserto. Se um dos objetivos desse depósito repousa na necessidade de assegurar-se, ainda que em parte, o sucesso da futura execução, fica fácil perceber que esse escopo será frustrado toda vez que permanecer na relação jurídica processual, apenas, a ré que não havia feito o mencionado depósito. Por esse motivo, a Súmula n. 128, do TST, dispôs: "*III — Havendo condenação solidária de duas ou mais empresas, o depósito recursal efetuado por uma delas aproveita as demais, quando a empresa que efetuou o depósito não pleiteia sua exclusão da lide.*" (destacamos) Foi o que sempre sustentamos.

Na hipótese de um dos réus efetuar o depósito no valor total *da condenação*, mas não estar pretendendo a sua exclusão do processo, esse depósito beneficiará os demais réus, porquanto não haverá o risco de o recurso ficar deserto. Neste caso, incide a regra do art. 117, do CPC, segundo a qual os litisconsortes serão considerados, em suas relações com a parte contrária, como litigantes distintos (exceto no regime litisconsorcial do tipo unitário), razão pela qual os atos e as omissões de um não prejudicarão os demais, *embora os possam beneficiar*.

Se a sentença deixar de fixar o valor da condenação, observar-se-á, para efeito de depósito, o que houver sido arbitrado para o cálculo das custas, respeitado, sempre, o limite legal (CLT, art. 899, § 2º). É oportuno lembrar a determinação contida no art. 832, § 2º da CLT, de que a decisão "*mencionará sempre as custas que devam ser pagas pela parte vencida*".

Não havendo condenação em pecúnia, é evidente que o depósito será inexigível. Tal seria o caso, p. ex., das sentenças que determinassem unicamente a anotação do contrato de trabalho na CTPS do empregado ou das que fossem apenas declaratórias. Estabelece, a respeito, a Súmula n. 161 do TST (antigo Prejulgado n. 39) que, "*Se não há condenação de pagamento em pecúnia, descabe o depósito prévio de que tratam os §§ 1º e 2º do art. 899 da CLT*".

(...)

Se autor e réu houverem interposto recurso ordinário da sentença, e o tribunal der provimento apenas ao do primeiro, de modo a acrescer o valor da condenação, deverá o segundo, caso pretenda interpor recurso de revista desse acórdão, *complementar* o valor do depósito, sob pena de o seu apelo não ser admitido, por deserto.

De igual maneira, entendemos que, se houver mais de um autor (litisconsórcio ativo: CLT, art. 842), e embora o réu seja apenas um, este deverá efetuar o depósito *em relação a cada autor* (observado o limite legal), desde que a soma desses depósitos não ultrapasse o valor da condenação. Não há qualquer absurdo nesse parecer; ele decorre de uma interpretação conjugada nos arts. 899 e 842 da CLT. Basta ver que, se os vários autores houvessem promovido ações distintas, isto é, em separado, o réu deveria efetuar um depósito para cada um deles, caso pretendesse interpor recurso das respectivas sentenças condenatórias. A singularidade de haver *mais* de um autor no processo não significa que, em qualquer caso, o depósito deva ficar limitado a um só deles. Cremos ser esta a interpretação de melhor consulta ao escopo da lei.

As empresas podem realizar o depósito em banco integrante do mesmo grupo econômico, sendo que este poderá depositar o valor da condenação em suas próprias agências, desde que regularmente credenciado pelo Banco Central do Brasil e admitido à rede arrecadadora, mediante convênio, com a Caixa Econômica Federal ou com o Banco do Brasil.

Os bancos oficiais estão autorizados a efetuar o referido depósito em seus estabelecimentos, independentemente das exigências feitas, pela norma legal supracitada, aos bancos particulares.

Os juízos *a quo* e *ad quem*, entretanto, passaram a exigir que os bancos comprovassem a existência do credenciamento e do convênio a que se refere o art. 4º do Decreto n. 59.820/66, sob pena de inadmissibilidade do recurso que viessem a interpor. Alguns tribunais nem sequer aceitavam que essa comprovação fosse efetuada por ocasião das razões de recurso, ou mesmo requerida da tribuna, por entender que o caso não se ajustava à previsão da Súmula n. 8 do TST.

Tendo em vista esses pronunciamentos da jurisprudência dos Regionais (e provavelmente preocupado com o fato), o TST não tardou em aprovar a Súmula n. 217, que, revertendo aquela tendência, dispôs: "*O credenciamento dos bancos para o fim de recebimento do depósito recursal é fato notório, independendo de prova"*. Parece-nos acertada a orientação da Súmula, pois o não conhecimento dos recursos, por falta de comprovação do referido credenciamento, tinha, em boa parte dos casos, o objetivo não de fazer cumprir a lei (que, no caso, inexiste), mas, sim, de evitar o julgamento de mais um recurso.

Também não se vinha admitindo recursos cuja guia "relação de empregados" não contivesse qualquer registro mecânico, rubrica ou carimbo do banco depositário, ou quando a guia de recolhimento (GR) não permitisse identificar a que autos processuais se referia, nem indicasse o nome do(s) empregado(s). Esse posicionamento tornou-se de difícil sustentação com o advento da Súmula n. 216 do TST, segundo a qual *"São juridicamente desnecessárias a autenticação mecânica do valor do depósito recursal na relação de empregados (RE) e a individualização do processo na guia de recolhimento (GR), pelo que a falta não importa em deserção"*. A sobredita Súmula, no entanto, foi cancelada, deixando um espaço aberto à controvérsia.

Por outro lado, a Orientação Jurisprudencial n. 264, da SBDI-1, do TST, estabelece: *"Depósito recursal. PIS/PASEP. Ausência de indicação na guia de depósito recursal. Validade. Não é essencial para a validade da comprovação do depósito recursal a indicação do número do PIS/PASEP na guia respectiva."*

(...)

Do depósito recursal estão dispensados a União, os Estados-membros, o Distrito Federal, os Municípios e as autarquias, na forma do art. 1º, IV, do Decreto-lei n. 779/69. Não, porém, as *fundações* (sejam federais, estaduais ou municipais), uma vez que são pessoas jurídicas de direito privado (Código Civil, art. 44, inciso III) e as *empresas públicas*.

Também não se exigirá o depósito quando o recorrente for massa falida (TST, Súmula n. 86), embora se venha a exigi-lo no caso de empresa sob o regime de liquidação extrajudicial (*ibidem*).

De igual maneira, o depósito em questão não deverá ser imposto ao empregador vencido na ação de consignação em pagamento (pois, nesse caso, a sua qualidade processual é de autor), exceto se o empregado houver formulado reconvenção, por força da qual aquele foi condenado a pagar-lhe determinada importância.

É oportuno esclarecer, entretanto, que *estão obrigadas* ao depósito recursal as entidades filantrópicas dispensadas do recolhimento para o FGTS, pois se trata de situações distintas: esta é regida por norma legal de natureza *material*; aquela, por norma caracteristicamente *processual*.

Ao recorrer de decisão condenatória (em pecúnia) em ação rescisória, proveniente do acolhimento desta, incumbe ao empregador vencido depositar o valor da condenação, no prazo fixado por lei, sob consequência de o seu apelo não ser admitido, por deserto (TST, Súmula n. 99). Assim também dispôs o art. 40, § 1º, da Lei n. 8.177/91.

A redação primitiva do art. 899 da CLT, em seus §§ 1º e 2º, aludia a *salário mínimo*. Com o advento da Lei n. 6.205/75, contudo, passou-se a falar em valor de referência (e não "salário" de referência, como se vem dizendo).

Se a descaracterização do salário mínimo como fator de correção monetária — objetivo confessado pela Lei n. 6.205/75 — foi, no plano genérico, salutar, porquanto procurou evitar que a majoração do salário mínimo provocasse um aumento automático, p. ex., dos aluguéis, das multas administrativas, enfim, de tudo aquilo que era calculado com base nele, não se pode deixar de reconhecer que essa mudança foi extremamente prejudicial para os empregados e, de certo modo, para o próprio processo do trabalho, considerado em seu aspecto teleológico.

Ocorre que o valor de referência, na época de sua instituição, quase equivalia ao do salário mínimo, então vigente; algum tempo depois, contudo, ele correspondia a pouco mais da metade do mínimo. E a situação se tornou algo preocupante, na época, pois havia uma nítida tendência de distanciamento do valor de referência em relação ao salário mínimo.

Diante disso, argumentamos que se as finalidades do depósito previsto no art. 899 da CLT eram (e ainda são), em essência: a) desestimular a interposição de recursos, notadamente os procrastinatórios; e b) assegurar, ainda que em parte, a utilidade da futura execução da sentença condenatória. Sendo assim, a constatação inarredável a que se chegava era de que a efetivação de tal depósito, com base em valor de referência: a) já não tornava tão desestimulante a interposição de recursos; b) nem garantia, com a mesma eficácia, o sucesso da execução da sentença.

Entendíamos ser juridicamente possível sustentar-se a inaplicabilidade das disposições da Lei n. 6.205/75 ao depósito recursal, que, por isso, deveria continuar sendo feito em salário mínimo, porquanto este não estivesse sendo utilizado, no caso, como fator de correção monetária; logo, não produziria qualquer efeito inflacionário. Toda essa judiciosa argumentação, todavia, encontrava expressivo obstáculo no Decreto n. 75.704, de 8 de maio de 1975, que fixara o coeficiente de atualização monetária previsto na Lei n. 6.205/75, pois esse texto explicitava que o valor de referência deveria ser observado tanto para efeito de *depósito recursal* quanto de *alçada* (art. 2º). Por outras palavras, o precitado Decreto atrelara, desastradamente, o processo do trabalho às rédeas ilegítimas da Lei n. 6.205/75. A Lei n. 7.701/88, porém, manteve o valor de referência como base de cálculo desse depósito, tornando ainda mais difícil a sustentação do parecer de que se poderia utilizar para esse fim o salário mínimo.

Idealmente, dizíamos, a correção desse desvio finalístico deveria ser buscada pela via legislativa, o que não impedia que jurisprudência de vanguarda e imbuída de necessário senso crítico se antecipasse ao legislador, desvinculando (segundo os bons argumentos que, por certo, teria para utilizar) o depósito para recurso do valor de referência e restabelecendo o salário mínimo como base de cálculo.

Felizmente, a Lei n. 8.177/91 estabeleceu valores certos para esse depósito (art. 40), desvinculando-os do salário mínimo — certamente por força do estatuído no art. 7º, inciso IV, que veda a vinculação desse salário para qualquer finalidade. Mais tarde, a fixação dos valores pertinentes aos depósitos para fins de recurso passou a ser efetuada por ato da Presidência do TST.

O depósito é também necessário ainda que se trate de recurso interposto das sentenças proferidas nas denominadas ações da alçada exclusiva dos órgãos de primeiro grau, criadas pela Lei n. 5.584/70 (art. 2º, § 4º); a admissibilidade do recurso, nessas ações, está subordinada, como vimos, ao pressuposto de a sentença haver envolvido matéria constitucional.

(...)

Transitando em julgado a sentença, diz a lei (CLT, art. 899, 1º, parte final) que o juiz autorizará o levantamento *imediato* da importância depositada, em favor da parte vencedora, cabendo ao banco depositário elaborar o cálculo da correção monetária e dos juros da mora devidos. Elementar regra de cautela, entretanto, sugere que o juiz, em certos casos, não ordene de pronto a liberação da quantia depositada. Digamos, e. g., que o tribunal tenha reduzido, acentuadamente, o valor da condenação, fazendo com que este fique muito abaixo da própria quantia depositada. Eventual determinação para que fosse *imediatamente* liberado o depósito em prol do empregado faria com que o trabalhador talvez tivesse, mais tarde, de restituir a importância excedente ao seu crédito; esse fato poderia provocar uma série de transtornos, na prática, pois é provável que o empregado não tivesse condições para devolver o excesso. Sempre, portanto, que o órgão *ad quem*, dando provimento parcial ao recurso interposto pelo empregador, reduzir o valor da condenação, cumpre ao juiz ordenar, primeiro, a feitura dos cálculos da execução (incluídos a correção monetária e os juros), para, só depois disso, autorizar a liberação total ou parcial do valor depositado, em benefício do empregado-credor, conforme seja o caso.

Dispunha o § 3º do art. 899 da CLT que, "*Na hipótese de se discutir, no recurso, matéria já decidida através de prejulgado do Tribunal Superior do Trabalho, o depósito poderia levantar-se, de imediato, pelo vencedor*". Essa norma, contudo, foi revogada pela Lei n. 7.033, de 5 de outubro de 1982. Não se suponha que, se a matéria objeto do recurso estivesse consubstanciada em *Súmula* do TST, o depósito poderia ser liberado em prol do empregado-recorrido antes de o recurso ser julgado. A regra impressa no revogado § 3º do art. 899 decorria do fato (esdrúxulo, como é óbvio) de a própria CLT haver atribuído aos extintos prejulgados uma eficácia coercitiva dos graus inferiores da jurisdição (TRT's e Varas), que nem mesmo a lei possui (art. 902).

Assunto que não poderia ficar à margem deste nosso estudo diz respeito à possibilidade de parte complementar o valor do depósito para recurso, quando este for inferior ao devido. No processo do trabalho, não se vinha admitindo essa complementação, como revela a Orientação Jurisprudencial n. 140, da SBDI-1, do TST: "*Depósito judicial e custas. Diferença ínfima. Deserção.*

Ocorrência. Ocorre deserção do recurso pelo recolhimento insuficiente das custas e do depósito recursal, ainda que a diferença em relação ao quantum *devido seja ínfima, referente a centavos."*

Seria aplicável ao processo do trabalho a regra contida no art. 1.007, § 2º, do CPC, conforme a qual *"A insuficiência no valor do preparo, inclusive porte de remessa e de retorno, implicará deserção se o recorrente, intimado na pessoa de seu advogado, não vier a supri-lo no prazo de 5 (cinco) dias"*? No sistema do processo civil não há necessidade de realização do depósito referente ao valor da condenação, para efeito de interposição de recurso. O preparo, de que fala a norma legal em exame, restringe-se, pois, a custas e ao depósito concernente ao porte de remessa e de retorno dos autos. Nosso entendimento quanto à pergunta que formulamos é este: somente deveria ser aplicado ao processo do trabalho o art. 1.007, § 2º, do TST, no tocante às custas e não, ao depósito recursal. Uma nova indagação de impõe: o processo do trabalho admitiria a incidência do § 4º, do art. 1.007, do CPC, contendo esta redação: *"O recorrente que não comprovar, no ato de interposição do recurso, o recolhimento do preparo, inclusive porte de remessa e de retorno, será intimado, na pessoa de seu advogado, para realizar o recolhimento em dobro, sob pena de deserção"*? A situação, aqui, é distinta da prevista no § 2º do mesmo artigo: enquanto, no caso do § 2º, o recorrente efetuou o preparado de maneira insuficiente, no caso do § 4º o preparo *não foi realizado*. Pois bem. Se, há pouco, dissemos da inaplicabilidade ao processo do trabalho do estatuído no § 2º do art. 1.007, do CPC (insuficiência de preparo), em relação ao depósito recursal, por mais forte razão não admitimos a aplicação, a este processo, do disposto no § 4º (inexistência de preparo), também quanto ao depósito recursal.

Sendo assim, o máximo de concessão que se poderia fazer, nos domínios do processo do trabalho, ao recorrente que se manifestou descuidado ao interpor recurso, seria, exclusivamente, quanto às custas processuais, por forma a permitir-lhe: a) complementá-las (CPC, art. 1.007, § 2º), b) ou pagá-las, em dobro (*ibidem*, § 4º), desde que quaisquer desses atos deferidos fosse realizado pela parte *dentro do prazo para a interposição de recurso* (CLT, art. 789, § 1º, *in fine*).

No caso de agravo de petição, conquanto o art. 8º, § 2º, da Lei n. 8.542, de 23 de dezembro de 1992, disponha que *"A exigência de depósito aplica-se, igualmente, aos embargos à execução e a qualquer recurso subsequente do devedor"* (realçamos), vale dizer, ao agravo de petição, a Súmula n. 128, do TST, estabelece: *"Garantido o juízo, na fase executória, a exigência de depósito para recorrer de qualquer decisão viola os incisos II e LV do art. 5º da CF/88. Havendo, porém, elevação do valor do débito, exige-se a complementação da garantia do juízo."* (item III) (*Sistema dos Recursos Trabalhistas*. 13. ed. São Paulo: LTr, 2017. p. 142/151.)

No texto que produzimos anteriormente à Lei n. 13.467/2017, manifestamos nosso entendimento de que, no processo do trabalho, a regra do art. 1.007, § 2º, do CPC, deveria ser aplicada apenas no tocante às custas e não, ao depósito recursal. Posteriormente a isso, o TST reformulou o teor da OJ n. 140, da SBDI-1, para dispor: *"Em caso de recolhimento insuficiente das custas processuais* **ou do depósito recursal***, somente haverá* *deserção do recurso se, concedido o prazo de 5 (cinco) dias previsto no § 2º do art. 1.007 do CPC de 2015, o recorrente não complementar e comprovar o valor devido."* (destacamos)

Longe de lançarmos censura a essa OJ a elogiamos, por revelar-se mais de volta ao interesse dos jurisdicionados do que do próprio Judiciário.

§ 4º O depósito recursal será feito em conta vinculada ao juízo e corrigido com os mesmos índices da poupança.

• Comentário

O parágrafo *sub examen*, em sua redação anterior, determinava que o depósito fosse feito em conta vinculada do empregado *"a que se refere o art. 2º da Lei n. 5.107, de 13 de setembro de 1966"*, ou seja, instituidora do FGTS.

A contar de agora, o depósito deverá ser realizado em conta vinculada ao juízo — com os mesmos índices de correção da poupança.

§ 5º (Revogado).

• Comentário

Constava desse parágrafo: *"Se o empregado ainda não tiver conta vinculada aberta em seu nome, nos termos do art. 2º da Lei n. 5.107, de 13 de setembro de 1966, a empresa procederá à respectiva abertura, para o efeito do disposto no § 2º."*

A sua revogação derivou da nova redação imposta ao § 4º do mesmo artigo.

§ 9º O valor do depósito recursal será reduzido pela metade para entidades sem fins lucrativos, empregadores domésticos, microempreendedores individuais, microempresas e empresas de pequeno porte.

• Comentário

O parágrafo em causa inova ao reduzir pela metade o valor do depósito recursal a ser realizado por entidades sem fim lucrativo, por empregadores domésticos, por microempreendedores individuais, por microempresas e empresas de pequeno porte. No texto primitivo do Projeto: a) fazia-se menção também às entidades filantrópicas; b) não se incluíam os microempreendedores individuais. A posterior exclusão, no texto final do Projeto, das entidades filantrópicas, deveu-se ao fato de essas entidades acabarem ficando isentas da realização do depósito para recurso, por força do disposto no § 10, do art. 899, da CLT.

A Lei Complementar n. 123, de 14 de dezembro de 2006, alterada pela Lei Complementar n. 139, de 10 de novembro de 2011, entre outras coisas, instituiu o Estatuto Nacional da Microempresa e da Empresa de Pequeno Porte.

O art. 3º da Lei Complementar n. 123/2006 estabelece:

"*Consideram-se microempresas ou empresas de pequeno porte, a sociedade empresária, a sociedade simples, a empresa individual de responsabilidade limitada e o empresário a que se refere o art. 966 da Lei n. 10.406, de 10 de janeiro de 2002 (Código Civil), devidamente registrados no Registro de Empresas Mercantis ou no Registro Civil de Pessoas Jurídicas, conforme o caso, desde que: I — no caso da microempresa, aufira, em cada ano-calendário, receita bruta igual ou inferior a R$ 360.000,00 (trezentos e sessenta mil reais); e II — no caso de empresa de pequeno porte, aufira, em cada ano-calendário, receita bruta superior a R$ 360.000,00 (trezentos e sessenta mil reais) e igual ou inferior a R$ 4.800.000,00 (quatro milhões e oitocentos mil reais).*" (Redação dada pela Lei Complementar n. 155, de 2016)

Como as entidades sindicais não possuem fins lucrativos, podem ser incluídas na *benesse* do § 9º, do art. 899, da CLT.

§ 10. São isentos do depósito recursal os beneficiários da justiça gratuita, as entidades filantrópicas e as empresas em recuperação judicial.

- **Comentário**

A norma isenta da realização do depósito de que cuida o § 1º, do art. 899, da CLT, as pessoas beneficiárias da justiça gratuita e as empresas em regime de recuperação judicial. Por mais forte razão, deve ser dispensada também a massa falida. A propósito, a Súmula n. 86 do TST dispensa desse depósito a massa falida e a empresa em liquidação extrajudicial.

A recuperação judicial do empresário e da sociedade empresária, assim como a recuperação extrajudicial e a falência, são reguladas pela Lei n. 11.101, de 9 de fevereiro de 2005.

§ 11. O depósito recursal poderá ser substituído por fiança bancária ou seguro garantia judicial. (NR)

- **Comentário**

Outra inovação. O § 1º do art. 899 da CLT prevê o depósito em pecúnia. O § 11, do mesmo dispositivo, entretanto, faculta a substituição desse depósito por fiança bancária ou seguro garantia judicial. O verbo *substituir* aparenta possuir, na frase, um sentido anfibológico, ambíguo. Assim dizemos, porque uma das intepretações possíveis é que a parte teria que realizar o depósito em pecúnia, para, posteriormente, *substituí-lo* pela fiança bancária ou pelo seguro garantia judicial. Não é essa, todavia, a interpretação mais adequada. O verbo *substituir* está aí a indicar a possibilidade de a parte *optar* pela fiança ou pelo seguro, em vez de realizar o depósito pecuniário. Trata-se, portanto, de uma faculdade atribuída ao recorrente.

A propósito, o art. 882 da CLT, com a redação dada pela Lei n. 13.467/2017, permite que se garanta o juízo, para efeito de oferecimento de embargos à execução, mediante seguro garantia judicial.

Capítulo XXXIX
DISPOSITIVOS PROCESSUAIS REVOGADOS

O art. 5º da Lei n. 13.467/2017 revoga, expressamente, os seguintes dispositivos *processuais* — ou que tenham repercussão no processo — da CLT:

Inciso I

1) §§ 1º, 3º e 7º do art. 477 (letra "j")

Redação desses dispositivos:

§ 1º O pedido de demissão ou recibo de quitação de rescisão, do contrato de trabalho, firmado por empregado com mais de 1 (um) ano de serviço, só será válido quando feito com a assistência do respectivo Sindicato ou perante a autoridade do Ministério do Trabalho e Previdência Social. *(Redação dada pela Lei n. 5.584, de 26.6.1970)*

§ 3º Quando não existir na localidade nenhum dos órgãos previstos neste artigo, a assistência será prestada pelo Represente do Ministério Público ou, onde houver, pelo Defensor Público e, na falta ou impedimento dêste, pelo Juiz de Paz. *(Redação dada pela Lei n. 5.584, de 26.6.1970)*

§ 7º O ato da assistência na rescisão contratual (§§ 1º e 2º) será sem ônus para o trabalhador e empregador. *(Incluído pela Lei n. 7.855, de 24.10.1989)*

2) Art. 792 (letra "m")

Redação desse dispositivo:

Art. 792. Os maiores de 18 (dezoito) e menores de 21 (vinte e um) anos e as mulheres casadas poderão pleitear perante a Justiça do Trabalho sem a assistência de seus pais, tutores ou maridos.

3) Parágrafo único do art. 878 (letra "n")

Redação desse dispositivo:

Parágrafo único. Quando se tratar de decisão dos Tribunais Regionais, a execução poderá ser promovida pela Procuradoria da Justiça do Trabalho.

4) §§ 3º a 6º do art. 896 (letra "o")

Redação desses dispositivos:

§ 3º Os Tribunais Regionais do Trabalho procederão, obrigatoriamente, à uniformização de sua jurisprudência e aplicarão, nas causas da competência da Justiça do Trabalho, no que couber, o incidente de uniformização de jurisprudência previsto nos termos do Capítulo I do Título IX do Livro I da Lei n. 5.869, de 11 de janeiro de 1973 (Código de Processo Civil). *(Redação dada pela Lei n. 13.015, de 2014)*

§ 4º Ao constatar, de ofício ou mediante provocação de qualquer das partes ou do Ministério Público do Trabalho, a existência de decisões atuais e conflitantes no âmbito do mesmo Tribunal Regional do Trabalho sobre o tema objeto de recurso de revista, o Tribunal Superior do Trabalho determinará o retorno dos autos à Corte de origem, a fim de que proceda à uniformização da jurisprudência. *(Redação dada pela Lei n. 13.015, de 2014)*

§ 5º A providência a que se refere o § 4º deverá ser determinada pelo Presidente do Tribunal Regional do Trabalho, ao emitir juízo de admissibilidade sobre o recurso de revista, ou pelo Ministro Relator, mediante decisões irrecorríveis. *(Redação dada pela Lei n. 13.015, de 2014)*

§ 6º Após o julgamento do incidente a que se refere o § 3º, unicamente a súmula regional ou a tese jurídica prevalecente no Tribunal Regional do Trabalho e não conflitante com súmula ou orientação jurisprudencial do Tribunal Superior do Trabalho servirá como paradigma para viabilizar o conhecimento do recurso de revista, por divergência. *(Redação dada pela Lei n. 13.015, de 2014)*

Nota:

Posteriormente à publicação da Lei n. 13.467/2017, o TST editou a Instrução Normativa n. 41/2018, cujo art. 18 assim dispõe:

"Art. 18. O dever de os Tribunais Regionais do Trabalho uniformizarem a sua jurisprudência faz incidir, subsidiariamente ao processo do trabalho, o art. 926 do CPC, por meio do qual os Tribunais deverão manter sua jurisprudência íntegra, estável e coerente.

§ 1º Os incidentes de uniformização de jurisprudência suscitados ou iniciados antes da vigência da Lei n. 13.467/2017, no âmbito dos Tribunais Regionais do Trabalho ou por iniciativa de decisão do Tribunal Superior do Trabalho, deverão observar e serão concluídos sob a égide da legislação vigente ao tempo da interposição do recurso, segundo o disposto nos respectivos Regimentos Internos.

§ 2º Aos recursos de revista e de agravo de instrumento no âmbito do Tribunal Superior do Trabalho, conclusos aos relatores e ainda não julgados até a edição da Lei n. 13.467/2017, não se aplicam as disposições contidas nos §§ 3º a 6º do art. 896 da Consolidação das Leis do Trabalho.

§ 3º As teses jurídicas prevalecentes e os enunciados de Súmulas decorrentes do julgamento dos incidentes de uniformização de jurisprudência suscitados ou iniciados anteriormente à edição da Lei n. 13.467/2017, no âmbito dos Tribunais Regionais do Trabalho, conservam sua natureza vinculante à luz dos arts. 926, §§ 1º e 2º , e 927, III e V, do CPC".

5) § 5º do art. 899 (letra "p")

Redação desse dispositivo:

§ 5º Se o empregado ainda não tiver conta vinculada aberta em seu nome, nos termos do art. 2º da Lei n. 5.107, de 13 de setembro de 1966, a empresa procederá à respectiva abertura, para efeito do disposto no § 2º. (Redação dada pela Lei n. 5.442, 24.5.1968)

Inciso II

6) Art. 2º da Medida Provisória n. 2.226, de 4.9.2001 (inciso III)

Redação desse dispositivo:

Art. 2º O Tribunal Superior do Trabalho regulamentará, em seu regimento interno, o processamento da transcendência do recurso de revista, assegurada a apreciação da transcendência em sessão pública, com direito a sustentação oral e fundamentação da decisão.

Capítulo XL
VIGÊNCIA

Art. 6º Esta Lei entra em vigor após decorridos cento e vinte dias de sua publicação oficial.

- **Comentário**

    Considerando-se:

    a) que a Lei n. 13.467/2017 foi publicada na edição do Diário Oficial da União de 14 de julho de 2017;

    b) o disposto na Lei Complementar n. 95/1988, art. 8º, §§ 1º e 2º, *verbis*: "*§ 1º A contagem do prazo para entrada em vigor das leis que estabeleçam período de vacância far-se-á com a inclusão da data da publicação e do último dia do prazo, entrando em vigor no dia subsequente à sua consumação integral. § 2º As leis que estabeleçam período de vacância deverão utilizar a cláusula 'esta lei entra em vigor após decorridos (o número de) dias de sua publicação oficial*";

    c) a declaração constante dos arts. 1º, 2º, e 3º, da Lei n. 810, de 6.9.1949, que define o ano civil: "*Art. 1º Considera-se ano o período de doze meses contado do dia do início ao dia e mês correspondentes do ano seguinte. Art. 2º Considera-se mês o período de tempo contado do dia do início ao dia correspondente do mês seguinte. Art. 3º Quando no ano ou mês do vencimento não houver o dia correspondente ao do início do prazo, este findará no primeiro dia subsequente*", temos que a Lei n. 13.467/2017 entrou em vigor em 11 de novembro de 2017.

    O art. 1.220 do CPC de 1973 era mais preciso, pois indicava a data exata do início da sua vigência: 1º de janeiro de 1974, não deixando, com isso, margem a controvérsias acerca do tema.

    A *vacatio legis* é necessária para que todos tomem conhecimento do novo texto legal, de suas implicações na vida de cada um e, a partir da vigência da norma, se submetam a ela.

Capítulo XLI
DIREITO INTERTEMPORAL E RECURSO

Poderá acontecer de, no curso do processo, advir lei que torne irrecorríveis sentenças antes recorríveis, ou vice-versa; que institua novos pressupostos para a admissibilidade dos recursos, ou suprima os existentes; que discipline, enfim, de maneira diversa da vigente o sistema recursal.

Verificada a hipótese, qual das leis regerá a matéria relativa aos recursos pendentes: a antiga ou a nova?

Diante desse problema de direito intertemporal, três soluções poderiam ser, juridicamente, propostas:

a) *a que se fundamenta na unidade do processo* e segundo a qual embora o procedimento seja composto de fases distintas deve prevalecer a *unidade processual*, de sorte que o recurso deveria ser regido pela lei velha, pois a incidência da nova importaria em ruptura dessa unidade, quanto mais não seja porque não se poderia fazer com que a lei posterior retroagisse para alcançar os atos já praticados;

b) *a que se calca na autonomia das fases do procedimento*. Este sistema parte da premissa da especificidade e autonomia de cada fase procedimental (postulatória, instrutória, decisória, recursal, executória); deste modo, a lei atingiria a fase do procedimento que estivesse em curso, respeitando as que se encontrassem encerradas. Isto significa que cada fase poderia ser disciplinada por normas diversas, sem prejuízo da harmonia entre elas e justamente por força da autonomia de cada uma;

c) *a que se lastreia no isolamento dos atos processuais*, isto é, que entende ser a lei nova inaplicável aos atos processuais já realizados, bem como aos efeitos destes, conquanto venha a incidir nos atos futuros. Esta solução difere da anterior porque não circunscreve a eficácia da lei às denominadas fases do procedimento.

A doutrina propendeu, com acerto, para o último sistema de solução indicado.

Realmente, em matéria de direito intertemporal o postulado básico, nuclear, é de que o recurso será regido pela lei que estiver em vigor na data do proferimento da decisão, respeitados os atos anteriores e os efeitos que tenham produzido.

O próprio CPC estabelece, em seu art. 1.046, *caput*, que, "*Ao entrar em vigor este Código, suas disposições se aplicarão desde logo aos processos pendentes, ficando revogada a Lei n. 5.869, de 11 de janeiro de 1973*"; e o art. 915 da CLT que "Não serão prejudicados os recursos interpostos com apoio em dispositivos alterados ou cujo prazo para interposição esteja em curso à data da vigência desta Consolidação".

Como decorrência da adoção desses princípios, pelo nosso sistema normativo, e feita a ressalva de que a lei regente da interposição do recurso é a vigente na data da *publicação* da sentença, temos que:

a) se a lei superveniente conceder recurso, que era antes vedado, a decisão manter-se-á irrecorrível, ainda que a lei nova tenha entrado em vigor dentro do prazo para a interposição do recurso, por ela fixado;

b) se a lei nova suprimir recurso existente, subsistirá a recorribilidade daquelas decisões que, segundo a lei revogada, poderiam ser objeto da interposição do remédio por ela previsto, e agora supresso, observado o prazo fixado para a interponibilidade;

c) se o recurso for interposto na vigência da lei revogada, mas não estiver ainda julgado, deverá sê-lo segundo essa lei e não de acordo com a nova; sendo assim, se o recurso anteriormente cabível era o de agravo de petição, e agora passou a ser o de apelação, deverá ser interposto, processado e julgado como agravo de petição.

Esclareça-se, contudo, que o *procedimento* a ser obedecido, inclusive para o julgamento, será o estabelecido pela *nova lei*, que neste caso se aplica — ato contínuo à sua vigência — aos processos pendentes (CPC, art. 1.046, *caput*).

Esse princípio também atua em matéria de competência; isto significa que se a lei nova atribuir a órgão diverso a competência para julgar o recurso já interposto (mas ainda não apreciado), o julgamento competirá ao órgão previsto na lei posterior.

Em sentido algo oposto ao que até aqui foi comentado, podemos asseverar que, se a lei nova tornar irrecorrível a sentença *ainda não proferida* e *publicada*, não se há que argumentar com o fato de, ao tempo em que a ação foi proposta, a lei vigente prever a possibilidade da interposição do recurso; com a vigência da nova lei, a sentença tornou-se inevitavelmente irrecorrível, pois ainda não havia sido publicada. O exemplo foi trazido para tornar enfático o princípio de que *o recurso se rege pela lei em vigor na data da publicação da sentença*.

A Instrução Normativa n. 41/2018, do TST

Posteriormente à primeira edição deste livro, o TST editou a Instrução Normativa n. 41/2018 (Resolução n. 221, de 21.06.2018), dispondo "sobre as normas da CLT, com as alterações da Lei n. 13.467/2017 e sua aplicação ao processo do trabalho". Grande parte dessas disposições se refere ao direito intertemporal.

Eis o teor da precitada Instrução Normativa:

Instrução Normativa TST N. 41 DE 21.06.2018

Dispõe sobre a aplicação das normas processuais da Consolidação das Leis do Trabalho alteradas pela Lei n. 13.467, de 13 de julho de 2017.

Art. 1º A aplicação das normas processuais previstas na Consolidação das Leis do Trabalho, alteradas pela Lei n. 13.467, de 13 de julho de 2017, com eficácia a partir de 11 de novembro de 2017, é imediata, sem atingir, no entanto, situações pretéritas iniciadas ou consolidadas sob a égide da lei revogada.

Art. 2º O fluxo da prescrição intercorrente conta-se a partir do descumprimento da determinação judicial a que alude o § 1º do art. 11-A da CLT, desde que feita após 11 de novembro de 2017 (Lei n. 13.467/2017).

Art. 3º A obrigação de formar o litisconsórcio necessário a que se refere o art. 611-A, § 5º, da CLT dar-se-á nos processos iniciados a partir de 11 de novembro de 2017 (Lei n. 13.467/2017).

Art. 4º O art. 789, *caput*, da CLT aplica-se nas decisões que fixem custas, proferidas a partir da entrada em vigor da Lei n. 13.467/2017.

Art. 5º O art. 790-B, *caput* e §§ 1º a 4º, da CLT, não se aplica aos processos iniciados antes de 11 de novembro de 2017 (Lei n. 13.467/2017).

Art. 6º Na Justiça do Trabalho, a condenação em honorários advocatícios sucumbenciais, prevista no art. 791-A, e parágrafos, da CLT, será aplicável apenas às ações propostas após 11 de novembro de 2017 (Lei n. 13.467/2017). Nas ações propostas anteriormente, subsistem as diretrizes do art. 14 da Lei n. 5.584/1970 e das Súmulas ns. 219 e 329 do TST.

Art. 7º Os arts. 793-A, 793-B e 793-C, § 1º, da CLT têm aplicação autônoma e imediata.

Art. 8º A condenação de que trata o art. 793-C, *caput*, da CLT, aplica-se apenas às ações ajuizadas a partir de 11 de novembro de 2017 (Lei n. 13.467/2017).

Art. 9º O art. 793-C, §§ 2º e 3º, da CLT tem aplicação apenas nas ações ajuizadas a partir de 11 de novembro de 2017 (Lei n. 13.467/2017).

Art. 10. O disposto no *caput* do art. 793-D será aplicável às ações ajuizadas a partir de 11 de novembro de 2017 (Lei n. 13.467/2017).

Parágrafo único. Após a colheita da prova oral, a aplicação de multa à testemunha dar-se-á na sentença e será precedida de instauração de incidente mediante o qual o juiz indicará o ponto ou os pontos controvertidos no depoimento, assegurados o contraditório, a defesa, com os meios a ela inerentes, além de possibilitar a retratação.

Art. 11. A exceção de incompetência territorial, disciplinada no art. 800 da CLT, é imediatamente aplicável aos processos trabalhistas em curso, desde que o recebimento da notificação seja posterior a 11 de novembro de 2017 (Lei n. 13.467/2017).

Art. 12. Os arts. 840 e 844, §§ 2º, 3º e 5º, da CLT, com as redações dadas pela Lei n. 13.467, de 13 de julho de 2017, não retroagirão, aplicando-se, exclusivamente, às ações ajuizadas a partir de 11 de novembro de 2017.

§ 1º Aplica-se o disposto no art. 843, § 3º, da CLT somente às audiências trabalhistas realizadas após 11 de novembro de 2017.

§ 2º Para fim do que dispõe o art. 840, §§ 1º e 2º, da CLT, o valor da causa será estimado, observando-se, no que couber, o disposto nos arts. 291 a 293 do Código de Processo Civil.

§ 3º Nos termos do art. 843, § 3º, e do art. 844, § 5º, da CLT, não se admite a cumulação das condições de advogado e preposto.

Art. 13. A partir da vigência da Lei n. 13.467/2017, a iniciativa do juiz na execução de que trata o art. 878 da CLT e no incidente de desconsideração da personalidade jurídica a que alude o art. 855-A da CLT ficará limitada aos casos em que as partes não estiverem representadas por advogado.

Art. 14. A regra inscrita no art. 879, § 2º, da CLT, quanto ao dever de o juiz conceder prazo comum de oito dias para impugnação fundamentada da conta de liquidação, não se aplica à liquidação de julgado iniciada antes de 11 de novembro de 2017.

Art. 15. O prazo previsto no art. 883-A da CLT, para as medidas de execução indireta nele especificadas, aplica-se somente às execuções iniciadas a partir de 11 de novembro de 2017.

Art. 16. O art. 884, § 6º, da CLT aplica-se às entidades filantrópicas e seus diretores, em processos com execuções iniciadas após 11 de novembro de 2017.

Art. 17. O incidente de desconsideração da personalidade jurídica, regulado pelo CPC (arts. 133 e 137), aplica-se ao processo do trabalho, com as inovações trazidas pela Lei n. 13.467/2017.

Art. 18. O dever de os Tribunais Regionais do Trabalho uniformizarem a sua jurisprudência faz incidir, subsidiariamente ao processo do trabalho, o art. 926 do CPC, por meio do qual os Tribunais deverão manter sua jurisprudência íntegra, estável e coerente.

§ 1º Os incidentes de uniformização de jurisprudência suscitados ou iniciados antes da vigência da Lei n. 13.467/2017, no âmbito dos Tribunais Regionais do Trabalho ou por iniciativa de decisão do Tribunal Superior do Trabalho, deverão observar e serão concluídos sob a égide da legislação vigente ao tempo da interposição do recurso, segundo o disposto nos respectivos Regimentos Internos.

§ 2º Aos recursos de revista e de agravo de instrumento no âmbito do Tribunal Superior do Trabalho, conclusos aos relatores e ainda não julgados até a edição da Lei n. 13.467/2017, não se aplicam as disposições contidas nos §§ 3º a 6º do art. 896 da Consolidação das Leis do Trabalho.

§ 3º As teses jurídicas prevalecentes e os enunciados de Súmulas decorrentes do julgamento dos incidentes de uniformização de jurisprudência suscitados ou iniciados anteriormente à edição da Lei n. 13.467/2017, no âmbito dos Tribunais Regionais do Trabalho, conservam sua natureza vinculante à luz dos arts. 926, §§ 1º e 2º, e 927, III e V, do CPC.

Art. 19. O exame da transcendência seguirá a regra estabelecida no art. 246 do Regimento Interno do Tribunal Superior do Trabalho, incidindo apenas sobre os acórdãos proferidos pelos Tribunais Regionais do Trabalho publicados a partir de 11 de novembro de 2017, excluídas as decisões em embargos de declaração.

Art. 20. As disposições contidas nos §§ 4º, 9º, 10 e 11 do art. 899 da CLT, com a redação dada pela Lei n. 13.467/2017, serão observadas para os recursos interpostos contra as decisões proferidas a partir de 11 de novembro de 2017.

Art. 21. Esta Instrução Normativa entrará em vigor na data da sua publicação. Ficam revogados os arts. 2º, VIII, e 6º da Instrução Normativa n. 39/2016 do TST.

JOÃO BATISTA BRITO PEREIRA

Ministro Presidente do Tribunal Superior do Trabalho

Dois breves comentários:

a) O § 2º do art. 12, da IN n. 41/2017, é deveras enigmático. Assim dizemos, porque, de um lado, faz expressa referências ao art. 840, §§ 1º e 2º, do art. 840, da CLT, que versa sobre o valor *do pedido*, mas, por outro lado, faz menção aos arts. 291 a 293, do CPC, que cuidam do valor *da causa*, que é algo diverso. O próprio § 2º do art. 12, da IN n. 41/2017, alude ao *valor da causa*.

Diante dessa redação ambígua, anfibológica, da Instrução, seria de concluir-se: a) que o valor do pedido não precisa ser exato, podendo ser *estimado;* ou b) que, doravante, as petições iniciais trabalhistas devem indicar o valor da causa?

Parece-nos que a intenção do TST foi adotar a segunda conclusão. Em todo o caso, a exigência der indicação do valor da causa está implícita no art. 791-A, *caput*, da CLT, segundo o qual um dos critérios para o cálculo dos honorários advocatícios é o *"valor atualizado da causa"* (destacamos).

b) O § 3º do art. 12 da IN n. 41/2018, por sua vez, está a exigir um complemento, para esclarecer que a proibição de cumulação das condições de advogado e de preposto só se dá no tocante *ao mesmo processo*. Logo, nada obsta a que, por exemplo, o advogado atue nessa qualidade, em determinados autos, e, em outro, o faça na condição de preposto do mesmo cliente.

Capítulo XLII
ENUNCIADOS APROVADOS NA 2ª JORNADA DE DIREITO MATERIAL E PROCESSUAL DO TRABALHO, PROMOVIDO PELA ANAMATRA, SOBRE A REFORMA TRABALHISTA

Reproduziremos, a seguir, os Enunciados aprovados na 2ª Jornada de Direito Material e Processual do Trabalho, promovido pela ANAMATRA, e realizado em Brasília, nos dias 9 e 10 de outubro de 2017.

Essa Jornada teve como pano de fundo a Lei n. 13.467/2017 ("Reforma Trabalhista").

Os Enunciados podem ser vistos como uma espécie de repositório histórico das primeiras manifestações não jurisdicionais dos magistrados do trabalho, acerca da Lei n. 13.467/2017, para efeito de comparação com o pensamento doutrinário e jurisprudencial que haverá de surgir e de cristalizar-se. Daí, a importância da transcrição que faremos.

Os Enunciados foram elaborados pelas oito Comissões temáticas do evento.

COMISSÃO 1
APLICAÇÃO SUBSIDIÁRIA DO DIREITO COMUM E DO DIREITO PROCESSUAL COMUM. PRINCÍPIO DA INTERVENÇÃO MÍNIMA. PRESCRIÇÃO TRABALHISTA E PRESCRIÇÃO INTERCORRENTE. GRUPO ECONÔMICO E SUCESSÃO DE EMPRESAS

ENUNCIADOS AGLUTINADOS

Enunciado 1

CONTROLE DE CONVENCIONALIDADE DA REFORMA TRABALHISTA, AUSÊNCIA DE CONSULTA TRIPARTITE E DE CONSULTA PRÉVIA ÀS ORGANIZAÇÕES SINDICAIS

I. REFORMA TRABALHISTA. LEI 13.467/2017. INCOMPATIBILIDADE VERTICAL COM AS CONVENÇÕES DA OIT. AUSÊNCIA DE CONSULTA TRIPARTITE. OFENSA À CONVENÇÃO 144 DA OIT. II. AUSÊNCIA DE CONSULTA PRÉVIA ÀS ORGANIZAÇÕES DE TRABALHADORES. OFENSA À CONVENÇÃO 154 DA OIT, BEM COMO AOS VERBETES 1075, 1081 E 1082 DO COMITÊ DE LIBERDADE SINDICAL DO CONSELHO DE ADMINISTRAÇÃO DA OIT.

Propostas originais

INCONVENCIONALIDADE FORMAL DA LEI 13.467/2017

LEI N. 13.467/201. INCOMPATIBILIDADE VERTICAL COM AS CONVENÇÕES DA OIT. INCONVECIONALIDADE FORMAL. EFEITOS PARALISANTES. ALÉM DA CONVENÇÃO 144 DA OIT, QUE ESTABELECE A NECESSIDADE DE CONSULTAS PRÉVIAS PARA A PROMOÇÃO DA APLICAÇÃO DAS NORMAS INTERNACIONAIS DO TRABALHO, O BRASIL RATIFICOU VÁRIAS OUTRAS CONVENÇÕES QUE EXIGEM A REALIZAÇÃO DE CONSULTAS TRIPARTITES PRÉVIAS ÀS ALTERAÇÕES LEGISLATIVAS QUE TRATEM DE SUA APLICAÇÃO. O PROJETO DE LEI N. 6.787/16 (DEPOIS 38/2017, NO SENADO) FOI APROVADO SEM QUE TENHAM SIDO REALIZADAS CONSULTAS TRIPARTITES PRÉVIAS. A LEI RESULTANTE, A LEI N. 13.467/17, ABARCA DIVERSOS INSTITUTOS NORMATIZADOS POR CONVENÇÕES DA OIT QUE IMPÕEM A REA-

LIZAÇÃO DE CONSULTAS PRÉVIAS À APRECIAÇÃO DE PROJETOS DE LEI QUE AFETEM AS CONDIÇÕES DE EMPREGO.COMO ISSO NÃO ACONTECEU, DEIXOU DE SER OBSERVADO REQUISITO ESSENCIAL DE FORMAÇÃO DA REFERIDA LEI, QUE, ASSIM, PADECE DE VÍCIO FORMAL OBJETIVO, REMANESCE FORMALMENTE INCONVENCIONAL, CIRCUNSTÂNCIA QUE IMPEDE A SUA APLICAÇÃO.

A INCONVENCIONALIDADE DA REFORMA TRABALHISTA ANTE A AUSÊNCIA DE CONSULTA PRÉVIA ÀS ORGANIZAÇÕES SINDICAIS

REFORMA TRABALHISTA. LEI N. 13.467/2017. AUSÊNCIA DE CONSULTA PRÉVIA ÀS ORGANIZAÇÕES DE TRABALHADORES. OFENSA À CONVENÇÃO DE N. 154 DA OIT, BEM COMO AOS VERBETES N. 1075, 1081 E 1082 DO COMITÊ DE LIBERDADE SINDICAL DO CONSELHO DE ADMINISTRAÇÃO DA OIT. INCONVENCIONALIDADE.

Enunciado 2

INTERPRETAÇÃO E APLICAÇÃO DA LEI 13.467/2017

OS JUÍZES DO TRABALHO, À MANEIRA DE TODOS OS DEMAIS MAGISTRADOS, EM TODOS OS RAMOS DO JUDICIÁRIO, DEVEM CUMPRIR E FAZER CUMPRIR A CONSTITUIÇÃO E AS LEIS, O QUE IMPORTA NO EXERCÍCIO DO CONTROLE DIFUSO DE CONSTITUCIONALIDADE E NO CONTROLE DE CONVENCIONALIDADE DAS LEIS, BEM COMO NO USO DE TODOS OS MÉTODOS DE INTERPRETAÇÃO/APLICAÇÃO DISPONÍVEIS. NESSA MEDIDA: I. REPUTA-SE AUTORITÁRIA E ANTIRREPUBLICANA TODA AÇÃO POLÍTICA, MIDIÁTICA, ADMINISTRATIVA OU CORREICIONAL QUE PRETENDER IMPUTAR AO JUIZ DO TRABALHO O "DEVER" DE INTERPRETAR A LEI 13.467/2017 DE MODO EXCLUSIVAMENTE LITERAL/GRAMATICAL; II. A INTERPRETAÇÃO JUDICIAL É ATIVIDADE QUE TEM POR ESCOPO O DESVELAMENTO DO SENTIDO E DO ALCANCE DA LEI TRABALHISTA. É FUNÇÃO PRIMORDIAL DO PODER JUDICIÁRIO TRABALHISTA JULGAR AS RELAÇÕES DE TRABALHO E DIZER O DIREITO NO CASO CONCRETO, OBSERVANDO O OBJETIVO DA REPÚBLICA FEDERATIVA DO BRASIL DE CONSTRUIR UMA SOCIEDADE MAIS JUSTA E IGUALITÁRIA. EXEGESE DOS ARTIGOS 1º, 2º, 3º, 5º, INCISO XXXV, 60 E 93, IX E 114 DA CRFB; III. INCONSTITUCIONALIDADE DO § 2º E DO § 3º DO ARTIGO 8º DA CLT E DO ARTIGO 611-A, § 1º, DA CLT. SERÁ INCONSTITUCIONAL QUALQUER NORMA QUE COLIME RESTRINGIR A FUNÇÃO JUDICIAL DE INTERPRETAÇÃO DA LEI OU IMUNIZAR O CONTEÚDO DOS ACORDOS E CONVENÇÕES COLETIVAS DE TRABALHO DA APRECIAÇÃO DA JUSTIÇA DO TRABALHO, INCLUSIVE QUANTO À SUA CONSTITUCIONALIDADE, CONVENCIONALIDADE, LEGALIDADE E CONFORMIDADE COM A ORDEM PÚBLICA SOCIAL. NÃO SE ADMITE QUALQUER INTERPRETAÇÃO QUE POSSA ELIDIR A GARANTIA DA INAFASTABILIDADE DA JURISDIÇÃO, ADEMAIS, POR OFENSA AO DISPOSTO NO ART. 114, I, DA CF/88 E POR INCOMPATIBILIDADE COM OS PRINCÍPIOS DA SEPARAÇÃO DOS PODERES, DO ACESSO A JUSTIÇA E DA INDEPENDÊNCIA FUNCIONAL.

Propostas originais

INCONSTITUCIONALIDADE DO ARTIGO 8º DA CLT

EMENTA: RESTRIÇÃO LEGAL NA ANÁLISE DAS CONVENÇÕES OU ACORDOS COLETIVOS DE TRABALHO PELA JUSTIÇA DO TRABALHO. IMPOSSIBILIDADE. LEI N. 13.467/17 QUE INSERIU O § 3º NO ART. 8º, DA CLT, LIMITOU O ÂMBITO DE ANÁLISE DAS NORMAS COLETIVAS EXCLUSIVAMENTE À CONFORMIDADE DOS ELEMENTOS ESSENCIAIS DO NEGÓCIO JURÍDICO E ESTABELECEU NO MESMO PRECEITO LEGAL QUE A ATUAÇÃO DA JUSTIÇA LABORAL DEVE SER GUIADA PELO PRINCÍPIO DA INTERVENÇÃO MÍNIMA NA AUTONOMIA DA VONTADE COLETIVA.INCONSTITUCIONALIDADE POR VIOLAÇÃO AOS PRINCÍPIOS DO ACESSO A JUSTIÇA, SEPARAÇÃO DOS PODERES E INDEPENDÊNCIA FUNCIONAL. FUNÇÃO PRECÍPUA DO PODER JUDICIÁRIO TRABALHISTA DE JULGAR AS RELAÇÕES DE TRABALHO E DIZER O DIREITO NO CASO CONCRETO EM OBSERVÂNCIA AOS OBJETIVOS DA REPÚBLICA FEDERATIVA DO BRASIL DE CONSTRUIR UMA SOCIEDADE MAIS JUSTA E IGUALITÁRIA, EXEGESE DOS ARTIGOS 1º, 2º, 3º, 5. 5º, INCISO XXXV, 60 E 93, IX E 114 DA CRFB.

PRINCÍPIO DA INTERVENÇÃO MÍNIMA

A VALIDADE E A EFICÁCIA DAS NORMAS DE CONVENÇÃO COLETIVA OU DE ACORDO COLETIVO DO TRABALHO, À LUZ DO § 3º DO ARTIGO 8º E DO § 1º DO ARTIGO 611-A DA LEI N. 13.467/2017, ESTÃO CONDICIONADAS À OBSERVÂNCIA DOS ELEMENTOS ESSENCIAIS DO NEGÓCIO JURÍDICO, QUE SERÃO ANALISADOS NO ÂMBITO E NOS LIMITES DO DIREITO COLETIVO DO TRABALHO, DENTRE ELES A CAPACIDADE E A LEGITIMIDADE DAS PARTES, A LICITUDE DO OBJETO E A AUSÊNCIA DE SUPRESSÃO, REDUÇÃO OU LIMITAÇÃO DE DIREITOS FUNDAMENTAIS DOS TRABALHADORES PREVISTOS NAS NORMAS LEGAIS, CONSTITUCIONAIS OU NAS NORMAS INTERNACIONAIS ADOTADAS PELO BRASIL.

INTERPRETAÇÃO/APLICAÇÃO DA LEI N. 13.467/2017: BALIZAS CONSTITUCIONAIS

OS JUÍZES DO TRABALHO, À MANEIRA DE TODOS OS DEMAIS MAGISTRADOS, EM TODOS OS RAMOS DO JUDICIÁRIO, DEVEM CUMPRIR E FAZER CUMPRIR A CONSTITUIÇÃO E AS LEIS, O QUE IMPORTA NO EXERCÍCIO DO CONTROLE DIFUSO DE CONSTITUCIONALIDADE E NO CONTROLE DE CONVENCIONALIDADE DAS LEIS, BEM COMO NO USO DE TODOS OS MÉTODOS DE INTERPRETAÇÃO/APLICAÇÃO DISPONÍVEIS. NESSA MEDIDA: (A) SERÁ INCONSTITUCIONAL QUALQUER NORMA QUE COLIME IMUNIZAR O CONTEÚDO DOS ACORDOS E CONVENÇÕES COLETIVAS DE TRABALHO DA APRECIAÇÃO DA JUSTIÇA DO TRABALHO, INCLUSIVE QUANTO À SUA CONSTITUCIONALIDADE, CONVENCIONALIDADE, LEGALIDADE E CONFORMIDADE COM A ORDEM PÚBLICA SOCIAL, NÃO SE ADMITINDO QUALQUER INTERPRETAÇÃO QUE, DIMANADA DO ART. 8º, § 3º, DA CLT, POSSA ELIDIR A GARANTIA DA INAFASTABILIDADE DA JURISDIÇÃO; (B) SERÁ AUTORITÁRIA E ANTIRREPUBLICANA TODA AÇÃO POLÍTICA, MIDIÁTICA, ADMINISTRATIVA OU CORREICIONAL QUE PRETENDER IMPUTAR AO JUIZ DO TRABALHO O "DEVER" DE INTERPRETAR A LEI N. 13.467/2017 DE MODO EXCLUSIVAMENTE LITERAL/GRAMATICAL.

INCONSTITUCIONALIDADE DOS ARTS. 8º, § 3º, E 611-A, § 1º, DA CLT

EMENTA: INCONSTITUCIONALIDADE DOS ARTS. 8º, § 3º E 611-A, § 1º, DA CLT. OFENSA AO DISPOSTO NO ART. 114, I, DA CF/88. VIOLAÇÃO DO PRINCÍPIO CONSTITUCIONAL DA INAFASTABILIDADE DO CONTROLE JURISDICIONAL. A LIMITAÇÃO DA COGNIÇÃO EXAURIENTE NAS CAUSAS QUE ENVOLVAM O EXAME DE CONVENÇÃO E ACORDO COLETIVO É INCONSTITUCIONAL, POIS RESTRINGE IRREGULARMENTE A COMPETÊNCIA CONSTITUCIONAL DA JUSTIÇA DO TRABALHO PREVISTA NO ART. 114, I, DA CF/88 PARA CONHECER E JULGAR AS CAUSAS ORIUNDAS DA RELAÇÃO DE TRABALHO E VIOLA O PRINCÍPIO DA INAFASTABILIDADE DO CONTROLE JURISDICIONAL.

CONTROLE DE LEGALIDADE DAS NORMAS COLETIVAS

ART. 8º, § 3º, DA CLT. ANÁLISE DA VALIDADE DAS NORMAS COLETIVAS. A REDAÇÃO REFORMADA NÃO EXCLUI A ANÁLISE DE COMPATIBILIDADE DA CLÁUSULA DO ACT/CCT COM AS LEIS FEDERAIS, CONSTITUIÇÃO FEDERAL E CONVENÇÕES INTERNACIONAIS, POIS A LICITUDE DO OBJETO DA NEGOCIAÇÃO É UM DOS ELEMENTOS DE VALIDADE DO NEGÓCIO JURÍDICO PREVISTO NO ART. 104, DO CÓDIGO CIVIL.

INTERPRETAÇÃO DA LEI. FUNÇÃO JUDICIAL. RESTRIÇÃO LEGAL. OFENSA À SEPARAÇÃO DOS PODERES

INTERPRETAÇÃO DA LEI. FUNÇÃO JUDICIAL. RESTRIÇÃO LEGAL. OFENSA À SEPARAÇÃO DOS PODERES. I — A REGRA CONSTANTE DO ARTIGO 8º, § 2º DA CLT NÃO É COMPATÍVEL COM O PRINCÍPIO DA SEPARAÇÃO DOS PODERES POSITIVADO NO ARTIGO 2º DA CONSTITUIÇÃO FEDERAL. II — A INTERPRETAÇÃO JUDICIAL É ATIVIDADE QUE TEM POR ESCOPO O DESVELAMENTO DO SENTIDO E DO ALCANCE DA LEI TRABALHISTA E CONSISTE NA ATUAÇÃO PRIMORDIAL DO PODER JUDICIÁRIO QUE É PRESSUPOSTA PELOS ARTIGOS 2º, 5º, XXXV E 93 DA CONSTITUIÇÃO FEDERAL.

Enunciado 3

FONTES DO DIREITO MATERIAL E PROCESSUAL DO TRABALHO NA LEI 13.467/2017

TEORIA DO DIÁLOGO DAS FONTES. A TEORIA DO DIÁLOGO DAS FONTES É APLICÁVEL À INTERPRETAÇÃO DA NOVA LEGISLAÇÃO TRABALHISTA.

Propostas originais

FONTES DO DIREITO DO TRABALHO

O DIREITO COMUM SOMENTE DEVE SER UTILIZADO PARA SUPRIR O DIREITO DO TRABALHO E O PROCESSO DO TRABALHO APÓS O EXAURIMENTO DAS FONTES ELENCADAS NO ARTIGO 8º DA CLT, PODENDO SER INVOCADO DIUTURNAMENTE APENAS COMO REFORÇO DE ARGUMENTAÇÃO, QUANDO NECESSÁRIO PARA OTIMIZAR A FORÇA NORMATIVA DAS FONTES TRABALHISTAS.

TEORIA DO DIÁLOGO DA FONTES

TEORIA DO DIÁLOGO DAS FONTES. A TEORIA DO DIÁLOGO DAS FONTES É APLICÁVEL NA INTERPRETAÇÃO DA REFORMA TRABALHISTA.

Enunciado 4

FUNDAMENTOS, PRINCÍPIOS E HERMENÊUTICA DO DIREITO DO TRABALHO. LEI 13.467/2017

A LEI 13.467/2017, DA REFORMA TRABALHISTA, NÃO AFETOU OS FUNDAMENTOS DO DIREITO DO TRABALHO POSITIVADOS NA CLT (ART. 8º), BEM COMO OS PRINCÍPIOS DA PROTEÇÃO (TÍTULOS II A IV), DA PRIMAZIA DA REALIDADE (ARTS. 3º E 442), DA IRRENUNCIABILIDADE (ARTS. 9º E 468), DA NORMA MAIS FAVORÁVEL, DA IMODIFICABILIDADE CONTRATUAL EM PREJUÍZO DO TRABALHADOR (ART. 468), DA SUPREMACIA DO CRÉDITO TRABALHISTA (ARTS. 100 DA CF E 186 DO CTN) E DOS PODERES INQUISITÓRIOS DO JUIZ DO TRABALHO (ART. 765), DENTRE OUTROS, CUJA OBSERVÂNCIA É REQUISITO PARA A VALIDADE DA NORMA JURÍDICA TRABALHISTA.

Propostas originais

HERMENÊUTICA TRABALHISTA

HERMENÊUTICA TRABALHISTA. O PRINCÍPIO DA PROTEÇÃO DEVE SER COMPREENDIDO COMO FUNDAMENTO PARA A APLICAÇÃO DE UMA REGRA JURÍDICA, SOB PENA DE NÃO SER RECONHECIDA COMO NORMA JURÍDICA TRABALHISTA.

FUNDAMENTOS DO DIREITO DO TRABALHO

A LEI N. 13.467/2017, DA REFORMA TRABALHISTA, NÃO AFETOU OS FUNDAMENTOS DO DIREITO DO TRABALHO POSITIVADOS NA CLT, COMO OS PRINCÍPIOS DA PROTEÇÃO (TÍTULOS II A IV), DA PRIMAZIA DA REALIDADE (ARTS. 3º E 442), DA IRRENUNCIABILIDADE (ARTS. 9º E 468), DA NORMA MAIS FAVORÁVEL, DA IMODIFICABILIDADE CONTRATUAL EM PREJUÍZO DO TRABALHADOR (ART. 468), DA SUPREMACIA DO CRÉDITO TRABALHISTA (ARTS. 100 DA CF E 186 DO CTN) E DOS PODERES INQUISITÓRIOS DO JUIZ DO TRABALHO (ART. 765), DENTRE OUTROS.

PRINCÍPIOS DO DIREITO DO TRABALHO

FONTES E PRINCÍPIOS. AO MANTER ÍNTEGROS O *CAPUT* DO ART. 8º, O *CAPUT* DO ART. 444, E O ART. 468, TODOS DA CLT A REFORMA TRABALHISTA MANTÉM INTACTOS OS PRINCÍPIOS GERAIS DO DIREITO DO TRABALHO, PRINCIPALMENTE O "PROTETOR", "IRRENUNCIABILIDADE DE DIREITOS", E "PRIMAZIA DA REALIDADE", E AS NORMAS QUE O CONTRARIAM DEVEM SER RECHAÇADAS POR INVALIDADE.

Enunciado 5

GRUPO ECONÔMICO TRABALHISTA. DISTRIBUIÇÃO RACIONAL DO ÔNUS DA PROVA

I. A LEI 13.467/2017 RECONHECEU EXPRESSAMENTE A FIGURA DO GRUPO ECONÔMICO TRABALHISTA POR COORDENAÇÃO (ART. 2º, § 2º) E ESTABELECEU REQUISITOS SUBJETIVOS (INTERESSE INTEGRADO E COMUM) E OBJETIVOS (ATUAÇÃO CONJUNTA) PARA A CARACTERIZAÇÃO DO GRUPO, A SEREM VERIFICADOS NO CASO CONCRETO PELO JUÍZO (ART. 2º, § 3º); II. NAS HIPÓTESES RESTRITAS DE APLICAÇÃO DO PARÁGRAFO 3º DO ARTIGO 2º DA CLT, A MERA IDENTIDADE DE SÓCIOS ENTRE AS EMPRESAS INTEGRANTES, EMBORA NÃO BASTE À CARACTERIZAÇÃO DO GRUPO ECONÔMICO, CONSTITUI INDÍCIO QUE AUTORIZA A INVERSÃO OU REDISTRIBUIÇÃO DO ÔNUS DA PROVA, NOS TERMOS DO ART. 818 § 1º DA CLT, COM REDAÇÃO DADA PELA LEI 13.467/2017. INCUMBE ENTÃO AO EMPREGADOR O ÔNUS DE COMPROVAR A AUSÊNCIA DE INTERESSES INTEGRADOS, DA COMUNHÃO DE INTERESSES E/OU DA ATUAÇÃO CONJUNTA DAS EMPRESAS. APLICAÇÃO DOS PRINCÍPIOS DA APTIDÃO PARA A PROVA E DA PARIDADE DE ARMAS EM CONCRETO (ISONOMIA PROCESSUAL).

Propostas originais

GRUPO ECONÔMICO. ARTIGO 2º, §§ 2º E 3º, DA CLT. DISTRIBUIÇÃO RACIONAL DO ÔNUS DA PROVA

GRUPO ECONÔMICO. ARTIGO 2º, §§ 2º E 3º DA CLT. DISTRIBUIÇÃO RACIONAL DO ÔNUS DA PROVA. QUANDO APONTADA A EXISTÊNCIA DE GRUPO ECONÔMICO, A TEOR DOS §§ 2º E 3º DO ARTIGO 2º DA CLT, INCUMBE AO EMPREGADOR O ÔNUS DE COMPROVAR A AUSÊNCIA DE INTERESSES INTEGRADOS, DA COMUNHÃO DE INTERESSES E DA ATUAÇÃO CONJUNTA DAS EMPRESAS, NOS TERMOS DO ARTIGO 818, §1º DA CLT.

GRUPO ECONÔMICO E ÔNUS DA PROVA

GRUPO ECONÔMICO – PRESUNÇÃO RELATIVA – MERA IDENTIDADE SOCIETÁRIA – ÔNUS DA PROVA. A PRESUNÇÃO SERÁ SEMPRE RELATIVA DE EXISTÊNCIA DO GRUPO, CABENDO AO EMPREGADOR FAZER PROVA EM SENTIDO CONTRÁRIO. NESSE SENTIDO, O PRINCÍPIO DA APTIDÃO DA PROVA, EXPRESSAMENTE PREVISTO NO § 1º DO NOVO ART. 818 DA CLT, POSSIBILITA TRANSFERIR AO EMPREGADOR O ÔNUS DE COMPROVAR A INEXISTÊNCIA DOS REQUISITOS CONTIDOS NO § 3º DO ART. 2º DA CLT, ISTO É, DEMONSTRAÇÃO DO INTERESSE INTEGRADO, EFETIVA COMUNHÃO DE INTERESSES E ATUAÇÃO CONJUNTA DAS EMPRESAS SUPOSTAMENTE COMPONENTES DO GRUPO ECONÔMICO.

GRUPO ECONÔMICO. PROVA DIABÓLICA. INVERSÃO DO ÔNUS DA PROVA

GRUPO ECONÔMICO. PROVA DIABÓLICA. INVERSÃO DO ÔNUS DA PROVA. CONSTITUI PROVA DIABÓLICA EXIGIR QUE O TRABALHADOR DEMONSTRE EM JUÍZO O INTERESSE INTEGRADO, A COMUNHÃO DE INTERESSES E A ATUAÇÃO CONJUNTA ENTRE DUAS OU MAIS PESSOAS JURÍDICAS PARA FINS DE CARACTERIZAÇÃO DE GRUPO ECONÔMICO. POR ISSO, CONSIDERANDO A APTIDÃO PARA A PROVA E A PARIDADE DE ARMAS EM CONCRETO (ISONOMIA PROCESSUAL), COMPETE ÀS PESSOAS JURÍDICAS TIDAS COMO INTEGRANTES DE UM MESMO GRUPO ECONÔMICO DEMONSTRAR A NÃO CONFIGURAÇÃO DESSES REQUISITOS, MEDIANTE A INVERSÃO DO ÔNUS DA PROVA (NOVO ART. 818, § 1º, CLT; 373, § 1º, DO NCPC; 6º, VIII, DO CDC).

GRUPO ECONÔMICO TRABALHISTA

I – A LEI N. 13.467/17 RECONHECEU EXPRESSAMENTE A FIGURA DO GRUPO ECONÔMICO TRABALHISTA POR COORDENAÇÃO (ART. 2º, § 2º) E ESTABELECEU REQUISITOS SUBJETIVOS (INTERESSE INTEGRADO E COMUM) E OBJETIVOS (ATUAÇÃO CONJUNTA) PARA A CARACTERIZAÇÃO DO GRUPO, A SEREM VERIFICADOS NO CASO CONCRETO, PELO JUÍZO (ART. 2º, § 3º). II – A MERA IDENTIDADE DE SÓCIOS ENTRE AS EMPRESAS INTEGRANTES, EMBORA NÃO BASTE À CARACTERIZAÇÃO DO GRUPO ECONÔMICO, CONSTITUI INDÍCIO

QUE AUTORIZA A INVERSÃO OU REDISTRIBUIÇÃO DO ÔNUS DA PROVA, NOS TERMOS DO ART. 373 DO CPC C/C ART. 818 DA CLT, COM REDAÇÃO DADA PELA LEI N. 13.467/17; III — A TERCEIRIZAÇÃO DE ATIVIDADE-FIM TAMBÉM CONSTITUI INDÍCIO DE FORMAÇÃO DE GRUPO ECONÔMICO, DADA A CONEXÃO DO OBJETO SOCIAL DAS EMPRESAS E ATUAÇÃO EM SISTEMA DE COLABORAÇÃO, O QUE AUTORIZA A INVERSÃO DO ÔNUS DA PROVA, NOS TERMOS DO INCISO II.

ENUNCIADOS SIMPLES

Enunciado 1

ILEGITIMIDADE DA LEI 13.467/2017

A LEI 13.467/2017 É ILEGÍTIMA, NOS SENTIDOS FORMAL E MATERIAL.

Enunciado 2

PRINCÍPIO DA INTERVENÇÃO MÍNIMA

A AUTONOMIA DA VONTADE COLETIVA IMPEDE INTERFERÊNCIA JUDICIAL OU ADMINISTRATIVA NA ECLOSÃO DE GREVE EM OUTROS MECANISMOS DE PRESSÃO DE QUE DISPÕEM OS TRABALHADORES.

Enunciado 3

CADEIA DE FORNECIMENTO E RESPONSABILIDADE CIVIL OBJETIVA DO PODER ECONOMICAMENTE RELEVANTE

CADEIA DE FORNECIMENTO. RESPONSABILIDADE CIVIL OBJETIVA DO PODER ECONOMICAMENTE RELEVANTE POR VIOLAÇÕES AOS DIREITOS FUNDAMENTAIS DA PESSOA DO TRABALHADOR. DEVIDA DILIGÊNCIA PARA A PROMOÇÃO DE TRABALHO DECENTE. OBRIGAÇÃO DE REPARAR OS DANOS EXPERIMENTADOS PELO TRABALHADOR, INDEPENDENTEMENTE DE CULPA.

Enunciado 4

RESPONSABILIDADE SOLIDÁRIA DAS EMPRESAS QUE ATUAM EM CADEIA PRODUTIVA GLOBAL OU NACIONAL

SUBORDINAÇÃO ESTRUTURAL. GRUPO ECONÔMICO. RESPONSABILIDADE SOLIDÁRIA DAS EMPRESAS QUE ATUAM EM CADEIA PRODUTIVA NACIONAL OU GLOBAL, POR INTERPRETAÇÃO DOS PARÁGRAFOS 2º E 3º DO ARTIGO 2º DA CLT, ACRESCENTADOS PELA LEI 13.467/2017.

Enunciado 5

GRUPO ECONÔMICO. INTEGRAÇÃO. CONCEITO DO DIREITO EMPRESARIAL. BASE SOCIETÁRIA, OBRIGACIONAL E PESSOAL

NÃO CONFIGURADO O GRUPO ECONÔMICO NA FORMA DO NOVO ART. 2º, § 2º, DA CLT, COM A REDAÇÃO DADA PELA LEI 13.467/2017, É POSSÍVEL A INTEGRAÇÃO DO DIREITO, NA FORMA DO ART. 8º DA CLT (ESPECIALMENTE CONSIDERANDO SUA NOVA REDAÇÃO), PARA ABARCAR SITUAÇÕES NÃO DISCIPLINADAS PELA NOVA LEGISLAÇÃO TRABALHISTA. O GRUPO ECONÔMICO PODE TER NATUREZA SOCIETÁRIA, OBRIGACIONAL OU PESSOAL, BASTANDO APENAS A ATUAÇÃO COORDENADA, CONJUNTA OU COLIGADA DAS SOCIEDADES EMPRESÁRIAS. ASSIM, COMO TAL CONCEPÇÃO DESTINA-SE À DEFESA DA ORDEM ECONÔMICA E DA LIVRE CONCORRÊNCIA, COM MAIS RAZÃO AINDA DEVE SER APLICADA À DEFESA DAS VERBAS TRABALHISTAS.

Enunciado 6

INTERRUPÇÃO DA PRESCRIÇÃO

INTERRUPÇÃO DA PRESCRIÇÃO. INTEGRAÇÃO. SENDO A PRESCRIÇÃO REGULADA PELO CÓDIGO CIVIL, APLICAM-SE AO DIREITO DO TRABALHO AS HIPÓTESES DE INTERRUPÇÃO

DA PRESCRIÇÃO PREVISTAS NO ART. 202 DO CÓDIGO CIVIL, NOS TERMOS DO ART. 8º DA CLT. ASSIM, É POSSÍVEL A INTERRUPÇÃO DA PRESCRIÇÃO FORA DA HIPÓTESE PREVISTA NO § 3º DO ART. 11 DA CLT.

Enunciado 7

PRESCRIÇÃO TOTAL. INCOMPATIBILIDADE COM O ARTIGO 7º, XXIX, DA CONSTITUIÇÃO FEDERAL

A PRESCRIÇÃO TOTAL, CONSUBSTANCIADA NO ARTIGO 11, § 2º, DA CLT, É INCOMPATÍVEL COM O ARTIGO 7º, XXIX, DA CONSTITUIÇÃO FEDERAL.

Enunciado 8

SUCESSÃO TRABALHISTA

SUCESSÃO TRABALHISTA. A TEOR DO ART. 1.146 DO CÓDIGO CIVIL, APLICÁVEL AO DIREITO DO TRABALHO (CLT, ART. 8º), É CABÍVEL A RESPONSABILIDADE SOLIDÁRIA DO SUCEDIDO E DO SUCESSOR PELOS CRÉDITOS TRABALHISTAS CONSTITUÍDOS ANTES DO TRESPASSE DO ESTABELECIMENTO, INDEPENDENTEMENTE DA CARACTERIZAÇÃO DE FRAUDE.

COMISSÃO 2

JORNADA DE TRABALHO. BANCO DE HORAS. REMUNERAÇÃO E PARCELAS INDENIZATÓRIAS. DANOS EXTRAPATRIMONIAIS: TARIFAÇÃO E OUTROS ASPECTOS

ENUNCIADOS AGLUTINADOS

Enunciado 1

BANCO DE HORAS

BANCO DE HORAS POR ACORDO INDIVIDUAL. A COMPENSAÇÃO DE HORÁRIOS REQUER INTERVENÇÃO SINDICAL OBRIGATÓRIA, INDEPENDENTEMENTE DO SEU PRAZO DE DURAÇÃO, CONFORME ARTIGO 7º, XIII, CF, QUE AUTORIZA A COMPENSAÇÃO APENAS MEDIANTE ACORDO OU CONVENÇÃO COLETIVA DE TRABALHO.

Propostas originais

BANCO DE HORAS

BANCO DE HORAS SEMESTRAL. ACORDO INDIVIDUAL. INCONSTITUCIONALIDADE. É INCONSTITUCIONAL A REALIZAÇÃO DE BANCO DE HORAS AMPARADA EM ACORDO INDIVIDUAL DE TRABALHO, INDEPENDENTEMENTE DO SEU PRAZO DE DURAÇÃO. A CONSTITUIÇÃO PREVÊ EM SEU ARTIGO 7º, XIII, CF OS LIMITES DE JORNADA DE 44 HORAS SEMANAIS E 8 HORAS DIÁRIAS, FACULTADA A COMPENSAÇÃO APENAS POR ACORDO OU CONVENÇÃO COLETIVA DE TRABALHO.

IMPRESCINDIBILIDADE DA INTERVENIÊNCIA SINDICAL PARA A COMPENSAÇÃO DE JORNADA

NOS TERMOS DA PARTE FINAL DO ARTIGO 7º, XIII DA CF, A COMPENSAÇÃO DE HORÁRIOS REQUER INTERVENÇÃO SINDICAL OBRIGATÓRIA. ASSIM, OS ARTIGOS 59 E PARÁGRAFOS, 444 PARÁGRAFO ÚNICO E 611-A, II DA CLT DEVERÃO RECEBER INTERPRETAÇÃO CONFORME À CONSTITUIÇÃO, PARA INADMITIR QUALQUER INTERPRETAÇÃO QUE CONFIRA VALIDADE A COMPENSAÇÃO DE JORNADA (ACORDO DE COMPENSAÇÃO OU BANCO DE HORAS) NÃO INSTITUÍDA POR CONVENÇÃO OU ACORDO COLETIVO DE TRABALHO.

Enunciado 2

JORNADA 12 X 36

JORNADA 12 X 36. 1. TRATANDO-SE DE REGIME DE COMPENSAÇÃO DE JORNADA, É ESSENCIAL PARA A SUA VALIDADE A PREVISÃO EM ACORDO COLETIVO OU CONVENÇÃO

COLETIVA DE TRABALHO, NOS TERMOS DO ARTIGO 7º, XIII, DA CONSTITUIÇÃO FEDERAL, INCLUSIVE EM RELAÇÃO AO COMERCIÁRIO, EM RAZÃO DE LEI ESPECIAL (LEI 12.790/2013). 2. ARTIGO 60, PARÁGRAFO ÚNICO DA CLT. DISPENSA DE LICENÇA PRÉVIA PARA A REALIZAÇÃO DE JORNADA 12 X 36. MATÉRIA DE SAÚDE E SEGURANÇA DO TRABALHO. INCONSTITUCIONALIDADE POR INFRAÇÃO AO ARTIGO 7º, XXII, DA CONSTITUIÇÃO FEDERAL. 3. IMPOSSIBILIDADE DE REGIME "COMPLESSIVO" QUANTO AO PAGAMENTO DE FERIADOS E PRORROGAÇÃO DA JORNADA NOTURNA, POR INFRAÇÃO AO ARTIGO 7º, IX, DA CONSTITUIÇÃO FEDERAL. 4. A PRESTAÇÃO DE HORAS EXTRAS, INCLUSIVE PELA SUPRESSÃO DO INTERVALO INTRAJORNADA (AINDA QUE PARCIAL), DESCARACTERIZA O REGIME DE COMPENSAÇÃO DE JORNADA 12 X 36, IMPLICANDO O PAGAMENTO COMO HORA EXTRAORDINÁRIA DAQUELAS LABORADAS ALÉM DA 8ª DIÁRIA, POR INFRAÇÃO AO ARTIGO 7º, XIII E XXVI, DA CONSTITUIÇÃO FEDERAL.

Propostas originais

JORNADA 12 X 36

JORNADA 12 X 36. OFICIALIZAÇÃO DE MODO AMPLO. FORMAS DE CONTRATAÇÃO. SUPRESSÃO DE DIREITOS. O ACORDO INDIVIDUAL ESCRITO QUE ESTABELECE O HORÁRIO DE TRABALHO DE DOZE HORAS SEGUIDAS POR TRINTA E SEIS HORAS ININTERRUPTAS DE DESCANSO DEVE RESPEITAR CRITÉRIOS MÍNIMOS ESTABELECIDOS EM ACORDO COLETIVO DE TRABALHO E/OU CONVENÇÃO COLETIVA DE TRABALHO, A FIM DE GARANTIR OS DIREITOS DOS TRABALHADORES JÁ ASSEGURADOS NOS INSTRUMENTOS COLETIVOS.

JORNADA 12 X 36

JORNADA 12 X 36. 1. TRATANDO-SE DE REGIME DE COMPENSAÇÃO DE JORNADA, É ESSENCIAL PARA A SUA VALIDADE A PREVISÃO EM ACORDO COLETIVO OU CONVENÇÃO COLETIVA DE TRABALHO, NOS TERMOS DO ARTIGO 7º, XIII, DA CONSTITUIÇÃO FEDERAL, INCLUSIVE EM RELAÇÃO AO COMERCIÁRIO EM RAZÃO DE LEI ESPECIAL (LEI N. 12.790/2013). 2. ARTIGO 60, PARÁGRAFO ÚNICO. DISPENSA DE LICENÇA PRÉVIA PARA A REALIZAÇÃO DE JORNADA 12 X 36. MATÉRIA DE SAÚDE E SEGURANÇA DO TRABALHO. INCONSTITUCIONALIDADE POR INFRAÇÃO AO ARTIGO 7º, XXII, DA CONSTITUIÇÃO FEDERAL. 3. IMPOSSIBILIDADE DE REGIME "COMPLESSIVO" QUANTO AO PAGAMENTO DE FERIADOS E PRORROGAÇÃO DA JORNADA NOTURNA, POR INFRAÇÃO AO ARTIGO 7º, IX, DA CONSTITUIÇÃO FEDERAL. 4. A PRESTAÇÃO DE HORAS EXTRAS AINDA QUE EVENTUAIS, INCLUSIVE PELA SUPRESSÃO DO INTERVALO INTRAJORNADA AINDA QUE PARCIAL, DESCARACTERIZA O REGIME DE COMPENSAÇÃO DE JORNADA 12 X 36, IMPLICANDO O PAGAMENTO COMO HORA EXTRAORDINÁRIA DAQUELAS LABORADAS ALÉM DA 8ª DIÁRIA, POR INFRAÇÃO AO ARTIGO 7º, XIII E XXVI, DA CONSTITUIÇÃO FEDERAL.

DISPENSA DE LICENÇA PRÉVIA PARA A REALIZAÇÃO DE JORNADAS 12 X 36

DISPENSA DE LICENÇA PRÉVIA PARA A REALIZAÇÃO DE JORNADAS 12 X 36. MATÉRIA DE SAÚDE E SEGURANÇA DO TRABALHO. INCONSTITUCIONALIDADE. O ARTIGO 60, PARÁGRAFO ÚNICO, DA CLT NÃO É COMPATÍVEL COM O ARTIGO 7º, XXII, DA CONSTITUIÇÃO FEDERAL.

JORNADA DE TRABALHO. ARTIGO 59-A DA CLT

A FACULDADE DE QUE TRATA O ARTIGO 59-A DA CLT, COM A REDAÇÃO DADA PELA LEI N. 13.467/2017, DE FIRMAR "ACORDO INDIVIDUAL ESCRITO" PARA ESTABELECER HORÁRIO DE TRABALHO DE 12 HORAS SEGUIDAS POR 36 HORAS ININTERRUPTAS É INCOMPATÍVEL COM O PRINCÍPIO PROTETIVO E COM O ARTIGO 7º, *CAPUT* E INCISO XIII DA CONSTITUIÇÃO FEDERAL, QUE ASSEGURAM A COMPENSAÇÃO DE JORNADA MEDIANTE ACORDO COLETIVO OU CONVENÇÃO COLETIVA DE TRABALHO.

JORNADA 12 X 36

JORNADA 12 X 36. 1. TRATANDO-SE DE REGIME DE COMPENSAÇÃO DE JORNADA, É ESSENCIAL PARA A SUA VALIDADE A PREVISÃO EM ACORDO COLETIVO OU CONVENÇÃO

COLETIVA DE TRABALHO, NOS TERMOS DO ARTIGO 7º, XIII, DA CONSTITUIÇÃO FEDERAL, INCLUSIVE EM RELAÇÃO AO COMERCIÁRIO EM RAZÃO DE LEI ESPECIAL (LEI N. 12.790/2013). 2. ARTIGO 60, PARÁGRAFO ÚNICO. DISPENSA DE LICENÇA PRÉVIA PARA A REALIZAÇÃO DE JORNADA 12 X 36. MATÉRIA DE SAÚDE E SEGURANÇA DO TRABALHO. INCONSTITUCIONALIDADE POR INFRAÇÃO AO ARTIGO 7º, XXII, DA CONSTITUIÇÃO FEDERAL. 3. IMPOSSIBILIDADE DE REGIME "COMPLESSIVO" QUANTO AO PAGAMENTO DE FERIADOS E PRORROGAÇÃO DA JORNADA NOTURNA, POR INFRAÇÃO AO ARTIGO 7º, IX, DA CONSTITUIÇÃO FEDERAL. 4. A PRESTAÇÃO DE HORAS EXTRAS AINDA QUE EVENTUAIS, INCLUSIVE PELA SUPRESSÃO DO INTERVALO INTRAJORNADA AINDA QUE PARCIAL, DESCARACTERIZA O REGIME DE COMPENSAÇÃO DE JORNADA 12X36, IMPLICANDO O PAGAMENTO COMO HORA EXTRAORDINÁRIA DAQUELAS LABORADAS ALÉM DA 8ª DIÁRIA, POR INFRAÇÃO AO ARTIGO 7º, XIII E XXVI, DA CONSTITUIÇÃO FEDERAL.

JORNADA 12 X 36. INSERÇÃO DO REPOUSO SEMANAL REMUNERADO E DOS FERIADOS. FIXAÇÃO POR ACORDO INDIVIDUAL. IMPOSSIBILIDADE

JORNADA 12 X 36. INSERÇÃO DO REPOUSO SEMANAL REMUNERADO E DOS FERIADOS. FIXAÇÃO POR ACORDO INDIVIDUAL. IMPOSSIBILIDADE. I — A POSSIBILIDADE QUANTO À FIXAÇÃO DA JORNADA DE 12 X 36 POR ACORDO INDIVIDUAL PREVISTA NO ARTIGO 59-A DA CLT NÃO É COMPATÍVEL COM OS ARTIGOS 7º, XIII, DA CONSTITUIÇÃO FEDERAL. II — O PARÁGRAFO ÚNICO DO ARTIGO 59-A DA CLT NÃO É COMPATÍVEL COM OS INCISOS IX E XV, DO ARTIGO 7º DA CONSTITUIÇÃO FEDERAL, NEM COM A CONVENÇÃO 171 DA OIT; III — O PARÁGRAFO ÚNICO DO ARTIGO 59-B DA CLT NÃO É COMPATÍVEL COM O ARTIGO 7º, XXVI, DA CONSTITUIÇÃO FEDERAL.

REPOUSO SEMANAL REMUNERADO E TURNOS DE REVEZAMENTO

REPOUSO SEMANAL REMUNERADO OBRIGATÓRIO E NÃO INCLUÍDO NAS HORAS DE DESCANSO. INSTITUTO DIVERSO DA JORNADA DE TRABALHO E DOS TURNOS DE REVEZAMENTO. IMPOSSIBILIDADE DE REGIME "COMPLESSIVO" QUANTO À JORNADA. INAPLICABILIDADE DO SISTEMA DE 12 X 36. NECESSIDADE DE LICENÇA PRÉVIA MANTIDA.

Enunciado 3

HORAS DE TRAJETO: HIPÓTESES DE CÔMPUTO NA JORNADA APÓS A LEI 13.467/2017

1. A ESTRUTURA NORMATIVA MATRIZ DO ART. 4º DA CLT CONTEMPLA A LÓGICA DO TEMPO À DISPOSIÇÃO, NÃO ELIMINADA A CONDIÇÃO DE CÔMPUTO QUANDO SE VERIFICAR CONCRETAMENTE QUE O TRANSPORTE ERA CONDIÇÃO E/OU NECESSIDADE IRREFUTÁVEL, E NÃO DE ESCOLHA PRÓPRIA DO EMPREGADO, PARA POSSIBILITAR O TRABALHO NO HORÁRIO E LOCAL DESIGNADOS PELO EMPREGADOR, MANTENDO-SE O PARÂMETRO DESENVOLVIDO PELA SÚMULA 90 DO TST, CASO EM QUE FARÁ JUS O TRABALHADOR À CONTAGEM, COMO TEMPO DE TRABALHO, DO TEMPO DE DESLOCAMENTO GASTO EM TRECHO DE DIFÍCIL ACESSO OU SEM TRANSPORTE PÚBLICO POR MEIO FORNECIDO PELO EMPREGADOR, NA IDA OU RETORNO PARA O TRABALHO. INTELIGÊNCIA DO ARTIGO 3º, C, DA CONVENÇÃO 155 DA OIT. 2. INAPLICABILIDADE DO §2º DO ART. 58 DA LEI 13.467/2017 AO TRABALHO EXECUTADO NA ATIVIDADE RURAL.

Propostas originais

CABIMENTO DO CÔMPUTO DA JORNADA *IN ITINERE*

O TEMPO DE PERCURSO CASA-TRABALHO E VICE E VERSA DEVE SER COMPUTADO NA JORNADA NORMAL DE TRABALHO, SEJA COM BASE NO PRINCÍPIO DA NORMA MAIS FAVORÁVEL (APLICAÇÃO ANALÓGICA DO ART. 238, § 3º DA CLT), SEJA COM FULCRO NO ART. 3, "C" DA CONVENÇÃO INTERNACIONAL N. 155 DA OIT, QUE RECLAMA QUE O ART. 58 § 2º DA CLT RECEBA INTERPRETAÇÃO CONFORME AO ALUDIDO DISPOSITIVO INTERNACIONAL.

HORAS "IN ITINERE"

1. A ESTRUTURA NORMATIVA MATRIZ DO ART. 4º DA CLT CONTEMPLA A LÓGICA DO TEMPO À DISPOSIÇÃO, NÃO ELIMINADA A CONDIÇÃO DE CÔMPUTO QUANDO SE VERIFICAR CONCRETAMENTE QUE O TRANSPORTE ERA CONDIÇÃO E/OU NECESSIDADE IRREFUTÁVEL, E NÃO DE ESCOLHA PRÓPRIA DO EMPREGADO, PARA POSSIBILITAR O TRABALHO NO HORÁRIO E LOCAL DESIGNADOS PELO EMPREGADOR, MANTENDO-SE O PARÂMETRO DESENVOLVIDO PELA SÚMULA N. 90 DO TST, FAZENDO JUS O TRABALHADOR À CONTAGEM COMO TEMPO DE TRABALHO DO TEMPO DE DESLOCAMENTO GASTO EM TRECHO DE DIFÍCIL ACESSO OU SEM TRANSPORTE PÚBLICO POR MEIO FORNECIDO PELO EMPREGADOR NA IDA OU RETORNO PARA O TRABALHO, NOS TERMOS INCLUSIVE DO ARTIGO 3º, C, DA CONVENÇÃO OIT N. 155. 2. INAPLICABILIDADE DO § 2º DO ART. 58 DA LEI 13.467/2017 AO TRABALHO EXECUTADO NA ATIVIDADE RURAL.

JORNADA DE TRABALHO

PERMANECENDO A ESTRUTURA NORMATIVA MATRIZ DO ART. 4º DA CLT, QUE CONTEMPLA A LÓGICA DO TEMPO À DISPOSIÇÃO, NÃO ESTÁ ELIMINADA A CONDIÇÃO DE CÔMPUTO QUANDO SE VERIFICAR CONCRETAMENTE QUE O TRANSPORTE ERA CONDIÇÃO E/OU NECESSIDADE IRREFUTÁVEL PARA POSSIBILITAR O TRABALHO NO HORÁRIO E LOCAL DESIGNADOS PELO EMPREGADOR, MANTENDO-SE ÍNTEGRO O PARÂMETRO DESENVOLVIMENTO PELA SÚMULA N. 90 DO TST.

ARTS. 4º E 58, § 3º (TEMPO À DISPOSIÇÃO)

TEMPO À DISPOSIÇÃO. HORAS *"IN ITINERE"*. APESAR DA REVOGAÇÃO DO ART. 58, § 3º, DA CLT PELA LEI N. 13.467/2017, CONSIDERA-SE TEMPO À DISPOSIÇÃO DO EMPREGADOR, NA FORMA DO ART. 4º DA CLT, O ENTENDIMENTO CONSUBSTANCIADO NA SÚMULA 90 DO TST, ANTERIOR À LEI N. 10.243/2001 QUE A INCORPOROU À LEI, DE QUE "O TEMPO DESPENDIDO PELO EMPREGADO, EM CONDUÇÃO FORNECIDA PELO EMPREGADOR, ATÉ O LOCAL DE TRABALHO DE DIFÍCIL ACESSO, OU NÃO SERVIDO POR TRANSPORTE PÚBLICO REGULAR, E PARA O SEU RETORNO É COMPUTÁVEL NA JORNADA DE TRABALHO". NESSE CASO, NÃO SE TRATA DE CRIAÇÃO DE DIREITO, MAS DA CONSTATAÇÃO DE QUE O EMPREGADO NÃO SE ENCONTRA NO VEÍCULO DO EMPREGADOR "POR ESCOLHA PRÓPRIA", CONFORME ESTABELECE O NOVO § 2º DO ART. 4º DA CLT.

PERSISTÊNCIA DO DIREITO À REMUNERAÇÃO DAS HORAS *IN ITINERE* APÓS A REFORMA TRABALHISTA

HORAS IN ITINERE. PERSISTÊNCIA DO DIREITO APÓS A REFORMA TRABALHISTA. A NOVA REDAÇÃO DADA AO § 2º DO ART. 58 DA CLT NÃO ELIMINOU O DIREITO À REMUNERAÇÃO DAS HORAS *"IN ITINERE"*, AO NÃO MENCIONAR O TEMPO DE TRAJETO DO TRABALHADOR PARA LOCAL DE DIFÍCIL ACESSO OU NÃO SERVIDO POR TRANSPORTE PÚBLICO REGULAR. NO CASO, A NOVA REDAÇÃO DO DISPOSITIVO LEGAL DEVE SER INTERPRETADA EM CONSONÂNCIA COM O § 2º DO ART. 4º DA CLT, DE MODO A RECONHECER QUE O DESLOCAMENTO EM CONDUÇÃO FORNECIDA PELO EMPREGADOR, QUANDO DECORRENTE DA ORGANIZAÇÃO PRODUTIVA PATRONAL, E NÃO DE ESCOLHA PRÓPRIA DO EMPREGADO, DESTINADO A LOCAL DE DIFÍCIL ACESSO OU NÃO SERVIDO POR TRANSPORTE PÚBLICO REGULAR, DEVE SER REMUNERADO. ASSIM, PERMANECEM INCÓLUMES OS FUNDAMENTOS QUE MOTIVARAM A EDIÇÃO DA SÚMULA 90 DO TST.

Enunciado 4

PARCELAS REMUNERATÓRIAS SOB A LEI 13.467/2017

1. EXPRESSÃO "AINDA QUE HABITUAIS" CONSTANTE DO § 2º DO ART. 457, DA CLT, COM A REDAÇÃO DADA PELA LEI 13.467/17. A INTERPRETAÇÃO SISTEMÁTICA DOS ARTIGOS 195, I E 201, *CAPUT* E § 11, DA CONSTITUIÇÃO FEDERAL REVELA QUE A CONTRIBUIÇÃO SOCIAL INCIDE SOBRE OS GANHOS HABITUAIS, A QUALQUER TÍTULO, PARA SE PRESERVAR O EQUILÍBRIO FINANCEIRO E ATUARIAL DO RGPS — REGIME GERAL DA PREVIDÊNCIA

SOCIAL COM IGUAL RAZÃO, A INTERPRETAÇÃO DO ART. 457, § 2º, DA CLT, EM CONFORMIDADE COM A CONSTITUIÇÃO, DENOTA QUE NÃO IMPORTA O TÍTULO ATRIBUÍDO PELO EMPREGADOR À PARCELA, PORQUANTO, PARA TER NATUREZA JURÍDICA SALARIAL, BASTA QUE ELA SEJA HABITUAL E DECORRENTE DO TRABALHO PRESTADO POR CONTA ALHEIA, SENDO MERAMENTE EXEMPLIFICATIVO O ROL DO § 1º E ADMITINDO-SE OUTRAS PARCELAS SALARIAIS, TAIS COMO ADICIONAIS, IMPORTÂNCIAS VARIÁVEIS E GRATIFICAÇÕES LEGAIS E CONVENCIONAIS. A NÃO INTEGRAÇÃO NA REMUNERAÇÃO DAS PARCELAS RELACIONADAS NO ART. 457, §§ 2º E 4º, DA CLT DEPENDE DE QUE EFETIVAMENTE SIRVAM A PROPICIAR CONDIÇÕES PARA REALIZAÇÃO DO TRABALHO OU SE RETIRAM A SITUAÇÕES EXCEPCIONAIS AO COTIDIANO DA RELAÇÃO DE EMPREGO. 2. PRÊMIOS. NECESSÁRIA VINCULAÇÃO A DESEMPENHO PROFISSIONAL DIFERENCIADO. A CONCESSÃO HABITUAL DE PRÊMIOS, DESVINCULADA DO REQUISITO DE DESEMPENHO PROFISSIONAL SUPERIOR AO ORDINARIAMENTE ESPERADO (ART. 457, § 4º, DA CLT), CONSTITUI FRAUDE (ART. 9º, CLT), INTEGRANDO A REMUNERAÇÃO DO EMPREGADO A PARCELA PAGA FORA DOS PRECEITOS LEGAIS.

Propostas originais

AS PARCELAS RELACIONADAS NO ART. 457, § 1º, DA CLT, PARA COMPOSIÇÃO DO SALÁRIO SÃO MERAMENTE EXEMPLIFICATIVAS

ART. 457, § 1º DA CLT. PARCELAS DE NATUREZA SALARIAL. ROL MERAMENTE EXEMPLIFICATIVO. AS PARCELAS RELACIONADAS NO ART. 457, § 1º DA CLT PARA COMPOSIÇÃO DO SALÁRIO SÃO MERAMENTE EXEMPLIFICATIVAS. O COMPLEXO SALARIAL ADMITE OUTRAS PARTÍCULAS SALARIAS, TAIS COMO ADICIONAIS, IMPORTÂNCIAS VARIÁVEIS E GRATIFICAÇÕES LEGAIS E CONVENCIONAIS.

ART. 457, §§ 2º E 4º DA CLT. A NATUREZA JURÍDICA DE IMPORTÂNCIAS ALCANÇADAS PELO EMPREGADOR AO EMPREGADO NÃO É DEFINIDA PELA SEMÂNTICA, MAS A PARTIR DE ELEMENTOS JUSTRABALHISTAS

ART. 457, §§ 2º E 4º DA CLT. NATUREZA JURÍDICA DE PARCELAS PAGAS PELO EMPREGADOR. A NATUREZA JURÍDICA DE IMPORTÂNCIAS ALCANÇADAS PELO EMPREGADOR AO EMPREGADO NÃO É DEFINIDA PELA SEMÂNTICA, MAS A PARTIR DE ELEMENTOS JUSTRABALHISTAS. A NÃO INTEGRAÇÃO NA REMUNERAÇÃO DAS PARCELAS RELACIONADAS NO ART. 457, §§ 2º E 4º DA CLT DEPENDEM DE QUE EFETIVAMENTE SIRVAM A PROPICIAR CONDIÇÕES PARA REALIZAÇÃO DO TRABALHO OU A SITUAÇÕES EXCEPCIONAIS AO COTIDIANO DA RELAÇÃO DE EMPREGO.

INCONSTITUCIONALIDADE CONTIDA NO § 2º DO ART. 457 DA CLT

INCONSTITUCIONALIDADE DA EXPRESSÃO" "AINDA QUE HABITUAIS" CONSTANTE DO § 2º DO ART. 457, DA CLT, COM A REDAÇÃO DADA PELA LEI 13.467/17. A INTERPRETAÇÃO SISTEMÁTICA DOS ARTIGOS 195, I E 201, *CAPUT* E § 11 DA CONSTITUIÇÃO FEDERAL REVELA QUE A CONTRIBUIÇÃO SOCIAL INCIDE SOBRE OS GANHOS HABITUAIS, A QUALQUER TÍTULO, PARA SE PRESERVAR O EQUILÍBRIO FINANCEIRO E ATUARIAL DO RGPS — REGIME GERAL DA PREVIDÊNCIA SOCIAL. A INTERPRETAÇÃO DO ART. 457, § 2º DA CLT EM CONFORMIDADE COM A CONSTITUIÇÃO DENOTA QUE NÃO IMPORTA O TÍTULO ATRIBUÍDO PELO EMPREGADOR À PARCELA, PORQUANTO, PARA TER NATUREZA JURÍDICA SALARIAL, BASTA QUE ELA SEJA HABITUAL E DECORRENTE DO TRABALHO PRESTADO POR CONTA ALHEIA.

REMUNERAÇÃO E PARCELAS INDENIZATÓRIAS

1. EXPRESSÃO "AINDA QUE HABITUAIS" CONSTANTE DO § 2º DO ART. 457, DA CLT, COM A REDAÇÃO DADA PELA LEI 13.467/17. A INTERPRETAÇÃO SISTEMÁTICA DOS ARTIGOS 195, I E 201, *CAPUT* E § 11, DA CONSTITUIÇÃO FEDERAL REVELA QUE A CONTRIBUIÇÃO SOCIAL INCIDE SOBRE OS GANHOS HABITUAIS, A QUALQUER TÍTULO, PARA SE PRESERVAR O EQUILÍBRIO FINANCEIRO E ATUARIAL DO RGPS — REGIME GERAL DA PREVIDÊNCIA SOCIAL.

A INTERPRETAÇÃO DO ART. 457, § 2º, DA CLT EM CONFORMIDADE COM A CONSTITUIÇÃO DENOTA QUE NÃO IMPORTA O TÍTULO ATRIBUÍDO PELO EMPREGADOR À PARCELA, PORQUANTO, PARA TER NATUREZA JURÍDICA SALARIAL, BASTA QUE ELA SEJA HABITUAL E DECORRENTE DO TRABALHO PRESTADO POR CONTA ALHEIA, SENDO MERAMENTE EXEMPLIFICATIVO O ROL DO § 1º, ADMITINDO OUTRAS PARCELAS SALARIAIS, TAIS COMO ADICIONAIS, IMPORTÂNCIAS VARIÁVEIS E GRATIFICAÇÕES LEGAIS E CONVENCIONAIS. A NÃO INTEGRAÇÃO NA REMUNERAÇÃO DAS PARCELAS RELACIONADAS NO ART. 457, §§ 2º E 4º, DA CLT DEPENDEM DE QUE EFETIVAMENTE SIRVAM A PROPICIAR CONDIÇÕES PARA REALIZAÇÃO DO TRABALHO OU A SITUAÇÕES EXCEPCIONAIS AO COTIDIANO DA RELAÇÃO DE EMPREGO. 2. PRÊMIOS. NECESSÁRIA VINCULAÇÃO A DESEMPENHO PROFISSIONAL DIFERENCIADO. A CONCESSÃO HABITUAL DE PRÊMIOS DESVINCULADA DO REQUISITO DE DESEMPENHO PROFISSIONAL SUPERIOR AO ORDINARIAMENTE ESPERADO (ART. 457, §4º, DA CLT) CONSTITUI FRAUDE (ART. 9º, CLT), INTEGRANDO A REMUNERAÇÃO DO EMPREGADO A PARCELA PAGA FORA DOS PRECEITOS LEGAIS.

PRÊMIOS. NECESSÁRIA VINCULAÇÃO A DESEMPENHO PROFISSIONAL DIFERENCIADO

PRÊMIOS. NECESSÁRIA VINCULAÇÃO A DESEMPENHO PROFISSIONAL DIFERENCIADO. A CONCESSÃO HABITUAL DE PRÊMIOS DESVINCULADA DO REQUISITO DE DESEMPENHO PROFISSIONAL SUPERIOR AO ORDINARIAMENTE ESPERADO (ART. 457, §4º, DA CLT) CONSTITUI FRAUDE (ART. 9º, CLT), INTEGRANDO A REMUNERAÇÃO DO EMPREGADO A PARCELA PAGA FORA DOS PRECEITOS LEGAIS.

COMPOSIÇÃO DA REMUNERAÇÃO. PARCELAS EFETIVAMENTE SALARIAIS. INCORPORAÇÃO AO CONTRATO DE TRABALHO INDEPENDENTEMENTE DE SUA NOMENCLATURA. PRIMAZIA DA REALIDADE

COMPOSIÇÃO DA REMUNERAÇÃO. PARCELAS EFETIVAMENTE SALARIAIS. INCORPORAÇÃO AO CONTRATO DE TRABALHO INDEPENDENTEMENTE DE SUA NOMENCLATURA. PRIMAZIA DA REALIDADE. CONSTATANDO-SE A NATUREZA CONTRAPRESTATIVA DAS PARCELAS DENOMINADAS "AJUDA DE CUSTO", "AUXÍLIO-ALIMENTAÇÃO", "DIÁRIAS PARA VIAGEM", "PRÊMIOS" E "ABONOS SALARIAIS", À LUZ DO ARTIGO 457, *CAPUT*, DA CLT, SERÃO ELAS INCORPORADAS AO CONTRATO DE TRABALHO E CONSTITUIRÃO BASE DE CÁLCULO DOS DEMAIS ENCARGOS TRABALHISTAS, PREVIDENCIÁRIOS E TRIBUTÁRIOS, INDEPENDENTEMENTE DE SUA NOMENCLATURA. INTERPRETAÇÃO SISTEMÁTICA COM O ARTIGO 9º DA CLT.

INCONSTITUCIONALIDADE DOS ARTIGOS 457 E 468 DA CLT

1. EXPRESSÃO "AINDA QUE HABITUAIS" CONSTANTE DO § 2º DO ART. 457, DA CLT, COM A REDAÇÃO DADA PELA LEI 13.467/17. A INTERPRETAÇÃO SISTEMÁTICA DOS ARTIGOS 195, I E 201, *CAPUT* E § 11, DA CONSTITUIÇÃO FEDERAL REVELA QUE A CONTRIBUIÇÃO SOCIAL INCIDE SOBRE OS GANHOS HABITUAIS, A QUALQUER TÍTULO, PARA SE PRESERVAR O EQUILÍBRIO FINANCEIRO E ATUARIAL DO RGPS — REGIME GERAL DA PREVIDÊNCIA SOCIAL. A INTERPRETAÇÃO DO ART. 457, § 2º, DA CLT EM CONFORMIDADE COM A CONSTITUIÇÃO DENOTA QUE NÃO IMPORTA O TÍTULO ATRIBUÍDO PELO EMPREGADOR À PARCELA, PORQUANTO, PARA TER NATUREZA JURÍDICA SALARIAL, BASTA QUE ELA SEJA HABITUAL E DECORRENTE DO TRABALHO PRESTADO POR CONTA ALHEIA, SENDO MERAMENTE EXEMPLIFICATIVO O ROL DO § 1º, ADMITINDO OUTRAS PARCELAS SALARIAIS, TAIS COMO ADICIONAIS, IMPORTÂNCIAS VARIÁVEIS E GRATIFICAÇÕES LEGAIS E CONVENCIONAIS. A NÃO INTEGRAÇÃO NA REMUNERAÇÃO DAS PARCELAS RELACIONADAS NO ART. 457, §§ 2º E 4º, DA CLT DEPENDEM DE QUE EFETIVAMENTE SIRVAM A PROPICIAR CONDIÇÕES PARA REALIZAÇÃO DO TRABALHO OU A SITUAÇÕES EXCEPCIONAIS AO COTIDIANO DA RELAÇÃO DE EMPREGO. 2. PRÊMIOS. NECESSÁRIA VINCULAÇÃO A DESEMPENHO PROFISSIONAL DIFERENCIADO. A CONCESSÃO HABITUAL DE PRÊMIOS DESVINCULADA DO REQUISITO DE DESEMPENHO PROFISSIONAL SUPERIOR AO ORDINARIAMENTE ESPERADO (ART. 457, § 4º, DA CLT) CONSTITUI FRAUDE (ART. 9º, CLT), INTEGRANDO A REMUNERAÇÃO DO EMPREGADO A PARCELA PAGA FORA DOS PRECEITOS LEGAIS.

Enunciado 5

DANO EXTRAPATRIMONIAL: EXCLUSIVIDADE DE CRITÉRIOS

APLICAÇÃO EXCLUSIVA DOS NOVOS DISPOSITIVOS DO TÍTULO II-A DA CLT À REPARAÇÃO DE DANOS EXTRAPATRIMONIAIS DECORRENTES DAS RELAÇÕES DE TRABALHO: INCONSTITUCIONALIDADE. A ESFERA MORAL DAS PESSOAS HUMANAS É CONTEÚDO DO VALOR DIGNIDADE HUMANA (ART. 1º, III, DA CF) E, COMO TAL, NÃO PODE SOFRER RESTRIÇÃO À REPARAÇÃO AMPLA E INTEGRAL QUANDO VIOLADA, SENDO DEVER DO ESTADO A RESPECTIVA TUTELA NA OCORRÊNCIA DE ILICITUDES CAUSADORAS DE DANOS EXTRAPATRIMONIAIS NAS RELAÇÕES LABORAIS. DEVEM SER APLICADAS TODAS AS NORMAS EXISTENTES NO ORDENAMENTO JURÍDICO QUE POSSAM IMPRIMIR, NO CASO CONCRETO, A MÁXIMA EFETIVIDADE CONSTITUCIONAL AO PRINCÍPIO DA DIGNIDADE DA PESSOA HUMANA (ART. 5º, V E X, DA CF). A INTERPRETAÇÃO LITERAL DO ART. 223-A DA CLT RESULTARIA EM TRATAMENTO DISCRIMINATÓRIO INJUSTO ÀS PESSOAS INSERIDAS NA RELAÇÃO LABORAL, COM INCONSTITUCIONALIDADE POR OFENSA AOS ARTS. 1º, III; 3º, IV; 5º, *CAPUT* E INCISOS V E X E 7º, *CAPUT*, TODAS DA CONSTITUIÇÃO FEDERAL.

Propostas originais

INCONSTITUCIONALIDADE DO ART.223-G DA CLT

DANO EXTRAPATRIMONIAL — INDENIZAÇÃO TARIFADA — VIOLAÇÃO À ISONOMIA — INCONSTITUCIONALIDADE. NOS TERMOS DA DECISÃO PROFERIDA NA ADPF 130/DF QUE DECLAROU A INCONSTITUCIONALIDADE DOS ARTS. 52 E 56 DA LEI DE IMPRENSA, COM EXPRESSA REFERÊNCIA À SÚMULA 281 DO STJ, A INDENIZAÇÃO POR DANO MORAL NÃO ESTÁ SUJEITA A QUALQUER TARIFAÇÃO. IDÊNTICA A HIPÓTESE DO ART. 223-G DA NOVA CLT QUE, DA MESMA FORMA, AFRONTA O INCISO X, DO ART. 5º DA CRFB/88, QUE NÃO LIMITA O VALOR DA INDENIZAÇÃO PARA QUALQUER DANO EXTRAPATRIMONIAL.

DANO EXTRAPATRIMONIAL, § 1º DO ART. 223-G DA LEI 13.467/2017

DANO EXTRAPATRIMONIAL, § 1º DO ART. 223-G DA LEI 13.467.2017. A QUANTIFICAÇÃO DO DANO IMATERIAL PREVISTA NOS INCISOS DE I A IV DO § 1º DO ART. 223-G É INAPLICÁVEL PORQUANTO INCONSTITUCIONAL.

DANOS EXTRAPATRIMONIAIS: TARIFAÇÃO

É DE NATUREZA EXEMPLIFICATIVA A ENUMERAÇÃO DOS DIREITOS PERSONALÍSSIMOS DOS TRABALHADORES CONSTANTE DO NOVO ARTIGO 223-C DA CLT, CONSIDERANDO A PLENITUDE DA TUTELA JURÍDICA À DIGNIDADE DA PESSOA HUMANA ASSEGURADA PELA CONSTITUIÇÃO FEDERAL (ARTIGOS 1º, III; 3º, IV, 5º, *CAPUT*, E § 2º.

DANO EXTRAPATRIMONIAL. RELAÇÃO DE TRABALHO. DIGNIDADE DA PESSOA HUMANA. NÃO DISCRIMINAÇÃO/ISONOMIA. NECESSIDADE DE REPARAÇÃO AMPLA E INTEGRAL.PROIBIÇÃO AO RETROCESSO SOCIAL TRABALHISTA. INCONSTITUCIONALIDADE DO ART. 223-A DA CLT

A ESFERA MORAL DAS PESSOAS HUMANAS É CONTEÚDO DO VALOR DIGNIDADE HUMANA (ART. 1º, III, DA CF) E COMO TAL NÃO PODE SOFRER RESTRIÇÃO À REPARAÇÃO AMPLA E INTEGRAL QUANDO VIOLADA, SENDO DEVER DO ESTADO A RESPECTIVA TUTELA NA OCORRÊNCIA DE ILICITUDES CAUSADORAS DE DANOS EXTRAPATRIMONIAIS NAS RELAÇÕES LABORAIS. SOB A ÓTICA DO PRINCÍPIO ESPECIAL TRABALHISTA DA NORMA MAIS FAVORÁVEL, DEVEM SER APLICADAS TODAS AS NORMAS EXISTENTES NO ORDENAMENTO JURÍDICO QUE POSSAM IMPRIMIR, NO CASO CONCRETO, A MÁXIMA EFETIVIDADE CONSTITUCIONAL AO PRINCÍPIO DA DIGNIDADE DA PESSOA HUMANA, EFETIVANDO-SE O ART. 5º, V E X, DA CF. A INTERPRETAÇÃO LITERAL DO ART. 223-A DA CLT RESULTARIA EM TRATAMENTO DISCRIMINATÓRIO INJUSTO E ODIOSO ÀS PESSOAS INSERIDAS NA RELAÇÃO LABORAL, NOTADAMENTE AO TRABALHADOR, MAIOR ATINGIDO, EM CLARO RETROCESSO SOCIAL. INCONSTITUCIONALIDADE DO ART. 223-A DA CLT POR CLARA OFENSA AOS ARTS. 1º, III; 3º, IV; 5º, *CAPUT* E INCISOS V E X E 7º, *CAPUT*, DA CF.

TÍTULO II-A DA CLT. VEDAÇÃO AO EXERCÍCIO DA ATIVIDADE JUDICIAL

TÍTULO II-A DA CLT. VEDAÇÃO AO EXERCÍCIO DA ATIVIDADE JUDICIAL. A RESTRIÇÃO CONSTANTE DO ARTIGO 225-A DA CLT NÃO É COMPATÍVEL COM OS ARTIGOS 2º E 5º, LIV E LV, DA CONSTITUIÇÃO FEDERAL (PRINCÍPIOS DA SEPARAÇÃO DOS PODERES E DO DEVIDO PROCESSO LEGAL SUBSTANTIVO).

TARIFAÇÃO DO DANO EXTRAPATRIMONIAL. ART. 223-G, § 1º, DA LEI N. 13.467/2017. INCONSTITUCIONALIDADE

TARIFAÇÃO DO DANO EXTRAPATRIMONIAL. ART. 223-G, § 1º, DA LEI N. 13.467/2017. INCONSTITUCIONALIDADE. É INCONSTITUCIONAL A TARIFAÇÃO IMPOSTA PELO ART. 223-G, § 1º, DA LEI N. 13.467/2017, POIS REPRESENTA VIOLAÇÃO: (I) AO ART. 5º, *CAPUT*, DA CONSTITUIÇÃO FEDERAL DE 1988, POR DESRESPEITAR O PRINCÍPIO DA IGUALDADE E PERMITIR SITUAÇÕES DE DISCRIMINAÇÃO ENTRE TRABALHADORES DE PADRÃO SALARIAL DIVERSO; (II) AOS INCISOS V E X, POR EXCLUIR A APLICAÇÃO DO PRINCÍPIO DA REPARAÇÃO INTEGRAL DOS DANOS, DIANTE DA LIMITAÇÃO DO VALOR MÁXIMO PARA A REPARAÇÃO DO DANO EXTRAPATRIMONIAL; E (III) AO INCISO XXXV, POR NÃO PERMITIR, EM TODAS AS SITUAÇÕES, UMA PRESTAÇÃO JURISDICIONAL JUSTA E ADEQUADA.

APLICAÇÃO EXCLUSIVA DOS NOVOS DISPOSITIVOS DO TÍTULO II-A DA CLT À REPARAÇÃO DE DANOS EXTRAPATRIMONIAIS DECORRENTES DAS RELAÇÕES DE TRABALHO. INCONSTITUCIONALIDADE

APLICAÇÃO EXCLUSIVA DOS NOVOS DISPOSITIVOS DO TÍTULO II-A DA CLT À REPARAÇÃO DE DANOS EXTRAPATRIMONIAIS DECORRENTES DAS RELAÇÕES DE TRABALHO. INCONSTITUCIONALIDADE. É INCONSTITUCIONAL A PREVISÃO LEGAL DE EXCLUSIVIDADE DA APLICAÇÃO DOS NOVOS DISPOSITIVOS DO TÍTULO II-A DA CLT À REPARAÇÃO DE DANOS EXTRAPATRIMONIAIS DECORRENTES DAS RELAÇÕES DE TRABALHO, POIS VIOLA A NATUREZA DO SISTEMA JURÍDICO NACIONAL, DE CONFIGURAÇÃO ABERTA E INTEGRATIVA DAS SUAS NORMAS, E TAMBÉM O PRINCÍPIO DA MÁXIMA EFETIVIDADE DO DIREITO FUNDAMENTAL À OBTENÇÃO DE UMA ADEQUADA E JUSTA TUTELA RESSARCITÓRIA DO DANO, CONFORME PREVISTO NO ART. 5º, § 2º, DA CF/88.

TABELAMENTO DE COMPENSAÇÃO POR DANOS EXTRAPATRIMONIAIS

DANOS EXTRAPATRIMONIAIS. TABELAMENTO DO VALOR DA COMPENSAÇÃO. INCONSTITUCIONALIDADE.

Enunciado 6

DANOS EXTRAPATRIMONIAIS: LIMITES

É DE NATUREZA EXEMPLIFICATIVA A ENUMERAÇÃO DOS DIREITOS PERSONALÍSSIMOS DOS TRABALHADORES CONSTANTE DO NOVO ARTIGO 223-C DA CLT, CONSIDERANDO A PLENITUDE DA TUTELA JURÍDICA À DIGNIDADE DA PESSOA HUMANA, COMO ASSEGURADA PELA CONSTITUIÇÃO FEDERAL (ARTIGOS 1º, III; 3º, IV, 5º, *CAPUT*, E § 2º).

Propostas originais

VEDAÇÃO QUANTO À ACUMULAÇÃO DE PEDIDOS DE DANOS EXTRAPATRIMONIAIS E TABELAMENTO

VEDAÇÃO QUANTO À ACUMULAÇÃO DE PEDIDOS DE DANOS EXTRAPATRIMONIAIS E TABELAMENTO. I — A VEDAÇÃO QUANTO À ACUMULAÇÃO DE PEDIDOS CONCERNENTES A DIFERENTES DANOS EXTRAPATRIMONIAIS PREVISTA NO ARTIGO 223-G, § 1º É INCONSTITUCIONAL POR OFENSA AOS PRINCÍPIOS DA REPARAÇÃO INTEGRAL, DO ACESSO À JUSTIÇA, DO DEVIDO PROCESSO LEGAL SUBSTANTIVO E DA VEDAÇÃO AO PRINCÍPIO DA NÃO-DISCRIMINAÇÃO; II — O TABELAMENTO DAS INDENIZAÇÕES POR DANOS EXTRAPATRIMONIAIS, SEJA COM BASE NO SALÁRIO CONTRATUAL DO OFENDIDO, OU NO TETO DO REGIME GERAL DE PREVIDÊNCIA SOCIAL, NÃO SE COMPATIBILIZA COM OS PRINCÍ-

PIOS CONSTITUCIONAIS DA DIGNIDADE HUMANA, DO VALOR SOCIAL DO TRABALHO, DA ISONOMIA E DA REPARAÇÃO INTEGRAL.

REPARAÇÃO DOS DANOS BIOLÓGICOS E ESTÉTICOS. POSSIBILIDADE. ROL EXEMPLIFICATIVO DO ARTIGO 223-B DA CLT

É DE NATUREZA EXEMPLIFICATIVA A ENUMERAÇÃO DOS DIREITOS PERSONALÍSSIMOS DOS TRABALHADORES CONSTANTE DO NOVO ARTIGO 223-C DA CLT, CONSIDERANDO A PLENITUDE DA TUTELA JURÍDICA Á DIGNIDADE DA PESSOA HUMANA ASSEGURADA PELA CONSTITUIÇÃO FEDERAL (ARTIGOS 1º, III; 3º, IV, 5º, *CAPUT*, E § 2º).

INCONSTITUCIONALIDADE. LIMITES AOS DANOS EXTRAPATRIMONIAIS. TARIFAÇÃO

LIMITES AOS DANOS EXTRAPATRIMONIAIS. ARTIGOS 223-A, *CAPUT*, E 223-G, § 1º, INCLUÍDOS NA CLT PELA LEI N. 13.467/2017. VIOLAÇÃO AO PRINCÍPIO DA ISONOMIA E OUTRAS GARANTIAS CONSTITUCIONAIS. VEDAÇÃO AO RETROCESSO SOCIAL. INCONSTITUCIONALIDADE DA LIMITAÇÃO DE BENS JURÍDICOS TUTELÁVEIS NO ÂMBITO DAS RELAÇÕES DE TRABALHO, BEM COMO DA TARIFAÇÃO DAS INDENIZAÇÕES.

Enunciado 7

DANO EXTRAPATRIMONIAL: LIMITES E OUTROS ASPECTOS

DANOS EXTRAPATRIMONIAIS. O ARTIGO 223-B DA CLT, INSERIDO PELA LEI 13.467, NÃO EXCLUI A REPARAÇÃO DE DANOS SOFRIDOS POR TERCEIROS (DANOS EM RICOCHETE), BEM COMO A DE DANOS EXTRAPATRIMONIAIS OU MORAIS COLETIVOS, APLICANDO-SE, QUANTO A ESTES, AS DISPOSIÇÕES PREVISTAS NA LEI 7.437/1985 E NO TÍTULO III DO CÓDIGO DE DEFESA DO CONSUMIDOR.

Propostas originais

DANOS EXTRAPATRIMONIAIS: TARIFAÇÃO E OUTROS ASPECTOS

A ART. 223-A DA CLT ESTABELECE, COM PRIORIDADE, MAS NUNCA COM EXCLUSIVIDADE, A APLICAÇÃO NORMATIVA DAS REGRAS ALI TRANSCRITAS, MAS QUE DEVEM SER (RE)LIDAS SOB O ENFOQUE DO PRIMADO DA CONSTITUIÇÃO, ESPECIALMENTE O ART. 5º DO TEXTO DE 1988, E SUBSIDIARIAMENTE COMPLEMENTADAS PELO DIREITO COMUM (ART. 8º DA CLT), ATIVIDADE ESTA QUE IMPLICA EM EXERCÍCIO HERMENÊUTICO DE COMPATIBILIDADE COM OS PRINCÍPIOS ESTRUTURANTES DA PROTEÇÃO À PESSOA E DA REPARAÇÃO INTEGRAL DO DANO OCASIONADO.

REFORMA TRABALHISTA. DANOS EXTRAPATRIMONIAIS NAS RELAÇÕES DE TRABALHO

REFORMA TRABALHISTA. DANOS EXTRAPATRIMONIAIS NAS RELAÇÕES DE TRABALHO. AS DISPOSIÇÕES DO DA LEI 13.467/2017 NÃO REGULAMENTAM INTEIRAMENTE AS QUESTÕES DOS DANOS EXTRAPATRIMONIAIS (ART. 223-A), CONTINUANDO APLICÁVEIS AS DISPOSIÇÕES DO CÓDIGO CIVIL BRASILEIRO JÁ QUE O ASSUNTO TEM FUNDAMENTO DIRETO NA CONSTITUIÇÃO DA REPÚBLICA (ART. 1º, III — PRINCÍPIO DA DIGNIDADE DA PESSOA HUMANA; E ART. 5º, V E X PRINCÍPIO GERAL DE REPARAÇÃO E REPARAÇÃO INTEGRAL), SENDO INVÁLIDAS POR INCONSTITUCIONAIS A LIMITAÇÃO À PESSOA DO OFENDIDO, FICANDO MANTIDOS OS DANOS EM RICOCHETE PARA OS FAMILIARES DAS VÍTIMAS, ASSIM COMO OS DANOS MORAIS COLETIVOS (ART. 223-B); E INVÁLIDAS TAMBÉM A VEDAÇÃO À ACUMULAÇÃO DE INDENIZAÇÕES E SUA TARIFAÇÃO (ART. 223-G).

DANO EXTRAPATRIMONIAL

EMENTA: 01 DANOS EXTRAPATRIMONIAIS. O ARTIGO 223-B DA CLT, INSERIDO PELA LEI N. 13.467, NÃO EXCLUI A REPARAÇÃO DE DANOS SOFRIDOS POR TERCEIROS, BEM COMO DE DANOS EXTRAPATRIMONIAIS OU MORAIS COLETIVOS, APLICANDO-SE, QUANTO A ESTES, AS DISPOSIÇÕES PREVISTAS NA LEI N. 7.437/85 E NO TÍTULO III DO CÓDIGO DE DEFESA DO CONSUMIDOR.

DANOS MORAIS EM RICOCHETE

DANOS MORAIS. REFLEXOS, INDIRETOS OU EM RICOCHETE. INTERPRETAÇÃO RESTRITIVA. O ART. 223-B DA CLT ESTABELECE A APLICABILIDADE DO "TÍTULO II-A — DO DANO EXTRAPATRIMONIAL" EXCLUSIVAMENTE AO EMPREGADO E AO EMPREGADOR. APLICÁVEL AO CASO A INTERPRETAÇÃO RESTRITIVA DOS DISPOSITIVOS CELETISTAS ACERCA DA RESPONSABILIDADE EXTRAPATRIMONIAL. CONSIDERANDO QUE A PROTEÇÃO CONSTITUCIONAL AOS DIREITOS DA PERSONALIDADE E À DIGNIDADE DA PESSOA HUMANA CONTRA DANOS MORAIS, BENEFICIA TAMBÉM TERCEIROS QUE SOFRAM OS REFLEXOS DESSES DANOS, COMO FAMILIARES E TERCEIROS QUE INTEGRAVAM O NÚCLEO FAMILIAR E DE CONVIVÊNCIA MAIS ÍNTIMOS DA VÍTIMA, A TUTELA CONSTITUCIONAL DOS DANOS MORAIS EM RICOCHETE SERÁ DEVIDA À LUZ DOS ARTS. 186 E 944 DO CÓDIGO CIVIL C/C ART. 5º, X, DA CONSTITUIÇÃO FEDERAL, UMA VEZ QUE SE TRATA DE DIREITO HUMANO FUNDAMENTAL.

DANO EXTRAPATRIMONIAL. ARTS. 1º, III; 3º, IV; 5º, *CAPUT* E INCISOS V E X, 7º, *CAPUT*, 8º, III, E 129, III DA CF. APLICAÇÃO DO CÓDIGO CIVIL AO DIREITO DO TRABALHO. DANO POR RICOCHETE. DIREITOS DIFUSOS, COLETIVOS E INDIVIDUAIS HOMOGÊNEOS. ART. 223-B DA CLT

I — APLICAM-SE AO DIREITO DO TRABALHO OS ARTS. 186, 187 E 927, PARÁGRAFO ÚNICO, DO CÓDIGO CIVIL, EM RELAÇÃO AOS DANOS EXTRAPATRIMONIAIS DECORRENTES DA RELAÇÃO LABORAL. II -A REPARAÇÃO POR DANOS EXTRAPATRIMONIAIS DECORRENTES DA RELAÇÃO LABORAL ESTENDE-SE AOS AFETADOS INDIRETOS, APLICANDO-SE O CONCEITO DE DANO POR RICOCHETE DISPOSTO NOS ARTS. 12, 948, 949 E 951 DO CÓDIGO CIVIL, SOB PENA DE FERIMENTO DOS ARTS. 1º, III; 3º, IV; 5º, *CAPUT* E INCISOS V E X E 7º, *CAPUT*, DA CF. III -A REPARAÇÃO POR DANOS EXTRAPATRIMONIAIS DECORRENTES DA RELAÇÃO LABORAL ESTENDE-SE À TUTELA DE DIREITOS DIFUSOS, COLETIVOS E INDIVIDUAIS HOMOGÊNEOS (ARTS. 8º, III, E 129, III, DA CF). INTERPRETAÇÃO DO ART. 223-B DA CLT CONFORME A CONSTITUIÇÃO PARA MÁXIMA EFETIVIDADE AO ART. 7º, XXVIII, DA CF, ASSIM COMO ÀS NORMAS INTERNACIONAIS DE TUTELA À SEGURANÇA E SAÚDE DO TRABALHADOR, NOTADAMENTE À CONVENÇÃO 155 DA OIT, RATIFICADA PELO BRASIL EM 18/05/1992.

DANO MORAL COLETIVO. INAPLICABILIDADE DO TÍTULO II-A DA CLT

DANO MORAL COLETIVO. INAPLICABILIDADE DO TÍTULO II-A DA CLT. NOS TERMOS DO ARTIGO 223-B DA CLT, A SISTEMÁTICA ESTABELECIDA NO TÍTULO II-A DA CLT NÃO ALCANÇA AS CONDENAÇÕES POR DANOS MORAIS COLETIVOS FORMULADAS EM AÇÕES CIVIS PÚBLICAS E EM AÇÕES CIVIS COLETIVAS REGIDAS PELA LEI N. 7.437/85 E PELO TÍTULO III DO CÓDIGO DE DEFESA DO CONSUMIDOR.

Enunciado 8

PADRÕES DE VESTIMENTA E DE LOGOMARCAS IMPOSTAS PELO EMPREGADOR: LIMITE

ART. 456-A DA CLT. PADRÕES IMPOSITIVOS DE VESTIMENTAS E LOGOMARCAS. LIMITES A DIREITOS FUNDAMENTAIS. A PRERROGATIVA DO EMPREGADOR DE DEFINIR PADRÃO DE VESTIMENTA, BEM COMO OUTRAS FORMAS DE IDENTIFICAÇÃO E PROPAGANDA, ENCONTRA LIMITES NOS DIREITOS FUNDAMENTAIS DOS TRABALHADORES. ASSIM, A DEFINIÇÃO DE UNIFORMES, LOGOMARCAS E OUTROS ITENS DE IDENTIFICAÇÃO DEVE PRESERVAR DIREITOS INDIVIDUAIS, TAIS COMO OS RELACIONADOS A PRIVACIDADE, HONRA E PUDOR PESSOAL, E NÃO SE EXCLUI A APLICAÇÃO DO ARTIGO 20 DO CÓDIGO CIVIL.

Propostas originais

PADRÕES IMPOSITIVOS DE VESTIMENTAS E LOGOMARCAS. LIMITES A DIREITOS FUNDAMENTAIS, TAIS COMO OS RELACIONADOS A PRIVACIDADE, HONRA E PUDOR PESSOAL

ART. 456-A DA CLT. PADRÕES IMPOSITIVOS DE VESTIMENTAS E LOGOMARCAS. LIMITES A DIREITOS FUNDAMENTAIS. A PRERROGATIVA DO EMPREGADOR DE DEFINIR PADRÃO

DE VESTIMENTA, BEM COMO OUTRAS FORMAS DE IDENTIFICAÇÃO E PROPAGANDA, ENCONTRA LIMITES NOS DIREITOS FUNDAMENTAIS DOS TRABALHADORES. A DEFINIÇÃO DE UNIFORMES, LOGOMARCAS E OUTROS ITENS DE IDENTIFICAÇÃO DEVEM PRESERVAR DIREITOS INDIVIDUAIS, TAIS COMO OS RELACIONADOS A PRIVACIDADE, HONRA E PUDOR PESSOAL.

DEFINIÇÃO DA VESTIMENTA PELO EMPREGADOR. LIMITES ESTABELECIDOS PELOS DIREITOS INERENTES À IMAGEM E À PERSONALIDADE

DEFINIÇÃO DA VESTIMENTA PELO EMPREGADOR. LIMITES ESTABELECIDOS PELOS DIREITOS INERENTES À IMAGEM E À PERSONALIDADE. I — A DEFINIÇÃO DA VESTIMENTA PELO EMPREGADOR, NOS TERMOS DO ARTIGO 456-A DA CLT, É CONDICIONADA À OBSERVÂNCIA EM CONCRETO DAS GARANTIAS PREVISTAS NOS ARTIGOS 1º, III E 5º, IV, V, VI, VIII, IX E X, DA CONSTITUIÇÃO FEDERAL; II — O ART. 456-A DA CLT NÃO EXCLUI A APLICAÇÃO DO ARTIGO 20 DO CÓDIGO CIVIL.

ENUNCIADOS SIMPLES

Enunciado 1

PRESTAÇÃO DE HORAS EXTRAS: DESCARACTERIZAÇÃO DO ACORDO DE COMPENSAÇÃO E BANCO DE HORAS

HORAS EXTRAS. DESCARACTERIZAÇÃO DO ACORDO DE COMPENSAÇÃO E BANCO DE HORAS. A PRESTAÇÃO DE HORAS EXTRAS HABITUAIS OU, AINDA QUE EVENTUAIS, EM NÚMERO SUPERIOR A DUAS HORAS DIÁRIAS, IMPLICA DESCARACTERIZAÇÃO DO ACORDO DE COMPENSAÇÃO E DO ACORDO DE BANCO DE HORAS, CONFORME ARTS. 7º, XIII E XVI, DA CONSTITUIÇÃO FEDERAL, E 59 DA CLT.

Enunciado 2

BANCO DE HORAS: BASE DE CÁLCULO DAS HORAS SOBEJANTES

BANCO DE HORAS. COMPENSAÇÃO. PAGAMENTO. ARTIGO 59 DA CLT. O PAGAMENTO DAS HORAS EXTRAS ACUMULADAS EM BANCO DE HORAS E NÃO COMPENSADAS SERÁ FEITO COM BASE NO VALOR DO SALÁRIO-HORA MAIS VANTAJOSO AO TRABALHADOR.

Enunciado 3

TEMPO DE SERVIÇO: EXCEÇÕES À APLICAÇÃO DO ARTIGO 4º, §2º, DA CLT

TEMPO DE SERVIÇO. PERMANÊNCIA NO ESTABELECIMENTO. I — PARA FINS DE APLICAÇÃO DA REGRA CONSTANTE NO ART. 4º, § 2º, DA CLT, NÃO SE CONSIDERA DE ESCOLHA PRÓPRIA E/OU EXERCÍCIO DE ATIVIDADES PARTICULARES AQUELAS PERMANÊNCIAS QUE DECORREREM DE RISCOS INERENTES À NATUREZA DA ATIVIDADE DO EMPREGADOR, CONFORME ART. 2º, *CAPUT*, DA CLT; II — SE, EM FUNÇÃO DA NATUREZA DA ATIVIDADE, FOR NECESSÁRIA A REALIZAÇÃO DE HIGIENE PESSOAL OU A TROCA DA VESTIMENTA NO LOCAL DE TRABALHO, O PERÍODO CORRESPONDENTE SERÁ COMPUTADO COMO TEMPO DE SERVIÇO.

Enunciado 4

EQUIPARAÇÃO SALARIAL. RESTRIÇÕES RELACIONADAS AO TEMPO DE SERVIÇO NA FUNÇÃO E AO LOCAL DA PRESTAÇÃO DO TRABALHO: VIOLAÇÃO AO PRINCÍPIO DA ISONOMIA

1. EQUIPARAÇÃO SALARIAL. RESTRIÇÕES RELACIONADAS AO TEMPO DE SERVIÇO NA EMPRESA. VIOLAÇÃO AO PRINCÍPIO DA ISONOMIA. O ARTIGO 461 DA CLT, AO VEDAR A EQUIPARAÇÃO SALARIAL PARA EMPREGADOS COM DIFERENÇA DE MAIS DE QUATRO ANOS DE TEMPO DE SERVIÇO NA EMPRESA, É CONTRÁRIO AO PRINCÍPIO DA ISONOMIA CONSTANTE DO ARTIGO 5º, *CAPUT* E 7º, XXX, DA CONSTITUIÇÃO FEDERAL. 2. ENTENDE-SE POR ESTABELECIMENTO, PARA FINS DO ARTIGO 461 DA CLT, O "COMPLEXO DE BENS ORGANIZADO PARA EXERCÍCIO DA EMPRESA, POR EMPRESÁRIO OU POR SOCIEDADE EMPRESÁRIA", NOS TERMOS DO ARTIGO 1.142 DO CÓDIGO CIVIL.

Enunciado 5

REMUNERAÇÃO E PARCELAS INDENIZATÓRIAS: GRATIFICAÇÃO DE FUNÇÃO

GRATIFICAÇÃO DE FUNÇÃO. SUPRESSÃO OU REDUÇÃO. LIMITES. LEI 13.467/2017. I – UMA VEZ PERCEBIDA A GRATIFICAÇÃO DE FUNÇÃO POR DEZ OU MAIS ANOS PELO EMPREGADO, SE O EMPREGADOR, SEM JUSTO MOTIVO, REVERTÊ-LO A SEU CARGO EFETIVO, NÃO PODERÁ RETIRAR-LHE A GRATIFICAÇÃO, TENDO EM VISTA OS PRINCÍPIOS DA RAZOABILIDADE, PROPORCIONALIDADE E SEGURANÇA JURÍDICA, GARANTIDORES DA ESTABILIDADE FINANCEIRA. II – MANTIDO O EMPREGADO NO EXERCÍCIO DA FUNÇÃO COMISSIONADA, NÃO PODE O EMPREGADOR REDUZIR O VALOR DA GRATIFICAÇÃO.

COMISSÃO 3

PREVALÊNCIA DO NEGOCIADO SOBRE O LEGISLADO. NEGOCIAÇÃO COLETIVA (ASPECTOS FORMAIS). SAÚDE E DURAÇÃO DO TRABALHO. ULTRATIVIDADE DAS NORMAS COLETIVAS.

ENUNCIADOS AGLUTINADOS

Enunciado 1

ADEQUAÇÃO SETORIAL NEGOCIADA

I – NEGOCIAÇÃO COLETIVA. LIMITES. ADEQUAÇÃO SETORIAL NEGOCIADA. AS REGRAS AUTÔNOMAS COLETIVAS PODEM PREVALECER SOBRE O PADRÃO GERAL HETERÔNOMO TRABALHISTA, DESDE QUE IMPLEMENTEM PADRÃO SETORIAL DE DIREITOS SUPERIOR AO PADRÃO GERAL HETERÔNOMO, OU QUANDO TRANSACIONAM SETORIALMENTE PARCELAS E DIREITOS TRABALHISTAS DE INDISPONIBILIDADE APENAS RELATIVA, RESPEITADAS AS NORMAS DE INDISPONIBILIDADE ABSOLUTA. II – A "ADEQUAÇÃO SETORIAL NEGOCIADA" NÃO AUTORIZA A SUPRESSÃO OU REDUÇÃO DE DIREITOS *"TOUT COURT"*, CABENDO ÀS PARTES, NOS TERMOS DO ARTIGO 611-A DA CLT, COM A REDAÇÃO DADA PELA LEI 13.467/2017, JUSTIFICAR A EXCEPCIONALIDADE DA ADEQUAÇÃO E SUA TRANSITORIEDADE, BEM COMO DEFINIR AS CONTRAPARTIDAS, COM RAZOABILIDADE E DE BOA-FÉ, SENDO INCONSTITUCIONAL O DISPOSTO NO PARÁGRAFO 2º DO ART. 611-A DA CLT.

Propostas originais

PREVALÊNCIA DO NEGOCIADO SOBRE O LEGISLADO

O PRINCÍPIO DA 0ôADEQUAÇÃO SETORIAL NEGOCIADA" NÃO AUTORIZA A SUPRESSÃO OU REDUÇÃO DE DIREITOS "TOUT COURT", CABENDO ÀS PARTES, NOS TERMOS DO ARTIGO 611-A DA CLT, COM A REDAÇÃO DADA PELA LEI N. 13.467/2017, JUSTIFICAR A EXCEPCIONALIDADE DA ADEQUAÇÃO E SUA TRANSITORIEDADE, BEM COMO DEFINIR AS CONTRAPARTIDAS, DE MODO RAZOÁVEL E DE BOA-FÉ, SENDO INCONSTITUCIONAL O DISPOSTO NO PARÁGRAFO 2º DO ART. 611-A DA CLT.

NEGOCIAÇÃO COLETIVA. LIMITES. PRINCÍPIO DA ADEQUAÇÃO SETORIAL NEGOCIADA

NEGOCIAÇÃO COLETIVA. LIMITES. PRINCÍPIO DA ADEQUAÇÃO SETORIAL NEGOCIADA. AS REGRAS AUTÔNOMAS JUSCOLETIVAS PODEM PREVALECER SOBRE O PADRÃO GERAL HETERÔNOMO TRABALHISTA, DESDE QUE IMPLEMENTEM PADRÃO SETORIAL DE DIREITOS SUPERIOR AO PADRÃO GERAL HETERÔNOMO, OU QUANDO TRANSACIONAM SETORIALMENTE PARCELAS E DIREITOS JUSTRABALHISTAS DE INDISPONIBILIDADE APENAS RELATIVA, RESPEITADAS AS NORMAS DE INDISPONIBILIDADE ABSOLUTA, QUAIS SEJAM: A) NORMAS CONSTITUCIONAIS EM GERAL, CONSIDERADAS AS PRÓPRIAS RESSALVAS RELATIVAS PREVISTAS NA CONSTITUIÇÃO; B) NORMAS DE TRATADOS E CONVENÇÕES INTERNACIONAIS RATIFICADAS PELO BRASIL; C) NORMAS LEGAIS INFRACONSTITUCIONAIS ASSEGURADORAS DE PATAMARES DE CIDADANIA AO INDIVÍDUO QUE LABORA.

Enunciado 2
NEGOCIADO SOBRE LEGISLADO: LIMITES

NOS TERMOS DO ART. 5º, § 2º, DA CONSTITUIÇÃO FEDERAL, AS CONVENÇÕES E ACORDOS COLETIVOS DE TRABALHO NÃO PODEM SUPRIMIR OU REDUZIR DIREITOS, QUANDO SE SOBREPUSEREM OU CONFLITAREM COM AS CONVENÇÕES INTERNACIONAIS DO TRABALHO E OUTRAS NORMAS DE HIERARQUIA CONSTITUCIONAL OU SUPRALEGAL RELATIVAS À PROTEÇÃO DA DIGNIDADE HUMANA E DOS VALORES SOCIAIS DO TRABALHO E DA LIVRE INICIATIVA.

Propostas originais
PREVALÊNCIA DO NEGOCIADO SOBRE O LEGISLADO

A PREVALÊNCIA DA CONVENÇÃO COLETIVA E DO ACORDO COLETIVO DE TRABALHO SOBRE A LEI, NOS TERMOS DO ARTIGO 611-A DA CLT, DEVE SER INTERPRETADA ESTRITAMENTE EM CONFORMIDADE COM O *CAPUT* DO ARTIGO 7º DA CONSTITUIÇÃO FEDERAL, BEM COMO DE ACORDO COM AS CONVENÇÕES NOS 98, 144 E 154 DA OIT, DESCABENDO FALAR EM SUPRESSÃO OU REDUÇÃO DE DIREITOS PELA VIA DA NEGOCIAÇÃO COLETIVA, RESSALVADO O DISPOSTO NO INCISO VI DO ARTIGO 7º DA CONSTITUIÇÃO FEDERAL, CUJA MATÉRIA ENCONTRA-SE REGULADA NA LEI N. 13.189/2015.

NEGOCIADO SOBRE O LEGISLADO. LIMITES. CONVENÇÕES INTERNACIONAIS DO TRABALHO. NATUREZA JURÍDICA DE TRATADO DE DIREITOS HUMANOS

A PREVALÊNCIA DO NEGOCIADO SOBRE O LEGISLADO ESTABELECIDA NO *CAPUT* DO ART. 611-A E NO PARÁGRAFO ÚNICO DO ART. 444 DA CLT DEVE TER INTERPRETAÇÃO CONFORME A CONSTITUIÇÃO FEDERAL NO SENTIDO DE QUE AS CONVENÇÕES E ACORDOS COLETIVOS NÃO PODEM SE SOBREPOR OU CONFLITAR COM AS CONVENÇÕES INTERNACIONAIS DO TRABALHO E OUTROS TRATADOS INTERNACIONAIS DE DIREITOS HUMANOS QUE POSSUEM NATUREZA JURÍDICA DE TRATADO INTERNACIONAL DE DIREITO HUMANO COM HIERARQUIA SUPRALEGAL OU CONSTITUCIONAL (§ 3º DO ART. 5º DA CONSTITUIÇÃO FEDERAL). O TRABALHO DIGNO, PROTEGIDO E SOCIALMENTE VALORIZADO É DIREITO HUMANO RECONHECIDO PELO ART. 23 DA DECLARAÇÃO UNIVERSAL DOS DIREITOS.

IMPOSSIBILIDADE DE REBAIXAMENTO DO PATAMAR DE DIREITOS FUNDAMENTAIS

NO CONFLITO ENTRE O NEGOCIADO E O LEGISLADO DEVEM PREVALECER AS GARANTIAS FIXADAS NOS DIREITOS FUNDAMENTAIS E NOS DIREITOS HUMANOS, COMO FORMA DE CONCRETIZAÇÃO DOS PRINCÍPIOS FUNDAMENTAIS DA REPÚBLICA DA PROTEÇÃO DA DIGNIDADE HUMANA E DOS VALORES SOCIAIS DO TRABALHO E DA LIVRE INICIATIVA, ALÉM DOS PRINCÍPIOS JURÍDICOS TRABALHISTAS DA MELHORIA DA CONDIÇÃO SOCIAL DOS TRABALHADORES, DA PROTEÇÃO, DA NORMA MAIS FAVORÁVEL, DO "IN DUBIO PRO OPERARIO", DA CONDIÇÃO MAIS BENÉFICA E DA PRIMAZIA DA REALIDADE, VEZ QUE OS PARTICULARES, O LEGISLADOR E MESMO OS JUÍZES NÃO PODEM PASSAR POR CIMA DESSES PRECEITOS.

INTERPRETAÇÃO DOS ACORDOS E CONVENÇÕES COLETIVAS. ANÁLISE ACERCA DOS VÍCIOS DE FORMA E DE CONTEÚDO

INTERPRETAÇÃO DOS ACORDOS E CONVENÇÕES COLETIVAS. ANÁLISE ACERCA DOS VÍCIOS DE FORMA E DE CONTEÚDO. OS ARTIGOS 611-A, § 1º E 8º, §4º DA CLT NÃO TÊM O CONDÃO DE IMPOSSIBILITAR A ANÁLISE E A INTERPRETAÇÃO DOS ACORDOS E CONVENÇÕES COLETIVAS À LUZ DOS ARTIGOS 166, VI, 186, 187 E 422 DO CÓDIGO CIVIL, DO ARTIGO 9º DA CLT, BEM COMO DOS PRINCÍPIOS E NORMAS DE DIREITOS FUNDAMENTAIS ESTABELECIDOS NA CONSTITUIÇÃO FEDERAL E NOS TRATADOS DE DIREITOS HUMANOS RATIFICADOS PELO BRASIL.

PREVALÊNCIA DO NEGOCIADO SOBRE O LEGISLADO. LIMITES

INTERPRETAÇÃO DAS NORMAS. PRINCIPIOLOGIA SOCIAL DO DIREITO DO TRABALHO. LIMITES DA NEGOCIAÇÃO COLETIVA. A NORMA LEGAL OU CONVENCIONAL QUE VIOLA

DIREITOS FUNDAMENTAIS, SERÁ NULA DE PLENO DIREITO, SOB O PRISMA DA DIGNIDADE DA PESSOA HUMANA E DA VALORIZAÇÃO DO TRABALHO.

Enunciado 3

NORMAS COLETIVAS: PRINCÍPIO DA NORMA MAIS BENÉFICA

I — NORMAS COLETIVAS. PRINCÍPIO DA NORMA MAIS BENÉFICA. OS ACORDOS COLETIVOS FIRMADOS NÃO PREJUDICARÃO DIREITOS GARANTIDOS PELAS CONVENÇÕES COLETIVAS DE TRABALHO, EM RESPEITO À APLICAÇÃO DO PRINCÍPIO DA NORMA MAIS FAVORÁVEL (ART. 7º, *CAPUT*, CF). COM EFEITO, A NOVA REDAÇÃO DO ARTIGO 620 DA CLT, DADA PELA LEI 13.467/2017, NÃO EXCLUI A APLICAÇÃO DO PRINCÍPIO DA NORMA MAIS FAVORÁVEL, DE ORIENTAÇÃO E APLICAÇÃO NO DIREITO DO TRABALHO. II- ADEMAIS, PREVALECE EM TODO CASO, EM RELAÇÃO À MATÉRIA NEGOCIADA, OS PRINCÍPIOS DA PROTEÇÃO, E DA INAFASTABILIDADE DA TUTELA JURISDICIONAL. III — A AUDITORIA FISCAL DO TRABALHO POSSUI O DEVER DE EXIGIR O CUMPRIMENTO DAS NORMAS LABORAIS MAIS FAVORÁVEIS AO TRABALHADOR, O QUE INCLUI A POSSIBILIDADE DE VERIFICAÇÃO DA APLICABILIDADE OU NÃO DE CONVENÇÕES E ACORDOS COLETIVOS DE TRABALHO SOB AQUELA SISTEMÁTICA.

Propostas originais

NORMAS COLETIVAS. PRINCÍPIO DA NORMA MAIS BENÉFICA

NORMAS COLETIVAS. PRINCÍPIO DA NORMA MAIS BENÉFICA. OS ACORDOS COLETIVOS FIRMADOS NÃO PREJUDICARÃO DIREITOS GARANTIDOS PELAS CONVENÇÕES COLETIVAS DE TRABALHO EM RESPEITO À APLICAÇÃO DO PRINCÍPIO DA NORMA MAIS FAVORÁVEL.

PREVALÊNCIA DO NEGOCIADO SOBRE O LEGISLADO — PREPONDERÂNCIA ACT SOBRE CCT

A NOVA REDAÇÃO DO ARTIGO 620 DA CLT, DADA PELA LEI N. 13.467/2017, NÃO EXCLUI A APLICAÇÃO DO PRINCÍPIO DA NORMA MAIS FAVORÁVEL, DE ORIENTAÇÃO E APLICAÇÃO NO DIREITO DO TRABALHO.

CONVENÇÃO E ACORDO COLETIVO DE TRABALHO. ADEQUAÇÃO DA AUTONOMIA DA VONTADE DIANTE DE DIREITOS FUNDAMENTAIS SOCIAIS. ANÁLISE DA LEGALIDADE. VERIFICAÇÃO DA NORMA MAIS FAVORÁVEL PELA AUDITORIA FISCAL DO TRABALHO

I — NORMAS AUTÔNOMAS DEVEM INTEGRAR A LEGISLAÇÃO TRABALHISTA A PARTIR DO PRINCÍPIO NORTEADOR DA NORMA MAIS FAVORÁVEL. A AUTONOMIA DA VONTADE COLETIVA, ENUNCIADA NO ART. 8º, PARAGRAFO 3º DA LEI N. 13.467/17, NÃO PODE SE SOBREPOR A DIREITOS FUNDAMENTAIS NEM A PRECEITOS CONSTITUCIONAIS, TAIS COMO A VALORIZAÇÃO DO TRABALHO, O RESPEITO À DIGNIDADE HUMANA E À SAÚDE E SEGURANÇA DOS TRABALHADORES. II — PREVALECE EM TODO CASO EM RELAÇÃO À MATÉRIA NEGOCIADA, OS PRINCÍPIOS DA PROTEÇÃO, DA NORMA MAIS FAVORÁVEL E DA INAFASTABILIDADE DA TUTELA JURISDICIONAL. III — A AUDITORIA FISCAL DO TRABALHO POSSUI O DEVER DE EXIGIR O CUMPRIMENTO DAS NORMAS LABORAIS MAIS FAVORÁVEIS AO TRABALHADOR, SEJAM ELAS CONSTITUCIONAIS, INFRACONSTITUCIONAIS OU NEGOCIADAS, O QUE INCLUI A POSSIBILIDADE DE VERIFICAÇÃO DA APLICABILIDADE OU NÃO DE CONVENÇÕES E ACORDOS COLETIVOS DE TRABALHO SOB AQUELA SISTEMÁTICA.

Enunciado 4

NEGOCIAÇÃO COLETIVA: LICITUDE E ASPECTOS FORMAIS

DIREITOS TRABALHISTAS GARANTIDOS POR NORMAS DE ORDEM PÚBLICA, RELATIVOS A MEDIDAS DE HIGIENE, SAÚDE E SEGURANÇA DO TRABALHO, SÃO INFENSOS À REDUÇÃO OU SUPRESSÃO MEDIANTE NEGOCIAÇÃO COLETIVA, CONSOANTE A INTERPRETAÇÃO

CONJUNTA DOS INCISOS XXII E XXVI DO ART. 7º DA CONSTITUIÇÃO. É, PORTANTO, INCONSTITUCIONAL A PREVISÃO DO ART. 611-A, III E XII, DA CLT (COM A REDAÇÃO DADA PELA LEI N. 13.467/2017).

Propostas originais

PREVALÊNCIA DO NEGOCIADO SOBRE O LEGISLADO. NEGOCIAÇÃO COLETIVA (ASPECTOS FORMAIS). SAÚDE E DURAÇÃO DO TRABALHO. ULTRATIVIDADE DAS NORMAS COLETIVAS

DIREITOS TRABALHISTAS GARANTIDOS POR NORMAS DE ORDEM PÚBLICA, RELATIVOS A MEDIDAS DE HIGIENE, SAÚDE E SEGURANÇA DO TRABALHO, SÃO INFENSOS À REDUÇÃO OU SUPRESSÃO MEDIANTE NEGOCIAÇÃO COLETIVA, CONSOANTE A INTERPRETAÇÃO CONJUNTA DOS INCISOS XXII E XXVI DO ART. 7º DA CONSTITUIÇÃO. É, PORTANTO, INCONSTITUCIONAL A PREVISÃO DO ART. 611-A, III E XII, DA CLT (COM A REDAÇÃO DADA PELA LEI N. 13.467/2017).

NEGOCIAÇÃO COLETIVA. ASPECTOS FORMAIS

NEGOCIAÇÃO COLETIVA. ASPECTOS FORMAIS E MATERIAIS. ANÁLISE DO OBJETO DO NEGÓCIO JURÍDICO. O PRINCÍPIO DA INTERVENÇÃO MÍNIMA NA AUTONOMIA DA VONTADE COLETIVA, PREVISTO NO § 3º DO ARTIGO 8º DA CLT, NÃO AFASTA A POSSIBILIDADE DE INVALIDAÇÃO DO ACORDO OU CONVENÇÃO COLETIVA PELA JUSTIÇA DO TRABALHO, QUANDO DESRESPEITADOS OS SEUS REQUISITOS FORMAIS E MATERIAIS DE VALIDADE, UMA VEZ QUE O ARTIGO 104 DO CÓDIGO CIVIL PREVÊ QUE A VALIDADE DO NEGÓCIO JURÍDICO REQUER AGENTE CAPAZ, OBJETO ILÍCITO, POSSÍVEL, DETERMINADO OU DETERMINÁVEL E FORMA PRESCRITA OU NÃO DEFESA EM LEI.

NEGOCIAÇÃO COLETIVA. LICITUDE

EMENTA: NEGOCIAÇÃO COLETIVA. ASPECTOS FORMAIS. VALIDADE. A VALIDADE DOS ACORDOS E CONVENÇÕES COLETIVAS DEPENDERÃO EXCLUSIVAMENTE DO PREENCHIMENTO DOS REQUISITOS INSCULPIDOS NOS ARTIGOS 612 E 613 DA CLT, E SUA LICITUDE, BEM ASSIM, EM OBSERVÂNCIA DA IN 16 DO MTE DE 15 DE OUTUBRO DE 2013.

Enunciado 5

INSTRUMENTO COLETIVO E ANULAÇÃO DE CLÁUSULA COMPENSATÓRIA

I — CONTRAPARTIDAS EM SEDE DE NEGOCIAÇÃO COLETIVA. EXIGÊNCIA INERENTE À BOA-FÉ OBJETIVA. IMPOSSIBILIDADE DE SUPRESSÃO POR LEI. INCONSTITUCIONALIDADE. A DISPOSIÇÃO CONSTANTE DO ARTIGO 611-A, § 2º, DA CLT, NÃO É COMPATÍVEL COM OS ARTIGOS 7º, XXVI E 8º, VI, DA CONSTITUIÇÃO FEDERAL, E TAMPOUCO COM O ARTIGO 5º DA CONVENÇÃO 154 DA OIT. II — NEGOCIAÇÃO COLETIVA. CONVENÇÃO COLETIVA DE TRABALHO OU ACORDO COLETIVO DE TRABALHO. ANULAÇÃO DE CLÁUSULA COMPENSATÓRIA. ART. 611-A, § 4º DA CLT. HAVENDO DÚVIDA ACERCA DA EXISTÊNCIA DE CLÁUSULA COMPENSATÓRIA EM BENEFÍCIO DE OUTRA CLÁUSULA PRINCIPAL, AQUELA DEVERÁ PERMANECER NO INSTRUMENTO COLETIVO, MESMO NA HIPÓTESE DO ART. 611-A, § 4º (1ª PARTE), EM OBSERVÂNCIA AO PRINCÍPIO DA PROTEÇÃO AO TRABALHADOR (*IN DUBIO PRO OPERARIO*).

Propostas originais

INSTRUMENTO COLETIVO. ANULAÇÃO DE CLÁUSULA COMPENSATÓRIA

NEGOCIAÇÃO COLETIVA. CONVENÇÃO COLETIVA DE TRABALHO OU ACORDO COLETIVO DE TRABALHO. ANULAÇÃO DE CLÁUSULA COMPENSATÓRIA. ART. 611-A, § 4º DA CLT. HAVENDO DÚVIDA ACERCA DA EXISTÊNCIA DE CLÁUSULA COMPENSATÓRIA EM BENEFÍCIO DE OUTRA CLÁUSULA PRINCIPAL, AQUELA DEVERÁ PERMANECER NO INSTRUMENTO COLETIVO, EM OBSERVÂNCIA AO PRINCÍPIO DA PROTEÇÃO AO TRABALHADOR (*IN DUBIO PRO OPERARIO*).

CONTRAPARTIDAS EM SEDE DE NEGOCIAÇÃO COLETIVA. EXIGÊNCIA INERENTE À BOA-FÉ OBJETIVA QUE PERMEIA O INSTITUTO. IMPOSSIBILIDADE DE SUPRESSÃO POR LEI. INCONSTITUCIONALIDADE

CONTRAPARTIDAS EM SEDE DE NEGOCIAÇÃO COLETIVA. EXIGÊNCIA INERENTE À BOA-FÉ OBJETIVA QUE PERMEIA O INSTITUTO. IMPOSSIBILIDADE DE SUPRESSÃO POR LEI. INCONSTITUCIONALIDADE.A DISPOSIÇÃO CONSTANTE DO ARTIGO 611-A, § 2º, DA CLT NÃO É COMPATÍVEL COM OS ARTIGOS 7º, XXVI E 8º, VI, DA CONSTITUOÇÃO FEDERAL E TAMPOUCO COM O ARTIGO 5º DA CONVENÇÃO N. 154 DA OIT.

Enunciado 6

NEGOCIADO SOBRE LEGISLADO: GRAUS DE INSALUBRIDADE. INSTITUCIONALIDADES, INCONVENCIONALIDADES, RETROCESSO SOCIAL

AS DISPOSIÇÕES DOS INCISOS XII E XIII DO ART. 611-A DA CLT (POSSIBILIDADE DE ENQUADRAMENTO DE TRABALHADORES EM GRAUS DE INSALUBRIDADE E DE PRORROGAÇÃO DE JORNADA EM AMBIENTES INSALUBRES POR MEIO DE ACORDO OU CONVENÇÃO COLETIVA DE TRABALHO) PERFAZEM RETROCESSO SOCIAL, COM PREJUÍZOS À VIDA DIGNA E À SAÚDE DO TRABALHADOR, SENDO INCOMPATÍVEIS COM OS ARTIGOS 3º, I E IV, 5º, XXIII, 6º, 7º, XXII, 170, III, 196 E 225 DA CONSTITUIÇÃO FEDERAL, COM O ART. 11, A, DA CONVENÇÃO 155 DA OIT, COM O ART. 611-B, XVII, DA CLT, E, NO CAMPO PROCESSUAL/DECISÓRIO, COM OS ARTIGOS 1º, 8º E 489, § 2º, DO CPC.

Propostas originais

IMPOSSIBILIDADE DE FLEXIBILIZAÇÃO DAS NORMAS DE SAÚDE, HIGIENE E SEGURANÇA DO TRABALHO — ENQUADRAMENTO DA INSALUBRIDADE E PRORROGAÇÃO DA JORNADA EM AMBIENTES INSALUBRES, SEM LICENÇA PRÉVIA DAS AUTORIDADES COMPETENTES DO MINISTÉRIO DO TRABALHO

EMENTA: AS DISPOSIÇÕES DOS INCISOS XII E XIII DO ART. 611-A DA CLT, CASO CONCRETIZADOS POR MEIO DE NEGOCIAÇÃO COLETIVA, CONSTITUEM NORMAS DE RETROCESSO SOCIAL COM PREJUÍZOS À VIDA DIGNA E À SAÚDE DO TRABALHADOR E DEVEM SER AFASTADAS DO ORDENAMENTO JURÍDICO BRASILEIRO POR SEREM INCOMPATÍVEIS COM OS ARTIGOS 3º, I E IV, 5º, XXIII E 170, III, DA CONSTITUIÇÃO FEDERAL, ART. 11, A, DA CONVENÇÃO N. 155 DA OIT, ARTIGOS 1º, 8º E 489, §2º, DO CPC E ART. 611-B, XVII, DA LEI N. 13.467/2017.

NEGOCIADO SOBRE LEGISLADO. FIXAÇÃO DE GRAUS DE INSALUBRIDADE. INCONSTITUCIONALIDADE

NEGOCIADO SOBRE LEGISLADO. FIXAÇÃO DE GRAUS DE INSALUBRIDADE. INCONSTITUCIONALIDADE. A POSSIBILIDADE DE ENQUADRAMENTO DE TRABALHADORES EM GRAUS DE INSALUBRIDADE E DE PRORROGAÇÃO DE JORNADA EM AMBIENTES INSALUBRES POR MEIO DE ACORDO OU CONVENÇÃO COLETIVA DE TRABALHO (ARTIGO 611-A, XIII, DA CLT) NÃO É COMPATÍVEL COM OS ARTIGOS 6º, 7º, XXII, 196 E 225 DA CONSTITUIÇÃO FEDERAL.

Enunciado 7

ENQUADRAMENTO DO GRAU DE INSALUBRIDADE: IMPOSSIBILIDADE DE REDUÇÃO

CONSIDERANDO O PRINCÍPIO DA PRIMAZIA DA REALIDADE, E SENDO A SAÚDE UM DIREITO DE TODOS E DEVER DO ESTADO, E CONSIDERANDO AINDA A ILICITUDE DA SUPRESSÃO OU REDUÇÃO DOS DIREITOS PROVENIENTES DE NORMAS DE SAÚDE, HIGIENE E SEGURANÇA NO TRABALHO, PREVALECERÁ O ACORDADO SOBRE O LEGISLADO SEMPRE QUE SE TRATAR DE PAGAMENTO DE PERCENTUAL SUPERIOR ÀQUELE DETERMINADO NA NR-15, NÃO SENDO POSSÍVEL A REDUÇÃO DO REFERIDO ADICIONAL.

Propostas originais

O GRAU DE INSALUBRIDADE

O GRAU DE INSALUBRIDADE FIXADO EM NORMA COLETIVA (ART. 611-A) DEVERÁ SER AFERIDO EM PERÍCIA, A SER DETERMINADA PELO JUIZ, SOB PENA DE INVALIDAÇÃO DA NORMA, POR CONTER OBJETO ILÍCITO, NA FORMA, INCLUSIVE, DO ART. 611-B DA CLT.

ENQUADRAMENTO DO GRAU DE INSALUBRIDADE. IMPOSSIBILIDADE DE REDUÇÃO. LIMITES À NEGOCIAÇÃO

CONSIDERANDO O PRINCÍPIO DA PRIMAZIA DA REALIDADE E SER A SAÚDE UM DIREITO DE TODOS E DEVER DO ESTADO, E RESSALTANDO O CARÁTER APENAS INDENIZATÓRIO DO PAGAMENTO DO ADICIONAL DE INSALUBRIDADE, E CONSIDERANDO AINDA A ILICITUDE DA SUPRESSÃO OU REDUÇÃO DOS DIREITOS PROVENIENTES DE NORMAS DE SAÚDE, HIGIENE E SEGURANÇA NO TRABALHO, PREVALECERÁ O ACORDADO SOBRE O LEGISLADO SEMPRE QUE SE TRATAR DE PAGAMENTO DE PERCENTUAL INDENIZATÓRIO SUPERIOR ÀQUELE DETERMINADO NA NR-15, NÃO SENDO POSSÍVEL A REDUÇÃO DO REFERIDO ADICIONAL.

Enunciado 8

INTERVALO INTRAJORNADA COMO NORMA DE SEGURANÇA E SAÚDE PÚBLICA

I — REGRAS SOBRE O INTERVALO INTRAJORNADA SÃO CONSIDERADAS COMO NORMAS DE SAÚDE, HIGIENE E SEGURANÇA DO TRABALHO E, POR CONSEQUÊNCIA, DE ORDEM PÚBLICA, APESAR DO QUE DISPÕE O ART. 611-B, PARÁGRAFO ÚNICO DA CLT (NA REDAÇÃO DA LEI 13.467/2017). II — O ESTABELECIMENTO DE INTERVALOS INTRAJORNADAS EM PATAMARES INFERIORES A UMA HORA PARA JORNADAS DE TRABALHO SUPERIORES A SEIS HORAS DIÁRIAS É INCOMPATÍVEL COM OS ARTIGOS 6º, 7º, INCISO XXII, E 196 DA CONSTITUIÇÃO.

Propostas originais

PREVALÊNCIA DO NEGOCIADO SOBRE O LEGISLADO. INTERVALO INTRAJORNADA

NEGOCIAÇÃO COLETIVA. REDUÇÃO DO INTERVALO INTRAJORNADA. FORNECIMENTO DAS CONDIÇÕES NECESSÁRIAS PARA ALIMENTAÇÃO E DESCANSO DO TRABALHADOR. ART. 611, III, DA CLT. A REDUÇÃO DO INTERVALO INTRAJORNADA PARA TRINTA MINUTOS ESTÁ CONDICIONADA AO FORNECIMENTO DAS CONDIÇÕES NECESSÁRIAS PARA QUE O TRABALHADOR POSSA SUPRIR SUAS NECESSIDADES DE ALIMENTAÇÃO E DESCANSO, NOS TERMOS DO ART. 71, § 3º, DA CLT.

PREVALÊNCIA DO NEGOCIADO SOBRE O LEGISLADO. ESTABELECIMENTO DE INTERVALO PARA REPOUSO E ALIMENTAÇÃO EM PATAMAR INFERIOR A UMA HORA. INCONSTITUCIONALIDADE

PREVALÊNCIA DO NEGOCIADO SOBRE O LEGISLADO. ESTABELECIMENTO DE INTERVALO PARA REPOUSO E ALIMENTAÇÃO EM PATAMAR INFERIOR A UMA HORA. INCONSTITUCIONALIDADE. O ESTABELECIMENTO DE INTERVALOS INTRAJORNADAS EM PATAMARES INFERIORES A UMA HORA PARA JORNADAS DE TRABALHO SUPERIORES A SEIS HORAS DIÁRIAS É INCOMPATÍVEL COM OS ARTIGOS 6º, 7º, INCISO XXII, E 196 DA CONSTITUIÇÃO.

INTERVALO INTRAJORNADA. NORMA DE SEGURANÇA E SAÚDE PÚBLICA

INTERVALO INTRAJORNADA. SUPRESSÃO, OU REDUÇÃO. VEDAÇÃO. NORMA DE SEGURANÇA E SAÚDE PÚBLICA. O INTERVALO INTRAJORNADA NÃO PODERÁ SER RENUNCIADO NEM TRANSACIONADO COM A SUA SUPRESSÃO, OU REDUÇÃO, POR SER NORMA DE ORDEM PÚBLICA, E, SEUS OBJETIVOS SEREM À SAÚDE, A HIGIENE E A SEGURANÇA LABORAL.

INTERVALO INTRAJORNADA. DISCIPLINA NORMATIVA ESTATAL. NORMA DE ORDEM PÚBLICA. IMPOSSIBILIDADE DE FLEXIBILIZAÇÃO VIA NEGOCIAÇÃO COLETIVA

REGRAS SOBRE O INTERVALO INTRAJORNADA SÃO CONSIDERADAS COMO NORMAS DE SAÚDE, HIGIENE E SEGURANÇA DO TRABALHO E, POR CONSEQUÊNCIA, DE ORDEM

PÚBLICA, NÃO SENDO LÍCITA A NEGOCIAÇÃO COLETIVA QUE VENHA A SUPRIMIR OU REDUZIR OS DIREITOS PREVISTOS EM LEI.

Enunciado 9

PREVALÊNCIA DO NEGOCIADO SOBRE O LEGISLADO E CONTROLE DE JORNADA DE TRABALHO

I – O REGISTRO DE JORNADA DE TRABALHO PERMANECE OBRIGATÓRIO, NOS TERMOS DO ART. 74 DA CONSOLIDAÇÃO DAS LEIS DO TRABALHO. II – A MERA PREVISÃO EM ACORDO OU CONVENÇÃO COLETIVA DE TRABALHO NÃO BASTA PARA A VALIDADE DO SISTEMA DE REGISTRO ELETRÔNICO DE JORNADA DE TRABALHO. NECESSIDADE DE PROVA DA INVIOLABILIDADE E VERACIDADE DOS REGISTROS E POSSIBILIDADE DE EXTRAÇÃO DE DADOS PELA FISCALIZAÇÃO DO TRABALHO.

Propostas originais

PREVALÊNCIA DO NEGOCIADO SOBRE O LEGISLADO. JORNADA DE TRABALHO

NEGOCIAÇÃO COLETIVA. REGISTRO DE JORNADA DE TRABALHO. OBRIGATORIEDADE. ART. 611-A, V, DA CLT. O REGISTRO DE JORNADA DE TRABALHO PERMANECE OBRIGATÓRIO, NOS TERMOS DO ART. 74 DA CONSOLIDAÇÃO DAS LEIS DO TRABALHO, O QUE PODE SER NEGOCIADA É A MODALIDADE DO REGISTRO, NOS TERMOS DO ART. 611-A DA CLT. ALÉM DISSO, A ESCOLHA DA MODALIDADE NÃO PODE SER IRRESTRITA, DEVENDO SEMPRE RESPEITAR O PRINCÍPIO DA TRANSPARÊNCIA, A FIM DE FACILITAR A DISPONIBILIZAÇÃO E O ACESSO DOS DADOS DO TRABALHADOR.

MODALIDADE DE REGISTRO DE JORNADA DE TRABALHO E NEGOCIAÇÃO COLETIVA

REGISTRO ELETRÔNICO DE JORNADA DE TRABALHO. INTERPRETAÇÃO SISTEMÁTICA DOS ARTS. 611-A, INCISO X E 74, §2º DA CLT. A PREVISÃO EM ACORDO OU CONVENÇÃO COLETIVA DE TRABALHO NÃO É PROVA SUFICIENTE DA VALIDADE DO SISTEMA DE REGISTRO DE JORNADA DE TRABALHO. NECESSIDADE DE PROVA DA INVIOLABILIDADE E VERACIDADE DOS REGISTROS E POSSIBILIDADE DE EXTRAÇÃO DE DADOS PELA FISCALIZAÇÃO DO TRABALHO. CARÁTER SINALAGMÁTICO DO CONTRATO DE TRABALHO E BOA-FÉ NAS RELAÇÕES CONTRATUAIS. POSSIBILIDADE DE DETERMINAÇÃO DE PRODUÇÃO DE PROVA PERICIAL.

Enunciado 10

NEGOCIADO SOBRE LEGISLADO E REDUÇÃO SALARIAL

NEGOCIAÇÃO COLETIVA. CONTRATO INDIVIDUAL DE TRABALHO. OBJETO ILÍCITO. SALÁRIO MÍNIMO NORMATIVO. ART. 611-B, IV, DA CLT. AS CONVENÇÕES COLETIVAS, OS ACORDOS COLETIVOS DE TRABALHO E OS ACORDOS INDIVIDUAIS DE TRABALHO DEVEM RESPEITAR O SALÁRIO MÍNIMO NORMATIVO EM QUALQUER MODALIDADE DE CONTRATAÇÃO, NOS TERMOS DO ART. 7º, INCISO IV, DA CONSTITUIÇÃO FEDERAL.

Propostas originais

NEGOCIADO SOBRE O LEGISLADO

NEGOCIAÇÃO COLETIVA. PISO SALARIAL. PISO SALARIAL DIFERENCIADO. POSSIBILIDADE. ART. 611-B DA CLT. É VÁLIDA NORMA COLETIVA QUE PREVÊ A DIFERENCIAÇÃO DE PISOS SALARIAIS PARA MICROEMPRESAS E EMPRESAS DE PEQUENO PORTE, DESDE QUE RESPEITADO O SALÁRIO MÍNIMO VIGENTE.

COMISSÃO TEMÁTICA 3. PREVALÊNCIA DO NEGOCIADO SOBRE O LEGISLADO

NEGOCIAÇÃO COLETIVA. REDUÇÃO DE SALÁRIO OU JORNADA ACOMPANHADA POR GARANTIA DE EMPREGO. LIMITAÇÃO. ART. 611-A, § 3º, DA CLT. A REDUÇÃO DO SALÁRIO, POR MEIO DE ACORDO COLETIVO OU CONVENÇÃO COLETIVA, PREVISTA NO § 3º DO ART. 611-A SE LIMITA A 25% (VINTE E CINCO POR CENTO), DEVENDO HAVER PRAZO DE DURAÇÃO DA CLÁUSULA DE CRISE.

PREVALÊNCIA DO NEGOCIADO SOBRE O LEGISLADO. SALÁRIO MINIMO

NEGOCIAÇÃO COLETIVA. CONTRATO INDIVIDUAL DE TRABALHO. OBJETO ILÍCITO. SALÁRIO MÍNIMO NORMATIVO. ART. 611-B, IV, DA CLT. AS CONVENÇÕES COLETIVAS, OS ACORDOS COLETIVOS DE TRABALHO E OS ACORDOS INDIVIDUAIS DE TRABALHO DEVEM RESPEITAR O SALÁRIO MÍNIMO NORMATIVO EM QUALQUER MODALIDADE DE CONTRATAÇÃO, NOS TERMOS DO ART. 7º, INCISO IV, DA CONSTITUIÇÃO FEDERAL.

Enunciado 11

SAÚDE E DURAÇÃO DO TRABALHO

É INCONSTITUCIONAL O PARÁGRAFO ÚNICO DO ART. 611-B DA CLT, POIS AS NORMAS E INSTITUTOS QUE REGULAM A DURAÇÃO DO TRABALHO, BEM COMO SEUS INTERVALOS, SÃO DIRETAMENTE LIGADOS ÀS TUTELAS DA SAÚDE, HIGIENE E SEGURANÇA DO TRABALHO COMO ESTABELECIDAS PELOS ARTS. 7º, XIII, XIV E XXII, 196 E 225 DA CONSTITUIÇÃO FEDERAL, PELOS ARTS. 3º, B E E, E 5º DA CONVENÇÃO 155 DA OIT, PELO ART. 7º, II, B E D, DO PIDESC (ONU), PELO ART. 7º, E, G E H, DO PROTOCOLO DE SAN SALVADOR (OEA), E PELO PRÓPRIO ART. 58 DA CLT, QUE LIMITA A JORNADA A OITO HORAS DIÁRIAS, SENDO, ASSIM, INSUSCETÍVEIS DE FLEXIBILIZAÇÃO POR CONVENÇÃO OU ACORDO COLETIVOS.

Propostas originais

REGRAS SOBRE A DURAÇÃO DO TRABALHO. VINCULAÇÃO À SAÚDE, HIGIENE E SEGURANÇA DO TRABALHADOR (ART. 7º, XXII, CF/1988). LIMITES À NEGOCIAÇÃO. INTELIGÊNCIA DO PARÁGRAFO ÚNICO DO ART. 611-B DA CLT

POR INFLUIR DIRETAMENTE NA OCORRÊNCIA DE ADOECIMENTOS, ACIDENTES E MORTES NO TRABALHO, A DURAÇÃO DESTE E OS SEUS INTERVALOS CONSTITUEM INSTITUTOS DIRETAMENTE LIGADOS À SAÚDE, HIGIENE E SEGURANÇA DO TRABALHO, NOS TERMOS DO ART. 7º, XXII, DA CF/1988 C/C ART. 5º DA CONVENÇÃO N. 155 DA OIT, DEVENDO O PARÁGRAFO ÚNICO DO ART. 611-B DA CLT TER SEU ALCANCE RESTRINGIDO À PERMISSÃO CONSTITUCIONAL PARA A NEGOCIAÇÃO COLETIVA DISPOR ACERCA DA DURAÇÃO DO TRABALHO E DOS TURNOS ININTERRUPTOS DE REVEZAMENTO (ART. 7º, XIII E XIV, CF/1988).

INEFICÁCIA JURÍDICA DO ARTIGO 611-B, PARÁGRAFO ÚNICO DA CLT: CARÁTER DE NORMAS DE SAÚDE, HIGIENE E SEGURANÇA DAS REGRAS DE DURAÇÃO DO TRABALHO EXPRESSAMENTE PREVISTO NO ART. 3, "B" E "E" DA CONVENÇÃO 155 DA OIT

AS REGRAS DE DURAÇÃO DO TRABALHO CONFIGURAM NORMAS DE SAÚDE, HIGIENE E SEGURANÇA, NOS TERMOS DO ART. 3, "B" E "E" DA CONVENÇÃO INTERNACIONAL N. 155 DA OIT, DE MODO QUE O DISPOSTO NO PARÁGRAFO ÚNICO DO ART. 611-B, DA CLT NASCE DESPROVIDO DE EFICÁCIA JURÍDICA CAPAZ DE CONFERIR VALIDADE A INSTRUMENTOS COLETIVOS QUE FLEXIBILIZEM "IN PEJUS" AO EMPREGADO A JORNADA DE TRABALHO.

SAÚDE E DURAÇÃO DO TRABALHO

É INCONSTITUCIONAL E CONTRÁRIA AS NORMAS E OS PRINCÍPIOS ADOTADOS PELA ORGANIZAÇÃO INTERNACIONAL DO TRABALHO O DISPOSTO NO PARÁGRAFO ÚNICO DO ARTIGO 611-B DA CLT, COM A REDAÇÃO DADA PELA LEI N. 13.467/2017.

DURAÇÃO DO TRABALHO. MATÉRIA RELACIONADA À SAÚDE, HIGIENE E SEGURANÇA DO TRABALHO. CONSTITUIÇÃO FEDERAL E TRATADOS DE DIREITOS HUMANOS RATIFICADOS PELO BRASIL

DURAÇÃO DO TRABALHO. MATÉRIA RELACIONADA À SAÚDE, HIGIENE E SEGURANÇA DO TRABALHO. CONSTITUIÇÃO FEDERAL E TRATADOS DE DIREITOS HUMANOS RATIFICADOS PELO BRASIL. O PARÁGRAFO ÚNICO DO ARTIGO 611-B NÃO É COMPATÍVEL COM OS ARTIGOS 6º, 7º, XXII, 196 E 225 DA CONSTITUIÇÃO FEDERAL E TAMPOUCO COM OS ARTIGOS 7º, II, "B" E "D" DO PIDESC (ONU) E COM O ARTIGO 7º, "E", "G" E "H" DO PROTOCOLO DE SAN SALVADOR (OEA).

Enunciado 12

CONTRIBUIÇÃO SINDICAL

I – É LÍCITA A AUTORIZAÇÃO COLETIVA PRÉVIA E EXPRESSA PARA O DESCONTO DAS CONTRIBUIÇÕES SINDICAL E ASSISTENCIAL, MEDIANTE ASSEMBLEIA GERAL, NOS TERMOS DO ESTATUTO, SE OBTIDA MEDIANTE CONVOCAÇÃO DE TODA A CATEGORIA REPRESENTADA ESPECIFICAMENTE PARA ESSE FIM, INDEPENDENTEMENTE DE ASSOCIAÇÃO E SINDICALIZAÇÃO. II – A DECISÃO DA ASSEMBLEIA GERAL SERÁ OBRIGATÓRIA PARA TODA A CATEGORIA, NO CASO DAS CONVENÇÕES COLETIVAS, OU PARA TODOS OS EMPREGADOS DAS EMPRESAS SIGNATÁRIAS DO ACORDO COLETIVO DE TRABALHO. III – O PODER DE CONTROLE DO EMPREGADOR SOBRE O DESCONTO DA CONTRIBUIÇÃO SINDICAL É INCOMPATÍVEL COM O *CAPUT* DO ART. 8º DA CONSTITUIÇÃO FEDERAL E COM O ART. 1º DA CONVENÇÃO 98 DA OIT, POR VIOLAR OS PRINCÍPIOS DA LIBERDADE E DA AUTONOMIA SINDICAL E DA COIBIÇÃO AOS ATOS ANTISSINDICAIS.

Propostas originais

CONTRIBUIÇÃO SINDICAL

IMPOSSIBILIDADE DE PREVISÃO, EM NORMA COLETIVA, DE DESCONTO NO SALÁRIO DO EMPREGADO DE QUALQUER TIPO DE CONTRIBUIÇÃO AO SINDICATO DA CATEGORIA, MESMO QUE A CLÁUSULA PREVEJA A OPÇÃO DE O EMPREGADO REJEITAR POSTERIORMENTE O DESCONTO, EIS QUE NECESSITA DE 'PRÉVIA' AUTORIZAÇÃO DELE, NOS TERMOS DOS ARTS. 545 E 611-B, INCISO XXVI, DA CLT.

COMISSÃO TEMÁTICA 3. CONTRIBUIÇÃO SINDICAL

AUTORIZAÇÃO PRÉVIA E EXPRESSA PARA DESCONTO E RECOLHIMENTO DA CONTRIBUIÇÃO SINDICAL. MATÉRIA DE DIREITO COLETIVO. REPRESENTAÇÃO POR CATEGORIA. POSSIBILIDADE DE AUTORIZAÇÃO POR ASSEMBLEIA GERAL. AUTONOMIA DA VONTADE COLETIVA. ARTS. 545 A 601 DA CLT. A AUTORIZAÇÃO PRÉVIA E EXPRESSA PARA O DESCONTO DA CONTRIBUIÇÃO SINDICAL REALIZADA POR ASSEMBLEIA GERAL, NOS TERMOS DAS DISPOSIÇÕES ESTATUTÁRIAS, CONVOCANDO TODA A CATEGORIA REPRESENTADA ESPECIFICAMENTE PARA ESSE FIM, ATENDE ÀS FORMALIDADES LEGAIS ESTABELECIDAS NOS ARTS. 545 A 601 DA CLT.

COMISSÃO TEMÁTICA 3. CONTRIBUIÇÃO SINDICAL

FORMA DE COBRANÇA DA CONTRIBUIÇÃO SINDICAL. AUTORIZAÇÃO PRÉVIA E EXPRESSA DA CATEGORIA MEDIANTE ASSEMBLEIA GERAL. ATO SOBERANO DA VONTADE COLETIVA. É ADMITIDA A REALIZAÇÃO DE ASSEMBLEIA GERAL COM A PARTICIPAÇÃO DE TODOS OS MEMBROS DA CATEGORIA REPRESENTADA PARA DELIBEREM A RESPEITO DO DESCONTO DA CONTRIBUIÇÃO SINDICAL, SENDO UMA FORMA DE AUTORIZAÇÃO PRÉVIA E EXPRESSA COLETIVA.

PREVALÊNCIA DO NEGOCIADO SOBRE O LEGISLADO — TAXA DE SOLIDARIEDADE

A PRÉVIA E EXPRESSA AUTORIZAÇÃO PARA O DESCONTO DE CONTRIBUIÇÃO QUE DECORRA DE NEGOCIAÇÃO COLETIVA, PREVISTO EM ACORDO COLETIVO DE TRABALHO OU CONVENÇÃO COLETIVA DE TRABALHO, NOS TERMOS DO INCISO XXVI DO ARTIGO 611-B DA CLT, DE CONFORMIDADE COM O ART. 8º, INCISOS II E III, DA CONSTITUIÇÃO FEDERAL, PODE SER OBTIDA EM ASSEMBLEIA GERAL, PARA QUAL SEJAM CONVOCADOS TODOS OS INTERESSADOS INDEPENDENTEMENTE DE ASSOCIAÇÃO/SINDICALIZAÇÃO, CUJA DECISÃO SERÁ OBRIGATÓRIA PARA TODA A CATEGORIA, NO CASO DAS CONVENÇÕES COLETIVAS, OU A TODOS OS EMPREGADOS DA EMPRESA OU DAS EMPRESAS SIGNATÁRIAS DO ACORDO COLETIVO DE TRABALHO.

FACULTATIVIDADE DA CONTRIBUIÇÃO SINDICAL. CONTROLE DAS AUTORIZAÇÕES PARA DESCONTO PELO EMPREGADOR. INCONSTITUCIONALIDADE

FACULTATIVIDADE DA CONTRIBUIÇÃO SINDICAL. CONTROLE DAS AUTORIZAÇÕES PARA DESCONTO PELO EMPREGADOR. INCONSTITUCIONALIDADE. OS ARTIGOS 545, 579 E 582

DA CLT, NA PARTE EM QUE CONFEREM AO EMPREGADOR O PODER DE CONTROLE SOBRE O DESCONTO DA CONTRIBUIÇÃO SINDICAL POR PARTE DOS EMPREGADOS QUE O AUTORIZARAM, SÃO INCOMPATÍVEIS COM O ARTIGO 8º, *CAPUT*, DA CONSTITUIÇÃO FEDERAL E COM O ARTIGO 1º DA CONVENÇÃO N. 98 DA OIT. PRINCÍPIO DA LIBERDADE SINDICAL E COIBIÇÃO AOS ATOS ANTISSINDICAIS.

Enunciado 13

ULTRATIVIDADE DAS NORMAS COLETIVAS

I — A VEDAÇÃO À ULTRATIVIDADE, CONSTANTE DO ARTIGO 614, § 3º, DA CLT, NÃO É COMPATÍVEL COM OS ARTIGOS 7º, XXVI, 8º, VI, 114, § 2º DA CONSTITUIÇÃO FEDERAL, COM AS CONVENÇÕES 98 E 154 DA OIT, COM O ARTIGO 2º, § 1º DO PIDESC (ONU) E COM O PRINCÍPIO DA BOA-FÉ. II — SE ADMITIDA A CONSTITUCIONALIDADE E A CONVENCIONALIDADE DO ART. 614, § 3º DA CLT, A ULTRATIVIDADE DAS NORMAS COLETIVAS, ENQUANTO MATÉRIA DE CONTEÚDO A PREVER EM INSTRUMENTO COLETIVO DE TRABALHO, É OBJETO LÍCITO, TENDO EM VISTA AS DISPOSIÇÕES DO ART. 7º, XXVI, 8º, VI, DA CONSTITUIÇÃO FEDERAL, BEM COMO DO PRINCÍPIO DA NÃO-REGRESSIVIDADE, INSCULPIDO NO *CAPUT* DO ART. 7º DA CONSTITUIÇÃO FEDERAL.

Propostas originais

ULTRATIVIDADE DAS NORMAS COLETIVAS

ULTRATIVIDADE DAS NORMAS COLETIVAS. MATÉRIA DE CONTEÚDO. POSSIBILIDADE DE PREVISÃO EM CLÁUSULA DE NORMA COLETIVA. ART. 614, §3º DA CLT. A ULTRATIVIDADE DAS NORMAS COLETIVAS, ENQUANTO MATÉRIA DE CONTEÚDO, PREVISTA EM INSTRUMENTO COLETIVO DE TRABALHO É OBJETO LÍCITO, TENDO EM VISTA A PREVALÊNCIA DO NEGOCIADO SOBRE O LEGISLADO, EM CONFORMIDADE COM OS TERMOS DO DISPOSTO NOS ARTS. 611-A E 611-B DA CLT.

ULTRATIVIDADE. INTERPRETAÇÃO E APLICAÇÃO DA LEI

ULTRATIVIDADE. INTERPRETAÇÃO E APLICAÇÃO DA LEI. I — O DISPOSTO NO ARTIGO 614 DA CLT, COM A REDAÇÃO DADA PELA LEI N. 13.467/2017, DEVERÁ SER INTERPRETADO E APLICADO CONFORME A CONSTITUIÇÃO FEDERAL (ESPECIALMENTE O *CAPUT* DO ARTIGO 7º E ARTIGO 114, § 2º), AS NORMAS E OS PRINCÍPIOS ADOTADOS PELA ORGANIZAÇÃO INTERNACIONAL DO TRABALHO (EM ESPECIAL AS CONVENÇÕES N.S 98 E 154) E O PRINCÍPIO DA BOA-FÉ, DE MODO A PRESERVAR AS CONDIÇÕES PACTUADAS ATÉ CELEBRAÇÃO DE NOVO INSTRUMENTO COLETIVO. II — O ARTIGO 614 DA CLT SOMENTE SE APLICA AOS INSTRUMENTOS COLETIVOS FIRMADOS APÓS O INÍCIO DE VIGÊNCIA DA LEI N. 13.467/2017.

VEDAÇÃO À ULTRATIVIDADE. INCOMPATIBILIDADE COM O CONTEÚDO DO DIREITO À NEGOCIAÇÃO COLETIVA

VEDAÇÃO À ULTRATIVIDADE. INCOMPATIBILIDADE COM O CONTEÚDO DO DIREITO À NEGOCIAÇÃO COLETIVA. A VEDAÇÃO À ULTRATIVIDADE CONSTANTE DO ARTIGO 614, § 3º, DA CLT NÃO É COMPATÍVEL COM OS ARTIGOS 7º, XXVI E 8º, VI, DA CONSTITUIÇÃO FEDERAL E TAMPOUCO COM O ARTIGO 5º DA CONVENÇÃO N. 154 DA OIT E COM O ARTIGO 2º, § 1º DO PIDESC (ONU).

ACORDOS E CONVEÇÕES COLETIVAS DE TRABALHO. PACTOS DE PACIFICAÇÃO DE CONFLITOS ENTRE O CAPITAL E O TRABALHO. ULTRATIVIDADE DAS NORMAS COLETIVAS

OS ACORDOS E CONVENÇÕES COLETIVAS DE TRABALHO FORAM RECEPCIONADOS PELA CONSTITUIÇÃO FEDERAL COMO DIREITOS SOCIAIS TRABALHISTAS, CONFORME EXPLICITA O ART. 7º, XXVI, DA CF/1988. ESSES PACTOS COLETIVOS LABORAIS, RESULTADOS DA NEGOCIAÇÃO DIRETA ENTRE PATRÕES E EMPREGADOS (INTELIGÊNCIA DO ART. 611, DA CLT), PRESSUPÕEM PACIFICAÇÃO DE CONFLITOS NAS RELAÇÕES DE TRABALHO E DEVEM

TER PRESERVADA A ESSÊNCIA DE SUAS CLÁUSULAS ATÉ QUE VENHAM NOVOS PACTOS A SUBSTITUÍ-LOS, POR RESPEITO À PROIBIÇÃO DO RETROCESSO SOCIAL (ART. 7º, *CAPUT*, CF/1988).

ENUNCIADOS SIMPLES

Enunciado 1

PREVALÊNCIA DO NEGOCIADO SOBRE O LEGISLADO E CLÁUSULA RESTRITIVA DE MODALIDADES DE CONTRATAÇÃO EM INSTRUMENTO COLETIVO (TERCEIRIZAÇÃO, TELETRABALHO E TRABALHO INTERMITENTE)

É VÁLIDA CLÁUSULA DE INSTRUMENTO COLETIVO QUE RESTRINGE TERCEIRIZAÇÃO, TELETRABALHO OU TRABALHO INTERMITENTE.

Enunciado 2

PREVALÊNCIA DO NEGOCIADO SOBRE O LEGISLADO E REGIME DE SOBREAVISO

NEGOCIAÇÃO COLETIVA. REGIME DE SOBREAVISO. ESCALA DE PLANTÃO. ART. 611-A, V, DA CLT. A CONVENÇÃO COLETIVA OU O ACORDO COLETIVO DE TRABALHO QUE DISPUSER SOBRE O REGIME DE SOBREAVISO, NOS TERMOS DO ART. 611-A DA CLT, DEVERÁ CONTER CLÁUSULA COM ESCALA DE PLANTÃO.

Enunciado 3

PREVALÊNCIA DO NEGOCIADO SOBRE O LEGISLADO E 13º SALÁRIO

NEGOCIAÇÃO COLETIVA. OBJETO ILÍCITO. DÉCIMO TERCEIRO SALÁRIO. ART. 611-B DA CLT. A VEDAÇÃO DE SUPRIMIR OU REDUZIR O DÉCIMO TERCEIRO SALÁRIO POR MEIO DE INSTRUMENTO COLETIVO, CONFORME DISPÕE O ART. 611-B DA CLT, ESTENDE-SE AOS REFLEXOS E ÀS INTEGRAÇÕES NA REFERIDA VERBA REMUNERATÓRIA.

Enunciado 4

PREVALÊNCIA DO NEGOCIADO SOBRE O LEGISLADO E DEFINIÇÃO DE CARGOS DE CONFIANÇA

NEGOCIAÇÃO COLETIVA. DEFINIÇÃO DOS CARGOS DE CONFIANÇA. PRESUNÇÃO RELATIVA. ART. 611-A, V, DA CLT. A CLÁUSULA DE INSTRUMENTO COLETIVO QUE DEFINE OS CARGOS QUE SE ENQUADRAM COMO DE CONFIANÇA POSSUI PRESUNÇÃO RELATIVA DE VERACIDADE, SENDO NECESSÁRIA A ANÁLISE DA REAL FUNÇÃO EXERCIDA E NÃO MERAMENTE A FUNÇÃO PRESCRITA NO CONTRATO DE TRABALHO, EM RAZÃO DO PRINCÍPIO DA PRIMAZIA DA REALIDADE.

Enunciado 5

NEGOCIADO SOBRE O LEGISLADO E PATAMAR CIVILIZATÓRIO MÍNIMO

É NULA CLÁUSULA NORMATIVA, POR QUEBRA DAS CARACTERÍSTICAS FUNDANTES DO DIREITO DO TRABALHO COMO RAMO JURÍDICO ESPECIALIZADO, QUANDO IMPORTAR VIOLAÇÃO AO PATAMAR CIVILIZATÓRIO MÍNIMO (ARTIGOS 9º, 444, 468 E 611-A DA CLT).

Enunciado 6

INCONSTITUCIONALIDADE NA FIXAÇÃO DE JORNADA SUPERIOR A OITO HORAS EM ATIVIDADES INSALUBRES

A FIXAÇÃO DE JORNADA DE TRABALHO SUPERIOR A OITO HORAS EM ATIVIDADES INSALUBRES, SEM PRÉVIA AUTORIZAÇÃO DAS ENTIDADES RESPONSÁVEIS PELA HIGIENE E SEGURANÇA NO TRABALHO, VIOLA OS TERMOS DO INCISO XXII DO ARTIGO 7 DA CONSTITUIÇÃO FEDERAL DE 1988. ASSIM, SÃO INCONSTITUCIONAIS O PARÁGRAFO ÚNICO DO ARTIGO 60 E O INCISO XIII, DO ARTIGO 611-A, INTRODUZIDOS PELA LEI 13.467/2017.

Enunciado 7
NEGOCIADO SOBRE LEGISLADO E REMUNERAÇÃO POR PRODUTIVIDADE. IMPLANTAÇÃO DE MÉTODOS DE GESTÃO LESIVOS AO MEIO AMBIENTE LABORAL: IMPOSSIBILIDADE

NEGOCIADO SOBRE LEGISLADO. REMUNERAÇÃO POR PRODUTIVIDADE. IMPLANTAÇÃO DE MÉTODOS DE GESTÃO LESIVOS AO MEIO AMBIENTE LABORAL. IMPOSSIBILIDADE. A INSERÇÃO DA "REMUNERAÇÃO POR PRODUTIVIDADE" NO ARTIGO 611-A, IX, DA CLT, NÃO PODE SER COMPREENDIDA DE MODO A PERMITIR A IMPLEMENTAÇÃO DE MÉTODOS DE GESTÃO, DE FORMAS DE ORGANIZAÇÃO DO TRABALHO E DE ESTRUTURAS REMUNERATÓRIAS BASEADAS EM METAS E EM RESULTADOS RECONHECIDAMENTE RELACIONADOS AO APARECIMENTO DE DOENÇAS.

Enunciado 8
CONTRIBUIÇÃO SINDICAL: NATUREZA JURÍDICA TRIBUTÁRIA. NECESSIDADE DE LEI COMPLEMENTAR PARA SUA ALTERAÇÃO

A CONTRIBUIÇÃO SINDICAL LEGAL (ART. 579 DA CLT) POSSUI NATUREZA JURÍDICA TRIBUTÁRIA, CONFORME CONSIGNADO NO ART. 8º C/C ART. 149 DO CTN, TRATANDO-SE DE CONTRIBUIÇÃO PARAFISCAL. PADECE DE VÍCIO DE ORIGEM A ALTERAÇÃO DO ART. 579 DA CLT POR LEI ORDINÁRIA (REFORMA TRABALHISTA), UMA VEZ QUE SOMENTE LEI COMPLEMENTAR PODERÁ ENSEJAR SUA ALTERAÇÃO.

Enunciado 9
NEGOCIAÇÃO "IN PEJUS" E INCONVENCIONALIDADE DO ART. 611-A DA CLT

NEGOCIAÇÃO "IN PEJUS". INCONVENCIONALIDADE. EFEITOS PARALISANTES. A COMISSÃO DE EXPERTOS EM APLICAÇÃO DE CONVÊNIOS E RECOMENDAÇÕES DA OIT (CEACR), NO CONTEXTO DE SUA OBSERVAÇÃO DE 2017 SOBRE A APLICAÇÃO, PELO BRASIL, DA CONVENÇÃO 98 DA OIT, REITEROU QUE O OBJETIVO GERAL DAS CONVENÇÕES 98, 151 E 154 É A PROMOÇÃO DA NEGOCIAÇÃO COLETIVA PARA ENCONTRAR ACORDO SOBRE TERMOS E CONDIÇÕES DE TRABALHO QUE SEJAM MAIS FAVORÁVEIS QUE OS PREVISTOS NA LEGISLAÇÃO. SEGUNDO A CEACR, UM DISPOSITIVO LEGAL QUE INSTITUI A DERROGABILIDADE GERAL DA LEGISLAÇÃO LABORAL POR MEIO DA NEGOCIAÇÃO COLETIVA É CONTRÁRIO AO OBJETIVO DA PROMOÇÃO DA NEGOCIAÇÃO COLETIVA LIVRE E VOLUNTÁRIA PREVISTA EM TAIS CONVENÇÕES. O ARTIGO 611-A DA CLT "REFORMADA" NÃO É VERTICALMENTE COMPATÍVEL COM A CONVENÇÃO 98 DA OIT E REMANESCE FORMALMENTE INCONVENCIONAL, CIRCUNSTÂNCIA QUE IMPEDE A SUA APLICAÇÃO, EM VIRTUDE DA EFICÁCIA PARALISANTE IRRADIADA PELAS CONVENÇÕES.

COMISSÃO 4

TRABALHADORA GESTANTE E TRABALHADORA LACTANTE. TRABALHADOR AUTÔNOMO EXCLUSIVO. HIPERSUFICIENTE ECONÔMICO. ARBITRAGEM E CLÁUSULA COMPROMISSÓRIA

ENUNCIADOS AGLUTINADOS

Enunciado 1
TRABALHADOR HIPERSUFICIENTE. ART. 444, PARÁGRAFO ÚNICO, DA CLT

I — O PARÁGRAFO ÚNICO DO ART. 444 DA CLT, ACRESCIDO PELA LEI 13.467/2017, CONTRARIA OS PRINCÍPIOS DO DIREITO DO TRABALHO, AFRONTA A CONSTITUIÇÃO FEDERAL (ARTS. 5º, *CAPUT*, E 7º, XXXII, ALÉM DE OUTROS) E O SISTEMA INTERNACIONAL DE PROTEÇÃO AO TRABALHO, ESPECIALMENTE A CONVENÇÃO 111 DA OIT. II — A NEGOCIAÇÃO INDIVIDUAL SOMENTE PODE PREVALECER SOBRE O INSTRUMENTO COLETIVO SE MAIS FAVORÁVEL AO TRABALHADOR E DESDE QUE NÃO CONTRAVENHA AS DISPOSIÇÕES

FUNDAMENTAIS DE PROTEÇÃO AO TRABALHO, SOB PENA DE NULIDADE E DE AFRONTA AO PRINCÍPIO DA PROTEÇÃO (ARTIGO 9º DA CLT C/C O ARTIGO 166, VI, DO CÓDIGO CIVIL).

Propostas originais

HIPERSUFICIENTE ECONÔMICO

O PARÁGRAFO ÚNICO DO ARTIGO 444, COM A REDAÇÃO DADA PELA LEI N. 13.467/2017, É INCOMPATÍVEL COM O PRINCÍPIO PROTETIVO E É INCONSTITUCIONAL POR FERIR O *CAPUT* DO ARTIGO 7º E ESPECIALMENTE SEUS INCISOS I, XXX E XXXII DA CONSTITUIÇÃO FEDERAL.

TRABALHADOR HIPERSUFICIENTE

1. O EMPREGADO COM DIPLOMA DE NÍVEL SUPERIOR E SALÁRIO SUPERIOR A DUAS VEZES O LIMITE DE BENEFÍCIOS DA PREVIDÊNCIA SOCIAL VIA DE REGRA ENCONTRA-SE EM SITUAÇÃO MAIS FRÁGIL QUE OS DEMAIS. 2. O PARÁGRAFO ÚNICO DO ART. 444 DA CLT É INCONSTITUCIONAL, POR VIOLAÇÃO AO PRINCÍPIO DE ISONOMIA COLOCADO NOS ARTS. 5º E 7º, XXXII, DA CARTA, NÃO SE JUSTIFICANDO A O AFASTAMENTO DO PRINCÍPIO DA INDISPONIBILIDADE DOS SEUS DIREITOS FUNDAMENTAIS. 3. O DISPOSITIVO LEGAL VIOLA TAMBÉM A CONVENÇÃO 111 DA OIT, POIS IMPORTA DISCRIMINAÇÃO EM MATÉRIA DE EMPREGO E OCUPAÇÃO. 4. A AUTONOMIA PRIVADA DO TRABALHADOR PSEUDOSSUFICIENTE NÃO PODE AB-ROGAR O SISTEMA DE PROTEÇÃO AO TRABALHO, SENDO INCONGRUENTE, ILÓGICA, IMPRESTÁVEL E INEFICAZ A NORMA QUE MANDA APLICAR A ESSA RELAÇÃO JURÍDICA O ART. 611-A DA CLT.

AUTONOMIA PRIVADA IRRESTRITA. TRABALHADORES COM DIPLOMA UNIVERSITÁRIO E COM SALÁRIO IGUAL OU SUPERIOR AO TETO DO RGPS. INCONSTITUCIONALIDADE.

AUTONOMIA PRIVADA IRRESTRITA. TRABALHADORES COM DIPLOMA UNIVERSITÁRIO E COM SALÁRIO IGUAL OU SUPERIOR AO TETO DO RGPS. INCONSTITUCIONALIDADE. I — O ARTIGO 444, PARÁGRAFO ÚNICO DA CLT NÃO É COMPATÍVEL COM OS PRINCÍPIOS DA ISONOMIA E DO DEVIDO PROCESSO LEGAL SUBSTANTIVO, BEM COMO COM O ARTIGO 7º, *CAPUT*, E INCISOS VI, XIII, XIV E XXVI, DA CONSTITUIÇÃO FEDERAL. II — DIREITOS INDISPONÍVEIS NÃO PODERÃO SER TRANSACIONADOS, SENDO NULOS OS ACORDOS INDIVIDUAIS COM ESSE OBJETIVO. INTELIGÊNCIA DO ARTIGO 9º DA CLT C/C O ARTIGO 166, VI, DO CÓDIGO CIVIL.

HIPERSUFICIENTE ECONÔMICO

É INCONSTITUCIONAL A PREVALÊNCIA DE ACORDOS INDIVIDUAIS SOBRE ACORDO E CONVENÇÃO COLETIVA EM RAZÃO DO SALÁRIO DO EMPREGADO COM DIPLOMA DE NÍVEL SUPERIOR, QUANDO ESTABELECEREM CONDIÇÕES INFERIORES, POIS FERE PRINCÍPIOS COMO O DA PROTEÇÃO E DA IRRENUNCIABILIDADE (ARTIGO 7º, *CAPUT*, CF). ESSES ACORDOS INDIVIDUAIS TAMBÉM VIOLAM O PRINCÍPIO DA ISONOMIA ENTRE EMPREGADOS QUE REALIZEM TRABALHO TÉCNICO, MANUAL E INTELECTUAL, PREVISTO NO ARTIGO 7º, XXXII, DA CF. ALÉM DISSO, A CONSTITUIÇÃO FEDERAL RECONHECE AS CONVENÇÕES E ACORDOS COLETIVOS DE TRABALHO (ARTIGO 7º, XXVI) E PROÍBE QUALQUER TIPO DE ALTERAÇÃO CONTRATUAL INDIVIDUAL QUE LEVE A REDUÇÃO SALARIAL E A REDUÇÃO E COMPENSAÇÃO DE JORNADA, SALVO POR ACORDO OU CONVENÇÃO COLETIVA (ART. 7º, INCISOS VI E XIII).

TRABALHADOR HIPERSUFICIENTE

TRABALHADOR "HIPERSUFICIENTE". PERSISTÊNCIA DE SUBORDINAÇÃO. DISCRIMINAÇÃO ARBITRÁRIA. VEDAÇÃO DA DERROGAÇÃO DA PROTEÇÃO NORMATIVA DA RELAÇÃO DE EMPREGO. VIOLA A SISTEMÁTICA CONSTITUCIONAL DE VALORIZAÇÃO SOCIAL DO TRABALHO, A AUTORIZAÇÃO CONTIDA NO PARÁGRAFO ÚNICO DO ARTIGO 444 DA CLT PARA LIVRE NEGOCIAÇÃO DO CONTEÚDO DO CONTRATO DE TRABALHO SUBORDINADO, QUE AFASTE OU REDUZA A PROTEÇÃO SOCIAL E JURÍDICA CONFERIDA

A QUALQUER RELAÇÃO DE EMPREGO. AINDA, ARBITRÁRIA A DIFERENCIAÇÃO CONTIDA NO DISPOSITIVO, QUANTO À REMUNERAÇÃO E INSTRUÇÃO DO EMPREGADO, VIOLANDO O PRINCÍPIO GERAL DA ISONOMIA. POR FIM, A NEGOCIAÇÃO INDIVIDUAL SOMENTE PODE PREVALECER SOBRE INSTRUMENTO COLETIVO SE MAIS FAVORÁVEL AO TRABALHADOR, E DESDE QUE NÃO CONTRAVENHA ÀS DISPOSIÇÕES FUNDAMENTAIS DE PROTEÇÃO AO TRABALHO.

Enunciado 2

TRABALHADORA GESTANTE E LACTANTE. ART. 394-A DA CLT

A AUTORIZAÇÃO LEGAL PERMITINDO O TRABALHO DA GESTANTE E LACTANTE EM AMBIENTE INSALUBRE É INCONSTITUCIONAL E INCONVENCIONAL PORQUE VIOLADORA DA DIGNIDADE HUMANA, DO DIREITO À REDUÇÃO DOS RISCOS INERENTES AO TRABALHO, DA PROTEÇÃO INTEGRAL AO NASCITURO E À CRIANÇA E DO DIREITO SOCIAL À SAÚDE. ADEMAIS, O MEIO AMBIENTE DO TRABALHO SAUDÁVEL É DIREITO FUNDAMENTAL GARANTIDO PELA CONSTITUIÇÃO DA REPÚBLICA, REVESTIDO DE INDISPONIBILIDADE ABSOLUTA. INCIDÊNCIA DOS ARTS. 1º, III; 6º; 7º, XXII; 196; 200; 201, II; 203, I; 225; 226 E 227 DA CONSTITUIÇÃO FEDERAL; CONVENÇÃO 103 E 183 DA OIT; ARTS. 25, I E II DA DUDH.

Propostas originais

TRABALHO DA GESTANTE E LACTANTE EM AMBIENTE INSALUBRE

TRABALHADORA GESTANTE E LACTANTE. AMBIENTE INSALUBRE. REDUÇÃO DOS RISCOS INERENTES AO TRABALHO. DIREITOS DA CRIANÇA. SALVAGUARDA DOS DIREITOS DO NASCITURO. AO AUTORIZAR O TRABALHO DA GESTANTE EM AMBIENTES ENVOLVENDO AGENTES INSALUBRES DE GRAU MÍNIMO E MÉDIO, O ARTIGO 394-A, MODIFICADO PELA LEI N. 13.467/17, VIOLA O DIREITO À REDUÇÃO DOS RISCOS INERENTES AO TRABALHO, PREVISTO NO ARTIGO 7º, INCISO XXII, DA CONSTITUIÇÃO FEDERAL, ALÉM DE VIOLAR OS DIREITOS DA CRIANÇA E DO NASCITURO, CONFORME O DISPOSTO NO ARTIGO 2º DA LEI N. 10.406/2002.

TRABALHADORA GESTANTE E TRABALHADORA LACTANTE

TRABALHADORA GESTANTE E LACTANTE. LABOR EM AMBIENTE INSALUBRE. VIABILIDADE MEDIANTE APRESENTAÇÃO DE ATESTADO MÉDICO. INCONSTITUCIONALIDADE. I – OS INCISOS II E III DO ARTIGO 394-A DA CLT NÃO SE COMPATIBILIZAM COM OS ARTIGOS 6º, 7º, XXII, 196 E 225 DA CONSTITUIÇÃO FEDERAL; II- SEM PREJUÍZO DE SUA REMUNERAÇÃO, NESTA INCLUÍDO O VALOR DO ADICIONAL DE INSALUBRIDADE, A EMPREGADA DEVERÁ SER AFASTADA DE ATIVIDADES CONSIDERADAS INSALUBRES EM QUALQUER GRAU ENQUANTO DURAR A GESTAÇÃO E DURANTE A LACTAÇÃO.

TRABALHO DA LACTANTE. AMBIENTE INSALUBRE. RETROCESSO SOCIAL

TRABALHO DA LACTANTE. AMBIENTE INSALUBRE. RETROCESSO SOCIAL. É INCONSTITUCIONAL A REGRA DO ARTIGO 394-A, INCISO III, DA LEI N. 13.467/2017, POR VIOLAÇÃO AOS ARTIGOS 1º, INCISO III; 6º; 7º, INCISO XXII; 201, INCISO II; 203, INCISO I E 227, TODOS DA CONSTITUIÇÃO DA REPÚBLICA, OS QUAIS CONSAGRAM A DIGNIDADE HUMANA, A PROTEÇÃO INTEGRAL À CRIANÇA E AO DIREITO SOCIAL À SAÚDE.

É PROIBIDO O LABOR EM AMBIENTE INSALUBRE PARA EMPREGADAS GESTANTES E LACTANTES

INCONSTITUCIONALIDADE DO ARTIGO 394- A DA CLT (LEI 13.467-2017). É PROIBIDO O LABOR EM AMBIENTE INSALUBRE PARA EMPREGADAS GESTANTES E LACTANTES. A GESTAÇÃO E A LACTAÇÃO SÃO ETAPAS FUNDAMENTAIS NA FORMAÇÃO DA ESTRUTURA FÍSICA E EMOCIONAL DO SER HUMANO. NECESSIDADE DE PROTEÇÃO ANTE A POSSIBILIDADE DE PREJUÍZO À VIDA E SAÚDE DA MÃE, DO NASCITURO E DA CRIANÇA LACTENTE. OBSERVÂNCIA DO PRINCÍPIO DA PROTEÇÃO DA CRIANÇA. O MEIO AMBIENTE TRABALHO SAUDÁVEL É DIREITO FUNDAMENTAL DAS TRABALHADORAS BRASILEIRAS GARANTIDO PELA LEI MAIOR COMO DIREITO HUMANO FUNDAMENTAL REVESTIDO DE INDISPONIBILIDADE INTRÍNSECA A DIGNIDADE DA PESSOA HUMANA, FUNDAMENTO AXIOLÓGICO

NUCLEAR DO ESTADO DE DIREITO, ARTIGOS 6, 7º, INCISO XXII, 196, 200, 201, 203, I, 225, 226 E 227 DA CF, CONVENÇÃO 103 DA OIT E NRS 07 E 15.

INCONSTITUCIONALIDADE DAS DISPOSIÇÕES ART. 394-A, DA "NOVA" CONSOLIDAÇÃO DAS LEIS DO TRABALHO — TRABALHO INSALUBRE DE TRABALHADORA GESTANTE E TRABALHADORA LACTANTE

TRABALHO DA GESTANTE OU DA LACTANTE EM ATIVIDADE INSALUBRE (ART. 394-A, DA CLT)- AS DISPOSIÇÕES DO ART. 394-A, QUE PERMITE O TRABALHO DA GESTANTE OU DA LACTANTE EM ATIVIDADE NOCIVA À SAÚDE, SÃO INCONSTITUCIONAIS, PORQUE EM DESCONFORMIDADE COM O PRINCÍPIO DA PROTEÇÃO, PLASMADO EM TODO O ART. 7., DA CONSTITUIÇÃO FEDERAL DE 1988.

ENUNCIADOS SIMPLES

Enunciado 1

TRABALHADOR AUTÔNOMO EXCLUSIVO E ART. 9º DA CLT

TRABALHADOR AUTÔNOMO EXCLUSIVO. RECONHECIMENTO DA RELAÇÃO DE EMPREGO. A NORMA DO ARTIGO 442-B DA CLT NÃO IMPEDE O RECONHECIMENTO DA RELAÇÃO DE EMPREGO, QUANDO PRESENTES OS PRESSUPOSTOS DOS ARTIGOS 2º E 3º DA CLT E CONFIGURADO O DESVIRTUAMENTO DO TRABALHO AUTÔNOMO, COM FRAUDE À RELAÇÃO DE EMPREGO, À LUZ DO ART. 9º DA CLT.

Enunciado 2

TRABALHADOR AUTÔNOMO EXCLUSIVO E PRIMAZIA DA REALIDADE

PRIMAZIA DA REALIDADE SOBRE A FORMA. É A PRIMAZIA DA REALIDADE, E NÃO A FORMALIDADE EXTERIORIZADA DE ATOS E NEGÓCIOS JURÍDICOS, QUE DEVE SER CONSIDERADA PARA O RECONHECIMENTO DO VÍNCULO DE EMPREGO (ARTS. 2º E 3º DA CLT) OU DE TRABALHO AUTÔNOMO (ART. 442-B DA CLT).

Enunciado 3

TRABALHO AUTÔNOMO CONTÍNUO E EXCLUSIVO. LIMITES E INTERPRETAÇÃO CONFORME: INTELIGÊNCIA DO ART. 442-B DA CLT À LUZ DA CONSTITUIÇÃO FEDERAL

PRESUME-SE O VÍNCULO EMPREGATÍCIO DIANTE DA PRESTAÇÃO DE SERVIÇOS CONTÍNUA E EXCLUSIVA, UMA VEZ QUE A RELAÇÃO DE EMPREGO É DIREITO FUNDAMENTAL (ARTS. 1º, III E IV, 5º, *CAPUT* E 7º DA CF/1988), DEVENDO O ART. 442-B DA CLT SER INTERPRETADO CONFORME A CONSTITUIÇÃO FEDERAL PARA AFASTAR A CARACTERIZAÇÃO DO TRABALHO AUTÔNOMO SEMPRE QUE O TRABALHADOR, NÃO ORGANIZANDO A PRÓPRIA ATIVIDADE, TENHA SEU LABOR UTILIZADO NA ESTRUTURA DO EMPREENDIMENTO E INTEGRADO À SUA DINÂMICA.

Enunciado 4

TRABALHADOR AUTÔNOMO EXCLUSIVO E FORMAS JURÍDICAS IRREAIS

O ARTIGO 442-B DA CLT NÃO PERMITE A CONTRATAÇÃO DE TRABALHADOR CONSTITUÍDO SOB A FORMA DE PESSOA JURÍDICA, DE MICROEMPREENDEDOR INDIVIDUAL (MEI) E DE EMPRESA INDIVIDUAL DE RESPONSABILIDADE LIMITADA (EIRELI), ENTRE OUTRAS, QUANDO PRESENTES OS PRESSUPOSTOS PARA O RECONHECIMENTO DA RELAÇÃO DE EMPREGO (ARTS. 2º E 3º DA CLT).

Enunciado 5

TRABALHADORA GESTANTE E IRRENUNCIABILIDADE DE DIREITOS DO NASCITURO. IMPOSSIBILIDADE DE NEGOCIAÇÃO DO ENQUADRAMENTO DA INSALUBRIDADE E PRORROGAÇÃO DE JORNADA EM CONDIÇÕES INSALUBRES. INTERPRETAÇÃO RESTRITIVA DO ARTIGO 444, PARÁGRAFO ÚNICO, DA CLT.

COM O INTUITO DE PROTEGER A VIDA DO NASCITURO, NÃO PODERÃO SER OBJETO DE LIVRE ESTIPULAÇÃO, NO CONTRATO DE TRABALHO, DIREITOS ESTABELECIDOS NA CONS-

TITUIÇÃO FEDERAL QUE AFETEM SUA INTEGRIDADE, SENDO PROIBIDA A NEGOCIAÇÃO PELA TRABALHADORA GESTANTE, AINDA QUE "HIPERSUFICIENTE", DO ENQUADRAMENTO DA INSALUBRIDADE EM GRAU INFERIOR OU DA PRORROGAÇÃO DE JORNADA SOB CONDIÇÕES INSALUBRES.

Enunciado 6

CLÁUSULA COMPROMISSÓRIA DE ARBITRAGEM NAS RELAÇÕES DE TRABALHO

CLÁUSULA COMPROMISSÓRIA DE ARBITRAGEM. ART. 507-A DA CLT. IMPOSSIBILIDADE DE SER INSTITUÍDA EM SE TRATANDO DE CRÉDITOS DECORRENTES DA RELAÇÃO DE TRABALHO, À LUZ DO ARTIGO 1º DA LEI 9.307/96, ART. 100 DA CF/88, ART. 1707 DO CC E ART. 844, § 4º, II DA CLT. CARÁTER ALIMENTAR DO CRÉDITO TRABALHISTA. INDISPONIBILIDADE E INDERROGABILIDADE DOS DIREITOS TRABALHISTAS.

COMISSÃO 5

COMISSÕES DE REPRESENTAÇÃO DE EMPREGADOS. DISPENSAS INDIVIDUAIS E COLETIVAS. PROCEDIMENTO DE QUITAÇÃO ANUAL. PROGRAMAS DE DEMISSÃO VOLUNTÁRIA.

ENUNCIADOS AGLUTINADOS

Enunciado 1

DISPENSA COLETIVA: INCONSTITUCIONALIDADE

O ART. 477-A DA CLT PADECE DE INCONSTITUCIONALIDADE, ALÉM DE INCONVENCIONALIDADE, POIS VIOLA OS ARTIGOS 1º, III, IV, 6º, 7º, I, XXVI, 8º, III, VI, 170, *CAPUT*, III E VIII, 193, DA CONSTITUIÇÃO FEDERAL, COMO TAMBÉM O ARTIGO 4º DA CONVENÇÃO N. 98, O ARTIGO 5º DA CONVENÇÃO N. 154 E O ART. 13 DA CONVENÇÃO N. 158, TODAS DA OIT. VIOLA, AINDA, A VEDAÇÃO DE PROTEÇÃO INSUFICIENTE E DE RETROCESSO SOCIAL. AS QUESTÕES RELATIVAS À DISPENSA COLETIVA DEVERÃO OBSERVAR: A) O DIREITO DE INFORMAÇÃO, TRANSPARÊNCIA E PARTICIPAÇÃO DA ENTIDADE SINDICAL; B) O DEVER GERAL DE BOA-FÉ OBJETIVA; E C) O DEVER DE BUSCA DE MEIOS ALTERNATIVOS ÀS DEMISSÕES EM MASSA.

Propostas originais

DISPENSAS INDIVIDUAIS E COLETIVAS

DISPENSA INDIVIDUAL. DISPENSA COLETIVA. DEVER DE COMUNICAÇÃO AO ENTE SINDICAL. ART. 477-A DA CLT. A ENTIDADE SINDICAL DEVERÁ SER COMUNICADA, PREVIAMENTE, ACERCA DA INTENÇÃO DO EMPREGADOR DE REALIZAR A DISPENSA EM MASSA, PARA QUE POSSAM BUSCAR SOLUÇÕES E ALTERNATIVAS A FIM DE SE EVITAR OU MINIMIZAR A DEMISSÃO DOS TRABALHADORES, EM ATENDIMENTO AO PRINCÍPIO DA INTERVENÇÃO SINDICAL NAS QUESTÕES COLETIVAS TRABALHISTAS.

INCONSTITUCIONALIDADE DO ART. 477-A DA CLT (INSERIDO PELA LEI 13.467/2017)

É INCONSTITUCIONAL O ART. 477-A DA CLT (INSERIDO PELA LEI 13.467/2017), DO PONTO DE VISTA FORMAL E MATERIAL. HÁ INCONSTITUCIONALIDADE FORMAL POR VIOLAÇÃO AO ART. 7º, I, DA CONSTITUIÇÃO, POIS DISPOSITIVOS GERAIS RELATIVOS À PROTEÇÃO CONTRA A DESPEDIDA ARBITRÁRIA OU SEM JUSTA CAUSA SÓ PODEM SER INSTITUÍDOS POR LEI COMPLEMENTAR. A INCONSTITUCIONALIDADE MATERIAL, PORQUE A LEI, SEGUNDO O ART. 7º, I, DA CARTA, DEVE REGULAR A PROTEÇÃO CONTRA A DESPEDIDA ARBITRÁRIA OU SEM JUSTA CAUSA E NÃO PROMOVER OU ESTIMULAR ESSE TIPO DE DISPENSA, HAVENDO TAMBÉM VIOLAÇÃO AO PRINCÍPIO NÃO RETROCESSO.

INCONSTITUCIONALIDADE DO ART. 477-A

ART. 477-A DA CLT. DISPENSA MASSIVA DE EMPREGADOS.INCONSTICIONALIDADE. O ARTIGO 477-A DA CLT AUTORIZA A DISPENSA EM MASSA DE TRABALHADORES E, DEPOIS

DE PRECEDENTES JUDICIAIS DO TST EM SENTIDO CONTRÁRIO, CONFIGURA EXPLÍCITO REBAIXAMENTO DAS CONDIÇÕES GERAIS DE TRABALHO VETADA PELO *CAPUT* DO ART. 7º DA CONSTITUIÇÃO DA REPÚBLICA, DO QUAL EMANA O PRINCÍPIO DA PROIBIÇÃO DO RETROCESSO NO ÂMBITO DAS RELAÇÕES DE TRABALHO. NÃO BASTASSE ISSO, AINDA QUE SE CONSIDERE A NORMA INSCULPIDA NO ART. 7.º, I, DA CONSTITUIÇÃO COMO SENDO E EFICÁCIA LIMITADA, NÃO SE PODE PERDER DE VISTA QUE TODAS AS NORMAS CONSTITUCIONAIS TÊM UMA EFICÁCIA PLENA, POIS MESMO AQUELAS QUE EXIGEM REGULAMENTAÇÃO IMPEDEM QUE AS NORMAS INFRACONSTITUCIONAIS AS DESRESPEITEM. BEM DIFERENTE DE ADMITIR-SE A DISPENSA IMOTIVADA SOB O ARGUMENTO DE AUSÊNCIA DE REGULAMENTAÇÃO É A NORMA ORDINÁRIA EXPRESSAMENTE AUTORIZAR A PRÁTICA, AINDA MAIS EM CARÁTER MASSIVO. POR DUPLA OFENSA À CONSTITUIÇÃO, REMANESCE INCONSTITUCIONAL O ART. 477-A.

DISPENSA COLETIVA

A DISPENSA COLETIVA EXIGE A PARTICIPAÇÃO DO SINDICATO PROFISSIONAL, ENTRETANTO NA HIPÓTESE DE OCORRER INDEPENDENTE DE AUTORIZAÇÃO PRÉVIA DA ENTIDADE SINDICAL CONFORME AUTORIZA O NOVO ARTIGO 477-A DA CLT A RESCISÃO SOMENTE É VÁLIDA SE O EMPREGADOR ANTES BUSCOU MEIOS ALTERNATIVOS DE PRESERVAÇÃO DO EMPREGO.

DISPENSAS INDIVIDUAIS E COLETIVAS

AS NORMAS CONSTITUCIONAIS E LEGAIS E AS NORMAS INTERNACIONAIS ADOTADAS PELO BRASIL AFASTAM O CARÁTER UNILATERAL E POTESTATIVO DAS DISPENSAS COLETIVAS, QUE, POR CONSTITUÍREM ATO/FATO COLETIVO, PRESSUPÕEM A PARTICIPAÇÃO DA ENTIDADE SINDICAL (ART. 8º, III E VI, CR), DE MODO A ASSEGURAR A DIGNIDADE DA PESSOA HUMANA (ART. 1º, III, CR), A VALORIZAÇÃO DO TRABALHO E DO EMPREGO (ARTS. 1º, IV; 6º; 170, VIII; 193, CR), A FUNÇÃO SOCIAL DA PROPRIEDADE (ARTS. 5º, XXIII E 170, III, CR), A PROTEÇÃO E PROMOÇÃO DO EMPREGO (CONVENÇÕES OIT N. 11, 87, 98, 135, 141, 151, 158 E 168). ASSIM, O ARTIGO 477-A DA CLT DEVERÁ SER INTERPRETADO E APLICADO CONFORME A CONSTITUIÇÃO DA REPÚBLICA, PARA ASSEGURAR O DIREITO À INFORMAÇÃO DAS ENTIDADES SINDICAIS, BEM COMO A NEGOCIAÇÃO COLETIVA DOS IMPACTOS DAS DEMISSÕES EM MASSA.

EQUIPARAÇÃO ENTRE DISPENSAS COLETIVAS E INDIVIDUAIS. IMPOSSIBILIDADE. VIOLAÇÃO AOS PRINCÍPIO DA NEGOCIAÇÃO COLETIVA E DA BOA-FÉ OBJETIVA

EQUIPARAÇÃO ENTRE DISPENSAS COLETIVAS E INDIVIDUAIS. IMPOSSIBILIDADE. VIOLAÇÃO AOS PRINCÍPIO DA NEGOCIAÇÃO COLETIVA E DA BOA-FÉ OBJETIVA. O ARTIGO 477-A DA CLT NÃO É COMPATÍVEL COM OS ARTIGOS 1º, III, 7º, XXVI, 8º, VI E 170, *CAPUT*, III E VIII, DA CONSTITUIÇÃO FEDERAL E TAMPOUCO COM O ARTIGO 4º DA CONVENÇÃO N. 98 E COM O ARTIGO 5º DA CONVENÇÃO N. 154, AMBAS DA OIT.

DESPEDIMENTO COLETIVO. INDISPENSABILIDADE DA NEGOCIAÇÃO COLETIVA

DESPEDIMENTO COLETIVO. INDISPENSABILIDADE DA NEGOCIAÇÃO COLETIVA. A EQUIPARAÇÃO ENTRE DISPENSAS INDIVIDUAIS, PLÚRIMAS OU COLETIVAS REALIZADA PELO ARTIGO 477-A DA CLT LIMITA-SE À EFETIVAÇÃO DAS DESPEDIDAS IMOTIVADAS E NÃO AFASTA A INDISPENSABILIDADE DA NEGOCIAÇÃO COLETIVA PRÉVIA COM O SINDICATO DA CATEGORIA, COMO PRESSUPOSTO DE VALIDADE DAS DISPENSAS COLETIVAS, CONFORME ATUAL JURISPRUDÊNCIA TRABALHISTA. COMO A NEGOCIAÇÃO COLETIVA É PROCEDIMENTO MULTIFACETADO QUE NÃO SE CONFUNDE COM A CELEBRAÇÃO DE CONVENÇÃO OU ACORDO COLETIVO DE TRABALHO, NÃO HÁ QUE SE FALAR EM SUA DISPENSABILIDADE EM CASOS DE DESPEDIMENTO COLETIVO, FENÔMENO MOTIVADO POR CAUSAS OBJETIVAS, FINANCEIRAS, ECONÔMICAS OU TECNOLÓGICAS RELACIONADOS À GESTÃO EMPRESARIAL.

Enunciado 2

TERMO DE QUITAÇÃO ANUAL

I) OS PAGAMENTOS EFETUADOS POR CONTA DE TERMO DE COMPROMISSO ARBITRAL, "QUITAÇÃO ANUAL" DE OBRIGAÇÕES TRABALHISTAS, EXTINÇÃO DO CONTRATO POR "MÚTUO ACORDO" E PLANO DE DEMISSÃO VOLUNTÁRIA OU INCENTIVADA SÓ PODEM PRODUZIR EFICÁCIA LIBERATÓRIA LIMITADA AOS VALORES EFETIVAMENTE ADIMPLIDOS DAS PARCELAS DISCRIMINADAS. EM RESPEITO À GARANTIA CONSTITUCIONAL DE ACESSO À JURISDIÇÃO (ART. 5º, XXXV) E AO ARTIGO 25 DA CONVENÇÃO AMERICANA DE DIREITOS HUMANOS, MANTÉM-SE O PLENO DIREITO DE ACESSO AO JUDICIÁRIO PARA SOLUCIONAR SITUAÇÕES CONFLITUOSAS, INCLUSIVE PARA SATISFAÇÃO DE DIFERENÇAS SOBRE RUBRICAS PARCIALMENTE PAGAS. II) O TERMO DE QUITAÇÃO DEVERÁ ESTAR NECESSARIAMENTE ACOMPANHADO DE DOCUMENTOS COMPROBATÓRIOS, SOB ASSISTÊNCIA EFETIVA DO SINDICATO. III) O TERMO DE QUITAÇÃO DEVE, POIS, SER INTERPRETADO RESTRITIVAMENTE, COM EFICÁCIA LIBERATÓRIA DE ALCANCE LIMITADO AOS VALORES DAS PARCELAS EXPRESSAMENTE ESPECIFICADAS NO DOCUMENTO, SEM IMPLICAR RENÚNCIA OU EXTINÇÃO DA OBRIGAÇÃO E NEM IMPEDIR O EXERCÍCIO DO DIREITO FUNDAMENTAL DE AÇÃO. IV) O REFERIDO TERMO SERÁ NULO DE PLENO DIREITO SE DESVIRTUAR, IMPEDIR OU FRAUDAR AS DISPOSIÇÕES DE PROTEÇÃO AO TRABALHO, OS CONTRATOS COLETIVOS E AS DECISÕES DAS AUTORIDADES TRABALHISTAS COMPETENTES.

Propostas originais

TERMO ANUAL DE QUITAÇÃO. EFEITO EM JUÍZO.

QUITAÇÃO, CUMPRIMENTO DE OBRIGAÇÃO E RENÚNCIA. EFICÁCIA LIBERATÓRIA DO TERMO DE QUITAÇÃO PREVISTO NO ART.507-B DA CLT. PRESUNÇÃO RELATIVA DE VALIDADE, NÃO ALCANÇANDO PARCELAS INADIMPLIDAS OU PAGAS A MENOR. O TERMO EM QUESTÃO NÃO SUBSTITUI OS RECIBOS E COMPROVANTES DE RECOLHIMENTO LEGALMENTE EXIGIDOS, QUANDO A PARCELA É COBRADA JUDICIALMENTE. OBRIGAÇÃO DO EMPREGADOR EM FORNECER AO EMPREGADO E ENTIDADE SINDICAL A COMPROVAÇÃO DO EFETIVO CUMPRIMENTO DAS OBRIGAÇÕES INDICADAS NO TERMO.

TERMO DE QUITAÇÃO ANUAL DE ANUAL DE OBRIGAÇÕES TRABALHISTAS. NULIDADES

O TERMO PREVISTO NO ART. 507-B DA CLT É NEGÓCIO JURÍDICO CONSTITUTIVO NEGATIVO, PODENDO SER CONSIDERADO NULO DE PLENO DE DIREITO SE DESVIRTUAR, IMPEDIR OU FRAUDAR AS DISPOSIÇÕES DE PROTEÇÃO AO TRABALHO, OS CONTRATOS COLETIVOS E ÀS DECISÕES DAS AUTORIDADES TRABALHISTAS COMPETENTES (ART. 9º C/C ART. 444, *CAPUT*, DA CLT), APLICANDO-SE, SUBSIDIARIAMENTE, O CÓDIGO CIVIL QUANTO AOS VÍCIOS DE CONSENTIMENTO. II. A EXPRESSÃO VIGÊNCIA OU NÃO DO CONTRATO CONSTANTE DO *CAPUT* DO ART. 507-B DA CLT SE REFERE À DURAÇÃO DO CONTRATO DE TRABALHO (INCLUSIVE INTERRUPÇÃO E SUSPENSÃO CONTRATUAIS). III. O TERMO PODE TAMBÉM SER FIRMADO PELO EMPREGADOR DADA A BILATERALIDADE DO CONTRATO DE TRABALHO, SENDO APLICÁVEIS EM QUALQUER HIPÓTESE AS DIRETRIZES FIXADAS NA SÚMULA N. 330 DO TST.

PROCEDIMENTO DE QUITAÇÃO ANUAL

EMENTA: PROCEDIMENTO DE QUITAÇÃO ANUAL. EFICÁCIA LIBERATÓRIA RESTRITA. GARANTIA DO DIREITO FUNDAMENTAL DE AÇÃO. O TERMO DE QUITAÇÃO A QUE ALUDE O ART. 507-B DA CLT DEVE SER INTERPRETADO RESTRITIVAMENTE, COM EFICÁCIA LIBERATÓRIA DE ALCANCE LIMITADO AOS VALORES E PARCELAS EXPRESSAMENTE ESPECIFICADOS NO DOCUMENTO, SEM IMPLICAR RENÚNCIA OU EXTINÇÃO DA OBRIGAÇÃO, E NEM IMPEDIR O EXERCÍCIO DO DIREITO FUNDAMENTAL DE AÇÃO.

QUITAÇÃO ANUAL. INVALIDADE. IMPOSSIBILIDADE DE FIXAÇÃO PARA ALCANÇAR DIREITOS INDISPONÍVEIS

QUITAÇÃO ANUAL. INVALIDADE. IMPOSSIBILIDADE DE FIXAÇÃO PARA ALCANÇAR DIREITOS INDISPONÍVEIS. I — É INVÁLIDA A QUITAÇÃO ANUAL MESMO COM A ASSIS-

TÊNCIA DO SINDICATO DA CATEGORIA PROFISSIONAL. INTELIGÊNCIA DOS ARTIGOS 5º, XXXV E 8º, III, DA CONSTITUIÇÃO FEDERAL; II — DIREITOS INDISPONÍVEIS INERENTES À RELAÇÃO DE EMPREGO NÃO PODERÃO SER TRANSACIONADOS, SENDO NULO O TERMO DE QUITAÇÃO COM ESSE OBJETIVO. INTELIGÊNCIA DO ARTIGO 9º DA CLT C/C O ARTIGO 166, VI, DO CÓDIGO CIVIL.

EFEITOS DE PAGAMENTOS EFETUADOS FORA DA ESFERA JUDICIAL. ARBITRAGEM INDIVIDUAL. QUITAÇÃO PERIÓDICA, DISTRATO. PROGRAMA DE DEMISSÃO VOLUNTÁRIA. QUITAÇÃO APENAS DE VALORES EFETIVAMENTE PAGOS. POSSIBILIDADE DE COBRANÇA JUDICIAL DE DIFERENÇAS

OS PAGAMENTOS EFETUADOS POR CONTA DE TERMO DE COMPROMISSO ARBITRAL, QUITAÇÃO ANUAL DE OBRIGAÇÕES TRABALHISTAS, EXTINÇÃO DO CONTRATO POR MÚTUO ACORDO E PLANO DE DEMISSÃO VOLUNTÁRIA OU INCENTIVADA PODEM PRODUZIR EFICÁCIA LIBERATÓRIA LIMITADA AOS VALORES EFETIVAMENTE ADIMPLIDOS. EM APLICAÇÃO À GARANTIA CONSTITUCIONAL DE ACESSO À JURISDIÇÃO (ART. 5º, XXXV), MANTÉM-SE PLENO DIREITO DE ACESSO AO JUDICIÁRIO PARA SOLUCIONAR SITUAÇÕES CONFLITUOSAS, INCLUSIVE PARA SATISFAÇÃO DE DIFERENÇAS SOBRE RUBRICAS PARCIALMENTE PAGAS.

TERMO DE QUITAÇÃO ANUAL PREVISTO NA LEI N. 13.467/2017. HOMOLOGAÇÃO SINDICAL. INDISPONIBILIDADE DOS DIREITOS TRABALHISTAS

TERMO DE QUITAÇÃO ANUAL PREVISTO NA LEI N. 13.467/2017. HOMOLOGAÇÃO SINDICAL. INDISPONIBILIDADE DOS DIREITOS TRABALHISTAS E INAFASTABILIDADE DA TUTELA JURISDICIONAL. A HOMOLOGAÇÃO SINDICAL TEM O CONDÃO DE DAR QUITAÇÃO SOMENTE ÀS PARCELAS EXPRESSAMENTE CONSIGNADAS NO TERMO DE QUITAÇÃO, INDEPENDENTEMENTE DA INDICAÇÃO DE RESSALVAS E SEMPRE NO LIMITE DOS VALORES INDICADOS NO RECIBO.

Enunciado 3

RESCISÃO CONTRATUAL POR MÚTUO CONSENTIMENTO

EXTINÇÃO DO CONTRATO DE TRABALHO POR MÚTUO CONSENTIMENTO. OBSERVÂNCIA DOS REQUISITOS FORMAIS E SUBSTANCIAIS DE VALIDADE. A EXTINÇÃO DO CONTRATO DE TRABALHO POR MÚTUO CONSENTIMENTO PREVISTA NO ARTIGO 484-A DA CLT SE ENCONTRA SUBMETIDA AO ESCRUTÍNIO QUANTO À VALIDADE FORMAL E SUBSTANCIAL DO TERMO DE RESCISÃO, À LUZ DOS ARTIGOS 138 A 188 DO CÓDIGO CIVIL C/C O ARTIGO 8º, § 1º, DA CLT E DO ARTIGO 9º DA CLT.

Propostas originais

RESCISÃO CONTRATUAL POR COMUM ACORDO

RESCISÃO CONTRATUAL POR COMUM ACORDO. OBSERVÂNCIA DA VONTADE DO EMPREGADO. ART. 484-A DA CLT. NA RESCISÃO CONTRATUAL POR COMUM ACORDO, INTRODUZIDA PELO ART. 484-A DA LEI 13.467/2017, DEVERÁ SER OBSERVADO SE DE FATO HOUVE O CONSENTIMENTO DO EMPREGADO, A FIM DE QUE POSSA SER COIBIDA A PRÁTICA DO EMPREGADOR IMPOR O ACORDO COM O OBJETIVO DE TER MENOS GASTOS COM AS VERBAS RESCISÓRIAS.

EXTINÇÃO DO CONTRATO DE TRABALHO POR MÚTUO CONSENTIMENTO. OBSERVÂNCIA AOS REQUISITOS FORMAIS E SUBSTANCIAIS DE VALIDADE

EXTINÇÃO DO CONTRATO DE TRABALHO POR MÚTUO CONSENTIMENTO. OBSERVÂNCIA AOS REQUISITOS FORMAIS E SUBSTANCIAIS DE VALIDADE. A EXTINÇÃO DO CONTRATO DE TRABALHO POR MÚTUO CONSENTIMENTO PREVISTA NO ARTIGO 484-A DA CLT SE ENCONTRA SUBMETIDA AO ESCRUTÍNIO QUANTO À VALIDADE FORMAL E SUBSTANCIAL DO TERMO DE RESCISÃO, À LUZ DOS ARTIGOS 138 A 188 DO CÓDIGO CIVIL C/C O ARTIGO 8º, § 1º, DA CLT E DO ARTIGO 9º DA CLT.

Enunciado 4
COMISSÕES DE REPRESENTAÇÃO DE EMPRESAS

I – REPRESENTAÇÃO DOS TRABALHADORES NO LOCAL DE TRABALHO. CABE ÀS ENTIDADES SINDICAIS A DEFESA DOS INTERESSES INDIVIDUAIS E COLETIVOS DA CATEGORIA REPRESENTADA. DECORRE DESSA PRERROGATIVA CONSTITUCIONAL O LIVRE EXERCÍCIO DA NEGOCIAÇÃO COLETIVA. É POSSÍVEL A PREVISÃO DE PARTICIPAÇÃO SINDICAL NA REPRESENTAÇÃO DOS TRABALHADORES, INDEPENDENTEMENTE DA NOMENCLATURA E CONDIÇÕES ESTABELECIDAS EM LEI ORDINÁRIA. II – A REPRESENTAÇÃO DOS TRABALHADORES DE UMA CATEGORIA PROFISSIONAL E A NEGOCIAÇÃO COLETIVA SÃO PRERROGATIVAS CONSTITUCIONAIS DOS SINDICATOS (ARTIGO 8º, INCISOS III E VI), SENDO QUE AS CONVENÇÕES 135 E 154 DA OIT, RATIFICADAS PELO BRASIL, SÃO EXPRESSAS AO IMPEDIR QUE A PRESENÇA DE REPRESENTANTES ELEITOS VENHA A SER UTILIZADA PARA O ENFRAQUECIMENTO DA SITUAÇÃO DOS SINDICATOS INTERESSADOS OU DE SEUS REPRESENTANTES (CONVENÇÃO 135) E, AINDA, QUE A EXISTÊNCIA DESTES REPRESENTANTES NÃO SEJA UTILIZADA EM DETRIMENTO DA POSIÇÃO DAS ORGANIZAÇÕES DE TRABALHADORES INTERESSADAS (CONVENÇÃO 154). NESSE SENTIDO DEVE SER INTERPRETADO E APLICADO O DISPOSTO NOS ARTIGOS 510-A A 510-D DA CLT, COM A REDAÇÃO DADA PELA LEI 13.467/2017.

Propostas originais

REPRESENTAÇÃO DOS TRABALHADORES NO LOCAL DE TRABALHO

REPRESENTAÇÃO DOS TRABALHADORES NO LOCAL DE TRABALHO. CABE ÀS ENTIDADES SINDICAIS A DEFESA DOS INTERESSES INDIVIDUAIS E COLETIVOS DA CATEGORIA REPRESENTADA. DECORRE DESSA PRERROGATIVA CONSTITUCIONAL O LIVRE EXERCÍCIO DA NEGOCIAÇÃO COLETIVA. É POSSÍVEL A PREVISÃO DE PARTICIPAÇÃO SINDICAL NA REPRESENTAÇÃO DOS TRABALHADORES, INDEPENDENTE DA NOMENCLATURA E CONDIÇÕES ESTABELECIDAS EM LEI ORDINÁRIA.

COMISSÕES DE REPRESENTAÇÃO DE EMPREGADOS

A REPRESENTAÇÃO DOS TRABALHADORES DE UMA CATEGORIA PROFISSIONAL E A NEGOCIAÇÃO COLETIVA SÃO PRERROGATIVAS CONSTITUCIONAIS DOS SINDICATOS (ARTIGO 8º, INCISOS III E VI), SENDO QUE AS CONVENÇÕES NS. 135 E 154 DA OIT, RATIFICADAS PELO BRASIL, SÃO EXPRESSAS AO IMPEDIR QUE A "PRESENÇA DE REPRESENTANTES ELEITOS" "VENHA A SER UTILIZADA PARA O ENFRAQUECIMENTO DA SITUAÇÃO DOS SINDICATOS INTERESSADOS OU DE SEUS REPRESENTANTES" (CONVENÇÃO N. 135) E AINDA QUE "A EXISTÊNCIA DESTES REPRESENTANTES NÃO SEJA UTILIZADA EM DETRIMENTO DA POSIÇÃO DAS ORGANIZAÇÕES DE TRABALHADORES INTERESSADAS" (CONVENÇÃO N. 154). NESSE SENTIDO DEVE SER INTERPRETADO E APLICADO O DISPOSTO NOS ARTIGOS 510-A A 510-D DA CLT, COM A REDAÇÃO DADA PELA LEI N. 13.467/2017.

Enunciado 5
MEMBROS DAS COMISSÕES DE REPRESENTAÇÃO

MEMBROS DA COMISSÃO DE REPRESENTAÇÃO. I – GARANTIAS. 1 – AO LADO DA GARANTIA CONSTANTE DO ARTIGO 510-D, § 3º, DA CLT, OS MEMBROS DA COMISSÃO DE REPRESENTAÇÃO SÃO PROTEGIDOS CONTRA (A) DESPEDIDA SEM JUSTA CAUSA; (B) TRANSFERÊNCIA PARA OUTRO ESTABELECIMENTO; (C) REMOÇÃO PARA SETOR DA EMPRESA ONDE O CONTATO COM OS DEMAIS EMPREGADOS RESTE INVIABILIZADO; (D) AFASTAMENTO POR RAZÕES PRETENSAMENTE DISCIPLINARES; E (E) CONSTANTE REQUISIÇÃO PARA A REALIZAÇÃO DE TRABALHOS EXTERNOS, DENTRE OUTROS EXPEDIENTES FRANCAMENTE ATENTATÓRIOS À LITERALIDADE DO ART. 1º DA CONVENÇÃO 135 DA OIT. II – PRERROGATIVAS. PARA O EXERCÍCIO ADEQUADO DE SUAS ATRIBUIÇÕES, OS MEMBROS DA COMISSÃO DE REPRESENTAÇÃO POSSUEM, COM ARRIMO NO ARTIGO 2º DA CONVENÇÃO 135 DA OIT, OS DIREITOS (A) AO TEMPO LIVRE PARA O EXERCÍCIO DAS

ATIVIDADES REPRESENTATIVAS; (B) AO INGRESSO EM TODAS AS DEPENDÊNCIAS DOS LOCAIS DE TRABALHO; (C) AO ACESSO DIRETO AOS DIRIGENTES EMPRESARIAIS; (D) À DISPONIBILIZAÇÃO DE QUADRO DE AVISOS COM FÁCIL ACESSO PARA OS TRABALHADORES; (E) À LIVRE DISTRIBUIÇÃO DE PUBLICAÇÕES JUNTO AOS TRABALHADORES; E (F) À LIVRE DISTRIBUIÇÃO DE MENSAGENS POR VIA ELETRÔNICA, POR INTERMÉDIO DOS CANAIS INSTITUCIONAIS DA EMPRESA.

Propostas originais

MEMBROS DA COMISSÃO DE REPRESENTAÇÃO. GARANTIAS

MEMBROS DA COMISSÃO DE REPRESENTAÇÃO. GARANTIAS. I — AO LADO DA GARANTIA CONSTANTE DO ARTIGO 510-D, § 3º, DA CLT, OS MEMBROS DA COMISSÃO DE REPRESENTAÇÃO SÃO PROTEGIDOS CONTRA (I) A TRANSFERÊNCIA PARA OUTRO ESTABELECIMENTO, (II) A REMOÇÃO PARA SETOR DA EMPRESA ONDE O CONTATO COM OS DEMAIS EMPREGADOS RESTE INVIABILIZADO, (III) O AFASTAMENTO POR RAZÕES PRETENSAMENTE DISCIPLINARES E (IV) A CONSTANTE REQUISIÇÃO PARA A REALIZAÇÃO DE TRABALHOS EXTERNOS, DENTRE OUTROS EXPEDIENTES FRANCAMENTE ATENTATÓRIOS À LITERALIDADE DO ART. 1º DA CONVENÇÃO N. 135 DA OIT; II — A GARANTIA CONSTANTE DO ARTIGO 510-D, § 3º, DA CLT É EXTENSÍVEL À DISPENSA SEM JUSTA CAUSA.

MEMBROS DA COMISSÃO DE REPRESENTAÇÃO. PRERROGATIVAS

MEMBROS DA COMISSÃO DE REPRESENTAÇÃO. PRERROGATIVAS. PARA O EXERCÍCIO ADEQUADO DE SUAS ATRIBUIÇÕES, OS MEMBROS DA COMISSÃO DE REPRESENTAÇÃO POSSUEM, COM ARRIMO NO ARTIGO 2º DA CONVENÇÃO N. 135 DA OIT, OS DIREITOS (I) AO TEMPO LIVRE PARA O EXERCÍCIO DAS ATIVIDADES REPRESENTATIVAS; (II) AO INGRESSO EM TODAS AS DEPENDÊNCIAS DOS LOCAIS DE TRABALHO; (III) AO ACESSO DIRETO AOS DIRIGENTES EMPRESARIAIS; (IV) À DISPONIBILIZAÇÃO DE QUADRO DE AVISOS COM FÁCIL ACESSO PARA OS TRABALHADORES, (VI) À LIVRE DISTRIBUIÇÃO DE PUBLICAÇÕES JUNTO AOS TRABALHADORES; E (VII) À LIVRE DISTRIBUIÇÃO DE MENSAGENS POR VIA ELETRÔNICA, POR INTERMÉDIO DOS CANAIS INSTITUCIONAIS DA EMPRESA.

ENUNCIADOS SIMPLES

Enunciado 1

CLÁUSULA GERAL DA GARANTIA DE EMPREGO COMO EFEITO DA APROVAÇÃO DA LEI 13.367/17

DIANTE DOS FUNDAMENTOS APRESENTADOS PARA A APROVAÇÃO DA LEI 13.467/17, INCLUSIVE NA EXPOSIÇÃO DE MOTIVOS, NO SENTIDO DE QUE A LEI AMPLIARIA A PROTEÇÃO JURÍDICA DOS TRABALHADORES, CONFERINDO EFETIVIDADE AOS DIREITOS DOS TRABALHADORES CONSTITUCIONALMENTE ASSEGURADOS, E TAMBÉM EM RAZÃO DO DISPOSTO NO § 3º DO ARTIGO 510-D E DO § 3º DO ARTIGO 611-A DA CLT, DECORRE UMA CLÁUSULA GERAL DE GARANTIA DE EMPREGO, PELA QUAL RESTA REFORÇADA A PROTEÇÃO CONTRA A DISPENSA ARBITRÁRIA, FIXADA NO INCISO I DO ART. 7º DA CF, E SE TORNA IMPOSSIBILITADA, SOBRETUDO, A SUBSTITUIÇÃO DE POSTOS DE EMPREGO COM VÍNCULOS EFETIVOS, DIRETOS E COM PLENOS DIREITOS POR EMPREGADOS VINCULADOS A CONTRATOS PRECÁRIOS CRIADOS OU REAFIRMADOS PELA LEI EM QUESTÃO.

Enunciado 2

COMISSÃO DE REPRESENTAÇÃO: RECONDUÇÃO

O § 1º DO ARTIGO 510-D, QUE DISPÕE QUE O MEMBRO QUE HOUVER EXERCIDO A FUNÇÃO DE REPRESENTANTE NA COMISSÃO NÃO PODERÁ SER CANDIDATO NOS DOIS PERÍODOS SUBSEQUENTES, VIOLA O ARTIGO 8º, I, DA CONSTITUIÇÃO FEDERAL E AS CONVENÇÕES 98 E 135 DA OIT.

Enunciado 3
RESCISÃO CONTRATUAL POR MÚTUO CONSENTIMENTO E SEM ASSISTÊNCIA SINDICAL: ÔNUS DA PROVA

NEGANDO O TRABALHADOR QUE A RUPTURA CONTRATUAL OCORREU POR MÚTUO CONSENTIMENTO (ART. 484-A), É DO EMPREGADOR O ÔNUS DA PROVA, TENDO EM VISTA A REVOGAÇÃO DO § 1º DO 477 DA CONSOLIDAÇÃO DAS LEIS DO TRABALHO (ASSISTÊNCIA/FISCALIZAÇÃO SINDICAL OBRIGATÓRIA) E EM FACE DOS PRINCÍPIOS DA CONTINUIDADE DA RELAÇÃO DE EMPREGO E DA PRIMAZIA DA REALIDADE, ASSUMINDO MAIOR RELEVÂNCIA A ORIENTAÇÃO DA SÚMULA 212 DO TRIBUNAL SUPERIOR DO TRABALHO.

Enunciado 4
INVALIDADE DE NEGÓCIO JURÍDICO QUE ANIQUILA DIREITOS PELA FORMA

O DESRESPEITO AOS DIREITOS TRABALHISTAS CONSTITUI UM ATO ILÍCITO, QUE DEVE SER PUNIDO PARA A DEVIDA PRESERVAÇÃO DA AUTORIDADE DA ORDEM JURÍDICA, NÃO SE PODENDO COMPREENDER COMO VÁLIDOS NEGÓCIOS JURÍDICOS QUE SIMPLESMENTE TENTAM, PELA FORMA, ANIQUILAR DIREITOS.

Enunciado 5
COMISSÃO DE REPRESENTAÇÃO E COEXISTÊNCIA COM AS REPRESENTAÇÕES SINDICAIS NA EMPRESA

COMISSÃO DE REPRESENTAÇÃO DOS EMPREGADOS. COEXISTÊNCIA COM AS REPRESENTAÇÕES SINDICAIS NA EMPRESA. I – A INSTITUIÇÃO DE COMISSÃO DE REPRESENTANTES NAS EMPRESAS, NOS TERMOS DO ARTIGO 510-A DA CLT, NÃO OBSTA A INSTALAÇÃO E A MANUTENÇÃO DAS REPRESENTAÇÕES SINDICAIS ORGANIZADAS POR LOCAL DE TRABALHO; II – NOS TERMOS DO ARTIGO 3º DA CONVENÇÃO 135 DA OIT, AS MESMAS GARANTIAS ESTABELECIDAS PARA OS MEMBROS DAS COMISSÕES DE REPRESENTAÇÃO MENCIONADAS NO TÍTULO IV-A DA CLT SÃO ASSEGURADAS AOS INTEGRANTES DAS REPRESENTAÇÕES SINDICAIS NOS LOCAIS DE TRABALHO.

Enunciado 6
COMISSÕES DE REPRESENTAÇÃO E PARTICIPAÇÃO DE SINDICATOS PROFISSIONAIS

A VEDAÇÃO DE INTERFERÊNCIA DO SINDICATO DA CATEGORIA NA ELEIÇÃO DE REPRESENTANTE DOS EMPREGADOS, DE QUE TRATA O § 1º DO ARTIGO 510-C DA CLT, COM A REDAÇÃO DADA PELA LEI 13.467/2017, SOMENTE PODE ESTAR DIRIGIDA AO SINDICATO DA CATEGORIA ECONÔMICA, UMA VEZ QUE AO SINDICATO DA CATEGORIA PROFISSIONAL CABE PARTICIPAR DO PROCESSO NO SENTIDO DE "INCENTIVAR A COOPERAÇÃO, RELATIVA A TODAS AS QUESTÕES PERTINENTES, ENTRE OS REPRESENTANTES ELEITOS, POR UMA PARTE, E OS SINDICATOS INTERESSADOS E SEUS REPRESENTANTES, POR OUTRA PARTE" (ARTIGOS 3º-B E 5º DA CONVENÇÃO 135/OIT).

Enunciado 7
COMISSÃO DE REPRESENTAÇÃO E PREVISÃO EM ACORDO OU CONVENÇÃO COLETIVA

COMISSÃO DE REPRESENTAÇÃO DOS EMPREGADOS. PREVISÃO EM ACORDO OU CONVENÇÃO COLETIVA. A INSTITUIÇÃO DE COMISSÃO DE REPRESENTAÇÃO NAS EMPRESAS OU DE REPRESENTAÇÃO SINDICAL NO LOCAL DE TRABALHO É CONDICIONADA À PRÉVIA NEGOCIAÇÃO COLETIVA COM A PARTICIPAÇÃO DO SINDICATO REPRESENTATIVO DA CATEGORIA PROFISSIONAL.

Enunciado 8
COMISSÕES DE REPRESENTAÇÃO: COMBATE A PRÁTICAS DISCRIMINATÓRIAS. ROL EXEMPLIFICATIVO

COMISSÕES DE REPRESENTAÇÃO DE EMPREGADOS. COMBATE A PRÁTICAS DISCRIMINATÓRIAS. ROL EXEMPLIFICATIVO. AS COMISSÕES DE REPRESENTAÇÃO DE EMPREGADOS

SÃO DESTINADAS, ENTRE OUTRAS ATRIBUIÇÕES IGUALMENTE RELEVANTES, A ASSEGURAR TRATAMENTO JUSTO E IMPARCIAL AOS EMPREGADOS, IMPEDINDO QUALQUER FORMA DE DISCRIMINAÇÃO POR MOTIVO DE SEXO, IDADE, RELIGIÃO, OPINIÃO POLÍTICA OU ATUAÇÃO SINDICAL (CLT, ART. 510-B, V), SENDO ESSE UM ROL MERAMENTE EXEMPLIFICATIVO DE MOTIVAÇÕES, HAJA VISTA O VETOR CONSTITUCIONAL DE COMBATE A QUALQUER FORMA DE DISCRIMINAÇÃO (ARTS. 3º, IV E 5º, XLI DA CF).

COMISSÃO 6

TELETRABALHO. CONTRATO DE TRABALHO INTERMITENTE. CONTRATO DE TRABALHO A TEMPO PARCIAL. TERCEIRIZAÇÃO

ENUNCIADOS AGLUTINADOS

Enunciado 1

TELETRABALHO: CUSTEIO DE EQUIPAMENTOS

O CONTRATO DE TRABALHO DEVE DISPOR SOBRE A ESTRUTURA E SOBRE A FORMA DE REEMBOLSO DE DESPESAS DO TELETRABALHO, MAS NÃO PODE TRANSFERIR PARA O EMPREGADO SEUS CUSTOS, QUE DEVEM SER SUPORTADOS EXCLUSIVAMENTE PELO EMPREGADOR. INTERPRETAÇÃO SISTEMÁTICA DOS ARTS. 75-D E 2º DA CLT À LUZ DOS ARTS. 1º, IV, 5º, XIII E 170 DA CONSTITUIÇÃO DA REPÚBLICA E DO ARTIGO 21 DA CONVENÇÃO 155 DA OIT.

Propostas originais

TELETRABALHO

A INTERPRETAÇÃO DO ART. 75-D DA CLT DEVE SER FEITA DE FORMA SISTÊMICA, SENDO QUE O CONTRATO ESCRITO PODE DISPOR SOBRE A FORMA DE CUSTEIO DOS EQUIPAMENTOS E DA INFRAESTRUTURA NECESSÁRIOS AO LABOR PELO EMPREGADOR, BEM COMO SOBRE A FORMA DE REEMBOLSO DAS DESPESAS EVENTUALMENTE FEITAS PELO EMPREGADO, NÃO SENDO POSSÍVEL TRANSFERIR AO EMPREGADO OS CUSTOS DO LABOR REALIZADO EM REGIME DE TELETRABALHO, EM ATENÇÃO AO DISPOSTO NO ART. 2º, *CAPUT*, DA CLT.

TELETRABALHO. CUSTEIO EXCLUSIVO DO EMPREGADOR. ÔNUS DO EMPREENDIMENTO

DESPESAS COM OS MEIOS NECESSÁRIOS À REALIZAÇÃO DO TRABALHO REMOTO SÃO DE RESPONSABILIDADE EXCLUSIVA DO EMPREGADOR, EM DECORRÊNCIA DO PRINCÍPIO CELETISTA DA ALTERIDADE. É NULA DISPOSIÇÃO CONTRATUAL QUE TRANSFIRA ESSE ÔNUS PARA O EMPREGADO.

TELETRABALHO. ÔNUS DA ATIVIDADE EMPRESARIAL. RESPONSABILIDADE DO EMPREGADOR

TELETRABALHO. ÔNUS DA ATIVIDADE EMPRESARIAL. RESPONSABILIDADE DO EMPREGADOR PELA AQUISIÇÃO, MANUTENÇÃO OU FORNECIMENTO DOS EQUIPAMENTOS TECNOLÓGICOS E DA INFRAESTRUTURA NECESSÁRIA E ADEQUADA PARA O DESENVOLVIMENTO DE TELETRABALHO, BEM COMO PELO REEMBOLSO DE DESPESAS. OS CUSTOS QUE DECORRAM DIRETAMENTE DO DESENVOLVIMENTO DO TELETRABALHO DEVERÃO SER SUPORTADOS PELO EMPREGADOR COM A RESPECTIVA DISCRIMINAÇÃO PRÉVIA EM CONTRATO POR ESCRITO, SOB PENA DE AS VERBAS NÃO DISCRIMINADAS INTEGRAREM A REMUNERAÇÃO DO EMPREGADO.

Enunciado 2

TELETRABALHO: HORAS EXTRAS

SÃO DEVIDAS HORAS EXTRAS EM REGIME DE TELETRABALHO, ASSEGURADO EM QUALQUER CASO O DIREITO AO REPOUSO SEMANAL REMUNERADO. INTERPRETAÇÃO DO

ART. 62, III E DO PARÁGRAFO ÚNICO DO ART. 6º DA CLT CONFORME O ART. 7º, XIII E XV, DA CONSTITUIÇÃO DA REPÚBLICA, O ARTIGO 7º, "E", "G" E "H" PROTOCOLO ADICIONAL À CONVENÇÃO AMERICANA SOBRE DIREITOS HUMANOS EM MATÉRIA DE DIREITOS ECONÔMICOS, SOCIAIS E CULTURAIS ("PROTOCOLO DE SAN SALVADOR"), PROMULGADO PELO DECRETO 3.321, DE 30 DE DEZEMBRO DE 1999, E A RECOMENDAÇÃO 116 DA OIT.

Propostas originais

HORAS EXTRAS EM CONTRATAÇÃO POR TELETRABALHO

TELETRABALHO. HORAS EXTRAS. AS HORAS EXTRAS PARA OS TRABALHADORES CONTRATADOS NA FORMA DE TELETRABALHO SÃO DEVIDAS, QUANDO, DE ALGUMA FORMA, HOUVER COMPATIBILIDADE COM O CONTROLE DE JORNADA.

TELETRABALHO. CONTROLE DE JORNADA

TELETRABALHO. CONTROLE DE JORNADA. AS HIPÓTESES DE INAPLICABILIDADE DOS LIMITES CONSTITUCIONAIS DE JORNADA DE TRABALHO SÃO EXCEPCIONAIS E RESTRITAS ÀS SITUAÇÕES EM QUE O CONTROLE DO HORÁRIO NÃO É POSSÍVEL, DE MODO QUE O INCISO III DO ARTIGO 62 DA CLT (INCLUÍDO PELA LEI N. 13.467/2017) DEVE SER APLICADO SOMENTE NOS CASOS EM QUE OS EMPREGADOS EM REGIME DE TELETRABALHO POSSUAM ATIVIDADE VERDADEIRAMENTE INCOMPATÍVEL COM O CONTROLE DE JORNADA. NOS DEMAIS CASOS EM QUE O CONTROLE FOR POSSÍVEL, INCLUSIVE POR MEIOS TELEMÁTICOS E INFORMATIZADOS, COMO AUTORIZA O PARÁGRAFO ÚNICO DO ARTIGO 6º DA CLT, NÃO INCIDE A NOVA REGRA TRAZIDA PELO INCISO III DO ARTIGO 62 DA CLT.

CONTROLE DA JORNADA DE TRABALHO NAS RELAÇÕES DE TELETRABALHO

TELETRABALHO. CONTROLE DA JORNADA DE TRABALHO E INTERVALOS. POSSIBILIDADE REAL E EFETIVA. INAPLICABILIDADE DO ART. 62, III DA CLT. ÔNUS DA PROVA DO EMPREGADOR DA JORNADA DE TRABALHO DO TELETRABALHADOR.

TELETRABALHO. DIREITO A HORAS EXTRAS E REPOUSO SEMANAL REMUNERADO

ARTS. 62, III E 75-B, PARÁGRAFO ÚNICO, DA CLT. TELETRABALHO. JORNADA DE TRABALHO. INTERPRETAÇÃO CONSTITUCIONAL. DIREITO A HORAS EXTRAS E REPOUSO SEMANAL REMUNERADO. A PROTEÇÃO JURÍDICA AO LIMITE DE JORNADA DE TRABALHO, PREVISTA NOS INCISOS XIII E XV DO ART. 7º DA CONSTITUIÇÃO FEDERAL, CONFERE DIREITO A REPOUSO SEMANAL REMUNERADO E LIMITAÇÃO DA JORNADA DE TRABALHO, INCLUSIVE PARA TELETRABALHADORES. HAVENDO DEMONSTRAÇÃO DE QUE OS SERVIÇOS APENAS PODEM SER PLENAMENTE EXECUTADOS COM TRABALHO ALÉM DOS LIMITES DIÁRIOS E SEMANAIS CONSTITUCIONAIS, ESTARÁ PRESENTE DIREITO A INDENIZAÇÃO POR HORAS EXTRAS E NÃO FRUIÇÃO DE REPOUSO SEMANAL.

TELETRABALHO. INSUMOS. DURAÇÃO DO TRABALHO

TELETRABALHO. INSUMOS. DURAÇÃO DO TRABALHO. I — O ART. 75-D DA CLT, LIDO À LUZ DOS ARTIGOS 1º, IV, 5º, XIII E 170, *CAPUT* E PARÁGRAFO ÚNICO, DA CONSTITUIÇÃO FEDERAL E À LUZ DO ARTIGO 21 DA CONVENÇÃO N. 155 DA OIT, NÃO ADMITE INTERPRETAÇÃO A VIABILIZAR A TRANSFERÊNCIA, PARA O EMPREGADO, DO ÔNUS FINANCEIRO E OPERACIONAL PELA AQUISIÇÃO E MANUTENÇÃO DOS INSUMOS QUANDO OS SERVIÇOS FOREM UTILIZADOS PREPONDERANTEMENTE NA REALIZAÇÃO DO TELETRABALHO; II — O INCISO III DO ARTIGO 62 DA CLT NÃO SE COMPATIBILIZA COM O ARTIGO 7º, XIII, XV, XVI E XXII, DA CONSTITUIÇÃO FEDERAL E TAMPOUCO COM O ARTIGO 7º, "E", "G" E "H" DO PROTOCOLO DE SAN SALVADOR (OEA).

TELETRABALHO – JORNADA

A EXCLUSÃO GENERALIZADA DOS EMPREGADOS EM REGIME DE TELETRABALHO DAS NORMAS RELATIVAS À DURAÇÃO DO TRABALHO É INCONSTITUCIONAL POR AFRONTA

AO ARTIGO 7º, XIII, DA CF/88. EM UMA INTERPRETAÇÃO SISTÊMICA DO ORDENAMENTO JURÍDICO E EM CONFORMIDADE COM A CONSTITUIÇÃO E OBSERVANDO, AINDA, A RECOMENDAÇÃO 116 DA OIT, O ARTIGO 62, III, DA CLT DEVE OBSERVAR A MESMA LÓGICA INTERPRETATIVA DO ARTIGO 62, I, NO SENTIDO DE QUE O AFASTAMENTO DAS NORMAS RELACIONADAS À DURAÇÃO DO TRABALHO SOMENTE PODE OCORRER DE FORMA EXCEPCIONAL, QUANDO, NO CAMPO FÁTICO, NÃO HOUVER EFETIVA POSSIBILIDADE DE CONTROLE DA JORNADA DO EMPREGADO.

TELETRABALHO. CONTROLE DE JORNADA. COMPATIBILIDADE. INTERPRETAÇÃO RESTRITIVA DO ART. 62, III, DA CLT. ALTERAÇÃO CONTRATUAL LESIVA. IMPOSSIBILIDADE DIANTE DO ART. 468 DA CLT

I – O CONTROLE DE JORNADA É A REGRA CONSTITUINDO-SE EXCEÇÃO A SUA AUSÊNCIA NOS CASOS EM QUE FOR INCOMPATÍVEL OU IMPOSSÍVEL A SUA IMPLEMENTAÇÃO, SENDO IRRELEVANTE PARA OS FINS DE CONTROLE DE JORNADA, O LOCAL EM QUE O SERVIÇO É PRESTADO. II – É NULA A ALTERAÇÃO CONTRATUAL UNILATERAL DA MODALIDADE TELETRABALHO PARA A PRESENCIAL QUE ACARRETAR PREJUÍZOS OU FOR MAIS GRAVOSA AO TRABALHADOR.

Enunciado 3

TELETRABALHO: RESPONSABILIDADE CIVIL DO EMPREGADOR POR DANOS

A MERA SUBSCRIÇÃO, PELO TRABALHADOR, DE TERMO DE RESPONSABILIDADE EM QUE SE COMPROMETE A SEGUIR AS INSTRUÇÕES FORNECIDAS PELO EMPREGADOR, PREVISTO NO ART. 75-E, PARÁGRAFO ÚNICO, DA CLT, NÃO EXIME O EMPREGADOR DE EVENTUAL RESPONSABILIDADE POR DANOS DECORRENTES DOS RISCOS AMBIENTAIS DO TELETRABALHO. APLICAÇÃO DO ART. 7º, XXII DA CONSTITUICAO C/C ART. 927, PARÁGRAFO ÚNICO, DO CÓDIGO CIVIL.

Propostas originais

TELETRABALHO. RESPONSABILIDADE CIVIL ACIDENTÁRIA. ACIDENTE DE TELETRABALHO. RESPONSABILIDADE OBJETIVA DO EMPREGADOR. TEORIA DO RISCO INTEGRAL

NOS TERMOS DO PARÁGRAFO ÚNICO DO ARTIGO 75-E, INSERIDO PELA LEI 13.467/2017, A ASSINATURA DE TERMO DE RESPONSABILIDADE, NÃO EXIME O EMPREGADOR DE EVENTUAL RESPONSABILIDADE CIVIL ACIDENTÁRIA, NA MODALIDADE DE TELETRABALHO, QUE PASSA A COMPORTAR A CRIAÇÃO DE UM NOVO MODELO DE RESPONSABILIDADE CIVIL ACIDENTÁRIA PARA ACIDENTES DE TELETRABALHO. ASSIM, MANTÉM-SE A APLICAÇÃO DO ARTIGO 927, PARÁGRAFO ÚNICO, DO CÓDIGO CIVIL, IMPUTANDO-SE AO EMPREGADOR A RESPONSABILIDADE CIVIL ACIDENTÁRIA PELA TEORIA DO RISCO, COM A CONSEQUENTE APLICAÇÃO DA TEORIA DA RESPONSABILIDADE CIVIL OBJETIVA ACIDENTÁRIA, DADA A NATUREZA CIVIL DA VERBA. A INSTRUÇÃO OSTENSIVA DO EMPREGADOR CONSTITUI ÔNUS DE PROVA DA RECLAMADA DE QUE HOUVE A DISPONIBILIZAÇÃO DE TODAS AS INFORMAÇÕES SOBRE OS EQUIPAMENTOS DE TRABALHO, BEM COMO A SUA FISCALIZAÇÃO, AINDA QUE À DISTÂNCIA.

TELETRABALHO. RISCOS LABOR-AMBIENTAIS. SUBSCRIÇÃO DE TERMO DE RESPONSABILIDADE. EFEITOS

TELETRABALHO. RISCOS LABOR-AMBIENTAIS. SUBSCRIÇÃO DE TERMO DE RESPONSABILIDADE. EFEITOS. A MERA SUBSCRIÇÃO, POR PARTE DO TRABALHADOR, DE TERMO DE RESPONSABILIDADE COMPROMETENDO-SE A SEGUIR AS INSTRUÇÕES FORNECIDAS PELO EMPREGADOR NÃO AFASTA O DEVER FUNDAMENTAL PATRONAL DE CONTÍNUO CONTROLE E REDUÇÃO DOS RISCOS LABOR-AMBIENTAIS INERENTES AO TELETRABALHO (CLT, ART. 75-E, PARÁGRAFO ÚNICO; CF, ART. 7º, XXII).

RESPONSABILIDADE OBJETIVA DO EMPREGADOR QUANTO À SAÚDE E SEGURANÇA NO TRABALHO. INSTRUÇÃO COMO CARÁTER PEDAGÓGICO E PREVENTIVO NÃO ELIDE AS OBRIGAÇÕES PATRONAIS RELATIVAS AO CUMPRIMENTO DE NORMAS DE SAÚDE E SEGURANÇA

O ART. 7º XXII DA CONSTITUIÇÃO FEDERAL ESTABELECE "O DIREITO DE TODOS OS TRABALHADORES RURAIS E URBANOS À REDUÇÃO DOS RISCOS INERENTES AO TRABALHO, POR MEIO DE NORMAS DE SAÚDE, HIGIENE E SEGURANÇA". AS OBRIGAÇÕES PATRONAIS RELATIVAS AO CUMPRIMENTO DE NORMAS DE SAÚDE E SEGURANÇA APLICAM-SE IRRESTRITAMENTE AO REGIME DE TELETRABALHO, INCLUSIVE NO QUE SE REFERE A TREINAMENTOS, OBRIGATORIEDADE DE REALIZAÇÃO DE PPRA E DISPOSITIVOS CORRELATOS À SAÚDE DOS TRABALHADORES, TAIS COMO REALIZAÇÃO DE PCMSO E ATESTADOS DE SAÚDE OCUPACIONAL, DE MODO QUE AS ORIENTAÇÕES SOBRE DOENÇAS OCUPACIONAIS E ACIDENTES DE TRABALHO E PARTICIPAÇÃO DO TRABALHADOR NA GESTÃO DE SAÚDE E SEGURANÇA PREVISTAS NO ART. 75-E DA LEI N. 13.467/17 DEVERÃO SER REALIZADAS NOS TERMOS ESTABELECIDOS PELAS NORMAS REGULAMENTADORAS DO MINISTÉRIO DO TRABALHO.

Enunciado 4

CONTRATO DE TRABALHO INTERMITENTE: INCONSTITUCIONALIDADE

É INCONSTITUCIONAL O REGIME DE TRABALHO INTERMITENTE PREVISTO NO ART. 443, § 3º, E ART. 452-A DA CLT, POR VIOLAÇÃO DO ART. 7º, I E VII DA CONSTITUIÇÃO DA REPÚBLICA E POR AFRONTAR O DIREITO FUNDAMENTAL DO TRABALHADOR AOS LIMITES DE DURAÇÃO DO TRABALHO, AO DÉCIMO TERCEIRO SALÁRIO E ÀS FÉRIAS REMUNERADAS.

Propostas originais

ART. 452-A, *CAPUT*, §§ 6º E 9º, CLT. CONTRATO DE TRABALHO INTERMITENTE. INCONSTITUCIONALIDADES. AFRONTA AO DIREITO FUNDAMENTAL DO TRABALHADOR A UMA JORNADA DE TRABALHO, DÉCIMO TERCEIRO SALÁRIO E FÉRIAS REMUNERADAS

ART. 452-A, *CAPUT*, §§ 6º E 9º, CLT. CONTRATO DE TRABALHO INTERMITENTE. INCONSTITUCIONALIDADES. AFRONTA AO DIREITO FUNDAMENTAL DO TRABALHADOR A UMA JORNADA DE TRABALHO, DÉCIMO TERCEIRO SALÁRIO E FÉRIAS REMUNERADAS.

CONTRATO DE TRABALHO INTERMITENTE

A PREVISÃO DE CONTRATO DE TRABALHO INTERMITENTE NOS TERMOS DEFINIDOS NA LEI N. 13.467/2017 É INCOMPATÍVEL COM O PRINCÍPIO PROTETIVO E INCONSTITUCIONAL POR FERIR O *CAPUT* DO ARTIGO 7º E ESPECIALMENTE SEUS INCISOS I E VII DA CONSTITUIÇÃO FEDERAL.

Enunciado 5

CONTRATO DE TRABALHO INTERMITENTE: SALÁRIO MÍNIMO

A PROTEÇÃO JURÍDICA DO SALÁRIO MÍNIMO, CONSAGRADA NO ART. 7º, VII, DA CONSTITUIÇÃO DA REPÚBLICA, ALCANÇA OS TRABALHADORES EM REGIME DE TRABALHO INTERMITENTE, PREVISTO NOS ARTS. 443, § 3º, E 452-A DA CLT, AOS QUAIS É TAMBÉM ASSEGURADO O DIREITO À RETRIBUIÇÃO MÍNIMA MENSAL, INDEPENDENTEMENTE DA QUANTIDADE DE DIAS EM QUE FOR CONVOCADO PARA TRABALHAR, RESPEITADO O SALÁRIO MÍNIMO PROFISSIONAL, O SALÁRIO NORMATIVO, O SALÁRIO CONVENCIONAL OU O PISO REGIONAL.

Propostas originais

TRABALHO INTERMITENTE. DIREITO A SALÁRIO MÍNIMO

ARTS. 443 E 452-A DA CLT E ART. DIREITO CONSTITUCIONAL AO SALÁRIO MÍNIMO. TRABALHO INTERMITENTE. A PROTEÇÃO JURÍDICA AO RECEBIMENTO DE SALÁRIO MÍNIMO, CONSAGRADA NO ART. 7º, VII DA CONSTITUIÇÃO FEDERAL, TAMBÉM ALCANÇA

O EMPREGADO INTERMITENTE. MENSALMENTE, CUMPRE AO EMPREGADOR PAGAR AO TRABALHADOR INTERMITENTE IMPORTÂNCIAS QUE ALCANCEM O VALOR DO SALÁRIO MÍNIMO VIGENTE, AINDA QUE NÃO TENHA CONVOCADO O FUNCIONÁRIO EM DIAS SUFICIENTES PARA TANTO. OBSERVANDO CONDIÇÕES PARTICULARES INCIDENTES, A REFERÊNCIA SALARIAL BÁSICA DEVIDA PODERÁ SER O SALÁRIO MÍNIMO PROFISSIONAL, O SALÁRIO NORMATIVO, O SALÁRIO CONVENCIONAL OU O PISO REGIONAL.

PAGAMENTO DO SALÁRIO MÍNIMO NACIONAL NOS CONTRATOS DE TRABALHO INTERMITENTES

É DEVIDO O SALÁRIO MÍNIMO MENSAL, CONFORME VALORES DEFINIDOS EM LEI, PARA OS TRABALHADORES CONTRATADOS SOB O REGIME DE CONTRATO INTERMITENTE DE TRABALHO — CONTRATO ZERO HORA, CONFORME OS TERMOS ESTABELECIDOS NO ARTIGO 7, IV, DA CONSTITUIÇÃO FEDERAL DE 1988.

CONTRATO DE TRABALHO INTERMITENTE. SALÁRIO MÍNIMO LEGAL MENSAL. OBRIGATORIEDADE

CONTRATO DE TRABALHO INTERMITENTE. SALÁRIO MÍNIMO LEGAL MENSAL. OBRIGATORIEDADE. NO CONTRATO DE TRABALHO INTERMITENTE É ASSEGURADO AO TRABALHADOR O DIREITO À RETRIBUIÇÃO MÍNIMA, NÃO INFERIOR AO VALOR DO SALÁRIO MÍNIMO LEGAL MENSAL, INDEPENDENTE DA QUANTIDADE DE HORAS EFETIVAMENTE TRABALHADAS.

Enunciado 6

TERCEIRIZAÇÃO: ABRANGÊNCIA

A LEI 13.467/2017, AO ALTERAR A LEI 6.019/74, TANTO NO TEMA DA CONTRATAÇÃO TEMPORÁRIA QUANTO DA TERCEIRIZAÇÃO DE SERVIÇOS, NÃO SERVE COMO MARCO REGULATÓRIO PARA A ADMINISTRAÇÃO PÚBLICA DIRETA OU INDIRETA, EM RAZÃO DO DISPOSTO NO ART. 37, *CAPUT*, E INCS. II E IX, DA CONSTITUIÇÃO FEDERAL.

Propostas originais

TERCEIRIZAÇÃO

A LEI N. 13.467/2017, AO ALTERAR A LEI N. 6.019/74, TANTO NO TEMA DA CONTRATAÇÃO TEMPORÁRIA, QUANTO DA TERCEIRIZAÇÃO DE SERVIÇOS, TEM APLICAÇÃO RESTRITA ÀS INTERMEDIAÇÕES REALIZADAS EM FAVOR DA INICIATIVA PRIVADA, NÃO SERVINDO COMO MARCO REGULATÓRIO PARA A ADMINISTRAÇÃO PÚBLICA DIRETA OU INDIRETA, EM RAZÃO DO DISPOSTO NO ART. 37, *CAPUT*, E INCS. II E IX, DA CONSTITUIÇÃO FEDERAL.

A RESPONSABILIDADE SUBSIDIÁRIA OBJETIVA DA ADMINISTRAÇÃO PÚBLICA NA TERCEIRIZAÇÃO

A LEI N. 13.467/17 AO MODIFICAR A LEI N. 6.019/74 REGULAMENTOU O INSTITUTO DA TERCEIRIZAÇÃO NO ORDENAMENTO JURÍDICO NACIONAL. COMO NÃO HOUVE QUALQUER RESSALVA, ENTENDE-SE QUE SE APLICA À ADMINISTRAÇÃO PÚBLICA, INCLUSIVE OS ARTS. 10, § 7º E 5º ART. 5º-A, § 5º QUE ESTABELECEM A RESPONSABILIDADE SUBSIDIÁRIA DO TOMADOR DO SERVIÇO, INDEPENDENTEMENTE DE CULPA.

Enunciado 7

TERCEIRIZAÇÃO: ISONOMIA SALARIAL

OS EMPREGADOS DAS EMPRESAS TERCEIRIZADAS TÊM DIREITO DE RECEBER O MESMO SALÁRIO DOS EMPREGADOS DAS TOMADORAS DE SERVIÇOS EM MESMAS ATIVIDADES, BEM COMO USUFRUIR DE IGUAIS SERVIÇOS DE ALIMENTAÇÃO E ATENDIMENTO AMBULATORIAL. VIOLA OS PRINCÍPIOS DA IGUALDADE E DA DIGNIDADE DA PESSOA HUMANA (ARTIGOS 1º, III E 5º, *CAPUT*, DA CONSTITUIÇÃO DA REPÚBLICA) O DISPOSTO NOS §§ 1º E

2º DO ARTIGO 4º-C DA LEI 6.019/74, AO INDICAREM COMO MERA FACULDADE O CUMPRIMENTO, PELO EMPREGADOR, DESSES DEVERES CONSTITUCIONAIS. APLICAÇÃO DOS ARTIGOS 1º, III, 3º, I, 5º, " *CAPUT*" E 7º, XXXII DA CONSTITUIÇÃO DA REPÚBLICA.

Propostas originais

TERCEIRIZAÇÃO. ARTIGO 4º-C, §§ 1º E 2º DA LEI 6.019/74

TERCEIRIZAÇÃO. ARTIGO 4º-C, §§ 1º E 2º DA LEI 6.019/74 (REDAÇÃO CONFERIDA PELA LEI 13.467/17). PRINCÍPIO CONSTITUCIONAL DA IGUALDADE. VIOLAÇÃO. O MERO PERMISSIVO LEGAL PRESENTE NO ARTIGO 4º-C, §§ 1º E 2º DA LEI 6.019/74 (REDAÇÃO CONFERIDA PELA LEI 13.467/17) AO TRATAMENTO ISONÔMICO ENTRE TERCEIRIZADOS PERMANENTES E CONTRATADOS EFETIVOS VIOLA O PRINCÍPIO DA IGUALDADE, TENDO VISTA QUE O PAGAMENTO DE SALÁRIOS IGUAIS, BEM COMO A DISPONIBILIZAÇÃO DE IGUAIS SERVIÇOS DE ALIMENTAÇÃO E ATENDIMENTO AMBULATORIAL, NÃO PODEM SER ENTENDIDOS COMO ESCOLHAS ALEATÓRIAS DO TOMADOR, MAS VERDADEIRAS OBRIGAÇÕES CONSTITUCIONAIS EMANADAS DOS ARTIGOS 1º, III, 3º, I, 5º, " *CAPUT*" E 7º, XXXII DA CRFB/88.

PRESTAÇÃO DE SERVIÇOS E ISONOMIA

CONTRATO DE PRESTAÇÃO DE SERVIÇOS. GARANTIA AOS EMPREGADOS DA PRESTADORA DOS MESMOS DIREITOS DOS EMPREGADOS DA CONTRATANTE. ART. 4º-C, § 1º, DA LEI N. 6.019/1974. ISONOMIA. HAVENDO CONTRATO DE PRESTAÇÃO DE SERVIÇOS VÁLIDO COM A TRANSFERÊNCIA DE ATIVIDADES EM QUE CONVIVAM, EXECUTANDO AS MESMAS TAREFAS, EMPREGADOS DA CONTRATANTE E DA PRESTADORA, DEVERÃO SER GARANTIDOS A ESTES OS MESMOS DIREITOS PREVISTOS PARA AQUELES, SOB PENA DE AFRONTA AO PRINCÍPIO CONSTITUCIONAL DA ISONOMIA.

TERCEIRIZAÇÃO. ISONOMIA DE SALÁRIO E CONDIÇÕES DE TRABALHO

TERCEIRIZAÇÃO. ISONOMIA DE SALÁRIO E CONDIÇÕES DE TRABALHO. I – O ARTIGO 4º-C DA LEI N. 6.019/1974 DEVE SER INTERPRETADO EM CONFORMIDADE COM OS PRINCÍPIOS CONSTITUCIONAIS DA ISONOMIA E DA DIGNIDADE DA PESSOA HUMANA (ARTS. 1º, III; 5º E 7º, XXX E XXXII, CR), DE MODO A ASSEGURAR AOS TRABALHADORES CONTRATADOS PELAS EMPRESAS PRESTADORAS DE SERVIÇOS A TERCEIROS CONDIÇÕES DE SALÁRIO E TRABALHO IGUAIS ÀQUELAS CONFERIDAS AOS TRABALHADORES DIRETOS DA EMPRESA CONTRATANTE, SEJAM ELAS DECORRENTES DE DISPOSITIVOS LEGAIS OU NORMATIVOS. II – OS PARÁGRAFOS 1º E 2º DO ARTIGO 4º-C SÃO INCOMPATÍVEIS COM A ORDEM CONSTITUCIONAL BRASILEIRA POR AUTORIZAR TRATAMENTO DISCRIMINATÓRIO E PREJUDICIAL AOS TRABALHADORES CONTRATADOS PELA EMPRESA PRESTADORA DE SERVIÇOS A TERCEIROS.

Enunciado 8

TERCEIRIZAÇÃO: LIMITES DE LEGALIDADE

A VALIDADE DO CONTRATO DE PRESTAÇÃO DE SERVIÇOS PREVISTO NO ARTIGO 4º-A DA LEI 6.019/1974 SUJEITA-SE AO CUMPRIMENTO DOS SEGUINTES REQUISITOS: I – EFETIVA TRANSFERÊNCIA DA EXECUÇÃO DE ATIVIDADES A UMA EMPRESA PRESTADORA DE SERVIÇOS, COMO OBJETO CONTRATUAL; II – EXECUÇÃO AUTÔNOMA DA ATIVIDADE PELA EMPRESA PRESTADORA, NOS LIMITES DO CONTRATO DE PRESTAÇÃO DE SERVIÇO; III – CAPACIDADE ECONÔMICA DA EMPRESA PRESTADORA, COMPATÍVEL COM A EXECUÇÃO DO CONTRATO. A AUSÊNCIA DE QUALQUER DESSES REQUISITOS CONFIGURA INTERMEDIAÇÃO ILÍCITA DE MÃO DE OBRA (ART. 9º DA CLT) E ACARRETA O RECONHECIMENTO DE VÍNCULO DE EMPREGO ENTRE OS TRABALHADORES INTERMEDIADOS E A EMPRESA TOMADORA DO SERVIÇO.

Propostas originais

CONTRATO DE PRESTAÇÃO DE SERVIÇOS. REQUISITOS DE VALIDADE

CONTRATO DE PRESTAÇÃO DE SERVIÇOS. ARTIGO 4º-A DA LEI N. 6.019/1974, COM REDAÇÃO DA LEI N. 13.467/2017. REQUISITOS DE VALIDADE. A VALIDADE DA PRESTAÇÃO DE SERVIÇO

A TERCEIROS, TAL COMO DEFINIDA PELO ART. 4º-A, SE SUJEITA AO CUMPRIMENTO DOS SEGUINTES REQUISITOS: A) EFETIVA TRANSFERÊNCIA DA EXECUÇÃO DE ATIVIDADES A UMA EMPRESA PRESTADORA DE SERVIÇO, COMO OBJETO CONTRATUAL; B) EXECUÇÃO AUTÔNOMA DA ATIVIDADE PELA EMPRESA PRESTADORA, NOS LIMITES DO CONTRATO DE PRESTAÇÃO DE SERVIÇO; E C) CAPACIDADE ECONÔMICA DA EMPRESA PRESTADORA, COMPATÍVEL COM A EXECUÇÃO DO CONTRATO. AUSENTES QUAISQUER DESSES REQUISITOS, DESVIRTUA-SE A PRESTAÇÃO DE SERVIÇO, CONFIGURANDO-SE INTERMEDIAÇÃO ILÍCITA DE MÃO DE OBRA (ART. 9º DA CLT), COM CONSEQUENTE RECONHECIMENTO DE VÍNCULO DE EMPREGO ENTRE OS TRABALHADORES INTERMEDIADOS E A EMPRESA CONTRATANTE DO SERVIÇO.

PEJOTIZAÇÃO

"PEJOTIZAÇÃO". FRAUDE À RELAÇÃO DE EMPREGO. LEI 6019/74, COM A REDAÇÃO DEFINIDA PELAS LEIS 13.429/2017 E 13.467/2017 — A REGULAMENTAÇÃO DA PRESTAÇÃO DE SERVIÇOS A TERCEIROS NÃO LEGITIMA A "PEJOTIZAÇÃO". A LEI CONSIDERA PRESTADORA DE SERVIÇOS A EMPRESA DOTADA DE ESTRUTURA FUNCIONAL E DEFINE COMO ELEMENTOS ESSENCIAIS PARA A LICITUDE DO CONTRATO A TRANSFERÊNCIA DO SERVIÇO, COM A AUTONOMIA A ELA INERENTE, A CAPACIDADE ECONÔMICA COMPATÍVEL COM SUA EXECUÇÃO E A DIREÇÃO DOS TRABALHOS. AINDA QUE A ATIVIDADE SEJA EXECUTADA PELOS SÓCIOS DA CONTRATADA, A PRESTAÇÃO DE SERVIÇOS SOMENTE SERÁ LÍCITA QUANDO PRESENTES AS CARACTERÍSTICAS DEFINIDORAS DA ATIVIDADE EMPRESARIAL, COM EXERCÍCIO DE UMA ATIVIDADE ECONÔMICA ORGANIZADA, ASSUMINDO OS RISCOS DA MESMA. PRESENTES OS REQUISITOS, DEVE SER RECONHECIDA A RELAÇÃO DE EMPREGO (ART. 9º DA CLT).

A TERCEIRIZAÇÃO À LUZ DA LEI N. 13.467/2017: LIMITES DE LEGALIDADE

A "NOVA" TERCEIRIZAÇÃO DE MÃO-DE-OBRA PRESSUPÕE, PARA SER LÍCITA, A TRANSFERÊNCIA DA EXECUÇÃO DE ATIVIDADES A PESSOA JURÍDICA DE DIREITO PRIVADO QUE, NO PLANO JURÍDICO, SEJA EMPRESA (ART. 5º-A), E QUE, NO PLANO ECONÔMICO, DETENHA CAPACIDADE ECONÔMICA COMPATÍVEL COM A SUA EXECUÇÃO (ART. 4º-A). LOGO, A CONTRATAÇÃO É IRREGULAR – E, PORTANTO, ILÍCITA – SE (A) A PRESTADORA DE SERVIÇOS NÃO EXERCER ATIVIDADE EMPRESÁRIA TÍPICA (P. EX., "LARANJAS", INCLUÍDAS PESSOAS FÍSICAS E JURÍDICAS QUE NÃO DESEMPENHEM PROFISSIONALMENTE ATIVIDADE ECONÔMICA);(B)A PRESTADORA DE SERVIÇOS NÃO FOR SOCIEDADE EMPRESÁRIA OU NÃO PUDER EXERCER ATIVIDADE EMPRESÁRIA TÍPICA (P. EX., ASSOCIAÇÕES CIVIS E COOPERATIVAS EM GERAL); E (C)A PRESTADORA DE SERVIÇOS NÃO DETIVER IDONEIDADE ECONÔMICA PARA SUPORTAR OS ENCARGOS TRABALHISTAS E PREVIDENCIÁRIOS ORDINÁRIOS DECORRENTES DA ATIVIDADE CONTRATADA. EM TODOS ESSES CASOS, TOMADORA E PRESTADORA RESPONDERÃO SOLIDARIAMENTE PELA REPARAÇÃO DE OFENSA OU VIOLAÇÃO A DIREITOS LABORAIS.

Enunciado 9

TERCEIRIZAÇÃO: CAPACIDADE ECONÔMICA

A CAPACIDADE ECONÔMICA DA EMPRESA PRESTADORA DE SERVIÇOS, COMPATÍVEL COM A EXECUÇÃO DO CONTRATO, NOS TERMOS DO ART. 4º-A DA LEI 6.019/1974, DEVE SER AFERIDA PELA CONTRATANTE NO ATO DA CONTRATAÇÃO E NO CURSO DO CONTRATO, E NÃO SE RESTRINGE À OBSERVÂNCIA DO CAPITAL SOCIAL MÍNIMO EXIGIDO PELO ART. 4º-B, INCISO III, QUE É REQUISITO DE FUNCIONAMENTO E QUE DEVE ESTAR INTEGRALIZADO. CONSISTE, MAIS, NA SITUAÇÃO ECONÔMICA POSITIVA PARA CUMPRIR TODOS OS COMPROMISSOS DECORRENTES DA ATIVIDADE CONTRATADA, PRESSUPONDO: (A) PACTUAÇÃO DE PREÇO DO SERVIÇO COMPATÍVEL COM OS CUSTOS OPERACIONAIS (COMERCIAIS, TRABALHISTAS, PREVIDENCIÁRIOS, TRIBUTÁRIOS ETC.); E (B) INEXISTÊNCIA DE PASSIVO COMERCIAL, TRABALHISTA, PREVIDENCIÁRIO E/OU FISCAL, DECORRENTE DE OUTRO(S) CONTRATO(S), QUE CONSTITUA RISCO AO ADIMPLEMENTO CONTRATUAL.

Propostas originais

TERCEIRIZAÇÃO. CAPACIDADE ECONÔMICA DA EMPRESA PRESTADORA DE SERVIÇOS. NECESSIDADE DE CAPITAL SOCIAL TOTALMENTE INTEGRALIZADO

A CAPACIDADE ECONÔMICA COMPATÍVEL COM A EXECUÇÃO DOS SERVIÇOS DE QUE TRATA O ART. 4º-A DA LEI N. 6.019/74 EXIGE QUE O CAPITAL SOCIAL DA EMPRESA PRESTADORA DE SERVIÇOS, PREVISTO NO ART. 4º-B, INCISO III, ESTEJA TOTALMENTE INTEGRALIZADO, SOB PENA DE DESCUMPRIMENTO DO REQUISITO LEGAL E RECONHECIMENTO DO VÍNCULO DIRETAMENTE COM A CONTRATANTE.

CONTRATO DE PRESTAÇÃO DE SERVIÇO. REQUISITOS DE VALIDADE: CAPACIDADE ECONÔMICA DA PRESTADORA

CONTRATO DE PRESTAÇÃO DE SERVIÇO. REQUISITOS DE VALIDADE: CAPACIDADE ECONÔMICA DA PRESTADORA. A CAPACIDADE ECONÔMICA DA EMPRESA PRESTADORA DE SERVIÇO, COMPATÍVEL COM A EXECUÇÃO DO CONTRATO, NOS TERMOS DO ART. 4º-A DA LEI N. 6.019/1974, DEVE SER AFERIDA PELA CONTRATANTE E NÃO SE RESTRINGE À OBSERVÂNCIA DO CAPITAL SOCIAL MÍNIMO EXIGIDO PELO ART. 4º-B, INCISO III, QUE É MERO REQUISITO DE FUNCIONAMENTO. CONSISTE NA SITUAÇÃO ECONÔMICA POSITIVA PARA CUMPRIR TODOS OS COMPROMISSOS DECORRENTES DA ATIVIDADE CONTRATADA, PRESSUPONDO: (A) PACTUAÇÃO DE PREÇO DO SERVIÇO COMPATÍVEL COM OS CUSTOS OPERACIONAIS (COMERCIAIS, TRABALHISTAS, PREVIDENCIÁRIAS, TRIBUTÁRIAS ETC.); E (B) INEXISTÊNCIA DE PASSIVO COMERCIAL, TRABALHISTA, PREVIDENCIÁRIO E/OU FISCAL, DECORRENTE DE OUTRO(S) CONTRATO(S), QUE CONSTITUA RISCO AO ADIMPLEMENTO CONTRATUAL.

CAPACIDADE ECONÔMICA. COMPROVAÇÃO PARA VALIDADE DA TERCERIZACÃO. ART. 4º-A DA LEI 6.019/74 ALTERADO PELA LEI 13.467/17

CAPACIDADE ECONÔMICA. COMPROVAÇÃO PARA VALIDADE DA TERCERIZACÃO. ART. 4º-A DA LEI 6.019/74 ALTERADO PELA LEI 13.467/17. CONSIDERANDO QUE O EMPREGADOR DEVE SER CAPAZ DE ARCAR COM CUSTOS DAS A MANUTENÇÃO DE SUAS CONTRATAÇÕES E POSSÍVEIS DISPENSAS, HÁ O EMPREGADOR DE COMPROVAR SUA CAPACIDADE ECONÔMICA, CONFORME DETERMINA O ART. 4º-A DA LEI 6.019/74, ALTERADO PELA LEI 13.467/17.

Enunciado 10

TERCEIRIZAÇÃO: PERDA DA CAPACIDADE ECONÔMICA SUPERVENIENTE

A PERDA DA CAPACIDADE ECONÔMICA DA EMPRESA PRESTADORA INVALIDA O CONTRATO DE PRESTAÇÃO DE SERVIÇOS E CARACTERIZA VÍNCULO DE EMPREGO ENTRE OS TRABALHADORES INTERMEDIADOS E A EMPRESA CONTRATANTE, CASO A CONTRATANTE NÃO ADOTE POSTURAS PARA PRESERVAR O ADIMPLEMENTO CONTRATUAL.

Propostas originais

CONTRATO DE PRESTAÇÃO DE SERVIÇO. REQUISITOS DE VALIDADE. PERDA DA CAPACIDADE ECONÔMICA DA EMPRESA PRESTADORA DE SERVIÇO. INVALIDADE CONTRATUAL SUPERVENIENTE

CONTRATO DE PRESTAÇÃO DE SERVIÇO. REQUISITOS DE VALIDADE. PERDA DA CAPACIDADE ECONÔMICA DA EMPRESA PRESTADORA DE SERVIÇO. INVALIDADE CONTRATUAL SUPERVENIENTE. A PERDA DA CAPACIDADE ECONÔMICA DA EMPRESA PRESTADORA DE SERVIÇO ENSEJA INVALIDADE CONTRATUAL SUPERVENIENTE, COM CONSEQUENTE CARACTERIZAÇÃO DE VÍNCULO DE EMPREGO ENTRE OS TRABALHADORES INTERMEDIADOS E A EMPRESA CONTRATANTE, CASO ESTA NÃO ADOTE POSTURAS PARA PRESERVAR O ADIMPLEMENTO CONTRATUAL, TAIS COMO: (A) A READEQUAÇÃO DO PREÇO DO SERVIÇO, SEMPRE QUE SE MOSTRAR DEFASADO, PARA GARANTIR O EQUILÍBRIO ECONÔMICO DO CONTRATO; (B) EXIGIR DA EMPRESA CONTRATADA GARANTIA BASTAN-

TE PARA SATISFAÇÃO DAS OBRIGAÇÕES CONTRATUAIS (ART. 477 DO CÓDIGO CIVIL) OU (C) PROMOVER A RESOLUÇÃO DO CONTRATO POR INADIMPLEMENTO (ART. 475 DO CÓDIGO CIVIL).

Enunciado 11

TERCEIRIZAÇÃO: ATIVIDADE-FIM

O *CAPUT* E PARÁGRAFO 1º DO ARTIGO 4º-A DA LEI 6.019/1974 (QUE AUTORIZAM A TRANSFERÊNCIA DE QUAISQUER ATIVIDADES EMPRESARIAIS, INCLUSIVE A ATIVIDADE PRINCIPAL DA TOMADORA, PARA EMPRESA DE PRESTAÇÃO DE SERVIÇOS), SÃO INCOMPATÍVEIS COM O ORDENAMENTO JURÍDICO BRASILEIRO (ART. 7º, I, CR E ARTS. 3º E 9º, CLT), POIS IMPLICAM VIOLAÇÃO DO PRINCÍPIO DA DIGNIDADE DA PESSOA HUMANA E DO VALOR SOCIAL DO TRABALHO (ARTS. 1º, IV; 5º, § 2º; 6º; 170 E 193, TODOS DA CR E CONSTITUIÇÃO DA OIT). PRESENTES OS REQUISITOS DO ART. 3º DA CLT, FORMA-SE VÍNCULO DE EMPREGO DIRETO COM A EMPRESA TOMADORA DE SERVIÇOS.

Propostas originais

TERCEIRIZAÇÃO. ATIVIDADE PRINCIPAL DA TOMADORA. INCOMPATIBILIDADE. VÍNCULO EMPREGATÍCIO

TERCEIRIZAÇÃO. ATIVIDADE PRINCIPAL DA TOMADORA. INCOMPATIBILIDADE. VÍNCULO EMPREGATÍCIO. I — O *CAPUT* E PARÁGRAFO 1º DO ARTIGO 4º-A DA LEI N. 6.019/1974, QUE AUTORIZAM A TRANSFERÊNCIA DE QUAISQUER ATIVIDADES EMPRESARIAIS, EM ESPECIAL EM RELAÇÃO À ATIVIDADE PRINCIPAL DA TOMADORA, PARA EMPRESA DE PRESTAÇÃO DE SERVIÇOS A TERCEIROS E A SUBCONTRATAÇÃO, SÃO INCOMPATÍVEIS COM O ORDENAMENTO JURÍDICO BRASILEIRO (ART. 7º, I, CR E ARTS. 3º E 9º, CLT), O QUE IMPLICA VIOLAÇÃO DO PRINCÍPIO DA DIGNIDADE DA PESSOA HUMANA E DO VALOR SOCIAL DO TRABALHO (ARTS. 1º, IV; 5º, § 2º; 6º; 170 E 193, TODOS DA CR E CONSTITUIÇÃO DA OIT). II — PRESENTES OS REQUISITOS DO ART. 3º DA CLT, FORMA-SE VÍNCULO DE EMPREGO DIREITO COM A EMPRESA TOMADORA DE SERVIÇOS.

TERCEIRIZAÇÃO DE ATIVIDADE-FIM. POSSIBILIDADE DE RECONHECIMENTO EM CONCRETO DO VÍNCULO EMPREGATÍCIO

TERCEIRIZAÇÃO DE ATIVIDADE-FIM. POSSIBILIDADE DE RECONHECIMENTO EM CONCRETO DO VÍNCULO EMPREGATÍCIO. A CONTRATAÇÃO DE PESSOA JURÍDICA DE DIREITO PRIVADO PARA A REALIZAÇÃO DE ATIVIDADES PRINCIPAIS OU ACESSÓRIAS DA EMPRESA CONTRATANTE, NOS TERMOS DOS ARTIGOS 4º-A E 5º-A DA LEI N. 6.019/74, NÃO EXCLUI A POSSIBILIDADE QUANTO AO RECONHECIMENTO DE VÍNCULO DE EMPREGO ENTRE ESTA ÚLTIMA E OS TRABALHADORES TERCEIRIZADOS, CASO PRESENTES, EM CONCRETO, OS REQUISITOS CONSTANTES DO ARTIGO 3º DA CLT.

VEDAÇÃO LEGAL À TERCEIRIZAÇÃO NA ATIVIDADE-FIM EM CONTRATOS DE PRESTAÇÃO DE SERVIÇOS

A LEI N. 6.019/74, COM AS ALTERAÇÕES INTRODUZIDAS PELA LEI N. 13.429/17, VEDA A TERCEIRIZAÇÃO NA ATIVIDADE-FIM DE UMA EMPRESA EM CONTRATOS DE PRESTAÇÃO DE SERVIÇOS, AO PASSO QUE PERMITE A CONTRATAÇÃO NA ATIVIDADE-FIM EM CONTRATOS DE TRABALHO TEMPORÁRIO.

Enunciado 12

TERCEIRIZAÇÃO: REPRESENTAÇÃO SINDICAL DOS TERCEIRIZADOS

PRESUME-SE COMO SENDO DA MESMA CATEGORIA, E REPRESENTADOS PELO MESMO SINDICATO PROFISSIONAL, TODOS OS TRABALHADORES TERCEIRIZADOS E AQUELES DIRETAMENTE CONTRATADOS PELA TOMADORA QUE REALIZEM SERVIÇOS RELACIONADOS À SUA ATIVIDADE PRINCIPAL. INTELIGÊNCIA QUE SE EXTRAI DO INTERESSE INTEGRADO E DA ATUAÇÃO CONJUNTA DA EMPRESA CONTRATADA E CONTRATANTE,

PREVISTOS NO § 3º DO ARTIGO 2º DA CLT, COMBINADO COM O CONCEITO DE CATEGORIA PROFISSIONAL DECORRENTE DO TRABALHO EM COMUM EM ATIVIDADES ECONÔMICAS SIMILARES OU CONEXAS DO ARTIGO 511, § 2º, DA CLT, E COM A ATIVIDADE PREPONDERANTE CONCEITUADA NO § 2º DO ARTIGO 581 DA CLT.

Propostas originais

TERCEIRIZAÇÃO

PRESUME-SE COMO SENDO DA MESMA CATEGORIA E REPRESENTADOS PELO MESMO SINDICATO PROFISSIONAL TODOS OS TRABALHADORES TERCEIRIZADOS E AQUELES DIRETAMENTE CONTRATADOS PELA TOMADORA, QUE REALIZAM SERVIÇOS RELACIONADOS À SUA ATIVIDADE PRINCIPAL (ATIVIDADE-FIM). INTELIGÊNCIA QUE SE EXTRAI DO INTERESSE INTEGRADO E ATUAÇÃO CONJUNTA DA EMPRESA CONTRATADA E CONTRATANTE, PREVISTOS NO § 3º DO ARTIGO 2º DA CLT INSERIDO PELA LEI 13.467/2017, COMBINADO COM O CONCEITO DE CATEGORIA PROFISSIONAL DECORRENTE DO TRABALHO EM COMUM EM ATIVIDADES ECONÔMICAS SIMILARES OU CONEXAS DO ARTIGO 511, § 2º, DA CLT E A ATIVIDADE PREPONDERANTE CONCEITUADA NO § 2º DO ARTIGO 581 DA CLT.

REPRESENTAÇÃO SINDICAL DOS TERCEIRIZADOS

REPRESENTAÇÃO SINDICAL. VÍNCULO SINDICAL DOS TERCEIRIZADOS COM O SINDICATO DA ATIVIDADE PREPONDERANTE. FIXAÇÃO DO VÍNCULO SINDICAL ENTRE O EMPREGADO TERCEIRIZADO E O SINDICATO DA CATEGORIA DOS TRABALHADORES DIRETAMENTE VINCULADOS À EMPRESA TOMADORA DE SERVIÇOS.

TERCEIRIZAÇÃO. REPRESENTAÇÃO SINDICAL

A REPRESENTAÇÃO DOS TRABALHADORES CONTRATADOS PARA PRESTAÇÃO DE SERVIÇOS EM REGIME DE TERCEIRIZAÇÃO, EXCETUADOS OS CASOS DE EMPRESAS PRESTADORAS DE SERVIÇO NAS ATIVIDADES-MEIO COM LEGISLAÇÃO PRÓPRIA (SERVIÇOS DE VIGILÂNCIA, LEI N. 7.102, DE 20.06.1983, E DE CONSERVAÇÃO E LIMPEZA), É DO SINDICATO DA CATEGORIA PROFISSIONAL PREPONDERANTE DA EMPRESA TOMADORA, INTELIGÊNCIA DOS ARTIGOS 8º, I, II E III DA CONSTITUIÇÃO FEDERAL; 4º-A DA LEI 6.019/1974; 2º, PARÁGRAFO 3º, E 511, AMBOS DA CLT.

Enunciado 13

TERCEIRIZAÇÃO: MEIO AMBIENTE DO TRABALHO

A RESPONSABILIDADE SOLIDÁRIA DO CONTRATANTE QUANTO À ELABORAÇÃO E IMPLEMENTAÇÃO DO PROGRAMA DE PREVENÇÃO DE RISCOS AMBIENTAIS, DE ACORDO COM O DISPOSTO NA NORMA REGULAMENTADORA 9 (NR-9), INDEPENDE DA QUALIDADE DO VÍNCULO DE TRABALHO DOS OBREIROS, DECORRENDO DA SIMPLES PRESENÇA DE TRABALHADORES NO LOCAL, VISTO QUE O MEIO AMBIENTE E AS QUESTÕES DE SAÚDE E SEGURANÇA NO TRABALHO ENGLOBAM TODOS OS TRABALHADORES CUJAS ATIVIDADES LABORAIS SEJAM PRESTADAS EM FAVOR DO MESMO TOMADOR, DE FORMA ISONÔMICA, SEM QUALQUER DISTINÇÃO, INDEPENDENTEMENTE DO VÍNCULO LABORAL.

Propostas originais

RESPONSABILIDADE CIVIL — MEIO AMBIENTE DO TRABALHO. TERCEIRIZAÇÃO. SOLIDARIEDADE

A) PEQUENA ALTERAÇÃO DA ORIENTAÇÃO N. 44 DA I JORNADA DE DIREITO MATERIAL E PROCESSUAL E QUE TRATA DA RESPONSABILIDADE SOLIDÁRIA DO TOMADOR E DO PRESTADOR DE SERVIÇOS NOS SEGUINTES TERMOS: RESPONSABILIDADE CIVIL — MEIO-AMBIENTE DO TRABALHO. TERCEIRIZAÇÃO. SOLIDARIEDADE — "EM CASO DE TERCEIRIZAÇÃO DE SERVIÇOS, O TOMADOR E PRESTADOR DE SERVIÇOS RESPONDEM SOLIDARIAMENTE PELO CUMPRIMENTO DAS NORMAS REGULAMENTADORAS DO MI-

NISTÉRIO DO TRABALHO E EMPREGO, PELA ADOÇÃO DE TODAS AS MEDIDAS PARA UM MEIO-AMBIENTE DO TRABALHO SAUDÁVEL E HÍGIDO E PELOS DANOS CAUSADOS À SAÚDE DOS TRABALHADORES. INTELIGÊNCIA DOS ARTIGOS 932, II, 933 E 942, PARÁGRAFO ÚNICO DO CÓDIGO CIVIL E DA NORMA REGULAMENTADORA 4 (PORTARIA 3.2147) DO MINISTÉRIO DO TRABALHO E EMPREGO."

CONTRATANTE. RESPONSABILIDADE PELO MEIO AMBIENTE DO TRABALHO. APLICAÇÃO DAS NORMAS DE SAÚDE E SEGURANÇA NO TRABALHO COM RELAÇÃO A TERCEIROS. TRATAMENTO ISONÔMICO

CONSIDERANDO TER O DIREITO À SAÚDE SEDE CONSTITUCIONAL E SEREM OS VALORES SOCIAIS DO TRABALHO PRINCÍPIOS FUNDAMENTAIS INSTITUÍDOS PELA CARTA MAGNA, BEM COMO A IMPOSSIBILIDADE DE SE PERMITIR RETROCESSO SOCIAL, A RESPONSABILIDADE DO CONTRATANTE SOBRE O MEIO AMBIENTE E AS QUESTÕES DE SAÚDE E SEGURANÇA NO TRABALHO EM GERAL ENGLOBA TODOS OS TRABALHADORES CUJAS ATIVIDADES LABORAIS SEJAM PRESTADAS EM FAVOR DO MESMO, DE FORMA ISONÔMICA, SEM QUALQUER DISTINÇÃO, INDEPENDENTEMENTE DO VÍNCULO LABORAL.

CONTRATANTE. RESPONSABILIDADE PELA ELABORAÇÃO E IMPLEMENTAÇÃO DE PROGRAMA DE PREVENÇÃO DE RISCOS AMBIENTAIS INDEPENDENTE DA PRESENÇA DE CELETISTAS NO AMBIENTE

CONSIDERANDO A EVOLUÇÃO NA LEGISLAÇÃO QUE REGULA A MODALIDADE DE CONTRATAÇÃO DOS TRABALHADORES, A RESPONSABILIDADE DO CONTRATANTE SOBRE A ELABORAÇÃO E IMPLEMENTAÇÃO DO PROGRAMA DE PREVENÇÃO DE RISCOS AMBIENTAIS DE ACORDO COM O DISPOSTO NA NORMA REGULAMENTADORA N. 9 (NR-9) INDEPENDE DA QUALIDADE DO VÍNCULO DE TRABALHO DOS OBREIROS, FICANDO CORRELATA À SIMPLES PRESENÇA DE TRABALHADORES NO LOCAL, VISTO QUE O MEIO AMBIENTE E AS QUESTÕES DE SAÚDE E SEGURANÇA NO TRABALHO EM GERAL ENGLOBAM TODOS OS TRABALHADORES CUJAS ATIVIDADES LABORAIS SEJAM PRESTADAS EM FAVOR DO MESMO, DE FORMA ISONÔMICA, SEM QUALQUER DISTINÇÃO, INDEPENDENTEMENTE DO VÍNCULO LABORAL.

ENUNCIADOS SIMPLES

Enunciado 1

TELETRABALHO: CONTROLE DOS RISCOS LABOR-AMBIENTAIS

O REGIME DE TELETRABALHO NÃO EXIME O EMPREGADOR DE ADEQUAR O AMBIENTE DE TRABALHO ÀS REGRAS DA NR-7 (PCMSO), DA NR-9 (PPRA) E DO ARTIGO 58, § 1º, DA LEI 8.213/91 (LTCAT), NEM DE FISCALIZAR O AMBIENTE DE TRABALHO, INCLUSIVE COM A REALIZAÇÃO DE TREINAMENTOS. EXIGÊNCIA DOS ARTIGOS 16 A 19 DA CONVENÇÃO 155 DA OIT.

Enunciado 2

CONTRATO DE TRABALHO INTERMITENTE: CARGA HORÁRIA

COMO O CONTRATO DE TRABALHO INTERMITENTE DEVE SER CELEBRADO POR ESCRITO, DO INSTRUMENTO CONTRATUAL DEVERÃO CONSTAR OS PERÍODOS DE PRESTAÇÃO DE SERVIÇOS OU A ESTIMATIVA DE SERVIÇOS A EXECUTAR, A RESPEITO DOS QUAIS SE OBRIGA O EMPREGADOR.

Enunciado 3

O CONTRATO DE TRABALHO INTERMITENTE NO BRASIL NÃO CORRESPONDE AO ZERO-HOURS CONTRACT BRITÂNICO

NOS CONTRATOS DE TRABALHO INTERMITENTE, É OBRIGATÓRIO INDICAR A QUANTIDADE MÍNIMA DE HORAS DE EFETIVA PRESTAÇÃO DE SERVIÇOS, POIS NÃO SE ADMITE CONTRATO DE TRABALHO COM OBJETO INDETERMINADO OU SUJEITO A CONDIÇÃO

PURAMENTE POTESTATIVA, CONSOANTE ARTIGOS 104, II, 166 II E 122 DO CÓDIGO CIVIL, APLICÁVEIS SUBSIDIARIAMENTE À MATÉRIA, NOS TERMOS DO ART. 8º, PARÁGRAFO ÚNICO, DA CLT.

Enunciado 4

FÉRIAS E TRABALHO INTERMITENTE

FÉRIAS. TRABALHO INTERMITENTE. DIANTE DA EXISTÊNCIA DE ANTINOMIA JURÍDICA ENTRE O DISPOSTO NO § 6º DO ART. 452-A DA CLT E O DISPOSTO NO § 9º DO MESMO ART. 452-A DA CLT, DEVE-SE INTERPRETAR O ORDENAMENTO JURÍDICO DE FORMA SISTEMÁTICA E UTILIZAR O CRITÉRIO HIERÁRQUICO PARA SOLUÇÃO DO CONFLITO DE NORMAS. ASSIM, TENDO EM VISTA O ART. 7º, XVII, DA CF/88, QUE DISPÕE SOBRE O DIREITO ÀS FÉRIAS ANUAIS REMUNERADAS, OU SEJA, PAGAS NO MOMENTO DO GOZO DO PERÍODO DE DESCANSO (CONFORME TAMBÉM DISPOSTO NO ART. 452-A, §9º, CLT), O PAGAMENTO DE FÉRIAS PROPORCIONAIS APÓS A PRESTAÇÃO DE SERVIÇOS (ART. 452-A, §6º, II, CLT) NÃO ENCONTRA APLICABILIDADE. ASSIM, NO TRABALHO INTERMITENTE, AS FÉRIAS DEVEM SER REMUNERADAS QUANDO DA SUA FRUIÇÃO.

Enunciado 5

CONTRATO DE TRABALHO INTERMITENTE. SALÁRIO MÍNIMO E PISO PROFISSIONAL. MULTA. INCONSTITUCIONALIDADE

A MULTA PREVISTA NO ART. 452-A, § 4º, DA CLT, IMPOSTA AO TRABALHADOR QUE DESCUMPRIR CONVOCAÇÃO ANTERIORMENTE ATENDIDA, NÃO É COMPATÍVEL COM OS PRINCÍPIOS CONSTITUCIONAIS DA DIGNIDADE HUMANA, DO VALOR SOCIAL DO TRABALHO, DA ISONOMIA, DA PROTEÇÃO DO TRABALHADOR E DA FUNÇÃO SOCIAL DA EMPRESA.

Enunciado 6

TRABALHO INTERMITENTE E RISCO PARA TERCEIROS

O TRABALHO INTERMITENTE NÃO PODERÁ SER EXERCIDO EM ATIVIDADES QUE POSSAM COLOCAR EM RISCO A VIDA, A SAÚDE E A SEGURANÇA DOS PRÓPRIOS TRABALHADORES E/OU DE TERCEIROS.

Enunciado 7

CONTRATO DE TRABALHO INTERMITENTE. PERMANÊNCIA DO TRABALHADOR DENTRO OU FORA DO ESTABELECIMENTO DO EMPREGADOR POR CONVENIÊNCIA DESTE ÚLTIMO. CÔMPUTO COMO TEMPO DE SERVIÇO

CONTRATO DE TRABALHO INTERMITENTE. PERMANÊNCIA DO TRABALHADOR DENTRO OU FORA DO ESTABELECIMENTO DO EMPREGADOR POR CONVENIÊNCIA DESTE ÚLTIMO. CÔMPUTO COMO TEMPO DE SERVIÇO. NO CONTRATO DE TRABALHO INTERMITENTE, A TEOR DO ARTIGO 452-A, § 5º, DA CLT, OS PERÍODOS EM QUE O TRABALHADOR PERMANECER DENTRO OU FORA DO ESTABELECIMENTO DO EMPREGADOR PARA ATENDER A INTERESSES, CONVENIÊNCIAS OU NO AGUARDO DE INSTRUÇÕES DESTE ÚLTIMO SERÃO COMPUTADOS COMO HORAS OU FRAÇÕES EFETIVAMENTE TRABALHADAS.

Enunciado 8

CONTRATO DE TRABALHO INTERMITENTE E DEMANDAS PERMANENTES

1. É ILÍCITA A CONTRATAÇÃO SOB A FORMA DE TRABALHO INTERMITENTE PARA O ATENDIMENTO DE DEMANDA PERMANENTE, CONTÍNUA OU REGULAR DE TRABALHO, DENTRO DO VOLUME NORMAL DE ATIVIDADE DA EMPRESA. 2. É ILEGAL A SUBSTITUIÇÃO DE POSTO DE TRABALHO REGULAR OU PERMANENTE PELA CONTRATAÇÃO SOB A FORMA DE TRABALHO INTERMITENTE. 3. O EMPREGADOR NÃO PODE OPTAR PELO CONTRATO DE TRABALHO INTERMITENTE PARA, SOB ESSE REGIME JURÍDICO, ADOTAR A ESCALA MÓVEL E VARIÁVEL DA JORNADA. 4. PRESENTE A NECESSIDADE DE TRABALHO

INTERMITENTE, O EMPREGADO CONTRATADO NA FORMA DO ART. 443, § 3º, DA CLT TEM DIREITO SUBJETIVO À CONVOCAÇÃO, SENDO ILÍCITA SUA PRETERIÇÃO OU A OMISSÃO DO EMPREGADOR.

Enunciado 9

DIA E HORA INCERTOS PARA LABOR E RISCO EXCLUSIVO DO EMPREGADOR. TEMPO À DISPOSIÇÃO É DE EFETIVO SERVIÇO

NO CONTRATO DE TRABALHO INTERMITENTE, O PERÍODO SEM CONVOCAÇÃO PELO EMPREGADOR É DE TEMPO À SUA DISPOSIÇÃO E DEVE SER REMUNERADO COMO DE EFETIVO SERVIÇO. ÔNUS DAS VARIAÇÕES DE DEMANDA DO EMPREENDIMENTO SÃO EXCLUSIVOS DO EMPREGADOR.

Enunciado 10

CONTRATAÇÃO POR TEMPO PARCIAL DE TRABALHADORES NO COMÉRCIO

O ART. 58-A E SEUS PARÁGRAFOS, DA CLT, ALTERADOS POR FORÇA DA LEI 13.467/2017, NÃO SÃO APLICÁVEIS AOS COMERCIÁRIOS, EM VIRTUDE DA APLICAÇÃO OBRIGATÓRIA DO ART. 3º, § 1º DA LEI 12.790/2013, EM DECORRÊNCIA DA ESPECIFICIDADE E DA PREVALÊNCIA DA NORMA MAIS FAVORÁVEL AO TRABALHADOR.

Enunciado 11

CONTRATO DE PRESTAÇÃO DE SERVIÇOS. REQUISITOS DE VALIDADE. EFETIVA TRANSFERÊNCIA DA EXECUÇÃO DA ATIVIDADE

CONTRATO DE PRESTAÇÃO DE SERVIÇO. REQUISITO DE VALIDADE: EFETIVA TRANSFERÊNCIA DA EXECUÇÃO DA ATIVIDADE. A TRANSFERÊNCIA DA EXECUÇÃO DA ATIVIDADE POR MEIO DE CONTRATO DE PRESTAÇÃO DE SERVIÇO, NA FORMA DO ART. 4º-A DA LEI 6.019/1974, COM REDAÇÃO CONFERIDA PELA LEI 13.467/2017, PRESSUPÕE AUTONOMIA FORMAL, ADMINISTRATIVA, ORGANIZACIONAL, FINALÍSTICA E OPERACIONAL DA EMPRESA CONTRATADA, À QUAL CABE EXERCER COM EXCLUSIVIDADE O CONTROLE DO PROCESSO DE PRODUÇÃO DA ATIVIDADE, SEM INTERFERÊNCIA DA CONTRATANTE, MERA CREDORA DO SERVIÇO COMO RESULTADO ÚTIL, PRONTO E ACABADO. CONFIGURA FRAUDE AO REGIME DE EMPREGO O USO DE CONTRATO DE PRESTAÇÃO DE SERVIÇO PARA TRANSFERÊNCIA DE VÍNCULOS FORMAIS DE EMPREGO À EMPRESA CONTRATADA, SEM EFETIVA TRANSFERÊNCIA DA EXECUÇÃO DA ATIVIDADE.

Enunciado 12

CONTRATO DE PRESTAÇÃO DE SERVIÇO. REQUISITO DE VALIDADE: AUTONOMIA NA EXECUÇÃO DA ATIVIDADE

CONTRATO DE PRESTAÇÃO DE SERVIÇO. REQUISITO DE VALIDADE: AUTONOMIA NA EXECUÇÃO DA ATIVIDADE. NO CONTRATO DE PRESTAÇÃO DE SERVIÇO, DE QUE TRATA O ART. 4º-A, *CAPUT*, DA LEI 6.019/1974, COM REDAÇÃO DADA PELA LEI 13.467/2017, A EXECUÇÃO AUTÔNOMA DA ATIVIDADE POR EMPRESA PRESTADORA DE SERVIÇO PRESSUPÕE: (A) QUE A EMPRESA PRESTADORA CONTRATE E REMUNERE OS EMPREGADOS NECESSÁRIOS À EXECUÇÃO DA ATIVIDADE, EXERCENDO COM EXCLUSIVIDADE A DIREÇÃO DE SEU TRABALHO (ART. 4º-A, § 1º); E (B) QUE A EMPRESA CONTRATANTE SE ABSTENHA DE UTILIZAR A MÃO DE OBRA CONTRATADA PELA PRESTADORA DE SERVIÇO PARA FINALIDADE DISTINTA DA PREVISTA NO CONTRATO (ART. 5º-A, § 1º). A PRESENÇA DE SUBORDINAÇÃO PESSOAL OU ESTRUTURAL DE TRABALHADOR INTERMEDIADO EM RELAÇÃO À EMPRESA CONTRATANTE DESCARACTERIZA A PRESTAÇÃO DE SERVIÇO, ENSEJANDO RECONHECIMENTO DE VÍNCULO DE EMPREGO COM O TOMADOR DOS SERVIÇOS (ART. 9º DA CLT).

Enunciado 13

EMPRESA INDIVIDUAL. PRESTAÇÃO DE SERVIÇOS À TOMADORA PELO TITULAR. VÍNCULO EMPREGATÍCIO

A PRESTAÇÃO DE SERVIÇOS DE EMPRESA INDIVIDUAL CONTRATADA DEVE SER REALIZADA POR SEUS EMPREGADOS. QUANDO SEU TITULAR REALIZA PESSOALMENTE AS

ATIVIDADES PARA A EMPRESA TOMADORA, FORMA-SE O VÍNCULO EMPREGATÍCIO ENTRE TITULAR E TOMADORA.

Enunciado 14

TERCEIRIZAÇÃO. INADIMPLEMENTO DE VERBAS TRABALHISTAS. RECONHECIMENTO DIRETO DO VÍNCULO COM A CONTRATANTE

O INADIMPLEMENTO DAS VERBAS TRABALHISTAS POR PARTE DA EMPRESA PRESTADORA DE SERVIÇOS REVELA SUA INCAPACIDADE ECONÔMICA PARA A EXECUÇÃO DOS SERVIÇOS (ART. 4º-A DA LEI 6.019/74) E AUTORIZA O CONSEQUENTE RECONHECIMENTO DO VÍNCULO DIRETAMENTE COM A CONTRATANTE.

Enunciado 15

TERCEIRIZAÇÃO. CAPACIDADE ECONÔMICA DA PRESTADORA DE SERVIÇOS. REQUISITO DE VALIDADE DO NEGÓCIO JURÍDICO

O INADIMPLEMENTO DAS OBRIGAÇÕES TRABALHISTAS PELA EMPRESA PRESTADORA DE SERVIÇOS ATRAI PARA A EMPRESA TOMADORA DE SERVIÇOS O ÔNUS DA PROVA DA CAPACIDADE ECONÔMICA DA PRIMEIRA. INTELIGÊNCIA DO ARTIGO 818, § 1º, DA CLT.

COMISSÃO 7

ACESSO À JUSTIÇA E JUSTIÇA GRATUITA. HONORÁRIOS ADVOCATÍCIOS. HONORÁRIOS PERICIAIS. LITIGÂNCIA DE MÁ-FÉ E DANO PROCESSUAL

ENUNCIADOS AGLUTINADOS

Enunciado 1

HONORÁRIOS DE SUCUMBÊNCIA. INAPLICABILIDADE AOS PROCESSOS EM CURSO

EM RAZÃO DA NATUREZA HÍBRIDA DAS NORMAS QUE REGEM HONORÁRIOS ADVOCATÍCIOS (MATERIAL E PROCESSUAL), A CONDENAÇÃO À VERBA SUCUMBENCIAL SÓ PODERÁ SER IMPOSTA NOS PROCESSOS INICIADOS APÓS A ENTRADA EM VIGOR DA LEI 13.467/2017, HAJA VISTA A GARANTIA DE NÃO SURPRESA, BEM COMO EM RAZÃO DO PRINCÍPIO DA CAUSALIDADE, UMA VEZ QUE A EXPECTATIVA DE CUSTOS E RISCOS É AFERIDA NO MOMENTO DA PROPOSITURA DA AÇÃO.

Propostas originais

HONORÁRIOS DE SUCUMBÊNCIA. DIREITO INTERTEMPORAL

HONORÁRIOS DE SUCUMBÊNCIA. INAPLICABILIDADE AOS PROCESSOS EM CURSO. PRINCÍPIOS DA CAUSALIDADE, DA VEDAÇÃO DA DECISÃO SURPRESA E DA DIGNIDADE DA PESSOA HUMANA. NÃO SE PODE APLICAR A TEORIA DO ISOLAMENTO DOS ATOS PROCESSUAIS QUANTO À CONDENAÇÃO EM HONORÁRIOS DE SUCUMBÊNCIA NO PROCESSO DO TRABALHO, POR CONTA DA SUCUMBÊNCIA RECÍPROCA E PRINCIPALMENTE PELA POSSIBILIDADE DE "COMPENSAÇÃO" DO CRÉDITO DO TRABALHADOR. DEVE SER APLICADO O PRINCÍPIO DA CAUSALIDADE, SEGUNDO O QUAL QUEM DEU CAUSA AO PROCESSO DEVE ARCAR COM OS HONORÁRIOS DE SUCUMBÊNCIA. CONTUDO, O MOMENTO DE A PARTE SOPESAR OS RISCOS DO PROCESSO É O DO AJUIZAMENTO DA AÇÃO. OBSERVÂNCIA, AINDA, DO PRINCÍPIO DA VEDAÇÃO DA DECISÃO SURPRESA, DA GARANTIA INERENTE AO MÍNIMO EXISTENCIAL E DO PRINCÍPIO DA DIGNIDADE HUMANA.

HONORÁRIOS DE SUCUMBÊNCIA: INAPLICABILIDADE AOS PROCESSOS EM CURSO

AS REGRAS DE SUCUMBÊNCIA ADVOCATÍCIA INTRODUZIDAS PELA LEI N. 13.467/2017, INCLUÍDA A DE SUCUMBÊNCIA RECÍPROCA, NÃO SE APLICAM AOS PROCESSOS EM CURSO, ANTE OS SEUS EFEITOS NO CAMPO OBRIGACIONAL, INCLUSIVE EM RELAÇÃO A TERCEIROS. VEDAÇÃO GERAL DE EFEITOS RETROATIVOS DE ORDEM MATERIAL EM LEIS

PROCESSUAIS DE EFEITOS MATERIAIS, APLICANDO-SE, "MUTATIS MUTANDIS", A MESMA INTELIGÊNCIA QUE OS TRIBUNAIS SUPERIORES RESERVARAM À LEI N. 9.099/1995. ADSTRIÇÃO DO ART. 14/CPC ÀS NORMAS DE NATUREZA PROCESSUAL.

APLICAÇÃO DA LEI PROCESSUAL. GARANTIA DE NÃO SURPRESA

APLICAÇÃO DA LEI PROCESSUAL. GARANTIA DE NÃO SURPRESA. EM RAZÃO DA NATUREZA HÍBRIDA DOS HONORÁRIOS ADVOCATÍCIOS (MATERIAL E PROCESSUAL), A CONDENAÇÃO À VERBA SUCUMBENCIAL SÓ PODERÁ SER IMPOSTA NOS PROCESSOS INICIADOS APÓS A ENTRADA EM VIGOR DA LEI N. 13.467/2017, HAJA VISTA A GARANTIA DE NÃO SURPRESA, COROLÁRIO DO PRINCÍPIO CONSTITUCIONAL DA SEGURANÇA JURÍDICA;

Enunciado 2

SUCUMBÊNCIA RECÍPROCA

O JUÍZO ARBITRARÁ HONORÁRIOS DE SUCUMBÊNCIA RECÍPROCA (ART. 791-A, PAR.3º, DA CLT) APENAS EM CASO DE INDEFERIMENTO TOTAL DO PEDIDO ESPECÍFICO. O ACOLHIMENTO DO PEDIDO, COM QUANTIFICAÇÃO INFERIOR AO POSTULADO, NÃO CARACTERIZA SUCUMBÊNCIA PARCIAL, POIS A VERBA POSTULADA RESTOU ACOLHIDA. QUANDO O LEGISLADOR MENCIONOU "SUCUMBÊNCIA PARCIAL", REFERIU-SE AO ACOLHIMENTO DE PARTE DOS PEDIDOS FORMULADOS NA PETIÇÃO INICIAL.

Propostas originais

HONORÁRIOS ADVOCATÍCIOS. PROCEDÊNCIA PARCIAL. SUCUMBÊNCIA RECÍPROCA

HONORÁRIOS ADVOCATÍCIOS. PROCEDÊNCIA PARCIAL. SUCUMBÊNCIA RECÍPROCA. SOMENTE OCORRE SUCUMBÊNCIA PELO RECLAMANTE QUANDO O PEDIDO POR ELE FORMULADO É TOTALMENTE REJEITADO. O ACOLHIMENTO DO PEDIDO, COM QUANTIFICAÇÃO INFERIOR AO POSTULADO NÃO CARACTERIZA SUCUMBÊNCIA PARCIAL, POIS A VERBA POSTULADA RESTOU ACOLHIDA. ASSIM, QUANDO O LEGISLADOR MENCIONOU "SUCUMBÊNCIA PARCIAL", REFERIU-SE AO ACOLHIMENTO DE PARTE DOS PEDIDOS FORMULADOS NA INICIAL, O QUE NÃO SE CONFUNDE COM ACOLHIMENTO DE PEDIDO, PORÉM EM QUANTIFICAÇÃO INFERIOR AO QUE SE POSTULOU.

SUCUMBÊNCIA RECÍPROCA — APLICAÇÃO SOMENTE EM CASO DE INDEFERIMENTO TOTAL DO PEDIDO

O JUÍZO ARBITRARÁ HONORÁRIOS DE SUCUMBÊNCIA RECÍPROCA (ART. 791-A, 3º, DA CLT) APENAS EM CASO DE INDEFERIMENTO TOTAL DO PEDIDO ESPECÍFICO. O DEFERIMENTO PARCIAL DO PEDIDO NÃO INDUZ À CONDENAÇÃO DE VERBA HONORÁRIA EM RELAÇÃO A ESTE. INTERPRETAÇÃO EXTENSIVA DA SÚMULA 326 DO STJ.

Enunciado 3

HONORÁRIOS E ASSISTÊNCIA JUDICIÁRIA

É INCONSTITUCIONAL A PREVISÃO DE UTILIZAÇÃO DOS CRÉDITOS TRABALHISTAS RECONHECIDOS EM JUÍZO PARA O PAGAMENTO DE DESPESAS DO BENEFICIÁRIO DA JUSTIÇA GRATUITA COM HONORÁRIOS ADVOCATÍCIOS OU PERICIAIS (ARTIGOS 791-A, § 4º, E 790-B, § 4º, DA CLT, COM A REDAÇÃO DADA PELA LEI N. 13.467/2017), POR FERIR OS DIREITOS FUNDAMENTAIS À ASSISTÊNCIA JUDICIÁRIA GRATUITA E INTEGRAL, PRESTADA PELO ESTADO, E À PROTEÇÃO DO SALÁRIO (ARTIGOS 5º, LXXIV, E 7º, X, DA CONSTITUIÇÃO FEDERAL).

Propostas originais

ACESSO À JUSTIÇA E JUSTIÇA GRATUITA. HONORÁRIOS ADVOCATÍCIOS. HONORÁRIOS PERICIAIS. LITIGÂNCIA DE MÁ-FÉ E DANO PROCESSUAL

É INCONSTITUCIONAL A PREVISÃO DE UTILIZAÇÃO DOS CRÉDITOS TRABALHISTAS RECONHECIDOS EM JUÍZO PARA O PAGAMENTO DE DESPESAS DO BENEFICIÁRIO DA JUSTIÇA

GRATUITA COM HONORÁRIOS ADVOCATÍCIOS OU PERICIAIS (ARTS. 791-A, § 4º, E 790-B, § 4º, DA CLT, COM A REDAÇÃO DADA PELA LEI N. 13.467/2017), POR FERIR OS DIREITOS FUNDAMENTAIS À ASSISTÊNCIA JUDICIÁRIA GRATUITA E INTEGRAL, PRESTADA PELO ESTADO, E À PROTEÇÃO DO SALÁRIO (ARTS. 5º, LXXIV, E 7º, X, DA CONSTITUIÇÃO FEDERAL).

HONORÁRIOS PERICIAIS — RECLAMANTE SUCUMBENTE BENEFICIÁRIO DA JUSTIÇA GRATUITA COM GANHO SUPERIOR AO DOBRO DA DESPESA A SER SUPORTADA

HONORÁRIOS PERICIAIS A CARGO DO RECLAMANTE BENEFICIÁRIO DA JUSTIÇA GRATUITA E SUCUMBENTE NO OBJETO DA PERÍCIA DESDE QUE TENHA OBTIDO NO MESMO, OU EM OUTRO PROCESSO, GANHO SUPERIOR AO DOBRO DA DESPESA A SER SUPORTADA. ART. 790-B, § 4º, DA CLT.

PROCESSO DO TRABALHO. JUSTIÇA GRATUITA. HONORÁRIOS DE SUCUMBÊNCIA. EXISTÊNCIA DE CRÉDITO A FAVOR DO BENEFICIÁRIO DA JUSTIÇA GRATUITA

SENDO O DIREITO À ASSISTÊNCIA JURÍDICA INTEGRAL E GRATUITA CONSTITUCIONALMENTE CONDICIONADO APENAS AO ESTADO DE MISERABILIDADE FINANCEIRA DO LITIGANTE JUDICIAL (CF, ART. 5º, LXXIV), SÓ SERÃO IMEDIATAMENTE EXIGÍVEIS OS HONORÁRIOS ADVOCATÍCIOS OU PERICIAIS DEVIDOS POR BENEFICIÁRIO DA GRATUIDADE JUDICIÁRIA SE HOUVER CRÉDITO A FAVOR DELE, NO MESMO PROCESSO OU EM OUTRA AÇÃO (CLT, ARTS. 790-B, § 4º, E 791-A, § 4º), CUJO MONTANTE ALTERE SIGNIFICATIVAMENTE A FORTUNA PESSOAL DO POSTULANTE A PONTO DE RETIRÁ-LO DO PATAMAR DA POBREZA.

Enunciado 4

HONORÁRIOS PERICIAIS

I — HONORÁRIOS PERICIAIS. ANTECIPAÇÃO. POSSIBILIDADE. APLICAÇÃO DA RESOLUÇÃO 66/2010 — CSJT. É COMPATÍVEL COM A NOVA SISTEMÁTICA DA CLT A ANTECIPAÇÃO DE HONORÁRIOS PERICIAIS, NOS TERMOS DO ART. 2º, §2º, DA RESOLUÇÃO CSJT 66/2010 OU DE NORMA SUPERVENIENTE, PERMITINDO QUE O PERITO SEJA REMUNERADO COM RECURSOS PRÓPRIOS DA UNIÃO, AINDA NA FASE INSTRUTÓRIA DO PROCESSO. APÓS O TRÂNSITO EM JULGADO DA DECISÃO, SENDO O AUTOR BENEFICIÁRIO DA JUSTIÇA GRATUITA, A UNIÃO PAGARÁ O VALOR REMANESCENTE AO PERITO, DEVIDAMENTE ATUALIZADO, NOS TERMOS DO ART. 5º, PARÁGRAFO ÚNICO, DA RESOLUÇÃO 66/2010, SENDO APLICÁVEIS APENAS AS NORMAS DOS TRIBUNAIS REGIONAIS QUE APRESENTEM CONDIÇÃO MAIS FAVORÁVEL À EFETIVIDADE DO PROCESSO. II — HONORÁRIOS PERICIAIS. ANTECIPAÇÃO CONVENCIONAL DAS PARTES. SUB-ROGAÇÃO. O PAGAMENTO FEITO PELA EMPRESA DE HONORÁRIOS PERICIAIS, DE FORMA ANTECIPADA E CONVENCIONAL, É COMPATÍVEL COM O DISPOSTO NO ART. 790-B, § 3º DA CLT, PERMITINDO QUE O PERITO SEJA REMUNERADO COM RECURSOS PRÓPRIOS DA EMPRESA AINDA NA FASE INSTRUTÓRIA DO PROCESSO. APÓS O TRÂNSITO EM JULGADO DA DECISÃO, SENDO O AUTOR BENEFICIÁRIO DA JUSTIÇA GRATUITA, A UNIÃO FARÁ A RESTITUIÇÃO INTEGRAL DOS VALORES ANTECIPADOS PELA EMPRESA, NO LIMITE DO PREVISTO NA RESOLUÇÃO 66/2010 OU EM NORMA SUPERVENIENTE, SUB-ROGANDO-A NOS CRÉDITOS DO PERITO EM FACE DA UNIÃO, SENDO APLICÁVEIS APENAS AS NORMAS DOS TRIBUNAIS REGIONAIS QUE APRESENTEM CONDIÇÃO MAIS FAVORÁVEL À EFETIVIDADE DO PROCESSO.

Propostas originais

HONORÁRIOS PERICIAIS

HONORÁRIOS PERICIAIS. ANTECIPAÇÃO. POSSIBILIDADE. APLICAÇÃO DA RESOLUÇÃO N. 66/2010 — CSJT. É COMPATÍVEL COM A NOVA SISTEMÁTICA DA CLT A ANTECIPAÇÃO DE HONORÁRIOS PERICIAIS, NOS TERMOS DO ART. 2º, § 2º DA RESOLUÇÃO N. 66/2010 — CSJT, PERMITINDO QUE O PERITO SEJA REMUNERADO COM RECURSOS PRÓPRIOS TRIBUNAL

REGIONAL DO TRABALHO (TRT) AINDA NA FASE DE INSTRUTÓRIA DO PROCESSO. APÓS O TRÂNSITO EM JULGADO, SENDO CONSIDERADO O RECLAMANTE COMO SUCUMBENTE, APLICA-SE O DISPOSTO NO ART. 790-B, § 4º DA CLT E, NA HIPÓTESE DE INEXISTIR RECURSOS DA PARTE RECLAMANTE SUCUMBENTE PARA QUITAÇÃO DOS HONORÁRIOS PERICIAIS, SENDO-LHE DEFERIDA A JUSTIÇA GRATUITA, O TRIBUNAL REGIONAL DO TRABALHO PAGARÁ O VALOR REMANESCENTE DOS HONORÁRIOS PERICIAIS, NOS TERMOS DO ART. 5º, PARÁGRAFO ÚNICO, DA RESOLUÇÃO N. 66/2010 — CSJT.

HONORÁRIOS PERICIAIS

HONORÁRIOS PERICIAIS. ANTECIPAÇÃO CONVENCIONAL ENTRE AS PARTES. SUB-ROGAÇÃO. PAGAMENTO A EMPRESA A TÍTULO DE RESTITUIÇÃO DOS VALORES ANTECIPADOS. É COMPATÍVEL COM A NOVA SISTEMÁTICA DA CLT A ANTECIPAÇÃO DE HONORÁRIOS PERICIAIS DE FORMA CONVENCIONAL, NÃO DESAFIANDO O DISPOSTO NO ART. 790-B, § 3º DA CLT, PERMITINDO QUE O PERITO SEJA REMUNERADO COM RECURSOS PRÓPRIOS DA EMPRESA AINDA NA FASE DE INSTRUTÓRIA DO PROCESSO. APÓS O TRÂNSITO EM JULGADO, SENDO CONSIDERADO O RECLAMANTE COMO SUCUMBENTE, APLICA-SE O DISPOSTO NO ART. 790-B, § 4º DA CLT E, NA HIPÓTESE DE INEXISTIR RECURSOS DA PARTE RECLAMANTE SUCUMBENTE PARA QUITAÇÃO DOS HONORÁRIOS PERICIAIS, NA HIPÓTESE DE DEFERIDA A JUSTIÇA GRATUITA, O TRIBUNAL REGIONAL DO TRABALHO RESTITUÍRA A DESPESA ANTECIPADA PELA EMPRESA, SUB-ROGANDO-A NOS CRÉDITOS DO PERITO EM FACE DO TRIBUNAL.

Enunciado 5

SUCUMBÊNCIA EM AÇÃO CIVIL PÚBLICA E AÇÃO CIVIL COLETIVA: NÃO APLICAÇÃO

HONORÁRIOS ADVOCATÍCIOS SUCUMBENCIAIS, HONORÁRIOS PERICIAIS E CUSTAS PROCESSUAIS, COMO PREVISTOS NA LEI 13.467/2017, NÃO SÃO APLICÁVEIS ÀS AÇÕES REGIDAS POR LEIS ESPECIAIS, A SABER, LEI DA AÇÃO CIVIL PÚBLICA (ARTS. 17 E 18 DA LEI 7.347/1985) E CÓDIGO DE DEFESA DO CONSUMIDOR (ART. 87 DA LEI 8.078/1990).

Propostas originais

SUCUMBÊNCIA. AÇÃO CIVIL PÚBLICA. NÃO-APLICAÇÃO

HONORÁRIOS DE SUCUMBÊNCIA, HONORÁRIOS PERICIAIS E CUSTAS PROCESSUAIS. LEI DA AÇÃO CIVIL PÚBLICA. GRATUIDADE. ARTIGOS 17 E 18 DA LEI 7.347/1985. LEGISLAÇÃO MAIS ESPECÍFICA. NÃO APLICAÇÃO DA LEI 13.467/2017.

AÇÃO CIVIL PÚBLICA E AÇÃO CIVIL COLETIVA. LEI N. 7.347/85 E CÓDIGO DE DEFESA DO CONSUMIDOR. ISENÇÃO DE CUSTAS E DE HONORÁRIOS SUCUMBENCIAIS

AÇÃO CIVIL PÚBLICA E AÇÃO CIVIL COLETIVA. LEI N. 7.347/85 E CÓDIGO DE DEFESA DO CONSUMIDOR. ISENÇÃO DE CUSTAS E DE HONORÁRIOS SUCUMBENCIAIS. O ARTIGO 791-A NÃO EXCLUI O DIREITO À ISENÇÃO DE CUSTAS E DE HONORÁRIOS ADVOCATÍCIOS ASSEGURADO ÀS ASSOCIAÇÕES DE CLASSE E AOS SINDICATOS QUE AJUIZAREM AÇÕES CIVIS PÚBLICAS E AÇÕES CIVIS COLETIVAS, NOS TERMOS DO ARTIGO 18 DA LEI N. 7.437/85 E DO ARTIGO 87 DO CÓDIGO DE DEFESA DO CONSUMIDOR.

Enunciado 6

ACESSO À JUSTIÇA

ACESSO À JUSTIÇA. ART, 844, § 2º E § 3º, DA CLT. INCONSTITUCIONALIDADE. VIOLA O PRINCÍPIO DE ACESSO À JUSTIÇA A EXIGÊNCIA DE COBRANÇA DE CUSTAS DE PROCESSO ARQUIVADO COMO PRESSUPOSTO DE NOVO AJUIZAMENTO. O PRINCÍPIO DO ACESSO À JUSTIÇA É UMA DAS RAZÕES DA PRÓPRIA EXISTÊNCIA DA JUSTIÇA DO TRABALHO, O QUE IMPEDE A APLICAÇÃO DESSAS REGRAS, INCLUSIVE SOB PENA DE ESVAZIAR O CONCEITO DE GRATUIDADE DA JUSTIÇA.

Propostas originais

VIOLAÇÃO AO ACESSO À JUSTIÇA

ACESSO À JUSTIÇA. VIOLAÇÃO. ARTIGO 844, § 2º E § 3º DA CLT. INCONSTITUCIONALIDADE. VIOLAÇÃO AOS PRINCÍPIOS DO ACESSO À JUSTIÇA, DA ISONOMIA E DA INAFASTABILIDADE DA JURISDIÇÃO. ARTIGOS 5º *CAPUT* E INCISO XXXV DA CRRB.

ACESSO À JUSTIÇA

VIOLA AS GARANTIAS DO ACESSO AO JUDICIÁRIO E DA ASSISTÊNCIA JURÍDICA INTEGRAL, PREVISTAS NA CONSTITIÇÃO FEDERAL, ART. 5º, INCISOS XXXV E LXXIV, A EXIGÊNCIA DE COBRANÇA DE CUSTAS DE PROCESSO ARQUIVADO COMO PRESSUPOSTO DE NOVO AJUIZAMENTO, PREVISTA NO § 3º, DO ART. 844 DA CLT, ACRESCENTASDO PELA LEI 13.467, DE 13 DE JULHO DE 2017.

ACESSO À JUSTIÇA É UMA DAS RAZÕES PARA A PRÓPRIA EXISTÊNCIA DA JUSTIÇA DO TRABALHO

ACESSO À JUSTIÇA É UMA DAS RAZÕES PARA A PRÓPRIA EXISTÊNCIA DA JUSTIÇA DO TRABALHO, O QUE IMPEDE A APLICAÇÃO DE NORMAS RELATIVAS À EXIGÊNCIA DE PAGAMENTO DE CUSTAS PROCESSUAIS PARA O AJUIZAMENTO DE AÇÃO, INCLUSIVE PARA EVITAR O ESVAZIAMENTO DO CONCEITO DE GRATUIDADE DA JUSTIÇA.

ENUNCIADOS SIMPLES

Enunciado 1

O § 5º DO ART. 844 DA CLT NÃO AFASTA A REVELIA E A CONFISSÃO

O § 5º DO ART. 844 DA CLT NÃO AFASTA A REVELIA E SEUS EFEITOS DE CONFISSÃO, APENAS PERMITINDO QUE O JUIZ POSSA CONHECER DAS QUESTÕES DE ORDEM PÚBLICA E DA MATÉRIA NÃO ALCANÇADA PELA CONFISSÃO DO FATO CONSTITUTIVO ALEGADO PELO AUTOR.

Enunciado 2

SENTENÇA SEM EXAME DE MÉRITO. DIREITO AUTORAL À EMENDA

CLT, ART. 840, § 3º. SENTENÇA SEM EXAME DO MÉRITO. NECESSIDADE DE OPORTUNIZAR A EMENDA. A EXORDIAL QUE NÃO ATENDE INTEGRALMENTE OS REQUISITOS LEGAIS DEVE ENSEJAR OPORTUNIDADE PARA EMENDA E NÃO IMEDIATA SENTENÇA SEM EXAME DO MÉRITO, SOB PENA DE OBSTAR O DIREITO DO AUTOR À INTEGRAL ANÁLISE DO MÉRITO (CPC, ARTS. 4º, 6º, 317, 319 E 321; TST, SÚMULA 263).

Enunciado 3

LIMITE TEMPORAL PARA O AUTOR DESISTIR DA AÇÃO SEM O CONSENTIMENTO DO RÉU

CLT, ART. 841, § 3º. DESISTÊNCIA DA AÇÃO. NECESSIDADE DE CONSENTIMENTO DO RÉU. LIMITE TEMPORAL. A CLT ESTABELECE QUE O MOMENTO PROCESSUAL PRÓPRIO PARA O DEMANDANDO "OFERECER A CONTESTAÇÃO" É NA AUDIÊNCIA, DEPOIS DE PROPOSTA A CONCILIAÇÃO. POR ISSO, AINDA QUE A PARTE DEMANDADA ENVIE/PROTOCOLE A CONTESTAÇÃO ANTES DA FASE PROCESSUAL PREVISTA EM LEI, NÃO HÁ RAZÃO PARA A ANUÊNCIA PELO RÉU DE DESISTÊNCIA DA AÇÃO ENQUANTO NÃO ATINGIDO TAL MOMENTO PROCESSUAL.

Enunciado 4

ACESSO À JUSTIÇA. ISONOMIA. "JUS POSTULANDI"

1. NÃO SENDO REPRESENTANTE LEGAL DA PESSOA JURÍDICA OU EMPREGADO DO RÉU, O PREPOSTO PODERÁ APENAS PRESTAR DEPOIMENTO PESSOAL NA AUDIÊNCIA, SENDO-LHE VEDADA A PRÁTICA DE ATOS PROCESSUAIS PRIVATIVOS DO ADVOGADO

2. NÃO SENDO EMPREGADO DO RÉU, É VEDADO AO ADVOGADO FUNCIONAR COMO SEU PREPOSTO. 3. É DEFESO AO ADVOGADO FUNCIONAR NO MESMO PROCESSO, SIMULTANEAMENTE, COMO PATRONO E PREPOSTO DO EMPREGADOR (CÓDIGO DE ÉTICA E DISCIPLINA DA OAB, ART. 23).

Enunciado 5

LITISCONSORTE NECESSÁRIO DE ENTIDADES SINDICAIS

AÇÃO DE ANULAÇÃO DE CLÁUSULA DE INSTRUMENTO COLETIVO. ENTIDADES SINDICAIS SUBSCRITORAS. LITISCONSÓRCIO NECESSÁRIO. ÔNUS PROCESSUAL DA LIDE. ARTIGO 611-A, §5º DA CLT. A EXIGÊNCIA LEGAL DA PARTICIPAÇÃO DA ENTIDADE SINDICAL COMO LITISCONSORTE NECESSÁRIO NAS AÇÕES QUE TENHAM COMO OBJETO A ANULAÇÃO DE CLÁUSULAS DE INSTRUMENTO COLETIVO NÃO OBRIGA AS ENTIDADES SINDICAIS SUBSCRITORAS DESSES INSTRUMENTOS AO PAGAMENTO DAS CUSTAS PROCESSUAIS E HONORÁRIOS ADVOCATÍCIOS, QUANDO NÃO DEREM CAUSA AO PROCESSO.

COMISSÃO 8

SISTEMA RECURSAL E LIMITAÇÕES À EDIÇÃO DE SÚMULAS. INCIDENTE DE DESCONSIDERAÇÃO DA PERSONALIDADE JURÍDICA. AÇÃO DE HOMOLOGAÇÃO DE ACORDO. ASPECTOS GERAIS DA EXECUÇÃO TRABALHISTA

ENUNCIADOS AGLUTINADOS

Enunciado 1

PROCESSO DO TRABALHO. INCIDENTE DE DESCONSIDERAÇÃO DA PERSONALIDADE JURÍDICA: APLICAÇÃO LIMITADA

I — NO PROCESSO DO TRABALHO, O REDIRECIONAMENTO DA EXECUÇÃO PARA O SÓCIO NÃO EXIGE O INCIDENTE DE DESCONSIDERAÇÃO DA PERSONALIDADE JURÍDICA (ARTS.133 A 137 DO CPC). II — A DISSOLUÇÃO IRREGULAR DA PESSOA JURÍDICA INCLUI AS HIPÓTESES DE IMPOSSIBILIDADE DE SATISFAÇÃO DA DÍVIDA PELO DEVEDOR, O QUE AUTORIZA O REDIRECIONAMENTO DA EXECUÇÃO PARA OS SÓCIOS, INDEPENDENTEMENTE DE INSTAURAÇÃO DO INCIDENTE DE DESCONSIDERAÇÃO DA PERSONALIDADE JURÍDICA (ART. 135 DO CTN). III — ADMITE-SE O INCIDENTE DE DESCONSIDERAÇÃO DA PERSONALIDADE NAS HIPÓTESES DE SÓCIO OCULTO, SÓCIO INTERPOSTO (DE FACHADA OU "LARANJA"), ASSOCIAÇÃO ILÍCITA DE PESSOAS JURÍDICAS OU FÍSICAS OU INJURIDICIDADES SEMELHANTES, COMO CONSTITUIÇÃO DE SOCIEDADE EMPRESÁRIA POR FRAUDE, ABUSO DE DIREITO OU SEU EXERCÍCIO IRREGULAR, COM O FIM DE AFASTAR O DIREITO DE CREDORES. IV — ADOTADO O INCIDENTE DE DESCONSIDERAÇÃO DA PERSONALIDADE JURÍDICA, O JUIZ, NO EXERCÍCIO DO PODER GERAL DE CAUTELA, DETERMINARÁ ÀS INSTITUIÇÕES BANCÁRIAS A INDISPONIBILIDADE DE ATIVOS FINANCEIROS E DECRETARÁ A INDISPONIBILIDADE DE OUTROS BENS PERTENCENTES AOS SÓCIOS, PESSOAS JURÍDICAS OU TERCEIROS RESPONSÁVEIS, SENDO DESNECESSÁRIA A CIÊNCIA PRÉVIA DO ATO.

Propostas originais

INCIDENTE DE DESCONSIDERAÇÃO DA PERSONALIDADE JURÍDICA — PARTE 1

1. NO PROCESSO DO TRABALHO, O REDIRECIONAMENTO DA EXECUÇÃO PARA O SÓCIO NÃO EXIGE O INCIDENTE DE DESCONSIDERAÇÃO DA PERSONALIDADE JURÍDICA (ART. 133 DO CPC). 2. PODE SER ADOTADO O INCIDENTE DE DESCONSIDERAÇÃO DA PERSONALIDADE JURÍDICA APENAS EM SE TRATANDO DE SÓCIO OCULTO, SÓCIO INTERPOSTO (DE FACHADA OU "LARANJA"), ASSOCIAÇÃO ILÍCITA DE PESSOAS JURÍDICAS OU FÍSICAS OU INJURIDICIDADES SEMELHANTES, COMO AS QUE PRESSUPÕEM SEREM FRAUDULENTOS OS ATOS CONSTITUTIVOS DE SOCIEDADE EMPRESÁRIA, ABUSO DE DIREITO OU SEU EXERCÍCIO IRREGULAR. 3. SE ADMITIR O INCIDENTE DE DESCONSIDERAÇÃO DA PERSONALIDADE JURÍDICA, O JUIZ, ESTANDO OS FATOS PROVADOS, SEM DAR CIÊNCIA PRÉVIA

DO ATO AO EXECUTADO OU TERCEIROS, DEVE DETERMINAR ÀS INSTITUIÇÕES BANCÁRIAS A INDISPONIBILIDADE DE ATIVOS FINANCEIROS OU PROIBIÇÃO DE DISPOR DE OUTROS BENS PERTENCENTES AOS SÓCIOS, PESSOAS JURÍDICAS OU TERCEIROS CITADOS NA FORMA DO ART. 135 DO CPC.

DISSOLUÇÃO IRREGULAR DE PESSOA JURÍDICA

A DISSOLUÇÃO IRREGULAR DA PESSOA JURÍDICA AUTORIZA O REDIRECIONAMENTO DA EXECUÇÃO PARA SÓCIOS INDEPENDENTEMENTE DA DESCONSIDERAÇÃO DA PESSOA JURÍDICA (RESP 1.371.128/RS). A DISSOLUÇÃO IRREGULAR DA PESSOA JURÍDICA INCLUI AS HIPÓTESES DE IMPOSSIBILIDADE DE SATISFAÇÃO DA DÍVIDA, UMA VEZ QUE EXISTE PROCEDIMENTO LEGAL PREVISTO NA LEI 10.101, DE 2005, NO CASO DE INSOLVÊNCIA. A IMPOSSIBILIDADE DE SATISFAÇÃO DA DÍVIDA PELO DEVEDOR AUTORIZA O REDIRECIONAMENTO DA EXECUÇÃO PARA OS SÓCIOS (ART. 135, DO CTN).

Enunciado 2

JURISDIÇÃO VOLUNTÁRIA. ACORDO EXTRAJUDICIAL. RECUSA À HOMOLOGAÇÃO

O JUIZ PODE RECUSAR A HOMOLOGAÇÃO DO ACORDO, NOS TERMOS PROPOSTOS, EM DECISÃO FUNDAMENTADA.

Propostas originais

ACORDO EXTRAJUDICIAL (ARTS. 855 — B E SEGUINTES DA CLT). APLICÁVEL O PARÁGRAFO ÚNICO DO ART. 723 DO CPC

ACORDO EXTRAJUDICIAL (ARTS. 855 — B E SEGUINTES DA CLT). APLICÁVEL O PARÁGRAFO ÚNICO DO ART. 723 DO CPC. APLICA-SE À HOMOLOGAÇÃO DO ACORDO EXTRAJUDICIAL (ARTS. 855 — B E SEGUINTES DA CLT) O DISPOSTO NO PARÁGRAFO ÚNICO DO ART. 723 DO CPC.

ARTIGO 855-B A ARTIGO 855-E C/C ARTIGO 652, ALÍNEA "F", DA CLT

ARTIGO 855-B A ARTIGO 855-E C/C ARTIGO 652, ALÍNEA "F", DA CLT, INTRODUZIDOS PELA LEI DA REFORMA TRABALHISTA. PROCEDIMENTO DE JURISDIÇÃO VOLUNTÁRIA PARA HOMOLOGAÇÃO DE ACORDO EXTRAJUDICIAL. NÃO HÁ OBRIGATORIEDADE LEGAL PARA O JUIZ DO TRABALHO HOMOLOGAR O ACORDO EXTRAJUDICIAL TAL COMO FIXADO PELAS PARTES.

Enunciado 3

SÚMULAS E ENUNCIADOS DE JURISPRUDÊNCIA. EDIÇÃO E ALTERAÇÃO. REQUISITOS. INCONSTITUCIONALIDADE

SÃO INCONSTITUCIONAIS OS REQUISITOS DO ART. 702, I, "F", E § 4º, DA CLT, INTRODUZIDOS PELA LEI 13.467/2017, PARA A EDIÇÃO OU ALTERAÇÃO DE SÚMULAS E OUTROS ENUNCIADOS DE JURISPRUDÊNCIA, POR VIOLAÇÃO AOS ARTS. 2º, 5º, LIV, 93, 96, I, A, E 113 DA CF.

Propostas originais

RECURSO E LIMITAÇÃO À EDIÇÃO DE SÚMULAS

A LEI QUE A QUE ALUDE O ART. 113, DA CF DE 1988, É LEI COMPLEMENTAR DE INICIATIVA PRIVATIVA DO SUPREMO TRIBUNAL FEDERAL, NOS TERMOS DO ARTIGO 93, DA CF, PELO QUE INCONSTITUCIONAL A ALÍNEA "F" DO INCISO II DO ARTIGO 702, DA CLT. SÃO INCONSTITUCIONAIS AS EXIGÊNCIAS DE UNANIMIDADE, SESSÕES E NÚMERO DE TURMAS PARA A EDIÇÃO OU ALTERAÇÃO DE SÚMULAS QUE SEJAM SUPERIORES À EDIÇÃO OU ALTERAÇÃO DE SÚMULAS VINCULANTES PELO STF, QUE POSSUEM EFEITOS MUITO MAIS AMPLOS E ABRANGENTES DO QUE A JURISPRUDÊNCIA CONSOLIDADA DO TST. SÃO INCONSTITUCIONAIS AS EXIGÊNCIAS DE UNANIMIDADE, SESSÕES E NÚMERO DE TURMAS PARA A EDIÇÃO OU ALTERAÇÃO DE SÚMULAS POR TORNAREM VIRTUALMENTE

IMPOSSÍVEL A SUA OCORRÊNCIA, BASTANDO SIMPLESMENTE 2 (DOIS) VOTOS VENCIDOS MINORITÁRIOS ENTRE 8 (OITO) TURMAS COM 24 (VINTE E QUATRO) MINISTROS.

ARTS. 8º, §§ 2º E 3º, E 702, I, "F", E §§ 3º E 4º (INTEGRAÇÃO. EDIÇÃO E ALTERAÇÃO DE SÚMULAS E ORIENTAÇÕES JURISPRUDENCIAIS. ANÁLISE DE NORMA COLETIVA)

RESTRIÇÃO À EDIÇÃO E À ALTERAÇÃO DE SÚMULAS E ORIENTAÇÕES JURISPRUDENCIAIS E À APRECIAÇÃO DE NORMAS COLETIVAS NEGOCIADAS. INCONSTITUCIONALIDADE. SÃO INCONSTITUCIONAIS OS PARÁGRAFOS 2º E 3º DO ART. 8º DA CLT, COM REDAÇÃO DADA PELA LEI N. 13.467/2017, BEM COMO OS REQUISITOS FORMAIS DA ALÍNEA "F" DO INCISO I DO ART. 702 DA CLT E DOS SEUS PARÁGRAFOS 3º E 4º, QUE IMPÕEM RESTRIÇÕES À EDIÇÃO E À ALTERAÇÃO DE SÚMULAS E ORIENTAÇÕES JURISPRUDENCIAIS E AO EXAME DAS NORMAS COLETIVAS NEGOCIADAS. TRATA-SE DE VIOLAÇÃO À AUTONOMIA DOS JUÍZES E DOS TRIBUNAIS, À INDEPENDÊNCIA JUDICIAL, À INAFASTABILIDADE DA JURISDIÇÃO E AO ACESSO À JUSTIÇA. OS TRIBUNAIS GOZAM DE AMPLA LIBERDADE PARA EDITAR E ALTERAR SÚMULAS, ESTABELECENDO OS CRITÉRIOS FORMAIS QUE ENTENDEREM CABÍVEIS, E PARA FIXAR OU DIVULGAR ENTENDIMENTOS JURISPRUDENCIAIS MAJORITÁRIOS OU UNIFORMES. A JUSTIÇA DO TRABALHO NÃO PODE SE FURTAR DE ATUAR NA LACUNA DA LEI, DE EXAMINAR PRETENSÕES DAS PARTES EM FACE DE ACORDO OU CONVENÇÃO COLETIVA DE TRABALHO E DE

Enunciado 4

EXECUÇÃO PROVISÓRIA. LIBERAÇÃO DE DEPÓSITO EM DINHEIRO: APLICAÇÃO DOS ARTIGOS 520 E 521 DO CPC

OS ARTIGOS 520 E 521 DO CPC SÃO APLICÁVEIS AO PROCESSO DO TRABALHO, SENDO ADMITIDA A LIBERAÇÃO DE DEPÓSITO EM DINHEIRO, INDEPENDENTEMENTE DE CAUÇÃO (CPC, ART. 521, II).

Propostas originais

TUTELA DE EMERGÊNCIA

TUTELA DE URGÊNCIA E LIBERAÇÃO DE DINHEIRO EM EXECUÇÃO PROVISÓRIA: OS ARTIGOS 297 E SS., BEM COMO 520 E 521, DO CPC, SÃO APLICÁVEIS AO PROCESSO DO TRABALHO, E INDISPENSÁVEIS PARA O ENFRENTAMENTO DA CHAMADA "REFORMA" TRABALHISTA.

ASPECTOS GERAIS DA EXECUÇÃO TRABALHISTA

EXECUÇÃO PROVISÓRIA. OS ARTIGOS 520 E 521 DO CPC SÃO APLICÁVEIS AO PROCESSO DO TRABALHO. INTERPRETAÇÃO QUE DEVE PREVALECER MESMO APÓS A ENTRADA EM VIGOR DA LEI 13.467/2017.

Enunciado 5

EXECUÇÃO DE OFÍCIO E ART. 878 DA CLT

EM RAZÃO DAS GARANTIAS CONSTITUCIONAIS DA EFETIVIDADE (CF, ART. 5º, XXXV), DA RAZOÁVEL DURAÇÃO DO PROCESSO (CF, ART. 5º, LXXVIII) E EM FACE DA DETERMINAÇÃO CONSTITUCIONAL DA EXECUÇÃO DE OFÍCIO DAS CONTRIBUIÇÕES PREVIDENCIÁRIAS, PARCELAS ESTAS ACESSÓRIAS DAS OBRIGAÇÕES TRABALHISTAS (CF, ART. 114, VIII), O ART. 878 DA CLT DEVE SER INTERPRETADO CONFORME A CONSTITUIÇÃO, DE MODO A PERMITIR A EXECUÇÃO DE OFÍCIO DOS CRÉDITOS TRABALHISTAS, AINDA QUE A PARTE ESTEJA ASSISTIDA POR ADVOGADO.

Propostas originais

EXECUÇÃO DE OFÍCIO. LIMITAÇÃO DECORRENTE DO ART. 878, " *CAPUT*" DA CLT (LEI 13.467/17)

EXECUÇÃO DE OFÍCIO. LIMITAÇÃO DECORRENTE DO ART. 878, " *CAPUT*" DA CLT (LEI 13.467/17). POSSIBILIDADE DE EXECUÇÃO DE OFÍCIO, NO ENTANTO, QUANTO ÀS CON-

TRIBUIÇÕES SOCIAIS, CONFORME ART. 876, PARÁGRAFO ÚNICO DA CLT (LEI 13.467/17). TRATAMENTO DIFERENCIADO. INCONSTITUCIONALIDADE. APLICAÇÃO SUPLETIVA DO ARTIGO 139, IV DO NCPC. VIOLA O PRINCÍPIO DA ISONOMIA O TRATAMENTO DIFERENCIADO CONSTANTE NOS ARTIGOS 876, PARÁGRAFO ÚNICO DA CLT E ARTIGO 878, "*CAPUT*" DA CLT (AMBOS COM REDAÇÕES CONFERIDAS PELA LEI 13.467/17), PELO O QUE DEVE SER REPUTADA POR INCONSTITUCIONAL NO SENTIDO DA RESTRIÇÃO EMANADA DESTE ÚLTIMO DISPOSITIVO. ADEMAIS, DEVE SER APLICADO SUPLETIVAMENTE O ARTIGO 139, IV DO NCPC (ARTIGO 15 DO NCPC), PERMITINDO-SE AMPLA EXECUÇÃO DE OFÍCIO.

EXECUÇÃO. INCOAÇÃO DO JUIZ

EXECUÇÃO. INCOAÇÃO DO JUIZ. A LEI 13.467/2017 NÃO IMPEDE A INICIATIVA DO JUIZ PARA PROMOVER AS EXECUÇÕES TRABALHISTAS, POIS SÓ SE PODE APURAR O CRÉDITO PREVIDENCIÁRIO A PARTIR DO TRABALHISTA, E O CUMPRIMENTO DA DECISÃO DECORRE DA GARANTIA CONSTITUCIONAL DA EFETIVIDADE (CF, ART. 5º, XXXV), IMPLICANDO NUMA ORDEM JURÍDICA JUSTA. PROFERIDA DECISÃO DE MÉRITO CONDENATÓRIA, MEDIANTE PROVOCAÇÃO DO RÉU OU NÃO, O JUIZ TEM O DEVER DE IMPULSIONAR A EXECUÇÃO E TOMAR TODAS AS MEDIDAS PARA A EFETIVAÇÃO DO DIREITO MATERIAL POSTULADO, INCLUSIVE MEDIANTE CONVÊNIOS E MEIOS ELETRÔNICOS DE PESQUISA PESSOAL E PATRIMONIAL. A ATUAÇÃO DO JUIZ SÓ FICARÁ LIMITADA QUANDO DEPENDER DE INICIATIVA EXCLUSIVA DA PARTE, HIPÓTESE ÚNICA PASSÍVEL DE DECRETAÇÃO DA PRESCRIÇÃO INTERCORRENTE.

IMPULSO OFICIAL

A ALTERAÇÃO PROMOVIDA NO ART. 878 DA CLT, PELA LEI N. 13.467/17, TEVE A FINALIDADE RESTRITA DE SUSTENTAR O INSTITUTO DA PRESCRIÇÃO INTERCORRENTE, PELO QUE NÃO PREJUDICA A EXECUÇÃO DE OFÍCIO PELO JUÍZO TRABALHISTA, CONSIDERANDO QUE: A) O CRÉDITO TRABALHISTA É PRIVILEGIADO (ART. 889 DA CLC C/C ART. 83 DA LEI 11.101/05); B) O ACESSÓRIO (CRÉDITO PREVIDENCIÁRIO) PRESSUPÕE O PRINCIPAL (CRÉDITO TRABALHISTA), DE MANEIRA QUE A EXECUÇÃO DE OFÍCIO DO CRÉDITO TRABALHISTA ESTÁ CONTIDA NO ART. 114, VIII, DA CF; C) A LEI PROCESSUAL DEVE SER INTERPRETADA A PARTIR DA CF (ART. 1º DO CPC); D) PELA INTERPRETAÇÃO SISTEMÁTICA, O NOVEL ART. 878 DA CLT DEVE SER COMPATÍVEL COM O 765, QUE DÁ AMPLOS PODERES AO JUÍZO TRABALHISTA, SEJA NO PROCESSO DE CONHECIMENTO, SEJA NO DE EXECUÇÃO. EM VISTA DISSO, O IMPULSO OFICIAL DO PROCESSO COMUM (ART. 2º DO CPC), AO PASSAR PELO FILTRO PROTETIVO DO ART. 769 DA CLT, GERA EFEITOS NO PROCESSO DO TRABALHO IDÊNTICOS AOS DA EXECUÇÃO DE OFÍCIO, A QUAL PERMANECE INCÓLUME.

ART. 878 DA CLT (IMPULSO OFICIAL NA FASE EXECUTÓRIA DO PROCESSO)

IMPULSO OFICIAL NA EXECUÇÃO TRABALHISTA. EM CONFORMIDADE COM O ARTIGO 5º, LXXVIII, DA CONSTITUIÇÃO FEDERAL, QUE PRECONIZA O DIREITO À DURAÇÃO RAZOÁVEL DO PROCESSO, E OBSERVANDO QUE EM TERMOS CIENTÍFICOS E LEGISLATIVOS NÃO HÁ SE FALAR EM PROCESSO EXECUTIVO AUTÔNOMO, MAS APENAS EM FASE EXECUTIVA DO PROCESSO, A CORRETA INTERPRETAÇÃO DA NOVA REDAÇÃO DO ART. 878 DA CLT HÁ DE SER NO SENTIDO DE QUE SE INSERE NA REGULAR CONDUÇÃO DO PROCESSO, E INDEPENDE DE PETICIONAMENTO ESPECÍFICO DAS PARTES, A UTILIZAÇÃO PELOS JUÍZES DOS MECANISMOS DE CONSULTA, RESTRIÇÃO, BLOQUEIO, INDISPONIBILIDADE E PENHORA DE BENS ESTABELECIDOS POR MEIOS INFORMATIZADOS, DECORRENTE DE CONVÊNIOS DO PODER JUDICIÁRIO COM ÓRGÃOS PÚBLICOS E PRIVADOS.

Enunciado 6

EXECUÇÃO. IMPULSO OFICIAL. PESQUISA E CONSTRIÇÃO DE BENS. POSSIBILIDADE

O IMPULSO OFICIAL DA EXECUÇÃO ESTÁ AUTORIZADO PELO ART. 765 DA CLT E PERMITE AO JUIZ A UTILIZAÇÃO DOS MECANISMOS DE PESQUISA E DE CONSTRIÇÃO DE BENS, IN-

CLUSIVE POR MEIO DO SISTEMA BACEN-JUD, SENDO ESSE MERO PROCEDIMENTO PARA FORMALIZAÇÃO DA PENHORA EM DINHEIRO.

Propostas originais

BACEN-JUD DETERMINADO DE OFÍCIO

O BACEN-JUD PODE SER DETERMINADO DE OFÍCIO, MESMO APÓS A ALTERAÇÃO DO ART. 878 DA CLT PROMOVIDA PELA LEI N. 13.467/17. O BACEN-JUD É MERO PROCEDIMENTO PARA A FORMALIZAÇÃO DA PENHORA EM DINHEIRO, ESTANDO INSERIDO NA ATUAÇÃO OFICIOSA DO JUÍZO, NÃO DEPENDENDO, PORTANTO, DE REQUERIMENTO.

IMPULSO OFICIAL DA EXECUÇÃO TRABALHISTA

IMPULSO OFICIAL DA EXECUÇÃO. APÓS INICIADA A EXECUÇÃO PELA PARTE ASSISTIDA POR ADVOGADO, O JUIZ DO TRABALHO DEVE IMPULSIONAR OS ATOS EXECUTIVOS, INCLUSIVE AQUELES DE CONSTRIÇÃO E PESQUISA, EM OBSERVÂNCIA AO ART. 765 DA CLT E, SUPLETIVAMENTE, AOS ARTS. 2º E 139, IV DO CPC/2015.

EXECUÇÃO DE OFÍCIO. EXEQUENTE PATROCINADO POR ADVOGADO. FACULDADE DO JUIZ. INTERPRETAÇÃO CONFORME A CONSTITUIÇÃO

EXECUÇÃO DE OFÍCIO. EXEQUENTE PATROCINADO POR ADVOGADO. FACULDADE DO JUIZ. INTERPRETAÇÃO CONFORME A CONSTITUIÇÃO. A IMPOSSIBILIDADE DE EXECUÇÃO DE OFÍCIO NO CASO DE EXEQUENTE PATROCINADO POR ADVOGADO VIOLA OS PRINCÍPIOS DA EFICIÊNCIA, DA DURAÇÃO RAZOÁVEL DO PROCESSO E DO IMPULSO OFICIAL. PERMANECE, ASSIM, O PODER DO MAGISTRADO DE IMPULSIONAR A EXECUÇÃO DE OFÍCIO, DIANTE DO DISPOSTO NOS ARTIGOS 765 DA CLT, 8º DO CPC E 5º, LXXVIII, DA CF/88, A FIM DE SE PROPORCIONAR EFICIÊNCIA E DE SE GARANTIR EFETIVIDADE À EXECUÇÃO TRABALHISTA.

ENUNCIADOS SIMPLES

Enunciado 1

EXECUÇÃO DE OFÍCIO. INEXISTÊNCIA DE NULIDADE

A TEOR DO ART. 794 DA CLT, NÃO HÁ NULIDADE PROCESSUAL QUANDO O JUÍZO REALIZA A EXECUÇÃO DE OFÍCIO, PORQUE INEXISTENTE MANIFESTO PREJUÍZO PROCESSUAL.

Enunciado 2

TUTELAS DE URGÊNCIA DE NATUREZA CAUTELAR NO INCIDENTE DE DESCONSIDERAÇÃO DA PERSONALIDADE JURÍDICA

A ADOÇÃO DO INCIDENTE DE DESCONSIDERAÇÃO DA PERSONALIDADE JURÍDICA NO PROCESSO DO TRABALHO NÃO EXCLUI A POSSIBILIDADE DE DEFERIMENTO DE TUTELAS DE URGÊNCIA DE NATUREZA CAUTELAR ANTES DA CITAÇÃO DO NOVO EXECUTADO, INCLUSIVE DE OFÍCIO, DENTRO DO PODER GERAL DE CAUTELA DO MAGISTRADO.

Enunciado 3

RESPONSABILIZAÇÃO DOS SÓCIOS. REDIRECIONAMENTO DA EXECUÇÃO. RECUPERAÇÃO JUDICIAL. APLICAÇÃO ANALÓGICA DO ART. 28, § 5º, DO CDC

POR APLICAÇÃO ANALÓGICA DO ART. 28, § 5º, DO CDC (LEI 8.078/1990), O JUIZ PODERÁ REDIRECIONAR A EXECUÇÃO PARA A RESPONSABILIZAÇÃO DOS SÓCIOS QUANDO DECRETADA A RECUPERAÇÃO JUDICIAL DA EMPRESA.

Enunciado 4

DEPÓSITO RECURSAL. REDUÇÃO, PELA METADE, EM FAVOR DAS ENTIDADES SEM FINS LUCRATIVOS. APLICAÇÃO ÀS ENTIDADES SINDICAIS

O ARTIGO 899, § 9º, DA CLT, INTRODUZIDO PELA LEI 13.467/2017, QUE REDUZ PELA METADE O VALOR DO DEPÓSITO RECURSAL PARA AS ENTIDADES SEM FINS LUCRATIVOS, APLICA-SE ÀS ENTIDADES SINDICAIS.

Enunciado 5

EXECUÇÃO. SEGURO-GARANTIA JUDICIAL. ACRÉSCIMO DE 30%

A ACEITAÇÃO DO SEGURO-GARANTIA JUDICIAL PREVISTO NO ART. 882 DA CLT PRESSUPÕE O ACRÉSCIMO DE 30% DO DÉBITO, POR APLICAÇÃO SUPLETIVA DO ART. 835, § 2º, DO CPC.

Enunciado 6

EXECUÇÃO. MEDIDAS EXECUTIVAS INDIRETAS. PRAZO PARA IMPLEMENTAÇÃO E CANCELAMENTO DO PROTESTO. INCONSTITUCIONALIDADE

A EXIGÊNCIA DO DILATADO PRAZO DE 45 (QUARENTA E CINCO) DIAS PARA PROTESTO DA SENTENÇA, INSCRIÇÃO DO EXECUTADO EM ÓRGÃOS DE PROTEÇÃO AO CRÉDITO E/OU NO BANCO NACIONAL DE DEVEDORES TRABALHISTAS E O CANCELAMENTO DO REGISTRO PELA SIMPLES GARANTIA DA EXECUÇÃO FEREM OS PRINCÍPIOS CONSTITUCIONAIS DA RAZOABILIDADE, EFETIVIDADE, RAZOÁVEL DURAÇÃO DO PROCESSO E DA ISONOMIA (CF, ART. 5º, *CAPUT*, XXXV E LXXVIII), POR PROMOVER DISTINÇÃO INJUSTIFICADA ENTRE O CREDOR TRABALHISTA E O CREDOR COMUM.

Enunciado 7

TRANSCENDÊNCIA: INDICADORES

I — A TRANSCENDÊNCIA ECONÔMICA, NOS TERMOS DO ARTIGO 896-A, § 1º, I, DA CLT DEVERÁ CONSIDERAR A REPERCUSSÃO DA PRETENSÃO NO PATRIMÔNIO DAS PARTES. II — O EXERCÍCIO DA TÉCNICA DO "DISTINGUISHING", POR PARTE DOS TRIBUNAIS REGIONAIS, A RESPEITO DA APLICABILIDADE DA JURISPRUDÊNCIA SUMULADA DO STF E DO TST AOS CASOS CONCRETOS, NÃO CONFIGURA DESRESPEITO PARA FINS DE ENQUADRAMENTO NO ARTIGO 896-A, § 1º, II, DA CLT. III — A RELEVÂNCIA SOCIAL E JURÍDICA ENVOLVE TAMBÉM AS QUESTÕES ATINENTES À INTERPRETAÇÃO E À APLICAÇÃO DOS TRATADOS DE DIREITOS HUMANOS RATIFICADOS PELO BRASIL.

Enunciado 8

TRANSCENDÊNCIA. RECURSO DE REVISTA. SUSTENTAÇÃO ORAL

A FIXAÇÃO DE PRAZO EXÍGUO (CINCO MINUTOS) PARA A SUSTENTAÇÃO ORAL DO ADVOGADO, POR OCASIÃO DO JULGAMENTO DO AGRAVO INTERNO PERANTE A TURMA DO TRIBUNAL SUPERIOR DO TRABALHO (ARTIGO 896-A, §§ 2º E 3º, DA CLT), NÃO SE COMPATIBILIZA COM O PRINCÍPIO DO DEVIDO PROCESSO LEGAL, PLASMADO NO ARTIGO 5º, LIV, DA CONSTITUIÇÃO FEDERAL.

Enunciado 9

HOMOLOGAÇÃO DE ACORDO EXTRAJUDICIAL

I — A FACULDADE PREVISTA NO CAPÍTULO III-A DO TÍTULO X DA CLT NÃO ALCANÇA AS MATÉRIAS DE ORDEM PÚBLICA. II — O ACORDO EXTRAJUDICIAL SÓ SERÁ HOMOLOGADO EM JUÍZO SE ESTIVEREM PRESENTES, EM CONCRETO, OS REQUISITOS PREVISTOS NOS ARTIGOS 840 A 850 DO CÓDIGO CIVIL PARA A TRANSAÇÃO. III — NÃO SERÁ HOMOLOGADO EM JUÍZO O ACORDO EXTRAJUDICIAL QUE IMPONHA AO TRABALHADOR CONDIÇÕES MERAMENTE POTESTATIVAS, OU QUE CONTRARIE O DEVER GERAL DE BOA-FÉ OBJETIVA (ARTIGOS 122 E 422 DO CÓDIGO CIVIL).

Enunciado 10

HOMOLOGAÇÃO DE ACORDO EXTRAJUDICIAL. RECURSO. ANÁLISE PELO TRIBUNAL

NO CASO DE RECURSO DA DECISÃO QUE NÃO HOMOLOGAR DE FORMA FUNDAMENTADA O ACORDO EXTRAJUDICIAL, O TRIBUNAL NÃO PODERÁ RETORNAR O PROCESSO PARA QUE O JUIZ DE PRIMEIRO GRAU O HOMOLOGUE.

Enunciado 11

PROCESSO DE JURISDIÇÃO VOLUNTÁRIA. HOMOLOGAÇÃO DE ACORDO EXTRAJUDICIAL. COMPETÊNCIA TERRITORIAL

I – A COMPETÊNCIA TERRITORIAL DO PROCESSO DE JURISDIÇÃO VOLUNTÁRIA PARA HOMOLOGAÇÃO DE ACORDO EXTRAJUDICIAL SEGUE A SISTEMÁTICA DO ART. 651 DA CLT. II – APLICA-SE ANALOGICAMENTE O ART. 63, § 3º, DO CPC, PERMITINDO QUE O JUIZ REPUTE INEFICAZ DE OFÍCIO A ELEIÇÃO DE FORO DIFERENTE DO ESTABELECIDO NO ART. 651 DA CLT, REMETENDO OS AUTOS PARA O JUÍZO NATURAL E TERRITORIALMENTE COMPETENTE.

BIBLIOGRAFIA

BATALHA, Wilson de Souza Campos. *Tratado de direito judiciário do trabalho*. São Paulo: LTr, 1977.

CAMERLYNCK, Lyon-Caen. *Derecho del trabajo*. Madrid: Aguilar, 1974.

CARNELUTTI, Francesco. *Sistema di diritto processuale civile*. Padova: Cedam, 1936.

CHAVES, Pires. *Da execução trabalhista*. 2. ed. Rio de Janeiro: Forense, 1964.

COSTA, Coqueijo. *Direito judiciário do trabalho*. Rio de Janeiro: Forense, 1978.

COUTURE, Eduardo. *Fundamentos del derecho procesal civil*. 3. ed. Buenos Aires: Depalma, 1969.

EYMERICH, Nicolau. *Manual dos inquisidores*. 2. ed. Brasília: Rosa dos Tempos, 1993.

JAEGER, Nicola. *Corso di diritto processuale del lavoro apud* RUSSOMANO, Mozart Victor. *Direito processual do trabalho*. São Paulo: LTr, 1977.

LIEBMAN, Enrico Tullio. *Corso di diritto processuale civile*. Milano: Giuffrè, 1952.

LÓPEZ, Armando Porras. *Derecho procesal del trabajo*. Puebla: México, Ed. Cajica, 1956.

MARQUES, José Frederico. *Manual de direito processual civil*. São Paulo: Saraiva, 1980.

MIRANDA, Pontes de. *Comentários ao Código de Processo Civil*. 2. ed. Rio de Janeiro: Forense, 1979.

REIS, José Alberto dos. *Comentários ao Código de Processo Civil*. Coimbra, 1953. v. III.

RUSSOMANO, Mozart Victor. *Comentários à CLT*. 9. ed. Rio de Janeiro: Forense, 1982.

_____. *Direito Processual do Trabalho*. São Paulo: LTr, 1977.

SANTOS, Moacyr Amaral. *Primeiras linhas de direito processual civil*. São Paulo: Saraiva, 1981.

SÜSSEKIND, Arnaldo. *Manual da justiça do trabalho apud* RUSSOMANO, Mozart Victor, ob. cit.

TEIXEIRA FILHO, Manoel Antonio. *Comentários ao Novo Código de Processo Civil sob a perspectiva do Processo do Trabalho*. 2. ed. São Paulo: LTr, 2015.

_____. *A sentença no processo do trabalho*. 5. ed. São Paulo: LTr, 2016.

_____. *A prova no processo do trabalho*. 11. ed. São Paulo: LTr, 2017.

_____. *Comentários à Lei n. 13.015/2014*. 3. ed. São Paulo: LTr, 2015.

_____. *Manual da audiência na justiça do trabalho*. 2. ed. São Paulo: LTr, 2017.

_____. *Sistema dos recursos trabalhistas*. 13. ed. São Paulo: LTr, 2017.

TESORIERI, Giovanni. *Lineamenti di diritto processuale dei lavoro*. Padova: Cedam, 1975.

URBINA, Trueba. *Nuevo derecho procesal del trabajo*. México: Porrua, 1971.